breyten breytenbach
woordenaar woordnar

'N HULDIGING

breyten breytenbach
woordenaar woordnar

Francis Galloway (REDAKTEUR)

Protea Boekhuis
Pretoria
2019

breyten breytenbach: woordenaar woordnar – 'n huldiging
Francis Galloway (redakteur)

Eerste uitgawe, eerste druk in 2019 deur Protea Boekhuis
Posbus 35110, Menlopark, 0102
Burnettstraat 1067, Hatfield, Pretoria
Minnistraat 8, Clydesdale, Pretoria
info@proteaboekhuis.co.za
www.proteaboekhuis.com

EINDREDAKTEUR: Danél Hanekom
PROEFLESER: Morné van Rooyen
OMSLAGFOTO: Cloete Breytenbach
BLADUITLEG- EN ONTWERP: Ada Radford
BANDONTWERP: Hanli Deysel
GESET IN 10.5 op 14 pt ZapfCalligraphy
GEDRUK EN GEBIND: Capitil Press, Paardeneiland

ISBN: 978-1-4853-0484-5 (gedrukte boek)
ISBN: 978-1-4853-0485-2 (e-boek)

Oorspronklike teks © 2019 SA Akademie vir Wetenskap en Kuns
Gepubliseerde uitgawe © 2019 Protea Boekhuis

Geen gedeelte van hierdie boek mag sonder skriftelike verlof van die uitgewer gereproduseer of in enige vorm of deur enige elektroniese of meganiese middel weergegee word nie, hetsy deur fotokopiëring, skyf- of bandopname, of deur enige ander stelsel vir inligtingsbewaring of -ontsluiting.

Dié publikasie verskyn danksy 'n ruim subsidie van die Suid-Afrikaanse Akademie vir Wetenskap en Kuns. Menings wat in bydraes uitgespreek word, weerspieël nie noodwendig die menings en opvattings van die SA Akademie nie.

Foto's in die bundel is verskaf deur Cloete Breytenbach, die Breytenbach-sentrum, die Dansende Digtersfees, Spier-landgoed, die SA Akademie, Francis Galloway en Getty Images.

INHOUD

Voorwoord   7

1   "Nogtans word die woorde aan die wind toevertrou":
    Willem de Vries in gesprek met Breyten Breytenbach   11
2   Die belang van 'n morele verbeelding, *Willie Burger*   35
3   Kreolisering as poëtikale gegewe in van die latere
    bundels, *Hein Viljoen*   74
4   Landskap en Dasein in "New York, 12 September 2001"
    en "die eiland van verbranding", *Alwyn Roux*   99
5   "hand my hond": 'n Dierestudies-perspektief op
    verskyningsvorme van die hond in die digter se latere
    poësie, *Louise Viljoen*   121
6   Vertaling as transgressiewe potensiaal. Lojale verset 2.0,
    Catherine du Toit   152
7   Uit die stilte: Breyten Breytenbach, Karel Schoeman,
    Arvo Pärt, *Johann Rossouw*   178
8   Breyten Breytenbach: Fragmente van sy loopbaan as
    skrywer en openbare figuur, *Francis Galloway*   196
9   Breyten Breytenbach en die Hertzogprys vir Poësie,
    Francis Galloway   314

Uitgesoekte bibliografie   344

Register   410

VOORWOORD
Francis Galloway

woordenaar woordnar is gekonseptualiseer as 'n akademiese boek met bydraes oor die woordwerk van Breyten Breytenbach. Plaaslike kundiges is genooi om voorstelle te doen wat gegrond is op nuwe navorsing wat vars perspektiewe op sy denke en skryfwerk bied, en voorleggings is eweknie-beoordeel. Die ses essays wat gekeur is, word aangevul deur 'n gesprek met die skrywer, 'n loopbaanskets en 'n oorsig van die komplekse verhouding tussen die Suid-Afrikaanse Akademie vir Wetenskap en Kuns en die skrywer soos dit tot uitdrukking kom met betrekking tot die Hertzogprys vir Poësie.

Breytenbach het ingestem tot 'n gesprek met Willem de Vries wat met die jare gereeld met hom gesels het. In hierdie boeiende onderhoud kom sleutelaspekte van die skrywer en openbare figuur se denke aan die bod. Talle van die temas wat ter sprake kom, resoneer in die opstelle (soos die belang van die morele/etiese verbeelding, hibriditeit/kreolisering, die Groot Andersmaak, die rol van vertaling) en sluit aan by die loopbaanskets (byvoorbeeld kwessies oor taal, die funksie van die skrywer, die skrywer-uitgewer-verhouding en die rol van literêre pryse).

Oor meer as vyftig jaar heen het Breytenbach telkens tot openbare debatte oor 'n verskeidenheid onderwerpe toegetree (en gereeld daarin geslaag om sommige mense kwaad te maak en ander te betower). In Willie Burger se opstel word aangevoer dat Breytenbach se denke oor hierdie tyd merkwaardig konstant gebly het. Daar word aangedui hoedat die etiese en die estetiese vervleg is. 'n Etiese reaksie op enige situasie spruit vir Breytenbach enersyds uit die afwys van vastigheid en dogma en andersyds op 'n voortdurende oopstelling vir verandering, op beweging en die oophou van moontlikhede. Hierdie oopstelling word veral moontlik gemaak deur die kreatiewe verbeelding – spesifiek deur die verbeeldingryke aanwending van taal waar betekenis in beweging gehou word en sodoende stagnering voorkom, al maak dit sy werk soms duister vir lesers. Dié opstel lewer nie net 'n bydrae tot die literatuurgeskiedenis nie, maar ook tot die intellektuele geskiedenis in Suid-Afrika.

Hein Viljoen ondersoek hibridisering (of kreolisering) as tema en praktyk in Breytenbach se latere werk na aanleiding van sy uitspraak in "'n Blik van buite" van 1973 dat die Afrikaner 'n bastervolk met 'n bastertaal is. Die idee van verbastering of kreolisering kom in verskillende gedaantes in sy werk na vore, en het nie net te doen met taal nie maar ook met die grens van die self en die grense tussen woord en beeld. Hy noem kreolisering op een plek "die werklike gawe van mededeelsaamheid". Dit het te make met skeppend bestaan en met andersmaak. Viljoen ondersoek kreolisering as poëtika van relasie, en uiteindelik as beginsel van risomatiese en dekonstruktiewe verstaan. Die klem val op die verbastering van ruimte, verbastering van die "moertaal", die proses van omvorming en die dialoog met ander kunstenaars.

In Alwyn Roux se opstel word uitgegaan van 'n Heideggeriaanse landskapfenomenologiese perspektief waarin die uitbeelding van landskappe fundamenteel gesien word as 'n uitdrukking van Dasein se inherente in-die-wêreld-syn. Hierdie tese word aan die hand van twee gedigte, "New York, 12 September 2001" in *Die windvanger* (2007) en "die eiland van verbranding" in *Katalekte* (2012), ontsluit. Landskapuitbeeldings het 'n bemiddelende funksie. Die beskrywing van die verpletterde landskap op 9/11 in "New York, 12 September 2001" word 'n manier om die traumatiese uitwerking van die aanval te vergestalt. In "die eiland van verbranding" onthul die spreker (hipotetiese) gedagtes van 'n sterwende vriend, waarin sy sterwensgang die wêreld deur die uitbeelding van subjektief beleefde, herinnerde en gehoorde landskappe onthul. Dié opstel bied boeiende gesprekspunte rakende die synsvrae, met ander woorde die fundamentele ontologie van wat dit beteken om te wees, wat ryklik put uit sterflikes se alledaagse woonaktiwiteite.

Breytenbach se poësie is al breedvoerig ontleed en bespreek, veral sy gebruik van metafore. In haar opstel ontgin Louise Viljoen sy gebruik van die hond as metafoor of troop teen die agtergrond van die "animal turn" in die literatuurstudie. Die gebruik van 'n dierestudies-perspektief bring nuwe insigte in die rykheid van Breytenbach se hantering van die hond as troop, iets wat regdeur sy werk 'n digte netwerk vorm. Hy gebruik die troop van die hond om sekere eienskappe van sy kunstenaarskap en sy posisie as openbare intellektueel weer te gee. Die dierestudies-perspektief maak dit egter ook moontlik om die beperkinge van die gebruik van die dier as metafoor of troop raak te sien. Viljoen se koppeling van die hond aan die Sinici se filosofie is 'n vars inslag wat 'n nuwe perspektief op Breytenbach se komplekse gedigte bied.

Michel de Montaigne se opsomming van sy vriendskap met La Boétie ("omdat dit hy was, omdat dit ek was") geld ook vir die buitengewone werksverhouding tussen Breytenbach en die vertaler Catherine du Toit soos dit tot uitdrukking kom in haar opstel. 'n Renaissance-digter vereis 'n Renaissance-vertaler, eerder as 'n teoretiese invalshoek: verskeie taalpare om Breytenbach se stemme as digter en (self) vertaler vas te vang; intieme kennis van musiek en veral die skilderkuns; letterkundige en vertaalkundige belesenheid om estetiese ekwivalensies te vind, maar ook wedersydse vertroue wat spruit uit gemeenskaplike vertalings van ander digters wat die kern van Breytenbach en Du Toit se skeppende korrespondensie uitmaak. Hulle praat dieselfde tale; hy is dus nie uitgesluit van die skeppende transponeringsproses nie, terwyl sy nie net die konvensionele vertaalrigting omdraai en vanuit haar moedertaal in Frans vertaal nie, maar as niedigter vir van die oortuigendste vertalings van een van Suid-Afrika se grootste digters verantwoordelik is. Poësievertaling word hier nuut gedefinieer as 'n "tussenwoordige" verbeelding van 'n polifoniese bronteks.

Johann Rossouw se opstel ondersoek die verhouding tussen die toegespitste kultivering van stilte en die skeppingsproses. Hy doen dit met verwysing na Breytenbach se beoefening van *zazen* (sittende meditasie in die Zen-tradisie) soos dit neerslag vind in die bundel *Met ander woorde vrugte van die droom van stilte*. Hierdie proses van bewuswording en skepping by Breytenbach word naas soortgelyke prosesse by Karel Schoeman en Arvo Pärt gestel. Die opstel neem die vorm aan van 'n "reisbeskrywing" van 'n eie "reis na binne" en is 'n besonderse toevoeging tot die klein maar groeiende woordeskat en literatuur oor meditasie in Afrikaans.

Die oorsig van Breytenbach se loopbaan as skrywer en openbare figuur maak nie aanspraak op volledigheid of vastigheid nie, maar vertel 'n onvoltooide en fragmentariese (katalektiese) verhaal van sy ingeplaastheid in die landskap van die Afrikaanse letterkunde en die Suid-Afrikaanse sosiopolitieke konteks oor vyf dekades heen. Die loopbaanskets berus op 'n verkenning van argivale bronne en dokumente in die openbare domein en belig Breytenbach se rol en statuur in die apartheidsera en die demokratiese bedeling sedert die 1990's tot vandag. Dit is nie 'n biografiese lewenskets of literêr-biografies van aard nie, maar is gebaseer op die verkenning van Breytenbach se openbare uitsprake en optrede, sy literatuuropvatting, sy uitgeegeskiedenis en sy posisie binne die literêre veld en maatskaplike bestel.

Die bydrae oor Breytenbach en die Hertzogprys vir Poësie ondersoek die omstandighede en gebeure wat gelei het tot die aanvanklike weerhouding en latere toekenning van die prys aan hom. Die woelinge rakende die 1968-prys staan in die teken van die destydse stryd tussen die verkramptes en verligtes. Die weerhouding van die 1971-prys was 'n systap van die Akademie om konfrontasie met behoudende Afrikaanse kultuurleiers te vermy. Die gebeure rondom die 1974-toekenning onthul die deurslaggewende rol wat politieke en morele oorwegings in hierdie tydvak in die beslissings oor die prystoekenning gespeel het. In 1984 word die prys aan sy tweede "tronkbundel" (*'Yk'*) toegeken, maar hy wys dit van die hand omdat die aanvaarding daarvan nie sou bydra tot daadwerklike maatskaplike verandering nie. In 1999 aanvaar hy in die lig van veranderde omstandighede wel die toekenning aan *Oorblyfsels: 'n Roudig* en *Papierblom*. In 2008 word die prys toegeken vir *Die windvanger*, die bundel wat nege jaar ná *Papierblom* en etlike jare ná Breytenbach se ontnugterde onttrekking aan die openbare toneel, verskyn.

Die uitgesoekte bibliografie (wat in verskillende rubrieke georden is) gee 'n indruk van Breytenbach se uitgebreide skeppende oeuvre en ander oorspronklike publikasies, die plaaslike navorsingsuitsette daaroor en die aandag wat hy in die algemene media ontlok. Dit kan as hulpmiddel vir verdere navorsing dien.

*

Baie dankie aan al die medewerkers vir hulle entoesiastiese samewerking. 'n Spesiale woord van dank aan Nola Doré van NALN vir haar geduldige ondersteuning van die argivale navorsing. Ek is dankbaar dat Breyten ingestem het tot hierdie onderneming ten spyte van sy bedenkinge oor "monnemente";[1] ek haal op bladsy 195 aan uit ons korrespondensie. Dit is 'n verlies dat Tom Gouws nie sy beplande opstel oor die hermeneutiek van die ongesêde in die poësie van Breytenbach kon lewer nie en dat Cloete Breytenbach nie die voltooide produk, waarvoor hy foto's beskikbaar gestel het, kon meemaak nie.

1 Bron: "vir oopmaak wanneer dood my oë toegemaak het", *Die beginsel van* stof.

1
"Nogtans word die woorde aan die wind toevertrou"
Willem de Vries in gesprek met Breyten Breytenbach

WdV: Die Afrikaanse skrywer Jan Rabie had 'n vormende invloed op jou en jy verwys telkens na hom. Jy het hom op 'n keer beskryf as 'n besonderse reisiger, iemand wat altyd teen die tendense van sy tyd ingegaan het, hom die afkeer van die bourgeoisie op die hals gehaal het en deur min mense begryp is. Wat aan Jan die mens, reisiger, skrywer en denker maak van hom tot op hede so 'n prominente figuur in jou beskouings?

BB: Meester Jan – ook in die sin van "skoolmeester" – bly vir my aktueel as voorbeeld en voorloper van wat die Afrikaner, as baster-afstammeling van allerlei Europese gene, en Oosterse en plaaslike dese, ideaal sou kon wees. Hy was sy tyd dekades vooruit: gewortel in die bestaande, maar *oop* vir die Groot Andersmaak, fors en bedônnerd, maar eindeloos verdraagsaam en nuuskierig, 'n natuurmens in sy interaksie met die omgewing van see en plante en berge (en nie net as verbruiker of toeris vir wie dit die eksotiese "ongereptheid" sou wees nie), én tuis in die modernistiese literêre strominge óf in Parys óf op 'n Griekse eiland, intens bewus van die skeppende dialektiek tussen die plaaslike en die universele en selfs van die aardling in 'n duiselende heelal, nie polities korrek nie, maar suiwer en gerig, g'n niks bang vir enige Gesag nie, niemand se "victim" nie, dog intens gevoelig vir die kwaad wat mense mekaar aandoen, romanties én sinies. 'n Bolandse wêreldburger. En met daardie liefde vir ons taal, hóé dit die skepping en produk van ons vermenging is én die lewende veranderaar wat ons gedeelde syn in al haar skakerings en variante ryk en aards en soepel en skeppend maak.

WdV: Vertel iets meer oor omvorming in jou werk. Jy skryf dat beweging die begin van etiek is; hoe het dit gekom dat jy skryfwerk benader as 'n daad van beweging en as 'n manier om etiek en etiese verbeelding tot stand te bring?

BB: Wanneer jy 'n onderwerp konseptualiseer, dui jy ook 'n *gaping* aan tussen die herkende bekende en die omtes; dis daardie spanning tussen "vol" en "leeg" wat *beweging* teweegbring. 'n Aanhaling uit 'n essay van André Aciman, soos weergegee deur Teju Cole in sy boek *Known and strange things*, wat merendeels uit resensies bestaan, vat dit goed saam: "You write not after you've thought things through; you write to think things through." Die *denke* is verstrengel in die skrywe, die een gee die ander lyf. Jy sou ook kon sê jy skryf agter die woorde aan (wat beelde en ritme en klanke en tekstuur en kleure hibridiseer) omdat jy nuuskierig is oor waarheen dit lei. *Vloei* en *beweging* is belangrik, net soos *breuke* en *oorgange* (oor-gange) en *sinkopasie* ook. *Verwantskappe* (bewegende landskappe) en *ruimteskepping* eweneens.

"Etiek" is, vir my, om bewus te wees van die ontstaansbetekenisse van begrippe, om hulle sover moontlik te noem in die neem, die materiaal te respekteer (jy is self ook stof) en verantwoordbaarheid te aanvaar vir die implikasies. Aciman sê ook dat om te skryf die ontsluiting van die geheue se vloedsluise is. Net so skep die skrywerk, deur die tussenkoms van woorde (as sandkorrels in die oesters), 'n werklikheid, 'n verwysingsveld, mettertyd 'n geheue. "Etiese verbeelding" is gewoon die bewuswees van die feit dat verbeelding 'n kragtige selfskepping is wat jou onvermydelik plaas in 'n konteks van verhouding met ander, met jou omgewing en met jou stof, want dit is ook 'n benadering om die gewaarwordende Werklikheid binne reikafstand te bring. Hierdie wete spruit uit die aksie, dit is nie 'n voorskrif nie.

Vir my betéken "etiek" dat wanneer jy ook geen belang daarby het nie, jy nog aanhou *maak*, wel wetende dat dit geen verskil gaan maak nie. Ons haal asem om asem te haal. 'n Kennis uit 'n vorige lewe, toe ek nog slim probeer wees het, ene Picaro, het beweer dat die *oppervlak* van skepping/verbeelding 'n eie "niefiksie" meebring wanneer jy fokus op die materialiteit van jou middele om die illusie van waarskynlikheid te weerspieël. *Skrywe* word dan die produksie of die verheldering van bewussyn in 'n bemiddelende *beweging* tussen syn en skyn. En daardie bewussyn bring etiese verantwoordelikheid. Dieselfde Picaro het later ook betoog – ons het nagte omgepraat en ek het notas gemaak wat ek by daglig nie kon herwin nie – dat niks bestaan totdat ons nie kennis daarvan geneem het nie. En in oënskynlike teenstelling: dat die gevraat en vertering van bewussyn lei tot die ontstaan van onbewuswees; selfs tot die vervanging daarvan. Dat daar geen "omgewing" of "wêreld" sou wees nie – slegs die aanwakker en binnerym van bewussyn. Maar sonder omgewing kan daar tog nie tot bewussyn gekom word nie: Jy kan nie wees sonder om te word (te verword) en te *woordword* met verwysing na dit wat jou stimuleer tot begrip of refleksie nie.

Verstand/gees (vergees?) is slegs die groeiende bewuswording van die bestaande om-jou. Vergees is net 'n klein rilling van die ongebore en onsterflike en allesomvattende trilling. Vergees gaan oop, gaan *oop* tot nie-bestaan. Die suiwerste syn is om op te hou bestaan. Dus nie-syn. Dit is ook die Boeddha-natuur. Vergees is *beweging*. Hierdie paradoks word in die skryflyn neergelê. Om te skryf is om dit wat sedert alle duisternis en afwesigheid reeds bestaan, deurlopend te verbeel en (uit) te vind. Dit is ons manier om die poging om ritme te adem sigbaar te maak... Picaro het die nuk gehad om homself te herhaal. Byna soos Ingrid Jonker wat geskryf het: "ek herhaal jou naam".

WdV: Wat jy sê van agter die woorde aanskryf, bevat iets van die reis wat op soveel vlakke in jou werk voorkom. Sowel jou verhale as die karakters is gesetel in die reis, en geskrewe betekenis wys die spoor van vorige selwe. Saam met die skryf-in-die-reis is daar die skep van paaie, toegang tot die Middelwêreld, 'n plek van tale en 'n woon- en vormplek van etiese verbeelding. Het hierdie voortskuiwende wêreld begin vorm aanneem in die tyd toe jy aan apartheid onderwerp is? Indien tot 'n mate wel, wat was die eerste wegbeweeg daarvan (terug) na iets buite die binêre, na 'n onafhanklike modus van kreatief leef en skrywend ervaar?

BB: Weer eens: 'n Saamloop van omstandighede ('n ongedurigheid met die beperkings van apartheid, 'n begeerte om te gaan kyk hoe lyk dit elders, miskien die sit in die kring van spotters en luister na "verkeerde" vertellers soos Jan Rabie) bring mee dat ek, nog nat agter die ore, op 'n Portugese boot klim, vierdeklas-passaat, om uiteindelik in Lissabon te arriveer sonder retoerkaartjie, sonder geld, sonder noemenswaardige kontakte, sonder enige Europese taal behalwe Engels.

Die Middelwêreld sal eers later gestalte aanneem, maar in feite was dit altyd daar: die meeste eilande, stede soos Damas en Aleksandrië en Tangier en Timboektoe en Konstantinopel en Berlyn by tye, stadswyke soos Parys se Quartier Latin, oases dikwels – knotte op die wêreldkaart verbind deur roetes waarvan eintlik net die nomade weet. Hierdie hawes van die kosmopolitiese is nie ewig nie, hulle word ingeneem deur oorlog of normaliteit of homogenisering. Totdat een weer elders opduik soos 'n walvis wat vergeet het dat hy uitgesterf is.

Ek wil my indink dat Tibet so 'n bergland sou kon wees.

Elders in 'n opstel het ek 'n bestekopname probeer maak van die attribute van die "nieburgers" wat hulle wend tot hierdie argipels van tydelike aanhorigheid. Staatloses, swerwers, vlugtelinge partykeer, die *sin papeles* (soos so baie van die migrante nou wat beweeg langs ongekaarte roetes met gidse by die kruispaaie om dan in bootjies die een of ander see te trotseer en sonder naam en identiteit in 'n hawe te verdwyn). Generasies van skrywers en ander kunstenaars het die Middelwêreld bewoon en soms beskryf. Onder hulle is van die mense wat ek in my stamboek sou wou erken: Ibn Battuta en die ander woestynontdekkers, Wisława Szymborska, Jean Genet, Caravaggio, Dōgen Zenji, Rimbaud, Bodhidharma, William Burroughs, Goya, Saint-Exupéry wat op soek na die Middelwêreld iewers neergestort het, Bessie Head, Karel Schoeman, Billie Holiday, Pasolini, Bruno Schulz, Borges...

Wat het hulle gemeen in hulle begrip van "identiteit", in die posisionering teenoor "taal" en "wettigheid" en geheue en verbeelding en solidariteit? Ek hoop ek het nog die tyd (maar dit maak ook nie saak nie) om daardie Middelwêreld, *MOR*, te omskryf. Uiteraard sal dit reisverslae moet word en wees. Dis 'n roete sonder bestemming. Op pad soontoe leer jy met die klippe praat. Maar dit is ook die sirkel van eindelose tyd waar jy, met die geluk wat jy dalk deur vele lewensiklusse opgebou het, in die maan in die dam mag verdrink.

WdV: In verskeie essays, toesprake en boeke het jy al begin om die topografie van die Middelwêreld te verken. Wie van die volgende mense sou ook "nieburgers" kon wees en in elke geval, waarom of hoekom nie? Marthinus Versfeld, Ingrid Jonker, André P. Brink, Frederik Van Zyl Slabbert, Adam Small, Uys Krige en Daantjie Saayman.

BB: Oom Tao? Beslis – en die klippe bo-op die berg beaam dit. En vra ook: "*Waarnatoe nou?*" Ingrid Jonker? Ek vermoed so, alhoewel sy dit as 'n verminking ervaar het. André Brink? Nee, ek dink nie so nie – maar dis nie 'n waarde-oordeel nie! Miskien het hy te veel in sy eie pad gekom. My ou broer Van Zyl? Ek het 'n spesmaas van wel, al sou hy die draak met jou steek as jy dit selfs net noem. Sy vereiste sou wees dat 'n goeie rugbyspan vir die Middelwêreld op die veld kan draf. Indien wel, is die lewe blink. En solank mense net nie weet dat hy vroegoggende sy goudvissies gaan voer en met hulle gepraat het nie. Adam Small? Ek vermoed hy was te verknog aan en gekniehalter deur verbittering. En wie se skuld was dit? Uysie? Nee – hy sou tog nie toegelaat word tot 'n Middelwêreld nie (so asof daar 'n grenspos is!) omdat hy jou ore van jou kop af sou gepraat het. Om 'n wêreldling te wees, selfs 'n wêreldburger, is iets anders as om 'n nieburger van MOR te wees. Baas Daantjie? Vir seker – al kan ek ook nie sê hoekom nie, behalwe dat hy so in die ry na die volgende watergat waar 'n wulpse ouer dame sou wag, vroetel na die knoppies van 'n niebestaande motorradio om dan luidkeels saam te sing met die verbeelde musiek.

WdV: Ervaar die Middelwêreld klimaatsverandering of juis nie? Wat beteken dít vir hierdie wêreld?

BB: Maar dis nie 'n permanente kondisie of 'n "status" wat oorgedra kan word nie. Mens word nie in MOR gebôre nie. Miskien ontwikkel mens oorlewingstegnieke daar. Jy is nog altyd deel van die mensdom. En al is jy miskien meer intens bewus van die ekologiese katastrofe waarop ons afstuur, weet jy ook dat dit die uiteinde is van die gehele mensdom se onkeerbare selfvernietigingsdrang en vervreemding van die omgewing. En al waarmee die "regte wêreld" vorendag kom as "redding" is om mekaar te vertrap voor die Titanic se kitsbanke.

WdV: Dit bring my uit by die omvormingspotensiaal van betrokkenheid. As gerekende aktivis vir taal- en ander mensregte, as internasionaal geagte skrywer en as 'n voorste politieke denker, rig jy jou deurentyd daarop om magspolitiek te ontmasker. Hoe benader jy vandag hierdie kwessie – wat ook ten nouste met Afrikaans, etiese verbeelding en agentskap verband hou – in jou skryfwerk?

BB: "Gereken" is 'n oordrywing. En ek is ook nie bevoeg om die baadjie van "politieke denker" aan te trek nie. Die boek-in-wording waarna ek vroeër verwys het, beslaan twee geledinge, al oortree die een voortdurend op die gebiede van die ander: *MOR* en *BOEK* – die oorkoepelende titel sal *(O)* wees – met in *BOEK* saamgevat die polemieke, reaksies en voorleggings en briewe dikwels aangaande aktualiteite, jy sou kon sê die nagboek-aantekeninge by reise na konsepte en dogmas.

Ek hoop om my stellingnames teenoor die Universiteit van Kaapstad se bullshitters daarin op te neem, en natuurlik ook my siening van Sjymbos Universiteit se buk-Afferkaners.

Die digter voor-spel die verlede. As ek weer jonk kon wees, en swart, sou ek waarskynlik saam betoog oor die volle erkenning van my volwaardige menslikheid, ook téén die versanding van goedpraat hóé die verlede my gemaak en mismaak het, en veral teen die skurkbewind wat in ons naam my mense nou onteer – al is dit natuurlik moeilik om voor te gee ek weet nie wat ek sedertdien geleer en ervaar het, om te maak of ek nie was waar ek is nie, nie hemel toe gery het op die rug van Bevryding nie. My weemoed lê egter by dié wat die mag het, wit en bruin en swart, wat impliseer hulle gee om, en nog nie 'n oorgawe van beginsels en (self)respek gesien het waarvoor hulle nie sal kruip om te gaan omdop nie. (Maar *waar-dig* en met hoeghene woorde!)

Ek het egter ook die waarde begin insien van die les dat mens moet neersit wat nie saamgedra kan word nie. Veral die versuipte drome. Wie is ék nou eintlik om vir wie dan ook te wil preek of voorskryf of, erger, beledig? Hoe durf ek my probeer indink in hulle waardestelsels of honger na voorbanker-erkenning? Voorlopig wil dit lyk asof daar geen toekoms is nie vir wat Jan Rabie miskien as "Afrikaner" sou beskryf het – die Afrikaner-Afrikaan as protagonis van mens-wording, hibridisering, Andersmaak, métissage. Die weerstandige en die *vertaaler* – en ek bedoel werklik die twee a's – dit wil sê sy en hy wat in tale bloei en gesnoer word. En tog klop daardie drang en noodsaak diep in ons are.

WdV: Teenoor magtige, onbetroubare vertellers van hegemoniese narratiewe in verskeie bestelle, bied jou skryfwerk verskuiwende karakters en waarnemers met talle name en byname – almal lynreg gekant teen die onversetlike, oorkoepelende gebaar. Die ekke in jou skryfwerk wys met die sêslag die mens in sy knokkehuis van drome, begrippe en emosie is op 'n natuurlike manier dwars en nooit staties nie. Hoe skakel Afrikaans in by die Middelwêreld as 'n talige plek en as setel van mensvormende agentskap binne die benouende ruimtes van mag se kontestasies en eenduidigheid?

BB: Die Middelwêreld is ook waar mag afgewentel word, waar besluitnemers direk verantwoordelik gehou kan word vir hulle aksies. Ek weet ek is geneig om dit gelyk te wil stel aan die utopie. (Ka'afir, 'n ander niksnut wat al die jare al saam met my trewwel, het my onlangs spottend herinner aan 'n voorneme van destyds: "Jy skryf die self en herskryf die wêreld. Ons skryf van niksnêrens met die 'self' as bewussynsvertaler terwyl ons 'n swetterjoel karakters en mutasies en stories met ons saampiekel. Die verstand-handkombinasie werk soos 'n spieël wat in allerlei omstandighede en na die vier aangesigte van die wêreld opgehou kan word in 'n poging om die wete te verblind.")

Die byna ondenkbare in enige opset of bestel is om die wedersyds skeppende dialektiek van spesifisiteit (of die lokale) en die oorkoepelende en saambindende waardes (waaronder werklike begrip en toleransie) te akkommodeer. Mag bring dit wat die wreedste en mees ydele en seker ook die mees onsekere in ons is na vore. Dis byna asof mag die inwerkingstelling van self- en allesvernietiging beteken. Neem byvoorbeeld die digitalisering en daarom formatering van ons kennis en die gepaardgaande uitwissing van alle oopeinde- of demokratiese interaksie en selfs van die verifieerbare Waarheid.

Afrikaans sou ideaal die veranderaar kon wees, een van die protagoniste in die verménsliking (as skeppende en besinnende spesie) van 'n heterogene Mzansi, die manier waarop die aardse en die hemele op elkaar sou kon inspeel, die kragtige verbasteraar wat dit wat van elders ontspring, kan opneem en inheems maak sonder om die oerdanspassies te verleer. Dit laat my nou onthou dat al dans wat ek Jan Rabie ooit sien bemeester het, as eenbeendanser voor die ewigheid, soos David Kramer glo ook, die riel is – die wakkertrap van die oermoeders en die abbavaders.

WdV: Reeds vir baie jare en aansluitend by Jan Rabie se besef van die waarde van hibriditeit en die kreoolse vermenging en aard van Afrikaans, begryp jy ook as skrywer en digter Afrikaans is 'n manier van menswees. Watter moontlikhede sien jy vir die dialektiese ontginning van Afrikaans (jy praat van die Afrikaanse tale) vandag en hoe skrywers daarmee kan omgaan?

BB: Ek het iewers gelees van iemand wat beweer daar is geen dooie taal nie; daar is slegs slapende geheues. Die Sloweens waarin Tomaž

Šalamun sulke verstommende en universele gedigte in 'n modernistiese idioom geskryf het, het glo skaars twee miljoen sprekers. Enige taal wat wil lewe, moet egter ook 'n omgangstaal wees, funksionaliteit hê. "Alle taal is 'n soeke na tuiste," het Jalāl ad-Dîn Rûmî gesê. Afrikaans is reeds (of nog steeds) 'n dialek van menswees in groot gedeeltes van die land, en soos die ander dialekte van hibridisering is daar nog steeds begrippe en indrukke en klankdinge wat alleenlik in daardie taal raakgesê kan word. Om organies te probeer funksioneer in 'n ander taal – as statussimbool of uit polities korrekte oorwegings – is soos om jou kos met handskoene aan te eet. Dit is ook 'n tragiese miskenning van die aard van *taal*, die voorvereiste en kans wat dit is om eksistensiële ruimtes te verken.

Natuurlik (en verkieslik op natuurlike wyses) moet daar weggedoen word met die hiërargiese posisie van amptelike Afrikaans. Niemand is so opstert "suiwer" as die society-persoon wat die ryk basterskap van sy of haar ontstaan ontken nie. Ek dink die vermenging, die appropriëring en die omvorming sal voortgaan. Of daar nog erkenning sal wees van en vir enige uiting van Afrikaans, of wat dit dan ook genoem sal word, is nie seker nie. (Mense wil nie onthou nie dat "Afrikaans" maar net *dit* beteken: inenting, kruising, vermenging, in die mond neem om mak te maak, anderswoord en andersmaak.)

WdV: 'n Groot verskeidenheid gesprekke en met talle selwe, onder wie die leser(s), deurspek jou werk. Ook verken en problematiseer jy identiteits- en ander konstruksies. 'n Mens bring die politiek van menswees en maniere van kyk daarmee in verband. Wat bied hibridisering as 'n manier van kyk en beleef vir jou as skrywer? Vertel van die gesprek met die werk van John Berger.

BB: Om op die snykant van die meslem te lewe, nie seker of jy lém is en dus aanspraak kan maak op 'n mate van beheer of agentskap, of dit dan is wat gesny word en dus onverhoedse vorme kan aanneem of selfs heeltemal verdwyn om iets anders te word nie. Of op te hou bestaan. Dit kan nogal vreesaanjaend wees (of 'n ontsnapping?) om bewustelik/ onbewustelik te *transformeer* sonder die steierwerk van 'n soeke na mag of selfgelding of aansien of invloed en sonder 'n beoogde uiteinde.

Reeds die bewuste self is 'n immer wisselende (vormende en vervallende) samestelling. Daar is nie besinning of bewuswording wat die refleksie kan wees van 'n syn nie; daar is die bewuswees van verbygaan en hersamestelling ("aanhou beweeg en geraas maak" – en om stilte te beoefen is ook 'n geraas) wat aaneenvloeiend van instansie na instansie die skyn van syn skep. Dis oukei om mededoenlik te wees met jouself asof dit – of *omdat* dit – die ander is: die hulpbehoewende, die vertraagde, die sukkelaar. In die Boeddhisme sê ons jy moet, as konsekwensie van medelye en die afleer van vashou, na jouself omsien soos jy 'n sterwende met nege wonde sou verpleeg, dus sonder om daaraan geheg te raak. Maar dis 'n ander storie, eintlik 'n soort oponthoud en verblinding of afstomping om op jouself verlief te wees!

Van John Berger het ek oneindig veel geleer en dit gaan so voort. Nie sodanig van sy *Ways of seeing* wat sy benadering van visuele kuns en die geskiedenis daarvan verwoord nie, en die romans was ook nie juis die aanknopingspunt vir my nie; veel méér so die latere fragmentariese geleentheidskrywes, die vloeiende éénheid daarvan. Ek het in gedagte (en dikwels byderhand) werke soos *Hold everything dear,* asook *And our faces, My heart, Brief as photos*. Natuurlik fassineer die *mens* my eweneens, vind ek aanklank daarby dat hy ook beeldende werk gemaak het, dat sy betrokkenheid by oorlewingskwessies soos die Palestynse saak lewend gebly het, dat hy 'n uitgewekene geword het – eintlik onsigbaar op 'n klein dorpie in die Franse Alpe – dat hy vir die teater geskryf het (een van sy gepubliseerde toneelstukke het 'n waterverfwerk van my as omslag), dat hy dikwels verkeerd was, dat hy op byna outydse manier getrou bly aan 'n Marxistiese lewensbeskouing, gevorm deur die werklikheid. Hy skryf iewers: "Reality is inimical to those with power." Hy vereenselwig hom met hulle wat van alles ontneem is. Wanneer hy onthou hoe sy etos deur Caravaggio se werk gevorm is, sê hy: "I discovered that I wanted as little as possible to do in this world with those who wield power. This has turned out to be a lifelong aversion." Ek maak lukraak sy *Faces* bundeltjie oop en kom af op: "… How to treasure / the stream / of my tangled light / in the mountain / of what has been / and will be? // The balance is never made. // Yet in the night your eyes and mine / sounding one another / show no trace of vertigo."

WdV: Watter rol het die skrywer vandag by die oordrag van kennis, asook om te wys hoe tradisie en vernuwing werk buite die sfeer van net nog 'n kommoditeit te wees? Ek vra dit teen die agtergrond van Suid-Afrikaanse universiteite waar 'n bestaanskrisis ontstaan het. Kreatiewe energie word daar opgestel teenoor die belangekeurslyf van 'n politieke establishment, kritiese beskouing van wat kennis is teenoor die verwagtinge van markkragte, die beste van die menslike gees teenoor kommodifisering wat die geskiedenis geringskat; dosente wat praat van studente as kliënte in wie se kennisverbruik-behoeftes hulle wil voorsien...

BB: Ek het nie hoop dat universiteite, geskoei op die Westerse model, sal bly voortbestaan nie. Hulle is volledig onderworpe aan markkragte en -verwagtings en onder die duim van populistiese politieke varke (ek praat van dié diere in 'n Orwelliaanse sin) en ander poepholle aan bewind; nie dat die *Bestuur* nie sou voorgee hulle bly op die onafhanklike koers van kennisverwerwing en navorsing nie! Universiteite is al hoe meer stortingsterreine vir gegradueerdes wat nie in die normale beroepsomstandighede daar buite kan kompeteer of oorlewe nie.

Dis 'n kulturele ramp van historiese omvang, te meer so, siende dat daar begaafde en opregte leerkragte in van die departemente is wat sou kon help dat universiteite in hierdie oorgangsperiode hulle werklike funksie vervul as ruimtes en platforms van Suid-Afrikanisering, met 'n skeppende en verbeeldingryke impuls gerig deur onbevange etiese vereistes en die bevraagtekening van dogmas. In die proses sou hulle 'n nuwe generasie kon help toerus om die land te omvorm. Maar dit gebeur nie. Vir rigtinggewers is die universiteite die ideale samesmelting van die vorige minderheidsregime se belange en dié van die huidige trog-otte aan bewind, altyd op soek na nuwe plunderterreine. Op voorwaarde dat die "minderhede" se identiteitsgoedere, soos Afrikaans (wat gevaarlik kan wees vir die hegemonie), weggevee word. En wie beter om die vuil werk te doen as lakeie wat aan die tiete van daardie minderhede gespeen is?

Verraad, ook bekend as pragmatisme of aanpassing of "aanvaarding", is die slap ruggraat van die land se openbare akademiese lewe. Die heil, indien enige, soos ons ook elders in Afrika leer, is by lokale en nie-universitêre gemeenskapsinisiatiewe wat daadwerklike betrokkenheid en verantwoordbaarheid kweek – ruimtes van saam-mekaar-andersmaak waar nie opgegee of afgegee of oorgegee word nie, maar die geleentheid gebied word vir dié wat hét om aan te gee. Dit werk alkant toe en kan lei tot die ware uitruil van vaardighede en kennis. Elke dorp behoort so 'n gemeenskapshuis te hê. Waarop hulle konsentreer, sal bepaal word deur die samestelling van die bevolking in so 'n area.

WdV: Hoe beskou jy die Suid-Afrikaanse regering se benadering van kopieregwetgewing, ook die klimaat van sensuur waarbinne dit plaasvind? Dit het uiteraard implikasies vir lesers en skrywers.

BB: Die verlede leer ons die enigste effektiewe teenstand teen sensuur is weerstand op allerlei vindingryke maniere – kulturele guerilla-aksies, alternatiewe of ondergrondse publikasies, internasionale boikotte om die regime wat nié legitiem is nie te isoleer. Ons het geen vorige voorregte om na te hunker behalwe die etos en die dryfkrag van die stryd self nie. Dis duidelik dat die bewindhebbers slordig gaan probeer om 'n hegemonistiese opvoeding op die land af te dwing (en in die proses 'n finansiële monopolie te bevorder), onder meer met die veranderinge aan kopieregwette. Ons tydelike redding is die onbevoegdheid en die vraatsug van die besluitnemers.

Ek gee nou hoog op: In feite het ek nie veel hoop dat die vernielsugtigheid en blindelingse tot niet maak hom nie eers volledig moet uitspeel voordat daar dalk weer opgebou kan word nie. Kan dit gebeur? Die mense wat weet, wat sien kom, is monddood gemaak deur die skuld van hulle afkoms of oortuigings. Ons onderskat die mate waartoe koloniale uitbuiting en onderdrukking die saamlewe 'n dodelike en verrottende wond toegedien het. Daar is van Mzansi verwag om 'n ware voorbeeld te wees van wat Afrika kon word. Ons het gedog ons veg 'n eerbare stryd en wou nie insien dat dit net op propaganda berus het nie. Nou sal ons leer wat dit beteken om die Kongo te wees, of Soedan, of Mosambiek, of Libië... Tensy China die skrif aan die muur sou sien as synde tot sy voordeel om die land te stabiliseer.

WdV: Die situasie beklemtoon terselfdertyd ook die belangrikheid van wat etiese verbeelding op die kontinent kán beteken. Jou ontwikkeling hiervan kom al 'n lang pad. Al vir baie jare is jy betrokke by die ontwikkeling van kreatiewe ruimtes, denke en skryfwerk soos onder meer met Poetry Africa/Time of the Writer Festival, die Dansende Digtersfees en as dosent in kreatiewe skryfwerk aan die New Yorkse Universiteit. Jy vervleg dit alles nou saam op platforms vir kreatiwiteit in en van Afrika. Wat beteken die Gorée-instituut vandag vir jou en die werk wat al daar plaasgevind het, asook Pirogue wat daarby aansluit? Sluit iets hiervan aan by hoe jy skryfwerk beskouend benader?

BB: Eerstens moet jy onthou dat Gorée 'n eiland is met 'n lang geskiedenis as slawedepot, maar ook dat dit die vergestalting is van die saambestaan van voorouer-gebruike en meer onlangse gelowe en selfs van sinkretismes, van 'n baie konkrete koloniale aanwesigheid – die skole, die argitektuur – én dié van byna al die Senegalese kulturele families. Dis by uitstek die plek gefatsoeneer deur "'n geheue aan wind". Die Gorée-instituut is die daarstelling van 'n onmoontlike, maar tog so nodige droom in Afrika: hoe om demokratiese politieke prosesse te bevorder, hoe om haalbare en volhoubare gemeenskapsontwikkeling te kan implementeer, hoe om skeppende kulturele denke-en-drome-en-uitinge tot hulle reg te laat kom en sodoende 'n *werklikheid* van die omvormende en omvattende etiese verbeelding te maak. En dit alles met die burgerlike samelewing as voedingsbodem en met die doelstelling om, saam met ander, die ervarings en maatstawwe en kennis oordraagbaar te maak.

Die Pirogue Kollektief is 'n uitgroeisel van die instituut, maar betrek ook mense van buite die kontinent wat aktief skeppend op haar en sy eie terrein is – met die spesifieke doelstellings om poësiefeeste, karavane, publikasies (soos *Imagine Africa*), vertalings, residensies, en ander kreatiewe aktiwiteite te bemiddel. Gehalte, vrye interaksie oor taal- en geografiese en kulturele grense heen, om van denke en drome *dinge* te maak, selfstandigheid waar moontlik... Dit is déél van die keper.

My eie manier om vergestalting te benader, hetsy in woord of beeld, is so intiem vervleg met die geskiedenis van hierdie prosesse, ook alreeds net die omgewing waarbinne dit afspeel, merendeels Afrika, dat ek eintlik nie meer weet waar die "ek" begin of ophou en die "ander" my bevryding en wederhelf is nie! Iets wat my verblyf op die eiland my geleer het, is dat mens 'n Leser nodig het met wie jy aan tafel kan aansit, en die geluide van die nag kan deel.

WdV: Toe jy begin skryf het, hoe het jy gedink aan tradisie en tradisies ten opsigte van jou eie skryfwerk? In Opperman se poëtika word die indruk gewek die filosofie is iets waarvoor 'n skrywer versigtig moet wees. Jou werk is al genoem die eerste tradisie ná dié van Opperman. Vandag kan 'n mens terugkyk na *Die ysterkoei moet sweet* en *Katastrofes* en daarin bevestiging kry dat 'n reeds gevormde skrywerskap tóé al aan die werk was.

BB: Ek weet eerlikwaar nie wat filosofie is nie. Vandaar my ietwat lawwe verwysings na filosotterny. (Terloops, die Arabiese woord is *falsafa*, wat beide geloof en praktyk beteken.) Die een wat huidig by Sjymbos die leerstoel weldadig en welbehaaglik vul, is byvoorbeeld 'n filosofis wat in feite 'n mbongi vir die broeders grootbase aan bewind is. (Hulle wat bewind-pel is.) Gee my dan liewer die poësie wat geen enkele nut het nie en tog onontbeerlik is. Denktradisies soos gedra deur inheemse filosowe word vir my vergestalt deur Martiens Versfeld (Oom Tao) en die humanistiese twyfelaar Johan Degenaar. Ek beskou hulle, soos ander filostokers van die woord – Opperman, en Boerneef by wie ek klas geloop het – as my meesters. My ideale "filosoof" sou Leonard Cohen wees. Of Bertholt Brecht. Of Cesária Évora. Maar daar is ook ander opwindende stemme verder noord uit Afrika wat hulle merk laat op die terrein van "'n soeke na waarheid en sin": Souleymane Bachir Diagne staan uit. En was Frantz Fanon dan nie by uitstek 'n filosoof nie?

WdV: Van die woordgevoeligheid en musiek van 'n Cohen, Brecht en Évora gepraat – 'n meelewende kompliment – benewens reaksies op jou skryfwerk in die gedigte van ander skrywers – is dié van musiekmakers met waardering vir die woord, wat van jou werke toonset, verwerk en jou daarby betrek. Watter invloed of bevestiging het die musikale verwerking van jou woorde op jou as skrywer? Wat kom by en/of val weg met verwerking?

BB: Dis altyd toegevoegde waarde. Die toonsetters en ander musiekmakers lig kerneienskappe uit waarmee hulle kan werk – kleur, konstruksie, tekstuur, byklanke – en in die proses omvorm hulle by wyse van boetsering die droë muisgeraamtes in lewende wesens. Dit word werklik 'n outonome skepping. 'n Uitstekende voorbeeld is, om nou maar een te noem, Johannes Kerkorrel se verwerking van "Onse milde God". My enigste vrees is dat musici miskien die werk met te veel ontsag benader, of neig na dramatisering. Ek is werklik begerig om saam te kan werk, die moontlikhede van 'n kombinasie van stemme te ontgin.

Maar ek vermoed sommige van hulle is bang dat ek aan die sing sou gaan!

WdV: Jou werk bestryk gedigte en romans, hoewel toneelwerk, kortverhale, memoires, 'n besonderse skryfgids en ander narratiewe werk ook al in ander tale verskyn het. En reeds in van jou vroegste skryfwerk is daar 'n spel met die essay en die droom. Watter rol het dit in jou werk? Selfs waar jy "katalekte" weergee, word dit by die lees daarvan 'n samebindende geheel, of dit vuur die soeke aan na verdere verbande en betekenis. Hoeveel aan skryfwerk is vir jou herskryfwerk? Hoe het genres jou manier van sê as skrywer geslyp? En hoe bestryk 'n skrywer "buitewyke" van betekenis sonder om te "verval" in betekenisloosheid?

BB: Die bogaande vrae wentel saam rondom die aard en die bedoeling van skrywe, die benadering van daardie vreemde gegewe – die woord – wat nie joune is nie, wat jy vergesel vir 'n entjie, met wie jy 'n vertelling van vuur deel, met wie jy praat en wat jy dan agterlaat. Ek is bewus van die "gelykstelling" van, sêmaar, droom en verslaggewing, of die genres onderling. En ek is ook bewus van die boodskappe of verhoudings wat dit impliseer. Maar ek móét probeer om tegelyk aan te hou rekenskap gee van die bewuswordingsprosesse én rekening hou, nie net met die potensiaal van die woorde nie, maar ook met die onbekende versoekings wat hulle soms bied.

Dit gaan dus byna nooit oor 'n bewuste keuse van die formeel aanvaarde definisies van *feitelik* of *verbeel* nie. Dit gaan oor die *omgang* met woorde in die bed van sinne waarmee gespog gaan word in paragrawe uitgehang soos lakens. So mooi, so mooi asof ek hulle sélf gemaak het! Elke stuk skryfwerk is 'n nagbreek van beloftes. Die woord neem mens soms langs vreemde paaie. Herskryf is nie my manier van doen nie – veranderende patrone in die saamvoeging van fragmente dikwels wel.

Dis interessant om te sien hoe afdelings van skryfwerk mettertyd verval en dooie materiaal word, en nie net omdat die gedagtes wat hulle dra, sinneloos geword het nie. Ondanks die simpatieke aandag wat die werk ontvang, glo ek nie veel daarvan sal die toets van tyd deurstaan nie. Miskien enkele toonsettings, 'n stukkie vertaal hier en daar, dalk 'n paar aanhalings wat oorleef in ander gedagtestrome. Vir 'n wyle sal dit nog onthou word as 'n koddigheid in die laaste periode van Afrikaans. Eie aan die fenomeen van randfiguurskap is dat dit mettertyd 'n eertydse relevansie verloor. En dis soos dit hoort. Ek kan nie kla nie – ek het bo verdienste 'n goeie beurt gehad.

WdV: As jy terugkyk op wat jy alles al geskryf het, wat is die funksie van hibriditeit?

BB: Wat is "keuse" en wat "omstandigheid"? Vanuit die oogpunt van 'n alleenheerser – toevertrou met die belange en die geskiedenis en die etos van sy volk, is die ideale situasie dat die onderdane (of landsburgers) entoesiasties *verkies* om *Staatsmenschen*, zombies, te wees. Gedoop in 'n sousie van Confucianisme, voorvaderaanbidding, dissipline, hegemoniese nie-denke. Of – afhangende – Revolusie. Of as slagoffers in die aanskyn van die lonkende lig wat uit die Paradys op ons martelaars val.

Ek het redelik gou besef ek sal nie 'n lewe kan maak uit die skryfwerk nie; ek sou nie sistematies te werk kon gaan om woorde en beelde te produseer, in te ryg (en soms uit te ryg) ter vermeerdering van die vissies, belegging van die brode en hulle verhandeling soos dit 'n ordentlike neo-liberale of kapitalisskrywer betaam nie. Later het ek ingesien dat ink-aktivisme as sosialisskrywer ook nie my kerrievis-en-slaptjips kon wees nie, al was daar, en is daar nog steeds – raakvlakke met die stryd om sosiale regverdigheid wat vir altyd sal voortduur.

Die "hibriditeit" waarna jy verwys, is waarskynlik die vermenging van genres, poësie en prosa, "lig en donkerte, geheue en vergeet, etiek en onregverdigheid, permanensie en vervlieting" (soos 'n karakter in Ivan Vladislavić se *Double negative* dit stel). Daarby kom nog dat die verkleursoetjies in verskillende tale moes oorlewe op soek na binding. Wat is die binding? Of die verblinding…? Die interaksie met die konkrete van bewuswording, die verkenning van nikswees se eindelose ruimte, die koel vloei van in en uit. Noudat die oorlede selwe as 't ware te water gelaat word, is dit dalk tyd om die aaneenlopendheid, indien enige, te probeer indam.

Hierdie "lewe" (die een waarvan ons glo dat ons bewus is omdat ons daaraan vashou soos 'n leidraad uit die labirint), die tyd wat verbygaan en tog altyd staties is, die omklewing, en bes moontlik bestaan dit nié – of dan slegs as korrelaat, objektiewe maatstaf, sandglas, verskoning om ons eie verdwyning te meet, daarvan te weet in die falende poging om te bly onthou, behou (wanneer die koue begin knars) – die *lewe* is 'n vertelling van tyd. Ons bestaan omdat ons vertél, oorvertel, hervertel presies waar Dawid se stertvere uitgepluk is, probeer vergeet deur vertelling dat ons in ons moer is. Ons vertel mekaar so asof ons sou bestaan. Indien ek jou kan vertel, móét dit mos wees dat ek bestaan, dat daar interaksie is, léwe! Maar wat nou indien daar nóg lewe, nóg tyd sou wees? Slegs die optel en aftel, die opstel en afsê van vertelling?

"Ek" vergaar, maak bymekaar, gaar op, bêre in boksies en bottels en lêers en notaboekies, in kantlyne en op strokies papier, in onontsyferbare verwysings en verbeelde aanhalings, in halfklaar manuskripte wat geliasseer en vergeet word, of digitaal soek raak en nou op wolke heenkom. "Ek" is 'n snuffelaar, 'n aasdier, 'n ekster, 'n plagiator, 'n kykdief, 'n woordschnorrer, 'n droomnoom ... en in die nag wanneer ek myself nie hoef te herken nie, sluip ek af ondertoe en gaan plunder die spens. In die halfdonker hoef ek nie die etikette en die notas te lees nie, alles is goed om gebruik, verorber, weggegooi te word. En teen daglig is ek verbaas oor die skade, die skerwe, die smeersels, die vermorsing van gedagtes, die vernietigde konneksies. Wie was die inbreker? Wie is die vandaal? Wie is die barbaar wat hom aan geen nosie van eienaarskap steur nie? Of vernietig hy uit woede en frustrasie? Of net om plek te kan maak vir soberheid?

WdV: 'n Belangrike band in die formalisering van skryfwerk is dié tussen skrywer en uitgewer. Watter rol het verskeie uitgewers in die publikasie van jou werk gespeel sedert dit die eerste keer in 1964 verskyn het?

BB: Ek is bly en dankbaar dat wat ek skryf tot dusver nog altyd iewers 'n heenkome gekry het. Die aanbieding – formaat, lettertipe, versorging – kan sekerlik 'n verskil maak, maar dit is ook byna al plek waar die verskille tussen uitgewerye belangrik is. "Groot" uitgewers, waar dan ook, het nog nooit enigiets verander aan waarmee ek besig bly nie. Wat wel van onskatbare waarde is, is dat ek vir lang tye en met sleutelprojekte of oorgange so gelukkig was om besonderse agente en redakteurs te hê.

Rob van Gennep het my werk gevestig in baie tale ná die gevangenistyd. Laurens van Krevelen het gesorg dat ek nie die pad byster raak nie. Om deur Jill Schoolman van Archipelago gepubliseer te word, is om met die swaard geslaan te wees: Jy wil sommer net so op die een knie bly kniel. En dan was daar Drenka Willen van Harcourt en Robert McCrum van Faber & Faber. Tydens die donker tye van blatante sensuur onder die vorige bedeling het Daantjie Saayman se entoesiasme my gedra. 'n Ligtoring tóé was die durf van die musketiers – Ernst Lindenberg, Jonna Miles, Ampie Danster Coetzee, Gerrit Olivier, later as vormgewer ook Tienie du Plessis – wat van die donkerte lig gaan staan en maak het met die "alternatiewe uitgewery" Taurus. Hulle het daarin geslaag om sommer so onder die neuse van die broeders boeke en bundels te publiseer en versprei wat andersins nie die lig sou gesien het nie, en dit bowendien mooi te laat lyk! Die ironie is dat toe ek later toegetree het tot die kring van besluitnemers, die hele inisiatief in die grond geduik het. Maar intussen en tussendeur was daar oopmaakboeke, die Victoriawatervalberaad, en ook ander inisiatiewe. Ek is toe met my werk na Human & Rousseau – het altyd baie respek gehad vir Leon Rousseau – en eintlik na die sorg van koning Neels Breytenbach, waarby die Portugese Restaurant besonderlik gebaat het. En Alida Potgieter. Niemand ken my werk met so 'n suiwer aanvoeling as sy nie.

WdV: Literêre pryse kry verskeie implikasies met die gang van die geskiedenis, so ook die nietoekenning en weiering daarvan. Byvoorbeeld, die Letterkundekommissie wou eers in die 1980's die eerste keer aan jou 'n prys toeken wat jy toe geweier het. Tans speel internasionale markkragte 'n rol in die toeken van pryse (soos gesien kan word in die ongelyke hantering van genres). Vertel van jou ervaring en rol van pryse internasionaal vir jou skryfwerk, soos onlangs die Zbigniew Herbert-prys.

BB: Literêre pryse is 'n onding. Hoe vergelyk mens pere met appels? Daar behoort ander maniere en inisiatiewe te wees om "moeilike" werk te help bestaan (tot groter voordeel van die gemeenskap), of om om te sien na skrywers wat hulp nodig het. Die erkennings wat my bybly, wat die meeste vir my beteken het, was dié wat die name dra en gekoppel kan word aan skrywers wat ek bewonder. Die voorreg was dan dat 'n goed geïnformeerde jurie of die kulturele familie van 'n skrywer reken hulle herken iets in jou werk waarvoor die skrywer in wie se naam die prys toegeken word, nie skaam sou wees nie. Ek is trots op die Malaparte en die Pier Paolo Pasolini (Italië), die Hans Berghuisstok en die Jacobus van Looy en die Jan Campert en die Reina Prinsen-Geerligs (Nederland), die Alan Paton (Suid-Afrika), die Magmoed Darwiesj (Palestinië), die Max Jacob (Frankryk), die Zbigniew Herbert (Pole). En dankbaar vir die ander ook.

WdV: Jou boeke is van meet af aan ingeskat en bespreek deur gerekende professionele lesers wat bydra tot die begrip en belangrikheid daarvan. Hoe voel jy vandag oor 'n begrip soos *kanonisering*, oor die onder meer nivellerende invloed van die internet? Het die idee van "globale" toegang 'n enigsins valse onmiddellikheid gekry?

BB: Nee wat, ek kan nie sien dat daar kanonisering sou wees of kan wees nie. Ek het al gehoor daardie toestand van versiersuikering word *kaanon* genoem. Seker maar om dit te onderskei van "in sy kanondonder te wees". Die internet berokken ons werklik eksistensiële skade. Ek kan nie dink dat mense al ooit so hopeloos eensaam was soos vandat "globale" toegang op ons is nie.

Affekteer dit poësie? Dit hang seker af van wat ons onder daardie term wil groepeer. Die praktyk/dissipline/soeke/askese van lééf-omdat-ons-sterwe, is die één eksistensiële behoefte en "uitdrukkingsvorm" wat deur alle eeue en tale en kulture en gebruike en misbruike heen nie verander het nie. Dit sal nooit gesien word as toeganklik vir die meerderheid mense nie, terwyl dit in feite nié hermeties of elitisties is nie. Almal onthou die deuntjie soos 'n byna vergete minnelied. Dis tegelyk intens persoonlik en stem-uniek én die mees algemene besit. En 'n gedig bestaan slegs vanaf die oomblik dat dit werklik in besit geneem word deur die individuele leser. En omvorm. Vantevore was dit maar net 'n proposisie. Jy lees 'n ou Chinese stiltebeoefenaar van eeue gelede en dis asof hy hier langs jou sit en klets oor heilige koeitjies en offerkalfies.

Om te dig (die heldere te verdig) is 'n dialektiese gesprek tussen afwesigheid en aanwesigheid – die kuns om weg te laat en ruimte te skep vir wat moet inkom. Dit is om 'n oppervlak te skep. Wat is die nut daarvan om "mooi" te maak as niemand dit kan sien nie? Dit sal nie "gelees" word nie: Maar nogtans word die woorde aan die wind toevertrou. Veral aan wind wat die aanwesigheid van afwesigheid is, die asem van onsterflikheid en van die dood. Ek sou graag wou sien dat die meer intieme gesprek tussen poësie en wind en die natuur en mure onderstreep en aangedui word. Gedigte op vlae, vragwaens, parkbanke, opgehang aan bome, as windsels om doodskiste. As ons tog net sou kon verhoed dat dit gebruik word om die verbruikerswaansin op te jazz, om toerisme te bevorder!

WdV: Wanneer jy terugkyk op die paaie, daar na wie of wat rigtinggewend was in Europa wat betref jou werk, wat was die beste aanwysers en hoe het jy dit besef?

BB: Die goeie geluk om te besef wanneer ek met goeie mense te doen gekry het, wat dan lei na iets soos die Graf van die Onbekende Digter aan 'n grag in Rotterdam of na passievolle vertalers soos Jerzy Koch en "familie" soos Georges Lory, en na 'n geestelike tuiste soos dié van Yves T'Sjoen se Gent. Koch en Lory is twee vertalers en bekendstellers wat deur die jare ook, onder andere, Adriaan van Dis, Hans ten Berge, Laurens van Krevelen en Jill Schoolman ingesluit het.

WdV: Om te skryf is ook 'n vorm van vertaling, het jy by geleentheid uitgewys. Wat aan vertaling is vir jou blywend van waarde en hoe sluit dit aan by jou siening van die rol van skryfwerk?

BB: Ek probeer die siening aanvaar te kry dat *vertaaler* 'n sinoniem vir *digter* is. Vertaling – om oor te gaan van die een taalwêreld na 'n ander – is, glo ek, om oorspronklik te skrywe met een vereiste of struikelblok méér – naamlik die objektiewe belange of aanwesigheid van die brontaal. Dit verg 'n meer gesofistikeerde vaardigheid. Dis ook 'n voorreg van diep-lees en ontkleding van die brontaal wat mens normaalweg selde sou doen as dit nie was vir die gesprek tussen twee tale waarvan jy nou deel is, of wat jy nou afluister nie. Dis ook 'n veel strenger uitdaging, want alhoewel daar net één "oorspronklike" is, kan die vertalings byna eindeloos aantel. Dis hoekom 'n "goeie" vertaling 'n eie skepping is, anders as, maar net so sterk of sterker as die originele. Maar sommige tale, soos die variante van Afferkaans, loop kaalbolyf rond (dit is 'n voordeel van ons bastertaal dat 'n nuutskepping indien dit maar naastenby te staan kom vir wat dit bedoel of aantoon of suggereer, so te sê onmiddellik opgeneem word) terwyl 'n taal soos Frans 'n borstrok dra. Dit het al met my gebeur dat 'n vertaler na Frans vir my laat weet: "Dit kan nie in Frans gesê word nie!"

WdV: 'n Vervreemdende aspek (en 'n vonds vir lesers) is die feit dat heelwat van jou werk aansluit by tradisies wat nog maar selde, indien ooit, deel van die Afrikaanse letterkunde gevorm het. Wat bring skryftradisies van elders vir jou by die (Suid-)Afrikaanse leser uit?

BB: Is dit dan nie die relaas van ons mensegeskiedenis nie? Reeds sedert die oer-kug van die primaat het ons "oorkant die horison" gaan soek. Na wat? Na wie? En toe noem ons dit wat ons nie gekry het nie – die Afwesige – God. (Maar dis 'n ander storie.) Alle kennis – dikwels selfs die weer onthou van strukturerende mites – is oorgedra uit die bewaarskure van ander gebruike, ander tale. Ons weet alles te alle tye, ons is verslinders van dieselfde ruimte (wat kleiner en meer bekrompe geword het omdat ons nou weet ons is één) – ons onderdruk net by tye en soms vir lang periodes die insigte wat ons nie kan gebruik nie of wat ons ongemaklik maak. Soos by Sjymbos waar gesonde verstand onderdruk word ter wille van die Gewilligheid.

WdV: Wat rig jou vandag in die skrywende gesprek en verwysing na Oosterse filosofieë, maniere van kyk en wees?

BB: Miskien die besef dat mens in 'n voortdurende nagmaal/dagmaal-gesprek met alles om jou is. Dat daar geen oplossing van Buite of van Bo is nie (wel allerlei wegwysers) – maar net die oplos-sing van *óf-óf* tot *is-is*. Om op die rug van die brandende ysterkoei die niet in te ry en te basuin: *"Mouna Liesa kyk wie's hiesa!"* Ons moet ook nie die effek van omstandighede onderskat nie. Jan Rabie se vroeëre romans is byvoorbeeld waarskynlik sterk beïnvloed deur die eksistensialisme wat desperaat gegroei het uit die puin van oorloë en die wete van die uiterste wreedheid waartoe die mensdom in staat is. Dit verf die werk ook vas in daardie periode. Ons lewe in tye waar ons voortgesette bestaan as spesie (as evolusionêre flater?) sienderoë vernietig word. Nie van buite nie, maar deur onsself. Die alternatief vir wat deurgaan as "globalisering" – die soet naampie van wêreldkapitalisme se mensvretery – is haas ondenkbaar. "Oosterse" maniere van kykwees dra vir my die asemritme van in-en-uit, van estetika se intieme onderaarse verbintenisse tot etiek. Maar dis nie afsondering of ontvlugting nie: Die antwoord wat uit die niet kom, is: *"Voertsek!"*

WdV: Boerewyshede en Oosterse wysgere kry saam-saam plek in jou skryfwerk. Wat van die een sien jy raak by die ander?

BB: Die voete op die grond. Die saamlééf van dood en lewe. Die verstomming onder die maan. Die donkiedronkenskap. Die instinktiewe medeliefde.

WdV: Jy haal skrywers in verskeie tale en vanuit verskeie tradisies in jou werk aan. Die neerskryf van aanhalings is dalk meer outobiografies as wat dagboekinskrywings is, het iemand op 'n keer gesê. Die skrywer Charl-Pierre Naudé noem dat jy op 'n slag iemand aangehaal het – een van die treffendste frases in die betrokke werk – maar dat hy daardie aanhaling daarna nêrens elders kon opspoor nie. Sy vermoede is dat jy van jou beste werk soms iemand anders in die mond lê. Vertel van die ondergewaardeerde rol van goedgeplaaste jakkalsstreke in 'n literêre werk.

BB: "Dit is 'n teken van groot innerlike onsekerheid as jy vyandig gesind sou wees teenoor die onbekende." Anaïs Nin het so gesê. En Salvador Allende: "Om 'n skrywer te wees en nié eweneens 'n revolusionêr nie behoort 'n bykans biologiese kontradiksie te wees." "Voor die revolusie was ons slawe; nou is ons die slawe van voormalige *slawe.*" – Ka'afir. "Being right clouds the mind." – Breyten Breytenbach. "'n Hoender wat koud is, is boud vir die werf." – Charl-Pierre Naudé. "... Time is often recognized within the space of a trajectory of memory. Exceptionally, if you calm and deepen awareness sufficiently for it (time? the awareness?) to be an uninvolved observer, it is also the clear space of presencing where all contradictions are absorbed/absolved and undone as part of the parcelling of unfolding and space-making. So what is time but a clarity of focus memory?" – Bill Dodd.

Ek is maar te bly indien iemand anders iets wat ek sou kwytgeraak het in die mond wil neem. Ons is almal skimme van mekaar se gedagtegang. Wie het wié gedroom? Aanhaling is 'n manier om in gesprek te tree met iemand wie se opweging of oordeel of insig jy verlang.

WdV: Jan Rabie het verwys na iemand soos Henri Michaux as iemand wat sy taal praat. Watter skrywers praat vandag jou taal?

BB: Ons het van hulle teëgekom in hierdie onderhoud. "Vandag" omhels ook al die voorgaande gisters. Ek het die onskatbare voorreg gehad om met die sterkste digters van ons tye te kon saamlees en veral na hulle te luister: Neruda, Milosz, Lucebert, Claus, Darwiesj, Bei Dao, Heaney, Zagajewski, Ilya Kaminsky, Ko Un, Brodsky, Merwin, Laâbi, Paz, Sanguineti, Amichai, Šalamun, Remco Campert... Die mense wat ek lees vir voeding of vir inspirasie is meestal digters. Ek dink hier aan Lorca, Magmoed Darwiesj, Gary Snyder. Maar dan is daar byvoorbeeld ook Pessoa van die Middelwêreld, en Hannah Arendt, en Constantine Cavafy. En Boerneef. En Marlene van Niekerk. Tranströmer. Robert Walser. En dié wat digters is sonder dat hulle dit wil weet, soos Rian Malan.

Ek lees egter veels te min en nie volhoudend of met genoeg oordeelkunde nie.

Miskien moet ek tog byvoeg dat Afrikaans as uitklaringsruimte vir nasiebou of slegs as lewenskragtige omgangstaal besig is om in te krimp. Skynheiliges en boelies van die vorige bedeling – nog steeds dieselfde establishment – het dit besoedel; nou gooi opportunistiese skynheiliges die kind met die vuil badwater uit, al spartel die kind nog. Ons sal hierdie soort van gesprek nie oor 'n klompie jare in Afrikaans kan hê nie. Daar is eenvoudig nie genoeg mense wat omgee vir die naakte liefde en die helder synpotensiaal en die selfbevraagtekening van Afrikaans/ hibridisering as moedertaal nie. En daar is 'n oorwig aan roggelende demagoë as napraters wat glo dat hulle moralisties korrekte narsisme die resonansie van selfgelding sal hê. Te veel sogenaamde Afrikaanssprekendes is eenvoudig kop-gekoloniseer. Hulle kan dit nie kleinkry dat die lokale 'n voorvereiste en 'n organiese weerspieëling van die universele is nie.

>
> *(vir William Merwin, 'n vertaling van sy weggaan)*
> nou is al my meesters
> daarmee heen
> uitsluitend stilte
>
> en slaap ons verder
> met kompasse van medelye
> in die hande
> om die afstande
> na nikswees
> se mate te meet
>
> en te vergeet:
> uit wat ons in tye nie vas kan hou
> word sterre in stof gestippel

WdV: Deur al die roerige tye, ook dié wat jy op 'n wêreld- en unieke verhoog al vir baie jare meemaak, is Yolande daar. Vertel asseblief van haar rol en jul saamreis deur baie boeke en oor jare heen.

BB: Dis 'n relaas, 'n verslag wat meer as een atlas sou verg om selfs naastenby geboekstaaf te word. Méér kon ek nie voor gevra het nie: Iemand, 'n persoon in eie reg met 'n eie en 'n diep geskiedenis, met kwesplekke en soms angste wat ek nie eens kan inskat nie, en wat nog altyd geweet het hoe om dit haalbaar vir my te maak om die kronkelpaaie te loop wat ek geloop het (en haar dikwels op saamgesleep het). Sy sien die goeie – nou ja, kom ons sê die leefbaarheid – in my raak. Sy stel nie die minste belang in aardse eer of aansien nie. Sy weet ook dat ek my dood skryf, letterlik. Sy het 'n aanvoeling vir my skilderwerk wat op geen vooroordeel berus nie. Het sy kon besef dat ek haar blootstel aan 'n wêreld van verskriklike en verarmende diskriminasie? Maar sonder enige voorbehoud is my familie haar familie, my vriende haar vriende, en het sy meer vriende as wat ek ooit sal hê. Sy weet ook dat ek weggevoer word op vyandighede wat uiteindelik op niks berus nie, wat net 'n oormatige eiewaan aanblaas. En bo alles bly die wonder dat hierdie lieflike en gevoelige en intelligente jong skoonheid haar lewe aan my toevertrou het al die jare gelede en die lewe vir my kosbaar maak soos niks anders dit sou kon doen nie.

Franco Sud-Africain French

Just off the Place de la Contrescarpe in a street leading down towards the Rue Cardinal Lemoine there's a plaque indicating where Ernest and Hadley Hemingway lived for a while during the 1930s. In his *A moveable feast* it says that they were young and poor and happy there.

It is still the way I feel about Paris. This is where I came in my early twenties, having no means to go further. Here I survived as so many thousands before – living from cold hand to ever hungry mouth, kipping on the studio floor of a commiserate foreign artist, drinking cheap wine, working *au noir* as a house painter, lining up before dawn outside the Préfecture with throngs of anxious "travellers from nowhere to nowhere" to wheedle a residence permit from some indifferent or hostile state agent, writing poetry, dreaming of a fraternal and just world... This is where I met the woman who would become the heart of my life.

The Afrikaans writer, Jan Rabie, wrote his small masterpieces in a Latin Quarter garret while making his living as a male model; I took Ingrid Jonker to the St Anne mental hospital; Gerard Sekoto played jazz piano in a nightclub pretending to be American while stocking his wistful paintings of South African township life under his bed. How could anybody know what a South African was supposed to look like?

Here I learned about solidarity and generosity and resistance. It was the time of the Algerian war; later Vietnam, Latin America, Palestine. I gradually understood the imperialist depth of Euro-centeredness and got to recognize the prancing and posturing of politicians who knew the poor parts of our planet only enough to boost their demagoguery and fill their pockets.

Time passed. There was May 68. Anti-apartheid support became expedient. France blustered and fustigated the racist regime, while providing them with arms and attempting, using influence with Houphouet-Boigny and Senghor, to break African attempts at isolating South Africa. The ANC, alienated proto-Englishmen, had no sense about French politics other than what they were told by the French Communist Party. I left on an ill-fated underground trip with the assumed identity of Christian Galaska. Down there, people asked if I knew the writer Breytenbach who used to live in Paris but was now rumoured to be in China.

OOR DIE ONDERHOUDVOERDER
Willem de Vries is 'n voormalige boekeredakteur van die Afrikaanse dagblad Die *Burger*. Hy lewer tans gereeld onderhoude vir *Voertaal*, susterpublikasie van die aanlyn joernaal *LitNet*. Verskeie van sy kortverhale is opgeneem in versamelbundels en is op *LitNet* te lees.

2
Die belang van 'n morele verbeelding
Willie Burger

Inleiding: konstantheid van verandering

In haar boek *Breyten Breytenbach as openbare figuur* (1990) verduidelik Francis Galloway dat Breytenbach sedert die begin van sy loopbaan as Afrikaanse digter in die 1960's nie slegs "as Sestiger" 'n "politieke figuur" geword het nie, maar dat hy "op grond van sy persoonlike openbare uitsprake en optrede teen apartheid wat hewige reaksie van sowel literêr-geskoolde lesers as die algemene publiek uitlok", 'n belangrike "openbare figuur" geword het. Sy haal André P. Brink in dié verband aan waar hy skryf:

> He [Breytenbach] is indeed one of the greatest poets Afrikaans literature has yet produced; but what makes him politically relevant is that to an overwhelming majority of people who have never read a single line of his verse, he has become a symbol of resistance to oppression. To many Africans, Coloureds and Indians he has given new hope: because of his marriage and because of his convictions. As a result, every line of poetry he writes – even if it is the purest lyrical verse – acquires political implications. (Brink 1983: 86[1] in Galloway 1990:2)

Die talle, dikwels omstrede, toesprake en briewe waarin Breytenbach aan openbare debatte deelgeneem het, is nog nie sistematies ondersoek met die doel om Breytenbach se denke, wat telkens die intervensies onderlê, te beskryf nie. Andrew Nash het wel in *The dialectical tradition in South Africa* (2009a) Breytenbach se denke op grond van sy prosa en digbundels, eerder as op grond van openbare optredes, binne die dialektiese tradisie geplaas. Nash wys hoedat Breytenbach se denke enersyds uit 'n Marxistiese denktradisie put, en andersyds berus op Boeddhis-

---

[1] Brink, André P. 1983. *Mapmakers. Writing in a state of siege*. Londen: Faber & Faber.

tiese uitgangspunte, maar beklemtoon dat sy denke in die dialektiese tradisie van N.P. Van Wyk Louw se "oop gesprek" staan, soos verder ontwikkel deur Johan Degenaar, en dat Breytenbach ook deur Martin Versfeld beïnvloed is.

Breytenbach self was egter krities oor die begrip *oop gesprek* en in 1973 noem hy die begrippe *verligtheid* en die *oop gesprek* in een asem in 'n artikel met die betekenisvolle titel "'n Toe gesprek". Albei die begrippe is vir hom 'n "vorm van egoïsme, 'n selfbevrediging, 'n ontworteling, 'n luukse. 'n Manier om nie die ware oorsake van ware probleme raak te sien nie. Salf vir kankerlyers. A lilac flag on a mudbarge" (1973:13).[2] Breytenbach se minagting vir Louw se begrip *oop gesprek* beteken egter nie dat Louw se denke nie 'n invloed op hom gehad het nie. Johan Snyman (2006) maak in 'n voetnoot die belangrike opmerking dat Breytenbach aspekte van Louw se denke radikaliseer en omkeer – 'n stelling wat hier onder verder ondersoek word.

Aspekte van die Marxistiese en Boeddhistiese tradisies is herhaaldelik in *Parool/Parole* teenwoordig, maar wat opval in die bundel "toesprake" is dat Breytenbach telkens in spesifieke situasies reageer, dat hy besonder sensitief is vir die spesifieke konteks, die historiese moment waarop hy reageer en dat hy telkens die idees uit die verskillende denktradisies, in reaksie op elke konkrete situasie, herbedink. Die verskyning van *Parool/Parole. Versamelde toesprake/Collected speeches* (Breytenbach 2015) waarin negentien van Breytenbach se toetredes tot openbare debatte oor byna 'n halfeeu heen byeengebring is, bied 'n ideale geleentheid om na te gaan hoedat hy in elke situasie kreatief uit die verskillende tradisies put.

Breytenbach word soms verwyt dat hy reaktief optree en telkens uitsprake maak wat anargisties voorkom, maar in hierdie opstel wil ek aandui dat sy denke deur al die jare konstant gebly het en dat sy reaksies en openbare optredes, ondanks oënskynlike verskille en selfs teenstrydighede daarin, asook die uiteenlopende situasies waarin hy uitlatings oor verskillende onderwerpe gemaak het, 'n merkwaardige samehang toon. Dit is gebruiklik om, ten minste wat sy poësie betref, te onderskei tussen Breytenbach se voor-tronkfase, tronkfase en na-tronkfase (kyk onder meer na Viljoen 2015). Nash redeneer dat Breytenbach in sy "Okhela-

---

[2] Galloway (1990:10 en 126) wys op Breytenbach se teenkanting teen die idee van die "oop gesprek".

fase", tydens sy betrokkenheid by die "ondergrondse beweging", sterker by die Marxistiese tradisie aangeleun het, maar tydens sy tronkstraf weer nader aan die Boeddhisme beweeg het en homself daarom na sy vrylating as 'n "Zen-kommunis" beskryf het (Nash 2009b:11–12). Wat egter opval in die "politieke toesprake", is dat Breytenbach se denke oor byna vyftig jaar heen, nieteenstaande oënskynlike teenstrydighede in sy reaksies op uiteenlopende situasies, eintlik dieselfde onderliggende uitgangspunte behou.

Natuurlik is dit 'n gewaagde en selfs by voorbaat gedoemde onderneming om Breytenbach se denke te probeer vaspen omdat hy self voortdurend die vaslê van denke vermy en daarom meestal poëtiese taal, vol metafore en veelduidige beelde, gebruik. Hy is lief vir die beeld van die verkleurmannetjie, reis is 'n sentrale motief in al sy werk en hy vermy die vaspen van sy eie denke omdat dit te geredelik tot stagnering en dogma kan lei. In "Drinking moon: An illusion of selves" (2013/2015:160)[3] skryf hy:

> And thus my contribution to our conversation consists of scattered thoughts, risky references, appropriations, approximations, quotes… But it would be an imposition to pretend to cohesion and clarity of reasoning and presentation of this chopped, fragmented dialogue with its manifestations of a process attempting to bring about transformation in the interaction we have with the inevitability of death […].

Hoewel Breytenbach hier na sy bydrae tot die spesifieke gesprek (Einstein Forum, Potsdam in 2013) verwys, geld die opmerking vir baie van sy skryfwerk wat dikwels fragmentaries is en daarom is dit ook misbruik maak ("an imposition") van sy werk om te probeer om 'n samehangende beeld van sy denke oor 'n halfeeu heen, soos weerspieël in hierdie versameling toesprake, te probeer gee.[4] Ek meen dat dit wel moontlik

---

3 In verwysings na die tekste wat in *Parool/Parole* opgeneem is, word deurgaans twee datums gegee, eers die oorspronklike datum van aanbieding of publikasie, gevolg deur die verwysing na die datum en bladsynommer in *Parool/Parole*.

4 Dink in hierdie verband aan die fragmentariese aard van onder meer Breytenbach se prosawerk soos *A veil of footsteps* (2008) en *Woordwerk* (1999) en sy voorliefde vir die dialoog tussen verskillende "selwe". *Boek (deel een): Dryfpunt* (1987) word gekenmerk deur 'n werkswyse wat benaderings en fragmentariese idees saamgooi – in hierdie geval moontlik toe te skryf aan die omstandighede waarin hy die boek geskryf het – maar nietemin ook kenmerkend van sy ander werk.

is om uit die uiteenlopende toesprake en ander uitsprake, gelewer oor byna vyftig jaar op 'n verskeidenheid van forums en oor verskillende temas, 'n beeld te vorm van Breytenbach se denke wat konstant bly. In hierdie denke is daar 'n noue verbintenis tussen die etiese en estetiese: Telkens maak 'n estetiese impuls etiese optrede moontlik. Waar Breytenbach in latere werk skryf oor die noodsaak van 'n "morele verbeelding" (onder meer in "This existing; that arising", 2009/2015:142), is dit reeds in sy eerste teks in die bundel duidelik dat die estetiese (die verbeelding) vir hom noodsaaklik is vir etiese handeling. Hierdie verbintenis tussen die etiese en estetiese staan in 'n lang tradisie waarvan die spoor van Immanuel Kant af deur Van Wyk Louw tot in Breytenbach se denke gevolg kan word.

Parool/Parole word as "Versamelde toesprake/Collected speeches" aangebied, maar al die tekste wat daarin opgeneem is, was nie oorspronklik noodwendig toesprake nie. Al die stukke is wel maniere waarop Breytenbach by openbare debatte betrokke geraak het en hulle lewer bydraes tot gesprekke oor die (Afrikaanse) letterkunde, die Suid-Afrikaanse politiek, kuns, meer algemene eksistensiële vraagstukke, en praktiese vraagstukke oor armoede, die ekonomie, korrupsie, en oor taal- en identiteitsdebatte. Die uiteenlopende aard van die bydraes en die feit dat hulle oor 'n halfeeu in veranderende omstandighede gelewer is, maak die samehangende denke daarin merkwaardiger.

Breytenbach se openbare optredes word telkens gerig deur 'n etiese vraag. Etiek word vir die doel van hierdie opstel op die spoor van Wittgenstein[5] gedefinieer as "die regte manier van lewe":

> Ethics is the enquiry into what is valuable, or, into what is really important [...] the enquiry into the meaning of life, or into what makes life worth living, or into the right way of living. (Wittgenstein in Kenny 1994:289)

In elk van hierdie toesprake of ander bydraes staan die vraag na "die regte manier van lewe" sentraal. Telkens word gevra hoedat Afrikaanse skrywers, kunstenaars, Afrikaners, Afrikane, jongmense, politieke leiers "die regte manier van lewe" kan vind, te midde van geweld, korrupsie,

---

5 Ek maak van Wittgenstein se definisie gebruik omdat hy ook 'n noue verbintenis tussen die etiese en die estetiese in sy werk tref, onder meer met die beroemde uitspraak: "Ethics and aesthetics are one." (Vir 'n bespreking van hierdie uitspraak kyk onder meer na Collinson 1985.)

armoede, ekonomiese krisisse, uitsluiting, onderdrukking en die probleme veroorsaak deur "geleende ideologieë" (2014/2015:175). Die etiese reaksie, "die regte manier van lewe" waarop Breytenbach aandring, spruit telkens, ondanks die uiteenlopende situasies, enersyds uit die afwys van vastigheid en dui andersyds op 'n voortdurende oopstelling vir verandering, op beweging en die oophou van moontlikhede. Hierdie oopstelling vir nuwe moontlikhede word in Breytenbach se denke veral moontlik gemaak deur die kreatiewe verbeelding – spesifiek deur die verbeeldingryke aanwending van taal wat lei tot 'n "morele verbeelding": "We know that if we wish to contain the scavenging dogs of power, we must exercise the practice of a *moral imagination* [...]." (2009/2015:139, oorspronklike beklemtoning)

Breytenbach voer ook in "Drinking moon" (2013/2015:166, oorspronklike beklemtoning) aan dat 'n "etiek van oorlewing" verbeel kan word – dat dit nodig is om ter wille van die oorlewing van die mensdom 'n ander etiek te verbeel: "Surely, we can *imagine* the ethics of survival?"

Hierdie bespreking van Breytenbach se denke, waarin die etiese en estetiese so nóú vervleg is, verloop in drie dele. Eerstens word gefokus op sy aandrang om met "al die passie en die trots en die nederigheid van ons ouerwordende vlees NEE te skreeu" (1968/2015:7). In hierdie afdeling word uiteengesit hoedat Breytenbach deurgaans "nee skreeu" vir verstarring, dogma, vaste definisies, mag, burgerlikheid, die onderdrukking van kreatiwiteit, die aandrang daarop om iewers te behoort, teen tuiskoms en teen die verbruikersgemeenskap. Volgens 'n oppervlakkige waarneming kan hierdie "nee skreeu" lyk na 'n bloot reaksionêre bevordering van anargie, maar dit word duidelik dat Breytenbach se "nee skreeu" veel komplekser as 'n blindelingse reaksie is.

Tweedens val die klem op die manier waarop Breytenbach deurgaans met taal gemoeid is. In hierdie deel word uitgespel hoedat Breytenbach juis "nee skreeu" vir taal wat vaspen, definieer en dogma word aan die een kant, maar ook pleit vir die moontlikhede wat taal as bron van vernuwing, van bewussynsverruiming bied en hoedat estetiese vormgewing (vernaamlik deur taal) noodsaaklik is vir etiese optrede. Die verbeeldingryke, estetiese aanwending van taal maak etiese optrede moontlik, onder meer omdat dit 'n ruimte skep waarin die "ander" ontmoet kan word en omdat dit die "droom" (selfs "utopie") moontlik maak. Die implikasies van Breytenbach se "nee skreeu" en sy denke oor taal, word ook verbind met beweging, een van die sentrale motiewe in sy oeuvre. Beweging is die teenpool van stagnering. Beweging, wat gelyk gestel word aan kreatiwiteit en die verbeelding, vorm uiteindelik die enkele morele impuls wat al sy werk onderlê. Ten slotte word hierdie beskrywing van Breytenbach se denke in die derde deel aan enkele kritiese opmerkings gemeet.

Om "NEE te skreeu"

Reeds in die eerste teks wat in *Parool/Parole* opgeneem is, 'n brief aan die redaksie van *Kol*, in 1968, moedig Breytenbach die jong Afrikaanse redaksielede aan om nooit "ja-broers" te word nie, "maar met al die passie en die trots en die nederigheid van ons ouerwordende vlees NEE te skreeu" (1968/2015:7).

In hierdie teks moedig Breytenbach die jong skrywers, wat 'n nuwe Afrikaanse tydskrif op die been wil bring, aan om "nee te skreeu" vir enige pogings om die *Afrikaanse letterkunde*, *Afrikaans* of *Afrikanerskap* vas te pen, as gegewe werklikhede te aanvaar en te isoleer, eerder as om hierdie definisies en begrippe te plaas en oop te hou vir voortdurende verandering, vir bevraagtekening, deur hulle binne-in 'n groter konteks te beskou (1968/2015:5).

Byna elkeen van die agttien tekste wat hierop volg, doen op soortgelyke wyse 'n oproep op die leser om "nee te skreeu" vir vaste definisies en dogma. Om "nee te skreeu" vir vaste definisies, vir suiwerheid, uitsluiting en isolasie blyk 'n etiese uitgangspunt vir Breytenbach deur sy hele oeuvre te wees. "Nee skreeu" is by Breytenbach die weiering om stagnasie te aanvaar. In "'n Blik van buite" (1973/2015:8–16) verset hy hom teen die "stolling" in 'n stamidentiteit. Ook tydens die ontvangs van die Rapportprys in 1986 wys hy daarop dat "ons apartheid bedink en toe deur ons apartheid uitgedink is sodat ons vasgeweef leef in die oneindige selfkreërende vlegwerk van 'n burokratiese totalitarisme" (1986/2015:33). Vaste definisies pen vas en moet verwerp word. Hy praat ook daaroor in "Dog's bone", wanneer hy "kultuur" beskryf as "a devilish spawn of totalitarianism" (1994/2015:63) wat floreer in Nazi-Duitsland, Stalin-Rusland en in Suid-Afrika, omdat "kultuur" in totalitêre state deur die staat gedefinieer word, wat dan lei tot die verbod op alles wat nie met dié vaste definisie ooreenstem nie. Daarom pleit hy in hierdie teks ook vir 'n "nee skreeu" teenoor enige vorm van politieke korrektheid, sentimentalisme en "goeie smaak". Hy pleit vir die ondermyning van die tirannie van 'n enkele nasionale verhaal. "Nee skreeu" is kennelik nie blote anargisme nie, maar noodsaaklik om 'n ruimte te skep waarbinne kreatiwiteit kan floreer. Kreatiwiteit word aan bande gelê deur die totalitarisme van definisies en politieke korrektheid, sentimentalisme, goeie smaak en ideologie. Die eerste stap om kreatiwiteit moontlik te maak, om alles in beweging te hou, is om "nee te skreeu". Nee skreeu is die "bevraagtekening van 'n ortodoksie" wat dikwels as "anargisties" ervaar word, sê Breytenbach in 2008 tydens aanvaarding van die Hertzogprys (2008/2015:131). Om "nee te skreeu" is vir Breytenbach die verwerping van alle vorme van mag. Nash (2009b:20) wys daarop dat Breytenbach die ondergrondse beweging verwerp het terwyl hy in die tronk was omdat hy toe besef het dat 'n ondergrondse beweging glo in dissipline. Die behoefte aan dissipline is in beginsel ondemokraties en word geregverdig deur 'n behoefte aan mag. Mag is vir Breytenbach 'n totalitêre konsep.[6]

Sedert die middel van die 1990's gebruik Breytenbach toenemend die begrip *Middelwêreld*. In "(Notes from the Middle World)" word dit duidelik dat bewoning van hierdie onvaspenbare streek 'n manier is om "nee te skreeu" vir definiëring deur 'n posisie van "irreducible marginality" in te neem (1996/2015:73). Die Middelwêreld is 'n posisie van waar "nee geskreeu" kan word – dit is nie die parogiale, die huis waarvandaan jy vertrek nie, maar ook nie die vreemde bestemming waarin jy 'n tuiste kan vind nie. Om in die Middelwêreld te leef is om nee te sê vir tuiswees in die plek van oorsprong en die weiering om 'n tuiste in die bestemming te vind.

In "Drinking moon" (2013/2015:156–173) bevraagteken Breytenbach egter ons vermoë om "nee te skreeu" en vrees selfs dat dit onmoontlik geword het in die verbruikersgemeenskap waarin ons smaak en denke deur die tegnologie en kommodifisering gevorm word (163). Hy stel dit só:

> [...] we are formatted by a similar culture of consumerism and commodification; we are probably in similar fashion being browbeaten by technology, notably in information, that keeps on out-

---

6 In *The true confessions of an albino terrorist* (1984:280) stel Breytenbach dit so: "Power is a totalitarian concept."

> witting us; we are isolated although supposedly in faster and unmediated contact with *the validation of self* and even with people who have the same anxious need to be recognised as existing as we do, and with similarly empty eyes. Maybe we share a similar unease at the sense of being in permanent or perhaps accelerated evolution, cut-off and impotent to inflect our destiny. We are similarly gutted of all responsibility as citizens. We are hollowed humans. (164, oorspronklike beklemtoning)

Breytenbach beklemtoon die belang daarvan dat die verbeelding bevry moet word van die dwang van die gebruikersgemeenskap as enigste manier om daarteen in verset te wees en die uitholling van menslikheid te kan teëgaan: "Our instinct for being able to better the future has been amputated. Our utopias die before they are even born. We cannot imagine or configure a dignified becoming." (164) Hy besef egter ook dat die idee van 'n utopie tot die verlede behoort en dat nee skreeu nie kan wees ten einde 'n utopie daar te stel nie, dat die moontlikheid van nee skreeu toenemend slegs uit 'n gemarginaliseerde posisie gedoen kan word, en daarom ervaar hy 'n "near fatal attraction to marginalism" (172). Om hierdie rede is die skep van 'n middelwêreld vir hom belangrik. Hy besef egter ook dat die worsteling om nee te skree, om anders te wees, in die marges te probeer beweeg op 'n manier 'n "twisted form of perversity" kan wees (166).

Om "nee te skreeu" impliseer die gebruik van taal. Taal word ingespan om nee te skreeu; woorde word ingespan soos glasskerwe in die rykes se skoene (2015:2). Die etiese en die gebruik van taal word ten nouste verbind.

Taal en vormgewing

As die soeke na 'n etiese lewe vir Breytenbach in die eerste plek afhanklik is van "nee skreeu", van die weiering om enige vaspen van mag te aanvaar, om stilstand te aanvaar, is die rol van taal ook sentraal omdat "nee" 'n woord is, maar in die tweede plek omdat taal kommunikasie moontlik maak, ook ontmoeting met die ander en die etiese verbeelding.

Om taal te gebruik, om woorde in te span, beteken nie slegs dat 'n mens "nee kan skreeu" en die woorde soos skerwe kan aanwend om te wond en bewus te maak nie. Woorde kan benewens verset uitskreeu, ook vaspen en beperkend wees, woorde kan geredelik, juis omdat hulle vaspen en definieer, kreatiwiteit onderdruk en mag bevestig (veral as dit "amptelike taal" is) (1996/2015:73). Maar woorde is, ondanks die feit dat hulle vaspen en beperk, noodsaaklik vir kommunikasie. Hierdie spanning tussen woorde wat noodsaaklik is om nee te skreeu, om te kritiseer en mag te ondermyn aan die een kant, en woorde wat summier vaspen en onderdrukkende dogma word aan die ander kant, word deurgaans in Breytenbach se werk vooropgestel. Nash (2009a en 2009b) se beskrywing van Breytenbach as "dialektiese denker" berus ook gedeeltelik op dié spanning omdat enige woord wat as sintese sou kon dien, onmiddellik weer uitgedaag word. Breytenbach wys ook herhaaldelik daarop dat taal die kreatiewe verbeelding kan ontsluit en alternatiewe moontlik maak.

"woorde wat 'n einde maak aan die woordloop"

Die inleiding wat Breytenbach (2015:1–2) vir die versameling "toesprake" in *Parool/Parole* geskryf het, dra die titel "ek gee jou my woord" en begin met die volgende sin wat aan 'n Bybelse gelykenis herinner: "'n Man het vir hom die woord gesoek wat 'n einde sou maak aan die woordloop, die ophangtou van verjaardae en die verglying van gisters." (1)

Met hierdie inleiding, uiteraard terugskouend op sy eie werk van die vorige halfeeu geskryf, vestig Breytenbach die aandag op die belang van woorde, van taal, deur die hele bundel. Dit wil aanvanklik lyk asof die ideaal sou wees om 'n finale woord te vind. In elk van hierdie tekste (maar ook in digbundel ná digbundel) word woorde ingeryg, die woorde loop, en die ideaal sou oënskynlik wees om die laaste woord te vind.[7]

Hy besef egter dat die woord 'n "kykglas" is wat die deurval van Alice se "looking glass" suggereer. Die woord, so besef "die man", wat soos 'n spieëltjie veronderstel is om lig te kaats op die bewussyn, "maak die donkerte omheen net digter en weliger aan alternatiewe insae" (1). Hy

---

7 Hierdie idee van vaspen word in *Die windvanger* treffend meegedeel deur die beeld van 'n vervellende akkedis – die gedig, die woorde, is telkens die dooie vel wat agterbly, terwyl die lewende akkedis reeds weggbeweeg het.

draai die woord egter in papier toe en gee dit aan die leser. Die woord wat hy gee, is "Verdriet" (1), 'n woord wat die woord "riet" bevat en daarom aan sterflikheid herinner (dat almal slegs riete in die wind is), maar ook dat riete in die wind "sing". Hierdie sang van die riete is verdrietig omdat dit altyd slegs tydelik is, dit is die registrering van "die tyd wat beweging is" en wat "syn-syn deur ons fluit" (1).

Woorde (en al die tekste in die bundel) is dus pogings om die voortdurend verskuiwende ervaring van bewussyn vas te vang, maar hulle kan die bewussyn nooit vaspen nie, nooit beskryf nie, juis omdat die bewussyn, omdat syn, in tyd bestaan en daarom gedurig verander. Teen die tyd dat 'n woord aan 'n bewussynservaring gekoppel is, het daardie ervaring al weer verander. Daarom is daar altyd meer woorde nodig – hulle "teel blindelings aan", maar kan telkens slegs 'n oomblik registreer wat reeds verlore is.[8] Gevolglik beveel hy die leser aan om die woorde te lees en weg te gooi ("Lees op en gooi weg", 1) om nie gehag te raak aan die woorde asof hulle finale helderheid bring nie – want daardie helderheid wat die woord bring, maak die "donkerte omheen net digter en weliger aan alternatiewe insae. Verligting is 'n straaltjie in die duisternis en die oortuiging van heldersiendheid is voortvarend en voorbarig" (1).

Terwyl vaste woorde magteloos is om die verbygaande en veranderende ervaring van bestaan vas te pen en slegs klein stukkies kan verlig wat eintlik net die besef van onbegrip verhoog, maak woorde wel kommunikasie met ander moontlik. Kommunikasie word gesuggereer deur die man se handeling om die woord in papier toe te draai (te skryf) en aan die leser te gee: "Die eerste reik van verbeelding is mos mededeelsaamheid." (1) Die woorde uit die verbeelding kan gedeel word met ander, kan ander ook aan hulle sterflikheid herinner (die woord "verdriet" roep sterflikheid op) – sterflikheid wat mens ook menslik maak – en daarom, so hoop Breytenbach, sal die woorde vir die "rykes", wat van hulle eie sterflikheid vergeet en so onmenslik word, soos skerwe wees waarop hulle loop. Taal word dus gebruik om te kommunikeer en ook om 'n sekere sosiale verantwoordelikheid uit te voer – woorde wat oproep tot verantwoordelikheid, al kan hulle nie vaslê nie. Daarom noem hy die tekste in die bundel 'n "biography of concerns" (2). Hy

---

8 Hierdie idee kom ook telkens in Breytenbach se poësie voor. Dink maar aan die gedig "daar is geen tyd" in *Die windvanger*.

waarsku egter ook dat die woorde slegs "leftovers" is wat nie met die lewe self verwar moet word nie.

Die idee dat woorde ontoereikend is, word telkens in die tekste aangetref. In "The writer and responsibility" (1983/2015:24–32), 'n toespraak in Amsterdam kort na sy vrylating uit die tronk gelewer, spreek Breytenbach hom duidelik uit teen die idee dat woorde die waarheid kan vaspen:

> There is in fact no truth. We are too fragile and volatile for that; we work with too many uncertainties. There is rather the continual shaping of something resembling, poorly, provisionally, "truth".
> (26)

Meer as 'n dekade later merk hy in "(Notes from the Middle World)" (1996/2015:68) op dat ook die begrip *Middelwêreld* 'n literêre denkbeeld vir 'n verbygaande fenomeen is: "a fancy, a construct of the imagination, known as a conceit in literature".

In 1998 voer hy in "The Afrikaner as African" (1998/2015:89) aan dat mens die behoefte het om name te gee ten einde mag uit te oefen, beheer te kry:

> Names ... the greater the impotence, perhaps also the humiliation and the uncertainty, the stronger the need to name will be in order to manipulate and control perception – in the forlorn hope that this may bring power (or victimhood) within reach and to heel.

Daar is geen einde aan die woordloop nie, geen finale woord nie, en dit is duidelik dat daar veral twee redes daarvoor bestaan, gekoppel aan twee aspekte van taal: Enersyds pen woorde vas, laat dit stol (soos reeds uit sy debuutbundel blyk), en daarom is daar voortdurend nuwe woorde nodig. Andersyds bring taal ook iets tot stand wat nie voor die gebruik van daardie woorde bestaan het nie, woorde is kreatief.

Woorde wat vaspen

In "Fragmente van 'n groeiende gewaarwees" (1990/2015:45–56), 'n referaat wat Breytenbach in 1990 gelewer het as bydrae tot 'n konferensie met die tema "Die rol van die Afrikaner in die bou van 'n nuwe Suid-

Afrika", voer hy aan dat nadenke oor 'n tema soos dié, definisies verg. Hy verduidelik dat definisies onmoontlik is, dog noodsaaklik:

> Ek het probleme met definisies, maar om vat te kan kry aan die verskynsels soos hulle opdoem oor die ervaringskim in 'n tyd van uitruilbare lesings en vanuit die boesem van 'n verbruikersbeskawing, met die skrywer as smokkelaar van gewaarwording – kortom, omdat ons gebaar word uit die partydige ekwivalensie van taal en gekalibreer word deur konvensies – is definisies wel nodig. (48)

Breytenbach deel in hierdie paragraaf die ongemak met taal wat al op baie maniere deur voorstanders van die "talige wending" van die twintigste eeu verwoord is. Aan die een kant is taal problematies wanneer dit gelykgestel word aan die werklikheid – die opvatting dat daar 'n een-tot-een-korrelasie tussen taal en die werklikheid is. Aan die ander kant is die gebruik van woorde en die betekenis wat ons daaraan heg, konvensioneel bepaald. Dit lyk of Breytenbach tot 'n mate hiermee in sy beskouings aansluit by die dekonstruksiedenke/differensiedenke wat uit 'n radikalisering van De Saussure se taalopvatting spruit (vergelyk onder meer Vintges 2003 en De Martelaere 1993). Die differensiedenke beskou taal nie as 'n deursigtige, neutrale en beskrywende medium nie, maar as 'n veld waarin terme na mekaar verwys. 'n Term staan nie vir 'n "ding" nie, maar kry betekenis deurdat dit in 'n netwerk van ander terme staan wat van mekaar verskil en waarin konvensie die bepalende rol speel. Woorde kry hulle betekenis vir ons deur konvensie. Taal is daarom sosiaal. Ons word immers nie met 'n woordeskat gebore nie, ons moet dit geleidelik verwerf. Hierdie woordeskat word boonop bepaal deur die verbruikersbeskawing. Die verworwe taal, wat konvensioneel bepaald is en van "buite" die individu kom, word aangewend om persoonlike gewaarwordings te benoem.

Teenoor die sosiale eienskap van taal, staan 'n mens se hoogs persoonlike gevoelens en breinaktiwiteite. Wat in my kop aangaan, hoe dinge vir my proe of ruik, hoe ek pyn of droefheid ervaar, is hoogs individueel en privaat. Daarom kan niemand my pyn of vreugde deel nie, dit presies soos ek ervaar nie. Ons het geen direkte toegang tot mekaar se gedagtes of persepsies nie.

Omdat hierdie mentale ervarings hoogs privaat is, is ons ganse ervaring van die wêreld eintlik 'n private aangeleentheid en as sodanig is dit buite die domein van taal, wat sosiaal is. Kinders begin taal aanleer juis min of meer wanneer hulle ook leer proe en hoor en voel en sien. 'n Mens leer dus jou private ervarings (sensoriese waarnemings, jou eie denkaktiwiteite) saam met die sosiale aspek van taal aan. Op hierdie manier leer mens jou eie gewaarwordings formuleer, vir ander en vir jouself.

As ons nie definieer en woorde gee nie, is ons gedoem tot stilte; dan kan daar nie oor die "verskynsels soos hulle opdoem oor die ervaringskim" gepraat word nie. Sodra ons egter wel daaroor praat, is ons besig om te definieer, om vas te pen en taal, die woorde, word gelykgestel aan ervarings. Die werklikheid – die ervaring wat slegs tydelik is, voortdurend aan verandering onderworpe omdat tyd deurentyd verloop en die ervaringskim dus aanhoudend skuif – word egter deur woorde staties gemaak. Die woord, die definisie word gelykgestel aan 'n sekere ervaring (wat reeds verander het) en daardeur word die ervaring vasgepen in konvensie en sodoende lamgelê.

Om 'n definisie of begrip soos *Afrikaner* te gebruik, is reeds om iets vas te pen. (Teen die spesifieke definisie van *Afrikaner* en *Afrikaans* is Breytenbach al in sy eerste teks uit 1968 in hierdie bundel gekant en wys hy daarop dat dit iets is wat maar verloor kan word. Ook in "'n Blik van buite" van 1973 wys hy op die fout om *Afrikaner* te probeer vaspen.) Selfs om die *ek* vas te pen, daardie waarnemingspunt vir wie die verskynsels oor die ervaringskim opdoem, is onmoontlik, soos Breytenbach ook opmerk: "Hoe meer ek tot denke probeer kom oor 'die openbare ding', hoe meer skei die observasiepunt uit, daardie wanordelike samestelling wat 'ek' genoem word" (1990/2015:18). Hierdie idee van die skuiwende en voortdurend veranderende *ek* kom deurgaans in Breytenbach se werk voor – in *Boek (deel een): Dryfpunt* (1987:88) skryf hy: "[d]ie self is 'n lykswa", waarmee aangedui word dat die self voortdurend al die vorige selwe, wat nou nie meer bestaan nie, saamkarwei.

Die onvaspenbare waarnemingspunt skuif voortdurend. Die oomblik dat iets waargeneem word, is daardie waarneming reeds verouderd, want sowel die waarnemingspunt (die bewussyn wat die waarneming gemaak het) as die waargeneemde het reeds weer verander. Breytenbach beklemtoon dat die bewussyn voortdurend in sy eie werk opduik: "Die temas wat bly opduik, is tyd, beweging, verhouding, identiteit, verandering [...]" (1990/2015:48). Sodra taal egter ingespan word om te definieer, word hierdie beweging gestaak. Identiteit word vasgepen, die aard van die baster wat potensiaal oophou, word vasgepen tot essensie, tot suiwerheid (om dit in die taal van "'n Blik van buite" te stel).

Die probleem van taal wat vaspen, is vir Breytenbach egter nie bloot 'n linguistiese beskouing wat aansluit by die twintigste-eeuse taalfilosofie en die dekonstruksiedenke of postmodernisme nie – hy wys trouens dikwels dekonstruksiedenke en postmodernisme af. Vir Breytenbach sluit die voortdurende beweging en die weiering om enige ervaring deur taal te laat vaspen aan by die Boeddhistiese denke. (Die belang van Boeddhisme in Breytenbach se poësie is vroeg reeds deur Brink [1971] aangedui en sedertdien telkens ondersoek, kyk onder meer na Viljoen [2015].) Die ontwikkeling van 'n "etiek vir oorlewing" in 'n selfsugtige en kapitalistiese samelewing waarin mense se keuses en onafhanklike denke ondermyn word, behels vir Breytenbach 'n opheffing van die ego in Boeddhistiese styl. Hy steun in hierdie verband in "Drinking moon" (2013/2015:166) op die werk van Martin Versfeld wat die mens aanmoedig om vrygewig te wees. Om aan die ego vas te hou is 'n soeke na sekuriteit en dit lei nie tot vrede nie. Of hierdie ego 'n individuele of kollektiewe identiteit is, redeneer Breytenbach, na aanleiding van Versfeld, maak nie saak nie. Die strewe na selfbehoud, na die vashou van die ek, kan nie vrede bring nie (166).

Breytenbach gee toe dat die deurlopende loslaat van 'n vaste ego tot die ervaring van onstabiliteit lei: "[T]here will remain a sentiment of incompletion and of becoming, subject to change and deterioration." (167) Hoewel 'n mens die risiko loop om die self heeltemal op te los en te verloor, is dit ook nie waarvoor Breytenbach pleit nie. Om die idee van 'n vaste ek te laat vaar hou nie noodwendig in dat die self opgaan in die ander nie. (Soos Breytenbach dit stel, beteken dit nie dat 'n mens jou eie bene moet afkap om in iemand anders se bed te kan pas nie [166].) Al word 'n vaste identiteit vir die self of die groep verwerp, beteken dit nie dat die self opgelos word in 'n groep nie. Juis nie. Daarom bly hy nee skreeu. Oplos in die ander veronderstel immers 'n ruspunt, stilstand. Pragmatiese oorgee aan die ander is vir Breytenbach oorgawe aan "politically and morally correct jellyfish" (166). Daar bly vir hom 'n deel van die self waarsonder hy nie kan bestaan nie:

> Was there not some part of the self that I could not do without? What about the circuit that made it possible to experience the texture of living? And what about the vein-throb of experiencing the world so obviously informed by environment and cultural conditioning, by prejudices and the need to position oneself? What about exploring the Middle World [...]? (166–167)

Hiermee druk Breytenbach iets uit van die wete dat die self beliggaam is, teen 'n spesifieke kulturele en omgewingshorison bestaan, en dat daardie beliggaming nie agtergelaat kan word nie. Byna soos Paul Ricoeur (1991) in sy bespreking van narratiewe identiteit daaraan herinner dat selfs as identiteit altyd bloot 'n narratiewe konstruk is, dit steeds "vir iemand" 'n konstruk is, wys Breytenbach ook daarop dat die individuele bewussyn nie opgehef kan word nie.

Vir Breytenbach is dit belangrik dat 'n mens bewus moet bly van jou eie gekonstrueerde self. Juis deur bewus te bly van die self ('n immer veranderende self) kan die self voortdurend laat vaar word sonder om op te los in 'n ander. Die aflê van 'n vaste identiteit, die vaste opvatting van die self is noodsaaklik, maar die gereedskap daarvoor is die bewustheid van die self: "[...] the tool – the awareness of self – will continue to be shaped by exterior conditions and restrictions and possibilities: history, nature and the changes of these" (167).

Gevolglik beteken die voortdurende "in-beweging-bly" van die self nie die opheffing van die self in die ander nie, nie 'n oorgawe aan politieke of morele korrektheid nie, maar 'n bewusbly van die self, ook as verskuiwende waarnemingspunt. Nie slegs dit wat waargeneem word, verander en verskuif nie, maar ook die waarnemingspunt verander en verskuif. Om van die verskuiwende waarnemingspunt bewus te bly is noodsaaklik, want om dit af te staan, is om die verkeerde self te laat gaan – soos Breytenbach vir Versfeld aanhaal: "Self-preservation may be a primary law, but we have two selves, and it is fatal to choose the wrong one." (166)

In "Die bobbejaan agter die bult" (2000/2015:104) herhaal Breytenbach dat die definiëring van die Afrikaner 'n verdigsel is en dat dit bevrydend sal wees om nie verknog te wees aan begrippe soos *staat* en *nasie* nie (103). Ook in "Drinking moon" (2013/2015:167) waarsku Breytenbach dat definiëring altyd uitsluiting tot gevolg het.

Die voordeel daarvan om vaste definisies te laat vaar, om voortdurend bewus te bly van die voorlopigheid van enige begrip, is dat dit 'n mens dwing om self verantwoordelikheid te aanvaar en om jouself en jou lewe nie te laat bepaal deur reeds gevormde idees en denkbeelde nie. Om vaste (konvensionele) definisies te laat vaar is eintlik 'n manier om self verantwoordelikheid te aanvaar vir mens se eie denke. Die implikasie van die feit dat identiteit 'n verdigsel is en dat begrippe soos *ek, Afrikaner, nasie* en *staat* 'n mens eintlik die kans ontneem om vir jouself te dink, lei vir Breytenbach tot die gevolgtrekking dat 'n etiese lewe geleë is in die vermyding van die vaspen van woorde, in die voortdurende herdefiniëring van self en elke gewaarwording. Daarom kan daar nie 'n einde aan die woordloop wees nie.

Taal is egter nie slegs 'n etiese probleem omdat dit vaspen, definieer en konvensioneel is nie. Breytenbach beskou 'n sekere vorm van taalgebruik as noodsaaklik vir 'n etiese lewe.

Woorde wat oopmaak

Soos in die voorafgaande onderafdeling duidelik blyk, is Breytenbach deurgaans diep bewus daarvan dat woorde altyd tekort skiet omdat taal vaspen. Die teks wat tot stand kom wanneer iets onder woorde gebring word, is boonop deurtrek van vooroordele en beperk deur swak sig, skryf hy in "Drinking moon" (2013/2015:161):

> What one attempts to describe is always just beyond reach. One is aware that the finality of saying will cause efforts to get there to modify the very thrust of description, and change the ostensible but always unattainable goal. At each step the means will be an end in and of itself.

Omdat woorde neig om vas te pen en dogma te word, is die vorm waarin geskryf word uiteindelik baie belangrik. Die geheel wat deur taal gegee word, moet altyd iets behou van die onbereikbaarheid. Juis daarom gebruik Breytenbach so dikwels metafore – en die saamflans van tekste uit aanhalings en toeëienings. Metafore berus op vergelyking, is pogings om een ding in terme van 'n ander te beskryf, maar daarom herinner metafore ook voortdurend daaraan dat geen beskrywing genoegsaam is nie, soos James Wood (2010:55) dit stel:

> Theologically, metaphor acts like language. It insists on relationship, but to compare one thing with another is also to suggest non-relationship, for nothing is ever like anything else. Metaphor always carries the danger of being a wandering away from relationship. Thus metaphor, which so promises to illuminate and enlarge, also registers our ultimate inability to compare things.

Metaforiese taalgebruik stel Breytenbach dus in staat om te kommunikeer, maar vaslegging te vermy. Ondanks die feit dat taal vaspen en nie aan die "verskynsels soos hulle opdoem oor die ervaringskim" reg kan laat geskied nie, staan taal ook vir Breytenbach sentraal in die idee van bewussynsverruiming. Taal is vir hom die "draad wat deur bewussyn loop"; dit is ook die manier waarop 'n mens kontak maak met "die kiemvorm, die voor-rasionele, die donker skaduwees wat om die woorde flikker" (my vertaling), voer Breytenbach aan in "The Afrikaner as African" (1998/2015:95). Hoewel hy in "Enkele stellings *rondom Afrikaans*" (2006/2015:114) in die eerste plek oor Afrikaans skryf, verduidelik hy dat taal, in die algemeen, 'n belangrike versetmiddel is omdat taal tot bewussynsverruiming lei:

> Taal – énige taal – en by uitstek daardie grootword- en menswordtaal waarbinne jy soepel kan beweeg soos 'n slang in sy vel – is nie alleen 'n kommunikasiemiddel nie. Dis die *bemiddelaar* tussen jou en die wêreld, dis die *sintuig* (*sinnetuig*) waarmee jy jou omgewing begryp en leer verken en verander, dit is die *maak-ding* wat jou in staat stel om jouself verby te steek en anders te maak, dis die *beliggaming* van 'n spesifieke ervaring en uitdrukking, dit is daarom 'n essensiele *bydrae* tot die synsdiversiteit wat ons as kultuur en as mensdom moet hê om te kan oorleef. Want taal is nie net vir opvang en aanleer en weergee nie; dit is ook 'n *metamorfose*. (oorspronklike beklemtoning)

Taal is dus 'n noodsaaklike "maak-ding" en behoort op so 'n wyse aangewend te word dat dit tot metamorfose kan lei. Terwyl die stagnering en vaspen van taal, konvensionele taal, dus vermy moet word, is dit 'n etiese imperatief om taal in beweging te hou.

Die belang daarvan om taal voortdurend te ontwikkel, anders aan te wend, te verruim, is dat dit 'n mens in staat stel om verantwoordelikheid vir jou handelinge te aanvaar (2007/2015:122). Wanneer taal vars gemaak word, nuut gebruik word, van die cliché ontneem word, kan verstarde en verstarrende denke afgewys word. Hy redeneer dat 'n mens wie se moedertaal hom ontneem is, nie meer die banaliteit van die bose kan verstaan nie. Wat hiermee gesuggereer word, is waarskynlik dat 'n mens in jou moedertaal die soepelheid het om die cliché te herken, en om nuwe woorde te kan vind en bedink en formulerings te kan vorm. Deur taal word immers herinneringe gevestig en gedroom – soos hy na aanleiding van Ngũgĩ wa Thiong'o redeneer in die teks "Imagine Africa" (122). Hoewel taal altyd vaslê, is dit veral die tale wat mens later aanleer en dalk nie so goed soos jou moedertaal ken nie, wat nog meer vaspen en stagneer. Dit is eintlik in 'n mens se moedertaal dat jy die soepelheid het om nuwe dinge te bedink, om anders te dink. Wanneer daardie soepelheid ontbreek om die taal vernuwend te kan aanwend, haak mens vas in die cliché en herhaal jy die clichés soos papegaaie en maak sodoende verandering onmoontlik. Positief gestel is die implikasie egter duidelik: Taal wat soepel gehou word, wat nuwe metafore skep, wat ander vorms probeer vind, wat die grense verskuif van wat in die taal moontlik is, is noodsaaklik ten einde ook 'n ander manier van dink en bewussynsverruiming te bewerkstellig.

Die geloof in taal wat kan oopmaak en nuwe moontlikhede ontsluit, word ook in sy toespraak "O volk, meneer" (2008/2015:126–132) by die aanvaarding van die Hertzogprys in 2008 bevestig wanneer hy in ligte, spottende dialoog (wat reeds bevestig dat taal iets is waarmee gespeel en gemors moet word ten einde te kan vernuwe) onder meer die volgende kwytraak:

> Woorde is soos en wat hulle is – én hulle is die ontsluiters van gedagtes en die katalisators van emosies. Woorde is in voortdurende metamorfose. Jy kan beweer woorde is die oorspronklike uitdrukking van reïnkarnasie. Maar hulle is ook draers en kapsules van gesamentlike historiese prosesse. (130)

Tydens 'n toespraak gelewer op die Victoriaberaad in 1989, "Die hond en sy wind" (1989/2015:39–44), lê Breytenbach 'n verband tussen taal (skryf) en herinnering en kreatiwiteit:

> Writing is the mould of memory, or its image. Without memory there is no possibility of imagination, not even that of an imagined memory. Without imagination there is neither space nor creativity. When we are deprived of creativity, we end up in a state of emergency, in the convolutions and convulsions of a "total strategy", then we have *stale totalitarianism*. (40–41, my beklemtoning)

"Stale totalitarianism" word hier ook duidelik iets wat stilstaan en dit kan slegs teengewerk word deur die kreatiewe gebruik van taal – taal maak herinnering moontlik en daardeur ook kreatiwiteit. Om taal kreatief aan te wend word kennelik vir Breytenbach 'n etiese imperatief.

Die etiese imperatief om taal in beweging te hou, word verder uitgespel in "This existing, that arising" (2009/2015:133–144). As skrif, taal, die "vorm van herinnering" ("mould of memory") is, moet die vorm een van beweging wees:

> Movement is a prerequisite for opening up perspective so as to redefine position in a different conception of place. For sense to come about there must be the discovery of texture as recognition of complexity. Memory, in order not to become stagnant and festering and so as to fulfil its function as mentor of imagination, must be kept in motion. (141)

Menslike bewussyn is voortdurend aan die verskuif en verander en daarom moet taal op so 'n manier ingespan word dat dit hierdie verskuiwing en verandering kan weergee en durf dit nie verval in die vaspen van bewussyn nie. In die tweetalige "'n Brief aan my dogter" (2011/2013/2015:145–155) bemoei die digter hom met die kwelvrae van die lewe – "hoekom ons hier sou wees en waar bewussyn ontstaan het en of dit alles tot 'n einde gaan kom" (146) – en besef hy dat hy geen antwoorde daarop kan bied nie. Hy verduidelik egter wel waarom beweging noodsaaklik is: 'n Mens het 'n behoefte aan beweging – dit skep ruimte waarin ons die grense van ons ervaring van bestaan kan toets (149). Die etiese imperatief vir die kreatiewe aanwending van taal lê dus daarin dat taal, wat in beweging gehou word, voortdurend die grense van ervaring kan toets. Wanneer 'n mens sou stilstaan, raak jy onbewus van jou eie bestaan, want jy begin dit as vanselfsprekend aanvaar, jou bewuswees van die wêreld haak dan vas en word nie meer ervaar as die bewuswees van 'n vervlietende oomblik nie: "Dis tog opvallend dat jy nie wéét jy bestaan voordat jy uiting aan daardie drang tot beweging gee nie." (149)

Vir Breytenbach is die gebruik van taal op 'n kreatiewe manier ook meer as om bloot te probeer om betekenisse oor te dra omdat die geskrif wat tot stand kom (of enige ander vorm van uiting) ook 'n afspieëling van bewussyn is (150). Breytenbach onderskei hier tussen die werklikheid en die droom: Die werklikheid is die uitbeelding van die opeenvolgende en logiese ervarings – die stories wat ons vertel oor ons ervarings volgens die gewone konvensies, maar die droom is dwaling in 'n ander omgewing waarin logika en semantiek verskil. Hierdie "droom" manifesteer nie (slegs) wanneer 'n mens slaap nie, maar is merkbaar in elke uiting. Elke uiting maak dus – dikwels sonder bedoeling – die verkenning van 'n onbekende deel van die bewussyn moontlik. Om te skryf is daarom vir Breytenbach 'n manier om te beweeg, om te reis na 'n voorheen onbekende landskap van die eie bewussyn wat deur die skryfproses tot stand kom: "So, *writing is travelling unfolding its own landscape –* with the understanding that the landscape and the rooms may have always been there." (151, oorspronklike beklemtoning)

Bewussyn is vir Breytenbach 'n grenslyn tussen leegheid en leegheid: Voor en agter ons is leegheid – ons kan die verlede nie beleef nie, en ook nie die toekoms nie. Ons het slegs die huidige moment, wat natuurlik voortdurend verander. Ons bewussyn staan tussen die onbereikbare verlede en toekoms, en om te skryf is om vorm te gee aan hierdie vloeiende gewaarwording van bewussyn tussen die leegte en die leegte (152) in die vorm van herinnering en verwagting: "Writing/breathing is about giving form to flow, *and/or* allowing 'emptiness' [...] to manifest itself." (152, oorspronklike beklemtoning) Die waarnemings van ons bewussyn word neergeskryf (maar nooit volledig nie – die omvang daarvan is onomvatbaar!) omdat 'n mens, volgens Breytenbach, terugval op die "heightened sense of the texture of words and the rhythm of sentences, blindly convinced that these may capture and reflect that which cannot be expressed in thoughts" (152).

Die sin van kuns is dus dat die vorm iets vasvang van die bewussyn van beweging. Dat patrone van bewussyn daarin herken kan word en dat mens jou op daardie manier iets kollektiefs kan verbeel – en as mens jou kollektief kan verbeel en versinnebeeld, dan kan ons "méér inklusief en eties gefundeer [...] bedink" (155) en so kan die barbaarsheid afgeweer word.

Ons bewussyn is net 'n waarnemingspunt tussen leegte en leegte, 'n klein verskuiwende ruimte. Om te skryf is om vorm te gee aan daardie waarnemingspunt. Aan die een kant is dit vormgewing aan gedagtes en die vertel van stories ten einde te verstaan. Aan die ander kant is die vorm self nie altyd verstaanbaar nie, maar maak soms 'n belewenis moontlik van iets anders as die begrip wat deur vorm op waarnemings afgedwing word. As ons nie daardie versinnebeeldings het nie, kan ons die ander nie ervaar nie, kan ons nie eties leef nie.

In "This existing, that arising" (2009/2015:133–144) word die verband tussen beweging, tyd, herinnering en die belewenis van die ander helderder as in enige van die ander tekste uiteengesit. Hier word dit duidelik dat die verbeelding 'n morele lewe moontlik maak. Hy haal Demokritos aan wat reken "man must learn that he is divorced from reality" (140).

> Movement is a prerequisite for opening up perspective so as to redefine position in a different conception of place. For sense to come about there must be the discovery of texture as recognition of complexity. Memory, in order not to become stagnant and festering and so as to fulfil its function as mentor of imagination, must be kept in motion. (141)

Hy verwys ook hier na Taoïstiese leerstellings dat die voortdurende interaksie tussen beweging en ruimte lei tot harmonie waarna mens verlang (141). Die harmonie is egter "aktiewe verandering" (141, my vertaling).

Die ewigheid is 'n nimmereindigende opeenvolging van huidige momente, want dit weerspieël wat ons ons verbeel die verlede is. (Ons beleef nou hierdie moment en dink dat die momente in die verlede soortgelyk was.) Elke moment moet voortdurend nuut gemaak word. Volgens Breytenbach (141) is die individuele mens gekondisioneer (of selfs so gerat) om uit te reik, te soek en te verken omdat die bewustheid van lewe juis setel in die reik verby sigself – mens verwag immers die hele tyd dat nog momente gaan volg. Maar om in hierdie oomblik verder te strek as mens se eie vrese en beperkings, verg 'n "morele verbeelding" waarin die ander aangetref word, ontvang word, gehuisves word in 'n plek wat mens deel, 'n ruimte wat sowel plofbaar as lewend is – ook kommunaal, en waar getoets word wat aanvaarbaar is (141).

Vir Breytenbach is die verbeelding juis moreel omdat dit 'n ruimte is waarin die ander ervaar kan word. Soos Attridge (2004:22) ook redeneer, is ons elkeen vasgevang in onsself, in ons eie "idiokultuur". Ons kan eintlik slegs onsself ervaar, en ons kan slegs hierdie oomblik ervaar. Na aanleiding van die oomblik wat ons ervaar, kan ons ons ook 'n verlede verbeel – ons noem dit dan die geheue, daardie oomblikke wat in die huidige oomblik afgespieël word – waaroor ons ons verbeel dat hulle soos hierdie oomblik was. Maar ons dink aan ander oomblikke wat kan voorlê. En ons dink waarskynlik aan ander mense wat ook die huidige oomblik ervaar. Maar hulle ervaring is weer anders as ons s'n. En die manier waarop ons wel iets met mekaar kan deel, waarin ons iets van mekaar ervaar, is wanneer ons 'n verbeelde ruimte kan vind – 'n ruimte waarin ons mekaar kan verbeel. Hierdie ruimte is ongekarteerde gebied buite onsself, buite die sekuriteit van onsself. En dan die belangrike: "the story must bring to being the noble art of becoming other" (141).

Deur die storie, die taal, die estetiese vormgewing, kom daardie ander ruimte tot stand en slegs daarin kan iets van die ander ervaar word. Hierdie ruimtes moet lewend gehou word – ruimtes waar die hart kan beweeg wat dien as verwysingspunte en herkenning van prosesse van kreatiwiteit (141).

Juis hierom is alles hibried. Mens kan nooit een storie toelaat om alles te wees nie – want dan is dit nie 'n gedeelde storie waar die ander ontmoet kan word nie, dan is dit nie 'n morele storie/ruimte nie, maar 'n ruimte wat ek self bewoon en afdwing op ander. Die gevolg is voortdurende beweging en verbastering en vermenging. So 'n ruimte waarin die ander werklik ontmoet kan word, is vir Breytenbach die morele verbeelding – want dit is 'n verbeelde ruimte:

> For us, the moral imagination that can keep us moving forward will have to go beyond the narcissism of victimhood, beyond the gratification of consumerist mob enticement and the barbarism of populist manipulation – so that we may again understand and valorise the painful and entangled collective memory of victims and of perpetrators that produced the strength of movement, which made it possible to finally resist racism with success. (143)

Belangrik is dat die verbeelding wat hierdie ruimte moontlik maak, aan die volgende vereistes moet voldoen: "That imagination will have to be ethical and humble and generous and creative [...]." (143) Natuurlik ontstaan hier een van die logiese probleme met die idee van 'n estetiese etiek. Terwyl die vrye beweging van die verbeelding voorgehou word as die vereiste vir etiese denke, vir die moontlik maak van 'n etiese lewe, word hier ook van die verbeelding verwag om "eties en nederig en vrygewig en kreatief" te wees. Met ander woorde, die verbeelding as sodanig, die estetiese vormgewing op sigself kan nie as eties beskou word nie, maar word aan 'n etiek van buite onderwerp? (In die slotafdeling word na hierdie probleem teruggekeer.)

Beweging

Hier bo is reeds aangedui dat die bewussyn voortdurend in beweging is, tussen leegte en leegte, en dat taal wat probeer om vas te lê wat daardie beweging nie kan weergee nie, tot stagnering lei en dat poëtiese taal 'n bewegende, kreatiewe ruimte kan skep, moet skep, waarin die bewussyn van voortdurende verandering behou word, en ook waarin die ander ontmoet kan word.

In "Fragmente van 'n groeiende gewaarwees" (1990/2015:45–56) belig Breytenbach die belang van sy Boeddhistiese beskouings wat beweging vooropstel, maar hy trek dit ook deur na praktiese denke oor etiese optrede. (Hy verduidelik dat hy Boeddha inspan om Marx te verstaan.) Die etiek lê nie in die Wet nie, maar in die Weg. In die beweging. Geen vaste waarnemingspunt bestaan nie en boonop word alles deur ontoereikende taal uitgedruk. Die uitdrukking is onvolledig, onomvattend, tydelik, weens al die beperkings op die "ek" en op taal. Die verwoording skiet tekort, want (a) dit kan nie omvattend genoeg wees nie – daar is te veel wat nie waargeneem word nie, wat nie uit 'n spesifieke waarnemingspunt geken kan word nie (om te sien is om blind te wees) en boonop is sowel waarnemer as waargenome voortdurend aan die verskuif; (b) verwoording kan ook nie akkuraat wees nie, want die ding self verskuif en verander en lewe, terwyl die taal vaspen en doodmaak. Die taal is staties, 'n bestemming, word dogma terwyl wat waargeneem word eintlik 'n pad is, 'n roete, beweging.

Die implikasie van hierdie opvatting van taal is radikaal – vir die self en vir die groep (wat hy hier telkens teenoor mekaar stel). Die implikasie is dat afstand gedoen word van die self en die groep: Monoteïsme as "kernkode van Westerse kultuur" (55) word afgelê en oopgemaak vir verandering. Hy eis verbastering, vervreemding, herskrywings van opvattings en teologie en politiek en ideologie (55).

Dit is 'n radikale betrokkenheid – die aflê van die self, oopstel vir ander, "totale ondermyning" (56), nie tot 'n "alternatiewe kultuur nie, maar die kultivering van alternatiewe; nie om net ánders te wees nie, maar om te wees – bewustelik" (56).

Gevolglik moet 'n mens volgens hierdie idee van Breytenbach die hele tyd vaste definisies van die self en van die groep (en van die wêreld) vermy omdat dit altyd uitsluitend sal wees: "To define is also to exclude" (2013/2015:167). Daarom word deurentyd herdefinieer en word vorige definisies laat vaar soos wat die bewussyn deur tyd beweeg. Vashou aan 'n vorige definisie bring verstarring mee. Maar dit beteken nie dat daar geen spesifieke kultuur en omgewingbepaalde bewussyn bestaan nie. Die bewustheid daarvan dat die spesifieke bewussyn bestaan, beteken ook dat daardie bewussyn se waarnemingspunt en ervarings bly bestaan – nie opgehef word nie. Maar dit word gemaak vanuit 'n marginale posisie – 'n posisie wat Breytenbach vir homself toeëien, terwyl hy besef dat dit ook gevaarlik kan wees om mens self in daardie posisie "vas te dink", dat dit 'n verdraaide perversiteit kan wees om mens self te verlekker in die idee dat jy "korrek en misverstaan" is (166, my vertaling). Om dus hierdie middelwêreldposisie in te neem bly moeilik.

Breytenbach is ook bewus daarvan dat so 'n middelwêreldposisie individualisties is en dat dit nie genoegsaam is nie, dat ook gedeelde waardes nodig is. Meer as in enige van die ander tekste stippel hy hierdie dilemma uit in "Drinking moon" (2013/2015:156–173), byvoorbeeld:

> [...] It is a given that we need shared attitudes freely consented to, if for no other reason than to contain our wildness and our self-destruction as a species. It is as much of a given that public morality will reflect, at least to an extent, the ethics of individual existential commitment that may be open-ended and subject to change and imagination. For the practitioner, for the clandestine traveller, for the nomad even – the way subsumes the law. And yet we need mutually accepted law when we live in groups, in order to survive ... (171)

Die probleem van 'n "wedersyds aanvaarde wet", 'n kommunale moraliteit, word nie verder deur Breytenbach ondersoek nie. Hy laat staan dit met die ellips en gee praktiese raad hoe die individu kan lewe (171) wat vrygewigheid insluit, die waardering vir skoonheid en die soeke na nuwe kennis, oopgesteldheid teenoor die oomblik deur 'n versterking van die interpenetrasie tussen laat gaan en ontdek. Die manier waarop hierdie oopstelling moontlik gemaak word, is deur woorde, deur taal: "I see and report to a future self, the one involved in a skirmish for values (more like a shadow fight) with the present occupant of these words." (172)

Daar bly dus 'n soort stryd tussen die toekomstige self en die huidige self om waardes te bly vorm, maar dié voortdurende stryd om waardes word moontlik gemaak deur die vaslegging van huidige idees deur taal:

> [...] You trace the present time of past presences through the writing and the painting [...] and you know the tracks were always just an indication of the mind's movements and the world's presence, but you also know these memories of intimacy will never disappear. (172)

Voortbestaan in geregtigheid

Breytenbach se verset teen stilstand, sy aandrang daarop dat "nee geskreeu" moet word, en sy geloof dat die kreatiewe woord dit moontlik maak om in beweging te bly, asook sy koppeling van hierdie beweging aan die etiese, sluit aan by 'n langer denktradisie. Die onderliggende tradisie waarby Breytenbach aansluit, maar wat hy ook verder radikaliseer, kan veral teruggevoer word na aspekte van N.P. Van Wyk Louw se denke.

Breytenbach verwys in al die tekste in *Parool/Parole* slegs drie keer direk na N.P. Van Wyk Louw. In sy huldeblyk aan André P. Brink noem hy Louw een van die "groot voorlopers en baanbrekers" wat 'n invloed op Brink gehad het (2015/2015:188). Die ander twee direkte verwysings is na Louw se idee van "voortbestaan in geregtigheid" (1975/2015:21, 1998/2015:96). Louw se veel aangehaalde opmerking uit *Liberale nasionalisme* (oorspronklik 1952) – "Ek sal liewer ondergaan as deur ongeregtigheid voortbestaan" (1986a:461) – tel waarskynlik onder een van die invloedrykste idees binne die Afrikaanse intellektuele wêreld. Al verwys Breytenbach slegs drie keer direk na Louw, weerklink Louw se woorde deurgaans wanneer Breytenbach oor reg en onreg praat, soos toe hy byvoorbeeld in 1986 by die aanvaarding van die Rapportprys sê: "'n Minderheidsregime wat nog net met geweld gehandhaaf kan word, het sy bestaansreg verbeur omdat dit in konsepsie en in toepassing onregverdig is" (1986/2015:37). Johann Rossouw (2015) wy in sy resensie-essay van *Parool/Parole* veel aandag aan hierdie weerklank van Louw in Breytenbach se werk. Ook Louw se besef dat almal in die samelewing se belange ten nouste vervleg is (vir Louw, veral tussen almal wat Afrikaans praat), word deur Rossouw verbind aan die sterk bewussyn by Breytenbach dat die individu en die groep onlosmaaklik onderling verbonde is – en dat apartheid gevolglik 'n onhoudbare verwringing van die samelewing en die Afrikaner se beskouing van sigself is. Volgens Rossouw (2015) is die "gemeenskapsgebaseerde geregtigheidsbegrip wat Breytenbach aan Louw ontleen" het, "aangevul deur Jan Rabie se gemeenskapsmatige begrip van die verbeeldingsgebaseerde verandering van mekaar in ons volgehoue verhoudings met en betrokkenheid by mekaar, oftewel die groot Andersmaak".

Alhoewel Breytenbach ongetwyfeld sterk deur hierdie idees beïnvloed is, is dit bekend dat hy ongeduldig was met Afrikanerintellektuele wat die idee van "voortbestaan in geregtigheid" steun, maar nie tot handeling oorgaan nie. Galloway (1990:15) wys daarop dat hy reeds in 1963, voordat hy as kunstenaar op die literêre toneel verskyn het, 'n sterker betrokkenheid van Afrikanerintellektuele verwag het:

> In 'n brief wat hy in 1963 aan André P. Brink skryf (aangehaal in Brink 1976:5),[9] vra Breytenbach waarom Afrikanerintellektuele nie 'n positiewer, selfs militanter, politieke houding inneem nie. Is dit omdat daar gewag word op 'n grootmoedige houdingsverandering by die Afrikaner in plaas daarvan om aan te dring op geregtigheid en erkenning van die menswaardigheid van almal in Suid-Afrika? Volgens hierdie brief het Breytenbach gevoel dat hy eers respek vir die Afrikaner (en vir homself) sal hê as *Afrikaners* onder huisarres geplaas word, deur die veiligheidspolisie "ondervra" word en tel onder die beskuldigdes soos dié in die Rivonia-verhoor.

---

9   Brink, André P. 1976. The Breytenbach file. *The New Review*, 3(25):3–8.

Ongeveer 'n dekade later is hy natuurlik self deur die veiligheidspolisie ondervra en beskuldig. Dit is duidelik dat Breytenbach Louw se idee van voortbestaan in geregtigheid ondersteun, maar hy wys kennelik Louw se idee van "lojale verset" af. Elsa Joubert (2009:140) verwys in haar outobiografiese werk *Reisiger* na Louw se "lojale verset" as 'n "bleek lojale verset", maar vir Breytenbach is daar nie regtig sprake van verset as dit nie kan oorgaan tot handeling in spesifieke situasies nie. Mark Sanders redeneer in *Complicities. The intellectual and apartheid* (2002) dat Louw wel met die begrip van *lojale verset* in die vroeë 1930's moontlikhede van kritiek binne Afrikanergeledere oopgemaak het, maar hy wys ook hoedat Breytenbach losgebreek het van daardie "lojaliteit" en gevolglike "aandadigheid" aan apartheid.[10]

Vir Breytenbach is die denke nooit abstrakte universele formulerings nie, maar word dit telkens situasiegebonde handelinge (wat ook teruggevoer kan word na Marxistiese en Boeddhistiese invloede, soos Rossouw en Nash aandui). Die idee van geregtigheid, om "die regte manier van lewe" te vind, is telkens vir Breytenbach iets wat opnuut in elke situasie bedink moet word, dit moet in beweging gehou word, omdat elke situasie opnuut verg dat die menslike herbedink moet word. Die mens is immers voortdurend aan die verander en die woord durf nie vaslê nie, moet eerder oopmaak. Rossouw wys spesifiek op hierdie "verbeeldingryke verandering van mekaar deur ons volgehoue betrokkenheid by mekaar" as deel van Rabie en Louw se erflating, maar Snyman (2006) toon in sy N.P. Van Wyk Louw-gedenklesing aan hoedat Louw se opvattings diep deur Immanuel Kant beïnvloed is.[11]

Van Wyk Louw het na Kant se "derde kritiek"[12] verwys as "een van die grootste brokke menslike denkarbeid wat daar bestaan" (Louw 1986b:38). Snyman (2006) voer aan dat die vroeëre Louw (van die 1930's

---

10 Sanders se redenasie is egter veel meer genuanseerd, en hy laat beslis ook, soos Kuzem (2005) aandui, geen eenvoudige teenstelling van "vir" of "teen" apartheid toe nie: "Human behaviour remained, in other words, complex and complicated. And the book's difficulty is thus also welcomed because it overcomes easy dismissals or accusations by overhauling what we understand 'complicity' to mean."
11 Johann Rossouw (2015) toon aan hoe hierdie tradisie strek tot Plato se opvatting van die kuns en die etiese, maar vir dié argument volg ek, op die spoor van Snyman, spesifiek die idee van die moderne in Louw se beskouing, en die verband met Breytenbach.
12 Dit is gebruiklik om na Kant se eerste, tweede of derde kritiek te verwys. Snyman (2006:306) gee die drie hoofwerke van Kant se titels in Afrikaans soos volg aan: "die *Kritiek van die suiwer rede* (gepubliseer in 1781), die *Kritiek van die praktiese rede* (gepubliseer in 1788), en die *Kritiek van die oordeelskrag* (gepubliseer in 1790)".

en '40's) sterk deur Nietzsche en Hegel beïnvloed is, maar dat "Kant al hoe meer na die oppervlakte kom" in Louw se latere werk en dat spesifiek Kant se beskouing van die estetiese (waaraan hy in die "derde kritiek" aandag gee) 'n sentrale rol in Louw se kunsbeskouing gespeel het. Volgens Snyman (2006:307) vereis Kant dat die filosofie op drie vrae antwoorde moet verskaf: "Eerstens, wat kan ek weet?; tweedens, wat behoort ek te doen?; en derdens, wat mag ek hoop?"

Hierdie drie vrae val volgens Snyman ook grootliks saam met Kant se "drie kritieke". Die eerste kritiek fokus op alles wat in die natuur waargeneem kan word en deur middel van die logiese denke verstaanbaar en beheerbaar gemaak kan word. Kant vind dit egter nodig om die tweede kritiek te skryf omdat die mens nie slegs die natuur kan beskryf en beheers nie, maar ook die vraag kan vra na wat met die kennis en mag gedoen behoort te word. Soos Snyman (2006:307) dit stel:

> Die wêreld is nie net bloot 'n ryk van noodwendighede (oorsake en gevolge in die natuur) wat onverbreeklik deur wette aanmekaargehou word nie, maar ook 'n ryk van menslike doeleindes (die samelewing as die ryk van vryheid) wat opgebou word op die redelike idee dat elke handeling wat ek deurvoer, onderwerp is aan die oorweging van die moontlikheid van 'n wêreld waarin almal ook so sal optree.

Omdat die mens se optrede altyd 'n impak maak op die wêreld en op ander, is dit noodsaaklik om na te dink oor 'n mens se optrede. Snyman redeneer dat hierdie idee wat Kant in sy tweede kritiek ondersoek, ook uiteindelik by Louw neerslag vind in sy opvatting van "voortbestaan in geregtigheid". Hy (2006:307) wys in hierdie verband op die volgende paragraaf in Louw se opstel "Heerser en humanis" in *Liberale nasionalisme*:

> [D]ie mens is iets meer as hy self; hy kan nie alleen iets *doen* nie, maar ook berou hê oor sy daad; nie alleen praat nie, maar nadink oor sy woorde; nie alleen dink nie, maar terugdink oor sy dink; hy kan walg van homself; en hy kan homself vernuwe. Op geen oomblik is hy iets wat vas en bepaald is nie, wat net in een koers kan loop nie; hy's nooit 'n *feit* of 'n *gegewe* nie, maar 'n moontlikheid van nuwe en nog nooit gewese dinge. Hy kan homself so te sê tot 'n ander mens maak. (*Versamelde prosa* 1:515)

Snyman (2006:308) beklemtoon dat hierdie beskouing van die mens wat nie 'n vaste *"feit* of 'n *gegewe"* is nie, tot die volgende etiese vraag lei: Wat behoort ek te doen? As die mens die moontlikheid het tot "nuwe en nog nooit gewese dinge", ontstaan 'n verantwoordelikheid, wat uiteindelik by Louw lei tot die idee van "'n soeke na voortbestaan in geregtigheid" – "Ek sal liewer ondergaan as deur ongeregtigheid bly voortbestaan." (Louw 1986a:462–463)

Die eerste twee kritieke van Kant staan dus in spanning. Aan die een kant is die natuur iets wat beskryf, gemeet, ondersoek, bereken en deur middel van die rasionele denke geken en beheers kan word, soos Kant in die eerste kritiek beskryf. Aan die ander kant is die mens van sigself bewus as 'n wese "wat innerlik bo hierdie noodwendigheid kan uitstyg" (Snyman 2006:308). Die mens het 'n wil en begeertes wat verby die natuur reik en kan besluit wat met die wetenskaplike kennis gedoen word. Hierdie spanning het gevolge vir die mens se vryheid. As die mens uitgelewer is aan die natuurwette, wat deur empiriese ondersoek, eksperimentering en rasionele argumentering vasgestel kan word, maar tog ook kan nadink en verby die wetmatighede kan dink en streef (en verbeel!), vra Snyman (2006:308) wat die implikasies vir menslike vryheid is: "Is daar enige kans dat menslike vryheid meer as 'n begeerte kan wees? Inderdaad: Wat mag ons hoop? Of is natuur en menslike vryheid nooit versoenbaar nie?"

In die derde kritiek probeer Kant om hierdie onversoenbaarhede te bedink. Die voortdurend verskuiwende moontlikhede van die mens se begeertes en wil wat nie in alle opsigte aan die natuur uitgelewer is nie, kan volgens Kant nie vanuit die kennis van die natuur (eerste kritiek) bedink word nie. In die Kantiaanse tradisie word kuns die manier waarop die etiese buiteom wetenskaplike kennis bedink kan word. Dit is hierdie beskouing wat ook by Louw voorkom, en wat deurslaan in Breytenbach se beskouings.

Die probleem, binne hierdie moderne tradisie, is dat kuns geredelik beskou word as iets hoërs, iets wat verder kan reik, iets wat die mens veredel en "voer na hoër vlakke van die syn", soos Snyman dit stel (2006:315). So 'n opvatting van kuns lei daartoe dat die kunswerk, soos weerspieël in die kunsopvatting onderliggend aan die modernistiese *New Criticism*, as 'n selfgenoegsame geheel beskou word wat bo die historiese situasie uitstyg, dat die kunswerk byna 'n "estetiese heldedaad" (Eysteinsson

1990:9) word en 'n bolwerk teen die "ontgogeling"[13] van die wêreld deur wetenskap en tegniek vorm.

Volgens Snyman word die modernistiese kunsbeskouing waarvolgens die kunswerk (en die kunstenaar) 'n soort reddende krag bied vir 'n wêreld wat ondergaan in chaos en godloosheid, nog in die vroeë Louw van die "aristokratiese ideaal" aangetref. Breytenbach verwerp dergelike opvattings met minagting (byvoorbeeld in sy kritiek op die Sestigers in "'n Blik van buite", 1973/2015:8–16). Louise Viljoen (2008:7) kom byvoorbeeld tot die volgende gevolgtrekking na haar bespreking van Breytenbach se "Brief uit die vreemde aan slagter" in vergelyking met Louw se "Die hond van God":

> Alhoewel die ooreenkomste tussen die twee gedigte subtiel is, beklemtoon Breytenbach deur die toespelings op "Die hond van God" die teenstelling tussen Louw se poëtika wat in die algemeen ingestel is op die uitdiep van universele waardes, en sy eie poëtika wat opsigtelike betrokkenheid by die politiek voorstaan.

Snyman wys daarop dat die modernistiese opvatting van die kuns as veredelend, as 'n hoër bron van kennis, deel uitmaak van Louw se vroeë denke, maar in die latere Louw identifiseer Snyman "die roeringe van 'n postmoderne sin vir pluraliteit". (Breytenbach spreek hom dikwels uit teen postmodernisme, en dit is ook nie in daardie betekenis dat Snyman postmodernisme hier gebruik nie, maar in die sin van die weiering om 'n modernistiese [fascistiese] enkele, eenvoudige, vaspenbare formulering of idee te aanvaar.) Louw druk trouens telkens, soos Breytenbach later, die verwerping van eenvoudige en formuleagtige beslissings uit. Die redelike en billike waarna Louw soek, bly kategorisering ontglip en uitdaag, soos Snyman (2006:315) dit stel:

> "Die redelike en billike, die sin vir kontinuïteit en oorgange skyn geen tuiste aan weerskante te hê nie; hulle skuil verlate êrens in 'n gevaarlike niemandsland tussen die loopgrawe" (*Versamelde prosa* 1:169). Die redelike en die billike is tegelykertyd "al die subtielste en tegelyk omvangrykste van die wêreld" (*Versamelde prosa*

---

13 *Ontgogeling* of "disenchantment" is 'n begrip wat Max Weber in 1904 in verband met die moderne wêreld gebruik het in *The protestant ethic and the spirit of capitalism* (Josipovici 2010:11).

1:226) – dit wat kategorisering blywend ontglip en uitdaag, en daarom "iets byna onsegbaars, [...] 'n oorskot van lewenskrag" (*Versamelde prosa* 1:161), "die [...] nooit-gehoorde/ dinge [...] wat om die grense / flikker van [ons] duister woorde" ("Grense" uit *Alleenspraak*). Kuns is nie tuis binne die grense van die teoretiese rede nie (maar kan wel daar invloed hê); dit is nog minder tuis in die sfeer van die praktiese rede (maar gooi ook sy lig daar). Kuns is die estetiese rede in werking – 'n niemandsland van die onuitspreeklike.

Kuns is vir Louw die "estetiese rede in werking" – en iets wat in werking is, is voortdurend aan die beweeg, dit is altyd in "niemandsland". Hierdie eienskappe van Louw se denke word byna net so in Breytenbach se werk aangetref. Die estetiese "volg nie die logika van die wetenskaplike begrip nie", skryf Snyman (2006:2014), "maar die logika van die metafoor en die konnotasie". Dit is dié logika van metafoor en konnotasie wat sentraal in Breytenbach se digkuns en denke staan, en wat ook aan die basis van die etiese lê.

Snyman (2006:315) gaan egter nog verder en dui aan hoedat Louw die "logika van die kuns in die besondere werking van taal" gesoek het: "En dit is nie omdat Van Wyk Louw *digter* was dat hy die logika van die kuns in die besondere werking van taal gesoek het nie, maar omdat – soos Kant reeds ingesien het – kuns te make het met taal in 'n dimensie waar nog meer moontlikhede van die denke ontgin kan word." Louw stel dit soos volg:

> [D]ie menslike denk is van so 'n aard dat sodra hy 'n grens kan dink, hy ook die land daaragter kan dink ... nee, reeds begin verken het; as hy 'n maan sien, stel hy homself ook die ánder kant van 'n maan voor. En wáár ter skepping of ongeskapenheid die Denk hom ook waag, daar volg die Woord. Of beter: hulle gaan hand oor hand, en "haasje-over": soms lei die Denk die Woord, soms lê die Woord oor-trap-klippe vir die Denk. (*Versamelde prosa* 2:409)

Dit is duidelik hoedat Breytenbach by hierdie idee aansluit, hoedat "Denk" en "Woord", juis die kreatiewe woord, die woord van die metafoor en die konnotasie, onlosmaaklik aan mekaar verbind is. 'n Mens kan ook nie anders nie as om in Louw se gebruik van die woord "niemandsland" iets raak te sien van die latere begrip van Breytenbach, die *Middelwêreld*, wat ook soms as "niemandsland" beskryf word.

Breytenbach behou dus die idees van die latere Louw, dat kuns moontlikhede oopmaak, dat die kreatiewe woord trapklippe is vir die denke, dat die kreatiewe woord verset is teen vaspen en dogma, maar hy verwerp die "lojale verset" wat spruit uit besigwees met die ewige, die universele, die verhewe ten gunste van 'n "nee skreeu" in die konkrete situasie. Hy behou ook Louw se idee van die "niemandsland", maar ook hier radikaliseer Breytenbach dit verder en bou dit uit tot die idee van die Middelwêreld. Snyman (2006:321) wys in 'n voetnoot hoedat daar in Louw se denke oor die kuns 'n ontginbare "geologiese fout" is, wat verder deur Breytenbach geradikaliseer sou word.

Die afwys van Louw se hoë koue paaie wat die intellektueel moet bewandel en die aristokratiese ideaal van die modernistiese kunstenaar, asook sy aandrang op die soort verset wat nie deur lojaliteit getemper durf word nie, word by Breytenbach onder meer veroorsaak deur sy filosofiese wortels in die Marxisme. Die revolusionêre impuls om "nee te skreeu" is kennelik beïnvloed deur die Marxistiese beskouing dat filosofie nie slegs die werklikheid behoort te beskryf nie, maar moet ingryp en verandering behoort te bewerkstellig. Die neiging by modernistiese kunstenaars om hulself en hul werk bo die geskiedenis en die massa te plaas, om die kunswerk se waarde en durende (ewige) waarheid buite die historiese konteks te plaas, is reeds in die 1930's deur Marxistiese kritici soos Lukács (1980) afgewys. Marxistiese beskouings herinner dat geen literêre teks buite die geskiedenis staan nie. Hiervan is Breytenbach ten seerste bewus in sy afwysing van die soort modernisme wat in die kunswerk ewige waarhede vind. Hier onder word verder uiteengesit hoedat Breytenbach se opvatting van die utopiese aansluit by die denke van Adorno.

Estetiese verbeelding en politieke effek

Ten slotte word in hierdie afdeling enkele kritiese opmerkings oor Breytenbach se beskouing gemaak. Die klem val op veral twee problematiese aspekte van sy denke: Breytenbach se hoop op die kreatiewe verbeelding en sy vertroue op voortdurende beweging (wat onder meer moontlik gemaak word deur "moeilike", poëtiese taal – wat eintlik 'n derde aspek is wat dikwels onder kritiek deurloop). Breytenbach se hoop op die kreatiewe verbeelding kan tot 'n problematiese sirkelredenasie lei, want die kreatiewe verbeelding wat tot etiese gedrag moet lei, kan immers ook bose moontlikhede verbeel en daarom moet die verbeelding by voorbaat deur 'n etiese uitgangspunt onderlê word. Breytenbach se vertroue op voortdurende beweging kan weer, volgens kritici soos Nash (2009b:25), daadwerklike optrede lamlê omdat dit nie omgeskakel kan word in 'n volgehoue strategie vir verset teen byvoorbeeld die kapitalistiese orde nie.

Dat Breytenbach se hoop op die verbeelding problematies kan wees, spreek vanself. Soos hier bo aangetoon, val die klem in byna al die tekste op beweging en verandering, verset teen die status quo sodat die verbeelding bevry kan word om 'n etiese bestaan moontlik te maak. In "Imagine Africa" (2007/2015:117–125), byvoorbeeld, word groot klem geplaas op die moontlikhede om Afrika ook anders te bedink as die bestaande beelde van die kontinent as korrup en sonder hoop. Hierdie soort aanmoediging kan maklik lyk soos 'n blote verskuiwing in maniere waarop uitgebeeld word, terwyl dit geen effek op die werklikheid het nie, dat die verbeelding bloot gaan oor beeldpoetsery. Vir Breytenbach is dit uiteraard nie waarvoor die verbeelding ingespan word nie. Maar sy hoop op die verbeelding is nie sonder gevare vir die etiek nie.

Breytenbach is nie alleen of nuut in hierdie hoop op die verbeelding nie. Soos Terry Eagleton (2012:60–61) in *The event of literature* skryf, was daar al dikwels in die verlede skrywers wat die verbeelding as 'n inherente deel van moraliteit beskou het: "There is a lineage from Shelly and George Eliot to Henry James and Iris Murdoch for which morality itself is a question of imagination, and thus an inherently aesthetic faculty." Hy skryf verder dat I.A. Richards selfs opgemerk het dat poësie ons om hierdie rede kan "red" (60). Eagleton lewer skerp kritiek op so 'n geloof in die reddende mag van die verbeelding of in die moontlikheid dat die estetiese noodwendig tot 'n etiese lewe kan lei:

> The imagination, however, has its limits, which not many literary types seem keen to acknowledge. Few ideas have been more unequivocally commended. To criticise the imagination would be as impious as to scoff at Nelson Mandela. Yet the imagination is by no means simply a creative power. It is capable of dreaming up

noxious scenarios as well as positive ones. Serial-killing requires a fair amount of imagination. The faculty is often seen as among the most noble of human capabilities, but it is also unnervingly close to fantasy, which is one of the most infantile and regressive. (61)

In die konteks waarin Eagleton hierdie opmerkings oor die verbeelding maak, het hy dit egter meer oor die verbeelding se veronderstelde vermoë om empatiese inlewing moontlik te maak. Die verbeelding as vermoë om jou die ervaring van 'n ander persoon te kan indink – soos dikwels oor die verbeelding aangevoer word – berus vir Eagleton op 'n Cartesiaanse opvatting en daardie "inverbeel" in 'n ander se gedagtes of ervarings is volgens hom maar net 'n gevoel – en gevoel is nie 'n goeie basis vir moraliteit nie.

Ek dink mens kan vir Eagleton gelyk gee dat gevoel nie 'n deeglike basis vir moraliteit bied nie. Hy wys ook tereg daarop dat die sogenaamde "stretching of the empathetic imagination" (61) nie polities onskuldig is nie.

Breytenbach is bewus van hierdie probleem en skryf in "Drinking moon" (2013/2015:156–173) met verwysing na Versfeld dat 'n mens versigtig moet wees hoedat jy jou innerlike lewe vorm ("[…] how one revolutionises one's inner life") omdat dit direkte invloed sal hê op 'n mens se etiese reaksie: "'[…] the enquiry will be whether we came anywhere close to a better grasp of how ethical awareness and practice are formed and informed by imagination – or the other way around'" (159). Hy weet dat die antwoord nee is – maar dat die nadenke daaroor 'n poging is om die wêreld beter te verstaan (159).

Breytenbach laat blyk in "The PIG stye in the eye" (2014/2015:174–182) dat hy heeltemal bewus is van die gevare van utopiese denke wat met die verbeelding saamhang: "Utopian thinking […] does not have a good press. It is assumed that one is being unrealistic – a cardinal sin in empirical practical politics – escapist to boot, and, perish the thought, maybe revolutionary! […] Yet, within the South African context it can be a useful tool." (178)

Hy sê self dat die gevaar van utopiese denke daarin kan lê dat dit dikwels eintlik nostalgies teruggryp na 'n verbeelde verlede. Die groot utopieë van die twintigste eeu, soos die Derde Ryk en Stalin-Rusland, het uiteraard in die verbeelding tot stand gekom, maar dan is daardie utopieë vasgelê as vaste ideale waarna gestreef moet word, terwyl dit nie saak maak of daar in die proses menselewens opgeoffer word en of mense se vryheid aan bande gelê word nie (Pinker 2017:11–12). Breytenbach verwys self na Fredric Jameson se idee dat hierdie soort utopie die verbeelding eintlik uiteindelik aan bande lê. In "'n Brief aan my dogter" (2011/3013/2015:145–155) verwys Breytenbach na Jameson wat skryf dat "utopia nie 'n vergestalting is nie, maar 'n projeksie (of proses) gemik daarop om die grense van ons toekomsverbeelding bloot te lê" (153). Die daarstel van 'n utopie is dus die beperking wat nie oorskry kan word wanneer nuwe moontlikhede vir die gemeenskap verbeel word nie. Utopia is daarom eerder 'n "insinking van die verbeelding" (154). Breytenbach behou egter die idee om te kan droom, hy dring daarop aan dat 'n ander toekoms verbeel moet word ten einde te verhoed dat die huidige barbaarsheid voortduur (155). Maar om dit te kan doen, moet ook die verlede anders bedink word. Die verlede kan geen sin maak "tensy dit ook 'n toekoms tot stand bring nie" (154):

> [...] as ons nie bewustelik daardie weg inslaan van inklusiewe verbeelding en versinnebeelding nie, as ons onsself nie méér inklusief en eties gefundeer kan bedink as wat ons in feite is nie – of was nie, of ooit kan hoop om te wees nie – ons vir seker die barbaarsheid wat ons nou belewe sal moet voortsit. (155)

In plaas van 'n romantiese of nostalgiese utopie, bepleit Breytenbach 'n droom oor 'n ruimte waarin gedeel word, waarin mense hulle geskiedenisse met mekaar deel met die behoefte om getransformeer te word en waarin die dialektiek tussen ons verskille aangemoedig en benut word (2014/2015:178–179). Breytenbach erken ook dadelik dat so 'n droom van 'n gedeelde ruimte waarin mense mekaar probeer vind en deur mekaar getransformeer word, geen grond het om op te staan nie omdat dit nooit in die verlede bestaan het nie. Maar hy meen dat die verbeel van so 'n moontlikheid noodsaaklik is omdat Suid-Afrikaners daarsonder daartoe gedoem is om mekaar dood te maak en dat die land sal verval in vegtende faksies (179). Die morele verbeelding is dus nie vir Breytenbach die inspan van die menslike verbeelding ten einde utopieë te bedink nie, maar die inspan daarvan om vryheid te verbeel (181). Die kapasiteit om vryheid te verbeel, word uiteindelik ook in "Die innerlike duisternis" (2015/2015:183–192), Breytenbach se huldeblyk aan

André P. Brink, aangedui as een van die sentrale redes vir sy waardering vir Brink. Al is die idee van 'n utopie gekompromitteer, is daar geen ander alternatief as om voort te gaan om uit te reik na "die eenvoud van meervuldigheid, na die verantwoordelikheid en troos van medemenslikheid, na die eenword met die ander as oplossing" nie (190).

In sy Van Wyk Louw-gedenklesing lê Snyman ook 'n verband tussen Louw se opvatting van "niemandsland" en Theodor Adorno se kunsbeskouing. Breytenbach se gebruik van die begrip *utopie* kan teruggevoer word na Adorno se opvatting daarvan soos Snyman (2006:321) dit treffend verwoord:

> Die utopie is die "feestelike ensemble van verskillendes". En dit is nie bloot aanwesig in die kuns as 'n tema of 'n inhoud wat 'n ideale wêreld uitbeeld wat nog geen plek in die bestaande wêreld het nie. Kuns in sy blote voorkoms is 'n soort aanwesigheid van daardie ideaal waarop alle menslike, sosiale en historiese aktiwiteit afgestem is en behoort afgestem te wees, naamlik om saamleef moontlik te maak. Hoe so? Enige kunswerk is die menslike poging van die saamvoeging van uiteenlopende elemente, dinge, betekenisse, ten einde op 'n manier te sê wat die gebruiklike en geykte manier van sê troef.

Ten einde te kan stry, soos Brink dit gedoen het, teen alle vorme van hegemonie en ortodoksie, teen mag en onderdrukking, is die vrye verbeelding noodsaaklik: 'n "ethical and creative and transformative *imagination*" (2015/2015:190, oorspronklike beklemtoning).

Breytenbach se klem op voortdurende beweging, om nooit stilstand te duld nie omdat tyd nooit stilstaan nie en omdat die self nooit vas is nie, lei onder meer daartoe dat Breytenbach se intervensies soms moeilik verstaanbaar is. Omdat hy voortdurend waaksaam is om taal nie op 'n dogmatiese wyse aan te wend nie, omdat hy taal wil aanwend sonder dat dit die uitoefening van mag word, die vaslê van beskouings, is die taalgebruik soms so veelduidig dat dit moeilik word, selfs onmoontlik, om dit as basis vir verset te gebruik teen byvoorbeeld die kapitalistiese orde, soos Nash (2009b:25) van Breytenbach vereis. Dit wil lyk asof die voortdurende in-beweging-bly veel eerder 'n individuele ervaring is as wat dit tot effektiewe monstering van verset kan lei. Nash (2009b:26) skryf uiteindelik dat Breytenbach eintlik nie daarin slaag om effektiewe verset teen kapitalisme te bied nie omdat hy as individu optree en nie deel geword het van die "South African Left" nie:

> After his release from prison, he quickly became an international celebrity, a prized item in the consumer culture against which he railed. For some years, he travelled widely in Europe and the United States (*End papers*, 24–26). After 1990, he took on the same status in South Africa, moving "from airport to dinner table to lecture room" (*Paradise*, 217). In Zen terms, he acquired the "smell of enlightenment" (Kapleau 2000:345), or had it bestowed upon him by the enlightenment industry in which he has been caught up, perhaps not entirely against his will.[14]

Hierdie kritiek berus daarop dat van Breytenbach verwag word om leiding te gee, om nie bloot ontledings van situasies te maak en krities daarop te reageer nie, maar dat die ontledings tot 'n program vir verset moet lei. So 'n moontlikheid word by voorbaat deur Breytenbach se denke uitgesluit. Dit wil voorkom asof Breytenbach se "burgers van die Middelwêreld" nie in staat is tot die opstel van programme vir kollektiewe optrede nie omdat die maak van sulke planne die stel van 'n bestemming verg. Dit is moeilik om mense sonder 'n duidelike bestemming te organiseer om verandering te bewerkstellig. Hoe word mense oorreed om teen 'n stelsel te veg sonder om te weet wat in die plek daarvan in vooruitsig gestel word?

Nie alleen maak die weiering om 'n bestemming te stel optrede vir verandering moeilik nie, ook die taal waarin Breytenbach skryf, verhoed die ontstaan van aksieprogramme. Die "toesprake" slaag nie noodwendig daarin om te lei tot politieke optrede nie, juis omdat die taalgebruik so welluidend en meesleurend is. Lesers van sy toesprake word meegevoer deur die klank en ritme, oorrompel deur die beelde en metafore en die effek daarvan is dus esteties van aard. Eenvoud, enkelvoudige oplossings en helder stellings word vermy omdat hulle reeds weer vaspen, stagneer, dogma word. Breytenbach se taalgebruik hou betekenis in beweging, eerder as om vas te pen en daarom is dit eint-

---

[14] Nash (2009b:26) self kontekstualiseer hierdie stelling oor Breytenbach deur te erken dat geen individu werklik verantwoordelik gehou kan word vir die mislukking van 'n projek soos dié nie, "which could only have been brought to any kind of completion within a vigorous and coherent culture of the left".

lik ook by voorbaat onmoontlik om in vaal prosa soos in hierdie opstel, logiese afleidings te wil vaspen. Uiteindelik het Breytenbach se "toe-sprake" dus eerder 'n estetiese effek op die individuele leser as wat dit politieke oortuigingskrag het.

Hoewel ek in hierdie opstel aantoon dat daar wel 'n duidelike, deurlopende denkpatroon onderliggend aan Breytenbach se "toesprake" van die afgelope halfeeu is, weerstaan sy werk deurgaans eintlik hierdie soort pogings om vas te pen en te interpreteer. Die tekste self is, soos sy poësie, dikwels "moeilik" en bied weerstand teen vereenvoudiging en interpretasie. Juis deur die weerstand word veelduidigheid egter oopgemaak, lesers word gedwing om hul eie verbeelding in te span wat ook ander moontlikhede oophou en herinner aan die onmoontlikheid en gevaar van vaspen van betekenis.

BRONNELYS
Attridge, Derek. 2004. *The singularity of literature.* Londen: Routledge.
Breytenbach, Breyten. 1973. 'n Toe gesprek. *Deurbraak,* Junie:1–4, 13.
Breytenbach, Breyten. 1984. *The true confessions of an albino terrorist.* Emmarentia: Taurus.
Breytenbach, Breyten. 1986. *End papers: Essays, letters, articles of faith, workbook notes.* Londen: Faber & Faber.
Breytenbach, Breyten. 1987. *Boek (deel 1): Dryfpunt.* Emmarentia: Taurus.
Breytenbach, Breyten. 1999. *Woordwerk (die kantskryfjoernaal van 'n swerwer).* Kaapstad: Human & Rousseau.
Breytenbach, Breyten. 2007. *Die windvanger.* Kaapstad: Human & Rousseau.
Breytenbach, Breyten. 2008. *A veil of footsteps (memoir of a nomadic fictional character).* Kaapstad: Human & Rousseau.
Breytenbach, Breyten. 2015. *Parool/Parole. Versamelde toesprake/Collected speeches.* Kaapstad: Penguin Books.
Brink, André P. 1971. *Die poësie van Breyten Breytenbach. Blokboek.* 1ste uitgawe. Kaapstad: Human & Rousseau.
Collinson, Diané. 1985. Ethics and aesthetics are one. *British Journal of Aesthetics,* 25(3):266–272.
De Martelaere, Patricia. 1993. *Een verlangen naar ontroostbaarheid.* Amsterdam: Meulenhoff.
Eagleton, Terry. 2012. *The event of literature.* Londen: Yale University Press.
Eysteinsson, Astradur. 1990. *The concept of modernism.* Ithaca: Cornell University Press.
Galloway, Francis. 1990. *Breyten Breytenbach as openbare figuur.* Pretoria: HAUM-Literêr.
Galloway, Francis. 2015. Nawoord. In Breyten Breytenbach. 2015. *Parool/Parole. Versamelde toesprake/Collected speeches.* Kaapstad: Penguin Books, bl. 193–212.
Josipovici, Gabriel. 2010. *Whatever happened to modernism?* New Haven: Yale University Press.

Joubert, Elsa. 2009. *Reisiger*. Kaapstad: Tafelberg.
Kuzein, Rustum. 2005. Resensie van Mark Sanders se *Complicities: The intellectual and apartheid*. H-SAfrica, Maart. https://networks.h-net.org/node/10670/reviews/11012/kozain-sanders-complicities-intellectual-and-apartheid [11 April 2019].
Louw, N.P. Van Wyk. 1986a. *Versamelde prosa I*. Kaapstad: Tafelberg.
Louw, N.P. Van Wyk. 1986b. *Versamelde prosa II*. Kaapstad: Tafelberg.
Lukács, Georg. 1982. *Essays on realism*. Cambridge, MA: MIT Press Classic.
Nash, Andrew. 2009a. *The dialectical tradition in South Africa*. Londen: Routledge.
Nash, Andrew. 2009b. Zen communist: Breyten Breytenbach's view from underground. *Tydskrif vir Letterkunde*, 46(2):11–27.
Pinker, Steven. 2018. *Enlightenment now*. Londen: Allen Lane.
Ricoeur, Paul. 1991. Life in quest of narrative. In David Wood (red.). *On Paul Ricoeur. Narrative and interpretation*. Londen: Routledge, bl. 20–33.
Rossouw, Johann. 2015. Resensie-essay. Breyten Breytenbach se versamelde toesprake – *Parool/Parole*. LitNet, 6 November. https://www.litnet.co.za/litnet-akademies-resensie-essay-paroolparole-deur-breyten-breytenbach/ [26 Maart 2019].
Sanders, Mark. 2002. *Complicities: The intellectual and apartheid*. Durham en Londen: Duke University Press.
Snyman, Johan. 2006. N.P. Van Wyk Louw, die projek van die moderne, en kuns. In Willie Burger (red.) *Die oop gesprek. N.P. Van Wyk Louw-gedenklesings*. Pretoria: LAPA, bl. 300–323.
Viljoen, Louise. 2008. Digterlike gesprekke met Van Wyk Louw. *Tydskrif vir Geesteswetenskappe*, 8(3):1–25.
Viljoen, Louise. 2014. *Die mond vol vuur. Beskouings oor die werk van Breyten Breytenbach*. Stellenbosch: Sun Press.
Vintges, Karen. 2003. *De terugkeer van het engagement*. Amsterdam: Boom.
Wittgenstein, Ludwig & Kenny, Anthony. 1994. *The Wittgenstein reader*. Oxford: Oxford University Press.
Wood, James. 2010. *The broken estate*. New York: Picador.

OOR DIE SKRYWER
Willie Burger is professor in letterkunde aan die Universiteit van Pretoria. Hy is die skrywer van *Die wêreld van die storie* (2018), 'n boek oor vertelling. Benewens talle artikels en hoofstukbydraes was hy ook as redakteur betrokke by publikasies oor Karel Schoeman (*Sluiswagter by die dam van stemme*, 2002 – saam met Helize van Vuuren); N.P. Van Wyk Louw (*Die oop gesprek*, 2006); Marlene van Niekerk ('n spesiale uitgawe van *Tydskrif vir Literatuurwetenskap*, 25(3), 2009) en André Brink (*Contrary: Critical responses to the novels of André Brink*, 2013 – saam met Karina Szczurek). Hy het oor die afgelope 20 jaar om en by 300 boeke in verskeie dagblaaie en tydskrifte geresenseer. Hiervoor is hy in 2015 met die Caxton Excellence Award vir sy resensies in *Vrouekeur* erken en in 2016 is die kykNet-Rapport-toekenning as "Boekresensent van die jaar" aan hom toegeken.

3
Kreolisering as poëtikale gegewe in van die latere bundels

Hein Viljoen

Inleiding

In hierdie opstel ondersoek ek hibridisering (of kreolisering) as tema en praktyk veral in Breyten Breytenbach se latere werk, uitgaande van sy uitspraak in "'n Blik van buite" in 1973 dat die Afrikaner 'n bastervolk met 'n bastertaal is. Die idee van verbastering of kreolisering kom in verskillende gedaantes in sy werk na vore, en het nie net te doen met taal nie, maar ook met die grens van die self en die grense tussen woord en beeld. Hy noem kreolisering op een plek "die werklike gawe van mededeelsaamheid" (Naudé 2010). Dit het te doen met skeppend bestaan en met andersmaak. My vraag is hoe dit in Breytenbach se latere werk uitgespeel word en my doel is om kreolisering as 'n poëtika van relasie, en uiteindelik as 'n beginsel van risomatiese en dekonstruktiewe verstaan, in sy werk te ondersoek. Die klem sal val op die verbastering van ruimte, verbastering van die "moertaal", die proses van omvorming en die dialoog met ander kunstenaars. Ek fokus veral op *Nege landskappe* (1993), *Die beginsel van stof* (2011), *Katalekte* (2012) en *Die na-dood* (2016).

Verbastering en kreolisering in formele en tegniese sin

By die somerskool oor die Sestigers in 1973 het Breytenbach die establishment geskok deur die Afrikaner "'n bastervolk met 'n bastertaal" te noem ("'n Blik van buite" in Lasarus 1976:119–128). Verbastering en kreolisering as beginsels van sowel vermenging en die oorsteek van grense, as van dialogisering, lokalisering en uitbreiding is, soos later geblyk het, belangrike temas in sy werk. Sy werk is egter ook ryk aan dialogisering en kreolisering in 'n formele of tegniese sin.

'n Mens sien dit byvoorbeeld in *Papierblom* waarin daar sprake is van "ingewande se bodemlose swaai van verbastering tot ék" (Afrika 1998:

73). Vermenging het baie te doen met taal. In *Dog heart* (Breytenbach 1998:69) skryf hy onder meer:

> People are the products and protagonists of mixing. As with people, so the tongue: our shimmering plough of survival under its far spurt of purple dust, that which only in the turning over of sods will become ploughshare, blade of exploration, lines which permit us to reach a settlement with what must be conquered, where the world, name by name, could get its face.

Hier ken Breytenbach aan die tong (taal) 'n kragtige en konkrete werking toe – deur die omdraai van kluite (woorde, dus) word 'n ooreenkoms bereik met wat oorwin moet word en kry die wêreld, stukkie vir stukkie, deur benoeming sy gesig.

Die trajek van kreolisering

In *Dog heart* (1988:41) skryf Breytenbach ook die volgende oor kreolisering:

> What I want to write is the penetration, expansion, skirmishing, coupling, mixing, separation, regrouping of peoples and cultures – the glorious bastardisation of men and women mutually shaped by sky and rain and wind and soil.

En vervolg later:

> We should define more clearly the trajectory and the territory of the *métis*, the *baster*, the bastard, the hybrid, the creole – identify the "colonies of reflection", the frontiers, the limits of integration. Are these lines of tension, edges of creativity or barriers of exclusion? (186)

Om te verstaan wat Breytenbach bedoel met dié verbastering en die trajek daarvan, is twee ander tekste belangrik: naas "'n Blik van buite" uit 1973, ook sy opstel oor "Andersheid en andersmaak" uit 1999.

Verbastering en kreolisering volgens "'n Blik van buite" (1973)

In "'n Blik van buite" (Lasarus 1976:119–128) verdedig Breytenbach die betrokkenheid van die skrywer op grond van die sentrale aannames van menslikheid, menswaardigheid en vryheid (120). Hy verklaar dat hy net vry kan wees "tot die mate waarin my medemens vry is" (123). Hy strewe na "die totstandkoming van leefbare omstandighede in ons gemeenskap" en dit beteken 'n samelewing waarin almal 'n "regmatige aandeel kan hê" en waarbinne almal *"op gelyke voet* verantwoordelikheid vir mekaar kan aanvaar" (120, oorspronklike beklemtoning). Daarom is hy in verset teen alle strukture en opvattings "wat so 'n samelewing onmoontlik maak" (120).

Die somerskool oor die Sestigers by die Universiteit van Kaapstad in 1973 – saamgevat in Polley (1973)[1] – was 'n poging tot bestekopname van Sestig. Teen die breë agterdoek van "Suid-Afrika en die Suid-Afrikaanse kulture" (Lasarus 1976:121) verwyt Breytenbach homself en sy mede-Sestigers dat hulle nie maatskaplik verantwoordelik genoeg was nie en dat hulle eintlik ingeweef is in en aandadig is aan die politieke raamwerk van die stam (met ander woorde aan apartheid) (vgl. 125), al het hulle reeds van die aannames van die stam in twyfel begin trek.

In hierdie toespraak is Breytenbach heftig in verset teen die trek van grense, teen vaste vorms, voorskriftelikheid, en verstarring (en dus teen apartheid) in die naam van menslikheid en vryheid. Hy maak 'n vernietigende ontleding van die selfsugtige aard van apartheid. Die apartheidsonderskeide en -mure wat opgerig is tussen mense in die naam van suiwerheid en afsonderlikheid, beskou hy as "selfmoord", "selfvernietiging" en "dood" (124). "Die gif van rassisme" vloei in almal se are en tas selfs "ons mooi taal" aan, want dit word gebruik om af te kamp, voor te skryf, ander se menslikheid te ontken. Om ander mense te benoem as "Bantoe" of "Kleurling" keur hy af: "Met hierdie vuilpraat van ander mense bevuil ons onsself" (127). Die skrywers word ook ingeperk deur dié raamwerk en kan eintlik net geraas maak soos "wandelende dooies" (124). Die tref van onderskeid is 'n soort besoedeling, wat sterk in kontras staan teenoor die verheerliking van die nag, onsuiwerheid, lyflikheid.

Dit is in hierdie konteks van verset teen suiwerheid en verstarring dat Breytenbach se uitspraak oor Afrikaans as bastertaal verstaan moet

---

1 Breytenbach se toespraak is nie opgeneem in Polley (1973) se verslag van die Sestiger-somerskool nie. Dit verskyn later in *'n Seisoen in die paradys* (Lasarus 1976) en is ook opgeneem in *Parool/Parole* (Breytenbach 2015).

word: "Ons is 'n bastervolk met 'n bastertaal. Ons aard is basterskap. Dis goed en mooi so. Ons moet kompos wees, ontbindend om wéér in ander vorme te kan bind." (123)

Die Afrikaner, meen hy, het egter die *law of the bastard* begin uitleef; die een onseker oor sy herkoms, sonder 'n egte herkoms, die buite-egtelike kind, het sy eie suiwerheid begin beklemtoon en daarom "moes [hy] áfkamp, bekamp, verkramp" (123). Die baster is egter juis die een wat nie agter mure skuil nie. Daarvoor gebruik Breytenbach beelde van vermenging: Teenoor suiwerheid staan besoedeling. Die Afrikaner moet kompos wees, lyflik met ander gemeenskap hê. Teenoor die onseker baster staan die baster wat in verhouding tree met die ander; wat onsuiwerheid en buite-egtelikheid verheerlik.

Dit is ook wat skryf en kommunikasie inhou: Dit is noodwendig sosiaal, en dus polities. Breytenbach sien in hierdie toespraak 'n noodsaaklike skakel tussen mensverse en skryf, want hy betoog dat die poësie nie los van sy sosiale konteks verstaan kan word nie omdat taal sosiaal is. Sodra skryf "digkuns", met ander woorde esteties word, word dit onskadelik, en is dit "nie meer 'n bedreiging vir die bestaande orde, 'n werktuig of 'n wapen nie" (127). Poësie "moet groei uit 'n sosiale praktyk". En hy vervolg:

> Om te skryf is om te kommunikeer, om saam te eet, om geméénskap te hê, 'n nagmaal, ons almal se bloed, ons almal se vleis. Ons is mense, ons skryf vir mense óór mense, en daarom oor verhoudings tussen mense. Ons eerste dimensie is die mens – in sy eendersheid en in sy andersheid, in sy mensheid. (127–128)

Hierdie nagmaalsbeeld – die saam eet van almal se bloed en vleis – is nie soseer 'n beeld van vermenging nie, maar wel van innige kommunikasie om gemeenskap te hê, skynbaar sonder grense, as deel van 'n heilige ritueel. Juis die nag is die oord of die tyd van verhoudings. Hierdie nuwe verhoudings sal die taal verruim, en omgekeerd sal die taal (as kanaal) "die gedagtes oproep wat hy kan dra" (128).

Die toespraak eindig met 'n soort credo waarin Breytenbach verklaar dat hy nie vir die ewige wil skryf nie, maar vir die verbygaande en die plaaslike. Ten slotte roep hy die skrywers op om kennis te neem van "die natuur van die stryd waarby ons betrek word" en om "stelling te neem" op grond van hierdie kennis en daardeur hulle menslikheid en hulle taal te verruim. Daardeur sal "ons nie meer gevang sit in die strikke van Apartaans nie, maar Afrikaans kan praat: een van die baie tale van Afrika" (128).

Breytenbach se sienings in hierdie toespraak is die ene paradokse. Hy strewe na die mens sonder onderskeid of klas, maar tog bepleit hy 'n teen-burgerlike ideaal. Skryf is om die mure af te breek en is dus wesenlik 'n soort verbastering, maar dit is in teenspraak met die idee dat apartheid die wet van die baster is – iets wat die positiewe waarde van kreolisering dus ondergrawe. Kom dit juis in die mate waarin dit verhoudings skep (selfs lyflik), dan neer op 'n positiewe soort verbastering/kreolisering? Of is dit eerder 'n ontkenning van die soort denke waarin een soort mens as minderwaardig beskou word (en die idee van baster dus nie meer saak maak nie)? Is dit wel 'n koherente siening van verbastering of eerder 'n nietweeledige een? En hoe lyk so 'n siening dan? Tegelyk kollektief en sosiaal? Nie ewig nie, maar tydelik?

"Andersheid en andersmaak" (1999)

Breytenbach se opstel "Andersheid en andersmaak" (1999)[2] is 'n credo vir kreolisering waarin hy die debat oor identiteit heel eksplisiet op die kreatiewe rand van "die omgrensing van 'n 'eie' kultuur/taal/geskiedenis" plaas (27). Hy beskryf homself daarin as 'n kulturele baster en gee voorkeur aan 'n definisie van *Afrikaner* wat "'n kreoolse afstamming aandui". Afrikaans is vir hom eweneens 'n "lieflike gladde bastertong gebore uit die botsing en die paring van kulture" (27). Hy sluit aan by die klem wat Édouard Glissant (in sy *Poetics of relation* 2006 [1990]) plaas op die risomatiese skakels, breuke en vermengings tussen kulture, en veral by twee van Glissant se uitsprake. Die eerste is dat die wortel *monolinguaal* is, wat vir Breytenbach inhou dat "die wortel van bewuste syn die moedertaal [is]" (28). Die moedertaal is vir hom 'n mensereg, want dit skep die ruimte waarbinne jy volledig mens kan wees, "'n vol-

---

2 Breytenbach ontwikkel vanaf 1998 tydens verskillende openbare optredes sy begrippe *andersheid* en *andersmaak* en *die Afrikaner as Afrikaan*, soos toegelig in die nawoord van *Parool/Parole* (Breytenbach 2015:201). Die weergawe wat ek hier gebruik, is in 1999 gepubliseer in die kultuurtydskrif *Fragmente* (Breytenbach 1999:26–44).

waardige en nuttige burger mag wees, selfs en veral in 'n meertalige gemeenskap" (28). Die moedertaal is veral ook 'n merker van andersheid. Breytenbach se siening bots hier met Glissant (2006:11) se opvatting dat die monolinguale wortel alles in homself opneem en alles rondom hom doodmaak. Teenoor die wortel stel Glissant dan, op die spoor van Deleuze en Guattari, die idee van die risoom, 'n aaneengeskakelde wortelstelsel, 'n netwerk wat in die grond of in die lug versprei, maar nie een sentrale verterende (*predatory*) wortelstok het nie. Die risoom handhaaf dus die idee van gewortel wees, maar bevraagteken die totalitêre wortel, meen hy. Glissant beskou risomatiese denke as die beginsel agter sy poëtika van relasie.

Breytenbach beklemtoon tweedens Glissant se opvatting van *errantry* (swerf), wat inhou dat identiteit nie 'n gegewe is nie, maar soos hy Glissant saamvat, 'n wil, "'n strewe na vryheid en verantwoordelikheid binne 'n gegewe kulturele en politieke ruimte" verteenwoordig (28). Hier meen Breytenbach die gegewe politieke ruimte (wat hy die Suid-Afrikaanse "nasie" se "dieper reg" noem) is die strewe na 'n demokratiese bestel binne die "afgebakende ruimte" en "verweefde geskiedenis" van Suid-Afrika. Ooreenkomstig Glissant se klem op swerf skryf Breytenbach dan: "Om ons 'eiesoortigheid' (!) oop en aantreklik te hou moet dit juis ingebind wees in 'n dinamiese dialektiek van ruimte en beweging binne 'n groter eenheid" (28). Hierdie dialektiek "behels 'n aanvaarding en 'n respek vir *die ruimtes van verskille* […] én *die weefstof van gesamentlikheid*" (29, oorspronklike beklemtoning). Die uitlewing van diversiteit, "die vaardigheid waarmee ons ons rykdom aan diversiteit hanteer en akkommodeer" (29), staan vir hom sentraal. Dit sluit die reg in om anders te wees, "om nie verstaan of geabsorbeer" te word nie. Dit kan dalk ook konflik inhou.

Dit is binne hierdie dialektiek dat *andersmaak* en *die Afrikaner as Afrikaan* verstaan moet word. Met andersmaak bedoel Breytenbach "om ten volle betrokke te wees by die proses van skepping en verval"; andersmaak beteken "om mekaar te maak, om mekaar te verander" (30). Breytenbach sluit hier aan by die ou Khoi-gebruik van !*nau*, en dit sluit die rituele in wat nodig is om jou te beskerm wanneer jy weerloos is, soos by geboorte of, in hierdie konteks, wanneer jy betrokke is by 'n proses van verandering; 'n proses om jouself en jou groep anders te "maak" of te "verbeel" (30).

In die proses van andersmaak beklemtoon Breytenbach die rol van taal, nie as blote kommunikasiemiddel of middel vir die manipulasie van persepsies nie, maar juis in sy rykdom aan funksies as "werktuig van vernuwing", as "prostituut van persoonlike en gemeenskaplike gewaarwees", en as middel om 'n kritiese houding teenoor die staat in te neem. Bowenal is taal "ook jou helder lyn na die duistere ongesegde, die voor-verstandelike, die gemompel van dagbreek en die gefluister van sononder, na die donker skaduwees wat om die woorde flikker, na die 'dieper' betekenisse van syn" (31).

Dit is waarom die "moertong" vir hom so belangrik is.

Binne hierdie raamwerk is die Afrikaner veral vir Breytenbach 'n baster, in verskillende sinne van die woord. Juis omdat hy die self as dinamies en nomadies beskou, as onseker, as illusie in 'n spieël, lê hy klem op verbastering as verset teen definisie en verstarring. Verbastering is vir hom sinoniem met "wedersydse andersmaak". "[O]m baster te wees," skryf hy, "is om te reis deur allerlei landstreke van herkoms, op pad na 'n kim wat dalk die dood mag wees" (33). In sy etimologie van *Afrikaner* lê hy klem op die vermenging van Europa en die plaaslike en verklaar die Afrikaner tot "baster Afrikaan" wie se identiteit vervaardig word "deur vermenging, deur andersmaak, deur pynlike of vreugdevolle of beskamende passasies van die bekende na die onbekende, deur oomblikke van intervensie te herken en aan te gryp, deur te beweeg, deur dieper te reis, deur te leer om die wind te lees, deur konfrontasie, selfs deur stryd en konflik" (42). Juis weens die onvastheid daarvan is die baster skerper bewus van sy identiteit en van sy wortels. Hy is 'n verkleurmannetjie en sy identiteit is self "'n dialektiek met baie teenstrydighede" (43). Hy is altyd op reis, altyd besig "om die begrip van die self te kreoliseer" (43) op pad na 'n "inklusiewe diversiteit". Hiermee sluit Breytenbach aan by Glissant se oproepe tot die reg op andersheid, op ondeursigtigheid en weerbarstigheid, op verset en rebellie teen alle tradisies, selfs sy reg om sy eie transendensie (*surpassing*) te wees.

Die verbeelding van vryheid in diversiteit teen alle verstarrings en strukture in, is 'n kerntema in Breytenbach se denke.

Hierdie teks is dus 'n pleidooi vir respek vir sowel die "ruimtes van verskille", as "die weefstof van gesamentlikheid" – nie as een-heid nie, maar juis as 'n viering van die tekstuur van die rykdom van diversiteit in Suid-Afrika (29). Hierdie soort nomadiese verbastering werk die verstarring van sekerheid teë en open die volle moontlikhede van verandering en ontbinding. Die ek en die Ander moet mekaar al lopend of reisend (swerwend) andersmaak. Dit hou in dat die begrip *self* ook gekreoliseer en oopgemaak moet word vir verandering. Kreolisering as "die mutasie van 'n tong van tale" vorm 'n instrument waarmee die "diepte-klank" of die ervaring van vuur-bewuswees vertolk kan word (Breytenbach 2006:15) en is dus 'n wesenlike element van Breytenbach se poëtika van asem(haling).

Die idee van kreolisering

Andersmaak, kreolisering as beginsel van risomatiese verstaan, beteken dat 'n mens literêre tekste probeer verstaan binne netwerke van disseminasie, veelvuldigheid en diversiteit. Die idee gaan terug na Glissant se opvattings oor 'n *Poetics of relation* (2006). Dit put uit 'n situasie van eilandgroepdenke (*archipelagic thought*), wat inhou dat die teks as 't ware voortdurend blootgestel is aan kulturele en taalkundige winde en seë in een groot *totality world*. Ek beskou kreolisering ook as 'n beginsel van dekonstruksie – wat fondamente laat vaar en streef om in nuwe verhoudings en *communitas* (Turner 1975) met ander mense te tree.

Kreolisering behels myns insiens verder drie belangrike prosesse. Die eerste proses is die *vermenging* van kulture en tradisies, wat lei tot nuwe vorms van denke en uitdrukking. Die tweede proses is *lokalisering* of aanpassing by die lokale. Kreolisering kom van die woord *criollo* in Suid-Amerikaanse Spaans. Dit word vandag nog daar gebruik in die betekenis "plaaslik", "van hierdie plek", "hier gebore en grootgeword", sonder 'n spesifieke rasse- of etniese betekenis (wat dit later wel deeglik bygekry het). Etimologies gaan dit terug na Latyn *creare*, "om te skep", via koloniale Portugees. *Criollo* beteken dus "iets of iemand wat opgegroei of gebore is" plus 'n deiktiese element *hier* (Schwegler 2003:53–54). Nader aan die taalkundige betekenis is die derde proses, wat die uitbreiding en aanpassing van 'n instrumentele of kommunikasietaal (soos 'n Pidgintaal) tot 'n moedertaal behels, met ander woorde, die toets en uitbrei van die grense van die woordeskat, taalstruktuur en uitdrukkingsvermoë van 'n taal.

In die plaaslik maak, sit onvermydelik ook 'n kritiese dimensie – 'n relativering en dialogisering (soos Bakhtin 1981:358 dit omskryf) van die hegemonie: Diskoerse word met mekaar in gesprek gebring, en daardeur gerelativeer en blootgestel aan die bevrydende energie van lag.

"Poësie is die asem van die gewaarwording"

Kreolisering is by Breytenbach onlosmaaklik verbonde aan sy poëtika van asem(-haling). Hy het dit onder meer verwoord in "Poëzie is de adem van het gewaarworden" in *Intieme vreemde* (2006:13–19). Die kern daarvan is dat poësie die asem is van die gewaarwording en ook die asemhaal daarvan. Vir hom is poësie 'n membraan wat ons voortdurend daaraan herinner dat ons asemende wesens is wat die ruimte om ons heen voortdurend vertaal en onsself voortdurend vertaal na die ruimtes van die bekende toe en sodoende sirkels trek rondom plekke van die onbekende. Die effek daarvan is drieledig: Dit trek die polariteit tussen ek en ander in twyfel, dit beskryf en ontskryf die self, en dit herskryf die wêreld ten einde plek te maak vir "de beweging en zang van het zijn" (2006:13). Poësie is, kortom, sterk transformerend.

Asem, asemhaling is 'n sentrale begrip in die Zen-Boeddhisme, want dit is 'n noodsaaklike deel van meditasie en van kontak maak met die Al. Dit is leegmaak van die self en volmaak met die natuur om sodoende die eenwording met die Al (*satori*) te beleef. "Alles om jou is 'n long en jy word in- en uitgeadem", skryf Breytenbach in *Boek (deel een): Dryfpunt* (1987:80).

Gewaarwording is die *wu-nien* van die Zen-Boeddhisme – wat Breytenbach (1987:74) vertaal met "die stilwees van geen-gedagte" waartydens "die spieëlse bewussyn" aangekweek word. In *Intieme vreemde* dui die digter dié begrip aan met "diepte-klank" (2006:14), wat neerkom op die oop-eindige van die verbeelde herinnering, die voortdurende blootgestel-wees aan die lewe en aan die dood, die beswering of troos wat ondermyn en morele sekerhede versteur (2006:16).

In "'n Besinning oor ruimte as katalisator van betekenisvorming" in *Katalekte* (2012:155–158) beskryf hy onder meer die vibrasie of "gesels" tussen "'onverwante' elemente (beelde, klanke, kleure, ritme)" (155). Hulle stry en baklei ook; stuur seine uit "wat verwys na verwantskappe wat buite die gedeelde omgrensing van die 'gevangenis' lê" (156). "Ruimte en verbeelding is afhanklik van mekaar, skep mekaar soos long en asem. (Maar dan moet jy by 'verbeelding' dieselfde *ver-* as voorvoegsel lees wat jy ook in ver-val, ver-rot, ver-taal kry.)" (156). Dit sou mens kon noem verbastering van ruimte (of ook: topologiese vervorming).

Verbastering van ruimte (topologiese vervorming)

Die poëtika van asem(haling) word kernagtig gedemonstreer in "frottage" in *Katalekte* (2012:60). Breytenbach skryf daar: "'betekenis' / is *klankruimte*". Dit is met ander woorde:

> die proses waarop woord en kleurtekstuur
> in die stil spuitspieël van die blad
> 'n gesprek oopknoop wat lei tot verhouding
> en kontteks waarbinne indrukke
> oogbetuiging en uitdrukking word

Hierdie gedig beskryf die digterlike proses met 'n reeks woordspelings en metafore. En dit het 'n sterk derealiserende slot waarin die gedig met sigself die draak steek. As eerste stap stel die spreker dat betekenis klankruimte is – dit word letterlik gemáák, met én tussen ander woorde. Tweedens is die proses kompleks. Dit is 'n woordproses; dit word letterlik met ander woorde geskep: "woord en kleurtekstuur" knoop 'n gesprek aan. Dit is 'n seksuele proses, soos die woorde "stil spuitspieël van die blad" aandui. Die bladsy is soos 'n spieël, maar ook 'n weerkaatsing van die ek waarop letterlik gespuit, geëjakuleer word. Die gesprek word oopgeknoop soos wat klere losgemaak word. In die woord "kontteks" val geslagsorgaan ("kont") en teks saam. Dit is ook 'n skilderproses: die interaksie tussen kleurtekstuur en die bladsy; die proses van die maak van 'n frottage-werk.

Frottage is in Frans die "action de frotter" – die handeling van vryf, blinkvryf of boen (Ndl.). *Frotter* beteken "invryf'", "boen" en ook "een liggaam herhaaldelik oor 'n ander laat gaan", asook die resultaat van die proses, naamlik vryfprent. Volgens Merriam-Webster ("Frottage" s.j.) is dit die tegniek om 'n ontwerp te skep deur byvoorbeeld met 'n potlood oor 'n objek onder 'n stuk papier te vryf (en 'n werk wat so gemaak is). Die woord beteken ook die handeling van seksuele stimulering (selfs aanranding) deur jou geslagorgaan teen 'n persoon of objek te vryf.

Derdens skets die spreker die resultaat van die proses: 'n verhouding word geskep. Sien kom tot stand. "Indrukke" op die papier, dit wat van buite ingeneem word, word "oogbetuiging" – iets waaroor die oog betuig, iets kwytraak (soos in die woord "dankbetuiging"). Dit word uitdrukking: woord, vers, klank, liefkosing dalk ook. Hierdie proses word saamgevat in die woorde:

> met ruimte kom beweging
> met verbastering kom denke

Met ander woorde: Woorde, beweging, verbastering en denke is kardinale faktore in die proses. In die slot van die gedig word die proses gerelativeer:

> en die donkie verklank tot woordwordens toe
> toe en nou weer hoenou

Die beeld van die donkie verklank die konkreetmaak van dink en woord – so intensief dat dit vervelig en walglik word; tot "woordwordens" (satwordens) toe. Die slotwoord "hoenou" druk die verveling uit, maar vra ook 'n vraag: hoe nou? Dit suggereer 'n verrassing, die begin van iets nuuts (maar maak ook die donkie se gebalk na).

Die driedubbele betekenis van die gedig illustreer tewens die universele analogie – om kuns te maak is 'n erotiese daad: die vryf van die pen of kwas oor papier of oor die liggaam, van een liggaam teen 'n ander. Die gedig bied ook 'n rasionaal vir 'n netwerksiening van die teks – woorde gaan verhoudings met mekaar aan, verhoudings wat dinamies en veranderlik is van die een teks na die ander. Deur hierdie woordwerk, en deur taalpatrone met opset te vervorm of te vervang, dien taal (soos die motto van Benveniste boaan die gedig lui) nie om te kommunikeer nie, maar om te leef. 'n Mens moet dus telkens weer die verhoudings ontrafel vanuit jou eie insigte en eie kennis. Jy moet die gedig met ander woorde risomaties, as kreolisering, lees.

Hoe dit gedoen kan word, blyk byvoorbeeld uit die lees van "'n bietjie betekenis" in *Katalekte* (2012:34). Die gedig is juis gerig tot die leser wat betekenis probeer vind in Breytenbach se werk; wat sin daarvan probeer maak; wat rigting en leiding soek. Die spreker in die gedig ontken egter dat hy dit kan doen, want hy is die digter. Hy "skryf in die kantlyn", dit wil sê hy maak kanttekeninge; sy posisie is marginaal; buite "die hoofstroom / waar geskiedenis en ordonnansies gestalte kry".

"Skryf in die kantlyn" parafraseer hy as *"(kantelwerk: om die lyne te laat kantel)"*, met ander woorde werk wat die gevestigde voorstellings omver werp (verwant aan konkelwerk, kan ek as leser seker byvoeg), maar ook die versreëls laat breek en kantel – soos die gedig tipografies aandui. Of die hengelaar se vislyn laat kraaines maak. Die skryf van marginalia of kanttekeninge by die geskiedenis, kan by uitstek kreoliserend en dekonstruktief wees. Met die hengelbeeld borduur die spreker voort op die metafoor van die stroom:

> my woorde het geen hoofletters
> soos aas aan die hoeke om die leser wat swem na sin
> te fop nie

Die spreker stel die serifs of skrewe van hoofletters gelyk aan vishoeke, en ontken met daardie beeld verder dat die gedig sin maak. Hier eggo hy die voorblad van die bundel. Dit is naamlik 'n skildery van Breytenbach met die titel *péché de pêcheur*, oftewel *sonde van die hengelaar*. Van Vuuren (2012) beskryf dit as *"'n Pierrot-agtige hengelaar (een letter meer as die "engelaar", of digter wat hier skryf) wat op 'n eenvoudige mikstokkie 'n baie klein vissie aanbied vir die wit hond in die lug, net bokant die maan."* (Sy verwys na die gedig "die engelaar se verweerskrif", 2012:203.) Die spreker ontken dus dat hy 'n hengelaar (na sin) is, maar hy neem wel verskillende rolle aan uit 'n hele lys permutasies:

> ek is die opligter
> die kwaadstigter
> die aarsenaar
> die veranderaar
> die gewigopteller in die woestyn
>
> die gatvlieg, kan jy sê
> die mens se beste vriend
> so soos genade die dood se troos is (34)

Die "aarsenaar" ('n nuutskepping) is die een wat "laat aars", "'n gat laat maak" van homself én die leser, maar dalk ook 'n vervorming van aarselaar (een wat huiwer) of van aarseerder (tekenaar wat skuins lyne trek). Om "die gewigopteller in die woestyn" te wees, is sinloos; dit dien geen doel nie, maar hy is natuurlik ook die een wat letterlik oplig. Daarmee doen die spreker afstand van enige betekenis wat hy, as stem roepende in die woestyn of as een van Van Wyk Louw se doper- en profeetfigure, sou kon hê en kreoliseer hy homself as 'n bedrieër (opligter). Net soos hengelaar nie genoem word nie, word kluisenaar (die een wat hom terugtrek in sy kluis, sy klein ruimte) ook nie genoem nie, maar "woestyn" herinner die leser aan Breytenbach se geliefde figuur van die nomade.

Die digter maak kortom 'n gat van al die leser se behoefte aan sin. Daarom is hy ten slotte, soos Sokrates, 'n "gatvlieg" (die een wat uitdaag en tart; wat letterlik om die aars ronddraai; 'n "aarsenaar") en so alomteenwoordig soos 'n hond – slaafs en vriendelik, maar as 'n soort troos teen die dood. Deur te torring aan die netwerk van verhoudinge tussen 'n reeks -er- en -aar-woorde, transformeer die spreker homself dus dramaties, maar bly sin en betekenis ontken.

Verbastering van die "moertong" (oftewel permutasie)

Die reeks "frottages" in *Katalekte* (2012:171–196) bevat 'n klomp kort gediggies, fragmente, aforismes, invalle en soms net enkelwoorde. Die reeks is onvoltooid (katalekties), dit wil sê sonder die laaste slot, naamlik die dood. Die tekste speel met rym en die sterk sluitende funksie van rym, soos in volksgediggies. Die reeks illustreer die aangaan van verbande deur middel van woorde wat saamkoek en permuteer rondom bekende temas in Breytenbach se werk, soos geheue en herinnering, seks, die self as proses, die verhouding mens-wêreld, en natuurlik skryf en dood: "gedig se naam is nagtaalberg / dood se naam geboortedwerg" (179). Kort, digterlike vlugte word telkens afgebaken met enkelreëlige aforistiese uitsprake (wat dikwels ook die poësie self relativeer, byvoorbeeld: "en niks stink so onbevrug soos 'n dooie gedig", 183). Beweging bly sentraal: "dit is natuurlik die bewegings van die liefdesdaad / 'n saamsaam-mekaar-andersmaak" (183). Lig is ook 'n belangrike tema: "die ek 'n ligfilter" (185), lui dit as 'n soort gevolgtrekking oor die maak van gedigte –

> want die beskrywing van dinge
> is die máák van singdinge
> is die verdinging van maak
> is die vermaak (185)

Die ikonies-maak van "maak" is met ander woorde om die maak te laat afslyt, te ver-maak soos in *ver-slyt* of *ver-dring*. Die ek kan die lig uitsif en daaruit ekstase ("singdinge") vorm, wat weer skakel met die idee van die singende hand van Breytenbach (2016a) se derde versamelbundel en afdeling 6 van *Die na-dood* (Breytenbach 2016b). Dié frase word later gepermuteer tot "die ek fliegtril" (187) – 'n soort analfabetiese vlieënde penis of 'n mistieke trilling van lig. Die reeks eindig met "Stoftong Bobbejabach" wat "grafwaar" vaar, maar die ek het hom verslaap "toe dit tyd geword het / vir die opstaan om dood te gaan" (196).

Hierdie reeks illustreer weer eens hoe Breytenbach die "wysies op moertong" in *Nege landskappe* (1993:4) of die "gerfie erfgoed" in *Die windvanger* (2007b:109) breek en omvorm. "Moertong" is die moedertaal, maar ook die taal waarin gevloek word, en dit dui die Afrikaans uit Breytenbach se kinderjare aan – die aardse en vitale Afrikaans in die volksmond met sy volksliedjies, spreekwoorde, name en plekname, frases en verhale uit die Bybel, die Gesange en Hallelujaliedere. Kortom, die taal met al die ervarings en ook al die donkertes van die moedertaal (verwant aan Kristeva 1982:133 se begrip *chora*).

Die Vervanger

In *Die beginsel van stof* stel Breytenbach (2011) die spel met woorde, die mag van permutasie en herhaling, sentraal, maar ook die donker kant daarvan. Die bundeltitel kom ter sprake in die ontstellende gedig "(toe ek hom sien)" (124), een van die prosagedigte met "baie woorde" in afdeling 4. Die figuur wat hier verskyn, is 'n mens, "weinig meer / dan 'n sak verrottende vel van vlees en vet met binne-in / die glibberige organe en beendere soos grafstingels" wat lyk of hy in 'n geveg met 'n trop honger honde was. Maar onder die arm het hy "'n doos vol woorde gepak gedun uit verse / oor die jare", wat hy "die Vervanger" noem. Hierdie doos is bedoel om die aandag van 'n God te trek, maar dit is ook 'n soort teenbeeld van die God: "die begrip eengoddelikheid self roep 'n dubbel op". Dus ook iets wat die God moet vervang. Die spreker in die gedig verklaar egter –

> […] dat hierdie swermende
> woorde wat so byt en kerm omdat hulle blind is
> gedagtes en begrippe en 'n vel van onthou is,

dat hy hulle moet verbind tot die Vervanger, en hy
het gesê dit is teen die beginsel van stof wat skepping is,
maar ek het gesê alle baring is paring [...]

Die beginsel van stof is met ander woorde die uitgangspunt dat alles uit materie ontstaan het – byvoorbeeld deur evolusie. Alles is materie, alles ontstaan uit materie en alles behoort, in die taal van Descartes, uit materiële beginsels verklaar te word, soos Van Vuuren (2011:470) suggereer. Die gedig (en die hele bundel) stel egter 'n ander beginsel daarteenoor, naamlik skepping uit die verbinding van woorde (al baklei hulle ook soos 'n sak vol honde). Dit is die mag van die digter om met sy spel met woorde en verbeelding 'n Vervanger te skep – as teenmiddel of teen-energie teen die dood, verganklikheid en ontbinding. In die bundel word verbinding egter 'n bietjie pessimisties gedink; asof dit nie werklik effektief is nie. Die bundel is immers vol dooies wat gedenk word, die agteruitgang van die liggaam, die moontlike sterf van die taal. Die subtitel beskryf die bundel as "laat-verse, sprinkaanskaduwees, aandtekeninge". Dit is verse wat laat in die lewe geskryf is, onbenullige dinge, vervlietend, soos 'n sprinkaan wat verbyvlieg; aantekeninge, maar ook tekeninge teen die aand (van die lewe) gemaak – en dikwels ook letterlik tekeninge, beskrywings van die aand en die nag.

Ruimtes en verhoudings vervorm ook in die loop van "(toe ek hom sien)". Die figuur bring "'n doos waaruit bloed syg" as Vervanger – om 'n God se aandag te trek. Die ding/God roep sy teengestelde/teenpool op – 'n doos vol woorde. Woorde word as 't ware die teenhangers van die menslike liggaam, van die "verrottende vel van vlees en vet". Die woorde in die doos het verbind geraak tot 'n God – "God in die doos" – en "'n ontferming woorde" versamel as 't ware vanself op 'n verrottende stuk papier tot die Vervanger, 'n soort mitiese figuur. Ruimte raak gerek en vervorm: Die God wat (vermoedelik) aangespreek word, word dan die woorde in die doos. Die verbinding van woorde – permutasie, met ander woorde – het vreemde en onverwagte, maar dalk ook verlossende effekte.

Die bundel is sodoende "'n ontferming woorde as Vervanger", maar dan gevorm uit bloed en verrottende vel. Die gedigte in hierdie afdeling, en veral een soos "(Koop 'n hond)" (115), druk die donker kant van kreolisering uit en sluit daardeur aan by die beangstigende wêreld van *Katastrofes* (1964).

Die landskapskilder gekreoliseer[3]

Nege landskappe van ons tye bemaak aan 'n beminde (Breytenbach 1993) open met die bekende uitspraak van Horatius dat gedigte soos skilderye is. Horatius se siening dat poësie sowel moet behaag as nuttig moet wees (moet stig), is geweldig invloedryk in die literatuurgeskiedenis. Tot in die agtiende eeu was die eis dat die skrywer estetiese fatsoenlikheid moet handhaaf, dominant. Dit wil sê, die kuns (en die poësie dus ook) moet binne die grense beweeg van wat beskou is as behoorlik, nuttig en realisties, en moenie absurde of groteske sprongre waag nie: Dit sou byvoorbeeld nie deug om die nek van 'n perd aan 'n menskop te heg en dit boonop met vere te verfraai nie.

Breytenbach verlustig hom telkens in die oortreding van juis hierdie fatsoenlikheidseis. In *Nege landskappe* ondersoek hy egter heel uitdruklik ook die verband tussen gedigte en skilderye (veral landskappe). Dit blyk reeds uit die eerste strofe van die eerste gedig, "inleiding" (3–4):

> Die ware landskap is een van rus.
> Jy kan van skeppers en taboes vergeet
> want alles is ontplooiing, voltyds voltooi,
> en jy getooi in huid en vlees en haar en muid
> loop tot teen die algehele spieël
> om opeens te sien daar is geen glansbeeld meer.

Dit is duidelik 'n landskap wat hier beskryf word, maar uit 'n frase soos "alles is ontplooiing, voltyds voltooi" blyk dit dat dit 'n statiese landskap is – soortgelyk as die statiese beeld wat Breytenbach in die gedig "ikoon" in *Die ysterkoei moet sweet* (1964) opgeroep het. Hier kan die landskap ook 'n skildery wees – 'n skildery waarin die spreker homself weerkaats wil sien. As die spreker egter nader beweeg aan hierdie "algehele spieël" – iets wat alles weerkaats – blyk dit dat die spieël leeg is; die weerkaatsing het verdwyn.

Soos ek elders (Viljoen 2009:13) betoog het, ontwikkel die gedig 'n verbeelde landskapskildery in parallel met die idee van 'n leë spieël. Daaruit lei die spreker af dat die skildery ervaring preserveer, in die geheue hou. In die skildery as leë spieël verdwyn die afstand tussen naby en ver;

---

3 'n Vroeëre weergawe van hierdie ontleding het in Engels verskyn (Viljoen 2014).

verander die oog in 'n land en word die land in die geheue ingegraveer. Die waarnemer raak opgeneem in die toneel wat hy waarneem. Subjek en objek val saam. Hierdie ervaring lei tot 'n transendentale sprong: tot in die land van drome, waar lewe geskenk word deur middel van taal. Die droom neem konkrete gestalte aan. Weergee (representasie) raak minder belangrik of word verwerp ten gunste van aanwesig-maak (presentasie). 'n Droomwêreld word opgeroep deur sien en sing, al is dit dan tydelik en betreklik. Die enigste verweer teen die tydelikheid is om aan te hou sing, aan te hou permuteer en aan te hou "hoem" of "om" sê; dit wil sê, om aan te hou mediteer.

Die gedig ontwikkel tot 'n topologiese transformasie van die verbeelde skildery en sy waardes van geheue en representasie ten gunste van 'n radikale digterlike siening, naamlik dat 'n ander wêreld geskep word deur middel van die woord. Die abstrakte visie neem konkrete vorm aan in die taal.

Deur sy nege afdelings (of landskappe) volg die bundel 'n reeks verskillende landskappe, van die eiland Gorée, Europese landskappe in Nederland, Swede en Duitsland, en in die omgewing van die skrywer se huis op 'n dorpie in Spanje, Suid-Afrikaanse landskappe, vol herinneringe aan die vryheidstryd, en die landskappe van die poësie self. Die bundel eindig met 'n ironiese selfkreolisering in die gedig "portret van die landskapskilder" (190).

> heeltemal bo en buite sig is ander hemel
> liggame, oombliklik ingelyf want die verbeel
> ding kan geen niet omhels, en dan 'n gordyn
> voor 'n leë verhoog die lug laag op lyn,
> laag op die einder lê koppige heuwels
> met die eierdopkleur van skale kaal skedels
> (ver beelding: onder die oppervlakte
> 'n woordeboek gebeentes van krygers
> wat eens kon huil en teen die son
> moes gryns om barbare van oor die horison
> die hoof te bied), en voëls inkspatsels,
> nader die wolke 'n verfrommeling van papier
> waar vokale verstrengel in skadu wees
> gevlekte gevleueldes oor die land uitspreek,

die land met rookrivier 'n tong in die kloof
(bedeling: koel hang waar tempel gebou is
en maankop monnikkies 'n verhandeling
saam kon flans oor die tekenkuns, of huil,
oor hoe om sonder bespiegelende vlerke te vlieg,
en skaweduwees nou die uitsig versper soos soveel
versuipte voëls), ook klippe en vegetale vergroeisels –

voorgrond: omvat deur buitelyne 'n man
met sy lewe dik dooie gewig, ontwortelde nek,
verskreeuende gesig, tong soos 'n kuiken versuip in eiwit
uitgedop uit die mond, die voete raak nooit weer grond,
in die hand 'n verbeeldinglose dorre tekenkwas –
en hierdie landskap in die dowe oog weer spieël –

In dié gedig word minstens vier diskoerse (maniere van dink en die woordeskat daarvan) vermeng en gekreoliseer, waardeur besonder vindingryke metafore ontstaan. In die eerste strofe beskryf die spreker die agtergrond waarteen die selfportret in die laaste strofe ontstaan in die taal van landskappe en skilderye. Boaan die skildery plaas hy hemelliggame, maar deur die woord in twee dele te kap, vervreem die digter die konsep en stel die materiële dele daarvan (hemel en liggaam) voorop, maar ook die spanning tussen liggaam en gees. Hy gebruik hierdie tegniek dikwels om abstrakte idees konkreet te maak, byvoorbeeld deur *verbeelding* as "verbeel ding", verbeelde ding, of as "ver beelding", dit wil sê "verre" of "vergesogte" beeld te skryf. Abstrakte taal word herskryf in liggaamstaal.

Vervolgens beskryf hy die lyn en kleur van die heuwels op die horison. Geleidelik kom die elemente van die landskap dus na vore: voëls, wolke, skadu's, die land met 'n mistige rivier en 'n kloof, klippe, plante. Die agtergrond van hierdie portret word met toneelmetafore beskryf: Die horison is 'n gordyn voor 'n leë verhoog, maar ook met skilder- en teksmetafore. Die horison is letterlik 'n lyn op die doek. Die heuwels het die kleur van eierdop en word beskryf as doppe en as kaal skedels (weer 'n liggaamsmetafoor). Hulle word sterk gepersonifieer as "koppig". Die voëls is inkspatsels en die wolke opgefrommelde papier, wat bowendien vokale produseer wat soos voëls oor die land swerm. Die voëls is skrywerlike merkies en die klanke van woorde word omgesit in voëls (dit wil sê gevleuelde woorde). Die rivier is 'n tong in die kloof – nog 'n liggaamsmetafoor. Teks, landskap en die liggaam word (kragtens die universele analogie) met mekaar gekruis.

Die "werklike" geskilderde landskap word met twee ander verbeelde landskappe gekruis. Die eerste is die woordeboek ('n teksmetafoor) van die gebeentes van krygers wat die spreker hom onder die oppervlak van die skildery verbeel – 'n postkoloniale palimpses by uitstek. Verder aan word die woord *ver beelding* vervorm tot "bedeling" (toestand, stand van sake), maar dit kan ook gelees word as *bedel-ing*, dit wil sê "om te bedel". Hierdie woord vorm 'n skarnier na die verbeelde wêreld van 'n Boeddhistiese klooster wat in reël 16 tot 21 beskryf word – 'n wêreld wat sowel die digter se skryfdaad ('n verhandeling saamflans) weerspieël, as sy verbeelde vlug op die vlerke van meditasie soos die spreker in die gedig self doen.

Terselfdertyd word skaduwees in verskillende grade getransformeer. Die voëls, eers as "inkspatsels" beskryf, verander in "vokale verstrengel in skadu wees" – dit wil sê "behorend tot die ryk van skadu's". Deur weer met die Afrikaanse skryfwyse te speel, omvorm die digter die abstrakte "skadu's" in 'n konkrete staat van "bestaan as skadu", en omvorm dit later weer tot "skaweduwees", 'n sametrekking van *skaduwee*s en *weduwees*. Die skadu's wat uitswerm soos weduwees in swart, versper die uitsig soos versuipte voëls (oftewel swart tekentjies op die papier).

Die laaste strofe beskryf die eintlike selfportret op die voorgrond: 'n afsigtelike portret van 'n gehangde man wat die liggaam transformeer tot 'n plant, 'n dier en fisiese maar ook skilderkunstige materiaal: "tong soos 'n kuiken versuip in eiwit", die eiwit waarmee geskilder word (en wat tewens 'n voortsetting van die voëlmetafore is). Die liggaam het in "dik dooie gewig" verander (letterlik!) en die nek het ontwortel geraak soos 'n plant. Die skilder se kwas het verdor. In 'n finale oomblik van selfrefleksie word die skildery wat hier beskryf word, weerkaats in die "dowe oog" van die gehangde man wat ook die spreker in die gedig self is.

In hierdie gedig word dus 'n reeks analogieë (kruisings, kreoliserings) tussen landskap, die skilder van 'n landskap, toneelspeel en die skryf van 'n teks ontgin. Die spreker spring gemaklik van een analogie na die volgende. Skryf is skilder is reis deur 'n landskap en speel op 'n verbeelde verhoog. Eventueel is dit ook om dood te gaan. Skryf, om vorm te gee aan die landskap en die verbeelding, is 'n vorm van selfbewuste doodgaan wat terselfdertyd ook neerkom op vlieg met verbeelde vlerke en die transendering van die dood en die materiële werklikheid. *Weerspieël*, "om te weerkaats", is "weer spieël" – "om weer en weer aan te hou weerkaats".

Intertekste en die kreolisering van ander kunstenaars – die proses wat die hand laat sing

Van Vuuren (2012) betoog dat Breytenbach in *Katalekte* veral met drie groot voorgangers in gesprek tree, naamlik N.P. Van Wyk Louw, D.J. Opperman en Pablo Neruda. Sy sien talle skakels tussen *Katalekte* en Louw se *Tristia*, asook Opperman se *Komas uit 'n bamboesstok* en sy beskryf *Katalekte* as "''n soort plakboek-versamelbundel met 'artefakte' om byderhand te hê 'vir die stadige gebruike van doodgaan'". Dit herinner haar sterk aan Neruda se *Isla negra. A notebook* (1982), wat ook so 'n versameling tekste as amulette teen die dood bevat. Van Vuuren beskou die intertekstualiteit in *Katalekte* as 'n soort palimpses van verskillende lae teks, van "laag op laag vergeet", soos sy uit die gedig "palimpses" (2012:17) aanhaal.

"'n Kunswerk is 'n flarde gesprek," skryf Breytenbach in "Mauritshuis" in *Die windvanger* (2007b:143). Intertekstualiteit in die Breytenbach-oeuvre is inderdaad 'n vermenging van tale of diskoerse as "a mixture of two social languages within the limits of a single utterance, an encounter, within the arena of an utterance, between two different linguistic consciousnesses" (Bakhtin 1981:358). 'n Mens moet egter verder gaan as om net die intertekste aan te dui: Jy moet aantoon hoe Breytenbach in gesprek tree met die tradisie, daarmee die draak steek en dit aanpas vir sy eie doel; dit kortom kreoliseer.

Heel uitdruklik tree Breytenbach in *Die na-dood* (2016b) in gesprek met sy eie werk en herskryf en verwring hy dit, soos opvallend gebeur met die twee herskrywings van "Fascistiese pampoen" (wat reeds in *Katastrofes* van 1964 verskyn het), naamlik "Die herfspampoen" (168–169) en "Die klippampoen" (173–174). Dié twee tekste neem al die bekende motiewe in 'n ander, ouer, meer beleë toonaard op, ligtelik, maar skrynend selfironiserend. Maar nuwe motiewe tree ook die gesprek binne, soos die bobbejaan en die kalf wat klaar deur die kerk is (en nie in die put nie) of die goue kalf wat die dogter moet gaan soek. ('n Hele paar sulke gekreoliseerde Bybelse frases eggo deur die bundel.) Die karakter se vrou verwyt hom dat hy te veel "gemiddelwêreld-middelwêreld" (168) het en later dat dit "elke goddelike jaar dieselfde gemors van woorde (is)", want hy "weet tog die bobbejane het die ding gesteel om die varke te voer" (173). Hy mors sy tyd met die gesoek na 'n pampoen, want al sy "tjomme en gabbas en tjaainas" (173) is reeds bokveld toe. Daar word draak gesteek met die hele verjaarsdagverskonvensie. Aan die slot vervorm "Die klippampoen" moeiteloos die grens tussen fiksie en werklikheid as die vrou sê sy kiek 'n foto van die digter op straat in Lissabon voor 'n Portugese pampoen – 'n foto wat inderdaad direk na die teks in die bundel self opgeneem word.

Reeds in die eerste afdeling van die bundel word die ek bespot en gekreoliseer. Die gedig "opsomming" (11) speel met groot, abstrakte woorde soos "grootdenkerigheid" en "hoedanigheid" en "hoedoenige" en beskryf die "ekdigter" as "die voëlverskrikker / wat iewers tussen die woorde / woer-woer om te kan vlieg" (nes Panus in *Om te vlieg* van 1971). Voëls is hier ook belangrike sinnebeelde (metafore), juis van die soeke na dit wat nie gesê kan word of nie bestaan nie – "soos die vlerkslae van sterwende voëls" (11). Die ek bly steeds 'n voorlopige stolling of "verdigsel" van die self, oftewel "die kluisenaarkrap van die self" (13).

Teen die einde van die bundel (187) word die ek gekoggel deur die aaklige gekrys van 'n voël. *Ek* word omvorm tot "aak":

> aak aak kô-klok aak
> digter het 'n vers gemaak
> vers verveel het aan gaan teel
> veel foeifaai veels te veel:
> en oral nou die verstopte kloaak

Die gedig eggo die ritme van "Tara tara boemdery / Oupa het 'n vark gery". "Foeifaai" is seker meer bekend as *verfomfaai* of *fomfaai*. Dit beteken "uit fatsoen ruk, verknoei, befoeter, totaal nutteloos maak" en ook "dwarsboom, flous" (volgens die elektroniese WAT). Die oordadige rym ondersteun die spottende oordrywing. Die uiteinde is 'n verstopte "kloaak" – 'n rioolsloot of "gemeenskaplike uitmonding waarin die endelderm, urineleiers en eierleier uitkom by werweldiere, met uitsondering van die meeste soogdiere" (WAT). Te veel verse befoeter en verstop. Die digter produseer, kortom, stront.

Hierdie gedig staan in afdeling 6, die slotafdeling, wat betitel is "Die singende hand". Die afdelingstitel skei "Die herfspampoen" van "Die klippampoen" en lui 'n donker, maar veel sangeriger deel van die bundel in. In hierdie afdeling speel die "Woordvark" of die "woordvraat" (222) verbete met woorde en "die klanke en weerklanke" (183) om "woord vir wond" 'n spieël (of kykvlak) saam te flans "om stilte te vang / en weerkaats" (193). Maar dit sal ook "verskyngaan" (soos in "weet die gedig", 193). Die gedigte is, soos die bome in "ou-herfs, onderweg" (197), "strepies ink / uit verbygaan gestroop". "Verbygaan" is een van die sleutelwoorde van die bundel.

Met "die singende hand" verwys Breytenbach, soos hy in gesprek met Louise Viljoen verduidelik (in Bruwer 2016), na 'n uitspraak van Matisse dat die skilder moet aanhou werk tot die hand begin sing, met ander woorde tot die kunswerk vanselfsprekend word of totdat dit wat jy as kunstenaar doen, onsigbaar word. Dit is 'n proses van wisselwerking tussen wat die kunstenaar waarneem en wat hy wil bereik met die materie tot sy beskikking, 'n proses waarin die wêreld (en seker die kunstenaar ook) andersgemaak (omvorm) word. Die dialektiek tussen ruimte en beweging, waarneming en die ontginning van die medium, lei uiteindelik tot 'n ander, onvoorspelbare resultaat. Hierdie proses van die vermenging van die ervaring van die werklikheid, die tot gewaarwording kom van die moontlikheid om heeltemal anders te word binne die raamwerk wat die skrywer se wil en sy medium hom bied, die aktief besig wees met die veelvuldigheid van taal, noem Breytenbach verder aan kreolisering. Die hand wat sing, is die onvoorspelbare resultaat van hierdie proses van omvorming. Hierin kan 'n mens die Boeddhistiese idee herken dat mens en wêreld, albei dinamies aan die verander, voortdurend 'n transaksie met mekaar aangaan en voortdurend omvorm word.

Hierdie proses kan ook in die gedig "met ander woorde" (2016b:16) gevolg word. Hierin word die "proses van beweging" beskryf as –

    met ander woorde: om dit
    met afweeg en uitvee
    tot verdinging te bring

Die "dit" is "dit wat as gedig ervaar word". Die skryfproses is afhanklik van die oorweeg van moontlikhede, die ruimtes tussen woorde, maar ook van die uitvee van reeds geskryfde woorde en van die kategorieë "ek" en "wêreld". Daarom voer die gedig die leser aan die einde deur 'n reeks permutasies, ironies genoeg, van die Engelse frase "even as I form the words the meaning disappears". In die loop van die permutasies verander die verhouding tussen hierdie rytjie woorde, die radikaalste dalk in "meaning disappears the words even as an I is formed". Die (voorlopige) eindpunt lui dan: "I am the disappeared meaning of words". Dit is deel van die ek se "verskyngaan" (193). Die wegvaag van die ek, die daag van die afwesigheid, is ontroerend.

Die *lyklewe* (15) is die na-dood – die toestand van stilte en niet, sonder lewe. Die bundel is vol stilte, niet en dood, maar andersyds ook vol vuur, lig en maan; van die besef van die nuwe oggend en die hier. Geen wonder dan dat "blomme vir boeddha" (Breytenbach 1964:44) in "Maandag 25 Augustus 2014" (65) spottend en gekreoliseerd terugkeer nie:

> (jek) asem in (jek) asem
> uit   (jek) asem 'n alles
> in
>   en
> uit

Met sy motiewe van stilte, niet en asem kom *Die na-dood* dus sterk ooreen met *Met ander woorde vrugte van die droom van stilte* uit 1973.

Ten slotte

Hoewel die woorde *baster, verbastering, métis* en *mulat* uit die jongste bundels verdwyn het, skryf Breytenbach steeds poësie deur dieselfde proses van woordwerk, kreolisering en asemhaling. Die vermenging van laag en hoog, suiwer en onsuiwer, eie en ander, ek en wêreld is hier ook wesenlik deel van die Zen-tradisie. Woordwerk – die skep van verhoudings en ruimtes tussen woorde – bly steeds 'n wesenlike deel van Breytenbach se poëtika van omvorming (of metamorfose). Kreolisering is waarskynlik 'n faset van die groter transformasie, maar die middele wat die hand laat sing, bly dieselfde, naamlik permutasie en topologiese vervorming.

Kreolisering is 'n deel van Breytenbach se groot projek van andersmaak – andersmaak van die taal, ervaring, religieuse besef, die land en die politiek en ook die self. Kortom, dit is 'n poging tot voortdurende omvorming van ons gevestigde konsepte en maniere van verstaan, ons "mutasies en murasies" soos Breytenbach dit noem in "ek se plek" (Afrika 1998:72), ter wille van die ervaring van 'n wesenstoestand van stilte en niet.

BRONNELYS

Afrika, Jan. [Breyten Breytenbach]. 1998. *Papierblom (72 gedigte uit 'n swerfjoernaal)*. Kaapstad: Human & Rousseau.
Bakhtin, Mikhail M. 1981. *The dialogic imagination: Four essays*. Austin: University of Texas Press.
Breytenbach, Breyten. 1964. *Die ysterkoei moet sweet*. Johannesburg: Afrikaanse Pers-Boekhandel.
Breytenbach, Breyten. 1987. *Boek (deel 1): Dryfpunt*. Emmarentia: Taurus.
Breytenbach, Breyten. 1993. *Nege landskappe van ons tye bemaak aan 'n beminde*. Groenkloof: Hond/Somerset-Wes: Intaka.
Breytenbach, Breyten. 1998. *Dog heart (a travel memoir)*. Kaapstad: Human & Rousseau.
Breytenbach, Breyten. 1999. Andersheid en andersmaak, oftewel die Afrikaner as Afrikaan (berig gerig aan Frederik Van Zyl Slabbert). *Fragmente. Tydskrif vir Filosofie en Kultuurkritiek*, 4:26–44.
Breytenbach, Breyten. 2006. *Intieme vreemde. Een schrijfboek (aan mevrouw Lezeres)*. Uit Engels vertaal deur Krijn Peter Hesselink. Amsterdam: Podium.
Breytenbach, Breyten. 2007. *Die windvanger*. Kaapstad: Human & Rousseau.
Breytenbach, Breyten. 2009. *Notes from the Middle World*. Chicago: Haymarket Books.
Breytenbach, Breyten. 2011. *Die beginsel van stof (laat-verse, sprinkaanskaduwees, aandtekeninge)*. Kaapstad: Human & Rousseau.
Breytenbach, Breyten. 2012. *Katalekte (artefakte vir die stadige gebruike van doodgaan)*. Kaapstad: Human & Rousseau.
Breytenbach, Breyten. 2015. *Parool/Parole. Versamelde toesprake/Collected speeches*. Kaapstad: Penguin Books.
Breytenbach, Breyten. 2016a. *Die singende hand. Versamelde gedigte (1984–2014)*. Kaapstad: Human & Rousseau.
Breytenbach, Breyten. 2016b. *Die na-dood (die singende hand se oggendboek-hierinneringe)*. Kaapstad: Human & Rousseau.
Brink, André, P. 1967. Blomme vir Boeddha. *Standpunte*, Oktober:44–56.
Bruwer, Naomi. 2016. Video: Breyten Breytenbach se dubbele boekbekendstelling. *LitNet*, 6 Mei. https://www.litnet.co.za/video-breyten-breytenbach-se-dubbele-boekbekendstelling/ [8 Februarie 2018].
"Frottage". s.j. Meriam-Webster.Com. https://www.merriam-webster.com/dictionary/frottage [8 Februarie 2018].

Glissant, Édouard. 2006 [1990]. *Poetics of relation*. Vertaal deur Betsy Wing. Ann Arbor: University of Michigan Press.
Kristeva, Julia. 1982. *Desire in language: A semiotic approach to literature and art*. Onder redaksie van Leon S. Roudiez, vertaal deur Thomas Gora, Alice Jardine en Leon Roudiez. Oxford: Blackwell.
Lasarus, B.B. [Breyten Breytenbach]. 1976. *'n Seisoen in die paradys*. Johannesburg: Perskor-uitgewery.
Naudé, Charl-Pierre. 2010. Breyten Breytenbach: Leuenverklikker, manteldraaier of albinoterroris? *Rapport*, 23 Januarie. http://www.rapport.co.za/Weekliks/Nuus/Breyten-Breytenbach-leuenverklikker-manteldraaier-of-albinoterroris-20100123 [7 Maart 2013].
Polley, James. (red.). 1973. *Die Sestigers. Verslag van die simposium oor die Sestigers*. Kaapstad: Human & Rousseau.
Schwegler, Armin. 2003. The linguistic geography of "criollo" in Spanish America. In Gordon Collier en Ulrich Fleischmann (reds.). *A pepper-pot of cultures*. Amsterdam: Rodopi, bl. 45–65.
Turner, Victor Witter. 1975. *Dramas, fields and metaphors. Symbolic action in human society*. Ithaca en Londen: Cornell University Press.
Van Vuuren, Helize. 2011. "'n Almanak van klippe": Laatwerk en Breyten Breytenbach se *Die beginsel van stof (laat-verse, sprinkaanskaduwees, aandtekeninge)*. *LitNet Akademies*, 8(3):462–485. http://www.litnet.co.za/assets/pdf/18_van%20Vuuren.pdf.
Van Vuuren, Helize. 2012. *Katalekte* deur Breyten Breytenbach – 'n Boeiende gesprek met van die grootstes. *LitNet*, Resensie-essay, 5 Desember. http://www.litnet.co.za/Article/litnet-akademies-resensie-essay-katalekte-deur-breyten-breytenbach-n-boeiende-gesprek [25 Januarie 2013].
Viljoen, Hein. 2009. Creolization and the production and negotiation of boundaries in Breyten Breytenbach's recent work. *NordLit*, 24:109–131.
Viljoen, Hein. 2014. Some intersections between landscape and poetry in Afrikaans poetry since 1990. In G. Gillespie en H. Saussy (reds.). *Intersections, interferences, interdisciplines: Literature with other arts*. New Comparative Poetics 30. Brussel: P.I.E. Peter Lang, bl. 71–87.

OOR DIE SKRYWER

Hein Viljoen is navorsingsgenoot van die Navorsingseenheid: Tale en literatuur in die Suid-Afrikaanse konteks aan die Noordwes-Universiteit en ook afgetrede professor in Afrikaanse en Nederlandse letterkunde. Sy navorsing het gefokus op Suid-Afrikaanse letterkunde ná 1980 en op die Afrikaanse poësie. Saam met Chris van der Merwe het hy *Alkant olifant* (1988) geskryf, 'n inleiding tot die literêre teorie. Hulle het ook saam twee versamelings essays oor identiteit, die mag van stories en liminaliteit geredigeer, naamlik *Storyscapes* (2004) en *Beyond the threshold* (2007). 'n Derde bundel essays, *Crossing borders, dissolving boundaries*, het in 2013 verskyn. Viljoen se navorsing fokus tans veral op landskap, kreolisering en hibriditeit in die Afrikaanse letterkunde. Hy het ook twee digbundels, *Waterkristal* (1982) en *Holtrom en groot kabaal* (2007), en 'n postmoderne epiese gedig, *Brisant* (2019), gepubliseer.

4
Landskap en Dasein in "New York, 12 September 2001" en "die eiland van verbranding"
Alwyn Roux

> *Every great poet creates his poetry out of one single poetic statement only. The measure of his greatness is the extent to which he becomes so committed to that singleness that he is able to keep his poetic Saying wholly within it.*
>
> *The poet's statement remains unspoken. None of his individual poems, nor their totality, says it all. Nonetheless, every poem speaks from the whole of the single statement, and in each instance says that statement.*
>
> (Heidegger 1971:160)

Landskapbenaderings

Die begrip *landskap* word in die WAT op twee maniere omskryf: (1) "stuk land wat 'n eiesoortige, gew. natuurlike, geografiese karakter openbaar en wat gew. van 'n afstand waargeneem word" en (2) "kunswerk wat 'n landskap uitbeeld". Dié woord word ook figuurlik gebruik, byvoorbeeld "om 'n taal te leer afgesien van mens se geboortetaal [...] is om vir jouself 'n tweede venster oop te maak op die landskap van bestaan". Die woord *landskap* kom ook in verskeie samestellings voor, byvoorbeeld "landskapagtergrond", "landskapbeskrywing" en "landskapfoto". Die omskrywing van landskap as 'n stuk land met 'n eiesoortige, gewoonlik natuurlike geografiese karakter, dui daarop dat landskap 'n gebied of terrein is waarin die mens hom/haar fisiek kan bevind. Dié gebied word gewoonlik van 'n afstand deur 'n individu beskou, met die implikasie dat landskap vanuit 'n sekere sienswyse tot stand gebring word.

Uit hierdie omskrywing is dit opvallend dat die landskapbegrip op twee uiteenlopende maniere omskryf kan word, waarin spanning merkbaar is tussen 'n landskap wat bewoon word en/of 'n toneel wat op 'n afstand waargeneem word. Wylie (2007:1–2) dui daarop dat dié spanning inherent tot die produksie van landskapbetekenisse is en gebruik dit as vertrekpunt vir sy boek *Landscape* (2007), waarin hy ondersoek instel na die verskillende teoretiese benaderings waarvolgens artistieke, literêre en materiële landskappe bestudeer kan word.

Die siening van die aanskouer (as subjek) wat vanuit 'n sekere sienswyse na die landskap (as objek) kyk, staan byvoorbeeld bekend as "landskapsienswyse" ("landscape as a way of seeing"), wat verband hou met die werk van die Anglo-Amerikaanse kultuurgeograwe in die laat 1980's en vroeë 1990's (Wylie 2009:409–410). Dit is veral die werk van Denis Cosgrove (1985) en Stephen Daniels (Cosgrove & Daniels 1988) wat 'n belangrike rol speel in die wyse waarop landskap as 'n sienswyse omskryf word. Op soortgelyke wyse as Cosgrove en Daniels omskryf James Duncan en Nancy Duncan (1988) landskap as 'n *teks* wat gelees kan word en pas hulle die beginsels van die strukturalistiese semiotiek toe sodat landskap gesien word as 'n betekenissisteem wat kulturele betekenisse kommunikeer (Wylie 2009:409–410). Die verhouding tussen subjek en objek impliseer egter 'n siening wat gebaseer is op 'n verhouding tussen 'n "selfstandige subjek met intellektuele kapasiteit" (of "die innerlike") en 'n "onafhanklike objek" (of "die uiterlike") (Dreyfus 1991:5). Martin Heidegger ontken nie dat die mens hom-/haarself somtyds as 'n "welbewuste subjek" met betrekking tot "objekte" bevind nie (dit is veral algemeen betreffende begeertes, oortuigings, persepsies, intensies; kortom, sekere sienswyses), maar hierdie subjek-objek-verhouding word gesien as die "derivatiewe" of "wisselvallige" toestand, wat 'n meer fundamentele "in-die-wêreld-syn" veronderstel, 'n voorwaarde wat nie ingevolge 'n subjek-objek-verhouding verstaan kan word nie (Dreyfus 1991:5).

Dit is dan vanuit laasgenoemde standpunt dat die Britse antropoloog Tim Ingold te werk gaan om die nosie van landskap as 'n sienswyse te kritiseer. Ingold (2000:191) haal Cosgrove & Daniels (1988:1) in die voorwoord tot *The iconography of landscape* aan, waarin hulle landskap omskryf as "a cultural image, a pictorial way of representing or symbolising surroundings", maar Ingold maak dit baie duidelik dat hy hierdie standpunt nie deel nie. Inteendeel, Ingold (2000:191) voer aan: "[L]andscape [...] is not a picture in the imagination, surveyed by the mind's eye; nor however is it an alien and formless substrate awaiting the imposition of human order." Dit wil sê, vir Ingold is landskap nié 'n beeld wat tot stand gebring word vanuit 'n sekere sienswyse nie, maar in teenstelling daarmee 'n uitdrukking van Dasein se "in-die-wêreld-syn" (vgl. Roux & Viljoen 2017:274). Landskap word eerder verstaan as 'n wêreld waarin gewoon word, wat soos Ton Lemaire (1999:59) tereg opmerk, "geschikt is om de onlosmakelijke samenhang (*inhérence*) van subject en object uit te drukken: de wereld is mijn 'landschap', het landschap is mijn wereld". Dit is my gevoel dat hierdie fenomenologiese benadering van die landskapbegrip die mees gepaste is om die onthulling van landskappe in Breytenbach se werk te bestudeer.

Ander teoretiese benaderings van landskap, veral die landskapteksbenadering, sal betekenisvol gebruik kan word in die bestudering van verskillende landskapfasette in Breytenbach se digterlike oeuvre.

'n Hedendaagse destruktiewe kritiek

In hierdie opstel word gefokus op twee beweegredes wat opvallend is in Breytenbach se poësie, wat spesifiek verband hou met die fenomenologiese landskapbenadering soos kortliks hier bo omskryf. Die eerste is dat Breytenbach hom in sy werk bemoei met die vraag na wat dit beteken "om te wees", en die tweede, as 'n direkte uitvloeisel hiervan, na die uitbeelding van die wyse waarop sterflikes op aarde woon. Die eerste vraag kom ooreen met Heidegger (1962) se vroeë hoofwerk, *Sein und Zeit* (*Being and time*) van 1927, waarin hy die fundamenteel ontologiese, "eksistensiële" struktuur van menslike bestaan (soos byvoorbeeld "geworpenheid", "ont-werp" en "gevallenheid") as "Dasein" op besonder sensitiewe, fenomenologiese wyse bootlê. Die begrip van Heidegger se fundamenteel ontologiese benadering sluit onmiddellik aan by wat Breytenbach in sy poësie doen, waarvan die spreker in "om die wêreld te kan sê" (Breytenbach 2012:75), die vraagstuk soos volg beantwoord: "dat die sin van syn om te lewe is". Tom Gouws (2016) dui ook op die verband tussen Breytenbach se digkuns en Heidegger se seminale werk, *Being and time*, in sy resensie oor *Die na-dood* (2016), wat hy soos volg verwoord:

> Breytenbach leun sterk aan by die beskouing van Martin Heidegger, veral ten opsigte van sy seminale studie: *Being and time*, waarin hy die "dinglikheid" ("*Dinglichkeit*" of "*Being*") van dinge ondersoek. Heidegger meen dat die wesensaard van alle dinge

("*physis*"), geskape of vervaardig, bestaan op grond van *poiesis* (ποιέω), wat etimologies beteken: "om te maak", en in sy verklaring munt hy dit mooi as "bringing-forth". [...] Lees ons hiermee saam die Heideggeriaanse "being is always being towards death", dan is dit absoluut 'n sleutel nie net tot hierdie bundel nie, maar tot die ganse Breytenbach-oeuvre.

In hierdie lig is dit duidelik dat "die sin van die syn" nie soseer te vind is in metafisiese teorieë of dit wat met die "abstrakte" geassosieer word nie, maar veel eerder dit wat voortkom uit die tweede beweegrede hier bo genoem, naamlik die wyse waarop sterflikes op aarde woon, wat Heidegger (1989:171) in "Bauen, Wohnen, Denken" ("Bou, woon, dink") "die grondtrek van die Syn" (1989:177) noem. Hierdie gedagte dat woonaktiwiteite insig bied in die betekenis van die syn, beklemtoon hoe die bestudering van die landskap die ruimte word waar toegang tot die synsvrae verkry word, wat aansluiting vind by Lemaire (1999:59) se opmerking dat landskap geskik is om die verhouding van subjek en objek uit te druk.

Toegang tot die vrae wat handel oor die betekenis van die syn, word "destruktiewe kritiek" genoem. Die Amerikaanse literêre kritikus William V. Spanos baseer sy hedendaagse destruktiewe kritiek op Heidegger se fundamentele ontologie van Dasein se in-die-wêreld-syn, wat toegang verleen tot die *Seinfrage*, die fundamentele ontologie, die vrae na wat dit beteken om te wees. Spanos dui in sy voorwoord tot 'n spesiale uitgawe van *boundary 2*, getitel "Martin Heidegger and literature: A preface" (1976a:337–339) op die belange van Heidegger se fenomenologie, veral met betrekking tot die literêre kritiek en die hermeneutiek vir 'n Amerikaanse gehoor, wat hulle indertyd nog nie met Heidegger se werk, veral betreffende die toepassing daarvan op die letterkunde, bemoei het nie. Daarbenewens is die doel van hierdie uitgawe van *boundary 2* om Heidegger se "destruksie" van die Westerse "onto-teo-logiese" tradisie, soos ontwikkel in *Being and time*, verder te verken (vgl. Spanos 1976b:455–488).

Spanos omlyn Heidegger se argument soos uiteengesit in *Being and time* in sy artikel "Breaking the circle: Hermeneutics as dis-closure" (1977:421–457), wat opgesom kan word as Dasein, as in-die-wêreld-syn, waarvan die radikale eksistensiële struktuur "temporaliteit" en "sorg" is. Heidegger meen, aldus Spanos (1977:423), dat Dasein 'n daar-syn as in-die-wêreld-syn is, met ander woorde 'n ontologies vry en sorgsame wese-op-pad-na-die-dood ("being-towards-death"), wat in die middel gewerp is – ruimtelik en temporeel – van 'n oop en daarom geheimsinnige (*unheimliche*) wêreld, waar hy, soos die etimologie impliseer, nie tuis is nie en sodoende Dasein se radikale eksistensiële struktuur as temporaliteit (of nietigheid) tegemoetkom. Hiervolgens, argumenteer Spanos (1977:424), bestaan Dasein as in-die-wêreld-syn op twee maniere tot dinge: (1) Hy kan die "vreemde" en "geheimsinnige" wêreld interpreteer vanuit 'n bevoorregte logosentriese posisie, wat beteken om dinge te objektiveer en sodoende op 'n afstand te plaas, wat die "natuurlike" optrede van Dasein of "inoutentisiteit" (*Uneigentlichkeit*) is; of (2) hy kan sy eindigheid en historisiteit erken en die dinge in die wêreld as "niks" tegemoetkom, of, wat dieselfde ding is, as temporaliteit, op soek na die eintlike betekenis van Dasein se in-die-wêreld-syn. Hierdie modus is dié van outentisiteit (*Eigenlichkeit*), wat beskryf word as die primordiale eieheid van individuele lewe of van eksistensiële interpretasie.

Hoe gaan mens te werk om die toegang tot die synsvrae te verkry aan die hand van 'n literêre teks? Spanos (1977:443-444) meen dit sal voldoende wees om voor die hand liggende gevolgtrekkings uit Heidegger se destruksie van die tradisie tot 'n hedendaagse destruktiewe kritiek te omvorm. Dit behels literêre hermeunetiek soos voorgestel deur Heidegger se eksistensiële ontleding in *Being and time*, dit is 'n anti-metafisiese en fenomenologiese hermeneutiek van onthulling. Hierin geniet temporaliteit ontologies voorrang bo metafisiese syn. Dit verg dus fenomenologiese reduksie van die metafisiese perspektief en nie 'n soeke na logosentriese oorsponge nie, waarin Spanos (1977:443-444) ons herinner aan (1) die "aktualiteit" (of die "primordiale situasie") waarin die interpreteerder as Dasein hom-/haarself bevind, met die klem op die onmiddellike, affektiewe geworteldheid in die situasie (*Befindlichkeit*); (2) die "verstaan" (*verstehen*) wat Dasein se moontlike in-die-wêreld-syn onthul; en (3) "spraak" wat die verklaring is van ons "verstaan". Daar moet dan ook onthou word dat die dinge gegrond is in die "niks", wat by individuele Dasein in die bewus-wees van die mens se eie moontlikheid tot nie-syn (of dood) na vore kom. Met die bewuswording kan Dasein se bestaan geken word aan angstigheid, nie ongeërgdheid nie, wat sy wese as "sorg" openbaar.

Met hierdie opsomming van Spanos in gedagte, dui Leitch (1983:76) daarop dat Spanos se denke deurgaans 'n stel opposisies vorm. In die netwerk van opposisies staan die eerste term altyd in die bevoorregte fenomenologiese posisie: temporeel/ruimtelik, sorgsaam/sorgeloos, oop/geslote, angs/belangeloosheid, onthul/verhul, subjektief/objektief, diachronies/sinchronies, dialogies/monologies, verandering/permanensie, fenomenologies/metafisika, begin/einde, onthou/vergeet, proses/objek, afwesig/teenwoordig, daar-syn/syn en so aan. Leitch (1983:76, 79–80) meen dat hierdie denkpatroon van Spanos 'n filosofie aanbied van wêreld en eksistensie, asook dat daar vir die doeleindes van 'n destruktiewe lesing, kreatiewe verkennings van die teks gemaak moet word waardeur die leser poog om die syn vir 'n tyd lank te onthul. Daarby is dit ook belangrik om te onthou dat die volkome verstaan van 'n teks nie moontlik is nie omdat tyd in die menslike sin nooit voltooid is nie. Kortom, die taak van die leser is om deurlopende dialoog tussen teks en leser te bewerkstellig. Die teks vereis met ander woorde aktiewe leserbetrokkenheid, aangesien dit 'n gebeurtenis is wat binne die leser se temporele horison plaasvind en noodwendig as interpretasie ervaar word, dit wil sê as 'n gebeurtenis wat die temporaliteit van die syn in en vir die oomblik onthul.

Soos hier bo gesien kan word, gebruik Spanos Heidegger se terminologie op 'n kieskeurige wyse in sy ontleding van literêre tekste. Leonard Orr (1988:212) wys egter daarop dat die redevoering van die Amerikaanse kritici, wat Heidegger se destruksie op hierdie wyse toepas (vgl. Spanos; Halliburton 1973; Orr 1982; Bové 1980), baiemaal "sirkelagtig", dit wil sê geslote, voorkom. Daarbenewens stel die kritici slegs belang in situasies waar "eksistensialiteite" ("existentialia") in die literêre situasie plaasvind, dit wil sê waarin die soektog as die doel van die lesing op sigself voorgehou word, eerder as 'n proses om toegang tot die synsvrae te verkry.

Laasgenoemde kan met ander woorde as "inoutentieke" (oneintlike) gedrag deur die leser gekritiseer word, aangesien dit wegbeweeg van Heidegger se belange om deur die literêre werk toegang tot die synsvrae te verkry. Ook noem Orr (1988: 212) dat kritici soos Spanos en Bové geneig is om aan te leun by die Franse literêre kritici, veral filosowe soos Derrida en Foucault, wat daartoe lei dat die Heideggeriaanse en Derridiaanse woordeskat gemeng en die verskille tussen destruksie en dekonstruksie oor die hoof gesien word.

Toepassing op twee gedigte van Breytenbach

Vervolgens word twee gedigte van Breytenbach ondersoek met die doel om landskappe te lees as 'n uitdrukking van Dasein se in-die-wêreld-syn, waardeur daar gepoog gaan word om toegang te vind tot die vrae na wat dit beteken om te bestaan. Die ontleding word terselfdertyd gevoed deur die vraag na die wyse waarop sterflikes op aarde woon, met spesifieke verwysing na alledaagse werksaamhede, byvoorbeeld die belang van die werksaamhede van skryf en skilder. Die twee gedigte wat bespreek word, is "New York, 12 September 2001" en "die eiland van verbranding".

"New York, 12 September 2001" in *Die windvanger*

Die eerste gedig wat ondersoek word, "New York, 12 September 2001", verskyn in die bundel *Die windvanger* (2007:56–57). In hierdie gedig word gevra hoe trauma – wat alle verstaankategorieë vernietig – wel verwoord kan word en op watter wyse die landskapbeskrywings bydra of lei tot die verwoording daarvan. Dit sou dus insiggewend wees om te noem dat die filosofiese besinning oor hierdie traumatiese gebeure en die verwoording daarvan, 'n sentrale plek inneem in die gedig, wat geïllustreer word aan die hand van die onthulling van verwoesting wat enige vorm van woon afbreek, sprekend/tekenend van die terreuraanval op 9/11.

> **New York, 12 September 2001**
> *"Then it went dark. Real dark. Like snow"* – woorde van 'n oorlewende
>
> sal die hand aanhou beweeg oor die papier
> sal enige gedig genoeg gewig kan hê
> om 'n vlugstreep te laat oor 'n verlate landskap
> ooit genoeg van 'n gesig kan lig teen dood se donker stilte
> wie sal dan vertel
>
> hierdie groot miershoop van mense is geskil vandag
> somber en skel, helder en beneweld
> asof die bruin vuig van sputterende torings
> nog soos 'n vuil vlag die luglyn veeg
> beelde bly kerm om uiting agter die oog

vliegtuie is bomme vol skrapnel van sagte lywe
dan die inferno van vlamblomme uit wolkekrabbers
mensfakkels soos neerstortende engele uit die hoogste verdieping
af, af, al langs glimmende geboue van glas en staal
gewigloos en slank en vuurvlerk vaartbelyn
verskietend weerspieël in die vlugtige taal van vergeet –
die helhond van vernietiging het 'n rooi lagtong

wie sal vertel en wie sal kan tel
die oog verstaan nie die hemel is blou
deur die tries en kil winter van die atoom
strompel mense skuifel mense kruip mens-mense
waar lê die gesigte

oud voor hul jare of die egtelike verbintenis
van skedel tot tone grys van as
asof geklee en gelys in die jas van eeue se sneeuende kennis

onder rommel en puin mompel en roer rosige lyke
en in die Oosrivier dryf vertroulike lêers
en flardes en vere verskeurde mensvleis
verskroeide confetti van die hond se fees

waar is die gesigte
sal die tong nog kan dink môre môre
in die donker hool nog kan klop
met die vlammende geheue aan vreugde
sal enige gedig eendag iewers ooit genoeg gewig mag hê
om 'n handskrif te laat wat praat van val en vergeet
sal die dood aanhou ritsel in die papier

In strofe een vra die spreker, "sal die hand aanhou beweeg oor papier", wat die filosofiese probleem aan bod stel: Hoe kan ons "verstaan" van die gebeure verwoord/uitgesê word? Dit sluit aan by die volgende versreël, of "enige gedig genoeg gewig kan hê", wat die belang van die verwoording/uitsê van Dasein se sogenaamde verstaan van die aktualiteit bevraagteken. Maar dit word nog eens verder gevoer, sal "enige gedig" as toeligting van die verstaan, selfs "'n vlugstreep" "laat oor 'n verlate landskap", wat die belang van die verwoording van ons verstaan betekenisloos daar laat uitsien. 'n Sentrale metafoor word hiernaas aan bod gebring wanneer die spreker (ondanks die oënskynlik betekenislose gebaar van gedigskryf) uitbrei oor die "gedig" wat nooit "genoeg van 'n gesig kan lig" nie, waarin "gesig" sprekend nie net verwys na die slagoffers se gesigte nie, maar ook die landskap(-gesig) van Manhattan en die toekoms(-gesig) van die wêreld. Die moontlikheid word geopper dat die gedig wel "teen dood se donker stilte" kan praat, wat insig bied in Dasein se in-die-wêreld-syn, want sou daar nie meer geskryf word nie, ontstaan die vraag: "wie sal dan vertel"? Hierin staan "vertel" teenoor nie-vertel, waarin die beskrywing van landskappe bydra tot die verwoording van trauma. Ook word fenomenologiese voorrang aan spraak as die vertelhandeling verleen – vergelyk "die vlugtige taal van vergeet" – wat die eksistensiële struktuur van Dasein vooropstel.

Dit is met die gedagte aan die trauma deur die beskrywing van landskappe dat die spreker begin met die verwoording van die gebeurtenis in strofe twee, waarin hy/sy sê "hierdie groot miershoop van mense is geskil vandag". Hierin word gewys op die manier waarop die gewone gang van woon vernietig word – let op die metafoor van "miershoop" wat suggereer dat mense bedrywig is soos miere in 'n nes, wat iets positiefs (produktief) suggereer, terwyl die gemorshoop van die ingestorte wolkekrabbers negatief (destruktief) is. Let ook op die metafore wat betrekking het op die hel: "die inferno van vlamblomme uit wolkekrabbers" waarin "inferno" die hel aandui, "mensfakkels soos neerstortende engele" waarin "neerstortende engele" intertekstueel skakel met Lucifer as die eerste gevalle engel, "die helhond van vernietiging" met sy "rooi lagtong" waarin die "helhond" verwys na die bewaker van die hel, maar ook 'n personifikasie van die vuur is, wat spot met die lyding van die mense. Die spreker dui daarop dat die "miershoop" "geskil" is, waarin "geskil" 'n vreemde woordkeuse is, wat impliseer dat die "miershoop" soos 'n vrug is wat geskil word, wat ook 'n persoon aandui wat die "miershoop" skil om asof dit 'n vrug is te eet. Vergelyk ook Coetzee (2009:165) se interpretasie:

> Die gedig wil dan "voor die oog" bring. Wat sien jy? 'n Miershoop wat "geskil" word; en dié werkwoord kan slegs een betekenis hê: afskil soos 'n vrug. Maar dis twyfelagtig of die woord "skil" binne daardie konteks hier pas: die betekende word dus oorskry.

Die woorde "somber", "skel", "helder" en "beneweld" is permutasies van "geskil" – let op die assonerende "e" [ɛ] in "skel" en "helder" – wat enersyds die woordbetekenisse in verband bring met die vernietigende take, en andersyds vorm gee aan die verwoesting waarin die gedig self die wyse waarop die "miernes" "geskil" word, beliggaam (die verswelging van die ineengestorte torings). Die woordbetekenis van "somber" belig byvoorbeeld die betekenisse van "donker", "treurig" en "swaarmoedig", wat verband hou met die effek van die aanval op die slagoffers; die woord "skel" beskryf "'n harde, deurdringende geluid" wat sinspeel op die geluide wat deur die vliegtuie veroorsaak is wat in die torings vasgevlieg het; "helder" hou ook verband met klank as iets wat "duidelik hoorbaar is" of "skerp omlyn" is; die woord "beneweld" staan teenoor die betekenis van "helder" as die rook wat die toneel "in 'n newel hul". Hierin kan gesien word hoe die digter die motto van die gedig daarby inkorporeer en te werk gaan om 'n landskap van kontraste, sprekend van terreur, te skep deur die woordbetekenisse van donkerte en sneeu (rookkleurig) oormekaar te skuif. Hierin word die gedig 'n besinning oor die skryf van 'n verpletterde landskap, wat dit probeer verstaan, dit wil sê in verhouding tot Heidegger se verstaan van die aktualiteit te probeer bring.

Die spreker vervolg en sê dit is "asof die bruin vuig van sputterende torings / nog soos 'n vuil vlag die luglyn veeg". Die landskap word hier deur middel van die geluid van "sputterende torings" onthul (let op die klank wat die landskap as temporaliteit kenmerk), maar bring terselfdertyd 'n landskaptoneel tot stand deurdat die "bruin vuig" daarvan – die woord "vuig" dui op iets wat "sleg" is en die rookpluime impliseer – "soos 'n vuil vlag die luglyn veeg". Die uitsig word met ander woorde onthul deur die rookpluime van die "torings" wat soos 'n "vuil vlag" die "luglyn" konkretiseer. Die allitererende "r", "s" en "t" in "sputterende torings" gee vorm aan die landskap deur die klanknabootsing soos die "torings" sputter.

In strofe drie wys die spreker daarop dat "beelde" "agter die oog" (as herinneringsbeelde) "om uiting" "bly kerm", wat daarop dui dat die terreurbeelde by herinnering hulself opdring aan die spreker soos byvoorbeeld die gedagte aan "vliegtuie" wat gelykgestel word aan "bomme [...] vol skrapnel van sagte lywe".

Die woorde "dan die" wys hoe die tydsverloop plaasvind vandat die "vliegtuie" in die geboue vasvlieg, tot die "wolkekrabbers" as 'n "inferno van vlamblomme" onthul word; die "mensfakkels" wat "af, af, al langs glimmende geboue" val, wys hoe mense van die geboue afspring; ook is daar vuurbeelde wat die landskap konkretiseer: "die inferno van vlamblomme", "mensfakkels soos neerstortende engele" wat "vuurvlerk vaartbelyn" is. Hiermee tree die digter in gesprek met die titel (*Die windvanger*), asook die buiteblad van die bundel, waarvan laasgenoemde 'n figuur is wat deur die lug val. Du Plooy (2009:145) beskryf die figuur op die voorblad soos volg: "Die oë van die figuur is toe, op skrefies getrek asof hy teen 'n groot spoed deur die lug trek. Hy is in die wind, hy "vang" die wind, hy word deur die wind getrek of swaai in die wind aan 'n tou." Hierin word 'n ander beeld na vore gebring, dié van die windvanger wat lyk asof hy homself te pletter gaan val teen die grond. Du Plooy (2009:145) illustreer soos volg die problematiek van die figuur se val: "Hoe lank kan die figuur bly hang? Hoe lank kan hy hom teen die wind verweer? Daar is nêrens vastigheid en sekerhede in hierdie ruimte nie." Hierdeur word die ruimte as iets gevaarliks uitgebeeld, wat die beskrywing regverdig van "mensfakkels soos brandende engele uit die hoogste verdieping" wat van die World Trade Center na hulle dood val.

Die vuurbeelde, wat insluit "vlamblomme", "neerstortende engele" en "vuurvlerk", bring egter ook skoonheid in die vernietiging na vore, wat aanleiding gee tot die vraag of dit nie "vals" is nie: Is dit wat in die herinnering opgeroep word, nie estetisering of op-die-afstand-kyk na die gebeurtenis nie? Dit wil sê, die spreker is 'n toeskouer wat nie die werklikheid van die landskap as 'n beleefde wêreld verstaan nie. Dit blyk ook uit die wyse waarop die sterflikes se val na die aarde verwoord word as "mensfakkels soos neerstortende engele".

Die spreker wys dan daarop dat die gebeure slegs "verskietend weerspieël in die vlugtige taal van vergeet", wat aansluit by die eerste strofe en die gedagte dat geen "gedig" "genoeg gewig kan hê / om 'n vlugstreep te laat oor 'n verlate landskap" nie. Die "vlugtige taal van vergeet" is 'n metafoor vir die wyse waarop die mens "vergeet" se "taal" praat, dit wil sê die taal behoort aan vergeet, kortom die gedagte dat die eindigheid die Dasein oorskadu. Coetzee (2009:165–166) is van mening dat die gedig deur hierdie uitspraak gedekonstrueer word tot niks:

[...] die ironie van die mense wat voorheen miere was, is nou "gewigloos [...] slank [...] vaartbelyn", dus eintlik mooi: engele. Dit word weerspieël in taal (in die gedig), maar ook nie werklik weerspieël nie, want die taal is "vlugtig" en die taal is "vergeet". Die gedig word dan eintlik gedekonstrueer tot niks.

Die openingsversreël van strofe vier, "wie sal vertel en wie sal kan tel", sluit aan by die laaste versreël van strofe een – "wie sal dan vertel" – wat die mens se projek om te "vertel" en te "tel" in die daaropvolgende strofes van stapel stuur. Die woord "oog" impliseer 'n sekere waarnemingsperspektief van die spreker, wat nie die gebeure kan "verstaan" nie, want dit wil tog voorkom asof dit 'n normale dag is: "die hemel is blou", maar die "hemel" konstitueer nie 'n wêreld waarin gewoon kan word nie; inteendeel: "deur die tries en kil winter van die atoom / strompel mense skuifel mense kruip mens-mense" op soek na "waar" "die gesigte" "lê". Die "winter van die atoom" plaas die gebeure in die konteks van die "eeu van die atoombom" wat assosiasies met 'n vernietigende milieu (van die atoombom, van Hirosjima en Nagasaki) na vore bring, 'n wêreld wat per definisie onbewoonbaar is – vergelyk Heidegger (1989:172) wat skryf dat woon beteken "om tot vrede gebring te wees: beskerm in vryheid, die vryheid wat ieder in sy wese laat bly en spaar". Die "gesigte" van lyke word dan deur die spreker beskryf as "oud voor hul jare", wat impliseer dat die mense nog nie moes gesterf het nie. Die "egtelike verbintenis / van skedel tot tone grys van as" beskryf hoe die liggame van lyke nooit van die "as" gaan skei nie. Die "sneeuende kennis" wys op die papiersnippers wat oorgebly het van die kantore en die strate vol gewaai het soos sneeu, wat ook met die dood geassosieer word.

'n Landskaptoneel word in die voorlaaste strofe deur die opnoem van verskeie dinge uitgebeeld, wat insluit die "rommel" en die "puin" waaronder "rosige lyke" "roer", die "lêers" wat "dryf" "in die Oosrivier", "flardes en vere verskeurde mensvleis" wat "verskroeide confetti" is "van die hond se fees". Die woord "confetti" skakel met die "egtelike verbintenis / van skedel tot tone grys van as", wat sinspeel op die huwelik van slagoffers met die dood. Die "hond se fees" verwys na "die helhond van vernietiging" met sy "rooi lagtong", wat impliseer dat dit die fees is van die bose gekonkretiseer deur die aansig van vernietiging.

Die slotstrofe begin met die woorde "waar is die gesigte", wat nou in verband gebring word met die toekoms – die toekomsgesigte wat met "tong" "kan klop", wat die "tong" vergelyk met 'n hart wat die lewensbloed vir die oorlewing van die wêreld-liggaam pomp. Vervolgens word die "gesigte" in verband gebring "met die vlammende geheue aan vreugde", wat "vreugde" onderwerp aan "geheue" wat opgaan in vlamme, dit wil sê "vreugde" wat vergete raak, maar tog met die vuurbeelde skakel. Die versreël "met die vlammende geheue aan vreugde" word egter ook met "eendag iewers" in verband gebring, waar 'n "gedig" "genoeg gewig mag hê / om 'n handskrif te laat wat praat van val en vergeet", wat iets is wat onmoontlik is. Dit is soortgelyk aan om "'n vlugstreep" "oor 'n verlate landskap" "te laat", wat filosofiese vrae in strofe een weer vra: watter waarde het die belang van die duidelik maak van ons verstaan ten opsigte van "val en vergeet" – hierin is die trauma nog te groot en verstaankategorieë beskadig. Daar kan wel gesien word hoe die spreker die trauma probeer verwoord met behulp van landskappe wat Dasein se in-die-wêreld-syn uitdruk sodat die "dood aanhou ritsel in die papier" wat die "gesigte" tot in die kunswerk bring en die wêreld van terreur vir 'n tyd lank in die kunswerk oophou. Ten slotte kan genoem word dat die terreurlandskap wat in die gedig uitgebeeld word, die verskrikking van die onbewoonbare wêreld (die eeu van die atoom) vertoon. Die vraag na die waarde van die kunswerk, met inbegrip van die traumatiese gebeurtenis, het dan juis ten doel om die betekenis van woon opnuut te vind, met inbegrip van "die dood wat aanhou ritsel in die papier" asof die dooies in 'n (tekstuele) landskap (massagraf) begrawe is.

"die eiland van verbranding" in *Katalekte*

Vervolgens word 'n destruktiewe lesing van landskap in die gedig "die eiland van verbranding" in *Katalekte* (2012:138–139) aangebied. Die motto "*El espacio existe fuera de la subjectividad*" ("ruimte bestaan buite subjektiwiteit") is ontleen aan die Meksikaanse kunstenaar Ulises Carrión. Die idee dat "ruimte" buite "subjektiwiteit" bestaan, dui daarop dat "ruimte", wat vir Heidegger (1989:174) iets is wat in wese "ingeruim" word, nie op 'n Heideggeriaanse manier verstaan kan word nie, aangesien "ruimte" "nie iets los teenoor die mens [is] nie" (Heidegger 1989:175). Dit is 'n interessante toetsgeval vir die hipotese dat woon gelyk is aan dinge fenomenologies beleef. Natuurlik bestaan ruimte buite subjektiwiteit, maar die subjektiewe belewing daarvan gee dit betekenis.

die eiland van verbranding
"El espacio existe fuera de la subjectividad"
Ulises Carrión

die dae het gekom en die nagte
wat leef in hulle geskiedenis van sand en wind
en wanneer jy by die venster lê, my vriend
het jy geluister na die fluistering van die hand se bewegingsherinneringe
die bok se herkoude steun, die roep van die kind
en die wolke was roos, was toue, was silwer vlies en as
ruimte is 'n blou weergalming vir voëls se gewapper
jy het gewonder: hoe lank behou lippe hul rooisel ná sterwe
en probeer paar die rymwoorde van kleur: blind
en flenter en lies en verloor en die vlas van verderf: daar is geen putte
op die eiland nie: waar is die eeue se dooies weggesê?

dit was nie ballingskap nie
slegs oplaas die laat gaan van woorde op die water
want alles wat bestaan het 'n nietiging as weerklank
en die maan griffel 'n klipskipskripsie in die uitkring van wieg

die dae het gekom en die nagte was heel
wanneer die wind haar asem opgehou het
om te luister na die galmende gewelf
en wanneer jy by die venster lê, my vriend
maar wat is daardie stank? dis vullis
deurweekte klere dooie diertjies
wat op die rotse verknetter word

dalk deur donker mense met gedoekte gesigte
en die huil? 'n uil of 'n kat
of die middernagwaker se roeplied in die moskee
om die ewigheid aan jou vergeet van name te bind
maar wie soek om oor te kom van die vasteland?
wie weeklaag oor die verstopte holhede van die aarde?

die môrester was 'n vlammende duif
in 'n spikkelnes van stokkies en die geklik van donker
verminkte versreëls was linte in die grond
my vriend, die dooie lofsanger met 'n mond vol geheime
is met sy kora in die baobab begrawe
onder die kors afwesigheid

Dat ruimte buite subjektiwiteit bestaan, word reeds in die openingsversreëls geïllustreer in soverre die "nagte" gepersonifieer word deurdat hulle "leef in hulle geskiedenis van sand en wind", dit wil sê die "nagte" het "geskiedenis" waarvan die mens onbewus is. Alhoewel "sand en wind" nie 'n "wêreld" uitmaak nie, en volgens Heidegger (2002:23) "wêreldloos" ("world-less") is, werk dié dinge mee om 'n "geskiedenis" te maak. Maar wat is die nut van "geskiedenis" buitekant menslike subjektiwiteit? Om 'n voorbeeld te noem: Wat beteken "die bok se herkoude steun" buite die "venster" van die spreker se "vriend", sou dit nie deel uitmaak van die wêreld van die "vriend" nie? Tog maak "die bok se herkoude steun" deel uit van "[...] die fluistering van die hand se bewegingsherinneringe – ", dit wil sê die vriend se eie skrywes. Beide "die bok se herkoude steun" en "die roep van die kind" onthul Dasein se in-die-wêreld-syn deur die beskrywing van die kenmerke en werksaamhede wat die landskap as 'n voortdurende wordingwêreld konstitueer, soos hy poog om "die wolke" te beskryf as "roos", "toue" en "silwer vlies" wat terselfdertyd 'n nietige poging is om die elementale dinge as sodanig te ver-taal.

Ook "ruimte" word deur taal ingeruim as "'n blou weergalming vir voëls se gewapper", wat dui op die blou lug wat galm van die voëls wat daarin rondvlieg, maar die dinge is selfstandig, wat impliseer dat ruimte sonder menslike daar-wees kan bestaan, buitekant subjektiwiteit, alhoewel dit tog subjektief beleefde, herinnerde, gehoorde landskap is. Die spreker beskryf in die laaste gedeelte van strofe een hoe die "vriend" by die "venster" sou lê en wonder "hoe lank" "lippe hul rooisel ná sterwe" "behou", wat doodgaan as 'n onvermydelike gegewe in die verloop stel, wat ook suggereer dat die "vriend" besig is om te sterwe. Die verwondheringe van sy "vriend" is 'n reeks deurmekaar gedagtes wat draaie loop sodat 'n mens nie seker is van wat dit nou eintlik is waaroor die "vriend" wonder nie. Gaan dit hier oor die vergaan of ontbinding van die menslike liggaam "ná sterwe", wat hom laat wonder oor die "rymwoorde van kleur"? Die "rymwoorde van kleur" (of verlies) word egter direk in verband gebring met blindheid deur die woord "blind" naas die dubbelpunt te plaas ("kleur: blind"), wat veronderstel is om die paring "rymwoorde" te belig, maar teenoor "blind" staan wat die niksheid "ná sterwe" beklemtoon. Ook rym die woord "blind" met "wind" en "kind", wat hierdie woorde assosieer met die vervlietende aard van tyd, aangesien die "wind" nie gevang kan word nie, en "die roep van die kind" in die wind verdwyn. Dit wil dus voorkom asof dit hier gaan oor die onthulling van die deurmekaar gedagtes van sy "vriend" soos hy op sy sterfbed langs die venster lê, besig om te sterwe, op soek na 'n reeks "rymwoorde van kleur" wat verlies beklemtoon.

Die vraag ontstaan waarom hulle rymwoorde "van kleur" is, met die implikasie dat die "rooisel" van sy lippe die kleur daarvan verloor. Die "ruimte" as "'n blou weergalming vir voëls" dui op die hemelruim waar die geluide van voëls vir 'n baie kort rukkie terugklink. Die "rooisel" van lippe wat wegsypel tydens sterwe. Die spreker brei die soeke na "rymwoorde van kleur" uit in die versreëls "blind / en flenter en lies en verloor en die vlas van verderf", wat in verband gebring word met "blind" teenoor "kleur", "flenter" met die woord "voëls se gewapper" of die allitererende konsonante as flenters herhalende klanke (van kleur), waarvan versreël 10 'n voorbeeld is: "lies" as die streek tussen buik en been wat ook in die idioom van weerloosheid staan; "verloor" as dit wat ongemerk wegraak soos die "rooisel" van "lippe", en die "vlas van verderf" (wat permutasies van verlies is) as die ligblonde kleur van "verderf".

Die spreker vra ten slotte "waar is die eeue se dooies weggesê?" Dit wil sê waarheen het die "dooies" gegaan? Die woord "weggesê" dui ook daarop dat die "dooies" nie meer stemme het nie – hulle stemme het weggeraak, opgehou, 'n beklemtoning van Dasein se eksistensiële struktuur, wat sinspeel op die opposisie tussen stem/stom. Maar hulle is ook doelbewus deur ander stemme oorheers, waarin die woord "weggesê" dui dat hulle doodgepraat is.

In die tweede strofe meen die spreker "dit was nie ballingskap nie" wat verband hou met die vraag aan die einde van die laaste strofe waarheen "die eeue se dooies weggesê" is. Die woord "ballingskap" dui daarop dat iemand uit sy land verban is, maar hier gaan dit oor die verbanning van die sterflike na die dood. Die betekenis van "woorde op die water" sinspeel daarop om die water te laat wegdryf, wat die dood suggereer, om die bewussyn te laat gaan. Dit sinspeel ook op Prediker 11:1–2 wat in die 1953-vertaling soos volg lui: "Werp jou brood op die water, want na verloop van baie dae sal jy dit vind." Verder kan die beeld van "woorde op die water" in verband gebring word met "alles wat bestaan", wat "'n nietiging as weerklank" het – die woord "nietiging" dra spore van die niet, tot niet gaan of vernietiging, wat die "woorde op die water" laat weerklink of eggo in niebestaan. Die "woorde op die water" weerspieël, of is eerder die "nietiging" self; die gedagte dat alles wat gesê word, afhang van 'n heelal wat nie gesê word nie.

Die laaste versreël van die tweede strofe lui: "en die maan griffel 'n klipskipskripsie in die uitkring van wieg", wat die "maan" personifieer as iets wat kan "griffel" en in verband gebring word met skoliere wat vroeër op leie geskryf het. Dit beskryf die beweging van die maan deur die lug as 'n griffelproses (skryfbeeld), maar tegelyk is die maan ook in die lug soos 'n skip in water waarin dit kan wieg; dit dui ook op die maan as 'n klipskip wat wegsink.

In die derde strofe herhaal die spreker die woorde "die dae het gekom", soos in die openingsversreël, wat die herhaling van "dae" en "nagte" illustreer, die hemele in ewige wisseling van dag en nag in opeenvolgende reëlmaat. Die "nagte was heel" beteken dat die "nagte" volledig was en niks daaraan ontbreek het nie – die fenomenoloog Alphonso Lingis se gedagte in sy boek *The imperative* dat wanneer die dag tot 'n einde kom, dinge hulle "afsonderlikheid" verloor (Lingis 1998:9). Die spreker gaan wel verder en sê "[...] die nagte was heel / wanneer die wind haar asem opgehou het / om te luister na die galmende gewelf". Met ander woorde, die "nagte" was daar, al kon niemand hulle waarneem nie, maar terselfdertyd saamgestel uit elementale dinge "wat leef in hulle geskiedenis van sand en wind". Dan verwys die spreker na sy "vriend", en herhaal: "en wanneer jy by die venster lê [...]", wat die sintuiglike waarneming in die konteks van die sterwensgang vooropstel; die fokus is nie op die luister na "[...] die fluistering van die hand se bewegingsherinneringe – " nie, maar op die "stank" – "maar wat is daardie stank?" Die "stank" hou verband met die "verbranding" in die titel, wat die "stank" veroorsaak, van "klere dooie diertjies", in hul nietigheid aan die mens gelykgestel. Die spreker vra daarby ook "en die huil?", en antwoord: "[…] 'n uil of kat / of die middernagwaker se roeplied in die moskee", wat die einde van die pad vir die "vriend" laat sien deur stilte, stank, 'n gehuil. Die gehuil van "'n uil of 'n kat" dui op die hoorbare getjank, wat vergelyk word met die "middernagwaker" (wat tydsverloop of tydmerkers in die gedig aandui) "se roeplied in die moskee". Hier loop die beelde deurmekaar, wat die sterwende se gedagtes belig. Die doel van die "roeplied" is om die "ewigheid" as hiernamaals of nadoodse ryk aan eie sterflikheid te bind. Die spreker vra wel: "maar wie soek om oor te kom van die vasteland?" En dit bring die "vasteland" in verhouding tot "die eiland van verbranding", die "eiland" as die plek waar die spreker se vriend aan die sterf is.

In die laaste strofe sien die spreker "die môrester" as " […] 'n vlammende duif / in 'n spikkelnes van stokkies […]". Die "môrester" wat voor sonop in die ooste staan, word beskryf as 'n "duif" wat vlammend is, en woon "in 'n spikkelnes van stokkies" – wat dan ook verdwyn met sonsopkoms. Hierdie beeld benadruk die nietigheid van die mens in teenstelling met die grootsheid van die kosmos. Verder, meen die spreker, was "[…] die geklik van donker / verminkte versreëls […] linte in die grond". Hierin staan die gebrokenheid van die uitsê van ons verstaan van die aktualiteit voorop, wat Dasein se begrip van die in-die-wêreld-syn as iets gebroke onthul. Die spreker sê "[…] die geklik van donker / verminkte versreëls was linte in die grond / my vriend, […]", wat beteken dat dit voortbestem is om te vergaan soos "linte in die grond", dit wil sê tot niks kom.

Ten slotte is dit die landskap wat spreek wanneer die "[…] dooie lofsanger met 'n mond vol geheime", dit is die dinge wat hy nog nie uitgesê het nie, of dinge wat vergete raak, "met sy kora in die baobab begrawe" word. Die kora is 'n snaarinstrument bestaande uit 'n kalbas as resonator en van 16 tot 21 snare (HAT), die "lofsanger" se instrument. Die "kors afwesigheid" dui op die oppervlak van die aarde, wat in die teken van "afwesigheid", van verlatenheid staan. Maar die "kora" beklemtoon hoe dinge op metaforiese wyse weerklank vind in die ruimte, wat buite die mens bestaan (*El espacio existe fuera de la subjectividad*) lank nadat die mens van die aarde af verdwyn het.

Landskap as 'n uitdrukking van Dasein se in-die-wêreld-syn word in "die eiland van verbranding" uitgebeeld as 'n vervlietende subjektiewe belewing van tyd, as dit wat die temporaliteit van die landskap as voortdurende spanning openbaar, tussen ont-dekkings wat *onthul* en *verhul*, en *onthou* en *vergeet* word. In hierdie lig poog die spreker om die waarde van die skryfaktiwiteit onder woorde te bring, wat lyk na 'n futiele besigheid soos "[...] alles wat bestaan [...] 'n nietiging as weerklank [het]". Tog blyk dit deur die poësie dat die landskap as herinnering aan Dasein se in-die-wêreld-syn iets van die daar-wees van sterflikes onthou, soos "die dooie lofsanger met 'n mond vol geheime" nou heimlik "onder die kors afwesigheid" van die baobabboom begrawe word, wat sinspeel op die gedagte dat landskap 'n produk is van die werksaamhede van generasies wat daar sou woon. Die landskap het dus ook 'n *preserveringsfunksie*, wat die geologiese verhaal van die geskiedenis van die aarde vertel, wat nie net buite menslike subjektiwiteit bestaan nie, maar ook menslike bestaan omvat.

Ten slotte

In hierdie bydrae is ondersoek ingestel na die funksies van die representasie van landskap as 'n uitdrukking van Dasein se in-die-wêreld-syn in twee van Breytenbach se gedigte, naamlik "New York, 12 September 2001" in *Die windvanger* (2007) en "die eiland van verbranding" in *Katalekte* (2012), wat 'n aantal funksies deur die uitbeelding van landskappe as 'n uitdrukking van Dasein se in-die-wêreld-syn ontsluit.

Om afleidings te maak van die gedigte wil egter reduksionisties voorkom, aangesien dit nie die doel is om die twee gedigte in kategorieë te probeer plaas om iets finaals omtrent die landskappe as 'n uitdrukking van Dasein se in-die-wêreld-syn by Breytenbach te probeer vasvang nie. Veel eerder gaan dit daaroor om die veelvuldige aard van landskappe te verken sodat 'n voorlopige gevolgtrekking gemaak kan word oor die funksie van landskap as 'n uitdrukking van Dasein se in-die-wêreld-syn. Die gevolgtrekkings wil dan ook vertrekpunte wees vir verdere ondersoek na die funksie van die representasie van landskappe in Breytenbach se digterlike oeuvre. Soos uit die lesings afgelei, kan gesien word dat die twee gedigte elkeen afsonderlik kommentaar lewer oor die rol van landskappe in die verwoording van Dasein se in-die-wêreld-syn.

In "New York, 12 September 2001" het die beskrywing van die landskappe, wat nie net landskaptonele behels nie maar ook die werksaamhede van die landskap, 'n bemiddelende funksie, dit is om die traumatiese gebeure van 9/11 tot uitdrukking te bring deur die digterlike beskrywing daarvan. Die probleem bestaan egter dat dit 'n subjektiewe beskrywing is, wat talle probleme rakende die waarde daarvan veroorsaak. Byvoorbeeld is die gedigskryf oor die gebeure rondom 9/11 nie maar net estetisering van die historiese gebeure nie? Die waarde van die beskrywing as ver-taling tot digkuns, openbaar wel die wêreld van "die tries en kil winter van die atoom", wat in die oopheid van die kunswerk behoue bly, solank die krag van die taal daarin verstaan kan word vir diegene wat dit ervaar.

In "die eiland van verbranding" dui die spreker, aldus die motto van Carrión aan hoe ruimte buitekant subjektiwiteit bestaan, alhoewel die gedig 'n weerspreking van hierdie idee is. Die spreker wys hoe sy vriend, sterwend voor die ruit, deel is van die ruimte wat subjektief beleef word, en hoe sy vriend die ruimte inderdaad subjektief beleef. Lank ná die verganklike is die landskap steeds daar, buitekant die "subjektiwiteit", wat voortleef "in hulle geskiedenis van sand en wind". Die landskap openbaar Dasein se in-die-wêreld-syn as die tydelike belewing van ruimte, alhoewel dit heel konkreet beleef word in klank en stank, waarvan die mens weer deel word soos "eeue se dooies weggesê" word. Die landskap vertel self dan ook sy geologiese geskiedenis, wat nie net buite mense bestaan nie, maar hul verhaal omvat.

BRONNELYS
Breytenbach, Breyten. 1987. *Boek (deel een): Dryfpunt*. Emmarentia: Taurus.
Breytenbach, Breyten. 2000. *Lady One (99 liefdesgedigte)*. Kaapstad: Human & Rousseau.
Breytenbach, Breyten. 2007. *Die windvanger*. Kaapstad: Human & Rousseau.
Breytenbach, Breyten. 2012. *Katalekte (artefakte vir die stadige gebruike van doodgaan)*. Kaapstad: Human & Rousseau.
Breytenbach, Breyten. 2016. *Die na-dood (die singende hand se oggendboek-hierinneringe)*. Kaapstad: Human & Rousseau.
Burger, Willie. 2007. "Daar is geen tyd." [Leketaal]. *Die Burger* [By], 10 November, bl. 11.
Bové, Paul. 1980. *Destructive poetics: Heidegger and modern American poetry*. New York: Columbia University Press.
Coetzee, Ampie. 2009. Die vlugtige taal van vergeet. *Tydskrif vir Letterkunde*, 46(2):150–168.

Cosgrove, Denis. 1985. Prospect, perspective and the evolution of the landscape idea. *Transactions of the Institute of British Geographers, NS*, 10(1):45–62.
Cosgrove, Denis & Daniels, Stephen. 1988. Introduction: Iconography and landscape. In Denis Cosgrove & Stephen Daniels (reds.). *The iconography of landscape.* Cambridge: Cambridge University Press, bl. 1–10.
Dreyfus, Hubert. L. 1991. *Being and time. A commentary on Heidegger's* Being and time, *Division 1.* Cambridge: MIT Press.
Duncan, James & Duncan, Nancy. 1988. (Re)reading the landscape. *Environment and Planning: Volume D: Society and Space*, 6(2):117–126.
Du Plooy, Heilna. 2009. Die inkerende waarneming. *Tydskrif vir Letterkunde*, 46(2):131–149.
Gouws, Tom. 2016. Resensie: *Die na-dood* (Breyten Breytenbach). *Versindaba*, 9 Junie. http://versindaba.co.za/2016/06/09/resensie-die-na-dood-breyten-breytenbach/ [29 Junie 2018].
Halliburton, David. 1973. *Edgar Allan Poe: A phenomenological view.* Princeton: Princeton University Press.
Heidegger, Martin. 1952. Bauen Wohnen Denken. In Otto Bartning (red.). 1952. *Darmstädter Gespräch – Mensch und Raum.* Darmstadt: Neue Darmstadter.
Heidegger, Martin. 1962 [1927]. *Being and time.* Uit Duits vertaal deur John Macquarrie en Edward Robinson. Oxford: Blackwell.
Heidegger, Martin. 1971. *On the way to language.* Uit Duits vertaal deur Peter D. Hertz. San Francisco: Harper & Row.
Heidegger, Martin. 1989. Vertaalde weergawe van "Bauen Wohnen Denken" as "Bou, woon, dink" deur Dieter Holm en Marinus J. Schoeman.
Heidegger, Martin. 2002. *Off the beaten track.* Cambridge: Cambridge University Press.
Holm, Dieter & Schoeman, Marinus J. 1989. "Bou, woon, dink" van Martin Heidegger. 'n Vertaling met kommentaar. *Tydskrif vir Geesteswetenskappe*, 29(1):165–170.
Ingold, Tim. 2000. *The perception of the environment: Essays on livelihood, dwelling and skill.* New York: Routledge.
Leitch, Vincent B. 1983. *American literary criticism since the 1930s.* Londen: Routledge.
Lemaire, Ton. 1999. Een wijsgerige wandeling door het landschap. In Jan Kolen & Ton Lemaire (reds.). *Landschap in meervoud: Perspectieven op het Nederlandse landschap in de 20ste/21ste eeuw.* Utrecht: Jan van Arkel, bl. 57–70.
Lingis, Alphonso. 1998. *The imperative.* Bloomington: Indiana University Press.
Orr, Leonard. 1988. Thinking and poetry: Heidegger and literary criticism. *Studia Nephilologica*, 60:207–214.
Roux, Alwyn P. 2015. *'n Vergelykende ondersoek na landskap as woon in die latere poësie van Breyten Breytenbach en Lucebert.* PhD-proefskrif, Noordwes-Universiteit (Potchefstroomkampus).
Roux, Alwyn & Viljoen, Hein. 2017. 'n Heideggeriaanse benadering van landskap *as woon* in Breyten Breytenbach se *Nege landskappe van ons tye bemaak aan 'n beminde* (1993). *LitNet Akademies*, 14(2):267–300. http://www.litnet.co.za/n-heideggeriaanse-benadering-van-landskap-woon-breyten-breytenbach-se-nege-landskappe-van-ons-tye-bemaak-aan-n-beminde-1993.
Spanos, William. V. 1976a. Martin Heidegger and literature: A preface. *boundary 2*, 4(2):337–339.
Spanos, William. V. 1976b. Heidegger, Kierkegaard, and the hermeneutic circle: Towards a postmodern theory of interpretation as dis-closure. *boundary 2*, 4(2):455–488.

Spanos, William. V. 1977. Breaking the circle: Hermeneutics as dis-closure. *boundary 2*, 5(2):421–460.
WAT (Woordeboek van die Afrikaanse Taal). s.j. www.woordeboek.co.za
Wylie, J. 2007. *Landscape*. Londen: Routledge.
Wylie, J. 2009. Landscape. In Derek Gregory, Ron Johnston, Geraldine Pratt, Michael J. Watts & Sarah Whatmore (reds.). *The dictionary of human geography*. 5de uitgawe. Oxford: Wiley-Blackwell, bl. 409–411.

OOR DIE SKRYWER
Alwyn Roux is 'n dosent in literatuurwetenskap en kreatiewe skryfkuns aan Unisa se departement Afrikaans en algemene literatuurwetenskap. Hy verwerf in 2015 sy doktorsgraad in Afrikaans en Nederlands oor landskap as *woon* in die latere werk van Breyten Breytenbach en Lucebert. Alwyn is ook 'n kreatiewe skrywer en van sy gedigte is in 2013 in *Nuwe stemme 5* opgeneem.

5
"hand my hond": 'n Dierestudies-perspektief op verskyningsvorme van die hond in die digter se latere poësie
Louise Viljoen

Oor die "animal turn" in literêre studies

Diere word wêreldwyd steeds belangriker in literêre studies. Hulle blaf, snuif, krap en snuffel trouens by die deure van verskillende akademiese dissiplines, soos wat die historikus Sandra Swart (2007) geskryf het in 'n artikel waarin sy die impak van die "animal turn" in historiese ondersoeke beskryf. Hierdie gerigtheid op diere in onder meer literêre studies maak deel uit van die groeiende belangstelling in omgewingsgerigte literêre ondersoek en die posthumanisme.

Ook binne die Suid-Afrikaanse konteks maak dierestudies deel uit van die groter studieveld van ekokritiek wat vanaf die 1980's 'n steeds duideliker teenwoordigheid in Suid-Afrikaanse literêre studies geword het. In die Engelstalige literêre studies was die werk van Dan Wylie, Julia Martin en Wendy Woodward baanbrekend. In die Afrikaanstalige literêre ondersoek is dit Erika Lemmer, Susan Smith, Susan Meyer, Marius Crous, Andries Visagie (onder andere, saam met sy student Neil van Heerden), Joan-Mari Barendse, Barbara Burger en Adéle Nel wat belangrike bydraes lewer tot die ekokritiese lees van Afrikaanse literêre tekste, onder meer met die oog op die mens se uitbeelding van en verhouding met diere.[1]

Alhoewel daar in 2006 opgemerk is dat dit nie lyk asof die ekokritiek al 'n kritiese massa in die Suid-Afrikaanse literatuurstudie bereik het nie (Addison 2007:2), blyk dit tans wel die geval te wees. Steeds meer Suid-Afrikaanse literatore wend hulle onder die druk van die omgewings-

---

[1] Vergelyk die volgende artikels in hierdie verband: Erika Lemmer (2007a, 2007b), Susan Meyer (2010, 2012), Susan Smith (2012, 2014), Andries Visagie (2013, 2016), Andries Visagie en Neil van Heerden (2013), Wendy Woodward en Erika Lemmer (2014), Marius Crous (2015, 2016), Joan-Mari Barendse (2016, 2017), Barbara Burger (2016) en Adéle Nel (2018).

krisis (klimaatsverandering, besoedeling, dieremisbruik) tot die ekokritiek en verwante velde soos dierestudies. My eie bydrae in hierdie opstel volg dus op die spore van talle voorgangers in Suid-Afrika.

'n Oorsig oor die veld van dierestudies toon dat die meeste skrywers teruggaan op 'n aantal seminale tekste in hierdie verband. Garrard (2012:146–152) wys in sy studie *Ecocriticism* op die belangrike rol wat werke soos Peter Singer se *Animal liberation* (1976), Mary Midgley se *Animals and why they matter* (1983), Jacques Derrida se *The animal that therefore I am* (2008) en Donna Haraway se *When species meet* (2007) in die ontwikkeling van dierestudies gespeel het. Dit is Singer wat uitwys dat daar 'n belangrike verskuiwing in die opvatting van diere kom wanneer Descartes se siening dat die mens se vermoë tot rasionele denke hom uitsonder bo ander lewende wesens (wat as komplekse masjiene beskou kan word) bevraagteken word deur die Engelse filosoof Jeremy Bentham se idee dat mense en diere die vermoë deel om pyn te voel en te ly. Volgens Singer is dit hierdie gedeelde vermoë om pyn te voel en te ly wat die dier geregtig maak op die etiese behandeling, voorheen slegs vir (sekere) mense gereserveer. Garrard (2012:146) meen dat die bestudering van die verhouding tussen mense en diere in die "animal turn" fokus op een van twee aspekte: die representasie van diere in die geskiedenis en kultuur, en die filosofiese oorweging van diereregte.

Gross (2012:1–6) beklemtoon in sy inleiding tot die versameling essays, getitel *Animals and the human imagination: A companion to animal studies*, die feit dat mense in gemeenskappe hulle – hul subjektiwiteit, hul etiek, hul herkoms – verbeel in verhouding met en deur diere. Omdat die selfkonseptualisering van mense so sterk afhanklik is van hul verhouding tot die dier dat daar sprake is van die "ko-konstruksie" van die kategorieë mens en dier, en omdat hierdie twee kategorieë fundamenteel vir die Westerse etiek is, is dit byna vanselfsprekend dat dierestudies sigself veral sal bemoei met ontologiese en etiese kwessies. Vir Gross is die huidige opbloei in dierestudies gesentreer om drie fokuspunte: besprekings oor die werk van die filosowe Jacques Derrida, Martin Heidegger en Giorgio Agamben; die uitsonderlike belangstelling binne literêre studies in J.M. Coetzee se werke *The lives of animals* (1999) en die latere *Elizabeth Costello* (2003), asook die diskoers van die posthumanisme soos wat dit manifesteer in Donna Haraway se *When species meet* (2007).

Marvin en McHugh (2014:2–5) wys op hulle beurt in die inleiding tot die *Routledge handbook of human-animal studies* daarop dat navorsers in dierestudies fokus op sekere kardinale vrae: *waarom* diere op verskillende wyses gerepresenteer en verbeeld word in verskillende kulture en gemeenskappe, *hoe* hulle verbeel, ervaar en betekenis gegee word, *wat* die verhoudings met diere suggereer oor die menslike kondisie, en *wat in verband met* hierdie verhoudings verbeter kan word vir die ontwil van individue en gemeenskappe, sowel menslik as dierlik. Hulle verkies om die term *mens-dier-studies* te gebruik omdat dit beklemtoon dat ons begrip van diere altyd gelokaliseer is binne die konteks van kulturele gebeure of perspektiewe en dus onvermydelik die mens impliseer, maar gee tog toe dat die term *dierestudies* gebruik kan word om die natuurwetenskappe se aanspraak op volledige kennis te bevraagteken (Marvin & McHugh 2014:7–8). Hier te lande gee Woodward & Lemmer (2014:2) ook voorkeur aan die term *mens-dier-studies* omdat dit die verweefdheid van mens en dier beklemtoon en suggereer dat diere nie in isolasie kan bestaan in ons navorsing of verbeelding nie.

Een van die mees fundamentele kenmerke van mens-dier-studies is dat hulle die binêre opposisie tussen mens en dier bevraagteken en ondermyn. In die proses word ook ander binêre opposisies, naamlik dié tussen man en vrou, kultuur en natuur, rasionaliteit en liggaamlikheid, beskawing en wildernis bevraagteken. Dit sluit byna vanselfsprekend aan by die verset teen *spesiesisme* ('n term gemunt deur Richard D. Ryder en gepopulariseer deur Peter Singer in *Animal liberation*) wat die mens beskou as superieur met betrekking tot die dier, en op grond daarvan die besit, verbruik en uitwissing van diere vir menslike doeleindes regverdig. Die raakpunte tussen spesiesisme en ander vorme van onderdrukking soos rassisme, seksisme, klassisme en ander hiërargiserende ideologieë word herhaaldelik in dierestudies uitgewys. Weil (2012:6–7) wys daarop dat dierestudies nuwe lig werp op die vrae oor taal, epistemologie en etiek wat reeds in vrouestudies en postkoloniale studies uitgewys is. Dit sluit in vrae soos hoe ons stem gee aan ander lewende wesens en aan ervarings wat buite ons begrip lê, hoe ons die verskil uitwys sonder om dit vir onsself toe te eien of te verwring, hoe ons dit wat onmoontlik is om te sê, kan hoor en erkenning gee daaraan. Sommige groepe in dierestudies verbind hulle ook op uitgesproke wyse tot 'n aktivistiese politieke agenda. Hieronder tel byvoorbeeld die

Critical Animal Studies (CAS)-groep wat hulle in geen onsekere terme uitlaat oor die depolitisering van mens-dier-studies in die akademie nie en dié beswaar deel maak van 'n oorkoepelende en radikale politieke stryd teen alle vorme van onderdrukking en vir totale bevryding. (Vir 'n vurige, polemiese en konfronterende uiteensetting van hierdie standpunt, vergelyk Best 2009:27, wat onder meer die volgende skryf oor dierestudies in die VSA: "Following a similar trajectory of co-optation and studied irrelevance, animal studies is becoming tamed, leashed, canonized, commodified, reified, neutralized, and rendered safe for academic production, consumption, and distribution.")

Ek fokus egter op die verskyning van diere in literêre tekste, meer spesifiek in Breytenbach se gedigte. Dit lyk asof die bemoeienis met diere in literêre tekste veral in twee groepe uiteenval: die formeel gerigte bestudering van die maniere waarop diere in literêre tekste (as artefakte met 'n bepaalde "singularity")[2] gerepresenteer en gebruik word versus die eties gerigte bestudering van die manier waarop diere in literêre tekste uitgebeeld word as volwaardige subjekte met 'n lewe van hulle eie, ten einde reg te laat geskied aan die dier se posisie in die wêreld. In aansluiting hierby verwys Soper (2005:304–309) daarna dat diere op drie maniere in literêre tekste gerepresenteer word: *naturalisties* (waarvolgens diere as deel van 'n narratiewe situasie en omgewing beskryf word), *allegories* (waarvolgens diere as morele fabels of registers van menslike vorme of menslike gedrag gebruik word) en *meelewend,* oftewel *"compassionate"* (waarvolgens die dier gebruik word om die leser te dwing tot nadenke oor die manier waarop diere deur mense behandel word).

Ortiz Robles (2016) skryf in *Literature and animal studies* meer uitgebreid oor die gebruik van diere in die letterkunde en fokus veral op die funksionering van die dier as troop (m.a.w. die figuurlike of metaforiese gebruik van die dier). Hy beklemtoon die belangrikheid van trope deur te argumenteer dat trope ons help om ingeligte afleidings oor die wêreld te maak. Dit wil sê trope dui vir ons aan wat dit is wat ons gemeen het met diere en waar ons verskil van diere. Hy gee toe dat die neiging om aan diere slegs as trope, oftewel metafore, of simbole vir menslike verskynsels of gedrag te dink, dit makliker maak om diere te negeer en

---

2 Vergelyk hieroor Derek Attridge se *The singularity of literature* (2004).

mishandel, maar hy wys tog uit dat trope kognitiewe referente is wat ons help om sin te maak van die wêreld en dus om die wêreld te vorm en verander – ook die manier waarop die dier as troop gebruik word en die implikasies daarvan. Hy verwys vlugtig na die geskiedenis van die dier as troop in die letterkunde – die diere wat die meeste as trope gebruik word, is dié waarmee die mens die nouste kontak het: dié wat ons jag, versamel, eet en as troeteldiere aanhou. Verder is dit die "charismatiese megafauna" (olifante, tiere, wolwe, uile, ape, ens.) wat in die letterkunde verskyn eerder as die wurms, molluske en mikrobes. Hy wys verder uit dat diere die meeste voorkom in die genres wat minder belangrik geag word (dierefabels, kinderliteratuur, genrefiksie) eerder as in die dominante genres.

Ortiz Robles (2016) wend ook 'n poging aan om "literêre diere" te kategoriseer op grond van die manier waarop hulle gerepresenteer word: diere wat beskryf word asof hulle mense is (pratende diere), diere wat funksioneer as simbole (simboliese diere), diere wat nie werklik bestaan nie (fantasiediere) en diere wat werklik bestaan.

Ter sake vir my ondersoek na die hond in Breytenbach se werk is die dier as troop of metafoor: Dit gaan hier oor diere wat nie noodwendig konkrete teenwoordighede is nie, maar eerder funksioneer as "symbolic repositories for human actions, human figure, and human anxieties", soos wat Ortiz Robles (2016:23) dit stel. Die uiteindelike doel van sy ondersoek na die representasie van diere sluit aan by sy idee dat die dier in wese 'n uitvindsel van die mens is, in die sin dat die onderskeid in kategorie tussen mense aan die een kant en nie-mense (of diere) aan die ander kant 'n "figment of our imagination, a conceit" is wat die grootskaalse verskille en verskeidenheid van die wêreld ontken. Aansluitend hierby redeneer hy dat die "uitvindsel" van die dier instrumenteel was in die ontwikkeling van menslike kultuur, in die sin dat dit die moontlikheid geskep het vir mense om hulleself te verbeel as beskaafde wesens (Ortiz Robles 2016:4). Die doel van sy boek is dus om ondersoek in te stel na hoe die representasie van diere in die letterkunde skakel met die geskiedenis van mense se manipulasie van diere. Dit is sy oortuiging dat dit slegs deur ondersoek na die literêre aard van die dier, soos gerepresenteer in die letterkunde, is wat 'n mens kan begin om die betekenis van diere in die wêreld daarbuite te verstaan (Ortiz Robles 2016: 25).

Hierteenoor bestudeer ondersoekers soos Malamud en Woodward die representasie van diere in die letterkunde om ondersoek in te stel na die vraag of diere as subjek met agentskap uitgebeeld word en wat die implikasies daarvan is. Woodward (2008:15) skryf dat die manier waarop diere in die letterkunde uitgebeeld word, verband hou met die manier waarop 'n bepaalde kultuur omgaan met diere, en dat die manier waarop diere uitgebeeld word in die letterkunde onvermydelik etiese reperkussies het. Ondersoekers van hierdie oortuiging beklemtoon dat diere in die letterkunde meestal gelees word as simbole, eerder as "sentient beings with their own individualities and their own contribution to the plot" (Woodward 2008:16) en verset hulle daarteen ten einde 'n meer etiese benadering tot diere – binne en buite die letterkunde – te bewerkstellig. Om te lees binne die dierestudies-raamwerk is, volgens Woodward (2008:16), 'n etiese praktyk wat aandag gee aan "the politics of human-animal relationships, the location of animals in carnivorous cultures, and the subjectivity they have been accorded (if at all)". Malamud (2003:33–34) plaas in *Poetic animals and animal souls* sy eie lesing van diere in die poësie binne 'n "ekokritiese estetiese etiek" en neig selfs na die voorskriftelike in verband daarmee:

> A higher aspiration for animal poetry would be to situate poet/ reader and animal as coterminous; cohabitants; simultaneous, and thus ecologically and experientially equal. The conclusion of the poem should not signify the closure of the relationship between person and animal, but rather, ideally, should initiate and inspire the *beginning* of an imaginative consideration and reformulation of who these animals are and how we share the world.

My eie leespraktyk in die geval van hierdie opstel is gesensitiseer ten opsigte van dié sienings, maar sal uiteindelik fokus op die dier – meer spesifiek die hond – as troop in Breytenbach se werk. Die bedoeling is nie noodwendig om Breytenbach te meet aan die vraag of hy die dier as voelende ("sentient") wese of subjek met 'n eie agentskap erken of uitbeeld nie. In dié opsig word my lesing bepaal deur die verskyningsvorme wat die hond in Breytenbach se werk aanneem: Voorlopig lyk dit vir my of die hond meestal as troop of metafoor verskyn, alhoewel daar momente voorkom waarin die werklike referent of dier – by wyse van spreke – sy kop uitsteek. In hierdie verband kan 'n mens die volgende uitspraak van McHugh (2009:489) ter harte neem: "[...] the point of metaphoric and other aesthetics beholden to substitutive logics may be to support human subject forms, but their ongoing reliance on caesura or erasures invoke other potentials as perpetually deferred." Ook in die geval van Breytenbach se werk sal dit blyk dat die dier soms in eie reg verskyn, selfs wanneer hy aangewend word om iets in verband met die menslike subjek se drome, strewes en gedrag duidelik te maak.

Verskyningsvorme van die hond by Breytenbach

In 'n ondersoek na die wyse waarop Breytenbach die eienaam in sy poësie gebruik om verskillende identiteite aan homself toe te skryf, was dit vir my opvallend dat hy dikwels die gestalte van die hond gebruik om homself te representeer (Viljoen 2014: 24–25). Ook in my ondersoeke na sy prosawerke *Dog heart* en *Woordwerk* het ek die hond, teenwoordig in die figuur van iemand met die naam Dog, gelees as een van die veelvuldige fasette van 'n gefragmenteerde identiteit wat hierdie skrywer vir homself opvoer en waarmee hy sy liminale posisie as skrywer in 'n gewelddadige samelewing kan representeer (Viljoen 2014:181–184). In dié gevalle het ek die gebruik van die hond gelees as deel van 'n bepaalde soort identiteitspolitiek, gerig op die inneem van 'n buitestanders- of liminale posisie, en dit geplaas binne die raamwerk van die "linguistic turn" wat sterk gefokus het op die taalopvattings, geformuleer binne die konteks van die poststrukturalisme en postmodernisme. Breytenbach se poësie bied immers volop bewys van bewustheid van die onvaspenbaarheid, veranderlikheid en glibberigheid van taal en die eindelose moontlikhede wat dit vir die skrywer bied. My belangstelling in sy gebruik van die hond as metafoor vir bepaalde fasette van die self, is dus opnuut geprikkel deur die moontlikheid om vanuit 'n ander optiek daarna te kyk, naamlik dié van dierestudies, op sy beurt geplaas binne die "animal turn". Ek fokus in die res van die opstel op enkele gedigte uit die derde fase van sy poësie, soos saamgevat in die versamelbundel *Die singende hand* wat in 2016 verskyn het en die periode 1984 tot 2016 in Breytenbach se poësie dek.

Ek sluit ook in die bundel *Die na-dood* wat in dieselfde jaar verskyn het, maar nie opgeneem is in *Die singende hand* nie.

In die afdelings wat volg, sal dit blyk dat die hond verskillende vorme en betekenismoontlikhede aanneem in Breytenbach se latere poësie en in verbinding tree met 'n spektrum van ander betekenaars wat op hulle beurt uitkring na verdere betekenisse. Ek beperk my in hierdie bespreking noodgedwonge tot enkele voorbeelde uit die indrukwekkende hoeveelheid gedigte wat in *Die singende hand* (2016a) opgeneem is en bely by voorbaat dat veel wat belangrik is deur die uitsluiting in die slag gaan bly. Die volgorde waarin ek my besprekings van die gedigte plaas, word verder bepaal deur die verloop van my argument eerder as deur die chronologiese volgorde van die bundels waarin hulle verskyn.

"hy is nog maar / hier iewers hond": "fluit-fluit" in *Die windvanger* en "(die blaffende wysgeer)" in *Oorblyfsel*

Breytenbach se bundel *Die windvanger* (2007) bevat altesaam nege afdelings waarvan die eerste slegs 'n enkele gedig bevat wat die funksie het om die toon van die res van die bundel te bepaal en die reëls te verskaf wat as titels van die res van die afdelings funksioneer. Die tweede van die nege afdelings heet "fluit-fluit" en bestaan uit drie-en-twintig genommerde gedigte. Die titel, die onderskrif daarby (*"tyd is die verskietende komeet van geheue"*) en die vervanging van gedigtitels met nommers wys vooruit na die moontlikheid van 'n narratiewe samehang tussen die gedigte in hierdie afdeling. Breedweg gesproke, lyk dit asof die gedigreeks die verhaal van 'n nomadiese lewe vertel waarin daar tussen verskillende ruimtes beweeg word. Die vertelperspektief is soms dié van 'n spreker wat gebruik maak van sowel die jy- as die ek-vorm en soms dié van 'n karakter met die naam Woordfoël, wat lesers ken uit ander Breytenbach-tekste as die figuur wat met woorde werk en tegelykertyd 'n voël ("prick") en 'n gek ("fool") is. Die ruimtes waardeur daar beweeg word, wissel vanaf konkrete, herkenbare ruimtes soos Suid-Afrika (Montagu in die Klein-Karoo, gedig 1), 'n land aan die Middellandse see wat dalk Spanje is (gedig 6 en 19) en New York, Seattle en Kalifornië in die VSA (gedig 12 en 13). Daar is egter ook simboliese ruimtes soos die "stad / van heilige bekeerdes" waaruit die "dief" sy vrou en kind wegneem (gedig 4), grense wat oorgesteek moet word (gedig 6) en 'n rokende, dooie stad waarop Woordfoël saam met sy vrou en kind afkyk (gedig 17). Die aktiwiteite waaroor dit in die narratief van hierdie gedigreeks gaan, is dié van die daaglikse roetine en sinnelike genieting (die eet van perskes, mossels en ansjovis, die lyflike plesiere van seks, fisieke arbeid en swem in die see), maar ook die maak van gedigte waarby die digter nadink oor sy verhouding met sy leser.

Van belang vir hierdie bespreking is egter die slotgedig van die gedigreeks (339–340)[3] waarin die verwysing na die spreker as hond figureer:

23
    wanneer ek weggeraak het van die werf
    so goed gegrond is
    dat hoor en sien vergaan
    ek lankal gat skoongemaak het

    en iemand vra:
    by the way
    wat het geword van daai
    Grootbek Breytenbach?

    antwoord dan: hy het gesê
    hy gaan nêrens heen
    so hy is maar nog
    hier iewers hond

Dit is nie onverwags dat die spreker in hierdie gedigreeks, wat 'n soort bestekopname van 'n nomadiese lewe is, in die slotgedig die spreker se dood sal voorhou as die einde van die verhaal nie. Vandaar dan die toekomsblik na wat sal gebeur wanneer hy "weggeraak het van die werf" (werf in die sin van blyplek, maar ook die aardse verblyf). Die volgende reëls in die eerste strofe verwys na "gegrond" wees en "gat skoonmaak", wat hier dubbelsinnig funksioneer. Om "gegrond" te wees, is om begrawe te wees onder die grond, hier met die bykomende verwysing dat die persoon onder bespreking so goed begrawe is dat "hoor en sien vergaan" het (hy is dood en kan dus nie meer sy sintuie gebruik om te hoor en sien nie). Ook van toepassing op die gestorwe persoon is die uitdrukking "om gat skoon te maak" wat beteken "om

---

3 Bladsyverwysings sonder enige bykomende inligting verwys na die volgende bron: Breytenbach, Breyten. 2016a. *Die singende hand. Versamelde gedigte (1984–2016)*. Kaapstad: Human & Rousseau.

weg te hardloop" of "om te verdwyn", maar hier ook verwys na die gat in die grond waarin 'n gestorwene begrawe word.

Die derde strofe spesifiseer dan wat die antwoord moet wees wanneer iemand vra: "by the way / wat het geword van daai / Grootbek Breytenbach?" Dit is die eerste keer in die gedigreeks wat die spreker na homself verwys as Breytenbach, 'n tegniek wat nie onbekend is in dié digter se oeuvre nie. Binne die konteks van hierdie bespreking is dit egter veral die antwoord wat ter sake is omdat dit 'n woordspel is op die uitdrukking "hier iewers rond". In hierdie geval word dit: "hy gaan nêrens heen / so hy is maar nog / hier iewers hond". Dit sinspeel op die feit dat die mees sprekende beeld wat die spreker in die gedig vir homself kan bedink dié van die hond is. Die beeld word natuurlik ingegee deur die feit dat die hond geassosieer word met die werf waar hy woon en wat hy moontlik oppas, ook deur die feit dat honde gate grawe om bene te soek of te bêre en dat die hond in sommige gevalle die gat skoonmaak (dit uithaal wat hy daarin vind) of wegloop. Dit is dus 'n vernuftige voorbeeld van digterlike woordspel rondom die metafoor van die hond. Ten slotte is dit egter ook belangrik dat dit die hond in hom is wat sal oorbly na sy dood, vermoedelik as aanduiding van sommige van sy mees wesenlike eienskappe.

Die vraag is egter waarom Breytenbach so sterk aangespreek word deur die beeld van die hond dat hy dit herhaaldelik gebruik om homself en sy digterlike aktiwiteit in outobiografies gestemde gedigte uit te beeld. In die latere fase van sy poësie gebruik hy byvoorbeeld name soos "Bitterblaf" (*Die beginsel van stof*), "Bittergesig Buiteblaf", "Blackface Buiteblaf" en "Blanckface Buiteblaf" (*Katalekte*) en "Buiteblaf" (*Vyf-en-veertig skemeraandsange uit die eenbeendanser se werkruimte*) wat eienskappe soos woede, bitterheid, verset, buitestanderskap en sterflikheid ter sprake bring. Ek wil die moontlikheid opper dat Breytenbach se deurlopende hantering van die metafoor van die hond vir die digterlike self in verband gebring kan word met die filosofie van die Sinici ("Cynics"), wat dateer uit die Griekse tydperk.

Die oorsprong van die Siniese Filosofie word gewoonlik toegeskryf aan die denkers Antisthenes en Diogenes van wie daar geen tekste oorgebly het nie en wie se denke slegs nagespeur kan word in fragmente wat deur latere filosowe aangehaal is. Veral van belang vir my argument is die feit dat die woord *kunikos*, waarmee hierdie denkers benoem word, "hond-agtig" ("dog-like") beteken. Alhoewel daar verskillende opvattings oor die etimologie van die woord is, word daar algemeen aanvaar dat dit die spottende beskrywing van Diogenes as 'n hond is wat die grondslag hiervan vorm. Dit hou verband met die feit dat die Sinici bekend was vir hulle onbeskroomde en direkte optrede (soos 'n hond wat blaf of sy stert swaai), vir hulle vermoë om te onderskei tussen vriend en vyand en vir hulle gebruik om in die openbaar te leef soos honde, ongebonde deur sosiale norme en skaamte. Die storie lui dat die beeld van die hond so gepas was vir hulle idee van radikale vryheid dat hulle dit aangeneem het as metafoor vir hulle nuutgevonde filosofiese instelling.

Bracht Branham & Goulet-Cazé se inleiding tot die versameling opstelle, getitel *The Cynics. The cynic movement in antiquity and its legacy* (1996), waarin die bydrae en nawerking van die Sinici in die filosofie en letterkunde ondersoek word, gee 'n blik op die kenmerke van dié denkwyse wat ter sake is vir my argument oor moontlike raakpunte met Breytenbach se gebruik van die hond as metafoor. Volgens oorlewering was Diogenes die seun van 'n bankier in Sinope, maar is hy uit Sinope verban omdat hy die muntstukke van die stad geskend het: "[D]efacing the currency – the reason for the philosopher's exile – was to become a central metaphor for Diogenes' philosophical activity: driving out the counterfeit coin of conventional wisdom to make room for the authentic Cynic life", skryf bogenoemde skrywers (1996:8). Oorlewering wil dit ook hê dat Diogenes sy huis gemaak het in 'n groot wynvat of amfora op die markplein in Athene ('n beeld wat op menigvuldige skilderye van Diogenes te sien is), dat hy al sy besittings ('n growwe mantel, knapsak en staf) met hom saamgedra het, dat hy sonder skaamte in die openbaar gemasturbeer het en dat hy ander filosowe gespot het.

Talle van die idees geassosieer met Diogenes en die Sinici (soos uiteengesit deur Bracht Branham & Goulet-Cazé 1996:8–27) duik op in die denkwêreld, houdings en strategieë onderliggend aan Breytenbach se poësie. 'n Belangrike deel van Diogenes se denke was die idee dat die natuur 'n etiese norm verskaf wat in die gedrag van diere gesien kan word. Dit kan dalk een van die oorspronge wees van Breytenbach se strategie om herhaaldelik die digterlike self op metaforiese vlak gelyk te stel aan diere, soos die hond, aap, bobbejaan, buffel, bul, doegong, dolfyn, duif, hert, verkleurmannetjie, kat, kewer, koei, leeu, mollusk, mot, padda, perd, tier, skilpad, slak, slang, spinnekop, voël, walvis en wurm – om maar net enkele voorbeelde te noem. Dit sluit ook aan by die idee dat mense hulle subjektiwiteit, hulle etiek en herkoms verbeel in verhouding met en deur diere (vgl. Gross 2012:5).

'n Mens sou ook ander raakpunte tussen Breytenbach se uitlewing van sy digterlike burgerskap en die filosofie van die Sinici kon uitwys. Hulle voortdurende bevraagtekening van die samelewing se valse waardes (soos verteenwoordig deur die skending van die muntstuk) keer terug in Breytenbach se deurlopende kritiek op die wêreld waarin hy hom bevind. Die Siniese filosowe het ook geglo in die beginsel van *parrhēsia* (ongebondenheid en vryheid van spraak), wat in die latere Romeinse tydperk tot lyfstraf, verbanning of onthoofding kon lei. Daar word byvoorbeeld verwys na die provokatiewe en skaamtelose manier waarop Diogenes hierdie vryheid van spraak uitgeleef het om sy gespreksgenote uit hulle selfingenomenheid te skok; ook na die snydende, aggressiewe diskoers van die Sinici, gekenmerk deur woordspel, bytende sarkasme en meedoënlose spitsvondighede. Ook in hierdie opsig klink dit asof Breytenbach met sy fel kritiek op onregmatighede in die wêreld rondom hom skatpligtig is aan die Siniese filosowe. 'n Mens herken ook iets van die Siniese filosowe se kosmopolitisme – Diogenes het gesê dat hy sonder 'n stad (*a-polis*) en sonder 'n tuiste (*a-oikos*) leef en 'n burger van die heelal is (*kosmopolitēs*) – in Breytenbach se beskrywing van homself as "nieburger" van die Middelwêreld wat sy geboorteland vir goed verlaat het, maar dit tog met hom saamdra en wat gemaklik voel in vreemde plekke sonder om daar tuis te wees in die essay "Notes from the Middle World" in die boek met dieselfde titel (Breytenbach 2009:143). Vir Moles (1996:105) lê die gees van die Siniese filosowe in hulle provokatiewe, paradoksale en speelse formulerings – 'n beskrywing wat in sekere opsigte ook vir die oeuvre van Breytenbach geld.

Die gedig "(die blaffende wysgeer)" (721) in die bundel *Oorblyfsel* van 2014 waarin daar sprake is van Breytenbach se kenmerkende (self-)spot en (self-)vermindering, van sy opstuur van gevestigde waardes en waarhede, suggereer eweneens 'n verband met die denke van die Siniese filosowe, hier in die vorm van 'n blaffende honde-filosoof:

(die blaffende wysgeer)
toe sê Woordvraat vir die vrou en die kind:
kyk na die filosot se weë en word wys en moenie

dat hy julle enigiets wysmaak nie.
moenie dat hy julle ore aansit
met sy geneul oor wording
waarin bederf kwansuis opgesluit sou lê
soos 'n woordslak in die spiraal
van taal nie,
want hy is nie goed wys nie
en weet dadels van wat hy probeer verkwansel –
sterf is immers die enigste skerf
op die werf van begrip en van drolle:
net die ophoudood is oorerflik

troos die arme vasloopswerwer
wanneer hy beweer hy voel
hoe skop die angskloppe van sy hart
onder die dop van diskoerse en dispute.
sê vir hom die slak kan nie sluk nie,
en mits hy die wolke se kolke uit kan pluis
en begin verstaan hoe die liefde
altyd weer spuit in die niet
sal hy sy mond af kan vee
aan vaal speeksel
om viltong met woorde te praat
en as hond geïnkarneer te word:

en dan vir ewig in die tydelike
van bewegende hede te lewe,
te poep en stert te swaai
sonder toekomsverlede of rede

toe sê Woordvraat vir die vrou en die kind:
net so soos die filosofis met 'n mate van goeie geluk
en sonder enige verdienste as hond
herbore kan word in die hemel van die ondermaanse
moet julle weet dat bêre se weggooiwoorde
eintlik gevou word in die vers
soos bene onder sooie:

julle moet mooi dink
en niks vir die hond daarvan sê nie

In aansluiting by die selfspot en selfvermindering wat 'n mens deurlopend in Breytenbach se werk aantref, word hier spottend verwys na die wysgeer as "filosot" of "filosofis". "Woordvraat" (die naam suggereer 'n digter en sluit aan by ander selfbenoemings soos "Woordfoël") waarsku die vrou en kind om skepties te wees oor die wysgeer se insigte en hulle nie te steur aan sy uitsprake oor "wording / waarin bederf kwansuis opgesluit sou lê" nie. Laasgenoemde is toevallig ook een van die deurlopende motiewe in Breytenbach se werk sodat 'n mens vermoed dat die "filosot" dalk 'n verdere inkarnasie van die "Woordvraat" of "Woordfoël" is. Woordvraat vra ook die vrou en die kind om die filosoof te troos en hom te sê dat indien hy iets van die liefde verstaan ("hoe die liefde / altyd weer spuit in die niet"), hy geïnkarneer sal kan word as hond. Hy vra hulle ten slotte egter om te verswyg dat die "filosofis" "met 'n mate van goeie geluk / en sonder enige verdienste as hond / herbore kan word in die hemel van die ondermaanse". Ondanks die spottende toon is dit betekenisvol dat die filosoof verbind word met die hond (moet "niks vir die hond daarvan sê nie") en dat hond-wees voorgehou word as iets waarna gestreef moet word, al is dit dan slegs by wyse van reïnkarnasie. Die leser herken hierin weer eens iets van identifikasie met die filosofie van Diogenes en die ander Sinici.

Alhoewel 'n mens sou kon redeneer dat die vereenselwiging met die hond veral op metaforiese grondslag geskied, is daar tog in die denke van Diogenes erkenning van die dier of hond as subjek wat 'n alternatiewe vorm van lewe lei wat vir die mens begeerlik kan wees. Dit word geëggo in Breytenbach se gedig waarin die hond dus tóg wel in 'n sekere sin as selfgenoegsame subjek buite die beperkinge van die troop na vore tree.

"don't speaka dog wiz mich": "en die wêreld het met my gepraat" in *Die na-dood*

Aansluitend by bogenoemde interpretasie van die digter se keuse vir die metafoor van die hond om sy filosofiese instelling te verwoord, verwys ek ook kortliks na die gedig "en die wêreld het met my gepraat" uit die bundel *Die na-dood* (2016b:44):

en die wêreld het met my gepraat

en die wêreld/die skepping/die kosmos
het met my gepraat in Afrikaans
en ek het gesug en gesê:
no comprende, please don't speaka dog
                         wiz mich –

sou dit nie beter wees
om die wis en die onwis
vir my uit te lê in Mandaryns nie?

maar nee, het die wêreld/skepping/kosmos
geadem: die bedoeling is nie om volledig te wees
of dat jy alles sou verstaan nie –
dis dan juis om jou seer te maak
in daardie naelstringvloei tussen wees en weet
wat die lus sal vleg en vergestalt

wat wil jy tog méér begryp voor jy hang
anders as *koekemakranka, koek, ma, krank,*
kake, klem-in-die-kaak,
ongehoordhede, ont, oor, gede,
aa vrotpootjie?

is dit dan nie diep bevredigend
om die laaste duisternis van jou asem
te mag mond in Afrikaans nie

ondankbare hond!

Terwyl taal in die algemene sin van die woord die digter se instrument of werktuig is, gaan hierdie gedig oor die digter se verbintenis met 'n spesifieke taal, naamlik Afrikaans. Die spreker in die gedig vertel naamlik in die eerste strofe dat "die wêreld/die skepping/die kosmos" (kortweg, die heelal) met hom gepraat het in Afrikaans en dat hy daarop gereageer het deur te sê: *"no comprende, please don't speaka dog / wiz mich"*. Dit is opmerklik dat dié antwoord 'n hibridisering en vervorming van verskillende tale bevat, naamlik Frans, Spaans, Engels en Duits; dus van die verskillende Europese tale wat beskou word as "wêreldtale" en 'n besondere status in die hiërargie van tale het. Hierteenoor praat die heelal met hom in Afrikaans oftewel "dog"; die metafoor moet hier aandui dat Afrikaans nie die status van die ander tale het nie, miskien glad geen status het nie omdat dit op verminderende wyse met 'n hond vergelyk word. Die spreker in die gedig reageer verder deur (in Afrikaans) te vra waarom die heelal nie liewer met hom Mandaryns, een van die grootste tale in die wêreld, praat nie. Die antwoord van die heelal is egter dat dit nie die bedoeling is dat enige mens oor 'n taal sou beskik wat in staat is "om volledig te wees" of hom in staat sou stel om "alles [te] verstaan nie". Die bedoeling was eerder "om jou seer te maak / in daardie naelstringvloci tussen wees en weet". Dit klink dus asof die heelal sê dat die beheersing van 'n spesifieke taal, soos meegegee deur sy geboorte, daarop gemik is om die spreker te pynig terwyl hy probeer om die gaping tussen "wees" (blote bestaan) en "weet" (die begrip en talige representasie daarvan) te oorbrug.

Die heelal vra verder wat die spreker meer verlang van taal as die Afrikaanse woorde wat in die strofe gegee word; die suggestie is dat hulle in hulle materiële vorm (as klanke of grafiese tekens op papier) en in hulle betekenis genoeg behoort te wees vir die spreker. Dit is duidelik dat die woorde nie lukraak of onskuldig gekies is nie omdat daar suggesties is van die moeder, van siekte, van onvermoë of onwil om te praat, verval en verrotting: *"koekemakranka, koek, ma, krank, / kake, klem-in-die-kaak, / ongehoordhede, ont, oor, gede, / aa vrotpootjie"*. Gesien teen die agtergrond van die taal Afrikaans se inkrimping aan amptelike status en agteruitgang as onderwystaal, kry die woorde verdere resonansie. Die heelal vra daarna in die voorlaaste strofe of dit nie diep bevredigend is om die eie verval ("die laaste duisternis van jou asem") te verwoord ("te mag mond") in 'n taal wat self besig is om te verval en agteruit te gaan nie, eerder as in een van die wêreldtale wat vroeër in die gedig opgeroep is nie. 'n Mens dink hier onwillekeurig aan ander gedigte uit Breytenbach se latere werk wat inspeel op die agteruitgang van Afrikaans, byvoorbeeld "'n voetnoot onder die nag van geskiedenis" (439–440) en "liefling, taal" (443) in *Die beginsel van stof* (2011).

Veral betekenisvol teen die agtergrond van die opstel se uitgangspunt is die feit dat die heelal die spreker, ná die teregwysing oor die voordele wat die taal Afrikaans, oftewel "dog", bied in teenstelling met die genoemde wêreldtale, afmaak met die skelduitdrukking: "ondankbare hond". Die beeld van die hond word hier gebruik as 'n vorm van vermindering wat aansluit by die lae status van Afrikaans, maar is terselfdertyd die beeld wat Breytenbach vir homself as digter en denker toeëien omdat dit sekere filosofiese resonansies het deur die assosiasie met die Sinici. Om 'n taal te praat en skryf wat soos 'n hond is, wat "dog" genoem word, het dus nie net die wrang voordele wat hier bo uitgewys is nie. Dit is ook 'n gepaste middel waarmee die lewensinstelling van die Sinici (die ondermyning van pretensie, die opstand teen mag, die afbreek van klassegrense en ander hiërargieë, en so meer) vertolk kan word. Die taal van die digter wat hom in die tradisie van die Siniese filosowe vereenselwig met die hond is dus op heel gepaste wyse ook "hond".

"'n perd so groot soos 'n hond": "die wond" in *Papierblom*

Vir 'n ander perspektief op die wyse waarop die metafoor van die hond deur Breytenbach gebruik word om iets oor die oorsprong en bestaansgrond van 'n gedig te sê, kan 'n mens kyk na die gedig "die wond" (258) wat oorspronklik in *Papierblom* (1998) verskyn het:

die wond

ek moes geweet het
toe ek vroemôre met die maan
'n dooie klank in die reisende duister
heuwelaf tussen kurkeike en braambosse loop
en net 'n eerste lig huiwerig soos voëlsang bewe

en in 'n kraal op die gelykte sien
hoe twee perde van die nag verbouereerd
gejaag word deur 'n groot swart hond
dat iets van hierdie geboortebeeld sou bly steek –
die perd as metamorfoor kom al so ver met my saam

maar nie só nie:
dit was 'n galmende blou Mediterreense dag
en weer het die nag se gety opgestoot
die maan het wit gelied bo die heuwel gesing
toe ek droom van 'n perd so groot soos 'n hond

wat my hande afbyt toe ek dié gedig wou skryf

Dit is duidelik dat daar in die loop van die gedig 'n verhaal vertel word wat begin met die eerste strofe se tekening van 'n geluidlose vroeë môre waarin die maan "'n dooie klank" is en die enigste klank dié van die "eerste lig" is wat "huiwerig soos voëlsang bewe". Die spreker loop "heuwelaf" in die klanklose vroegoggend wat voorgestel word as 'n moment van kreatiewe stilstand (die "dooie klank") waarin daar desnietemin die suggestie is van iets (skeppends) wat gaan gebeur (die lig wat soos "voëlsang bewe").

Die narratief vervolg met die tweede strofe waarin die spreker beskryf wat hy waarneem nadat hy teen die heuwel afgeloop het. In 'n kraal op die gelykte sien hy naamlik 'n toneel waarin twee verbouereerde "perde van die nag" gejaag word deur "'n groot swart hond", iets wat hy beskryf as "'n geboortebeeld". Gegewe die konteks vermoed 'n mens dat dié toneel "'n geboortebeeld" genoem word omdat dit die beeld is wat geboorte gee aan of die inspirasie is vir die gedig wat ons lees. Ná die wandeling heuwelaf in 'n dooie landskap wat slegs huiwerige tekens van klank of lewe vertoon, gee die toneel met die perde en hond dus die eerste stimulus vir die skepping van 'n gedig. Dat dié skeppingsmoment skrywerlik is, word bevestig deur die verwysing na die "perd as metamorfoor" wat al so ver saam met die spreker kom. Die spreker sê dus dat hy moes geweet het dat die beeld van die twee perde gejaag deur 'n hond by hom sou vassteek omdat hy al so dikwels die perd as metafoor en middel tot metamorfose of vormwisseling gebruik het ('n mens dink hier onwillekeurig aan Breytenbach se teks *All one horse* van 1989 waarin poësie metamorfoseer tot prosa en andersom). Die leser kan dus nie anders nie as om aan te voel dat die beeld van die twee perde en die groot swart hond wat hulle jaag, simboliese waarde het. Die verwysing na "perde van die nag" skep 'n droomsfeer, waarin die perde gelees sou kon word as beelde wat as 't ware uit die onbewuste verskyn en gesien sou kon word as verteenwoordigend van spontane impulse, begeertes, instinkte en vryheid (vgl. die simboolwaardes uitgewys deur Cirlot 1962:152) wat hier ingeperk is in 'n kraal en verder verbouereer word deur die groot swart hond wat hulle jaag. Die verwysing na die "groot swart hond" wat besig is om die perde te jaag, sluit aan by die sfeer van gestaltes wat uit die onbewuste verrys sodat die hond voorkom as bedreigend, gewelddadig en vernietigend.

In die derde strofe lewer die spreker kommentaar op wat uiteindelik die resultaat was van die waarneming van bogenoemde "geboortebeeld". Ten einde dit te interpreteer moet 'n mens kyk na die sin wat hom oor die loop van die drie strofes voltrek. Die spreker sê in die eerste reël van die gedig: "ek moes geweet het", sit die sin voort in die tweede strofe: "dat iets van hierdie geboortebeeld sou bly steek", en voltooi dit dan in die derde strofe: "maar nie só nie". Die spreker sê dus dat hy moes geweet het dat die beeld van die twee perde wat gejaag word deur die groot swart hond op die een of ander manier neerslag sou vind, maar dat hy nie verwag het dat dit sou gebeur soos wat hy dit in die derde strofe beskryf nie. Dit is ook opvallend dat die situasie in die derde strofe verskil van dié in die eerste strofe. In die eerste strofe was die maan "'n dooie klank in die reisende duister"; in die derde strofe word daar verwys na 'n "galmende blou Mediterreense dag" waarna "die nag se gety opgestoot het" en die maan "wit gelied bo die heuwel gesing" het. Die dag wat volg op die vroegoggend-toneel waarin die spreker die perde en hond sien, is dus 'n dag gevul met klank ("'n galmende" dag) waarna die maan ook nog bo die heuwel sing.

Dit is in hierdie nag wat die vroegoggend-toneel met perde en hond neerslag vind in 'n droom "van 'n perd so groot soos 'n hond // wat my hande afbyt toe ek dié gedig wou skryf". Die groot swart hond metamorfoseer dus tot 'n "perd so groot soos 'n hond" in die digter se droom oor hoe hy probeer om die gedig te skryf wat ons nou lees: die perd word dus nou draer van die aggressie en vernietiging geassosieer met die hond wat die perde gejaag het; dit is 'n bedreiging vir "dié gedig" wat ons nou lees en wat die spreker "wou skryf". Die werkwoordvorm ("wou") suggereer dat hy dit nie reggekry het om die gedig te skryf wat hy wou nie en dat dit die metamorfoserende hond/perd is wat dit verhinder het. Daar is dus die suggestie dat die spontane en kreatiewe vrye verbeelding (die perde) aan bande gelê kan word deur die een of ander vernietigende mag (die groot swart hond), tot so 'n mate dat die droom uiteindelik die verwronge beeld oplewer van "'n perd so groot soos 'n hond" wat die digter se hande afbyt en hom so verwond. Die gedig vertel dus die verhaal van "die wond" en ís tegelykertyd ook die wond omdat die spreker verhinder word om die gedig te maak wat hy sou kon indien sy hande nie afgebyt is nie.

Die motief van die hande wat afgebyt of geamputeer word, figureer ook in die prosawerke *Return to paradise*, *Dog heart* en *Woordwerk;* in laasgenoemde is daar selfs sprake van die geamputeerde hand wat aanhou om te skryf. Dit kan dalk wees dat die beeld van die hand wat afgebyt of geamputeer is 'n beeld word van die digter se vrees dat hy nie sal kan skryf nie. Die hond verteenwoordig dus in hierdie geval die vrees vir die vernietiging van die skeppingsdrang (terwyl hy in ander gevalle weer deur die vereenselwiging met die hand die moontlikheid van kreatiwiteit simboliseer).

Hieruit blyk dit dus dat die hond in Breytenbach se poësie 'n beeldende of simboliese gegewe is, verbonde aan die dubbelsinnigheid van die skeppingsproses, eerder as 'n werklike dier. Op 'n vraag in 'n onderhoud of sy werk deur drome geïnspireer word, het Breytenbach geantwoord: "Byna alle skryf is droomskryf. [...] Soms, wanneer mens aan die gang en in die gang is, kan jy drome oproep om die grondtoon van die skrywe te verseker. Maar dan moet jy begin leer van hoe die ligging en die tyd jou toegang tot die droomwêreld kan beïnvloed" (in La Vita 2008:13). Die diere wat hy in hierdie gedig beskryf, naamlik perd en hond, het 'n droomkwaliteit sodat 'n mens kan sê – selfs al is daar sprake van die registrasie of raaksien van werklike diere – dat dit hier gaan oor die dier as metafoor wat voortkom uit die onbewuste.

"hand my hond": "lappesait" in *Die windvanger*

Die verbintenis tussen hond en hand neem 'n ander gestalte aan in die volgende gedig waarop ek fokus, naamlik die derde gedig (342) in die reeks getitel "lappesait" wat die derde afdeling van *Die windvanger* (2007) uitmaak. Die titel van die afdeling verwys daarna dat dié gedigte by die uitstalling *Lappesait*, wat in 2001 in Johannesburg te sien was, geskryf is op wit doeke tesame met ander uitbeeldings. Dit is opvallend dat die hand herhaaldelik in hierdie reeks genoem word. Anders as in "die wond" (bespreek in die vorige afdeling) word die skrywershand hier nie bedreig deur die hond (in die droomvorm van die perd) nie, maar word dit vereenselwig met die hond, in 'n spel met die klank- en grafiese ooreenkomste tussen die betekenaars "hond" en "hand" wat deur die digter se hantering daarvan gedwing word om ook op die vlak van die betekende verwantskappe aan te gaan. Die skrywershand word vermoedelik uitgebeeld as 'n hond om sekere aspekte van die skryfdaad 'n konkrete gestalte te gee en te teer op bestaande simboolwaardes verbonde aan die hond.

Dit is veral die derde gedig wat die skrywershand in verband bring met die hond en die veelduidigheid van die beeld uitbuit om iets te probeer sê oor die proses van gedig-maak. In die derde "lappesait"-gedig word die beeld van die skrywershand as hond dwarsdeur die gedig volgehou:

3
("die mens moet bekvraatsug vermy")
hand my hond
ons kom al so lank saam
ek het jou sien groei van kring na soek
langs kurwes en kontoere
vir 'n been van betekenis in die nagtuin
in skaduspore skryf jy my naam
oor laken en oor doek

en pis teen elke baken
om dit bekend te maak:
pyn en puin en boek en mond
ek sien hoe bloei die maan
op jou tande
en die ring van blindheid om jou tong

hond my hand
ek hoor jou blaf
vir bure en boere
ek volg jou driftige draf wanneer jy ruik
aan die boud van belofte
van die hoer om die hoek
met haar skaamspleet na die dood –
jou tong is lomp 'n bloedrooi duim

hand, hond, hinderlaag, wond:
sal jy getrou kom rou, kreng,
op die graf van papier
wanneer hierdie woorde al donker
soos ou beendere gis in die grond?

Die aanspreek van die hand maak dit vir die spreker in die gedig moontlik om 'n sekere afstand van sy skrywende self te kry; die hand (wat hond genoem word) funksioneer as 't ware as 'n alter ego met wie die spreker gesprek kan voer, met wie hy kan simpatiseer, wat hy kan kritiseer en bespot. Die metafoor van die hond vir die hand suggereer verskillende verhoudings tussen die spreker en sy skrywershand: die hand as mindere waarvan hy die meester is of die hand as getroue metgesel. Laasgenoemde word bevestig deur die tweede reël: "ons kom al so lank saam". Vanweë hierdie noue verwantskap kan die spreker ook kommentaar lewer op die ontwikkeling van die hand: Hy sê naamlik dat hy die hand sien groei het van "kring na soek / langs kurwes en kontoere / vir 'n been van betekenis in die nagtuin". Die soeke het dus sowel 'n doellose beweging in die rondte ("kring") behels as 'n soeke oor liggame ("kurwes") en landskappe ("kontoere") heen, maar is uiteindelik 'n soektog "vir 'n been van betekenis in die nagtuin". Die skrywershand soek dus na betekenis soos wat 'n hond sal soek na 'n been; in hierdie geval is dit 'n been "in die nagtuin" omdat die soeke na betekenis waarskynlik 'n tas in die donker is. Vandaar ook die "skaduspore" geskryf "oor laken oor doek": Die gedigte in die "lappesait"-reeks was immers oorspronklik geskryf op die lappe saam met ander afbeeldings.

Die skryf van die naam op laken en doek word in die tweede strofe van die gedig gesien as 'n manier waarop die skrywer/kunstenaar sy terrein merk soos wat 'n hond dit sou doen: Die hand wat ook hond is, "pis teen elke baken" om die aard van die kunstenaar- en skrywerskap bekend te maak. Ná die dubbelpunt in strofe twee se tweede reël word daar verwys na dit wat die skrywers- of kunstenaarshand bekend maak: "pyn en puin en boek en mond". Daar is dus sprake van die ervaring van pyn, die nalatenskap of puin van vorige ervarings, van boeke en van die mond. Dit is asof die "hond"-gedeelte van die hond/hand-metafoor in die tweede strofe oorheers, met die verwysing na die maan wat "bloei op [sy] tande" en "die ring van blindheid om [sy] tong". Laasgenoemde is dalk 'n verwysing na die beperkinge wat die spreker waarneem ten opsigte van sy eie skeppingsvermoë, hier aan bande gelê deur 'n "ring van blindheid".

Die fokus op die hond as verteenwoordigend van sy skeppingsvermoë word in die derde strofe voortgesit (dit is opvallend dat "hand my hond" nou verander na "hond my hand", met die hond in die primêre posisie). Die spreker sê dat hy die hond hoor "blaf" (reageer op wat hy ervaar) en sy "driftige draf" volg wanneer hy ruik "aan die boud van belofte / van die hoer om die hoek / met haar skaamspleet na die dood". Die suggestie is dus hier dat die paringsdrif van die hond deel uitmaak van die skeppingsproses, maar dat dit ook aanleiding kan gee tot die dood (vgl. die verwysing na die hoer se "skaamspleet na die dood"). Om aan te sluit by die hond wat die een is met die paringsdrang word daar in die slotreël verwys na sy tong wat "lomp 'n bloedrooi duim" is (moontlik 'n verwysing na die manlike orgaan) wat hier verbind word met die tong (as spraakorgaan verbind met die poësie) en die "duim" (dus die hand waarmee geskryf en geskilder word).

Die hand openbaar dus hondegedrag: Hy soek na 'n been in die tuin, pis teen elke baken om bekend te maak wat hy gevind het, blaf vir die bure en boere, draf driftig agter die hoer om die hoek aan wanneer hy die belofte van paring ruik en probeer lomp om haar te bevredig. In die laaste strofe speel die spreker weer eens in op die honde-aard van die hand wanneer hy verwys na die "hand, hond, hinderlaag, wond" (die hand wat hond geword het en intussen geëvolueer het tot hinderlaag en wond). Hy vra die hond – wat hy hier beledig deur hom 'n "kreng", oftewel "verrottende karkas" of "slegte, boosaardige mens", te noem – of hy "getrou" sal wees deur terug te keer na die "graf van papier" (die gedig), selfs wanneer "hierdie woorde al donker // soos ou beendere gis in die grond". Die spreker vra dus sy skrywershand of hy sal terugkeer na die gedig, selfs wanneer dit al die donker kleur van vernietiging en dood aangeneem het en soos ou beendere lê en gis, of verrot in die grond. In 'n sekere sin is dit die vraag of die skrywershand lojaal sal bly aan die poësie, selfs al is dit aan die verrot en vergaan. Die assosiasie met die hond maak dit – om verskillende redes – makliker of meer logies om hierdie vraag te vra: Honde word vereenselwig met die soort lojaliteit waaroor daar hier uitgevra word en honde grawe dikwels na iets verrottends wat onder die grond begrawe is.

Alhoewel die spreker se skeppende vermoë en drang aanvanklik verteenwoordig word deur die "hand" wat die kurwes bevoel en die kontoere volg, evolueer dit heel snel in die gedig tot 'n hond waarvan die metaforiese moontlikhede mettertyd die sterkste na vore tree. Bepaalde eienskappe van die hond word aangewend om oor die skryfproses te spekuleer: die feit dat dit 'n gegrawe is na betekenis, dat die skepper van betekenis pis teen elke baken om dit bekend te maak, dat hy die been van betekenis soek of gevind het, dat hy voortdurend blaf teenoor bure en boere, dat hy voortgedryf word deur die drang om – al is dit dan met 'n lomp duim – te paar met die hoer wat eintlik die dood en vernietiging verteenwoordig. Die vraag of die skeppende persoon sal volhou met hierdie proses, word dan ook aan die hond of "kreng" gerig; daar word naamlik gevra of hy sal aanhou terugkeer na dit wat geskep is, die plek waar die been van betekenis opgediep is, om daar te rou oor die feit dat die skepping ook 'n vorm van vernietiging is; ook of hy sal aanhou om te grawe na die been van betekenis.

Keer 'n mens terug na die vertrekpunt van hierdie opstel, naamlik die vraag na die gebruik wat daar in Breytenbach se poësie gemaak word van die hond teen die agtergrond van dierestudies, besef jy dat dit nie gaan oor 'n werklike hond met subjektiwiteit en agentskap nie, maar oor die hond as "symbolic [repository] for human actions, human figure, and human anxieties" – om Ortiz Robles (2016:23) aan te haal.

"Verkieslik 'n reun": "(Koop 'n hond)" in *Die beginsel van stof*

Die laaste gedig wat ek wil bespreek, is "(Koop 'n hond)" (494) uit die bundel *Die beginsel van stof* (2012). Die gedig staan in die bundel se vierde afdeling wat 'n aantal prosagedigte bevat. Bogenoemde gedig is die tweede in die reeks verhalende gedigte wat byna elkeen 'n sfeer van somberheid, verwyt en verbittering oproep. Die gedig beskryf die koop en afslag van 'n hond om uiteindelik 'n gedig oor "'n donker hond" te kan skryf:

> **(Koop 'n hond)**
>
> Koop 'n hond by die plaaslike dierebeskermingsvereniging
> want hulle doen goeie werk.
> Met digte donker vag van anderhalfduim lank.
> Verkieslik 'n reun: 'n teef sal dalk
> jou hande probeer lek wanneer jy die pote met tou vasmaak.
> Gooi die halsband weg en trek al jou klere uit
> en sny die hond keelaf met 'n mes so skerp soos 'n gedagte
> wanneer jy die rugstring en die boude van die vrou

weerkaats sien staan in 'n staanspieël van 'n kamer vol
anonieme lig. Maak 'n skoon snit en wurm die vliesbedekte
kadawer versigtig uit die vel. Waak teen vlieë.
Gooi die kadawer weg. Sny die vel in repies
en moenie huil nie. Dis beter as die hond nie 'n naam
gehad het nie. Bak die stroke in 'n oond. Maal
dit tot 'n fyn poeier. Meng met roet en gliserien –
of krokodiltrane indien jy genoeg in voorraad het.
Maak met dieselfde bloederige mes vir jou 'n stilus skerp,
so skerp soos 'n woord wat betekenis soek, en dies meer.
Skryf nou 'n gedig oor 'n donker hond.
Waak teen vlieë.

Van Vuuren (2011:478–481) het reeds 'n oortuigende lesing van die gedig gegee en uitgewys dat dit kan verwys na die outobiografiese spreker in die gedig as afgeslagte hond (veral met verwysing na Breytenbach se gevangenskap), 'n vorm van "artistieke self-minagting" waarvolgens die digter aandadig is aan "valsheid" en "blufspel" of 'n versteuring van die skryfproses.

Omdat my eie ondersoek na die verskyningsvorme van die hond in Breytenbach se poësie gedoen word teen die agtergrond van dierestudies, sal ek die aksent effe anders lê. My argument is naamlik dat die spreker in hierdie gedig beskryf hoedat hy 'n hond misbruik en verbruik om sy "gedig oor 'n donker hond" te maak (die gedig dien eintlik as 'n soort handleiding vir die skryf van 'n gedig oor hond), maar dat daar momente is waarop die hond dreig om as subjek na vore te tree en die hele proses te verander of te verongeluk. Die spreker in die gedig moet dus stappe doen om te verhinder dat die werklike hond as voelende wese ("sentient being") en subjek in eie reg sy projek in die wiele ry. Die gevoelloosheid van die spreker in die gedig word byvoorbeeld weerspreek deur die feit dat hy sê die hond moet gekoop word by "die plaaslike dierebeskermingsvereniging" omdat hulle "goeie werk" doen. Die spreker is ook bedag daarop dat die hond dalk sy simpatie kan wek en so aandring op "menswaardige" behandeling en sy wrede optrede sal kortwiek. Daarom moet die hond wat gekoop word, "verkieslik 'n reun" wees, "'n teef sal dalk / jou hande probeer lek wanneer jy die pote met tou vasmaak". Daar word dus aangeneem dat die vroulike dier meer aanhanklik sal wees, makliker toenadering sal soek en dalk simpatie sal wek deur die doodmaker se hande te lek.

Die volgende instruksie is: "Gooi die halsband weg en trek al jou klere uit." Die spreker maan dus die potensiële kunstenaar om weg te doen met enige tekens van die dier se verbintenis met die mens, hetsy troeteldier, pasmaat of besitting. Die uittrek van die klere is om te verhinder dat dit met bloed besmeer word, maar is terselfdertyd 'n vorm van weerloosstelling aan die kant van die kunstenaar-moordenaar. Hierna volg 'n verdere instruksie: "sny die hond keelaf met 'n mes so skerp soos 'n gedagte / wanneer jy die rugstring en die boude van die vrou / weerkaats sien in 'n staanspieël van 'n kamer vol / anonieme lig". Opvallend van hierdie instruksie is dat 'n skerp mes gebruik moet word ('n effektiewe instrument vir die realisering van die uiteindelike kunswerk wat moet voortkom uit die doodmaak van die hond). Besonder betekenisvol is ook die uitgesponne vergelyking wat gebruik word om die skerpte van die mes te beskryf: Dit word vergelyk met die skerpheid van 'n gedagte, ontlok deur die raaksien van 'n vrou se "rugstring en boude" (terme wat meer gebruiklik is in die beskrywing van die snitte van 'n geslagte dier as van 'n vroulike liggaam). Dit herinner aan die wyse waarop vroue aan diere gelyk gestel word as gebruiksvoorwerpe of slagvee in 'n patriargale samelewing: Daar is die suggestie dat die skerpheid van die gedagte by die aanskoue van die vrou se weerkaatsing in 'n "staanspieël in 'n kamer vol anonieme lig" ('n onbekende kamer waarin 'n transaksie tussen die vrou en 'n kliënt plaasvind?) funksioneer soos die mes waarmee die hond keelaf gesny moet word om die kunswerk te produseer. In beide gevalle is daar sprake van objektivering, van uitbuiting, van slagting en dood.

Die instruksies in verband met die afslag van die hond gaan meedoënloos voort in die res van die gedig: 'n Skoon snit moet gemaak word, die kadawer moet versigtig uit die vel gewurm en weggegooi word, wat dui op die verbruikbaarheid van die dier. Daarna moet die vel in repe gesny word, in die oond gebak word, gemaal word tot 'n fyn poeier wat dan gemeng moet word met "roet en gliserien". Dit is opvallend dat 'n gevoeligheid vir die dier as lewende wese wat pyn kan voel, weer dreig om op die voorgrond te tree en afgetrap moet word: "moenie huil nie. Dis beter as die hond nie 'n naam / gehad het nie." Die kunstenaar moet dus enige gevoel vir 'n werklike dier onderdruk ten einde sy doel te bereik, naamlik om die gedig oor die hond te produseer. Dit word onder meer gedoen deur te spot met die moontlikheid dat die slagter van die hond simpatie, verdriet of skuld sal begin ervaar: Die poeier verkry deur die hond se gebakte vel te maal, kan ook gemeng word met "krokodiltrane", indien dit beskikbaar is. Hierna moet die bloederige mes waarmee die hond keelaf gesny is, gebruik word om 'n stilus skerp te maak sodat 'n gedig oor "'n donker hond" geskryf kan word. Die stilus moet skerp wees, "so skerp soos 'n woord wat betekenis soek". Dié vergelyking beklemtoon dat dit hier gaan om die skryfproses, om die maak van 'n gedig of 'n kunswerk. Opvallend is die waarskuwing wat twee maal in die loop van die gedig gerig word, naamlik "Waak teen vlieë". Dit suggereer dat die proses nie klinies of steriel is nie en dat dit ongetwyfeld vlieë sal lok. Hoe bloederiger en hoe wreder die proses, is die suggestie, hoe meer reaksie en betrokkenheid sal dit ontlok.

Gedigte oor honde verbruik en misbruik dus die werklike diere ten einde menslike gedrag, begeertes en behoeftes te beskryf. In die proses word die werklike dier na die agtergrond verskuif en doodgemaak. Dié gedig wys hoedat die digter homself as 't ware bewustelik daarvan moet weerhou om erkenning te gee aan of na te dink oor die werklike dier. Desondanks is daar tekens dat die werklike dier hom wel opdring aan die digter wat van hom 'n troop of metafoor wil maak. Dié donker gestemde gedig klink dus na een waarin die digter nié daarin slaag om die dier probleemloos diensbaar te maak as metafoor vir die poëtiese proses nie. Terwyl die slag van die hond funksioneer as metafoor van die kreatiewe of digterlike proses waartydens iets wat lewe en gevoelig is, verbruik en misbruik word, is daar suggesties dat die werklike dier dreig om buite die troop te begin funksioneer as 'n subjek wat vra om aandag, empatie en interaksie deurdat daar die kans is dat jy vir hom jammer sal voel en dat jy sal begin huil oor wat jy hom aandoen. Malamud (2003:18) lewer in *Poetic animals and animal souls* kommentaar oor hierdie soort situasie: "But there are rare and interesting exceptions, in which the animals overcome their subordinate subjectivity, in a trope where they do not figure as the happily second-class foils that we have come to expect, and refuse to proceed submissively into an abattoir of cultural mauling." Myns insiens kan 'n mens hierdie gedig lees as een waarin Breytenbach 'n aanduiding gee dat hy besef dat die aanwending van diere as metafore 'n vorm van verbruik, misbruik, ontmagtiging en vernietiging impliseer. Daarmee saam gaan die besef dat die dier wel soms daarin slaag om uit die keurslyf van troop te breek en te manifesteer as volwaardig lewende en voelende wese.

Ten slotte

My ondersoek na die gekose voorbeelde van die manier waarop die hond in Breytenbach se latere poësie gebruik word, toon dat die hond veral as troop verskyn en veel minder as subjek met die eienskappe wat Woodward (2008:7) spesifiseer:

> [...] an animal is represented as a subject when she or he is regarded as an individual, sentient being who experiences emotions, who, possibly, enacts morality, who has agency, intentionality, a sense of the teleology of her or his life, as well as an ability to recognise and fear death and its advent.

As troop verteenwoordig die hond veral die middel waardeur die digter homself – op die patroon van die Siniese filosowe – kan uitbeeld as iemand wat aandring op vryheid van spraak, wat gevestigde opvattings en hiërargieë omverwerp, wat oral gemaklik is, maar nêrens tuis nie, en wat bytende kritiek kan lewer. Boonop maak die troop van die hond dit vir hom moontlik om op speelse en selfspottende wyse sy eie status in die samelewing te bevraagteken. By geleentheid lyk dit asof Breytenbach die hond in verband bring met 'n vernietigende impuls uit die onbewuste wat sy skeppende vermoë bedreig deur sy skryfhand af te byt. Dit wil egter voorkom asof die digter die hond veral gebruik as metafoor vir die skeppende persoonlikheid se soeke na "die been van betekenis" wat hy met volgehoue deursettingsvermoë en volharding ("doggedness") najaag. Om hierdie rede eksploiteer hy die klank- en grafiese ooreenkoms met die woord "hand" wat hy dikwels voorhou as verteenwoordigend van die skrywershand en dus die skeppende vermoë. Daar is egter momente wanneer die werklike dier, 'n lewende wese met emosies en agentskap en die vermoë om die dood te herken, sy verskyning maak, soos in die gedig "(Koop 'n hond)" met sy makabere inslag wat uiteindelik gelees kan word as 'n gedig wat bewustheid toon van die wyse waarop die skrywer werklike diere (en mense) verbruik in die skeppingsproses en sekere skadelike hiërargieë in stand hou. In hierdie opsig help die lens van dierestudies die leser om bepaalde fasette in Breytenbach se werk raak te sien wat miskien andersins verlore sou gaan.

BRONNELYS
Addison, Catherine. 2007. Introduction. *AlterNation*, 14(2):1–8.
Attridge, Derek. 2004. *The singularity of literature*. Abingdon, Oxon: Routledge.
Barendse, Joan-Mari. 2016. Die "grense van menswees" en insekwording in Willem Anker se *Samsa-masjien* (2015). *LitNet Akademies*, 13(3):1–25. https://www.litnet.co.za/wp-content/uploads/2016/12/LitNet_Akademies_13-3_Barendse_1-25.pdf.
Barendse, Joan-Mari. 2017. 'n Kulturele entomologiese ondersoek na insekte in Willem Anker se *Siegfried*. *Tydskrif vir Letterkunde*, 54(2):74–85.
Best, Steven. 2009. The rise of critical animal studies: Putting theory into action and animal liberation into higher education. *Journal for Critical Animal Studies*, 7(1):9–52.
Bracht Branham, R. & Goulet-Cazé, Marie-Odile. 1996. Introduction. In R. Bracht Branham & Marie-Odile Goulet-Cazé (reds.). *The Cynics. The cynic movement in antiquity and its legacy*. Berkely en Los Angeles: University of California Press, bl. 1–27.
Breytenbach, Breyten. 2009. *Notes from the Middle World*. Chicago: Haymarket Books.
Breytenbach, Breyten. 2016a. *Die singende hand. Versamelde gedigte (1984–2016)*. Kaapstad: Human & Rousseau.
Breytenbach, Breyten. 2016b. *Die na-dood (die singende hand se oggendboek-hierinneringe)*. Kaapstad: Human & Rousseau.
Burger, Barbara. 2016. 'n Geokrities-vergelykende analise van Afrikaans- en Engelstalige Suid-Afrikaanse stedelike romans. PhD-proefskrif, Universiteit Stellenbosch.
Cirlot, J.E. 1962. *A dictionary of symbols*. 2de uitgawe. Londen en Henley: Routledge & Kegan Paul.
Crous, Marius. 2015. "Sonder siel en anoniem": Elisabeth Eybers se "Huiskat" in die konteks van dierestudies. *Tydskrif vir Geesteswetenskappe*, 55(3):373–386.
Crous, Marius. 2016. Die hadeda as liminale dier in Marlene van Niekerk se *Kaar*. *LitNet Akademies*, 13(1):209–231. http://www.litnet.co.za/wp-content/uploads/2016/05/LitNet_Akademies_13-1_Crous_209-231.pdf.
Garrard, Greg. 2012 (2004). *Ecocriticism*. 2de uitgawe. Abdingdon, Oxon: Routledge.
Gross, Aaron. 2012. Introduction and overview: Animal other and animal studies. In Aaron Gross & Anne Vallely (reds.). 2012. *Animals and the human imagination: A companion to animal studies*. New York: Columbia Press, bl. 1–24.

La Vita, Murray. 2008. Onderhoud met Breyten Breytenbach. Tussen engele en boerpampoene. *Die Burger*, 22 Februarie, bl. 13.

Lemmer, Erika. 2007a. Ecocriticism. Part 1. *Journal of Literary Studies*, 23(3):223–227.

Lemmer, Erika. 2007b. Ecocriticism. Part 2. *Journal of Literary Studies*, (23(4):337–340.

Malamud, Randy. 2003. *Poetic animals and animal souls*. New York: Palgrave MacMillan.

Marvin, Garry & McHugh, Susan. 2014. In it together: An introduction to human-animal studies. In Garry Marvin & Susan McHugh (reds.). *Routledge handbook of human-animal studies*. Abingdon: Routledge, bl. 1–9.

McHugh, Susan. 2009. Literary animal agents. *PMLA*, 124(2):487–495.

Meyer, Susan. 2010. Natuur en (skrywende) mens: Petra Müller se verhaalkuns binne die raamwerk van letterkunde as kulturele ekologie. *Tydskrif vir Letterkunde*, 47(1):41–53.

Meyer, Susan. 2012. Stemme van agter die plaashek: Die mens-natuur-"gesprek" in *Dwaalpoort* van Alexander Strachan. *Tydskrif vir Geesteswetenskappe*, 52(2):290–306.

Moles, John. 1996. Cynic cosmopolitanism. In R. Bracht Branham & Marie-Odile Goulet-Cazé (reds.). *The Cynics. The cynic movement in antiquity and its legacy*. Berkely en Los Angeles: University of California Press, bl. 105–120.

Nel, Adéle. Die politiek van die mens-hondverhouding in *Op 'n dag, 'n hond* van John Miles. *Literator*, 39(1). https://doi.org/10.4102/lit.v39i1.1427.

Ortiz Robles, Mario. 2016. *Literature and animal studies*. New York: Routledge.

Smith, Susan. 2012. Die aard van ekopoësie teen die agtergrond van ekokritiese teorie met verwysing na enkele gedigte van Martjie Bosman. *LitNet Akademies*, 9(2):500–523. http://litnet.co.za/assets/pdf/8GWSmith.pdf.

Smith, Susan. 2014. Ekokritiek en die nuwe materialisme. 'n Ondersoek na die nuwe materialisme in enkele gedigte van Johann Lodewyk Marais uit die bundel *In die bloute* (2012). *LitNet Akademies*, 11(2):749–774. http://litnet.co.za/assets//pdf/joernaaluitgawe_11_2/11_2_Smith.pdf.

Soper, Kate. 2005. The beast in literature: Some initial thoughts. *Comparative Critical Studies*, 2(3):303–309.

Swart, Sandra. 2007. "But where's the bloody horse?": Textuality and corporeality in the "animal turn". *Journal of Literary Studies*, 23(3):271–292.

Van Vuuren, Helize. 2011. "'n Almanak van klippe": Laatwerk en Breytenbach se *Die beginsel van stof (laat-verse, sprinkaanskaduwees, aandtekeninge)*. *LitNet Akademies*, 8(3):462–487. http://www.litnet.co.za/assets/pdf/18_van%20Vuuren.pdf.

Viljoen, Louise. 2014. *Die mond vol vuur. Beskouings oor die werk van Breyten Breytenbach*. Stellenbosch: Sun Press.

Visagie, Andries. 2013. Pasmaatspesies, niemenslike diere en die omgewing: Gedagtes oor die postkoloniale ekokritiek in Suid-Afrika. *LitNet*, Seminare en essays, 22 Februarie. http://www.litnet.co.za/pasmaatspesies-niemenslike-diere-en-die-omgewing-gedagtes-oor-die-postkoloniale-ekokritiek/ [21 Januarie 2018].

Visagie, Andries. 2016. Moderniteit en die Afrikaanse literatuur. Intreerede Universiteit Stellenbosch, 16 Mei. http://www.sun.ac.za/english/Inaugural-lectures/Inaugural%20lectures/InauguralLectureProfAndriesVisagie.pdf [29 Maart 2018].

Visagie, Andries & Van Heerden, Neil. 2013. Twee dieregestaltes by N.P. Van Wyk Louw: *Raka* en "Die swart luiperd". *Tydskrif vir Letterkunde*, 50(3):106–120.
Weil, Kari. 2012. *Thinking animals. Why animal studies now?* New York: Columbia University Press.
Woodward, Wendy. 2008. *The animal gaze. Animal subjectivities in Southern African narratives.* Johannesburg: Wits University Press.
Woodward, Wendy & Lemmer, Erika. 2014. Figuring the animal in post-apartheid South Africa. *Journal of Literary Studies*, 30(3):1–5.

OOR DIE SKRYWER
Louise Viljoen is professor in die departement Afrikaans en Nederlands aan die Universiteit Stellenbosch. Sy is die skrywer van *Ons ongehoorde soort. Beskouings van die werk van Antjie Krog* (2009), die kort biografie *Ingrid Jonker* (2012), en *Die mond vol vuur. Beskouings oor die werk van Breyten Breytenbach* (2014). Haar navorsingsfokus is die Afrikaanse letterkunde, met spesifieke verwysing na postkolonialisme, geslagtelikheid, identiteit en transnasionalisme.

6
Vertaling as transgressiewe potensiaal. Lojale verset 2.0
Catherine du Toit

> *gee my jou jas en jou tarentale*
> *kom laat ons stotter in al*
> *die valerwordende vokale van skemering*
>
> *maar gee my jou taaljas*
> *jou droomtrommel en jou maan-*
> *oppas: opdat ons saam mag vernaam*
> (Breyten Breytenbach, "skryf is hoed afhaal en vertaal")
>
> *I too am not a bit tamed – I too am untranslatable;*
> *I sound my barbaric yawp over the roofs of the world.*
> (Walt Whitman, "Song of myself")

Agtergrond

In 2014 het ek betrokke geraak by die tweede Dansende Digtersfees wat op die Spier-landgoed buite Stellenbosch in samewerking met die Pirogue Kollektief onder die kuratorskap van Breyten Breytenbach aangebied is. Aanvanklik sou ek net deelneem aan 'n paneelgesprek oor vertaling. Die deelname van Nimrod Bena, Franse digter, oorspronklik van Tsjad, het 'n behoefte geskep vir vertalings uit Frans, en so is ek meer aktief betrek by hierdie geleentheid. Ek is slegs gevra vir vertalings in Engels van Nimrod se gedigte. Ek het egter besluit om ook vertalings in Afrikaans in te sluit omdat die besondere affiniteit tussen Frans en Afrikaans as vertaalpaar met die jare vir my duideliker vorm aangeneem het. So het my gesprek oor taal en vertaling met Breyten begin; tussen tale en oor grense, as deel van 'n dinamiese inisiatief wat beoog het om "'n lewende ruimte van kreatiwiteit, interaksie en viering daar te stel" (Breytenbach in Esterhuizen 2013). My literêre vertaalwerk was in daardie stadium nog in sy kinderskoene, maar die gunstige kritiese ontvangs in 2012 van die vertaalbundel *Tagtig gedigte en twee essays* van Michel Houellebecq, 'n impromptu projek wat ek saam met studente aangepak het, het my oortuig dat daar opwindende werk gedoen kan word, veral wat betref tekste van liriese aard, tussen Frans en Afrikaans.

Onwillekeurige oproer

In die vertaalwêreld is daar, soos in ander wêrelddele, bepaalde reëls en uitsluitings; sommige geskrewe en ander oorgelewer van geslag tot geslag. Met my vertalings in Frans van *Bitterkomix* en *La Bande à Foster* (L'Association, onderskeidelik 2009 en 2011) het ek reeds die algemene voorskrif oortree wat bepaal dat 'n mens altyd in jou moedertaal vertaal. In Frankryk is dit meer as net 'n reël. Dit is 'n kode, 'n wet, 'n gegewe. Dit is ook net op grond van die geweldige skaarste aan Franse moedertaalsprekers wat in staat is om uit Afrikaans te vertaal dat dié binnesmokkel van 'n klandestiene indringer soos ek hoegenaamd moontlik was. Die alternatief is natuurlik abbavertaling, die kruis van kleiner tale, maar dit wil tog voorkom of hierdie riskante praktyk deesdae met effens meer omsigtigheid deur uitgewers gehanteer word.

Met die publikasie van die Houellebecq-gedigte het ek egter (onbewustelik hierdie keer) weer eens 'n reël oortree wat vir sommige bewoners van die vertaalwêreld ewe vanselfsprekend is as die vorige: Slegs digters mag hulle hand waag aan die vertaling van gedigte. Hierdie reël is problematies omdat die elemente daarby betrokke nie so duidelik bepaalbaar is nie (definieer "digter"...) en dit ook nie by alle digters of vertalers byval vind nie. Gaan dit hier bloot oor 'n jaloerse beskerming van die magiese vaardighede van die digter Trismegistos? Vir sommige teoretici of vertalers gaan dit duidelik oor die veronderstelde vermoë waaroor slegs "digters" sou beskik om die verworwe vaardighede van die kuns toe te pas. In 'n onderhoud sê die Switserse digter Philippe Jaccottet byvoorbeeld die volgende: "L'alexandrin, aujourd'hui, exige un maniement discret dont seuls de vrais poètes (Esteban pour Borges, Bonnefoy ou Thomas, pour Shakespeare) sont capables"[1] (in Petillon 1997). Jaccottet voeg dus 'n verdere bepaling by: Dit is nie voldoende om

---

1 "Die aleksandryn vereis in vandag se tyd versigtige hantering waartoe slegs ware digters (Esteban vir Borges, Bonnefoy of Thomas vir Shakespeare) in staat is."

'n "digter" te wees nie. Die vertaler moet 'n "ware digter" wees. Hierdie stelling verdien om verder uitgepak te word. Jaccottet is nie alleen een van die invloedrykste digters in Frans van die twintigste eeu nie, hy het ook 'n enorme bydrae gelewer tot die vertaling van Europese literêre werke in Frans. Feitlik al Robert Musil se werke is deur hom vertaal en vir die Pléiade het hy 'n kritiese uitgawe van Hölderlin saamgestel. Verder het hy ook uitgebreide vertalings van Rilke, Thomas Mann, Goethe, Mandelstam en Ungaretti gepubliseer. Besinning oor vertaling maak dan ook deel uit van Jaccottet se eie nieliterêre werk in die vorm van essays, korrespondensie en dagboekinskrywings. In sy vertalings streef hy dieselfde ideaal na as in sy eie werk: deursigtigheid. Vertaling is vir hom 'n verborge onderhandeling wat die vorm aanneem van 'n gesprek; 'n stem wat antwoord op die spesifieke klank en toon van 'n ander. Wanneer die gesprek nie vlot nie, soos hy gevoel het met sy vertalings van Paul Celan, verkies hy om hom eerder te onttrek. In hierdie proses is daar volgens hom, buiten die gevare van vaste prosodie, ook die vraag van balans. Die stem van die vertaler moet die bronstem nie te veel alleen laat praat in 'n vreemd opvallende dissonansie nie, maar moet dit ook nie oordonder nie. Hy maak egter 'n uitsondering vir "groot" skrywers – en hier keer hy terug na die skynbare elitisme van die stelling hier bo. Dit is vermetel, sê hy, om beelde en metafore van die oorspronklike teks te verander – tensy dit gedoen word deur "een van die grootstes" soos Paul Claudel in sy vertalings van Aeschylus.

Octavio Paz, Meksikaanse digter en Nobelpryswenner, hou daarteenoor vol dat digters in die praktyk selde goeie vertalers is. Vir hom gaan dit, soos vir Jaccottet, oor die nodige vaardigheid. Maar terwyl Jaccottet konsentreer op aspekte van vorm, vestig Paz sy oordeel veral op benadering en proses. Hy gee toe dat daar ook 'n sielkundige hindernis is, 'n soort "egoïsme", sê hy, wat veroorsaak dat die digter-vertaler hom nie kan losmaak van sy kreatiewe impulse nie en die gedig wat vertaal moet word, gebruik as 'n wegspringplek vir sy eie skepping. Die hoofrede is egter van "funksionele" aard. Wanneer hy skryf, begin die digter met taal en woorde as 'n feitlik onbegrensde, beweeglike en veranderlike landskap en deur fyn keuses uit te oefen in terme van woorde, ritme en rym, boetseer hy 'n unieke teks: "[...] a verbal object made of irreplaceable and immovable characters" (Paz 1992:159). Die proses wat die vertaler volg, is volgens Paz die teenoorgestelde. Hy breek die verskillende elemente van die teks af en laat die betekenis van die woorde weer vry in hulle onbegrensde weiveld van beweeglikheid en veelduidigheid voor hy hulle opnuut herstel tot taal met 'n bepaalde betekenis wat dié van die oorspronklike teks weerspieël. Paz se beskrywing van die verskillende kreatiewe prosesse kan moontlik vergelyk word met die twee fundamentele prosesse van beeldhou. Die digter bou 'n beeld uit niks, soos 'n beeldhouer wat klei brei en gaandeweg daaraan toevoeg om 'n vorm te skep. Die werk van die vertaler is meer soos dié van 'n beeldhouer wat in 'n massiewe, vormlose blok hout 'n figuur herken en dit geduldig oopkerf.

Van al hierdie onderstrominge was ek egter salig onbewus toe ek begin het om gedigte te vertaal. Die vertaling van Houellebecq se gedigte het byvoorbeeld ontstaan as deel van 'n gesprek met 'n geliefde. Die vertalings het dus nie hulle oorsprong in 'n beplande of beredeneerde estetika nie, maar wortel terug na die oerknal van vertaling: Die begeerte om die sin wat ek in hierdie woorde gevind het oor te dra, verstaanbaar te maak, met dieselfde helderheid en krag te vestig in die begrip van my skynheilige leser, my naaste naaste, my broer.

In 'n onderhoud oor vertaling wat in 1997 gepubliseer is, neem Breytenbach (in Dimitriu 1997:78) 'n besliste Jaccottetse posisie in wat betref die vertaling van poësie:

> I think I would not be interested in having somebody who's not a poet translate my poetry, because I would like to imagine that what is going to come about will be a new poem, and not a translation. It will be a translation also, but one that would come about as a poem.

Waar hierdie uitspraak 'n vertaler soos ek laat, sal natuurlik afhang van die definisie van die woord *digter*. Daar is trouens 'n gevestigde, sinvolle verband tussen die funksie en aktiwiteit van die vertaler en dié van die digter. In sy essay oor Victor Hugo skryf Charles Baudelaire – self beide digter en vertaler: "Or qu'est-ce qu'un poète (je prends le mot dans son acception la plus large) si ce n'est un traducteur, un déchiffreur?"[2] (1885: 317). Baudelaire praat hier van die vermoë van 'n digter om dit wat

---

2 "Maar wat is 'n digter (ek gebruik die term in die volste sin van die woord) anders as 'n vertaler, 'n ontsyferaar?"

hom omring in taal om te skakel. Hy haal sy gunsteling-ghoeroe, die Sweedse mistiese filosoof Emmanuel Swedenborg, aan om te praat van die *verhouding*, die "correspondance", tussen vorms, bewegings, kleure, geure, kragte en gevoelens – lyflik en geestelik. Die digter herken en vertaal hierdie verband tussen dinge in die vorm, ritme en klank van sy gedigte – soms helder en duidelik, maar dit wat in die oorspronklike vorm duister en vaag is, word met noodsaaklike ondeursigtigheid ("obscurité indispensable") weergegee. In 'n onderhoud met Willem de Vries oor die dialoog tussen Afrikaans en Nederlands keer Breytenbach ook terug na hierdie wesenlike eienskap van die digter as vertaler. Treffend teenwoordig in die argumente van beide Baudelaire en Breytenbach is die verwysings na 'n universele stuwing waarin die digter sy kollektiewe siel doop en deur sy aktiewe skepping verbande vestig waar taal optree as sintuig (en dus as menslik deelbare ervaring):

> Elke stuk skryfwerk is natuurlik 'n "vertaling" – uit die orale of die gedeelde skat en dissipline van die maakbehoefte wat so eie aan die mensdom is – die begrip en dalk selfs die werklikheid bestaan nie tensy ons dit maak staan met en uit verbeelding nie. Dit opskryf is ook al manier om dit weer te kan vergeet. Begrip ingepraat deur nuuskierigheid en verdraagsaamheid is moeilike dissiplines. Die taal waarin ons skryf (waarin ons geskryf word) is 'n interaktiewe sintuig – elke keer uniek met 'n vandaan en 'n so, en om dit op te sê (al sy dit in die naam vàn kopgekoloniseerde pragmatisme – Skellumbôjaniïtis) is om 'n sintuig te verloor. (In De Vries 2018:5)

Baudelaire en Breytenbach praat albei weliswaar van die digter as vertaler wat steeds nie beteken dat die vertaler deur sy intieme, verterende absorpsie van die woord verhef kan word tot digter nie. Aan die ander kant is selfs skrywers in ewige wording ondanks hulle woorde wat soos lewenslange gevangenes gedruk staan op sekere blaaie. Natuurlik is dit moontlik dat daar oor die afgelope twintig jaar by Breytenbach 'n wending of inkeer plaasgevind het wat betref die idee dat hy die vertaling van sy gedigte slegs aan 'n digter sal toevertrou.

Onvermydelik het my buitemuurse, meestal nagtelike, bedrywighede as vertaler gaandeweg begin oorspoel in my daaglikse verpligtinge van onderrig en navorsing. Ook hier het ek my heel onverwags en onopsetlik bevind in die posisie van jukskeibreker. Ofskoon vertaling tradisioneel 'n integrale deel gevorm het van vreemdetaal-pedagogie, is die gebruik van enige vertaling in die onderrig van vreemde "lewende" tale in die twintigste eeu geleidelik verwerp deur verskeie opeenvolgende kommunikatiewe benaderings tot taalaanleer. Die redes hiervoor wissel van vrese vir taalverwarring tot die wenslikheid van totale onderdompeling in die teikentaal. Die wyse waarop ek vertaling in die onderrig van Frans ingevoer het, het egter 'n meer pragmatiese doel gehad – dié van die aanleer van vertaalvaardighede en strategieë vir studente wat Frans as hoofvak neem en waarskynlik iewers in hulle beroepslewe gekonfronteer sal word met versoeke vir vertaling. Die direkte en praktiese toepassing van vertaling sou studente hopelik ten minste toerus met groter bewustheid van die uitdagings daaraan verbonde sodat hulle nie uit onkunde take sou aanpak wat bo hulle vuurmaakplek is nie. Hopelik sou só 'n bewustheid hulle ook vul met gesonde skeptisisme teenoor vertaalde tekste sodat hulle sou besef dat totale ekwivalensie tussen tale 'n mite is, dat 'n mens in die eerste plek in 'n gegewe taal jou denke konseptualiseer en jou vermoë om te dink dus begrens word deur die mate waarin jou kennis van verskillende tale jou toegang gee tot verskillende konsepte. Kortom, ek wou hê dat studente begryp dat eentaligheid inderdaad die ongeletterdheid van die een-entwintigste eeu is (Roberts, Leite & Wade 2017:116) en waarom mense wat met kennis werk, wat uit tekste spruit, in staat moet wees om hierdie tekste te lees in die oorspronklike taal waarin hulle geskryf is – of ten minste daarvan bewus moet wees dat hulle nie 'n vertaalde teks op dieselfde manier kan aanhaal en gebruik as 'n oorspronklike teks nie. Die invoer van vertaling in die voorgraadse kurrikulum het aanvanklik wenkbroue laat lig van kollegas wat spesialiseer in die pedagogie van Frans as vreemde taal en op die hoogte bly van alle nuwe neigings en giere. Gaandeweg, moontlik onder die druk van nuwe tendense van die "professionalisering" van hoër onderwys en die "bemarkbaarheid" van kwalifikasies, het die besware egter verdwyn en vandag val dit skaars nog op.

Uit die aard van die saak moes my vertaalaktiwiteite ook neerslag vind in navorsing. Hier het ek te kampe gekry met bestaande norme en verwagtinge wat betref vertaalteorie en die verpligte eksplisiete verwysing daarna in akademiese publikasies oor vertaling in Suid-Afrika.

Vertaling is iets wat 'n mens doen eerder as dink. Dit is in elk geval hoe ek dit nog altyd ervaar het: 'n Teks spreek tot my, ek wonder óf en hóé daardie sonderlinge klein ruimte wat geskep word deur die ontvangs van woorde in 'n gegewe bewussyn, herskep kan word in 'n ander taal – en só vertaal ek dan. Beide my *telos* en my *skopos* is bloot gefokus op die deel, die mededeling van iets wat ek begryp het en wil oordra. Vertaling, met ander woorde, ontbrand in verwondering en bespiegeling, maar verkry in die eerste plek sin in aktiewe omgang eerder as in abstraksie of oorpeinsing. Alhoewel ek voortdurend vertaal, moet ek erken dat die teoretisering van vertaling vir my ewe onsaaklik is as 'n teorie van brei. Wanneer ek wel oor vertaling moet praat of skryf, verkies ek as raamwerk vir my eie geilrankende gedagtes oor die onderwerp die insigte wat ontbloot word deur die implisiete of geartikuleerde benadering van uitsonderlike vertalers: Yves Bonnefoy, André Markowicz, Serge Quadruppani, Antoine Raybaud, enkele name van vertalers (ook self digters en skrywers) wat my hart vinniger laat klop. Andersins laat ek my lei deur die slaggate en vaartboggels van die oorspronklike teks of wend ek my (vir 'n raamwerk of wegspringplek) tot die meer filosofiese besinninge oor taal en vertaling, of oor die grense tussen mense en woorde van skrywers en denkers soos Louis Massignon, Paul Ricœur, Édouard Glissant of Camille de Toledo.

My bewuste koelheid ten opsigte van geïnstitusionaliseerde vertaalteorieë belemmer tans nog die algemene aanvaarbaarheid van my navorsing oor vertaling. Ter illustrasie kan ek die volgende outentieke terugvoer aanhaal – wat sonder twyfel met die beste bedoelings geskryf is:

> Daar is wel teoretiese begronding, maar primêre bronne word nie hanteer nie of nie voldoende hanteer nie. Ek verwys hier na Pym vir vertaaletiek, Venuti vir vervreemding/domestikering en Kelly vir direksionaliteit (rigting van vertaling). As ek sou moes raadgee, sou ek laasgenoemde neem as probleemstelling en aan die hand van hierdie voorbeeldmateriaal 'n saak daarvoor uitmaak dat brontaalkenners soms as vertalers verkieslik is bo doeltaalkenners. (Anoniem)

Wanneer ek oor 'n bepaalde vertaling skryf, is die "primêre tekste" waarna ek verwys noodwendig dié van die bron en/of dié van die vertaling. Filologiese tekste oor die aard van taal en vertaling sal ek (soos in hierdie opstel) integreer ten einde my eie denke te ondersteun of te problematiseer. Tekste oor vertaalteorie kan wat my betref hoogstens aangewend word as sekondêre bronne in navorsing wat pertinent oor teorie handel. 'n Essensialistiese afdwinging van (feitlik uitsluitlik Engelstalige) vertaalteorieë op enige benadering of bespreking van vertaling steek my egter dwars in die krop. Maar ek hoop dat hierdie wiel ook sal draai, soos die geval was met onderrig. Die werk van 'n paar ikonoklastiese vertalers vul my met 'n mate van hoop vir die toekoms. Serge Quadruppani, met sy onbeskaamde sisilianisering van Franse spelling en grammatika in sy vertalings van Andrea Camilleri, neem in enkele van die Montalbano-boeke nog meer vryheid deur vir sommige van die watertanddisse wat in die teks genoem word, verwysings na sy eie reseptebook in voetnote aan te bring. André Markowicz het eweneens die onverbiddelike Franse vertaalinstelling van stilistiese verinheemsing aangedurf in onder meer sy reeks nuwe vertalings van Dostojewski omdat hy gevoel het dat dit tyd was om die robuuste, rowwe styl van die meester van Sint Petersburg aan lesers bekend te stel. Die geleidelike, huiwerige insluiting van hierdie polemiese vertalers in akademiese diskoers dui moontlik op groter verdraagsaamheid teenoor vertalers wat die enigheid en andersheid van 'n skrywer se stem en styl op nuwe, moontlik onortodokse maniere probeer oordra. Verder word die teoretisering van vertaling ook toenemend bevraagteken deur vertalers wat in diens staan van die akademie, soos Andrew Hurley (vertaler van Borges), wat 'n soepel en sober benadering tot vertaling voorstaan:

> [...] translators should treat those things that are part of the esthetic surface of the text one way – creatively, and with faithfulness to the text's peculiarities – and those things that belong to the fabric of the language another way – the way one would treat prepositions, for instance. [...] But I discover that I have been theorized into anti-establishmentarianism. (Hurley 1999:292, 290)

Die tussen-in plek

Ná 'n volgende Dansende Digtersfees in 2016 waarvoor ek onder meer gedigte van Breytenbach in Engels vertaal het, het hy my gevra om te help met die vertaling in Engels van sy "katastrofes". Dit sou die tekste behels uit die oorspronklike *Katastrofes*-bundel van 1964 (Afrikaanse Pers-Boekhandel), ander tekste en fragmente uit *Die miernes swel op…* wat Taurus in 1980 uitgegee het en enkele tekste wat nooit in Afrikaans uitgegee is nie uit *De boom achter de maan* (Van Gennep, 1974). Hy het reeds 'n aantal van die tekste vertaal, maar daar was nuwe bundels, reise, versoeke en pryse wat sy aandag geverg het en sodoende die vertaling vertraag het. Volgens hom was ek 'n "kompulsiewe vertaler" – en miskien het hy besef dat hierdie opdrag terselfdertyd iets soos 'n reddingstou voorgestel het, of ten minste 'n gabbatjie om my lekkende boomkano leeg te skep.

Tussen die vertalings en gesprekke daaroor kon ek gaandeweg in antwoorde, skryfsels en fragmente ietwat van 'n idee begin vorm van Breyten se benadering tot vertaling – as skepping, as denkwyse en as deel van die manier waarop die wisselwerking tussen mens en mens, en tussen mens en plek gekonseptualiseer word. Wat is vertaling dan ook anders as die "saam mekaar anders maak" waaroor hy praat in sy volgehoue pleidooi vir 'n vastrapplek vir Afrikaans? Vertaling is immers 'n deurlopende dialoog tussen kulture; nie 'n besluit of 'n eenmalige gebeurtenis nie, maar verbintenis tot 'n proses, verbintenis tot diversiteit. Dit impliseer met ander woorde 'n wordingsproses met oop deure waarbinne nuwe vorme en maniere van wees in die wêreld voortdurend geskep word.

Vir die vertaling van die meeste tekste van die meeste skrywers is dit vir die vertaler voldoende om te konsentreer op die oordrag tussen twee tale en kultuurruimtes (in die algemeen gesien). Vir bonuspunte kan hibriditeit dan boonop ingespan word as 'n kopknik na die heersende beheptheid met dekolonialisering, met verwysing na die *derde ruimte* van Homi Bhabha – en waarvan Breytenbach se *Middelwêreld*, asof beskik deur die Voorsienigheid, ingespan kan word as 'n soort avatar of demonstrasiemodel. Dit is egter nie heeltemal so eenvoudig wanneer 'n mens te doen het met 'n skrywer wat op soveel verskillende vlakke bewustelik as 'n collage bedrywig is nie. Dit is nie die feit van 'n gefragmenteerde bestaan wat uitsonderlik is nie, maar wel die skerp en geartikuleerde bewustheid daarvan. Hieruit volg onvermydelik 'n voorstelling van veelvuldige fragmente met 'n groot aantal raakvlakke wat op verskillende maniere op mekaar inwerk of reageer en uiteindelik uitloop op 'n oeuvre wat groter is as die som van sy dele.

Die belangrikste praktiese implikasie van hierdie kompleksiteit vir my taak as vertaler was vir my 'n dringender behoefte om die skrywer se stem te herken en te behou. Om die stem van 'n veeltalige skrywer te eien, is altyd 'n uitdaging. Dit het in die eerste plek implikasies vir die vertaling van inhoud. In 'n artikel oor Jorge Luis Borges as skrywer-vertaler, sê J. David Danielson (1987:76) die volgende oor die veeltalige skrywer:

> Since texts are largely made of other texts, this implies an enormous amount of translation – understood here in its broadest sense, including paraphrase, imitation, variation, explication, and of course reading, toward one extreme, and re-creation, reconstruction, recodification, rendition, and transposition, toward the other. To say nothing of traduction and treason.

Nieteenstaande die versplintering van stemme in Breytenbach se werk is daar steeds 'n duidelik herkenbare stem, al is dit dan ook 'n polifonie. 'n Mens moet egter fyner luister, veral wanneer die skrywer 'n beduidende deel van sy lewe in ander tale deurbring. Dit is beslis 'n voordeel indien die vertaler ook hierdie tale ken en daarom die onsigbare aksente en implisiete verwysings in die teks kan herken en oordra. Die teenwoordigheid en interferensie van ander tale is geensins deurlopend of egalig nie. Soms is daar 'n konsentrasie wat waarskynlik kontekstueel verduidelik kan word. In die essay "The PIG stye in die eye" (Breytenbach 2015) is Frans byvoorbeeld pertinent aanwesig (en kontrasterend):

> One could add that the French side of me wants to see the big Cartesian picture – *l'homme devient lui-même par l'ailleurs* (man comes into his own through the elsewhere) – whereas the name of the game here is empirical and survivalist (174); [...] the Gorée institute, which has for many years been my port of call, *mon point d'ancrage*" (175); What does an interloper – in this case a whitish African bastard, and old-fashioned, grumpy, one-eyed terrorist to boot – then see when he looks at this country in a very simplistic way, when he should really be looking after his own onions (as we say in French) or should not be looking at all? (176)

Hierdie konstante maar natuurlik geïntegreerde bewustheid van tussentaligheid resoneer duidelik met die siening wat Édouard Glissant (1995:25) verduidelik in 'n rede oor literêre vertaling: "Nous n'écrivons plus aujourd'hui de manière monolingue, mais au contraire en présence de toutes les langues du monde."[3]

Met die vervloeiing van ver horisonne in die agterkop, word die taak van die vertaler verder gekompliseer wanneer die skrywer ook 'n selfvertaler is. Omdat hy nie net heelwat van sy tekste self vertaal nie, maar ook oorspronklike werke in Engels skryf, het Breytenbach reeds 'n eie stem in Engels en dié stem is nie neutraal of aksentloos nie. As vertaler was dit vir my belangrik om ten minste die klankkleur van hierdie stem in my vertaling te laat klink. Daar is vir my duidelik 'n ander verantwoordelikheid ter sprake wanneer die vertaler werk in 'n taal waarin die skrywer self oorspronklike werk skep of vertaal. Veral wanneer dit gaan oor die vertaling van poësie waarin die stem van die digter soveel meer prominent is en nie versplinter tussen verskillende karakters soos in 'n roman nie. In 'n taal wat onbekend is aan die skrywer of waarin hy nie werk nie, kan die vertaler meer vryheid neem ten opsigte van die stem waarmee hy sy vertalings laat praat. Wat hierdie dubbeltjie betref, moet ek erken dat kontaksessies met die skrywer 'n essensiële vertaalstrategie uitgemaak het. Natuurlik is sulke kontak nie altyd moontlik nie. Maar stem is asem en asem is lewe. Om te vertaal is ook, in 'n sekere sin, om lewe te blaas in 'n teks en die soeke na hierdie stem is daarom sowel eties as esteties. Of, soos Paul Valéry (1974:1 090) skryf:

> Le principe de la poésie est à rechercher dans la voix et dans l'union *singulière*, exceptionnelle, difficile à prolonger de la voix avec la pensée même. Donner à la voix en acte une sorte de vie propre, autonome, intime, impersonnelle, c'est-à-dire personnelle-universelle (par opposition avec personnelle-accidentelle), faire de la parole un résonateur de l'esprit [...].[4]

---

3 "Ons skryf nie meer vandag eentalig nie; inteendeel, in die teenwoordigheid van alle tale van die wêreld."

4 "Die beginsel van die digkuns moet gesoek word in die stem en in die sonderlinge, buitengewone eenwording van stem en denke wat so moeilik is om in stand te hou. Om werklik aan die stem 'n soort eie lewe te gee, selfstandig, intiem, onpersoonlik, met ander woorde, universeel-persoonlik (eerder as per ongeluk-persoonlik) om van die woord 'n klankkas van die gees te maak [...]"

Toe die stem eers sy intrek geneem het en ek sy lig en skadu en skortes na willekeur kon oproep in my herinnering om as stemvurk te dien, het die vertaling op 'n ander manier begin vlot – soepel, sekuur, asof ek diktee afneem. "[…] jou sneeuligte vertaling van wat ek as 't ware nog vars uit die oond vir jou gestuur het, is so na aan getrou en perfek as dêmmit aan Kakiebos se taalbeleid is." (Korrespondensie: 19 Oktober 2017)

My aanvanklike vertwyfeling was nietemin nie ongegrond nie. Die "katastrofes" is 'n eklektiese versameling: verhale, fragmente, fabels, gedigte, drome… Daar is 'n begin en 'n einde, 'n interne orde wat sin maak – maar verder skommel die fragmente tussen visuele abstraksies, satiriese vertellings en absurde, dikwels speelse fiksie. Alhoewel die tekste kort is, stel elkeen so 'n uiteenlopende landskap en ondervinding voor dat dit vir my moeilik was om die een naatloos ná die ander te vertaal. Elke fragment het 'n eie, besonderse tonaliteit en ritme. Daarom het ek redelik vroeg in die vertaalproses besluit om hulle te hanteer soos prosagedigte waarin vorm en klank ewe belangrik as inhoud moes wees. Die interpretasie van die inhoud sou in elk geval vir die leser bepaal word deur die klankkwaliteit van die woorde en die onmiddellike visuele indrukke wat ek kon oordra.

My ontvangs van die "katastrofes" was vir my eerstens onwillekeurig visueel: denkbeelde, drome, kleure, hallusinasies – 'n versteuring van die werklikheid, 'n begrip wat denke vooruitloop, 'n verbeelding van die teks op dieselfde manier as wat die teks 'n vertaling van die beleefde of gedroomde wêreld is. Alhoewel my reaksie waarskynlik strook met die surrealistiese estetiek, het die tekste my ook voortdurend laat dink aan Breyten se eie skilder- en tekenwerk en my interpretasie- en vertaalproses het feitlik altyd deur 'n visuele voorstelling beweeg. Soms het dit gevoel of ek die beeld en die kleure beskryf wat die teks by my oproep, eerder as om die woorde te vertaal. Dit is waarskynlik nie 'n erkende vertaalstrategie nie, maar dit maak vir my sin in die konteks van die absurde. Op 'n vraag van Bill Dodd oor die surrealistiese wortels van sy kuns, antwoord Breyten:

> The human figures, animals, birds, fish, objects etc. constitute a sort of emblematic but reduced vocabulary. I'd like to think that by putting them in the same space (surface of becoming) they enter into some interaction, tension (because of the incongruity). (Aangestuurde korrespondensie: 2017)

Hierdie slingering van die visuele indruk van sommige van die fragmente (soos "Seestorie vir 'n vrou met maagmoeilikheid", hier onder aangehaal) tussen die figuratiewe en die abstrakte, het my dikwels laat dink aan perspektief en aan dekontekstualisering, waar 'n foto van die weerkaatsende oppervlak van 'n waterstroom van só naby geneem word dat die patrone van die kolkings abstrak word, of die teenoorgestelde perspektief in die vorm van lugfoto's van landskappe waar vae vorms en kleure hulle eie betekenis skep.

groen see-alg in vingers en anemone wat asemhaal en seeperdjies skurf en duisende duisende skadu-agtige harde slymlyf-visse gepantser met skubbe die veragtende oë wat in niks belangstel nie wat in die rondte draai soos nuttelose wiele daar is diep dinge in die see; maar laat dit jou nie steur nie beminde en suikerklont, heks van my hart; ek sal in jou hande kom blaas terugkeer na die huise met warm mure die honde wat in die kweekgras rol sondags om half-een bo by die oudam se wal en dan met hulle pieletjies soos rosige vingertjies tussen die roeiende bene die strate in galop en die domvoet voëls wat met wrede snaters oorhaastig (die oë kyk weerskante toe) die siestogge verlepte sardientjies in die bolywe byt en die trosse visvleis paniekerig (a maar deftig) skuttuttut (Breytenbach 1980:59–60)	green seaweed between fingers and anemones that breathe and seahorses rough and thousands and thousands of slime-bodied fish armoured with scales the contemptuous eyes interested in nothing turning round and round like useless objects there are deep things in the ocean; but let them not trouble you my love and sugarplum, witch of my heart; I will come and blow in your hands return to the houses with warm walls the dogs that roll in the devil's grass on sundays at half past noon at the old dam wall and then gallop off into the street with their penis like a rosy finger between busy legs and the birds with their witless feet hurriedly sinking their cruel beaks (eyes staring sideward) in the bodies of poor wilted sardines scattering the clusters of fish-flesh in a panic (but oh so grandly) scattatatt

Gaandeweg het die vertaling sy eie ruimte oopgeskrop. Splinternuwe ongepubliseerde tekste is vertaal en het hulle lê gekry tussen of teenaan ouer tekste. Ons het begin praat oor die byvoeg van illustrasies. Waar ek by tye gewonder het oor die ontvangs 'n halfeeu ná die geboorte van sommige van die meer absurde, surrealistiese leestekenlose tekste, het hierdie gemaklike organiese bymekaarkom van dinge teen die einde die interne koherensie onderstreep van 'n deurlopende soeke, van 'n wêreld wat met woord en beeld vertaal word in die intense bewustheid van die onmiddellike omgewing soos getuig deur die talryke foto's wat korrespondensie vergesel – van graffiti, van die manier waarop die laaste lig die horison gryp, selfportrette in weerkaatsings, of in 'n toevallige objek; 'n skielike saamval met, deel word van die wêreld van dinge. Tussen klank en beeld, met aansporing in die vorm van allerlei tekste oor vertaling en 'n heen-en-weer tussen skrywer en vertaler wat waarskynlik raar geword het in vandag se dae van versigtig bestuurde kommunikasiekanale in die uitgewerswese, het die katastrofes 'n boek geword. Só skryf Woordvoël met verwysing na 'n "ou teks":

> Dis die tussen-inne wat tel, die gleuwe, die voeë en die voue, die kreukels, die epentese in woorde, die amperse epigrawe en die epiloë en die epitawe en die epsomsout, die insetsels en (tot 'n mate) die byvoegsels.
>
> Wat bly oor wanneer jy jou tussen wêrelde/ideologieë/geskiedenisse/tale/stoele bevind? Nog net *beweging* en 'n absolute sin van syn. Oftewel, dat jy jou aanmekaar moet posisioneer. Die gat (poephol) sal moet leer om van draad te hou. En nie te neusoptrekkerig wees nie.
>
> Maar wat is dié dissipline? Hoe word dit gedoen?
>
> Dis om die fokus net effens te verskuif, om laterale visie te ontwikkel, om te hoor sonder om te luister in watter boom uit watter kloof die nagtegaal sing. Die *beweging* wat jy dan optel, die *stoornis*, is met verwysing na die sentrale fokuspunt, sê maar die doelwit, die bekende of die verwagte. Die betekenis…
>
> Jy moet *diffuus* wees soos kladpapier. Die belange-hierargie van wat jy waarneem moet ontdaan en ongedaan gemaak word.
>
> The centre must no longer hold in order for new shapes to emerge. (Korrespondensie: 7 Junie 2018)

Die gesprek oor vertaling het soms ook – deel van 'n organiese vloei – die uitruil van vertalings ingesluit. Een van die eerste wisselings was 'n uittreksel uit 'n digroman van Camille de Toledo wat ek in Frans gestuur het en wat in Afrikaans teruggekeer het:

Partir, Elias.	Om weg te gaan, Elias.
Trouver un lieu de plus grand dénuement.	'n Plek te vind waar alles weggestroop is.
T'épargner la déportation, l'intoxication fictionnelle.	Jou die deportasie te bespaar, fiksie se bedwelming.
Coder le temps présent pour qu'il devienne indéchiffrable.	Die hede weg te skryf in 'n onontsyferbare kode.
Changer la langue dans laquelle il s'exprime pour qu'il s'éloigne de toi, de nous.	En die taal waarin dit uiting kry te verwissel sodat dit ver van jou mag bly, van ons.
Je voulais être père, Elias! Mais que peut transmettre comme joie celui qui passe sa vie à écrire? Que peut transmettre comme avenir celui qui a renié son nom?	Ek wou 'n pa wees, Elias! maar wat sal iemand wat sy lewe wegskryf tog aan kan gee as vreugde? Watter horison sal hy wat sy naam ontsê het ooit na kan laat?
Que peut transmettre comme fidélité celui dont l'existence est une trahison?	Watter getrouheid sal die erfgoed kan wees van hom wie se lewe 'n verraad is?
(Toledo 2014: loc. 1592)	

Die saamlees en begryp van 'n teks, die bring na eie taal is op sigself deel van 'n gesprek, van saam verstaan: "My 'oorsetting' is plek-plek arbitrêr en sou nog baie aan gewerskaf (gesêskaaf) moes word", skryf Breyten – en hier wys hy ook sy kleur as vertaler; in sy bewustheid van die vertaling as immer onvoltooibare en die etiek van die vertaler wat uiting vind in huiwering.

My vertaling van 'n verdere teks deur Camille de Toledo wat meer spesifiek handel oor identiteit en die besinning oor die poëtika tussen tale en die huidige sosiopolitieke obsessie met klassifikasie, skeiding en outoritêre voorskriftelikheid, het as gis gedien vir 'n verdere gesprek oor vertaling as 'n tussenruimte, 'n plek van "tussenwoordigheid".

À quel moment avons-nous cessé d'être en paix?	Wanneer het die vrede ons verlaat?
Et que faire, maintenant que nous en sommes là, tremblants et tremblés, c'est-à-dire engagés si souvent malgré nous dans le vacillement général des choses?	En wat doen ons noudat ons hier is, bewend en bebewe, dit wil sê so dikwels teen ons sin begewe in die algemene onsekerheid van dinge?
Et aussi, cette question: Que faire des peurs que lève en nous l'inquiétude de ce qui jadis était stable, immobile?	En verder, hierdie vraag: Wat doen ons met die vrese wat hierdie onrustigheid in ons wek van dit wat vroeër stabiel was, onbeweeglik?
Suffit-il de dire à la pierre: Cesse ! Cesse de t'agiter comme un enfant malade! pour que tout revienne: La permanence. Le pays. Le souvenir et la racine.	Is dit genoeg om vir die klip te sê: Hou op! Hou op om te wriemel soos 'n siek kind! sodat alles kan terugkeer: Bestendigheid. Land. Herinnering en wortels.
*	*
Je me suis juré, enfant, de ne jamais écrire ce mot: racine. Je me suis promis de ne jamais croire un instant qu'il y eut, un jour, une origine autre que celle de notre bâtardise et de tous les trous qu'a laissés en nous l'histoire du meurtre.	As kind het ek gesweer dat ek nooit hierdie woord sou skryf nie: wortels. Ek het gesweer dat ek nooit sou glo nie eens 'n oomblik nie dat daar ooit 'n ander oorsprong was as dié van ons verbastering nie en dié van al die gate wat die geskiedenis van moord in ons gelaat het nie.
Trous qui demeurent entre les mots. Je suis de ce parti-là. Le parti de l'entre-des-mots. Celui qui s'empare de la langue en ignorant, à distance de toute maîtrise.	Gate wat agterbly tussen woorde. Dit is my groep. Die groep van die tussen-woordiges. Hy wat 'n taal onbewus syne maak, ver van bemeestering.

Celui qui sait qu'un jour, son savoir, sa sagesse ont été colonisés par les mots d'une langue qui l'a coupé à jamais du reste du monde.	Hy wat op 'n dag besef dat sy wete, sy wysheid gekoloniseer is deur die woorde van 'n taal wat hom vir altyd geskei het van die res van die wêreld.
Et aussi, de ce qui nous manque : L'invisible, ce qui ne peut se dire, ce qui ne pourra jamais être approprié.	En ook, van alles wat ons ontbreek: Die onsigbare, dit wat nie gesê kan word nie, wat nooit aan iemand kan behoort nie.
*	*
Je me suis juré, enfant, de ne jamais écrire ce mot : racine et je tiendrai ma promesse. C'est un mot de la consolation pour ceux qui n'ont plus assez d'esprit pour se tenir, se soutenir, et survivre à ce règne technocratique et animal de la modernité. Je ne les excuse pas. Je ne leur pardonne pas. Tout est là, à leur portée. Et moi aussi, je pourrais être gagné par la peur. Comme eux, j'ai senti l'attraction de ces mots: racine, origine, mais j'ai dressé contre eux un barrage éternel.	As kind het ek gesweer dat ek nooit hierdie woord sou skryf nie: wortels en ek sal my belofte hou. Dit is 'n trooswoord vir hulle wat nie meer genoeg binnegoed het om vas te staan nie, mekaar te ondersteun en te oorleef in hierdie tegnokratiese en dierlike ryk van moderniteit nie. Ek verskoon hulle nie. Ek vergewe hulle nie. Alles is dáár. Binne hulle bereik. En ek kan ook oorwin word deur vrees. Soos hulle, het ek ook die verleiding gevoel van hierdie woorde: wortels, oorsprong, maar ek het 'n vaste muur teen hulle opgerig.
Je me suis juré de défier mes peurs. Ne pas laisser, au fil des ans, grandir l'amertume et la nostalgie.	Ek het gesweer om my vrese te trotseer. Om nie met die verloop van jare bitterheid en nostalgie te laat groei nie.
Ne jamais dire terre ou pays comme s'ils étaient autre chose que des mots volants	Om nooit grond of land te sê asof dit iets anders is as vlugtige woorde nie,
et volés à des ancêtres que nous prenons pour nos pères.	woorde ontvlug van voorvaders wat ons as vaders beskou.

*	*
Parce qu'il est bon de se raconter une histoire, de s'inventer des genèses : Fictions. Fictions innombrables de soi qui s'ajoutent aux strates de toutes les fictions inventées et produites par la machine. Et aussi, ça : veiller contre soi, contre le récit soi-disant de soi et d'un nous imaginaire. Veiller contre l'illusion d'être de quelque part.	Want dit voel goed om 'n storie te vertel, 'n oorsprong te verbeel: Verhale. Ontelbare verhale van die self wat gevoeg word by al die lae verhale uitgedink en geskryf deur die masjien. En verder ook: bedag wees teen die self, teen die sogenaamde verhaal van die self en van 'n verbeelde ons. Bedag wees teen die illusie dat ons van iewers kom.
(Toledo 2011: loc.90–134)	

Breyten reageer soos volg op hierdie teks en vertaling:

> Woorde ontbreek eintlik. Dis 'n baie sterk stuk werk van hierdie Alexis Mital – ek was nie bewus van hom of sy werk nie – en jou vertaling (hoe dóén jy hierdie dinge so vinnig en moeiteloos?) is skitterend – in die sin van ligryk; Die *bebewe...* die *wriemel soos 'n siek kind...* die *die groep van tussen-woordiges* – en nog veel meer: werklike vondse! Mooi, man! Sou dit nie 'n mooi benaming wees vir dié van ons wat op positiewe manier nie wil inthluk nie en tog ook nie heeltemal wil uitthpoeg nie, "die tussen-woordiges"? Ek sou ernstig wil voorstel ons verwys na "veeltaligheid" as "tussen-woordigheid", aanwesig tussen die woorde soos 'n skrynwerker tussen sy werktuie. Die hele gedig is natuurlik 'n viering van die waagsaamheid van verskuiwing. (Korrespondensie: 27 September 2015)

Vertaling as verhouding

Gesprekke, in woorde en beelde en stiltes, oor en tussen vertalings en ander verbasteringe het geleidelik ook iets gevestig van vertaling as verhouding, 'n verhouding wat die wisselwerking daarstel van onderhandeling en aanvaarding en soms ook van afstanddoening. Hierdie benadering beweeg doelbewus weg van die idee van vertaling as verraad of uitsluiting of beperking van betekenisoordrag om die maniere te ondersoek waarop die proses van vertaling telkens 'n essensiële taal skep wat toegang bied tot beide tale as 'n ruimte van onderhandeling en ooreenkoms.

In sy toespraak op 'n Einstein Forum-konferensie met die tema "Why do we believe in self-interest", praat Breyten in 2013 oor poësie en etiek, oor eiebelang, idealisme en illusies. In die inleiding verwys hy na die eerste Dansende Digtersfees: "We proposed as topography [...] the exploration of languages and perhaps the reality that a poem is always a translation, and also the interaction with stones and light and cloth and surfaces" (Breytenbach 2015:156). Hiermee bevestig hy 'n risomatiese voorstelling van vertaling teenoor die algemeen aanvaarde polarisering van brontaal/doeltaal of verinheemsing/vervreemding. As die oorspronklike teks self beskou word as vertaling en verhouding, is dit, soos enige vertaling daarvan, nie absoluut nie, maar 'n benadering tot die uitdrukking van begrip of sin of begeerte. Hierdie verwerping van hiërargiese teleologiese beskouings van vertaling wyk weliswaar af van die norm, maar dit is koherent ten opsigte van Breytenbach se denkwyse en strook ook met dié van denkers soos Walter Benjamin en Édouard Glissant. Soos Benjamin (1991:151) skryf in *Über Sprache überhaupt und über die Sprache des Menschen*:

> Die Übersetzung ist die Überführung der einen Sprache in die andere durch ein Kontinuum von Verwandlungen. Kontinua der Verwandlung, nicht abstrakte Gleichheits- und Ähnlichkeitsbezirke durchmißt die Übersetzung.[5]

As enige teorie my idees oor vertaling moet anker of omarm, sal dit die idee wees van vertaling as verhouding – 'n verhouding wat in beweging, in sy eie wording, gestalte vind. Dit hoef nie wollerig te wees nie. Ek kan my beroep op Glissant en sy teorie van vertaling as verhouding. Ek kan ook gerekende vertalers koöpteer wat hierdie teorie uitbou as

---

5 "Vertaling is die oordrag van een taal in 'n ander deur 'n kontinuum van gedaanteverwisselinge. Vertaling word gekenmerk deur die kontinuïteit van metamorfose en nie deur abstrakte sones van gelykheid en ekwivalensie nie."

praktyk. In 'n teks oor sy vertaling van die werk van Kubaanse skrywer Guillermo Cabrera Infante skryf Albert Bensoussan (s.j.) die volgende:

> Traduire est un acte d'adhésion à l'auteur. Un mouvement de l'esprit qui commande à la plume et celle-ci se soumet et vibre vers l'empathie – ou disons vers l'identification à l'autre. [...] Une œuvre n'est pas séparable de son créateur, et le traducteur, s'il veut accéder à cette empathie qui lui permettra de mieux restituer l'original, doit aussi entrer dans l'intimité de l'auteur, et partager son quotidien.⁶

Maar dit sal in die eerste plek *kristalliseer* (ja, inderdaad soos Stendhal die begrip gebruik in sy essay oor die liefde) in my eie ondervinding. Om te vertaal is om jouself op te los, vloeibaar te maak, te giet in die spore wat 'n ander getrap het deur suiwer sneeu en stink modder. En so word vertaling 'n verhouding, 'n intieme verhouding, liefde – nie as broeiende hartstog nie, maar soos Milly dit beskryf in *People are living there* – as 'n warm holte in die denke van 'n ander "where 'You' is all wrapped up in their thinking and feeling and worrying about 'You'" (Fugard 1970:33). Enige vertaler ken daardie rustelose rondrol van woorde, die konstante teenwoordigheid van 'n ander bewussyn in joune wat jou ontstig, jou ongedurig maak, jou oë uithol en jou droëmond laat soos die skok van 'n liefde wat die voorhang skeur. Die soektog, die huiwering tussen keuses wat duur tot die woorde hulle lêplek kry, deel word van jou, jou maak kyk na die wêreld op hulle manier, jou anders maak, jou verbaster. 'n Intieme woordigheid van die ander in jou sodat sy manier van hoor en sien en dink joune word, jy intuïtief aanvoel waarheen sy woorde mik, sy sinne voltooi, hom ken op die manier wat Hermann Hesse (1959:13) bedoel wanneer hy skryf: "Es zeigt sich, daß Lieben und Kennen nahezu dasselbe sind, daß man den Menschen, den man am meisten liebt, auch am besten kennt."⁷ Aan die

---

6 "Om te vertaal is om die skrywer aan te kleef. 'n Handeling van die gees word oorgedra op die pen wat op sy beurt ontvanklik word en met invoeling vibreer om met die ander te identifiseer. [...] 'n Werk is onskeibaar van sy skepper en as die vertaler toegang wil hê tot hierdie invoeling wat hom in staat sal stel om die oorspronklike beter weer te gee, moet hy die intimiteit van die skrywer betree en hom in sy daaglikse bestaan leer ken."

7 "'n Mens kan sien dat liefhê en ken nagenoeg dieselfde is, deurdat jy die mense wat jy die liefste het, ook die beste ken."

een kant impliseer dit vertroue, en aan die ander kant, ontvanklikheid. Verder is dit ook die beweging van een geheel na 'n ander. Dit beteken dat die vertaler sy aktiwiteit nie beperk tot dié van die teks nie, maar dat hy in vereenselwiging met die skrywer soek na die eerste ontvlamming, die fassinasie of energie waaruit die teks ontstaan het en die ervaring van die skrywer herleef. Dit gaan dus oor 'n heelwat dieper en wyer veld as die verhouding van een teks tot 'n ander.

> Die brontaal is dikwels net 'n ekstra gegewe – 'n dieper klank – vir die vertaler. Maar ek gaan natuurlik uit van die bewegende standpunt dat 'n woord veel meer gestalte aanneem deur die omliggende en voorafgaande, die ritme en kleur en tekstuur en spronge en assonansies, uiteindelik die dinamiese andersmaak wat harmonie is – as deur die powere totalitarisme van etimologiese betekenis. Betekening is betekenis. (Breytenbach in De Vries 2018)

Vertaling hoef nie verraad te wees nie, maar dit is in wese transgressief, soos enige begeerte. Dit breek grense af tussen woorde, stilte tussen kulture en word gevul met dieselfde verlange om weerstand te oorkom, geheime te ontbloot, betekenis en begrip tot in die murg oop te kloof. Die tussenwoordigheid van 'n ander in die denke van 'n vertaler is, soos die aanwesigheid van die geliefde, nie vervreemding nie, maar verering. Dit is ook nie besitname of onteiening nie. Eerder as om herhaaldelik dieselfde deskriptiewe of normatiewe vertaalteorieë klakkeloos in te span as "raamwerk" vir pseudowetenskaplike besprekings van vertaling, kan die vertaler moontlik inspirasie put uit filosofiese modelle van die verhouding tussen self en ander: Vertaling as wedersydse verruiming. Want mekaar saam anders maak, kan seker soms ook beteken dat 'n mens mekaar saam moerig maak. Of net moeg. Daarom baat dit om te dink aan vertaling as 'n verhouding waarin die ander nie verower word nie, waar beide self en ander bereid is om hulle eie middelpunt te verskuif na 'n tussenruimte waar daar, in sowel die verklaring as die ontvangs, genoeg skiet gegee word om ruimte te laat vir word. Dit gaan nie oor versmelting en gepaardgaande verlies aan identiteit nie, maar oor samekoms, die teenwoordigheid van die self in die ander omdat jy jouself weerkaats sien in sy oë – en daarom ook anders na jouself kyk;

'n verborge onderhandeling, soos Philippe Jaccottet dit noem. Rigiede posisionering van vervreemding en verinheemsing is in hierdie benadering nie meer ter sake nie.

Besitname van die ander deur vertaling, is egter ook 'n moontlikheid. Dit kan op verskeie maniere gedoen en ook verdoesel word. En dit is natuurlik geen nuwe tendens nie. In *Die Fröhliche Wissenschaft* gee Nietzsche (1954:91) 'n pynlik akkurate beskrywing van die vertaalimperialisme van die Romeine:

> Sie kannten den Genuß des historischen Sinns nicht; das Vergangene und Fremde war ihnen peinlich, und als Römern ein Anreiz zu einer römischen Eroberung. In der Tat, man eroberte damals, wenn man übersetzte – nicht nur so, daß man das Historische wegließ: nein, man fügte die Anspielung auf das Gegenwärtige hinzu, man strich vor allem den Namen des Dichters hinweg und setzte den eignen an seine Stelle – nicht im Gefühl des Diebstahls, sondern mit dem allerbesten Gewissen des *imperium Romanum*.[8]

In die 1997-onderhoud oor vertaling wil dit voorkom of Breytenbach vertaling ook nie heeltemal aanvaar as 'n onbaatsugtige vorm van liefde nie en neig na die idee van vertaling as besitname en selfs verorbering. "Yes, translating a poem, translating any text, is an act of love, in the same way as writing is an act of love, but it is also an act of appropriation" (in Dimitriu 1997:78). Hy stel dit gelyk aan 'n verhouding gevestig in gee en neem wat gedryf word deur die behoefte aan kennis en begrip. Terwyl hy in dieselfde onderhoud na die vertaalde teks verwys as "hibridisering" en as "métissage", kan 'n mens effens swartgallig saam met Victor Segalen wonder of verbastering as proses dan nie altyd negatief sal wees nie, aangesien die verdraging en insluiting van die vreemde noodwendig lei na 'n wêreld van afplatting en "wederkerende

---

[8] "Hulle het nie die bevrediging geken van 'n geskiedkundige besef nie; die verlede en die vreemde was vir hulle ewe pynlik en as Romeine was dit vir hulle 'n aansporing tot Romeinse verowering. Dit was inderdaad die geval dat vertaling destyds neergekom het op verowering – nie net op grond daarvan dat die geskiedkundige aspekte weggelaat is nie; nee, verwysing na die hede is toegevoeg, en in die eerste plek is die naam van die digter uitgevee en die vertaler se eie in die plek daarvan geskryf – nie met 'n gevoel van diefstal nie, maar met die allerbeste gewete van die *imperium Romanum*."

absorpsie" waar dit nie meer moontlik is om die ander, die vreemde, te herken nie. Alhoewel Breytenbach hier die begeerte na kennis gelykstel aan vertering van die ander, lei die idee van 'n soeke hom ten slotte terug na die liefde op grond van die gedurige versugting na 'n verlore ongeskondenheid, na heelheid, wat uitgedruk word deur die vertaalproses.

Hierdie soeke na eenheid neem ons ook weer terug na die idee van vertaling as transgressie omdat dit terugverwys na die oorspronklike hunkering van die mens om te ontsnap aan sy eie beperkinge; dieselfde hunkering waaroor Plato praat in sy *Simposium*, dieselfde transgressie wat Georges Batailles beskryf in *L'Érotisme* as die begeerte om in eenwording met die geliefde te ontsnap aan die foltering van ewigdurende gebroke individualiteit. Emmanuel Levinas se beskrywing van die verhouding tussen self en ander (hier verwoord deur Alain Finkielkraut 1988:96) laat geen besitname of verorbering van die ander toe nie.

> [...] comme dans l'amour, c'est quand l'Autre est abordé de face que la pensée a une chance de s'ouvrir à une vérité nouvelle; c'est quand l'Autre est englobé, que la pensée ressasse ses propres certitudes et constitue [...] une menace pour la vie.[9]

Vertaling is kompulsief, soms selfs obsessief en deel met menslike liefde die eienskap van onvolmaaktheid, van onvoltooibaarheid, van eindelose, onbeproefde moontlikhede. In *La Semaison*, die versameling van Jaccottet se notaboeke van 1954 tot 1979 (1984: loc. 1995), skryf hy oor die ongedurigheid van die vertaling:

> Ai-je si parfaitement saisi certaines "échappées" que j'aie le droit de ne pas poursuivre le travail de les mieux traduire? Ou est-ce vraiment qu'elles peuvent "se dire" mais non pas "être dites", qu'elles doivent se frayer un chemin à travers moi, non pas être saisies?[10]

---

9 "[...] soos met die liefde, is dit wanneer die Ander van aangesig tot aangesig benader word dat die verstand 'n kans het om bewus te word van 'n nuwe waarheid; wanneer die Ander ingesluk word bevestig die bewussyn net sy eie sekerhede [...]"

10 "Het ek sekere 'voortvlugtige fragmente' so goed vasgevang dat ek die reg het om nie die werk voort te sit van 'n beter vertaling nie? Of is dit werklik dat hulle 'verwoord' kan word maar nie 'gesê' kan word nie, dat hulle deur my hulle weg moet baan sonder om vasgepen te word?"

Ten slotte

Vertaling in of uit 'n taal soos Afrikaans skep 'n besonder intense, gloeiende energie omdat die taal op grond van sy basteroorsprong soveel raakvlakke het. Dit is 'n taal wat reeds in Glissant se terme 'n "taal van verhoudings" is en daarom oor die potensiaal beskik om die tale waarmee dit in verband gebring word op onvoorspelbare maniere te verryk. Tale, soos mense, kan nie in vandag se wêreld bestaan as skeibare sisteme nie. Alle tale vorm deel van die menslike potensiaal vir verbeelding en verwoording, en wanneer 'n taal wegval of gesmoor word, verminder hierdie potensiaal dienooreenkomstig. Dit is 'n permanente verlies wat nie goedgemaak kan word nie. Omdat tale deel is van die menslike geheel, is 'n eng gelykstelling van taal en identiteit nie vir denkers soos Glissant aanvaarbaar nie; 'n vlak en stiksiende beskouing van tale wat neig na eentaligheid en die onderdrukking van minderheidstale wat gedryf word deur politieke belang, die vrees vir kompleksiteit of blote arrogansie. Volgens Glissant (in Gauvin 1992:12), is mense wat nie in staat is om die problematiek van taal te begryp ook nie in staat om die problematiek van die wêreld te verbeel nie. Breytenbach se vurige vlymskerp reaksie teen die verdagmaking en die geleidelike wegwerking van Afrikaans, veral aan universiteite, moet bepaald in hierdie lig gesien word en kan nie geskei word van sy ewe vurige verdediging van en aktiewe bydrae tot die vertaling van poësie in Afrika nie. Vertaling is 'n ryp en ryk teelaarde waarin en waardeur verhoudings geskep en gevestig word en die grondbeginsels van vertaling is onlosmaaklik gekoppel aan die prokreatiewe wisselwerking waarin alle tale ten opsigte van mekaar staan. Daarom is vertaling ten slotte altyd 'n soektog na die self in die ander, en ook omgekeerd, soos blyk uit hierdie vertaling deur Breytenbach van 'n gedig van Edmon Jabès.

Je suis à la recherche	Ek is op soek
d'un homme que je ne connais pas,	na 'n man wat ek nie ken nie,
qui jamais ne fut tant moi-même	wat nog nooit soveel *ek* was
que depuis que je le cherche.	as sedert ek hom soek nie.

Edmond Jabès en Breyten Breytenbach (Korrespondensie: 30 April 2018)

BRONNELYS

Baudelaire, Charles. 1885. Réflexions sur quelques-uns de mes contemporains. Œuvres complètes. Tome III. Parys: Calmann Lévy.

Benjamin, Walter. 1991. *Über Sprache überhaupt und über die Sprache des Menschen. Gesammelte Schriften.* Vol. II-1. Frankfurt a.M.: Suhrkamp.
Bensoussan, Albert. s.j. Écrire *l'Auteur, décrire l'Autre. Libros de España.* http://www.newspanishbooks.fr/article-de-fond/albert-bensoussan-crire-l-auteur-d-crire-l-autreu [30 Desember 2017].
Breytenbach, Breyten. 1964. *Katastrofes.* Johannesburg: Afrikaanse Pers-Boekhandel.
Breytenbach, Breyten. 1974. *De boom achter de maan.* Vertaling deur Adriaan van Dis. Amsterdam: Van Gennep.
Breytenbach, Breyten. 1980. *Die miernes swel op ja die fox-terrier kry 'n weekend en ander byna vergete katastrofes en fragmente uit 'n ou manuskrip.* Emmarentia: Taurus.
Breytenbach, Breyten. 2015. *Parool/Parole. Versamelde toesprake/Collected speeches.* Kaapstad: Penguin Books.
Danielson, J.D. 1987. Borges on translation: Encoding the cryptic equation. *The Comparatist,* 11(Mei):76–85.
De Vries, Willem. 2018. Die werklike dialoog tussen Nederlands en Afrikaans as anderselwige gelykes begin nou eers. Onderhoud met Breyten Breytenbach. *Voertaal.* https://voertaal.nu/die-werklike-dialoog-tussen-nederlands-en-afrikaans-anderselwige-gelykes-begin-nou-eers-breyten-breytenbach/ [16 Junie 2018].
Dimitriu, Ileana. 1997. Approaches to translation: Interview with Breyten Breytenbach. *Current Writing. Text and reception in Southern Africa,* 9(1):68–96.
Esterhuizen, Louis. 2013. Onderhoud met Breyten Breytenbach, kurator van die Dansende Digtersfees. http://versindaba.co.za/2013/03/02/onderhoud-met-breyten-breytenbach-kurator-van-die-dansende-digtersfees/ [15 Maart 2018].
Finkielkraut, Alain. 1988. *La Sagesse de l'amour.* Parys: Gallimard (Folio).
Fugard, Athol. 1970. *People are living there.* Oxford: Oxford University Press.
Gauvin, Lise. 1992. L'imaginaire des langues: Entretien avec Édouard Glissant. *Études françaises,* 28(2/3):11–22. doi:10.7202/035877ar.
Glissant, Édouard. 1995. Traduire: relire, relier. Conférence inaugurale d'Édouard Glissant, Onzièmes assises de la traduction littéraire (Arles 1994). Arles: Actes Sud.
Hesse, Hermann. 1959. *Freund Peter: Bericht an die Freunde.* Zürich: Gebr. Fretz AG.
Houellebecq, Michel. 2012. *Tagtig gedigte en twee essays.* Met 'n voorwoord deur Gavin Bowd. Vertaal deur Catherine du Toit en medewerkers. Pretoria: Hond.
Hurley, Andrew. 1999. What I lost when I translated Jorge Luis Borges. *Cadernos de Tradução,* 1(4):289–303. doi:10.5007/5535.
Jabès, Edmond. 1947. *Chansons pour le repas de l'ogre.* Parys: Seghers.
Jaccottet, Philippe. 1984. *La Semaison. Carnets 1954–1979.* Parys: Gallimard. (Kindle-weergawe).
Lombez, Christine. 2003. Traduire en poète. Philippe Jaccottet, Armand Robin, Samuel Beckett. *Poétique,* 135: 355–379. doi:10.3917/poeti.135.0355.
Nietzsche, Friedrich. 1954. *Die Fröliche Wissenschaft.* Werke in drei Bänden. Band 2. München: Karl Schlechta.
Paz, Octavio. 1992. Translation: Literature and letters. Vertaling deur Irene del Corral. In Rainer Schulte & John Biguenet (reds.). *Theories of translation: An anthology of essays from Dryden to Derrida.* Chicago: University of Chicago Press. bl. 152–162.

Petillon, Monique. 1997. Les "transactions secrètes" de Philippe Jaccottet. Onderhoud met Jaccottet. *Le Monde*, 21 Maart.
Roberts, Gregg, Leite, Jamie & Wade, Ofelia. 2017. Monolingualism is the illiteracy of the twenty-first century. *Hispania*, 100(5):116–118.
Toledo de, Camille. 2011. *L'inquiétude d'être au monde*. Lagrasse: Éditions Verdier. (Kindle-weergawe).
Toledo de, Camille. 2014. *Oublier, trahir puis disparaître*. Paris: Éditions du Seuil. (Kindle-weergawe).
Valéry, Paul. 1974. *Cahiers*. Tome II. Parys: NRF, Bibliothèque de la Pléiade.

OOR DIE SKRYWER
Catherine du Toit is professor in Frans en vergelykende letterkunde aan die Universiteit Stellenbosch. As navorser in die letterkunde, het sy die werk en lewe van die Franse skrywer Henri-Pierre Roché (1879–1959) in diepte ondersoek en daaraan meegewerk om hierdie rare figuur aan 'n groter publiek bekend te stel. Verder werk sy hoofsaaklik aan temas in die hedendaagse letterkunde in Frans, maar ook in 'n vergelykende konteks in Duits, Afrikaans en Engels. Temas wat haar boei, sluit in diere en die natuur, die manier waarop die menslike verouderingsproses in die letterkunde uitgebeeld word, misdaadfiksie en verval. Sy is ietwat van 'n kompulsiewe vertaler. Haar gepubliseerde vertalings sluit werke in deur Breyten Breytenbach, Michel Houellebecq, Jean-Joseph Rabearivelo, Marlene van Niekerk, Nimrod en Arthur Rimbaud.

7
Uit die stilte: Breyten Breytenbach, Karel Schoeman, Arvo Pärt
Johann Rossouw

'n Persoonlike vertrekpunt

Uit die donker van die Franse wintersoggend, uit die koue wit mis, doem die swart figure een ná die ander op in die doflig. Stilswyend buig hulle in pare by die ingang van die *dojo*[1] na die altaar in die middel van die vertrek, buig hulle met die handpalms teenmekaar voor die stil glimmende Boeddha op die altaar, buig hulle voor die leë self wat binnekort weer eerstehands beleef sal word. In swart kimono's vind hulle hul weg na waar hul swart *zafu*[2] wag, neem die *zafu* op, plaas dit in lyn met die persoon aan hul regterkant en neem kruisbeen op die *zafu* plaas, rug reguit, ken ingetrek, blik afgewend. Geleidelik word die stilte volkome, word die laaste kimono's ritselend reggevou vir die sitting, tot net die massa geluidlose asemhaling bly. 'n Ghong word geslaan, die diep klank eggo, sterf dan weg. 'n Stokkie wierook word op die altaar aangesteek, die meester neem sy plek in, 'n ghong word weer geslaan. Dan is die sitting in gang, word die reis inwaarts hervat.

---

1 'n Japannese term wat vertaal kan word as "plek van die Weg". In die Sōtō Zen-Boeddhistiese tradisie – die tradisie wat Breytenbach tydens die skryf van *Met ander woorde* beoefen het – is die *dojo* die vertrek wat vir meditasie gebruik word. Die Sōtō Zen-skool is een van die twee bekendste Japanse Zen-skole, die tweede synde die Rinzai Zen-skool. Die Rinzai-skool is in 1191 in Japan gevestig deur die Chinese priester Ensai, terwyl die Sōtō-skool in 1227 na sy terugkeer uit China na Japan gestig is deur Dōgen (1200–1253). Albei skole streef uiteraard die Boeddhistiese ideaal van verligting na, dog met verskillende benaderings. In die Rinzai-skool gee die meester telkens aan die leerling 'n raaisel (in Japannees bekend as 'n *koan*), waarvan die antwoord normaalweg intuïtief tydens meditasie, eerder as deur dialektiese logika, gevind word. Die Sōtō-skool plaas die klem daarenteen op meditasie as sodanig, en gaan van die vertrekpunt uit dat om met volle aandag te mediteer, reeds is om verligting te ervaar. In die verlenging hiervan maak die Boeddhistiese skrywer Rob Nairn (1997:48) die volgende opmerking oor meditasie, wat tegelyk ook 'n goeie aanduiding is van wat verligting beteken: *Meditasie is om te weet wat gebeur / terwyl dit gebeur, ongeag wat dit is.*

2 *Zafu* is die Japannese term vir die ronde swart kussing waarop tydens meditasie gesit word.

Só beskryf Breytenbach sy ervaring van 'n meditasiesitting in gedig
38 van *Met ander woorde vrugte van die droom van stilte* (1973):[3]

daar waar jy jou in stilte gaan vou
om soos 'n kers te groei
daar baken jy 'n heilige
want intieme
ruimte af
hier is die vlaktes jou maat[4]
en heuwels 'n kussing onder die boude[5]
die oseaan die deur waar jy éérs buig[6]

3 Hierna afgekort as *MAW*. Ofskoon Breytenbach beslis nie 'n digter is wat graag sy gedigte probeer verduidelik nie, is dit opmerklik dat hy op heel ongebruiklike wyse hierdie bundel voorsien van 'n inleidende, toeligtende brief aan "André" (vermoedelik André P. Brink). Sy motivering vir die brief is dat "[ek] met die brief [iets] probeer doen wat my in beginsel teen die bors stuit: 'n inleiding skryf, die werk 'plaas', agtergrondsinligting verskaf…" (1973: v). Hy dui aan dat voorgenoemde nie soseer vir André bedoel is nie – "want ek weet jy ken reeds die hellings en van die spitse van hierdie wêreld" – maar dat sy "halfhartige eksegese […] bedoel [is] vir die eventuele lésers" (v). Gegewe die feit dat die oorgrote meerderheid Afrikaanse lesers in daardie jare aanhangers van die Protestantse Christendom was en hoogs waarskynlik min kennis had van die Zen-Boeddhisme, is dit te verstane dat die brief grootliks bestaan uit 'n oorsig oor die Zen-Boeddhisme, maar van groter belang vir die doeleindes van hierdie opstel is Breytenbach se verwysings na die bron van hierdie gedigte, naamlik sy meditasiepraktyk, soos reeds aangekondig in die tweede helfte van die titel van die bundel, naamlik *vrugte van die droom van stilte*. So verwoord hy dit in die inleidingsbrief: "[W]at hier staan [is] nie 'n beskrywing van satori [verligting] nie […] maar slegs fragmentariese min-of-meer chronologiese notisies van my eie vaart tot dusver" (vi). En, in die volgende paragraaf: "Want dié versameling woorde – of die verwoorde (af)staměling – probeer 'n gedeeltelike weergawe wees van my ervaring van *zazen*, en *zazen* beteken net om te sit en mediteer. (*za*, om kruisbeen te sit; *zen*, 'n algehele toespitsing. Ek sou die boek OM TE SIT kon noem!)."

Vanaf September 2001 tot April 2011 het ek self die Sōtō Zen-Boeddhisme beoefen in dieselfde *sangha* ("gemeenskap van dié wat die Weg beoefen") as Breytenbach vroeër – eers as leek, toe as gewyde *bodhisattva* (onder meer "die een wat ander se verligting voors sy eie stel"), toe as gewyde monnik, en wel onder leiding van meester Roland Yūno Rech, wie se meester Taisen Deshimaru was, oftewel dieselfde meester onder wie Breytenbach die praktyk beoefen het, en wat in 1967 die Sōtō Zen vanuit Japan na Europa gebring het. Hierdie fase van my eie geestelike en skeppende pad is gevolg deur my bekering tot die Ortodokse Christendom, waarvan die daaglikse beoefening van stilgebed ("hesigasme", afgelei van die Griekse woord *hesigia*, oftewel stilheid) 'n integrale deel is. Dit is vanuit dié ervaring van die toegewyde, gekonsentreerde beoefening van stilte as voorwaarde van skeppendheid dat ek in hierdie opstel met Breytenbach se ervaring daarvan in gesprek tree.

4 'n Moontlike verwysing na die vloer van die *dojo* as metafoor vir die vlaktes van sekere Suid-Afrikaanse landskappe, waarna soms as leegtes verwys word, en waarvan die leegheid as Boeddhistiese beskouing van die dinamiese, nie-essensiële aard van die werklikheid hier 'n positiewe betekenislading kry.

5 Die *zafu* waarop tydens *zazen* gesit word.

6 Die ingang van die *dojo* as metafoor vir die opening van die plek waar die werklikheid na sy onbeperkte aard soos die oseaan ervaar sal word tydens *zazen*.

die lug 'n wand waar jou oë sal kyk
om nie afgetrek te word deur sien nie[7]
en die bergreeks dáár 'n tafel
vir maanstingels wierookstokkies
met die gloeipunte sterre bó[8]

dit is jou oneindig wentelende tempel
jou sirkel rondom die ewigheid
van verval[9]
en hier moet jy hurk in die stilte se voue
om in wete soos 'n vlam uit te brand[10]

Op hierdie wintersoggend sit ek, deels danksy Breytenbach, in hierdie reuse-*dojo* saam met driehonderd-en-vyftig ander mense in volkome stilte, by die tempel wat in die laaste jare van Deshimaru se lewe aangekoop en ingerig is op 'n ou landgoed op die Franse platteland naby die Loire-vallei. Op hierdie wintersoggend sit ek, deels danksy Breytenbach, in hierdie *dojo*, want soos sy betowering vanaf laat in die hoërskool van my besit geneem het, het ook die aantrekkingskrag van hierdie tradisie wat so integraal tot sy lewe en werk is, my meegevoer. Op hierdie wintersoggend sit ek in hierdie *dojo*, op die ouderdom van twee-en-dertig omdat ek vaagweg verstaan dat wie wil skep, stil moet word en die self ledig. Meester Dōgen, dertiende-eeuse reus van die Sōtō Zen: "To learn the Buddha's truth is to learn ourselves. To learn ourselves is to forget ourselves. To forget ourselves is to be experienced by the myriad dharmas."[11] (Dōgen 1994:34)

---

7 'n Verwysing na die praktyk om tydens *zazen* met neergeslane blik op die mat of vloer van die *dojo* voor jou te kyk sonder om op enigiets spesifiek te fokus sodat jou leë blik as 't ware self reeds 'n belyning met die leegheid van die werklikheid is.
8 Die altaar in die middel van die *dojo* waarop 'n Boeddha-beeld staan, met 'n bakkie sand daarvoor waarin wierook gebrand word, word hier met die metafoor van 'n bergreeks en sterre benoem, wat ook dalk kan dui op die feit dat hoewel die praktyk van *zazen* met hierdie liggaamgees in hierdie *dojo* op hierdie aarde hier-en-nou beoefen word, 'n mens jou deur middel van dié praktyk tegelyk belyn met die groter kosmos self, waarvan die maan en sterre hier metafore is.
9 'n Verwysing na die Boeddhistiese siening dat die werklikheid ten diepste verganklik is.
10 Die een wat deur die praktyk van *zazen* van die verganklikheid van die werklikheid bewus word, verwerf 'n wete wat per definisie 'n besef van sy of haar eie verganklikheid insluit, aangesien hy of sy uiteraard ook deel van dieselfde werklikheid is.
11 Die Sanskrit-begrip *dharma* is miskien ewe ryk aan betekenis en ewe moeilik om te vertaal as die Griekse *logos*. Vir die doeleindes van hierdie opstel is die mees gepaste vertaling dalk "die wysheid of die waarheid van die Weg van die Boeddha".

Om stil te word is om leeg te word, is om 'n geleibuis te word, is om te skep, sou ek metterjare proefondervindelik vasstel.[12]

Dat ek op hierdie wintersoggend in hierdie *dojo* sit, skyn by nabaat in die sterre geskryf te staan. Twaalf jaar tevore koop ek, op aanbeveling van 'n vriend met beursgeld by die nou vergane Exclusive Books in Sunnypark in Pretoria, by 'n ander vriend, wie se pa hom reeds in sy jeug ontval het en wat nou self na 'n beroerte in 'n rolstoel die pa van twee seuns is, Robert M. Pirsig se *Zen and the art of motorcycle maintenance* (1974) en lees ek op die blou omslag waarop 'n wit lotusblom uit 'n grys moersleutel groei: "This book will change the way you think and feel about your life". Ondanks al die verlore tyd en verdwynende herinneringe is my herinnering van hierdie woorde juis, heel moontlik omdat die woorde juis was – die boek hét my lewe verander, my toe al bedag gemaak op hoe 'n hele lewe oopgaan vir wie indagtig lewe. (Sou Sokrates se beroemde "The unexamined life is not worth living", dan nie wel mooi vertaal as "Die onbedagte lewe is nie die lewe werd nie"?) En hoe word die onbedagte anders tot die lewe self omgewerk as deur volgehoue indagtigheid, volgehoue terugkeer tot die stilte, soos dit ook elke Sondag in die goddelike liturgie van St. Johannes Chrisostomos in die Ortodokse Kerk oor en oor in die pleitgebede opklink: "Laat ons keer op keer in vrede bid tot die Heer"? Breytenbach skryf só oor die tyd in gedig 41 van *MAW*:

> want daar is net drie tye:
> die verlore tyd
> die toekomstige tyd
> die hele tyd

---

12 Die vraag is al aan my gestel wat dit is wat in die beoefening van stilte gebeur, wat skeppendheid aanhelp. Dit is nie dat ek onwillig is om die vraag te antwoord nie, maar dit is nie so maklik nie – deels omdat geen twee sessies van *zazen* of hesigasme eenders is nie, deels omdat 'n mens per definisie nie kan verwoord wat met jou gebeur wanneer jy met die buitewoordelike en selfs met die Woord omgaan nie. Wat ek wel kan sê, is dat hierdie soort toegespitste selflediging na my ervaring help om die soort selfbewustheid wat vir die skryfproses dodelik kan wees, af te takel. Daardie soort selfbewustheid is wat gebeur wanneer jy oormatig bewus word van die feit dat jy probeer skryf, of van jouself, en wat manifesteer in vrae soos: Is dit wat ek nou skryf die moeite werd? Hoekom skryf ek? Wie stel nou belang daarin om te lees wat ék skryf?

Voorts kan ek daarvan getuig dat gereelde stiltebeoefening my gedagtes makliker laat vloei, en my in staat stel om verbande te trek wat vir my verrassend is – hier dink ek aan 'n definisie van skeppendheid wat ek iewers gelees het, waarvolgens skeppendheid die vermoë is om verbande te trek tussen dinge wat nie ooglopend is nie. Ek het dit al dikwels ervaar wanneer ek met my daaglikse swemsessie besig is – dit is asof om op te hou om bewustelik te dink jou in staat stel om toegang te kry tot 'n sinvolle, meesal onbewuste gedagteproses. Maar uiteindelik vrees ek dat hierdie opmerkings bra voorlopig, sketsmatig en ontoereikend is – miskien omdat dit die naaste is wat 'n mens kan kom aan 'n sinvolle reaksie op die bronne van ons skeppendheid.

Die hele tyd, sou ek ook op daardie wintersoggend in die *dojo* vasstel, gaan die tyd verlore, terwyl die tyd nog kom vanuit die toekoms – eers later sou ek verstaan onder leiding van hom, danksy wie ek ook op hierdie wintersoggend in hierdie *dojo* sit – Karel Schoeman – hy wat my die een Zen-Boeddhistiese aanhaling ná die ander in ons briefwisseling gestuur het, hy wat my sy eksemplaar van die *Tao te ching* gegee het, hy wat met sy Afrikaanse vertaling van Nairn se *'n Stil gemoed: 'n Inleiding in die Boeddhisme en die meditasie,* my die Sōtō Zen-Boeddhisme help inlei het, hy wat gemaak het dat ek daardie oggend op die ouderdom van agt-en-twintig, met Nairn se boekie, met die instruksies agter in, in die hand begin sit het, en dit aanhoudend bly doen het, al het ek elke moontlike fout in die boek gemaak, hy deur wie, en deur wie se werk, ek metterjare sou verstaan hoe die verlore tyd dikwels amper die hele tyd van 'n mens besit kan neem namate jy proefondervindelik vasstel dat verlies metterjare toeneem – verlies aan ideale, verlies aan vriende, verlies aan plekke, verlies van 'n taal, van skoonheid, van die self.

Miskien is dit dan eers, soos Dōgen skryf, dat tallose dinge deur jou verwesenlik word en jy oplaas tog kan begin skep, of dan in my geval, skryf. Op die keper beskou, was my eie reis inwaarts bloot mý persoonlike ervaring van die pad wat elke pelgrim moet stap. Al stap almal die Camino, stap niemand dieselfde Camino nie. Hoe ook al: terug na die begin.

Arvo Pärt

In Peter C. Bouteneff (2015) se *Arvo Pärt: Out of silence* word vertel hoe Pärt die sleutel gevind het om die musiek te skryf waarvoor hy die wêreld se mees uitgevoerde, lewende komponis sou word. In 1967, nadat hy enkele jare gekomponeer het in die moderne en serialistiese[13] musiek waarin hy opgelei is, kan hy nie meer nie. Hy beleef 'n krisis, veral geestelik – watter krisis is nie ten diepste geestelik nie? In hierdie

---

13 Die *Encyclopedia Britannica* omskryf serialistiese musiek soos volg: "Serialism, in music, technique that has been used in some musical compositions roughly since World War I. Strictly speaking, a serial pattern in music is merely one that repeats over and over for a significant stretch of a composition." (Serialism s.j.) Van die bekendste serialistiese komponiste is Arnold Schoenberg (1874–1951), Pierre Boulez (1925–2016) en Karlheinz Stockhausen (1928–2007).

tyd begin hy die Kerkvaders lees, asook die *Filokalia*.[14] Hy ontdek die hesigasme (kyk voetnoot 3) en begin dit beoefen, terwyl hy kloosters gereeld besoek. Ook luister hy in dié tyd na sakrale musiek – koorwerke, Middeleeuse musiek, Gregoriaanse gesange. Hy besef dat om biddend te luister na musiek wat uit gebed gebore is, die sleutel tot die verstaan daarvan is. Die Ortodokse teoloog en musikoloog Bouteneff (2015:48) beskryf Pärt se geestelike reis in daardie fase van sy lewe soos volg:

> [H]y het begin insien dat 'n mens nie die diepgang van Gregoriaanse dreunsang of ander sakrale musiek na waarde kan skat sonder om die geestelike karakter daarvan in ag te neem nie, en spesifiek dan die geworteldheid daarvan in *gebed*. Gevolglik het hy die asketiese etos en geloof waaruit daardie musiek kom, probeer verstaan om dit op een of ander manier sy eie te maak. (oorspronklike beklemtoning)[15] [16]

Bouteneff (2015:99) haal Pärt aan oor die verband tussen hesigasme en skeppendheid, wat nog nader, na analogie van die Christelike skeppingsbegrip, geformuleer is:

> Voor 'n mens iets sê, is dit miskien beter om niks te sê nie. My musiek het slegs na vore gekom nadat ek vir 'n aansienlike tyd stil was. Letterlik stil. Vir my beteken "stil" die "niks" waaruit God die wêreld geskep het.[17]

Dan, in Februarie 1976, met al hierdie insigte uiteindelik geïntegreer, kom die deurbraak en skryf hy die eerste van die musiek waarvoor hy bekend sou word, *Für Alina*. Op gevaar daarvan af om ongefundeerde

---

14 Die *Filokalia* is 'n versameling tekste uit die geskrifte van Ortodokse meesters van die hesigasme, geskryf tussen die vierde en die vyftiende eeu. Naas die Bybel is dit steeds die mees gelese boek in die Ortodokse Kerk.
15 Aanhalings uit Engelse bronne word in die teks in my Afrikaanse vertaling aangebied. Die oorspronklike Engelse aanhaling verskyn telkens in 'n voetnoot.
16 "[H]e began to realize that one cannot truly apprehend the depth of Gregorian chant or of other sacred music without taking a fuller account of its spiritual character, specifically its rootedness in *prayer*. As a result he sought to understand and in some way to enter into the ascetical ethos and faith out of which that music came." (oorspronklike beklemtoning)
17 "Before one says something, perhaps it is better to say nothing. My music has emerged only after I have been silent for quite some time. Literally silent. For me 'silent' means the 'nothing' from which God created the world."

musikologiese uitsprake oor die musiek van hierdie tweede fase[18] van Pärt se loopbaan te maak, volstaan ek met 'n aanhaling uit Bouteneff se hoogs insiggewende studie, waarin ook breedvoerig aandag gegee word aan ander literatuur oor Pärt en sy musiek:

> Kritici en waarnemers roep ander beelde op om die twee eienskappe wat in Pärt se komposisies byeengehou word, mee te beskryf: Die een is die weerlose menslike stem wat afdwaal en soms gepynig is; die ander is die stabiele goddelike of engelestem wat vertroos.[19] [20]

Pärt se weg demonstreer wat Breytenbach en Schoeman ook sou vasstel: Om te skep is dit nodig om stil te word, om die self te ledig sodat jy 'n geleibuis word waardeur tallose dinge verwesenlik kan word. Nog meer: Om te verstaan wat uit die stilte geskep is en om self sulke kuns te kan skep, moet die *praktyk van stilte* self beoefen word. Breytenbach in gedig 34 van *MAW*:

> skuite vaar op water
> hierdie skrywe is
> ervaring op skrif
> en niks meer
>
> of net nét duskant die stilte

Dōgen skryf oor die boot en die self:

> Deur in die boot te ry, is 'n mens se liggaam en gees, en die self en die wêreld tesame die dinamiese funksie van die boot. Die ganse aarde en die hele leë lug is een met die boot se lewenskragtige in-

---

18 Pärt self beskryf die musikale styl van hierdie tweede fase van sy loopbaan met die term *tintinnabuli* (die meervoud van die Latynse term *tintinnabulum*, oftewel "'n klok"). Vir nadere toeligting van die term en verwysings na bronne waarin dit deur Pärt self of deur kommentators op sy werk beskryf word, kyk na die Wikipedia-inskrywing hieroor (tintinnabuli s.j.).

19 Om die tweestemmige aard van die musiek van Pärt se tweede fase vir die leser duideliker te maak, is dit voldoende om na *Für Alina* te luister, 'n elegiese werk vir solo-klavier waar die twee stemme of motiewe onderskeidelik deur die linker- en die regterhand gespeel word.

20 "Critics and observers have invoked other images for the two qualities held together in Pärt's compositions: One is the vulnerable, human voice that is straying and sometimes pained, the other is the stable, divine or angelic voice that consoles." (Bouteneff 2015:141)

spanning. So is die ek wat die lewe is, so is die lewe wat die ek is. (aangehaal in Kim 2012:156)[21]

In gedig 34 hier bo is ervaring miskien soos om te vaar op die werklikheid wat tegelyk so ondersteunend én so vloeibaar soos water vir 'n skuit is, waarvan die gedig die boekstawing is. Of is om te skryf soos 'n net waarvoor gedigte soos visse die vrug van die see, die vrug van stilte is?

Karel Schoeman

Dit is gewis die insig waartoe die digter Adriaan, die hoofkarakter in Schoeman se *Afskeid en vertrek* (1990), kom – in die windstilte meegebring deur die kombinasie van sy geliefde wat hom verlaat het en die verskyning van sy nuwe digbundel, rou hy, onttrek hy hom, soek hy die stilte van sy huis op, en ontdek hy algaande dat om bloot te wees, is om bewus te word van hoe vernuwing en skepping weer kan gebeur:

> Wat bly, maak uiteindelik ook nie saak nie; nou wil hy by die huis kom en die lampe aanskakel en by sy lessenaar gaan sit en werk, en daarna wil hy slaap. Jy tel die klippie op, raak bewus van sy gewig, voel sy koelheid teen jou vingertoppe, weeg dit, en sit dit neer op sy bepaalde plek. Wat die patroon is wat onder jou hande gestalte kry, en of dit ooit voltooi sal word, gaan jou nie aan nie: die donker bewaar sy geheime. Jy doen jou deel.
>
> Onder die asfalt en beton stroom die water see toe, en teen die muur bot die takke van die boom, teen die glas van die geslote venster tik die bottende tak, en die uiteindelike uitkoms, ofskoon verborge, is seker. Die water is sterker as die klip, en die wassende lewe in die tak sterker as die ruit waaraan dit klop; in die donker blom die boom, ongesien in helderheid. (Schoeman 1990:251–252)

In gedig 24 van *MAW* word op soortgelyke trant die mondelinge onderrig (*kusen*) van die meester tydens meditasie met die insigte wat daaruit spruit, weergegee:

---

21 "In riding the boat, one's body and mind, and the self and the world are together the dynamic function of the boat. The entire earth and the whole empty sky are in company with the boat's vigorous exertion. Such is the I that is life, the life that is I."

'n stem sê: "hou op kyk
en maak jou oë oop!"

so is die blom ook swart
die niet is soos 'n heelal

"en laat jou ore hóór
en proe jy die smaak van 'n leë mond?"

wat was bang?
is alle syn opgehef?

Om op te hou kyk is om op te hou soek na wat jy dink belangrik is, en bloot te kyk na wat nou en hier voorhande is, want so kan jy sien hoe die tallose dinge verwesenlik word – water wat onder die asfalt en beton see toe stroom, die boom wat in die donker blom, soos 'n blom wat ook swart kan wees. En die niet soos 'n heelal? Deshimaru was lief om te sê dat hoewel die niet alles omvat, daardie alles geweldig baie dinge is – waaronder die water wat sterker as die klip is, of die skuit waarin ek indagtig op die water vaar en kyk en luister en ruik en proe, op die uitkyk bly vir wat oplaas gegee word aan die een wat indagtig leef. In hierdie houding kan vasgestel word dat die *"wat"* hier bo die illusie van 'n standhoudende self teenoor die werklikheid was, daardie self vir wie woorde nog nie vloei uit die self as geleibuis nie, maar skanse van vrees is, soos in gedig 28 in *MAW*:

sandkasteel:
om voortdurend
van woorde
dyke teen stilte te bou

Terwyl die Nederlanders nie net moes vasstel dat die water sterker as die steen, as die klip, as die beton van die dyk is nie, maar ook dat dyke nog kan standhou wanneer hulle telkens weer versterk word, kon die mediterende hier bo vasstel hoe leeg woorde is wat nie die geleibuis van die gewaarwordinge van die stilte is nie, maar woorde téén die stilte.

Nog voor die woorde kan kom wat die geleibuis van die gewaarwordinge van stilte is, moet eers geluister word na die woorde van die voorganger in die stilte, naamlik die meester, hy wat in sy monnikskleed van saffraan sy dissipels onderrig:

> Boeta
>> ek wil aan jou voete bly sit
>> soos 'n vlam
>> 'n koelte onder die kleed van saffraan
>> die rok van lig
>> sosoos 'n vlam
>> die beweging van stilte
>> die uitstraling van selfvreet
>> vormvol soos 'n vlam
>> om helder
>> heeltemal weg te brand[22]
>
> Boeta
>> ek hóóp
>> ek ruik lekker
>> (gedig 8, *MAW*)

Die digter se versugting na wat die meester hom kan leer, is hier brandend soos 'n vlam. Wát met die digter tydens die lering, tydens die stilsit gebeur, is dat hy verlig word en insien dat om met oorgawe te sit, brandend van verlange na insig, is om algaande te verdwyn, nes 'n kers sigself oplos in die gee van lig. En waarom dan die hoop verwoord teenoor die meester, Boeta, dat hy lekker ruik? Gewoon omdat wat oorbly van die welriekende, uitgebrande kers sy aangename reuk is, totdat dit ook oplos, soos 'n leë self wat geen spoor laat nie. Net soos die wierookstokkie wat geleidelik wegbrand tot slegs die soet reuk daarvan oorbly – die tydsduur wat die ou Zen-meesters nog voor horlosietyd aanbeveel het 'n mens moet sit, tot die stokkie weggebrand is, waarna die ghong die stilte mag breek, tot sy klank ook weer wegsterf – stilte is alles en tot stilte keer alles terug.

---

[22] 'n Anonieme leser van hierdie opstel in die wordingsfase wys op 'n lang debat onder Afrikaanse kritici oor hoe "ekkerig", al dan nie, Breytenbach se poësie is. Ek is bloot 'n amateurliefhebber van sy poësie, en kan dus geen uitspraak as kenner hieroor waag nie. Dit is wel opvallend dat in 'n gedig soos dié op grond van *persoonlike* ervaring die lediging van die ek beskryf word met verwysing na die metafoor van 'n vlam wat uitbrand en bloot 'n geur of reuk agterlaat. Dit is interessant dat die metafoor van 'n kers wat uitbrand dikwels ook in die Ortodokse Kerk gebruik word om die priester se diens aan sy kudde te beskryf – deur die intense voorneme om myself te gee, los ek as self in die geskenk op. Juis die doelgerigte, meedoënloos eerlike verwysings na persoonlike ervarings in *Met ander woorde* is wat die bundel onder meer vir my so roerend maak.

'n Kortpad is daar egter nie na hierdie insigte nie, en dis hárde werk wat veel vra – om die self, of dan die vertroetelde illusie van die self, weg te stroop, is nie maklik nie en nog minder altyd aangenaam. Jou rug voel soms of dit gaan breek, spasmas kom kramp in jou skouerblaaie, jou enkels slaap sodat jy hulle maklik met die opstaanslag swik en weke lank nie kan loop of sit nie. Dit kan so intens word dat jy selfs in jou drome sit, en terwyl jy sit met alles moet stry daarteen om nie aan die slaap en aan die droom te raak nie. In gedig 26 in *MAW* word die leser hieroor gewaarsku:

> jy droom jy sit en jy *sít*
> tot mens naderhand so styf is
> dat jy nie op kan staan nie
>
> tot verstand se bouwerk sigbaar word
> en séér
> want sonder kussingvleis
> of skokvere van been:
> rou wete wat oor aarde skraap
>
> (dood, 'n ietwat ouer versie van die ego)

So eenvoudig, so brutaal liggaamlik kan dit wees om die self af te lê en vas te stel dat selfs die dood miskien iets te make kan hê met 'n vorige weergawe van die self of 'n gedig oor die ego.

Breytenbach: politieke betrokkenheid ook 'n vrug van die stilte?

By stilsit en skryf, het dit egter nie vir Breytenbach gebly nie – kort na die verskyning van hierdie digbundel volg sy rampspoedige betrokkenheid by die ondergrondse anti-apartheidsbeweging, Okhela.[23] Het hy dit al in gedig 15 (*MAW*) voorsien?

> om jou aan jouself te wend
> is moeilik

---

23 Andrew Nash (2009) wys daarop dat Breytenbach se betrokkenheid by die revolusionêre politiek (van die 1968-opstande van werkers en studente in Parys) en die Zen-Boeddhisme min of meer dieselfde tyd begin.

nou die dood
na mens se oë begin soek
is daar alleen een gretige voorneme
om sterker te word einde toe
jy voel jy sluit jou aan
by 'n ondergrondse beweging

Kan dit wees dat die groeiende bewuswording van sterflikheid deur sy volgehoue Zen-praktyk in die vroeë 1970's hom daartoe beweeg het om versigtigheid in die wind te slaan en hom in aktiewe versetpolitiek te begeef omdat 'n mens in elk geval so min het om te verloor?[24] [25]

So 'n vertolking is nie ongegrond nie, want St. Augustinus wys reeds op die intieme samehang van die kontemplatiewe lewe en die aktiewe lewe: "Niemand behoort so rustig te wees dat hy in sy rus nie aan sy naaste dink nie, nóg so aktief dat hy geen behoefte aan die kontemplasie van God voel nie."[26] (Augustine 2003:880)

---

[24] In sy *The true confessions of an albino terrorist* (1984:65) herlei Breytenbach sy besluit om in 1975 namens Okhela op 'n fatale sending na Suid-Afrika te reis na sowel dit wat die Boeddhistiese praktyk te bowe probeer kom, naamlik die gehegtheid aan 'n ego (wat in die volgende aanhaling deurskemer met Breytenbach se verwysing na sy ydelheid), as 'n verdiepte etiese bewussyn wat eweneens veronderstel is om uit die Boeddhistiese praktyk te spruit: "[...] it was not my idea to go down there but I had to submit myself to the majority decision to do so. *Stupidly vain*, when told there were certain things which only I could do, it touched me, and I fell for it [...] *I felt a moral commitment, a necessity to go.*" (my beklemtoning)

[25] In 'n ander bron besin Breytenbach soos volg oor die samehang tussen sy kontemplatiewe praktyk en sy politieke aktivisme: "To be a Zen Communist seems a contradiction, or at any rate peculiar – I believe I was the only clandestine activist in my dojo, I know I was the only Zen student in Okhela. But it's not such a contradiction as all that. The concreteness, shying away from abstractions, not manipulating facts or other people, forswearing personal ambitions, attentiveness, *awareness* – all these are functional political precepts as well." (Weschler 1998:155, oorspronklike beklemtoning) Dit skyn te wees wat Breytenbach eweneens met ander woorde sê as hy as 'n soort beskrywing van die praktyk van *zazen* in die reeds aangehaalde gedig 15 van *MAW* skryf. "jy voel jy sluit jou aan / by 'n ondergrondse beweging".

So 'n vertolking word oënskynlik bevestig deur Nash (2009:12) se vertolking van die ondergrond by Breytenbach as 'n "quest for a different kind of underground, an Archimedean point more simply constituted [...] finding a still point at the heart of the world's restless movement where its deepest aspirations can become lucid and clear. [...] For better or worse, being a Zen communist is to follow a way or *tao*, rather than to develop a theory or subscribe to a doctrine. It means that political ideas and arguments must be made real by being lived and by transforming the lives of those who uphold them [...]".

[26] "For no one ought to be so leisured as to take no thought in that leisure for the interest of his neighbour, nor so active as to feel no need for the contemplation of God."

Vir sy betrokkenheid by die ondergrondse beweging het Breytenbach betaal met sewe jaar se gedwonge sit in die tronk, gedwonge stilte, waarvan twee jaar in eensame aanhouding was – 'n onbevestigde bewering wat die ronde doen, wil dit hê dat hy slegs staande kon bly deur te sit in intense meditasie, waarvan sy tronkpoësie 'n besonderse uitdrukking is. Okhela en wat daarop volg, word natuurlik voorafgegaan deur 'n vroeëre teken dat stilte en afstand vir Breytenbach nie genoeg was nie, of dan dat die praktyk van stilte hom dalk nog meer betrokke gemaak het – hier word verwys na waarskynlik sy eerste regstreekse openbare aanval op die apartheidsbestel tydens die Sestiger-somerskool aan die Universiteit van Kaapstad in Februarie 1973.[27]

Karel Schoeman (1973) se kommentaar hieroor tydens een van sy uiters seldsame media-onderhoude was om sy waardering vir Breytenbach se standpunt uit te spreek en te verklaar: "Ek weet dat daar reeds geruime tyd kritiese klanke in die Afrikaanse letterkunde gehoor word, maar in die huidige omstandighede is dit volgens my nie genoeg nie. Ek verwys na spesifieke dinge in die Suid-Afrikaanse samelewing soos die groepsgebiedewetgewing en al die gevolge daarvan, die 90- en 180-dae wette,

---

27 Dit is bykans onmoontlik om aan Breytenbach te dink sonder om aan die begrip *betrokke skrywer* te dink, en heelwat is al hieroor geskryf. Vir die doeleindes van hierdie opstel staan ek slegs kortliks stil by die spesifieke toespraak, "'n Blik van buite" (opgeneem in Breytenbach 2015:8–16). Hier maak hy dit duidelik dat sy "praatjie [...] as politiek beskou [gaan] word" en gaan verder om dit nie soseer as wenslik te beskryf nie, maar as "onvermydelik" (9). Vir hom is dit nie eens iets wat soseer uit skrywerskap spruit nie, maar "[a]lle praat in hierdie treurige bitter bont-begrafnisland is politiek [...]". Hy gaan voort om te verklaar dat dit "nie 'n keuse [is] wat die skrywer het nie, dis nie gebruik of misbruik maak van poëtiese vryheid nie [...]; nee, dis die aard self van kommunikasie". (9)

Wat die Boeddhistiese elemente in hierdie betrokke besinning betref, is daar die volgende motiewe waaruit Breytenbach belangrike elemente daarvan ontwikkel. Eerstens is daar die bevestiging van die oorganklikheid van die werklikheid – ook as skeppende gegewe – wat hy van toepassing maak op die Afrikaners: "Ons is 'n bastervolk met 'n bastertaal. Ons aard is basterskap. Dis goed en mooi so. Ons moet kompos wees, ontbindend om wéér in ander vorme te kan bind." (12) Tweedens is daar die tema van bewuswording, wat soos 'n goue draad dwarsdeur sowel sy skeppende werk as politieke skryfwerk en betrokkenheid loop (kyk Rossouw 2015, waar dit in meer besonderhede bespreek word), en hier byvoorbeeld toegepas op die groeiende eise van swart Suid-Afrikaners as 'n "proses van bewuswording", waaroor hy sy gehoor vra: "Is daar enigiemand wat glo dat [dit] ooit weer stopgesit kan word?" (14) Derdens beroep hy hom op die Boeddhistiese begrip *karma* om 'n waarskuwing oor die toekoms aan sy gehoor te rig: "Die dag gaan aanbreek wanneer ons, hierdie huidige geslag, gehaat gaan word deur ons afstammelinge omdat ons hulle geboortereg verkwansel het [...] Omdat hulle sal moet leef onder die juk van vervreemding wat ons nou besig is om vir hulle te skep. [...] Noem dit die sondes van die voorvaders... Noem dit *karma* as u so verkies." (14)

die trekarbeidstelsel, die sensuur wat al hoe meer uitgebrei word, die toenemende mag van die veiligheidspolisie, en die stappe wat tans teen studente en universiteite gedoen word."[28]

Schoeman, nogmaals

Soos Breytenbach was Schoeman destyds gevestig in die buiteland, in daardie stadium in Skotland. Schoeman se betrokkenheid sou nooit die aktivistiese of regstreekse openbare standpuntinname van Breytenbach aanneem nie, maar soos Breytenbach was Schoeman van vroeg af in sy lewe aangetrokke tot die stilte – in sý geval natuurlik die Katolisisme – in so 'n mate dat Schoeman hom as voornemende Katolieke priester aanvanklik aan 'n seminarium in Pretoria ingeskryf het, en hom toe in 'n Ierse klooster gaan vestig het. Verder as dit het sy priesterskap egter nie gekom nie, en in *Slot van die dag* (2017) bieg hy dat hy reeds op die ouderdom van agt- of nege-en-twintig (oftewel in 1968–69) vir die eerste maal selfdood oorweeg het, ontdaan van die gemeenskap wat hy tydelik danksy sy Katolisisme beleef het:

> Die eerste keer dat ek die beëindiging van my lewe ernstig oorweeg het, was trouens in 1968–69, gedurende my eerste jaar in Amsterdam, toe ek 28 of 29 jaar oud was. [...] Dit was nie die eerste keer dat ek in die vreemde was nie, destyds in Amsterdam, maar die vorige geleentheid was in die klooster in Ierland, as lid van 'n gemeenskap en gedra deur my geloof en bowenal my geloof in 'n roeping. In Amsterdam was ek eenvoudig 'n buitelander wat 'n nogal somber en afgeleefde huurkamer in die huis van 'n bejaarde weduwee bewoon het en teen 'n beskeie salaris in 'n takbiblioteek in 'n moderne woonwyk aan die rand van die stad gewerk het, *losgeslagen*. Dit was dus 'n eksistensiële ervaring, waarby heimwee, verlange na die vertroude, my nogal terneerdrukkende situasie, eensaamheid en die lang Europese winter almal hul deel tot die algemene ontreddering bygedra het. (2017:118–119, oorspronklike beklemtoning)

---

28 Schoeman beantwoord vrae van *Rapport*. Hartlik dankie aan Nola Doré van NALN wat hierdie onderhoud opgespoor het.

Op 1 Mei 2017 het hy daardie eerste gedagte aan selfdood oplaas vervul, ondanks 'n leeftyd van die praktyk van stilte – wat aanvanklik Katolieke gebed was, het later Boeddhistiese meditasie geword, en wel minstens so tot met sy aftrede en verhuising na Trompsburg omstreeks 1999.[29]

Schoeman se betrokkenheid vanuit sy stilte het dekades lank veral twee vorme aangeneem – enersyds intense en omvangryke briefwisseling met talle persone; andersyds natuurlik by wyse van sy romans en geskiedskrywing. Al was sy groot latere romans vanaf *'n Ander land* (1983) nie so eksplisiet polities betrokke soos *By fakkellig* (1965) en *Na die geliefde land* (1972) nie – met die ooglopende uitsondering van *Afskeid en vertrek* (1990) – sou hy nogtans intens besig bly met temas soos geweld, onteiening en verlies in die Suid-Afrikaanse samelewing vanaf blanke vestiging. So het dit gebly tot met die publikasie van sy laaste groot geskiedkundige boek, *Skepelinge* (2017).

Dit is moeilik om tot ander gevolgtrekkings oor hierdie twee Afrikaanse skrywerreuse se lewens te kom as dat uit die stilte skepping volg, meer spesifiek uit die stilte woorde, uit afstand betrokkenheid, en uit betrokkenheid hernude toevlug tot die stilte – hoeveel maal het Breytenbach nie openbare toetrede opgevolg deur stille afsondering nie?

Ten slotte: uit die stilte die dood of die lewe?

Hier bo is Arvo Pärt as een van die ander gesaghebbende eietydse skeppers uit die stilte bygehaal, en op die ooreenkomste tussen hom, Breytenbach en Schoeman gewys. Dog, verskille is daar natuurlik ook, verskille wat uitgewys moet word om met die dood in die reine te kom. Die dood, ja, want waar Breytenbach en Schoeman vanaf hulle heel vroegste werk dwarsdeur hulle loopbaan 'n skynbare obsessie met die dood en sterflikheid het, is dit nie die geval met Pärt nie – sonder dat Pärt die dood, sterflikheid en gebrokenheid ontken, want soos Bouteneff in 'n aanhaling hier bo uitwys, is een van die twee motiewe wat Pärt se musiek vanaf 1977 kenmerk, 'n treurmotief. By die erkenning van

---

29 Schoeman het dikwels gedurende ons kontak met mekaar vanaf 1996 tot 1998 teenoor my melding gemaak van sy beoefening van Boeddhistiese meditasie. Daar is ook heelwat verwysings in *Die laaste Afrikaanse boek* na Boeddhistiese tekste wat hy ná sy aftrede in 1999 en sy destydse vestiging op Trompsburg gelees het – kyk byvoorbeeld Schoeman 2002: 137, 150, 351, 589 en 676.

hierdie temas is daar dan die ander motief in Pärt se post-1977-musiek, naamlik die motief van hoop, van lig, van lewe.

Kan dit wees omdat Pärt en Breytenbach se reis in dié opsig van Schoeman s'n verskil dat hulle bemoeienis met 'n oertradisie van stilte uiteindelik ook een van lewenslange verbintenis tot daardie tradisie geword het?

Breytenbach laat hom byvoorbeeld in 1999 soos volg hieroor uit, waar om bewus te wees duidelik na sy Zen-Boeddhistiese praktyk herlei kan word: "In my ervaring lei bewuswees nie na sekerheid nie. Ek is nie eens so seker dat dit mond op begrip nie! Maar 'n bewuste lewe is al waaroor ons beskik om die dood te ondermyn." (1999:33)

En so stel Pärt se vrou, Nora, dit in 'n onderhoud: "Om sy musiek werklik te verstaan, moet jy allereers verstaan hoe sy godsdienstradisie [die Ortodokse Christendom] deur hom vloei."[30] (aangehaal in Bouteneff 2015:16)

Dit is sake waarop Pascal se beroemde uitspraak dat die hart sy redes het waarvan die rede niks verstaan nie, ook van toepassing is. Wie sal in laaste instansie weet wat Schoeman op 1 Mei 2017 tot daardie finale daad beweeg het? En in welke mate die motief van die Opstanding, die simbool van die triomf van die lewe oor die dood in Pärt se Ortodokse praktyk hom steeds in sy tagtigs skeppend hou? Of dan die motief van konstante anderswording in die Boeddhisme dieselfde doen vir Breytenbach op die vooraand van sý tagtigs?

Hoe ook al, uit hierdie drie skeppende lewens skyn een ding seker te wees: Die beoefende stilte dra vrug.

BRONNELYS

Augustine. 2003. *City of God*. Uit Engels vertaal deur Henry Bettenson. Londen: Penguin.

Bouteneff, Peter C. 2015. *Arvo Pärt: Out of silence*. New York: St Vladimir's Seminary Press.

Breytenbach, Breyten. 1973. *Met ander woorde vrugte van die droom van stilte*. Kaapstad: Buren-uitgewers.

Breytenbach, Breyten. 1984. *The true confessions of an albino terrorist*. Emmarentia: Taurus.

---

30 "To really understand his music, you must first understand how this religious tradition [Orthodox Christianity] flows through him."

Breytenbach, Breyten. 1999. Andersheid en andersmaak, oftewel die Afrikaner as Afrikaan (berig gerig aan Frederik van Zyl Slabbert). *Fragmente. Tydskrif vir Filosofie en Kultuurkritiek*, 4:26–44.

Breytenbach, Breyten. 2015. *Parool/Parole. Versamelde toesprake/Collected speeches*. Kaapstad: Penguin Random House.

Dōgen. 1994. *Shobogenzo (Book 1)*. Uit Japannees vertaal deur Gudo Nishijima en Chodo Cross. Londen: Windbell Publications.

Kim, Hee-Jin. 2012. *Eihei Dōgen. Mystical realist*. Somerville, MA: Wisdom Publications.

Nairn, Rob. 1997. *'n Stil gemoed. 'n Inleiding tot die Boeddhisme en meditasie*. Uit Engels vertaal deur Karel Schoeman. Kalkbaai: Kairon Press.

Nash, Andrew. 2009. Zen communist: Breyten Breytenbach's view from underground. *Tydskrif vir Letterkunde*, 46(2):11–27.

Rossouw, Johann. 2015. Breyten Breytenbach se versamelde toesprake – *Parool/Parole*, Resensie-essay. *LitNet*, 6 November. https://www.litnet.co.za/litnet-akademies-resensie-essay-paroolparole-deur-breyten-breytenbach/ [16 September 2018].

Serialism. s.j. https://www.britannica.com/art/serialism [16 September 2018].

Schoeman, Karel. 1973. En nou Breyten Schoeman ook. Schoeman beantwoord vrae van *Rapport*. *Rapport*, 29 Julie.

Schoeman, Karel. 1990. *Afskeid en vertrek*. Kaapstad: Human & Rousseau.

Schoeman, Karel. 2002. *Die laaste Afrikaanse boek. Outobiografiese aantekeninge*. Kaapstad: Human & Rousseau.

Schoeman, Karel. 2017. *Slot van die dag. Gedagtes*. Pretoria: Protea Boekhuis.

Tintinnabuli. s.j. https://en.wikipedia.org/wiki/Tintinnabuli [16 September 2018].

Weschler, Lawrence. 1998. *Calamities of exile: Three non-fiction novellas*. Chicago: Chicago University Press.

OOR DIE SKRYWER

Johann Rossouw het in die politieke filosofie gedoktoreer aan Monash-universiteit (Melbourne) met 'n proefskrif oor Bernard Stiegler en die Westerse moderniteit. Hy is ook die skrywer van die romans *'n Rooi Z4 en 'n Renaissance-kasteel: Filofiksie* (Zebra Press 2007) en *Verwoerdburg* (Umuzi 2014). Hy het die Sotō Zen-Boeddhisme vanaf 1998 tot 2011 beoefen, waarvan agt jaar as gewyde Zen-monnik, voor hy hom in 2011 tot die Ortodokse Christendom bekeer het, en in Mei 2019 as Ortodokse priester gewy is. Hy is professor in filosofie aan die Universiteit van die Vrystaat.

die voëlverskrikker

jy vra of daar 'n lyn is
soos 'n draad deur die digterslewe?
dalk tog. of soveel so
dat ek nie weet of dit 'n geheue aan self
sou wees
of die tou wat so bewe
(en sing)
waaraan wat "ek" is
my opgehys het om in die hemel
te probeer kom
vir die gaan-verstaan van maan
                       en nou bly hang
om mummiedroog te word
en te draai
te draai in die donker wind
se binnensmondse woordverslinding.

is daar ooit 'n verskil in die murmeling?

Dis seker goed dat ons gebeure en omwentelinge en geskiedenisse probeer byhou. Op voorwaarde natuurlik dat dit ook tekenend of verwysend sou kon wees na 'n tydvak wat deur baie mense gedeel is en waarin hulle hulself sou herken, al is dit ook net gedeeltelik. Al hierdie drade is verstrengel met die drade van ander mense, ander drome, dalk ander verwagtings en sekerlik ander stryde. Agteraf gesien gaan dit gou verby. Waarmee – of waaraan – sal ons ons troos? (Die ou onopgeloste vraag waarmee die mensdom sukkel.)

                       Breyten Breytenbach (Korrespondensie: 18 April 2019)

8
Breyten Breytenbach: Fragmente van sy loopbaan as skrywer en openbare figuur[1]
Francis Galloway

Van Bonnievale na Parys: 1939–vroeë 1960's

Breyten Breytenbach word op 16 September 1939 op Bonnievale in die Boland gebore – die derde van vyf kinders wie se pa in die depressiejare 'n leeftog bymekaar moes skraap as kanaalbouer in die Breërivier-vallei, as kleinboer op 'n plaas by Riversdal en as winkelier. Sy kinder- en jeugjare staan in die teken van armoede, verhuising, plattelandse Afrikanerwaardes – later jare word die herinnering aan hierdie paradys van weleer, aan sy ouers en aan die rapsodiese landskappe van sy jeug, die bronwel van sy kreatiwiteit.

Hy voltooi sy skoolloopbaan aan die Hugenote Hoërskool op Wellington, wys 'n beurs van die hand om aan die Universiteit Stellenbosch in die regte te studeer en skryf hom in aan die departement Afrikaans-Nederlands en die Michaelis Kunsskool van die Universiteit van Kaapstad (UK). Van sy jeugwerk verskyn in die studenteblad *Groote Schuur* en in die vroeë 1960's publiseer hy verse en prosatekste in die literêre tydskrif *Contrast*.

In Kaapstad raak hy bevriend met jong Afrikaners soos Marius Schoon wat, soos Breytenbach dit self stel in 'n brief in *Die Burger* (2 Junie 1965), "aan die enge beperkinge van ons stamkraal ontsnap het" en met wie

---

[1] Breytenbach se loopbaan as openbare figuur tot die einde van die 1980's is in besonderhede deur my ondersoek (Galloway 1990) en aangevul tot 2002 (Galloway 2004). Elektroniese weergawes van *Breyten Breytenbach as openbare figuur* is beskikbaar by https://www.dbnl.org/tekst/gall037brey01_01/colofon.php

Oorsigte van sy skrywerskap in verskillende stadiums van die ontwikkeling daarvan is verskaf deur o.a. André P. Brink (1971, 1973a, 1979), J.C. Kannemeyer (1983, 2005) en die bydraers tot die onderskeie uitgawes van die literatuurgeskiedenis *Perspektief en profiel* (die mees onlangse daarvan Hein Viljoen [2015]). Johann Rossouw (2015) se *LitNet Akademies* resensie-essay fokus op deurlopende temas in Breytenbach se denke soos dit neerslag vind in sy versamelde openbare redes in *Parool/Parole* (Breytenbach 2015). Lewensketse is ook opgeneem in verskillende publikasies (bv. Weschler 1998) en *LitNet* se biografiese ensiklopedie (Terblanche 2015).

hy jare later weer 'n "woonstel deel" in Pretoria-Sentraal-gevangenis (Viviers 1978:126). Hy maak kennis met grensverskuiwende skrywers van die tyd soos Jan Rabie, Jack Cope, Uys Krige en Ingrid Jonker. Sy kennisse sluit ook "uitlanders" in soos Rabie se Skotsgebore skildervrou, Marjorie Wallace, en die Nederlander Cees de Jong. Hy was veral onder die invloed van jong mense wat hy self later spottend "die ou Kaap se spul liberaliste" noem – onder andere Michael Tapscott, Jobst Grapow en Heleen Raath. Saam het hulle veelrassige partytjies gereël en in 1959 met plakkate in 'n optog geloop om te protesteer teen die wetgewing ten opsigte van aparte universiteite. (Breytenbach in 'n onderhoud met Willem M. Roggeman in 1974.)

Die roepstem van die vreemde is egter sterker as sy nuutgevonde politieke bewussyn en vroeg in 1960 vertrek hy op 'n Portugese vragboot na Europa. Hy ryloop deur Spanje na Parys; gaan wag in Londen op nuus van 'n algemene onlussituasie in Suid-Afrika ná die Sharpeville-voorval; keer ná maande as portretskilder, werker op 'n plesierboot op die Middellandse See en as taalonderwyser in Noorweë terug na Parys. In 1962 trou hy met Ngo Thi Huâng Liên Yolande Bubi, die negentienjarige dogter van 'n Viëtnamese weduwee wat na die Tweede Wêreldoorlog haar kinders in dié stad kom grootmaak het. Breytenbach se huwelik met sy "goue lotus" sou kort daarna openbare besit word en ideologiese dimensies aanneem. In hulle woonstelletjie aan die linkeroewer skep hy surrealistiese skryfsels en skilderye. Hy hou, onder skildername soos Juan Breyten en Bird, sy eerste kunsuitstallings in Edinburgh, Skotland, en by die Galerie Espace in Amsterdam – as een van 'n groepie jong skilders wat later die "nieuwe figuratieven" genoem sou word – asook in Arnhem, Parys, Finsterwolde en Brussel.[2]

Die tyd waarin Breytenbach sy skoolloopbaan voltooi, gaan studeer en die land verlaat, is die era van die konsolidering van Afrikanernasionalisme. Hierdie eerste fase van die Nasionale Party-bewind, die tydperk van "baasskap"-apartheid, sorg dat rasseskeiding konsekwent toegepas word op alle vlakke van sosiale verkeer. Dit is ook die era waarin die swart aktivistebeweging op dreef kom. Die ANC se vreedsame ver-

---

2 Breytenbach se skilderskap word ondersoek in onder meer Sienaert (2001), Grobler (2008) en Saayman (2013). Sien ook die uitgesoekte bibliografie vir artikels oor en berigte en besprekings van Breytenbach se skilderkuns en uitstallings.

setveldtog teen paswette loop op 21 Maart 1960 uit op die Sharpeville-slagting en die uitdyende wegblyaksie daarna op die afkondiging van 'n noodtoestand en die verbod op die ANC en PAC. Nelson Mandela word op 5 Augustus 1962 in hegtenis geneem en op 11 Julie 1963 die meeste ander sleutelleiers tydens 'n klopjag op Liliesleaf in Rivonia. Hulle staan saam tereg in wat bekend word as die "Rivonia-verhoor" waarin Mandela en sewe ander op 12 Junie 1964 tot lewenslange gevangenisstraf gevonnis word.

Breytenbach raak reeds in die vroeë 1960's in Parys bevriend met swart uitgewekenes soos Ezekiel Mphahlele en hy deurloop sy politieke skoling in blootstelling aan die debatte en gebeure in hierdie wêreldstad. Sy politieke idees in hierdie tyd toon ooreenkomste met die jong Progressiewe Party (PP) wat ten gunste was van 'n veelrassige regering en parlement (so herinner die skrywer Chris Barnard hom dit later in 'n artikel in *Die Huisgenoot*, 12 Augustus 1977).

In die kalklig en op die uitgeweryrondomtalie: 1964–1975

In plaaslike literatuurgeskiedenisse word Breytenbach se oeuvre[3] volgens die gebruiklike dekade-indeling geanker in Sestig. Sy werk word ook geperiodiseer rondom die waterskeidingsgebeurtenis van sy gevangeskap: die voor-tronkfase, die tronkfase en die na-tronkfase. Viljoen (2015:399) verdeel die oeuvre in die volgende vier fases: die fase van eksperiment en vernuwing (die werk wat versamel is in die eerste versamelbundel *Ysterkoei-blues*); die tweede duisterder tronkfase (die werk versamel in *Die ongedanste dans*); die derde fase van Breytenbach as internasionale figuur/simbool wat die na-tronkwerk omvat (van *Soos die so* tot by *Papierblom*); en vierdens die fase van die laatwerk, gekenmerk deur gefragmenteerdheid en 'n sterk besef van die dood en verganklikheid (vanaf *Die windvanger*).

---

3 Viljoen (2015:398) wys op die relativering van die begrip *oeuvre* ten opsigte van Breytenbach se skryfwerk: "Die neiging om van die 'Breytenbach-oeuvre' [tussen aanhalingstekens] te praat (Gouws 1990; Sienaert 1993) dui reeds op 'n gevoeligheid vir die moontlikheid dat hierdie oeuvre die idee van eenheid ondermyn en dat daar 'n radikale diskontinuïteit bestaan, nie net tussen Breytenbach se skilder- en skryfwerk nie, maar ook tussen sy verskillende tekste en verskillende selwe."

Ek gebruik *oeuvre* in hierdie opstel in 'n generiese sin vir "die gesamentlike werke van die skrywer" en suggereer nie 'n eenheid of eenheidskepping nie.

Wat Breytenbach se uitgeegeskiedenis betref, kan daar ook periodes onderskei word, soos bepaal deur die produsentprofiel daarvan. Hierdie periodes is gekoppel aan die rol wat die uitgewery-institusie in die oeuvre- en reputasie-ontwikkeling van die skrywer speel. Die uitgewery word gewoonlik geassosieer met 'n hekwagtersrol, maar dit speel 'n veel omvattender rol in die loopbaan en reputasie-ontwikkeling van 'n skrywer wat normaalweg (in die sin dat 'n skrywer van die begin af 'n "tuiste" by een uitgewery het) in drie fases verloop: die leertyd-fase, die aanloop-tot-erkenning-fase en die fase van definitiewe erkenning – drie fases wat in Breytenbach se geval eintlik saamval met sy debuut (soos wat sy digterskap reeds in sy volle omvang in sy debuut gemanifesteer is). Die fases wat in sy plaaslike uitgeegeskiedenis onderskei kan word, is die "rondomtalie"-periode (1964–1976); die "in-die-stal-en-in-die-wye-wêreld-in"-periode (1977–1994) wat die "maer jare", die "vet jare" en die "na-oes" insluit, asook "die-wiel-het-gedraai"-periode (sedert 1995).[4]

Debuut en nadraai

Die vyf-en-twintigjarige Breytenbach debuteer laat in 1964 met 'n digbundel (*Die ysterkoei moet sweet*) en 'n versameling korttekste (*Katastrofes*), uitgegee deur die Afrikaanse Pers-Boekhandel (APB), en dit plaas hom onmiddellik in die kollig. Gedurende die 1960's is die APB 'n konserwatiewe maatskappy met die destydse eerste minister, H.F. Verwoerd, as voorsitter van sy raad. Die bestuurder van die algemene boekhandel, Bartho Smit, is egter self 'n skrywer van die jonger geslag en op soek na talent om sy ontluikende fiksielys uit te bou. Hy reageer positief op die avant-garde-manuskripte wat Breytenbach, onder aanmoediging van die joernalis-skrywer Chris Barnard, uit Parys aan hom stuur en hy ontvang die jong skrywer gul in sy stal.

Die bundels met hulle surrealistiese stofomslagtekeninge deur die skrywer veroorsaak 'n opskudding. Die publiek (in lesersbriewe aan koerante en gesinstydskrifte) is oorbluf, geskok en selfs gewalg deur die

---

[4] Breytenbach se uitgeegeskiedenis word in breë trekke uiteengesit in Galloway (2012). Die ontleding van sy uitgeegeskiedenis en die skrywer se verhouding met sy uitgewers word nie in hierdie loopbaanskets vooropgestel nie, maar kom in die algemeen ter sprake.

"probeersels" wat nie opbouend en verheffend of letterkundig skoon en groots is nie – uitsprake soos dié is aanduidend van die heersende literatuuropvatting. Vir ingeligte eietydse lesers (kritici)[5] staan die twee publikasies in die teken van "vernuwing", van "Sestig" en van die verskuiwing van die lesersverwagtingshorison. *Katastrofes* beeld "die nuwe wêreld- en lewensbeskouing" van die Sestigers uit (Anna van Zyl); lewer deur die moderne idioom daarvan 'n bydrae tot die "nou algemene strewe om die Afrikaanse prosa te vernuwe" (J.C. Steyn); boor nuwe bronne oop en staan in die teken van die gees wat "in die komende jare die heersende in ons letterkunde gaan wees" (F.I.J. van Rensburg). *Ysterkoei* bring op die gebied van die poësie revolusionêre of radikale vernuwing (T.T. Cloete, D.J. Opperman) en sluit aan by die werk van die Sestiger-prosaskrywers Jan Rabie, Bartho Smit, Etienne Leroux en André P. Brink (R. Schutte, Jan Kromhout). Volgens W.E.G. Louw is Sestig met hierdie bundel nou 'n "voldonge feit waaraan geen kritiek meer iets sal verander nie".

In die eerste resensie van *Ysterkoei* identifiseer Ernst van Heerden 'n aantal van die kenmerkendste "nuwe" trekke van die bundel: die speelse fantasie; die ondersoek na die chaos en sinloosheid van die lewe en die ontmensliking van die atoomeeu; die haat-liefde-verhouding met die geboorteland. Wat vorm betref, vestig Van Heerden aandag op die middele van die surrealistiese skilderkuns: die (heg geïntegreerde) naasmekaarstellings, asook "onlogika" en ontrafelings- en skokeffekte. Met betrekking tot die besondere woordhantering val die volgende vir hom op: die gloed van die "gewone woord"; die afbreek van "klasseverskille tussen woorde"; die plastisiteit en suggestiewe rykdom van die taalgebruik. Hy wys ook op die "verruklike beeldvondse", die wisselbaarheid van sintuiglike waarnemings en op die taalkundige truuks van die eksperimentele poësie wat ingespan word.

Rob Antonissen vestig die aandag op die sentrale plek wat die dood/lewe-opposisie in die tekste inneem en die gepaardgaande "osmose"-proses daartussen. Brink se belangrikste bydrae tot die vroeë ontsluiting van die "nuwe" by Breytenbach is sy insig dat die tekste ooreenkomste

---

5   Sien uitgesoekte bibliografie vir bronverwysings na tydgenootlike resensies van die debuutbundels. Die bronne word nie in hierdie teks en in die onderstaande bronnelys opgeneem nie. Dit geld ook vir die resensies van al die opvolgende Breytenbach-publikasies.

toon met poëtiese vorme van die Taoïsme en verskillende uitinge van die (Zen-)Boeddhisme, asook sy uitwysing van die basiese opposisies wat in hierdie poësie "paradoksaal sáámbestaan". Cloete bemoei hom veral met die digter se literatuuropvatting en tipeer die gedigte as "antipoësie" of "poësie van ontbinding".[6]

Breytenbach se eerste openbare deelname aan die Afrikaanse literêre veld is sy skrywe "Die swart kaart" wat verskyn in die November 1964-uitgawe van die tydskrif *Sestiger*, die spreekbuis van die jonger geslag skrywers van die tyd (Breytenbach 1964). Hierin verskaf hy 'n kort oorsig van destydse internasionale strominge in die (visuele) kunste, asook die vroegste formulering van sy eie kuns-/literatuuropvatting en siening van die sosiale rol van die kunstenaar. Volgens hom is die kunstenaar 'n navorser en 'n pionier wat altyd dieper moet kyk en waarsku as hy dink die weg word kwytgeraak: "[Die kunstenaar] moet sorg dat ons are nie verkalk nie. Hy is ons geheue en ons spaarbank, ons flitslig en ons horlosie – as hy dit nie is nie, wie sal dit dan wees?"

Breytenbach sluit op tegniese vlak aan by die Sestigers se vernuwende skryfwyse en hy kom saam met hulle in verset teen kleinburgerlike waardes en bekrompe godsdiensbeskouings. Hy gaan ook uit van die opvatting dat die literatuur 'n komplekse metaforiese uitspraak en normdeurbrekend is, maar hy beskou (anders as die Sestigers) nié die literêre kunswerk as 'n outonome wêreld nie. Vir hom is literatuur 'n skepping wat in 'n dialektiese verhouding tot die werklikheid, die gemeenskap, die skrywer en die leser staan. Hy verwerp die idee van 'n "ivoortoring" waarin die kunstenaar kan terugtrek om daar sy "Kuns" te beoefen – hy sien die digter as mens-onder-die-mense en stel sy kuns óóp vir die vólle werklikheid.[7]

In Februarie 1965 kom Breytenbach vir die eerste keer polemies in die nuus toe dit bekend raak dat hy die APB-prys vir sy dubbele debuut verower het. Die drie beoordelaars is hooggeskrewe in literêre kringe, naamlik N.P. Van Wyk Louw, D.J. Opperman en F.I.J. van Rensburg, en die bekroning is bepalend vir Breytenbach se toekomstige posisie as die toonaangewende digter van sy generasie. Die prys word op 28 Februa-

---

6 Galloway (1990:31–37) verskaf 'n oorsig van lesersreaksies op die debuutbundels.
7 Galloway (1990:37–42) lig Breytenbach se literatuuropvatting toe.

rie in Parys in die Moulin Vert in Montparnasse aan hom oorhandig. Daar word in die media bespiegel of hy sy prysgeld sou gebruik om met sy vrou 'n besoek aan sy vaderland te bring en of sy 'n visum sou kry vir so 'n besoek.

Teen Mei 1965 word berig dat die visumaansoek vir Yolande Breytenbach afgekeur is.[8] Die briefskrywers wat in koerante op die nuus oor die prys en die visumweiering reageer, is oorwegend gekant teen Breytenbach se huwelik én sy skryfwerk; pleidooie gaan op vir 'n "egte volksdigter", in teenstelling met 'n "volksverraaier", wat die morele kode van die volk dien. Skrywers wat gesiene en/of omstrede openbare figure is, spreek hulle uit téén 'n verstarde nasionalistiese en apartheidsideologie en beskou die letterkunde as "verhewe" bo die politieke werklikheid – hierdie reaksie spruit uit die opvatting dat die kuns outonoom is en die skrywer en mens aparte entiteite.[9]

Breytenbach reageer op 2 Junie 1965 in 'n brief in *Die Burger* waarin hy dit stel dat hy "apartheid met al sy implikasies haat"; as dit verteenwoordigend is van die Afrikanerdom, sien hy geen toekoms vir die Afrikaner in Suid-Afrika nie. Sy teleurstelling, en woede, kry uitdrukking in die stelling: "As ek my Afrikanerskap sou kon opsê, sou ek dit doen. Ek skaam my vir my mense." Hiermee druk hy sy breuk met die hegemoniese Afrikanerdom uit. Latere kwalifiserings van die uitspraak dui op die dilemma dat hy hom nooit werklik in so 'n mate van sy "witterige" landgenote kon losmaak dat hy totaal onbetrokke by hulle lot is nie.

Die visumweiering en die openbare geseling is vir Breytenbach 'n ontnugterende gebeurtenis wat lei tot selfballingskap en die radikalisering van sy politieke denke. Reeds van heel vroeg in sy skrywersloopbaan vervloei die grense tussen menswees en digterskap, tussen privaat en openbaar, en word sy persoonlike geskiedenis intiem verweef met die geskiedenis van die land en Afrikanerskap. Sy siening van die Afrikaner en Afrikaans ontplooi in 'n tweespalt van liefde en haat, vereenselwiging en verwerping en sy sosiopolitieke kritiek is 'n

---

8 In 1966 word weer eens 'n visum vir haar afgekeur en reis die egpaar na Mosambiek en Swaziland waar hulle drie maande saam met familielede deurbring. Op 14 Februarie 1967 kom hulle in Tafelbaaihawe aan en word toegelaat om die skip te verlaat, in Kaapstad rond te ry en by Breytenbach se broer Cloete te oornag.

9 Galloway (1990:43–56) ontleed die reaksie op die prystoekenning en die daaropvolgende gebeure.

mengeling van kritiese afstand en kritiese verbintenis. Die "oplossing" vir sy dilemma (om te kies tussen vervreemd en verbonde wees) lê vir hom (tot laat in die vorige eeu) in die smee van 'n nuwe identiteit, dié van Suid-Afrikanerskap.

*

Vanaf die middel-1960's verskuif die tradisionele aannames van 'n inherente blanke meerderwaardigheid en voogdyskap/oorheersing na die erkenning van die gelykheid en reg tot selfbeskikking van die onderskeie/geskeie volke. "Baasskap-apartheid" gaan oor in die ideaal van "totale skeiding" wat verwesenlik moes word deur 'n program van "positiewe afsonderlike ontwikkeling" vir die swart groepe in "tuislande" en "parallelle ontwikkeling" vir die "Kleurlinge" en Indiërs. Ná die moord op Verwoerd op 6 Februarie 1966 word die binnelandse beleid van die nuwe eerste minister, B.J. Vorster, gerig deur die deurvoering van die tuislandbedryf; wat buitelandse beleid betref, stuur hy sy "uitwaartse beleid" ten opsigte van sport- en diplomatieke betrekkinge van stapel. Sy twee termyne (1966–1974) staan in die teken van aan die een kant die "verlig-verkramp-stryd" in Afrikanerkringe, en aan die ander kant die vooruitgang van swart weerstand op verskillende vlakke, gekoppel aan die opkoms van Swart Teologie en die Swart Bewussynsbeweging.

Hierdie tydvak word nie net gekenmerk deur die al sterker aandrang op "hervorming" van die kant van verligte Afrikaners en op fundamentele herstrukturering van die kant van die swart bevolking nie. Dit is ook, juis as gevolg daarvan, 'n tydperk waarin streng opgetree word om dissidente stemme op alle fronte stil te maak. Breytenbach, wat hom ál meer met die swart bevrydingstryd vereenselwig, word sedert die laat 1960's, maar veral in die vroeë 1970's, een van die mees omstrede Afrikanerdissidente en sy moontlike invloed word al sterker teengewerk deur onderdrukkende meganismes soos (pre)-sensuur en die onthouding van pryse.

Nuwe uitgewerye, polemieke, sensuur en pryse

Breytenbach verbreek bande met die APB omdat hy sy uitgewers blameer vir die onwelkome publisiteit oor sy private lewe en omdat 'n prosamanuskrip, *Om te vlieg*, van die hand gewys word. Dit is die begin van 'n rondomtalie-uitgeeloopbaan en 'n uitgeegeskiedenis wat intiem verweef is met die kulturele en politieke bestel van die land.

Sedert 1963 onderdruk die staat dissidensie op kultuurfront amptelik deur onder meer die Wet op Publikasies en Vermaaklikheid en is dit veral die werk van wit Engelse en swart skrywers wat daardeur geraak is. Die klimaat van vrees en agterdog werk inhiberend in op Afrikaanse skrywers en maak uitgewers versigtig vir moontlike "aanstootlike" manuskripte. Konserwatiewe kerk- en kultuurliggame plaas verdere druk op die literêre veld. Breytenbach word in die vroegste stadium van sy skrywersloopbaan ten nouste geraak deur die klimaat wat geskep word deur die vrees vir die sensuurwetgewing.[10] Voorsensuur in die een of ander gedaante gooi vroeg reeds 'n skadu oor Breytenbach, soos die weglating van gedigte uit bundels en die lotgevalle van die manuskrip van *Om te vlieg* aantoon (laasgenoemde word toegelig deur Van der Merwe en Van Dis 1980:56–106).

In die 1960's is daar ook 'n tweede uitgewery wat, soos die APB, 'n naam vir die ondersteuning van vernuwende werk en jong skrywers ontwikkel, naamlik Human & Rousseau (H&R). Hierdie onafhanklike uitgewery se status in die literêre veld word veral bevestig deur die Sestiger-titels op sy fondslys en die feit dat die boeke en die mense agter die boeke groot nuusmakers is. So verskyn die ses Afrikaanse werke waarteen daar in die 1960's formele klagte by die Publikasieraad gelê word, almal by hierdie uitgewery.[11] Breytenbach se tweede poësiebundel, *Die huis van die dowe*, word in 1967 met wysigings en die weglating van minstens een gedig ("Swart dood 1348" wat oorspronklik in die tydskrif *Raster* gepubliseer is) deur H&R uitgegee. (Die resepsie van die bundel kom ter sprake in Breytenbach en die Hertzogprys.) Alhoewel daar aanvanklik 'n gewilligheid was om ook *Om te vlieg* uit te gee, weier twee van die drukkers wat die uitgewery se drukwerk doen om dit te set. Onderhandelinge oor die herdruk van *Katastrofes* (nadat die APB afstand doen van die regte) ly ook later skipbreuk.

---

10 Uiteengesit in Galloway (1990:98–102).
11 McDonald (2009:95–100) bespreek die uiteenlopende kulturele posisies van APB en H&R as uitgewers van die Sestigers in die Afrikaanse literêre veld, asook die uiteenlopende maniere waarop Breytenbach en Brink se uitgeeloopbane ontplooi.

Uitsprake wat Breytenbach in 'n nuwe plaaslike literêre tydskrif oor die rol van die Afrikaanse skrywer en literatuur maak, lei tot 'n uitkringende debat.[12] In sy bydrae (in die vorm van 'n brief aan die redaksie) tot die eerste uitgawe van die tydskrif *Kol* (Breytenbach 1968; opgeneem in *Parool/Parole*, Breytenbach 2015:3–7) stel hy dit dat hy dit verwerplik vind dat die Afrikaanse letterkunde – aktief of passief – verteenwoordiger en draer van die apartheidsbeleid is; hy meen die Afrikaanse skrywer as intellektueel moet standpunt inneem teenoor die implikasies van die landsbeleid. André P. Brink lewer hier 'n pleidooi vir 'n literatuur wat, in 'n mindere of meerdere mate, 'n ondersoek en betwisting van 'n gegewe sosiale struktuur is. Hierdie bydraes is die eerste gelyktydige standpuntinname deur skrywers van Sestig omtrent die "taak" van die letterkunde en dit ontlok skerp reaksie. Die deelnemers aan die daaropvolgende *Kol*-debat (waaronder Bartho Smit, Etienne Leroux, Adam Small, Chris Barnard, Ampie Coetzee) kan breedweg onderskei word as dié wat die saak van kuns-om-die-kuns verdedig en dié wat aandring op 'n maatskaplike taak vir die letterkunde. Dit is egter nie so eenvoudig dat Brink en Breytenbach nou dieselfde literatuuropvatting deel nie, want eersgenoemde dui aan dat hy nie 'n blatante littérature engagée bepleit nie. In werklikheid is die debat 'n prutpot van verskuiwende literatuuropvattings en van ideologiese verankerings. Hierdie debat wys vooruit op die stryd wat in die volgende dekade gestry sou word oor die outonomiebenadering wat oënskynlik die skrywer – en kritikus – bevry het, maar allengs as 'n inperking ervaar word.

Vroeg in 1968 verskyn daar berigte in die pers wat Breytenbach verbind met buitelandse anti-apartheidsinisiatiewe. Later in die jaar word berig oor sy medewerking aan die Belgiese tydskrif *Yang Kahier* se uitgawe getitel "Antwoord aan Zuid-Afrika" waarin hy aktiewe en geldelike steun vir die "vryheidsfronte" aanmoedig. In November daardie jaar publiseer Nederlandse koerante onderhoude met hom (waarna berigte in plaaslike koerante ook verwys) waarin hy sy opvatting van die skrywer as "werker-van-die-revolusie" (in teenstelling met "hervormer") verder toelig en waarin hy hom verbind tot die swart bevry-

---

12 Toegelig in Galloway (1990:140–144).

dingstryd.[13] Die berigte, gerugte en uitlatings het 'n nasleep in die toekenning van die CNA-prys[14] en die Hertzogprys (wat bespreek word in Breytenbach en die Hertzogprys).

Die beoordelaars (bestaande uit 'n skrywer, 'n resensent en 'n joernalis) van die 1968-CNA-prys, is D.J. Opperman, Klaas Steytler en Alba Bouwer. Die prys word volgens 'n puntestelsel toegeken, terwyl die beoordelaars nie kontak met mekaar het nie. Slegs boeke wat deur uitgewerye voorgelê word, word oorweeg. Breytenbach se *Die huis van die dowe* word deur H&R voorgelê. Jare later sou die uitgewer Koos Human (1984:56) agtergrond oor die gebeure verskaf. Die destydse eerste minister, John Vorster, is "woedend" toe dit onder sy aandag kom dat daar beoog word om Breytenbach te bekroon en het "alles in sy vermoë gedoen om te keer dat die prys toegeken word", waaronder konfronterende gesprekke met Opperman en Steytler. Vorster dui aan dat Breytenbach se vrou nie 'n visum sal kry nie om die skrywer só uit die land te hou – hy voer aan dat hy oor inligting beskik dat die digter die besoek om sy prys te kom ontvang, sal gebruik om sy politieke bedrywighede te bevorder en dat hy eintlik gearresteer behoort te word.

Op 21 Maart 1968 vind die CNA-dinee plaas waartydens die Engelse wenner (Laurens van der Post) en die Afrikaanse wenner (Breytenbach) bekendgemaak word. Tydens die prysgeleentheid, waartydens die digter se vader die prys namens hom ontvang, word die getikte ontvangstoespraak (volgens Human 'n skerp politieke teks) wat Breytenbach aan sy uitgewer gestuur het, nie voorgelees nie en die kassetopname daarvan nie voorgespeel nie. Op 22 Maart word in 'n CNA-persvrystelling in *Die Burger* die indruk geskep dat *Die huis van die dowe* deur al drie die beoordelaars vir die prys gekies is. Die volgende dag word hierdie beriggewing aangepas: Breytenbach het die prys met "één punt gewen", want Steytler en Bouwer het die bundel onderskeidelik tweede en derde op hulle lys geplaas. Human vertel tydens 'n besoek aan Parys in Oktober daardie jaar die agtergrondstorie van die

---

13   Yves T'Sjoen (*NeerlandiNet*, 20 Junie 2019) bespreek die onderhoud met Breytenbach wat opgeneem is in die Antwerpse skrywer en joernalis Fernand Auwera se 1969-bundel, *Schrijven of schieten?* Hiervolgens neem Breytenbach 'n "radicaal contra"-standpunt in teenoor die apartheidspolitiek. Dié teks is een van die vroegste openbare politieke standpuntinnames van Breytenbach in Vlaandere.

14   Gedokumenteer in Galloway (1990:80–86); Steyn in Beukes (1992:231–236); Kapp (2009:203–204).

CNA-prys aan Breytenbach. In 'n onderhoud met *Vrij Nederland* op 9 November 1968, ná die ontvangs van die Nederlandse Reina Prinsen Geerligs-prys vir *Die huis van die dowe*, voer die digter aan dat die toekenning van die CNA-prys vroeër daardie jaar aan hom 'n "omkoopprys" is en deel van die Suid-Afrikaanse "camouflage", bedoel om die skyn van vryheid te bewaar.

Breytenbach se openbare uitsprake oor prystoekennings, asook sy toenemend heftige standpuntinname teen die apartheidsbestel soos gepubliseer in die Nederlandse pers, loop uit op 'n snydende ope brief van sy uitgewers in *Die Burger* op 18 November 1968. Hierin distansieer Koos Human, Leon Rousseau en D.J. Opperman hulle in die openbaar van sy politieke standpunte en die feit dat hy hom "al lank op verskillende maniere vir 'n bloedige inval in sy eie vaderland beywer". In teenstelling met Breytenbach steun hulle Suider-Afrika se "eie vryheidsvegters" en dra hulle by tot die "fondse teen terrorisme". Ondanks die feit dat hulle ideologies van hom verskil, wil hulle egter hulle "literêre integriteit" handhaaf en sal dit hulle strewe bly om "alle goeie Afrikaanse letterkunde uit te gee", al sou dit afkomstig wees van 'n skrywer wat bekend is vir sy "drastiese politiek". Breytenbach beskou dié ope brief as 'n daad van verloëning en hy verbreek bande met H&R. (Koos Human verskaf sy eie herinneringe aan die kort uitgewersverbintenis met Breytenbach in die 1960's in Human 2006:134–140.)

In teenstelling met die ope brief van die uitgewers was daar ietwat later – maar met spesifieke verwysing na Breytenbach se uitsprake in die 1960's in die Nederlandse pers – die "ondergrondse reaksie" in die vorm van 'n "studiestuk" deur 'n ingeligte leser wie se identiteit eers in 1983 deur J.C. Kannemeyer onthul word, naamlik T.T. Cloete. Aan die hand van aanhalings uit Breytenbach se onderhoude en ander tekste word daar in hierdie teks, "Versetliteratuur onder die Sestiger- en Sewentigerskrywers", wat deur die Broederbond versprei is, 'n saak daarvoor uitgemaak dat Breytenbach Afrikanerskap en blankheid verwerp en in eenstemming met "terroriste" is wat die land deur geweld wil omverwerp; dat hy die literatuur as politieke versetinstrument beskou; dat dit vir hom nie meer om Afrikaans as sodanig gaan nie, maar om die gebruik daarvan as "vryheidswapen" en "vryheidsimbool".[15]

---

15 Die onthulling van die "Broederbond-stuk" en die impak daarvan word bespreek in Galloway (1990:86–90).

*

Vir die tweede maal in vier jaar is die toe reeds twee maal bekroonde skrywer sonder 'n uitgewer. Breytenbach se derde poësiebundel, *Kouevuur*, verskyn in 1969 by 'n klein onafhanklike uitgewery, Buren. Ook uit hierdie bundel word daar gedigte weggelaat omdat drukkers vervolging, asook diskriminasie van die kant van ander invloedryke en vermoënde kliënte vrees. In 1970 neem die eienaar-uitgewer Daantjie Saayman die dapper besluit om die aktuele verse wat weggelaat is uit *Kouevuur* in 'n beperkte oplaag van 150 genommerde eksemplare uit te gee. Hierdie klein bundel, *Oorblyfsels uit die pelgrim se reis na die tydelike*, kon net direk van die uitgewery bestel word en is per pos versend; dit is waarskynlik die eerste voorbeeld van 'n ondergrondse (*samizdat-*)publikasie in Afrikaans.

Tussen die skrywer en sy uitgewer ontwikkel daar, vir die eerste maal in Breytenbach se onortodokse vroeë skrywersloopbaan, 'n vertrouens- en selfs vriendskapsverhouding en Buren gee oor die volgende paar jaar nog drie van sy tekste uit: *Lotus* in 1970 (onder die skryfnaam Jan Blom); *Om te vlieg: 'n Opstel in vyf ledemate en 'n ode*, die prosateks wat deur twee ander uitgewerye afgekeur is, in 1971; en die vyfde poësiebundel, *Met ander woorde vrugte van die droom van stilte*, in 1973. (Die resepsie van *Kouevuur* en *Oorblyfsels*, asook *Lotus* en *Met ander woorde* word toegelig in Breytenbach en die Hertzogprys.)

Die toekenning van die CNA-prys aan *Kouevuur* in 1970 lok nie wye reaksie uit nie. 'n Berig in *Die Transvaler* op 20 April stel dit dat die tweede toekenning in vyf jaar geen geringe prestasie is "vir 'n jong digter [...] en 'n digter boonop wat weg leef van sy taal" nie, en vervolg: "Dat ons hom as digter aanvaar en keer op keer bekroon, is skraal troos vir die feit dat die land hom as mens nie wou aanvaar nie." Hierop (en met verwysing na uitsprake van die digter) reageer die tydskrif *Ster* op 22 Mei 1970 met 'n uitdaging aan Afrikaanse blaaie: "Ons daag hulle om nou eenmaal standpunt in te neem oor 'n man soos Breyten Breytenbach – wat pas weer die groot CNA-prys vir sy bundel *Kouevuur* verower het. Ons daag hulle om te sê wat hulle van hom dink – omdat hy apartheid vernietig wil sien in 'n gewelddadige revolusie!"

Die Breytenbachs op hulle plaas by Riversdal, 1948. Pa Hannes (Oubaas) en ma Kitty (Ounooi) saam met v.l.n.r. Jan, Breyten, Rachel, Sebastiaan (Basjan), Cloete en die gesin se hond, Vonk.

Op Trafalgarplein, Londen, 1963.

Breyten en Yolande in hul dakkamer in Rue Malebranche, Parys, 1965.

Breyten, in sy geleende pak klere en strikdas, word deur Yolande gelukgewens met die APB-prys vir sy dubbele debuut. Dit is op 28 Februarie 1965 in Parys in die Moulin Vert, Montparnasse, aan hom oorhandig.

Die egpaar by hul aankoms in Parys op 5 Desember 1982 ná sy vrylating uit die gevangenis.

Die digter ontvang op 12 April 1986 die Rapportprys vir ('*Yk*') in die Staatsteater in Pretoria. Fanie Jordaan, bestuurder van *Rapport*, wens hom geluk terwyl die naaswenner, Antjie Krog, en seremoniemeester, Nic de Jager, toekyk.

Dakar-gangers tydens dié historiese byeenkoms in Julie 1987.

Die digter en van sy medeskrywers en vriende tydens sy sestigste pampoendag
by Ampie Coetzee se huis in Mowbray, 1999.

Die Hertzogprys word op 20 Junie 2008 in die H.B. Thom-teater (intussen vernoem na Adam Small) aan Breyten oorhandig vir sy digbundel *Papierblom*.

Saam met Yolande, Hennie van Coller, Louise Viljoen en Jacques van der Elst tydens dié geleentheid.

Woordfoël spog met sy Mercedes tydens 'n rit van Parys na sy Spaanse tuiste in Katalonië. Op die agtergrond is oorblyfsels van die Sévérac-le-Château in die Oksitanië-streek van Frankryk, 2010.

Breyten is die voordanser tydens die tweede Dansende Digtersfees wat in Mei 2014 op die Spier-landgoed plaasvind.

Op 3 Desember 2014 ontvang Breyten 'n eredoktorsgraad in die Aula van die Universiteit van Gent.

Die Zbigniew Herbert-letterkundeprys word op 25 Mei 2017 in Warskou, Pole, aan hom oorhandig.

Op 3 April 2019 word Breyten se digbundel *Op weg na kû* in die Book Lounge in Kaapstad bekendgestel. Tydens sy besoek aan die land maak hy en Yolande 'n draai by die Breytenbach-sentrum en Ampie Coetzee en sy vrou, Anne-Ghrett Erasmus. Die twee vriende vier in hierdie jaar albei hul tagtigste verjaardag.

Breytenbach se skrywersloopbaan word ook deur dreigemente van amptelike sensuur geraak. Op 5 Februarie 1971 berig *Die Afrikaner* dat daar "besliste pogings aangewend gaan word deur konserwatiewe kerk- en kultuurliggame om 'n digbundel van [hom] – wat onder meer 'n parodie op die gebed 'Onse Vader' bevat – verbied te kry", want die digter het "te ver gegaan en die Afrikanervolk sal dit nie aanvaar nie". Van hierdie dreigement kom daar egter niks nie.

In 1971 word Breytenbach vir die derde keer met die CNA-prys bekroon, naamlik vir *Lotus*. Die bundel ontvang in 1972 die Van der Hoogtprijs in Nederland. Teen hierdie tyd het die CNA-prys die barometer geword waarvolgens skrywers en digters hulle werk beoordeel en het dit volgens sommige waarnemers die Hertzogprys in aansien verbygesteek. Die Hertzogprys vir Poësie van 1971 is weer 'n polemiese aangeleentheid (toegelig in Breytenbach en die Hertzogprys).

Breytenbach stal in 1972 en 1975 weer in die Galerie Espace in Amsterdam uit. In 1972 maak hy ook sy buitelandse digtersdebuut in Nederland. Viljoen (2014a:3) dui aan dat Breytenbach se "eerste treë in die rigting van 'n transnasionale status gekom het deur kontak met Nederland waar hy reeds vanaf die 1960's as skilder en digter bekend geraak het".[16] Hy werk sedert 1969 mee aan die Nederlandse literêre tydskrif *Raster* onder redakteurskap van H.C. ten Berge. Hy debuteer met die Afrikaanstalige digbundel *Skryt: Om 'n sinkende skip blou te verf* (met 'n nawoord deur Ten Berge) wat Meulenhoff in 1972 as 'n koproduksie met die Rotterdamse Stichting Poetry International uitgee. (Breytenbach is sedert die ontstaan van Poetry International in 1970 'n deelnemer aan hierdie jaarlikse byeenkoms van digters.) In 1974 publiseer Van Gennep die bundel kortverhale *De boom achter de maan* (vertaal deur Adriaan van Dis en Jan Louter). Recourt (2008:44–55) belig hierdie twee uitgewerye se samewerking met en vorming van Breytenbach se skrywersreputasie oor byna dertig jaar in Nederland; die uitgewerye speel verder 'n sleutelrol in die ontplooiing van Breytenbach se internasionale loopbaan buite Nederland.

---

16   In hierdie oorsig word slegs kursories na Breytenbach se buitelandse loopbaan verwys. In Nederland is navorsing daaroor onderneem deur o.a. Goedegebuure (1993), Van den Bergh (2003) en Recourt (2008). In België word dit gedoen deur Yves T'Sjoen (sien uitgesoekte bibliografie vir 'n keur van sy navorsingsuitsette). Daar is nog geen sistematiese ondersoek na Breytenbach se skrywersloopbaan in Brittanje, Amerika of Europa onderneem nie.

*

Uiteindelik word daar in 1973 'n visum aan die Breytenbach-egpaar toegestaan om Suid-Afrika te besoek om familieredes en vir een openbare optrede deur die skrywer, naamlik tydens die Sestiger-somerskool aan die UK.[17] Hulle drie maande lange verblyf (wat reise na verskillende streke in die land insluit) is onderhewig aan streng voorwaardes. Tydens hierdie reis kom Breytenbach onder die indruk van die organisasie van stakings en die invloed van Swart Bewussyn en Swart Teologie.

Hy spreek hom in die vroeë 1970's (soos geformuleer in twee bydraes in *Deurbraak* in Februarie 1972 en Junie 1973) krities uit oor die effektiwiteit van "liberale" en "progressiewe" houdings. Hy beskou die liberalisme naamlik as die "manifestasie van 'n opportunisme" wat net "die vyand se posisie versterk" omdat dit eintlik net "'n ander manier van saamwerk" is; die land se probleme kan nie besleg word deur "verantwoordelike toegewings" en "dialoog" nie. Hy staan net so skepties teenoor Afrikanerverligtheid en die "oop gesprek" wat in die 1970's respektabel geword het, as wat hy teenoor liberale houdings is.

In Breytenbach se eerste openbare toespraak in die land tydens die Sestiger-somerskool, getitel "'n Blik van buite" (opgeneem in Lasarus 1976:119–128 en *Parool/Parole*, Breytenbach 2015:8–16), distansieer hy hom van die politieke konnotasies wat aan die begrip *Afrikaner* kleef, identifiseer hy hom radikaal met Afrika en pleit vir die ontwikkeling van 'n omvattende Suid-Afrikaanse kulturele identiteit. Hy loof Afrikaans as "bastertaal" en pleit dat dit bevry word van die boeie van "Apartaans" sodat dit waarlik een van die tale van Afrika word. Hy vereenselwig hom met die revolusionêre bevrydingstryd van die ANC-in-ballingskap en glo dat kultuur nie outonoom kan wees nie, maar die uitdrukking is van maatskaplike opvattings en waardes en dat kunstenaars (en veral die Afrikaanse skrywer) dit moet gebruik om te veg vir politieke vryheid, vir menswaardigheid en regverdigheid. In teenstelling met die aanvanklike hartlike reaksie op die koms van die Breytenbachs na Suid-Afrika, sing die pers en briefskrywers aan koerante 'n ander deuntjie ná die toespraak. Die spontane toejuiging vanuit die gehoor word deur

---

17 Die reaksie van die pers en die publiek op die 1973-besoek en die Somerskool-toespraak word bespreek in Galloway (1990:122–129).

rubriekskrywers toegeskryf aan die uitdrukking van groeiende interne opposisie binne die Afrikanergemeenskap.

Reeds voor die verskyning van Brink se roman *Kennis van die aand*, wat in September 1973 deur Buren uitgegee word, word in die pers bespiegel oor die moontlikheid dat hierdie "politieke roman" verbied kan word. Kommentators sien die werk as Brink se antwoord op sy eie vraag en uitdaging tydens die Sestiger-somerskool: "Het die Afrikaanse literatuur nie rééds slagoffer van sensuur geword nie? [...] En dit terwyl geen Afrikaanse werk nog verbied is nie! [...] Kom ons sê: *Hier is die plek waar ons weer begin.*" (Brink in Polley 1973:30) Vroeg in Januarie 1974 word berig dat daar beswaar by die Publikasieraad aangeteken is teen die roman en op 29 Januarie 1974 word 'n verbod onder die sensuurwetgewing van 1963 op die boek geplaas. Einde Februarie dien Brink sy appèl teen die verbod by die Kaapse hooggeregshof in. Die appèlverhoor teen die verbod vind in Augustus 1974 plaas en op 1 Oktober word uitspraak gelewer: Al drie regters beslis dat die verbod bekragtig word. Buren moet kort daarna om finansiële redes sluit – wat ook 'n einde bring aan die vrugbare samewerking tussen Breytenbach en sy lojale uitgewer.[18]

In die woelinge rondom die Hertzogprys-toekenning van 1974 staan "betrokkenheid" en die politieke profiel van Breytenbach as een van die kandidate sentraal. *Skryt: Om 'n sinkende skip blou te verf* (1972) kos Breytenbach nie net die Hertzogprys nie (sien Breytenbach en die Hertzogprys; die resepsie van die bundel word ook daar toegelig), maar op 21 Junie 1975 kondig banieropskrifte in Afrikaanse koerante aan dat hierdie reeds byna onverkrygbare bundel die eerste Afrikaanse slagoffer van die Wet op Publikasies van 1974 is, op grond daarvan dat dit die staatsveiligheid in gedrang bring. Breytenbach, wat hom gereeld uitlaat oor sy siening van sensuur in Suid-Afrika, naamlik dat dit 'n politieke aangeleentheid is, stel dit in 'n berig in *Beeld* van 21 Junie 1975 dat hy trots is "om gereken te word by talle swart en Engelstalige blanke Suid-Afrikaanse skrywers wie se werk in die Republiek verbied is". Kort nadat die verbod aangekondig is, vra Breytenbach vir Brink om daarteen te appelleer, 'n proses wat drie maande duur en ná Breytenbach

---

18 Die verbod op *Kennis van die aand* en die implikasies daarvan word bespreek in Galloway (1985a: 268–274) en McDonald (2009:54–57).

se eerste verhoor doodloop. Die verbod sou eers 8 Junie 1985 opgehef word.[19]

In die tronk – maar nie vergete nie: 1975–1982

Ná die 1974-verkiesing raak die omstandighede vir die Vorster-regering en die beleid van afsonderlike ontwikkeling moeiliker. Die politieke inisiatief lê nie meer eksklusief by die dominante wit groep nie en die swart massa is nie meer bloot op die verdediging nie. Die NP-regering begin stadig wegbeweeg van rassediskriminasie gegrond op velkleur ("klein apartheid"), maar daar is sterk meningsverskille tussen konserwatiewes en hervormingsgesindes. In 1975 verbind die eerste minister hom en die regering tot 'n strewe na samewerking en ontwikkeling in Suider-Afrika en in Afrika as 'n geheel. Met betrekking tot die binnelandse program van aksie, breek die derde fase van die apartheidsbeleid aan waarin die klem op die onafhanklikheid van tuislande val. Die val van die Portugese koloniale ryk in Afrika en die instelling van swart (tussentydse) regerings in Mosambiek en Angola lei tot herformulering van Vorster se streekstrategie: Een aspek daarvan behels die uitbreiding van militêre magte en 'n ander die begin van 'n nuwe diplomatiek-politieke inisiatief wat bekend staan as *détente*, 'n soort beleid van wedersydse nie-inmenging in mekaar se sake en wat gepaardgaan met besoeke van Vorster aan 'n paar Afrika-lande.

Nieteenstaande aanvanklike suksesse misluk die détente-beleid teen 1976 weens twee gebeurtenisse: Suid-Afrika se betrokkenheid by die Angolese burgeroorlog van Oktober 1975 tot Maart 1976 en die Soweto-opstand wat op 16 Junie 1976 uitbreek en tot 19 Oktober 1977 landwyd uitbrei. Gedurende 1977 sit die verligte vleuel van die NP 'n openbare debat oor 'n nuwe grondwetlike bedeling aan die gang. Op 30 November 1977 vind 'n vervroegde algemene verkiesing plaas, en behaal die NP die grootste oorwinning in sy geskiedenis. Maar met die onthullings van die Inligtingskandaal bedank Vorster as eerste minister en later as staatspresident. Die eerste fase van eerste minister P.W. Botha se termyn

---

19 Die verbod op *Skryt* en daaropvolgende gebeure word bespreek in Galloway (1990:163–169), Galloway (1993a:227–229) en McDonald (2009:273–277).

staan in die teken van "aanpas of sterf". In 1981 begin die land 'n destabiliseringsveldtog in die streek om sy veiligheidsdoelwitte te bereik.

Inhegtenisname en verhore

Breytenbach is teen die vroeë 1970's betrokke by die ondergrondse bedrywighede van die buitelandse vleuel van die ANC. Op 1 Augustus 1975 kom hy met 'n vals paspoort die land binne met die doel om lede te werf vir die organisasie Okhela, waarvan hy 'n stigterslid is. Die veiligheidspolisie is heeltyd op sy spoor en op 19 Augustus 1975 word hy op die Jan Smuts Lughawe in hegtenis geneem – op dieselfde dag dat Vorster en sy gevolg van 'n détente-besoek aan Paraguay en Uruguay terugkeer.

In 'n summiere verhoor verskyn Breytenbach op 21 November 1975 ('n dag nadat dit bekend word dat Suid-Afrikaanse troepe, strydig met die détente-beleid, die grens na Angola oorgesteek het) voor die regterpresident van Transvaal om te antwoord op aanklagte ingevolge die Wet op die Onderdrukking van Terrorisme. Hy erken skuld op die lywige klagstaat waaruit bepaalde verwysings na geweld en ondermyning verwyder is. Vier dae later word hy skuldig bevind aan die hoofaanklag dat hy 'n aktiewe ondersteuner is van die verbode ANC, stigterslid van geheime anti-apartheidsorganisasies en (ondanks die verwydering daarvan uit die klagstaat) aan elf "terroristiese dade" ter bevordering van 'n samesweringe wat strewe na die revolusionêre verandering van die Suid-Afrikaanse samelewing. Voor die vonnis uitgespreek word, bied die verdediging getuienis ter versagting en 'n pleidooi vir 'n minimum vonnis aan – waaronder Breytenbach se eie kontekstualisering van sy lewensloop en optrede wat die gehoor in die volgepakte hofsaal onkant betrap en daarna as "bekentenis" deur vriend en vyand aanvaar of verwerp word. Die regter plaas die klem, teen alle verwagtinge in, op "die erns van die misdaad" en vonnis hom op 26 November 1975 tot nege jaar gevangenisstraf. Op 29 Januarie 1976 word die aansoek om appèl afgewys, soos ook paroolaansoeke later.[20]

---

20 Die hofsaak word gedek deur Viviers (1978:26–74); die "bestaanbelydenis" is ook opgeneem in *Parool/Parole* (Breytenbach 2015:17–23) en sy ervaring van die hofsaak in Breytenbach (1984:47–57). Die reaksie van die pers, publiek en ingeligte lesers op die hofsaak word ontleed in Galloway (1990:172–184).

Die verhoor vind plaas tydens die hoogtepunt van détente en verligtheid. Teen hierdie tyd inisieer en ondersteun al die belangrike Afrikaanse koerante 'n verligte denkrigting en beskik die konserwatiewe en regse groepe nie meer oor 'n kommersiële dagblad wat hulle as spreekbuis kan gebruik nie. Die gebeure om Breytenbach se aanhouding en verhoor is ietwat van 'n verleentheid vir die verligte pers wat nie aandadigheid aan "terrorisme" kan kondoneer nie. Die probleem word ontduik deur redakteurs wat heelhartig met die vonnis saamstem, maar terselfdertyd Breytenbach se "verskoning" aangryp as 'n geleentheid om hom weer binne die laer te kry, sy Afrikanerskap so te sê aan hom terug te gee ter wille van die Afrikaanse letterkunde en kultuur. Die leserspubliek reageer oorwegend krities op die gebeure. Die reaksie van ingeligte lesers is een van verleentheid aan die een kant en leedvermakerigheid aan die ander kant – en in die geval van Brink 'n ommekeer in sy politieke insigte (hierna kies hy die opsie van geleidelike verandering of verbetering, selfs van détente).

Breytenbach is aanvanklik in eensame aanhouding in die maksimumsekuriteitsafdeling van die Pretoria-Sentraal-gevangenis, waar gerugte van die Soweto-opstande en die nadraai daarvan na hom deursypel. Van die middel van April tot einde Oktober 1976 ontwikkel daar 'n verhouding tussen hom en 'n jong bewaarder wat van geselsies op gunsies uitloop. Dat dit met die medewete van die veiligheidspolisie is, vind hy uit toe hulle hom meedeel dat hy op sewentien aanklagte ingevolge die Wet op Terrorisme aangekla gaan word. Op 23 Junie 1977 begin die tweede verhoor. Onder kruisverhoor deur advokaat Johann Kriegler vir Breytenbach, begin die bewaarder se getuienis wankel. Breytenbach kry die tweede geleentheid in twee jaar om 'n verduideliking van sy optrede te gee. Sy getuienis, asook die openbaarmaking van die inhoud van die geheime briewe, stel sy opspraakwekkende "belydenis" en ideologiese "ommekeer" tydens die eerste hofsaak in 'n ander lig. Die "ooreenkoms" wat die staat destyds met hom en sy regspan aangegaan het om in ruil vir 'n ligter straf nie 'n politieke aangeleentheid van die eerste verhoor te maak nie – en wat toe verbreek is – word ontmasker. Hy word onskuldig bevind op die hoof- en verbandhoudende aanklag(te) van terroristiese bedrywighede en skuldig bevind op 'n klag van die smokkel van briewe waarvoor hy 'n ligte vonnis opgelê word.[21]

Die verhoor en veral die gesmokkelde briewe wat as getuienis dien, sorg weke lank vir sensasionele hoofopskrifte in die Afrikaanse koerante. Volgens verkrampte bronne soos *Die Afrikaner* (29 Julie 1977) is die aanbieding van berigte deel van 'n aksie van die verligte pers (spesifiek *Rapport*) om van linkse skrywers helde te maak, hoofsaaklik omdat hulle 'n nuwe politieke bedeling vir swart mense wil bewerkstellig. In werklikheid is die redaksionele kommentaar, asook uitsprake in rubrieke van die verligte koerante, veel meer ingetoë as wat sulke beskuldigings wil laat blyk. *Die Burger* is in sy redaksionele kommentaar van 18 Julie 1977 byvoorbeeld bekommerd dat die Breytenbach-saak die verwydering wat reeds tussen die Afrikaanse skrywer en die gemeenskap bestaan, kan vergroot; die koerant waarsku teen die gebruik van die verhoor om aksies "vir" of "teen" sekere aspekte van die Afrikaanse letterkunde te voer. Ná die hofuitspraak is medeskrywers verheug en verlig oor die bevinding. Die verhoor en veral uitlatings en standpunte in die gesmokkelde tronkbriewe gee wel aanleiding tot 'n polemiek onder literatore en skrywers oor "betrokkenheid" en die "kaping" van *Rapport* se boekeblad deur André P. Brink wat eersgenoemde as literêre kriterium gebruik. Die betrokkenheidsdebat ontwikkel nie in 'n werklike besinning oor verhoudinge soos literatuur en samelewing, skrywer en samelewing, of skrywer en literatuur nie. Die verskille tussen die twee kampe lê daarin dat verskillende variante van die outonomie-opvatting ter sprake is en dat daar ideologiese graadverskille bestaan ten opsigte van wat beskou word as "lojale verset".

Kort ná die tweede verhoor word Breytenbach uit eensame aanhouding gehaal en in Julie 1977 na die Pollsmoor-gevangenis in Kaapstad oorgeplaas. Dwarsdeur sy gevangeskap is daar pleidooie en ander pogings van die kant van internasionale en plaaslike belange- en drukgroepe (soos die Afrikaanse Skrywersgilde, gestig in 1975), asook invloedryke individue vir sy vrylating, maar niks het daarvan gekom nie.

---

21 Die tweede hofsaak word gedek deur Welz (1977) en Viviers (1978:172–197); Breytenbach se ervaring daarvan is opgeteken in *Confessions* (1984:222–230). Die reaksie van die pers en van ingeligte lesers met klem op die "betrokkenheidsdebat" word ontleed in Galloway (1990:201–205).

Hoewel Breytenbach se verhore en gevangeskap oënskynlik 'n propaganda-oorwinning vir die apartheidstaat is, speel dit 'n sleutelrol in die volks- en kultuurkrisis van die tydvak 1974–1978. Die verhore vind plaas in 'n klimaat van, aan die een kant, toenemende swart verset teen die staat en die aggressiewe onderdrukking van dissidensie en, aan die ander kant, toenemende introspeksie aan die kant van Afrikanerintellektuele. Die Afrikaanse letterkunde word uit sy ivoortoring geruk en in die strydperk geplaas. Die gebeure rondom die verhore dra grootliks by tot die opkoms van nuwe literatuuropvattings wat op radikaler wyse rekenskap sou gee van die verband tussen teks en "werklikheid". Die politieke en literêre toneel sou anders lyk teen die tyd dat Breytenbach weer vry is.[22]

Publikasiegeleenthede

In ironiese omstandighede word Breytenbach se volgende twee boeke, ná die sluiting van Buren en terwyl hy in die tronk is, deur 'n nuwe inkarnasie van sy eerste uitgewery gepubliseer. Perskor kom in 1971 tot stand deur die samesmelting van Voortrekkerpers (gestig in 1937) en die Afrikaanse Pers Bpk. (APB) wat Breytenbach se debuutbundels uitgegee het. Vroeg in 1976 verskyn *Voetskrif*, die bundel wat die skrywer in aanhouding skryf en nie kan hersien of korrigeer nie en wat aan sy vrou asook – op dié se versoek – die ondersoekbeampte in sy saak opgedra is, by hierdie uitgewery. Die verskyning en ontvangs van die bundel word, gekoppel aan sy sogenaamde "politieke ommeswaai", besonder entoesiasties deur die Afrikaanse pers en kritici ontvang en met die Perskorprys bekroon. Die gedigte in hierdie bundel sou vir baie jare die laaste gepubliseerde nuwe poësie uit Breytenbach se pen wees. Teen die einde van 1976 verskyn die langverwagte *'n Seisoen in die paradys* (die reisboek gegrond op die besoek in 1973 aan Suid-Afrika, onder die skryfnaam B.B. Lasarus) met snitte ook by Perskor.[23] *Seisoen* word as die laaste publikasie van literêre betekenis in 1976 beskou en dit maak van

---

22 Galloway (1990:212–216) bespreek die volkskrisis, kultuurkrisis en nuwe groepvorming teen die einde van die 1970's.
23 Die snitte word uitgewys deur Truida Lijphart (1985:4–9); sien ook Galloway (1993b:229–230).

die twee titels dus weer 'n soort wenkombinasie soos met sy debuut by dieselfde uitgewery in 1964.[24]

Tydens sy skuldigbevinding word Breytenbach se bestaande publikasies nie verbied nie (*Skryt* was wel nog verbode). Hy word ook toegelaat om, volgens spesifieke voorskrifte, tydens sy gevangeskap te skryf (maar nie te skilder nie). Sy skryfwerk moet daagliks aan die tronkowerhede oorhandig word en hy weet nie of hy dit weer sal sien nie. Daar is geen kans om nuwe werk te publiseer nie – en daar is ook nie 'n uitgewery waartoe hy hom kan wend nie. Die kans is dus goed dat hy uit die lesersoog kan verdwyn. Dit gebeur egter nie – vanweë die ontstaan en die inisiatiewe van 'n nuwe plaaslike uitgewery en die ontplooiing van sy internasionale loopbaan.

Een uitvloeisel van die streng nuwe sensuurwetgewing wat lei tot die verbod op die werk van Afrikaanse skrywers, is die stigting in November 1975 van die subversiewe, anti-establishment-uitgewery Taurus deur drie letterkundiges van Johannesburg – Ampie Coetzee, John Miles en Ernst Lindenberg (by wie later aansluit Gerrit Olivier, Tienie du Plessis en Hans Pienaar).[25] Dit is dié waaghalsige nuwe onderneming wat na Breytenbach in die tronk uitreik, via sy vrou wat sy intellektuele eiendom bestuur en die rol van literêre agent vervul.

Taurus stel in hierdie "maer jare"-tydvak twee bloemlesings uit Breytenbach se werk saam: *Blomskryf (uit die gedigte van Breyten Breytenbach en Jan Blom)* (1977) en 'n bundel verspreide kortprosa-tekste, *Die miernes swel op...* (1980). In *Blomskryf* word die gedig "Swart dood 1348", wat H&R uit *Die huis van die dowe* uitgelaat het, in die afdeling "Ongebundelde gedigte uit *Raster*", opgeneem. Die uitgewers onderhandel ook suksesvol vir die heruitgawe van *Kouevuur* (met insluiting van die gedigte wat Buren afsonderlik uitgegee het as *Oorblyfsels*) en *Lotus* (1981). Daar verskyn ook 'n akademiese teks oor Breytenbach se werk, *Woorde teen die wolke* (1980), waarin drie van die vyf opstelle handel oor gedigte in die verbode bundel *Skryt*. Taurus skakel met die skrywer se Nederlandse uitgewers. Dié vindingryke ontginningstrategie van Taurus gooi wal teen die moontlikheid dat Breytenbach uit die oog verdwyn en sy posisie in die literêre veld verloor.

---

24 Die verskyning en ontvangs van *Voetskrif* en *Seisoen* word toegelig in Galloway (1990:184–190).
25 Venter (2007) ondersoek die ontstaan, funksionering en uitfasering van hierdie uitgewery.

'n Bloemlesing met Engelse vertalings van gedigte deur Ampie Coetzee verskyn tydens die tronkjare by die plaaslike Engelse alternatiewe uitgewery David Philip, *And death white as words: An anthology* (1978). Hierdie bundel trek die aandag van die sensors en dit word in Januarie 1979 op dieselfde gronde as *Skryt* verbied (McDonald 2009:277-278).

In die tydvak van opsluiting sorg buitelandse bloemlesings, versamelings en vertalings van Breytenbach se bestaande oeuvre dat die skrywer se reputasie buite die Afrikaanse literêre veld uitbrei. In Nederland verskyn daar by Meulenhoff in die tweede helfte van die 1970's twee lywige poësieversamelbundels: *Het huis van de dove: Gedichten 1964-1969* (1976) en *Met andere woorden: Gedichten 1970-1975* (1977). In 1976 verskyn 'n nuwe uitgawe van *Skryt* wat die oorspronklike Afrikaanse gedigte, asook Nederlandse vertalings deur Adriaan van Dis, bevat. Van Dis se vertaling van *'n Seisoen in die paradys* verskyn in 1980 by Meulenhoff. Daar verskyn ook twee huldeblyk-uitgawes: A*an Breyten Breytenbach* (De Rotterdamse Kunststichting, 1976) en *Vingermaan: Tekeningen uit Pretoria* (Meulenhoff en Galerie Espace, 1980). Eersgenoemde is saamgestel deur die Comité Breyten Breytenbach en die Bureau Poetry International en bevat bydraes deur 'n aantal digters. *Vingermaan* bestaan uit potloodtekeninge deur Breytenbach wat uit die tronk gesmokkel is en gedigte deur H.C. ten Berge, Rutger Kopland, Gerrit Kouwenaar, Lucebert en Bert Schierbeek. Die publikasie val saam met 'n uitstalling van die gesmokkelde tekeninge in die Galerie Espace in Amsterdam (1980).

Tydens sy gevangeskap maak Breytenbach sy loopbaandeurbraak in die (buitelandse) Engelse literêre veld met die publikasie van die Engelse vertaling deur Ria Leigh-Loohuizen en Denis Hirson van *Skryt*, wat in 1977 as *Sinking ship blues* by Oasis Publications in Toronto, Kanada, verskyn. Twee vertaalde Engelse bloemlesings volg: *In Africa even the flies are happy: Selected poems 1964-1977* (John Calder in Londen, 1978, en Riverrun in New York, 1982) en *And death white as words: An anthology* (Rex Collings in Londen, 1978). Rike Vaughan se Engelse vertaling van *'n Seisoen in die paradys* word in 1980 in Londen uitgegee deur Jonathan Cape; dit verskyn ook in New York by Persea Books (sien uitgesoekte bibliografie).

Gedurende die tronkjare word daar ondersteuningsgroepe vir die digter gestig in Nederland, Frankryk, Italië en Amerika en word hy bekroon met die Poetry International Foundation in Rotterdam se Eregeld vir digters in gevangeskap en met die Prix des Sept wat ingestel is deur sewe Europese uitgewerye.

Die verlore seun kom "tuis" én betree die wêreldverhoog: 1983–1994

Die maer jare van publikasie wat in die vorige afdeling bespreek is, is inderwaarheid 'n era van volgehoue uitbouing en instandhouding van Breytenbach se oeuvre plaaslik en in die buiteland. Die gebeurtenis van sy gevangeskap word 'n hoeksteen in die reputasie-ontwikkeling van sy skrywersloopbaan. In hierdie afdeling word gefokus op die ontplooiing van sy loopbaan ná sy vrylating.

Vrylating en die "nuwe bedeling"

Vroeg in 1982 word 'n wetswysiging aanvaar wat voorsiening maak vir die vervroegde vrylating of vrylating op parool van mense wat skuldig bevind is aan misdrywe teen die veiligheid van die staat. Hierdie toegewing maak deel uit van die hervormingspolitiek van die dag. Op 2 Desember 1982 word Breytenbach onverwags ná sewe jaar in die tronk vrygelaat en (met 'n tas gevul met sy tronkgeskrifte) in die hande geplaas van sy "literêre raadgewer" tydens die laaste deel van sy gevangeskap, Merwe Scholtz.[26] Ná die hereniging met sy vrou aan huis van Kaapse vriende en 'n besoek aan sy verswakte vader in Grahamstad, vertrek die Breytenbach-egpaar van Johannesburg na Parys. Hier en ook in Katalonië waar hulle 'n woonplek het, begin 'n nuwe fase in die digter-skrywer-skilder en openbare figuur se lewe en loopbaan.

Breytenbach se (skrywer-)stem is, wat die publiek betref, stilgemaak tydens sy gevangeskap – so byvoorbeeld was die laaste keer dat die Afrikaanse Diens van Radio RSA lugtyd aan hom gegee het 22 Junie 1977 tydens 'n praatjie op Monitor: Aat Kaptein praat oor die aandag wat Breytenbach in die Nederlandse koerant *Trouw* geniet en Schalk van

---

26 Scholtz (2004) skryf oor hierdie laaste dag en die paar dae daarna in *Insig*; Breytenbach se nabetragting kry neerslag in Breytenbach (1984:292–303) en onlangs in Breytenbach (2019:68–75).

der Merwe, uitgewer, oor die verskyning van *'n Seisoen in die paradys*.[27] Dit is daarom verstaanbaar dat lede van die publiek hulle nie eintlik oor sy vrylating uitlaat nie. Die oorwegende redaksionele reaksie van die Afrikaanse pers is een van waarskuwing – dat hy hopelik 'n duur, maar goeie les geleer het en sal wegbly van sy ekstremistiese paaie en sy talent uitsluitlik aanwend in die belang van die Afrikaanse taal en letterkunde. Indien Breytenbach hom nog in die voor-tronkfase uit skuldgevoel in 'n "ons"-verhouding met die Afrikaners verbind het, deins hy ná sy vrylating terug van Afrikanerskap. By sy aankoms in Parys stel hy dit só in 'n onderhoud met Adriaan van Dis (*NRC Handelsblad*, 11 Desember 1982): "Ek is nie meer 'n Afrikaner nie. En dit is nie uit opstand of uit skaamte nie. Ek voel my net nie meer verbonde met die konsep nie. Ek is hoogstens nog Suid-Afrikaans." Hy wil hom ook nie meer beywer vir die transformasie van die Afrikanergemeenskap en die "amptelike weergawe" van die Afrikaanse taal nie, soos hy dit op 9 April 1983 tydens 'n toespraak by 'n byeenkoms van die Nederlandse tak van PEN stel (opgeneem in *End papers*, Breytenbach 1986b:98–106).[28]

Elf maande ná sy vervroegde vrylating vind die 1983-referendum in Suid-Afrika plaas waartydens wit kiesers "ja" of "nee" vir 'n voorgestelde nuwe grondwet kan stem. In teenstelling met die oorwegende "ja"-reaksie van die Afrikaanse (literêre) establishment, meen Breytenbach, soos aangehaal in 'n berig in *Pretoria News* van 4 November 1983 dat 'n ja-stem rampspoedig sal wees, want dit sal lei tot die verdere wettiging van wit diktatorskap en diskriminasie. Die NP kry wel 'n mandaat van die wit kieserskorps om te begin met 'n proses van politieke rekonstruering, gegrond op "gesonde magsdeling" tussen wit mense, bruin mense en Indiërs onder die noemer van "hervorming". Die Driekamerparlementstelsel tree in September 1984 in werking toe Botha die eerste uitvoerende staatspresident word. Links van die NP is die

---

27 Die eerste uitsending ná Breytenbach vrygelaat is, is die voorlesing van sy 1964-kortverhaal "Fascistiese pampoen" op 28 November 1984 deur Nic Swanepoel. In die 1990's het Breytenbach 'n sterk teenwoordigheid op Afrikaans Stereo – met onderhoude, gesprekke oor hom en sy werk, asook die voorlesing van sy werk op programme soos Daniel Hugo se "Skrywers en boeke" en "Versalbum". In die 2000's word hy gereeld op Radio Sonder Grense gehoor in onderhoude, veral met Iris Bester op programme soos "Leeskring", en word sy werk bespreek of voorgelees in Daniel Hugo en later Margot Luyt se "Vers en klank".

28 Galloway (1990:217–220) lig die vrylating en die tyd daarna in meer besonderhede toe.

Progressiewe Federale party (PFP) onder leiding van Frederik Van Zyl Slabbert gekant teen die nuwe stelsel en bedank hy in 1986 omdat hy die parlement as irrelevant beskou. Saam met Alex Boraine stig hy die Instituut vir 'n Demokratiese Alternatief vir Suid-Afrika (Idasa). Intussen groei die aanhang van die ANC en tussen 1976 en 1983 word daar in die gewapende stryd geweldsdade in die land uitgevoer. In September 1984 breek 'n openlike rebellie in die township Sebokeng in die Vaaldriehoek uit. Dié opstand versprei vinnig na die res van die land en op 20 Julie 1985 word 'n noodtoestand in sommige landdrosdistrikte afgekondig. Die staat se onderdrukkende maatreëls dun die opstand se leierskorps grootliks uit. In die nadraai van Botha se teleurstellende "Rubicon"-toespraak tref 'n golf van nuwe sanksies en onttrekking van beleggings die land. In Maart 1986 hef die regering die gedeeltelike noodtoestand op, maar op 12 Junie 1986 word 'n landwye noodtoestand afgekondig, wat tot 1 Februarie 1990 van krag is. Daartydens span die staat massiewe mag in om die opstand te onderdruk.

Op verskillende buitelandse forums brei Breytenbach in die eerste jare van die "nuwe bedeling" uit oor sy siening dat deur weg te doen met sommige van die mees opvallende manifestasies van apartheid, die wit maghebbers hulle in 'n beter magsposisie wil plaas vir die onafwendbare konfrontasie met die ontevrede meerderheid. Vir hom het die staat geen evolusie ondergaan nie en het daar nie veel van ware "hervorming" van apartheid/die Suid-Afrikaanse staat gekom nie. In hierdie na-tronkera is hy toegewyd aan die saak van swart politieke mag en meerderheidsregering soos verteenwoordig deur die ANC.[29]

Tuis in 'n uitgewershuis

Vanweë die totstandkoming van Taurus in die 1970's en hierdie uitgewery se inisiatiewe om sy oeuvre en skrywerskap in die openbare oog te hou terwyl hy in die tronk is, het Breytenbach nou die vooruitsig dat sy skryfwerk in veilige hande gaan wees. Vir die eerste maal

---

[29] Van die openbare redes wat hy in hierdie tyd lewer, is opgeneem in *End papers* (Breytenbach 1986b). Galloway (1990:220–238) ontleed Breytenbach se houding oor die "nuwe bedeling" en die bevrydingstryd; Nash (2009a; 2009b) belig die verskuiwing in Breytenbach se politieke denke in hierdie era.

in sy skrywersloopbaan het hy 'n uitgewers-"huis" en beklee hy die posisie van 'n "in-huis"-skrywer wat langertermynbeplanning met sy uitgewers kan doen. In 'n uitvoerige brief aan Ampie Coetzee en John Miles, gedateer 9 Januarie 1983, bedank Breytenbach hulle vir hul hulp en ondersteuning en beskryf hy die manuskripmateriaal wat tydens sy gevangeskap ontwikkel is. Saam met sy uitgewers word 'n publikasieprogram uitgewerk en volg daar uitgebreide korrespondensie oor die materiële vormgewing van die boeke (soos die gebruik van die tantriese mandala in die voorwerk wat sedertdien kenmerkend van sy publikasies is). 'n Unieke verhouding tussen skrywer en uitgewers word gesmee rondom sewe jaar se opgehoopte skryfwerk wat oor duisende kilometers gepos word en wat sonder die gerief van gesofistikeerde elektroniese kommunikasiemiddele in stand gehou word.

Tussen 1983 en 1987 verskyn daar herdrukke van Breytenbach se werk (byvoorbeeld die vyfde druk van *Ysterkoei* by Perskor), maar dit is by uitstek die "vet jare"-periode van sewe nuwe titels wat Taurus uitgee. Daarmee word Breytenbach se reputasie as een van die belangrikste skrywers van die Afrikaanse literêre veld gevestig. In 1983 verskyn die prosawerk *Mouroir* en twee digbundels van die siklus "die ongedanste dans",[30] naamlik *Eklips* (die derde in die siklus) en die veelbekroonde *('Yk')* (die vierde in die siklus). (Die resepsie van dié twee digbundels word toegelig in Breytenbach en die Hertzogprys.) In 1984 verskyn *Buffalo Bill* (die tweede in die siklus) en die gevangenismemoir, *The true confessions of an albino terrorist* wat eerste in Londen uitgegee is. Die Taurus-uitgawe is volgens die druknaambladsy deur die uitgewery geset en 'n ironiese nota wys op die volgende: "A few words have been blocked out in this first South African edition for considerations not relating to the various publication acts." Hierdie boek trek baie aandag in die pers omdat dit die eerste teks is wat die skrywer ten volle en oorspronklik in Engels geskryf het en omdat dit die "tronkverslag" is. In 1985 word *Lewendood* (die eerste bundel in die siklus) en in 1987 die poëtikale refleksies *Boek (deel een): Dryfpunt* uitgegee.[31]

Die resepsie van *Confessions* was uiteenlopend en die boek ontlok

---

[30] Die verwarring onder kritici oor die volgorde van die bundels van "die ongedanste dans", asook die gebruik en moontlike betekenis van die mandala word bespreek in Galloway (1985b:82–87).
[31] Sien uitgesoekte bibliografie vir 'n opgawe van die eietydse resensies van hierdie sewe boeke.

skerp kritiek van André P. Brink oor die "belydenisse" daarin (is dit fiksie of waarheid?). Die resensie gee aanleiding tot 'n onderonsie tussen die twee vriende en word as illustrasiemateriaal gebruik in 'n debat oor die Afrikaanse literêre kritiek in die alternatiewe vaktydskrif *Stet*. Soos met die "betrokkenheidsdebat" oor Breytenbach se tweede verhoor in die 1970's wentel die debat om verskillende literatuuropvattings en ideologiese vertrekpunte en word dit weer eens gerig deur "groepvorming" en beskuldigings van "monopolisering" in die eietydse intellektuele en literatuurdiskoers.[32]

Ná die publikasie van hierdie tekste wat tydens sy gevangeskap ontstaan het, word Breytenbach se plaaslike oeuvre in 'n na-oes van ses nuwe titels (wat buite tronkverband ontstaan het en voor of ná sy gevangeskap geskep is) deur Taurus en dié se kortstondige opvolgers (in redaksionele opvatting en gees ten minste) uitgebrei: *Memory of snow and of dust* in 1989 (in samewerking met Faber & Faber) wat bekroon word met die CNA-prys vir Engelse publikasies; *All one horse* in 1990 (oorspronklik in Nederlands deur Meulenhoff/Van Gennep uitgegee); die digbundel *Soos die so* in 1990 en *Hart-lam ('n leerboek)* in 1991 – laasgenoemde is die laaste teks wat onder die Taurus-druknaam verskyn.

Die (Suid-)Afrikaanse uitgewerskonteks was besig om te verander. In 1993 verskyn die eerste bundel nuwe gedigte wat ná die skrywer se vrylating ontstaan het, naamlik *Nege landskappe van ons tye bemaak aan 'n beminde*, as koproduksie van die drukname Hond (gestig deur Ryk Hattingh en Tienie du Plessis) en Intaka (van Sandra Saayman). *Plakboek. Moving on: Verjaarde reisverse vir Hoang Lien* word in 1994 deur Hond uitgegee met finansiële steun deur die Stigting vir die Skeppende Kunste tydens voorproduksie en deur 'n persoonlike bydrae van advokaat Eberhard Bertelsmann. Dit is die eerste keer dat 'n Breytenbach-teks met buitebefondsing uitgegee word – 'n teken dat die onafhanklike uitgewerye nie meer die mas kan opkom nie. Die onafhanklike, alternatiewe Engelstalige uitgewery David Philip publiseer in 1993 twee tekste: die buitelandse koproduksie *Return to paradise: An African journal*, wat die volgende jaar met die *Sunday Times* se Alan Paton-prys bekroon

---

32 Die resepsie van Breytenbach se "tronkpublikasies" word bespreek in Galloway (1990:286–300) en die opkoms van nuwe literatuuropvattings en gepaardgaande groepvorming in hierdie era in Galloway (1990:301–318).

word, en die geleentheidspublikasie *Painting the eye* (vir Breytenbach se eerste Suid-Afrikaanse kunsuitstalling wat vroeg die volgende jaar plaasvind).[33]

Intussen het ander plaaslike publikasieplatforms ná sy vrylating tot Breytenbach se beskikking gekom. Hy hanteer byvoorbeeld gedurende 1983 sy eie rubriek "Intussen stroom-op" (wat soms sterk reaksie ontlok) in die Sondagkoerant *Rapport*. Van hierdie rubrieke word in Engelse vertalings opgeneem in die tweede afdeling van *End papers* (Breytenbach 1986b) wat bestaan uit redes en verspreide tekste uit die voor-tronkfase, asook die eerste drie jaar ná sy gevangeskap.

Breytenbach se plaaslike uitgeegeskiedenis staan op die drempel van 'n nuwe era – nie net ten opsigte van die sosiopolitieke konteks nie, maar ook ten opsigte van die institusionele omgewing en uitgewerslandskap. Anders as ander Suid-Afrikaanse alternatiewe uitgewerye het Taurus vir 'n lang tyd oorleef sonder toegang tot eksterne finansiële hulp van internasionale anti-apartheidsorganisasies. Maar ook Taurus se publikasieprogram word in Februarie 1992 om verskillende redes gestaak.

Voëlvlug: In die wye wêreld in

In die na-tronkperiode word Breytenbach se loopbaan op 'n veel groter verhoog as die plaaslike uitgespeel. Sy skrywersreputasie verbreed vanweë sy nuutverworwe Franse burgerskap sedert Desember 1983 wat hom die geleentheid bied om internasionaal te reis en homself te posisioneer. Hy publiseer skeppende werk, toesprake, meningstukke en opstelle in verskillende oorsese media. Hy word 'n bekende figuur op die internasionale konferensie-kringloop. Sy loopbaan as meningsvormer ontwikkel parallel met sy uitkringende internasionale skrywersloopbaan. Breytenbach-tekste verskyn wêreldwyd, met inbegrip van nuwe werk, vertalings, herdrukke en heruitgawes.[34] Wêreldregte op sy werk word gehou deur die Nederlandse uitgewerye Van Gennep (by name die uitgewer Rob van Gennep) en Meulenhoff (by name die uit-

---

33 Sien uitgesoekte bibliografie vir 'n opgawe van die eietydse resensies van hierdie publikasies.
34 Sien uitgesoekte bibliografie vir besonderhede.

gewer Laurens van Krevelen); hierdie twee uitgewers tree as Breytenbach se internasionale agente op.

In die tydperk 1983 tot 1987 word sy Nederlandse (en oorhoofse) oeuvre, naas enkele herdrukke, met sewe nuwe titels uitgebrei. In samewerking met Taurus verskyn die Afrikaanstalige *Eklips: Die derde bundel van die ongedanste dans* (met 'n verklarende woordelys deur Adriaan van Dis) in 1983 en *('Yk'): Die vierde bundel van die ongedanste dans* (met 'n verklarende woordelys deur Truida Lijphart) in 1985 by Meulenhoff. In 1984 verskyn ook *Notes of bird* om saam te val met 'n kunsuitstalling by Galerie Espace. 'n Derde bundel met 'n keuse uit die gevangenisgedigte, in Nederlands vertaal deur Laurens Vancrevel, verskyn in 1987 by Meulenhoff met die titel *De ongedanste dans: Gevangenispoëzie*. Hierdie uitgawe bevat 'n keur van gedigte uit die Suid-Afrikaanse uitgawes *Voetskrif, Lewendood, Buffalo Bill, Eklips* en *('Yk')* wat in vier (tematiese) afdelings gerangskik is. By dié uitgewer verskyn die volgende vertaalde prosatekste: in 1984 *Spiegeldood: Verhalen uit Mouroir* ('n keur vertaal deur Gerrit de Blaauw) en in 1985 *Mouroir: Spiegelbeelden van een boek* (vertaal deur De Blaauw). *De ware bekentenissen van een witte terrorist* (die Nederlandse vertaling van *Confessions* deur De Blaauw) word in 1984 en *De andere kant van de vrijheid: Essays en werkboek* (die vertaling van *End papers* deur De Blaauw en Maarten Polman) in 1986 deur Van Gennep uitgegee.

Dit is die era waarin Breytenbach se status as wêreldskrywer in die Engelstalige literêre veld gevestig word met sy opname in die fondslyste van toonaangewende literêre uitgewers in Londen (Faber & Faber) en New York (Farrar, Straus, Giroux). Sy uitgeeloopbaan by Faber & Faber begin met die publikasie van die gevangenismemoir *The true confessions of an albino terrorist* in 1984; dieselfde jaar verskyn ook *Mouroir: Mirrornotes of a novel*. Rike Vaughan se vertaling *A season in paradise* word in 1985 uitgegee en in 1986 verskyn *End papers: Essays, letters, articles of faith, workbook notes*. Die titels wat ná sy vrylating tot in 1987 in Amerikaanse uitgawes by Farrar, Straus, Giroux verskyn, is *Mouroir* (1984); *The true confessions of an albino terrorist* (1985) en *End papers* (1987). Slapbanduitgawes van *Confessions* (1985) en *End papers* (1987) verskyn by McGraw-Hill. Die Britse en Amerikaanse uitgawes bring 'n wending in die materiële produksie (spesifiek die voorkoms) van Breytenbach se boeke – foto's van die skrywer, biografiese inligting en aanhalings uit gesaghebbende media of uitsprake van prominente figure word in die bandontwerp geïnkorporeer en sy naam word op omslagflappe gelys saam met dié van toonaangewende internasionale skrywers.[35]

In die eerste paar jaar ná sy vrylating word Breytenbach se prosawerk wyd in ander tale vertaal.[36] Louise Viljoen (2014a:14) voer aan dat hoewel hy teen 1984 al 'n mate van bekendheid as digter verwerf het, dit sy Engelse gevangenismemoir *The true confessions of an albino terrorist* is wat hom om verskillende redes prominent op die wêreldverhoog plaas: die belangstelling in die anti-apartheidstryd in Suid-Afrika, die prominensie van gevangenisliteratuur in die tweede helfte van die twintigste eeu en die aansluiting by eietydse gesprekke oor identiteitsvorming teen die agtergrond van migrasie, kosmopolitisering en diaspora in postkoloniale studies. *Confessions* word onder meer vertaal in Deens, Frans, Duits, Italiaans, Portugees en Sweeds en word gevolg deur die vertaling van ander tekste in dié en ander tale.

Vanaf 1988 tot 1993/94 brei sy teenwoordigheid op internasionale verhoë verder uit (van die openbare redes is opgeneem in *Hart-lam*, 1991 en *The memory of birds in times of revolution*, 1996). In Junie 1992 is hy betrokke by die stigting van die Gorée-instituut, 'n sentrum vir demokrasie, ontwikkeling en kultuur in Afrika in Dakar – dit is 'n uitvloeisel van die historiese Dakar-ontmoeting van 1987 (wat hier onder bespreek word) en aktiwiteite sluit navorsing, opleiding en fasilitering in. In November 1993 word hy aangewys as lid van die Wêreldraad van die Internasionale Parlement van Skrywers (saam met Adonis, Pierre Bourdieu, Jacques Derrida, Carlos Fuentes en Édouard Glissant onder voorsitterskap van Salman Rushdie.

In hierdie jare brei Breytenbach se oeuvre in die buiteland uit met nuwe en vertaalde tekste wat ná sy gevangeskap ontstaan het.[37] In Ne-

---

35 Hein Viljoen (2015:426 [Aantekening 6]) voer aan: "Soos by C. Louis Leipoldt, André P. Brink en J.M. Coetzee strek Breytenbach se literêre loopbaan nie net oor een literêre veld nie, maar oor verskeie (Van der Vlies 2007:7–8). Dat sy boeke se voorblaaie dikwels aangepas word vir verskillende groepe buitelandse lesers, getuig daarvan, soos Galloway (2012) laat sien. [...] By Faber & Faber het bv. drie uitgawes van *The true confessions of an albino terrorist* verskyn (1984, herdruk in 1985 en 1994) met drie totaal verskillende voorblaaie. Die goedkoop Harcourt Brace / Harvest-uitgawe (1994) lyk weer heeltemal anders, met vier kunswerke van Breytenbach op die voorblad."
36 Sien uitgesoekte bibliografie vir publikasiebesonderhede.
37 Sien uitgesoekte bibliografie vir publikasiebesonderhede.

derland publiseer Meulenhoff en Van Gennep gesamentlik die vertalings *Alles één paard: Verhalen en beelden* (1989), *Sporen van de kameleon* (1989) en *Terugkeer naar het paradijs: Een Afrikaans journaal* (1993), asook die Afrikaanstalige *Soos die so: Toktokkie se nagregister* (1990) in samewerking met Taurus. By Faber & Faber in Londen verskyn *Judas eye and self-portrait/deathwatch* (1988); *Memory of snow and of dust* (1989); *All one horse* (1990) en *Return to paradise. An African journal* (1993). In Amerika publiseer Farrar, Straus, Giroux *Judas eye and self-portrait/deathwatch* (1988) en *Memory of snow and of dust* (1989), terwyl Harcourt Brace in 1993 *Return to paradise* uitgee. Van hierdie nuwe werk verskyn ook in verskillende vertalings in Frankryk, Duitsland en elders (sien uitgesoekte bibliografie).

In die laat 1980's en vroeë 1990's bied Breytenbach solo-uitstallings aan in Amsterdam se Galerie Espace: *Notes of bird* (1984); *All one horse* (1989) en ook in 1993. Ander uitstallings vind plaas in Rotterdam (Galerie Pieters, 1986), Antwerpen (Galerie BBL, 1986); 'n retrospektief in Montreal (Galarie de la Ville, 1987), Berlyn (Springer Galerie, 1989), Enschede (Gemeentelijke Kunstzaal, 1991), Stockholm se Kulturhest (*Selfportraits and other ancestors*, 1991) en in 1993 in Antwerpen se Centrum Elzenveld en Hilversum se NSRC-studio.

Internasionale erkenning in die jare ná sy vrylating vind plaas in die vorm van toekennings, soos 'n spesiale toekenning in 1983 van die Jan Campert Stichting in Nederland by geleentheid van Breytenbach se nuutverworwe vryheid en as erkenning en ter stimulering van sy skrywerskap. In Frankryk word hy in 1984 bekroon met die Prix littéraire des droits de l'Homme vir die Franse weergawe van *Confessions* en in 1985 met die Chevalier de l'Ordre des Arts et Lettres.

Repressiewe verdraagsaamheid beloning en bestraffing

Breytenbach hou toe nie, soos die Afrikaanse media en die Afrikanerestablishment gehoop het, ná sy vrylating sy mond oor plaaslike politieke ontwikkelings en oor Afrikanerskap nie – inteendeel, tydens sy buitelandse openbare optredes lewer hy kritiese uitsprake oor die "nuwe bedeling" en identifiseer hom met die swart bevrydingstryd (soos hier bo daarna verwys is). Beloning en bestraffing in die vorm van pryse en sensuur in hierdie nuwe bedeling word toegepas met "repressiewe verdraagsaamheid".

In 1984 verwerf sy bundel *('Yk')* die CNA-prys en word dit tweede geplaas vir die Louis Luyt-prys (in 1985 word die bundel weer tweede vir hierdie prys genomineer). In 1984 kom hy ook in aanmerking vir die Hertzogprys vir die bundel. Hierdie keer is die konteks en diskoers oor die Hertzogprys anders as toe hy in 1974 daarvoor in aanmerking gekom het (sien die opstel oor Breytenbach en die Hertzogprys).

Dit is nie net die toekenning van pryse in hierdie era wat in die lig van "repressiewe verdraagsaamheid" gesien kan word nie, maar ook "verligte sensuur". Ná sy vrylating is Breytenbach se verwerping van sensuur selfs feller as vroeër – sensuur hou mense "apart", dit bevorder onkunde en dit help om die magsmonopolie te bewaar. Hy spreek ook tydens 'n 1984-konferensie oor sensuur in Londen 'n oordeel uit oor pogings om sensuur te versoepel en in 'n "nuwe bedeling" te bring (in *Index on Censorship*, 1984). In 1985 "baat" hy by hierdie versoepeling toe die verbod op sy bundel *Skryt* opgehef word.

Die houding van die Afrikaner-establishment in die nuwe bedeling teenoor Breytenbach vind verdere neerslag in die toekenning van die nuut ingestelde Rapportprys (na die kontroversiële doodloop van die Louis Luyt-prys) aan hom tydens 'n luisterryke geleentheid in die Staatsteater in Pretoria op 12 April 1986.[38] Die beoordelaars vir die prys is Elize Botha, Jakes Gerwel, Wilma Stockenström, Rosa Keet en Etienne van Heerden. Die bekroning lok uiteenlopende reaksies uit van die vooraanstaande en uitgelese gehoor. Hulle juig hom tydens die aankondiging staande toe, maar reageer gedemp op sy kritiese aanvaardingstoespraak (gepubliseer in *Rapport*, 13 April 1986 en opgeneem in *Parool/Parole*, Breytenbach 2015:33–38). Vir verligte Afrikaners is die toespraak 'n verleentheid omdat hulle, dertien jaar ná sy Sestigersomerskooltoespraak, nie wou hoor dat hulle nog nie werklik gevorder het op die pad na (hulle) bevryding nie. Ander toehoorders vind sy gebrek aan erkentlikheid en onkunde oor onlangse politieke ontwikkelings en sentimente aanstootlik.

Breytenbach se aanklagte tydens sy ontvangstoespraak (sy eerste openbare optrede in die land ná sy "bestaansbelydenis" in die hooggeregshof in 1975), waarin hy die "omskepping" van die land se werklikheid vooropstel, is dat die Afrikaner 'n onding doen aan mede-Suid-

---

38 Galloway (1990:249–254) bespreek die toekenningsgeleentheid en die nasleep daarvan.

Afrikaners en dat hy rassisme oprig en ophemel as ideale staat; dat die Afrikanerstaat 'n anomalie en anachronisme is; dat die Afrikanerkerke moreel bankrot is; dat die denkende establishment gelyk aan die staat, apartheid, die Broederbond, die Akademie is. Sy aanbeveling vir bevryding is die aftakeling van die Afrikaner se magsmonopolie omdat dit onwettig en totalitêr is. In hierdie ontplooiing van 'n etos van weerstand moet die Afrikaner sy rol speel: "Want om Afrikaner te wees is nog lank nie somaar of dáárom 'n diskwalifikasie nie. [...] Hierdie land se ménse [gaan] die werklikheid omskep. [...] Moenie julle rûe draai nie. Moenie maak dat dit te laat is nie." Hy meen: "En sonder enige twyfel sal die Afrikaners, hierdie witterige en aweregse stam Afrikane, en Afrikaans, ons lieflike bastertaal, ons soepel tong van die liefde, so 'n belangrike rol kan speel."

Die negatiewe oordeel oor die "nuwe bedeling" dompel die verligte Afrikaanse pers in 'n krisis. Die verontwaardiging uit verskillende oorde oor die toespraak is 'n verleentheid vir *Rapport* (die borg van die prys) wat bontstaan om te verduidelik dat die koerant nie aandadig aan die toespraak is nie. Die koerant, in 'n berig op 13 April 1986, is ontstem oor Breytenbach se "eensydigheid, vlak begrip van die werklikhede, vooroordeel en onverdraagsaamheid"; tog stel dit die demokratiese reg van meningsuiting of vryheid van spraak hoog en is daar sienings in sy toespraak waarmee mense met goeie oordeel en eerlikheid kan saamstem. Vir die Engelse pers reflekteer en simboliseer Breytenbach se "odusseia van Staatsgevangenis tot Staatsteater" en die reaksie van die gehoor daarop, die "innerlike krisis en selftwyfel van Afrikanerdom" (*Sunday Times*, 6 Mei 1986).

'n Dag of wat later lewer Breytenbach 'n toespraak voor sowat 2 000 studente op Stellenbosch ('n geredigeerde weergawe verskyn in die herfsuitgawe van die progressiewe maandblad *Die Suid-Afrikaan*, Breytenbach 1986a). Hy stel dit dat hy 'n probleem met die Afrikaner het wie se "morele en politieke besinningsmeganiek [...] melkerig geword het" en brei daarop uit met toepassing op die dominees, die skrywers, die toonaangewendes/gesaghebbendes en die opposisie wat almal vir hom kwaad is en nie met hom saamstem nie. Hy doen 'n beroep op die (apatiese of dan wel niemeelewende) gehoor om weg te breek van die "outoritêre, verstarrende kulturele kodes" en om 'n ander, positiewe inhoud aan hulle Afrikanerskap te gee, want die toekoms is in hulle hande: "begin nou met die transformeringsproses [...] die *game* is nog lank nie verby nie".

Breytenbach is toe nie hokgeslaan deur sy vervroegde vrylating en die toekenning van literêre pryse nie en die afweermiddel van visumweiering word dus weer ingespan: in 1987 toe hy sy siek vader wou besoek en in 1988 om 'n eredoktorsgraad aan die Universiteit van Wes-Kaapland te ontvang. Hierdie visumweierings lok, in teenstelling met wat in 1965 gebeur het, weinig openbare reaksie van medeskrywers en die publiek uit. Hy kry wel in 1989 'n visum om sy pa se begrafnis by te woon.

Onderhandeling en politieke aanpassing

Breytenbach bemoei hom nie meer met ondergrondse politieke bedrywighede nie, maar voeg die daad by sy oproep tydens die ontvangs van die Rapportprys, naamlik om 'n *bydrae* te lewer. Dit doen hy deur as mede-inisieerder, saam met Frederik Van Zyl Slabbert en Alex Boraine van Idasa, op te tree by 'n ontmoeting in Julie 1987 tussen lede van die ANC in ballingskap en 'n groep progressiewe Suid-Afrikaanse meningsvormers wat Afrikaanse akademici, skrywers en joernaliste insluit, in Dakar, Senegal. Tydens hierdie ontmoeting is daar nie eenstemmigheid oor strategie en proses onder die Afrikaanssprekende genooides nie, maar die gemene deler is dat hulle hul beywer vir die skepping van 'n verenigde, demokratiese en nierassige Suid-Afrika – wat deur talle Afrikaners as verraad teenoor die apartheidstaat én die Afrikanerdom beskou word en ná die byeenkoms hewige openbare reaksie ontlok. Die Dakar-gangers word in die Afrikaanse pers gekritiseer en belaglik voorgestel; by hulle terugkeer word party van hulle geviktimiseer en hulle loopbane ontwrig.[39]

Vanaf middel-1986 vergader die Nasionale Intelligensiediens en uitgeweke ANC-lede. In 1989 ontmoet Nelson Mandela en P.W. Botha in die geheim en stel Mandela twee voorwaardes vir onderhandeling: Die

---

39 Die byeenkoms en effek daarvan word toegelig in Louw (1987); Galloway (1990:260–264); Slabbert (2004); Giliomee (2009); Retief-Meiring (2019).

ANC sal geen voorvereistes deur die NP-regering aanvaar nie en stel net belang in onderhandelinge oor 'n verenigde Suid-Afrika wat swart mense se strewe na meerderheidsregering sal bevredig.

Nieteenstaande sy bedenkinge oor liberale opposisie, inisieer en neem Breytenbach weer deel aan onderhandelingsinisiatiewe met die ANC in ballingskap, soos op die Victoriawaterval-beraad in Julie 1989 waar 'n groep Suid-Afrikaanse en uitgeweke skrywers en letterkundiges ontmoet. Hier lewer hy die afsluitingtoespraak tydens die sessie "A South African literature" (Coetzee & Polley 1990:190–196; opgeneem in *Parool/ Parole*, Breytenbach 2015:39–44). Hy begin die toespraak in Afrikaans en stel dit dat: "The language stays with me as a shadow, a runner, a reminder, and thereby it is imagination." Hy glo dat skrywers die verantwoordelikheid het om 'n bydrae te lewer tot 'n regverdiger gemeenskap en die totstandkoming van 'n nuwe Suid-Afrikaanse bestel: "Our contribution is our rich diversity, our recognition of the need to go beyond ourselves, to enlarge, embrace, draw forward, maybe even to blend extremes while keeping the common good in mind." Aan die vooraand van die oorgang na die Nuwe Suid-Afrika is Breytenbach se aansporing teen die einde van sy toespraak: "Bly beweeg, ver anderkant bevryding. Niks is vir ewig gewen of gevestig nie. Of, waarskynlik, vir ewig verlore nie" (my vertaling).

Weer eens lewer Afrikaanse koerante negatiewe kommentaar op hierdie uitreikbyeenkoms, veral omdat die Suid-Afrikaanse skrywers ingestem het met die ANC se oproep om 'n kulturele boikot te ondersteun tot apartheid opgehef is. Hierdie instemming het ook verdeling onder die Suid-Afrikaanse deelnemers tot gevolg en die meeste onttrek ná 2 Februarie 1990 hulle ondersteuning van die kulturele boikot.

Daar is waarnemers wat meen dat Breytenbach se rol as invloedryke wêreldburger in die ontplooiing van die Suid-Afrikaanse politiek in die postapartheidsera nie onderskat mag word nie. Die historiese ontmoetings waarvoor hy medeverantwoordelik was "het bygedra tot die skepping van 'n politieke en intellektuele klimaat waar gesprekvoering, onderhandeling en die regularisering van die Suid-Afrikaanse politiek en sosiale situasie moontlik gemaak is". (Hein Willemse aangehaal in Galloway 2004:21.)

*

Ná 'n beroerte-aanval vroeg in 1989 bedank P.W. Botha as partyleier (maar bly dien as staatspresident) en word F.W. de Klerk partyleier. Botha bedank 'n paar weke voor die verkiesing in September waartydens die NP heelwat setels aan die nuutgestigte Demokratiese Party (DP) afstaan, en daarna word De Klerk formeel tot president verkies. Die val van die Berlynse Muur in hierdie tyd dra by tot De Klerk se besluit om magsdeling met die ANC te beding. In Desember oorreed hy sy kabinet dat beperkings op die bevrydingsorganisasies opgehef moet word en dat onderhandelings oor 'n nuwe grondwet sonder voorvereistes moet begin. Op 2 Februarie 1990 kondig hy dié besluit voor 'n verbaasde parlement aan. Op 11 Februarie 1990 word die ANC en ander verbode politieke organisasies ontperk en Mandela vrygelaat.

Ná dié politieke ontwikkelings besoek Breytenbach die land as gas van die progressiewe Stellenbosse Aktuele Aangeleentheidskring (SAAK) wat deur Johan Degenaar gestig is. Hy lewer op 16 Augustus 1990 voor 'n groot gehoor die afsluitingstoespraak, "Fragmente van 'n groeiende gewaarwees", tydens 'n driedaagse konferensie met die tema "Die rol van die Afrikaner in die bou van 'n nuwe Suid-Afrika" (opgeneem in Breytenbach 1991b:13–31 en *Parool/Parole*, Breytenbach 2015:45–56). Volgens hom bly die doel nog steeds die "omvorming van die staat tot 'n demokraties gewettigde raamwerk vir al die landsburgers" en om daar te kom "sal ons die blinde skutmure van Afrikanerskap, oftewel dié van die Afrikaanse kultuur, moet aftakel". Afrikaners moet "gedekondisioneer" word van meningsvormende instansies en op elke moontlike vlak aan die proses van verheldering en omvorming deelneem. Volgens hom loop "Suid-Afrikanerskap [...] deur die afbreek van apartheid en die help bou aan die groot Andersmaak" en nie deur 'n ooreenkoms tussen twee magte wat mekaar uitkanselleer en nou wil saamsnoer nie. Hy waarsku dat die stryd om vryheid "sal voortduur nog lank ná die afskaffing van apartheid onder 'n ANC/NP-koalisie".

Hy tree in hierdie tyd ook op verskillende ander plaaslike en buitelandse platforms op waartydens hy hom oor die uitdagings vorentoe uitlaat.[40] In sy openbare optredes in die tyd waarsku hy teen 'n vals kon-

---

40 Vier toesprake uit hierdie periode is opgeneem in die bundeltjie *Hart-lam* (Breytenbach 1991b): "Fragmente van 'n groeiende gewaar wees" (gelewer by SAAK, 16 Augustus 1990); "A DOG at dinner" (gelewer by die Kaapstadse Persklub, 17 Augustus 1990); "The long march from heath to heart" (New York, 25 Oktober 1990) en "Painting and writing for Africa" (Stockholm, 27 Januarie 1991). Eersgenoemde toespraak is ook opgeneem in *Parool/Parole*, Breytenbach (2015:45–56).

sensus in plaas van 'n vrye debat oor die pad vorentoe. Vroeg in 1991 volg 'n drie maande lange besoek aan Suid-Afrika wat later neerslag vind in die reisboek *Return to paradise*.

In die tydvak van toenemende openbare geweld in die aanloop tot grondwetlike onderhandelinge rig Breytenbach (ná 'n besoek aan die "oorlogsone" in die Natalse Middelland) 'n ope brief aan Mandela wat op 21 April 1991 in *Sunday Times* verskyn (Breytenbach 1991a), om hom aan te spoor om die toon aan te gee om Suid-Afrika te lei uit die spiraal van geweld waarin die land verval het. Sy pleidooi is: "Lead us from the wasteland, Mr. Mandela." (Hierdie brief is opgeneem in *The memory of birds...*, Breytenbach 1996g:74–81.)

Op 19 Desember 1991 neem Breytenbach deel aan die eerste inklusiewe skrywerskongres wat die koerant *The New Nation* en die Congress of South African Writers (Cosaw) reël. In sy toespraak "Writing beyond repression" spreek hy die hoop uit dat daar nog 'n kans is om stadig te muteer na groter geregtigheid. Maar hy sal net so sterk die vervanging van die ou orde van onderdrukking deur "repressive pressure groups using mechanisms of control through censorship, selection, distribution, prescription, manipulation or fashions imposed by literati, structured or unstructured, operating in the name of 'culture'" teenstaan.[41]

Die Konvensie vir 'n Demokratiese Suid-Afrika (Kodesa) begin op 20 Desember 1991 in die Wêreldhandelsentrum in Kempton Park met sy werksaamhede. Die onderhandelinge val in verskillende stadiums vas weens politieke onrus (soos die Boipatong-slagting van 17 Junie 1992 en die Bisho-slagting van 7 September 1992) en ander ingrypende gebeure (soos die sluipmoord op die gewilde SAKP-leier Chris Hani op 10 April 1993 en 'n opmars van die Afrikaner Volksfront na die WTC in Junie 1993). Tydens die hervatte onderhandelinge word daar oor vier-en-dertig beginsels vir die oorgangsgrondwet van 1993 besluit. Engels is die voertaal van die onderhandelinge en op 10 November 1993 aanvaar die onderhandelaars elf amptelike tale op nasionale vlak.

Op 15 Julie 1993 tydens sy optrede by die Winterskool van die Universiteit van die Witwatersrand (Wits), "Afrikaans uit die doofpot" (verskeie gesprekke oor versweë kwessies), verwys Breytenbach na die on-

---

[41] 'n Drukstuk van die teks is in my besit.

derhandelinge en gebeure by Kodesa: "Julle moenie skaam wees om vir Afrikaans te veg nie" – daar moet opgestaan word vir Afrikaans, al beteken dit ook om "met 'n pantserwa deur die glas van die Wêreldhandelsentrum te bars". Volgens hom sal "die ANC nie Afrikaans bevorder nie al sê hy ook wat" – beskerming vir die taal sal net kan geskied deur "volgehoue skoolonderrig en voortgesette publikasie" (volgens 'n berig in *Rapport*, 18 Julie 1993). Breytenbach neem by hierdie geleentheid deel aan besprekings met die tema "minderheidstaal, minderheidsletterkunde" en "*local* is lekker – Afrikaans se posisie in die Suid-Afrikaanse letterkunde".

Ná die aankondiging van die besluit oor die amptelike tale sê Breytenbach aan Johann Burger (*Die Burger*, 22 Oktober 1993) dat die besluit skelm is en dat daar uit die mengelmoes net een taal sal uitkom, naamlik Engels; hy dink nie die ANC het juis "ooghare vir Afrikaans nie. Die ANC het nie aanvoeling daarvoor nie." André P. Brink noem aan Anneke van Niekerk (in *Die Burger*, 20 November 1993) dat hy nie eintlik bekommerd is oor Afrikaans nie, "want my ondervinding van mense in die ANC is dat hulle eintlik 'n verbasend sagte plekkie vir Afrikaans het, sagter as wat ek verwag – daar stem ek nie met Breyten saam nie".

Die kom en gaan in die nuwe Suid-Afrika sedert 1994: twee fases

Die voortgesette verdeelde openbare reaksie wat Breytenbach in die postapartheidsera in sy geboorteland en onder Afrikaners ontketen, moet gesien word teen die agtergrond van die sleutelrol wat hy sedert die 1960's in die polarisering van die Afrikaanse literêre sisteem, die politieke sisteem en die joernalistieke sisteem speel en sy bydrae tot die verskuiwing van kulturele en sosiopolitieke sisteemgrense (Galloway 1990:319 e.v.). Sy kritiek op die ontvouende situasie in die land (gekenmerk deur geweld, magsvergrype en korrupsie) en die verwording van die ANC se "nasionale demokratiese revolusie", sy besinning oor aangeleenthede soos die aard en rol van taal/moedertaal, die land as "konstruk in wording", die dialektiek tussen oorkoepelende waardestelsels en diversiteit/spesifisiteit en die bevraagtekening van mag, asook sy ontginning van begrippe en prosesse soos *transformasie as verbastering/ kreolisering, saam mekaar anders maak* en *morele verbeelding* dra by tot nuwe politieke denke in 'n era van ontwrigting, rassepolarisasie en strewe na dekolonialisering.

Sy skrywerskap asook rol as openbare figuur en sy bydrae tot groter gesprekke en sisteemverskuiwings in die demokratiese era, moet nog sistematies en in besonderhede ondersoek word. Dit is egter duidelik dat die waarde van sy voortgesette betrokkenheid nie misgekyk kan word nie. Andrew Nash (2009a:13) meen: "It is possible that Breytenbach's most important contributions to South African politics were [...] in his critique of the negotiated settlement and his seminal role in establishing a new politics of Afrikaans."

In hierdie afdeling word fasette van sy skrywerskap en rol as openbare figuur oorsigtelik in twee fases toegelig, naamlik die tydperk van 1994 tot 2002 (toe hy hom aan die plaaslike toneel onttrek) en die era daarna (veral sedert sy terugkeer op die plaaslike toneel in 2005).

Fase 1: Van wonderwerk na ontnugtering: 1994–2002

Die eerste demokratiese verkiesing vind op 27 April 1994 plaas waartydens die ANC 'n meerderheidstem van 62,7% kry. Breytenbach bring sy stem uit in Jamestown, Stellenbosch, en gebruik sy identiteitsdokument wat in die gevangenis aan hom uitgereik is om homself te identifiseer (volgens 'n berig in *Die Burger*, 28 April 1994). Hy lewer in twee artikels in hierdie koerant sy indrukke van die verkiesing en oor "Mirakelman Mandela [as] die president van álle Suid-Afrikaners". In die eerste artikel (*Die Burger*, 29 April 1994) verskaf hy sy indrukke van die stemdag en verwoord sy eie reaksie soos volg: "Ek het al dikwels oorsee kon stem, maar nog nooit só 'n kruisie oor my hart getrek nie. Nou word ons oplaas gesnoer in 'n bindende ervaring (al sy dit ook tydelik) – één bevolking van dieselfde land in die uitvoering van 'n gedeelde burgervoorreg." In die tweede artikel (*Die Burger*, 7 Mei 1994) vat hy sy nabetragting in nege punte saam en huiwer nie om sekere bedenkinge oor die pad vorentoe uit te spreek nie. Onder punt nommer agt stel hy in die vooruitsig dat daar uitdagende en skeppende "gesprekke rondom Afrikaans, rondom tale, rondom kommunikasie-beheer, gaan ontplooi". Hy sluit die artikel af met die versugting: "Ten spyte van alle vrese en onsekerhede en al is daar gevaarlike illusies [...] bly die omwentelinge nogtans 'n wonderwerk as die moontlike begin van 'n regverdiger land. Wat selfs 'n voorbeeld sou kon wees vir ander lande in Afrika."

Die Nasionale Vergadering (NV) van die regering van nasionale eenheid verkies Nelson Mandela tot president en F.W. de Klerk en Thabo Mbeki tot adjunkte. Die Nuwe Suid-Afrika kom op 10 Mei 1994 met die inhuldiging van Mandela as president van die Republiek amptelik tot stand. Die Grondwetlike Vergadering (GV) vergader op 24 Mei 1994 die eerste keer en moet teen 8 Mei 1996 'n nuwe grondwet aanvaar. Op 6 Mei 1996 word oor die grondwet gestem en dit word deur die konstitusionele hof goedgekeur.

Die Waarheid-en-versoeningskommissie (WVK) word in 1995 geskep om menseregteskendings sedert 1960 te ondersoek en die bevindings word in 1998 bekendgemaak. Ondanks die gebreke in die samestelling van die kommissie en die prosedure daarvan speel dit 'n belangrike terapeutiese rol omdat dit 'n geleentheid vir die slagoffers skep om hulle verhale te vertel en daar erkenning aan hulle lyding gegee word; dit lê ook die waarheid oor enkele berugte voorvalle van menseregteskending bloot. In *Country of my skull* (1998) boekstaaf Antjie Krog, wat as radiojoernalis oor die WVK verslag doen, haar ervaring van die getuienis van mensonterende vergrype en vra sy hoe sy kan saamleef met die feit dat die woorde wat gebruik is om te verneder, die opdragte om te vermoor, aan die taal van haar hart behoort. Breytenbach (in 'n artikel in *Die Burger*, 5 Oktober 1996) erken dat die wit Afrikaners "skuldig voor die geskiedenis" is en dat dit 'n "smet [is] waarmee die wit Afrikaners tot 'n vergelyk moet kom", maar *"ons* moet dit oopvlek en uitklaar" – *nie* die WVK, "daardie lieg- en bieg-plek met die wit gepleisterde grafte se seënende gemeesmuil", wat weinig te doen het met waarheid of versoening.

Die Nasionale Party verloor geleidelik die invloed wat hy nog gehad het en word ook gekritiseer omdat die toekomstige status van Afrikaans baie wankelend gelaat is deur die onderhandelinge. Die grootste onenigheid tussen die ANC en die NP is oor die verskansing van 'n magsdelende kabinet in die finale Grondwet. Toe die ANC weier, onttrek De Klerk die NP aan die einde van 1996 aan die regering van nasionale eenheid. Die uittrede van De Klerk uit die politiek help die agteruitgang en uiteindelike verdwyning van die party aan.

Die uitgee-wiel draai

Die politieke transformasie beïnvloed die funksionering van die samelewing in die algemeen en die struktuur en aard van organisasies en (kultuur-)bedrywe. Soos hier bo uitgelig is, bly die eertydse onafhanklike en anti-establishment-uitgewerye in die slag. In watter uitgewershuis sou Breytenbach 'n tuiste kan vind in die era van transformasie en onsekerheid?

Die omwenteling veroorsaak dat Breytenbach weer beland op die publikasielys van H&R, die uitgewery wat hom in die laat 1960's in die openbaar afgewys het. In 1977 is die eertydse onafhanklike uitgewery verkoop aan die Nasionale Boekhandel, 'n filiaal van Nasionale Pers, en is 'n stewige publikasielys opgebou met die uitgee van gevestigde en nuwe stemme. In 1984, by die geleentheid van H&R se vyf-en-twintigste bestaansjaar, doen Koos Human in 'n onderhoud met Etienne Leroux in die November-uitgawe van *Tydskrif vir Letterkunde* 'n skerp aanval op Taurus as 'n uitgewery wat "om 'n verkeerde rede op die toneel verskyn het en om 'n verkeerde rede nog daar is"; in die proses "'n klomp gemors uitgegee het wat om literêre redes deur ander uitgewers afgekeur is"; 'n skrywer soos Breytenbach is uit "politieke simpatie" daar en Taurus "het 'n klap van die Marxisme weg". Hierdie en ander uitsprake lei tot 'n openbare debat in die pers. Teen dié agtergrond is dit dus ironies dat, toe daar nie meer werklike motivering vir die voortsetting van die alternatiewe uitgee-aktiwiteit is nie en die uitgeeprogram gestaak word, sekere titels op die Taurus-lys (asook die oorblywende voorraad daarvan) ná 1992 aangekoop word deur H&R, nou 'n hoofstroomuitgewery, waaronder die Breytenbach-titels. Hierdie transaksie was 'n manifestering van verskuiwings in die politieke arena, die literêre veld en die institusionele omgewing.

In 1994 word Kerneels Breytenbach hoofbestuurder van die uitgewery en met hom (en sy redakteur Alida Potgieter) bou Breytenbach 'n vertrouenshouding op. Heel gepas open H&R die nuwe fase van Breytenbach se uitgeegeskiedenis in 1995 met 'n bloemlesing gedigte uit sy bestaande oeuvre wat nou op hierdie uitgewery se fondslys is. *Die hand vol vere* (1995) is saamgestel deur Ampie Coetzee – "'n bewonderaar van sy werk en jare lange vriend van die digter" (volgens die agterblad) en natuurlik ook ouduitgewer van Breytenbach by Taurus. Resensente[42] vergelyk die bloemlesing met *Blomskryf* (Taurus 1977) wat nie meer 'n toereikende beeld van Breytenbach se digterskap gee nie. Die bloemlesing bevat ook twee briewe: Coetzee se "oopmaakbrief" aan die digter en Breytenbach se antwoordbrief. Louise Viljoen herinner die leser aan Breytenbach se fassinasie met die idee dat sy tekste kan "vervaag, oplos, wegraak of verdwyn", wat mens laat wonder of hy sy poësie dalk doelbewus "gaan laat wegkring uit die kanon van die Afrikaanse letterkunde deur nie sy bundels te laat herdruk nie". Hierdie vrees is nou gedeeltelik besweer deur die verskyning van die bloemlesing. Aan die hand van die briewe kontekstualiseer Viljoen die verskyning van die bundel by 'n hoofstroomuitgewery aan die begin van die postapartheidsera en verwys sy na die nuwe manier van skryf (met die sentrale eienskap "kreatiewe niefiksie") wat die digter in die vooruitsig stel. Volgens haar lei Coetzee se besondere insig in Breytenbach se poësie tot 'n hoogs bevredigende keuse – "veral opvallend is sy aanvoeling vir gedigte waarin taalspel op die spits gedryf word en sy sensitiwiteit vir samehange". A.P. Grové meen dat die nuwe bloemlesing daarin slaag om die verskillende fasette van die digter se oeuvre te verteenwoordig: "as die digter van die stryd, van die natuur, van die liefde, van die deernis en die toorn"; terselfdertyd lê die bundel "goeie getuienis af" van die digter se kreatiewe taalhantering en -bewerking.

Tot 2001 (die jaar waarin H&R en die Tafelberg-groep saamgevoeg word as NB-Uitgewers) gee H&R 'n verskeidenheid tekste van Breytenbach in verskillende genres uit. Die titellys bestaan uit die bundel *The memory of birds in times of revolution* (1996, en in dieselfde jaar deur Faber & Faber uitgegee) met kongresbydraes, toesprake en ope briewe; drie digbundels – *Oorblyfsels: 'n Roudig* onder die skryfnaam Jan Blom, 'n geleentheidsbundel ter herinnering aan Daantjie Saayman (1997), *Papierblom (72 gedigte uit 'n swerfjoernaal)* onder die skryfnaam Jan Afrika (1998) en *Lady One (99 liefdesgedigte)*, bestaande uit 'n keuse van negentig gepubliseerde en nege nuwe gedigte (2000); die eerste bundel versamelde gedigte *Ysterkoei-blues: Versamelde gedigte (1964–1975)* (2001); die memoir/reisjoernale *Dog heart (a travel memoir)* (1998) en *Woordwerk (die*

---

42 Sien uitgesoekte bibliografie vir die besonderhede van die resensies.

kantskryfjoernaal van 'n swerwer) (1999); asook die teatertekste *Boklied: 'n Vermaaklikheid in drie bedrywe* (1998) en *Die toneelstuk ('n belydenis in twee bedrywe)* (2001). H&R en Rhythm Records (RR) gee ook twee CD-publikasies met stemwerk deur die digter uit: *Mondmusiek* (2001) en *Lady One* (2002).

Voëlvlug: nuwe moontlikhede in die buiteland

Ná die aanbreek van die nuwe politieke bedeling in Suid-Afrika verskyn daar tot 2000 nog enkele titels by Breytenbach se getroue Nederlandse uitgewerye, soms as gesamentlike publikasies: Adriaan van Dis se vertaling van die digbundel *Landschappen van onze tijd, vermaak aan een beminde* (Meulenhoff/Van Gennep, 1995); die vertaling van *The memory of birds...* as *Denkend vuur* (Meulenhoff/Van Gennep, 1996); die vertaling van *Dog heart* as *Hondenhart: Een terugreis* (Meulenhoff, 1999) en die Afrikaanstalige digbundel *Lady One. 99 liefdesgedigte* (Meulenhoff, 2000) met 'n verklarende woordelys deur Robert Dorsman. Laasgenoemde is die laaste boek van Breytenbach wat by hierdie uitgewery verskyn.

In Engeland verskyn Breytenbach se boeke nog tot die einde van die 1990's op die fondslys van Faber & Faber – in 1996 *The memory of birds in times of revolution* en in 1999 *Dog heart: A memoir.* Sy Amerikaanse uitgeegeskiedenis brei tussen 1994 en 2002 uit. Dit is die tyd van voortgesette samewerking met Harcourt Brace – in 1994 verskyn drie titels, naamlik *A season in paradise, The true confessions of an albino terrorist* en *Return to paradise;* in 1996 word *The memory of birds in times of revolution* uitgegee en in 1999 *Dog heart: A memoir.* In 2002 publiseer die uitgewery die bloemlesing *Lady One: Of love and other poems.*[43]

Naas uitnodigings vir optredes op wêreldverhoë en publikasie in verskillende lande, ontvang Breytenbach 'n verskeidenheid buitelandse toekennings en vererings in die vroeë postapartheidsera tot 2002. In Nederland word hy in 1994 genooi om die openingstoespraak te lewer by die vyf-en-twintigste Poetry International-digtersfees in Rotterdam, waarna twee-en-sewentig skrywers van oor die wêreld genooi is. In 1995 ontvang hy (tydens sy oorsiguitstalling in die Frans Halsmuseum)

---

[43] Sien uitgesoekte bibliografie vir besonderhede van buitelandse uitgawes in hierdie era.

die Jacobus van Looy-prys vir letterkunde en kuns van Aad Nuis, die Nederlandse onderminister van kultuur. In Junie 1996 word die jaarlikse vertaalprojek van die sewe-en-twintigste Poetry International-byeenkoms aan hom gewy. Op 21 Junie 1996 lewer hy die sewende Van Gogh-lesing in 's Hertogenbosch, ingelei deur H.C. ten Berge. In Italië ontvang hy in 1995 die twaalfde Malaparte-prys, wat jaarliks deur die Vriende van Capri toegeken word ter herdenking van dié Italiaanse joernalis en skrywer en ter erkenning van die politieke betrokkenheid en die literêre prestasies van die ontvanger. In 1998 word hy deur die motorvervaardiger Volkswagen AG in Hannover, Duitsland, as 'n wêreldburger vereer. Hy brei in hierdie tyd ook sy teenwoordigheid in Amerika uit en in 1996 is hy besoekende professor in die Creative Writing Program van Princeton-universiteit. In New York, waar hy sedert 1999 aan die Graduate Program in Creative Writing van die New Yorkse Universiteit verbonde is, vind sy kunsuitstalling *Memory of meaning* in 2002 in La Maison Française plaas. In hierdie jaar word hy in Frankryk vereer met die Chevalier de la Légion d'Honneur. In 2002 onderneem hy as lid van 'n afvaardiging van die Internasionale Parlement van Skrywers 'n skrywersreis na Ramallah in besette Palestina waar hulle deur Mahmoud Darwish ontvang word (Jaggi 2002).

By die Gorée-instituut, wat op grond van 'n formele ooreenkoms met die Senegalese regering gesetel is in die gerestoureerde Maison du Soudan, is Breytenbach in die 1990's betrokke by 'n verskeidenheid inisiatiewe waarvan net enkeles hier genoem word. In 1992 organiseer hy en die Nederlander Jan Kees van de Werk 'n klein poësiefees op die eiland en die droom ontstaan van 'n reisende fees van digters (Van de Werk 1998). Hy begin 'n multikulturele en multidissiplinêre projek saam met kunstenaars uit Denemarke, Senegal en Suid-Afrika. Die instituut en die Council for the Development of Social Research in Africa (Codesria) organiseer vier "dinkwinkels", onder die oorkoepelende titel "The African intellectual and diversity". In Desember 1999 vind die "poësie-karavaan" plaas waartydens tien Afrika-digters per motor en trein en pirogue van Dakar na Timboektoe reis – "It was a conscious attempt to reactivate old trade routes and the art of passing words from one marketplace to the next, like dreams and visions on the wind"

(Breytenbach in *Notes from the Middle World*, 2009b:115). Antjie Krog wy die gedigsiklus "'van litteken tot rivier" in *Kleur kom nooit alleen nie* (2000), asook 'n hoofstuk in *A change of tongue* (2003) aan hierdie reis waaraan sy deelgeneem het. In 2002 word Breytenbach die direkteur van die instituut.

Beloning en bekroning, polemiek en ontsteltenis

Met die aanbreek van die demokratiese era in Suid-Afrika breek daar vir Breytenbach ook 'n era van verhoogde kreatiwiteit, asook bemoeiing met en inisiëring van plaaslike skrywers- en ander kulturele aktiwiteite aan. Die periode van 1994 tot 2002 staan in die teken van beloning en bekroning, maar ook polemiek en ontsteltenis. Enkele van hierdie gebeure word hier toegelig.

Drie dekades ná sy skrywersdebuut in 1964 open Breytenbach se eerste solo-kunsuitstalling, *Painting the eye*, einde Desember 1993 in die lokaal van die Suid-Afrikaanse Kunsvereniging in Kaapstad en in 1994 verskuif dit na die Unisa-galery in Pretoria. Die inskrywings in die besoekersboeke by die twee kunslokale, asook die besprekings en berigte[44] oor die kunsuitstalling stuit herhaaldelik op die skok- en vervreemdingseffek van die skilderye en eggo die soort uitsprake wat dertig jaar tevore oor sy skrywersdebuut gemaak is. Volgens Ampie Coetzee ruk die skilderye toeskouers uit hulle gestolde konvensies van kyk en bevestig dat volgehoue revolusie deel moet wees van die intellektuele lewe in die land.[45] Om saam te val met die uitstalling in Pretoria lewer hy in Februarie 1994 die Walter Battiss-lesing "Dog's bone" (opgeneem in Breytenbach 1996g:142–152 en *Parool/Parole*, Breytenbach 2015:57–66). Tot 2002 stal hy meermale in die land uit, byvoorbeeld in die Durban-kunsgalery (*Portraits, papers, prints*, 1998); in Kaapstad by die Association of Visual Arts (*Woordword*, 1999 en *Dancing the dog*, 2001); die uitstalling *Lappesait* in Februarie 2001 in die Gencor-galery van die Randse Afrikaanse Universiteit, asook tydens die Klein Karoo Nasionale Kunstefees (KKNK) van daardie jaar op Oudtshoorn.

---

44 Berigte oor plaaslike uitstallings word gelys in die uitgesoekte bibliografie.
45 Sien ook Galloway (2004:21–22) en Grobler & Galloway (1994).

Breytenbach ontlok in 1994 (en die jaar daarna) ook reaksie vir die toontrappery, parodiëring en politieke ironisering in sommige van sy bydraes tot die "Kantlyn"-rubriek in *Die Burger*. Gedurende hierdie jaar ontvang hy die *Sunday Times* se Alan Paton-prys vir *Return to paradise* (David Philip, 1993) en ken die Universiteit van Natal (Durban) 'n eredoktorsgraad aan hom toe. Vanaf 1995 tot 1998 is hy besoekende professor aan hierdie instelling en medestigter van die Centre for Creative Arts. Dit bring mee dat die Breytenbach-egpaar vir langer tye in die land vertoef en selfs 'n huis op Montagu koop.

Ná die opheffing van die Nederlandse akademiese en kulturele boikot teen Suid-Afrika speel Breytenbach 'n sleutelrol in 'n baanbrekende plaaslike skrywersgebeurtenis. Een van die projekte wat die Nederlandse Taalunie onderneem in samewerking met die Stichting Poetry International – by name Martin Mooij, bygestaan deur Breytenbach – is die Rondreis Nederlandse en Vlaamse Schrijvers gedurende Maart en April 1996. (Sien *Ensovoort*, 8(1) van 1996.) Vier Nederlandse en vier Vlaamse digters/skrywers onderneem naamlik 'n reis met optredes na vier van die universiteitsentra in die land (Pretoria, Johannesburg, Kaapstad en Durban) en hulle neem ook aan die KKNK op Oudtshoorn deel. Dié skrywers is J. Bernlef, Marion Bloem, Geertrui Daem, Herman de Coninck, H.C. ten Berge, Geert van Istendael, Eddy van Vliet en Simon Vinkenoog.

Op 5 Oktober 1996 verskyn 'n lang en uitlokkende artikel van Breytenbach, "Mondvol: gedagtes oor Afrikaans en saamstaan", in *Die Burger* (ook in twee aflewerings in *Beeld*) wat insig bied in sy denke in hierdie stadium, veral sy opvatting van diversiteit as bron van skeppende saamgroei en die belang van moedertaal. Hy is krities oor bepaalde tendense in die jong demokrasie (wat ook die Afrikaners van die tafel wil vee). Hy spreek hom uit oor die illusie van 'n Suid-Afrikaanse (reënboog-) nasie – die samelewing bestaan uit groter en kleiner gemeenskappe, elk bepaal deur 'n gedeelde taal en ander kultuurvorme en uitinge, gelowe en gebruike en deur 'n gedeelde persepsie van 'n oorkoepelende geskiedenis; hierdie diversiteit van oorsprong en uiting moet benut word vir transformasie. Vir hom verwys *Afrikaner* na almal wat Afrikaans as moedertaal praat; *Afrikaans* is 'n kreoolse Afrika-taal en daar moet geveg word vir die instandhouding daarvan, soos onderwys in Afrikaans. Sy oproep is: "Kom ons verbeel 'n *taalstaat*, 'n gesofistikeerde ruimte waarbinne Afrikaanstaliges se potensiaal ten volle ontwikkel kan word"; "kom ons verbeel 'n kultuur en 'n praktyk van skeppende verset"; "kom ons verbeel 'n multifunksionele ruimte" waarbinne die kompleksiteite van die samelewing gereflekteer en akkommodeer kan word as die diversiteit wat nodig is vir dinamiese ontwikkeling. Hy lig die noodsaaklikheid uit van die totstandkoming van 'n organisasie verteenwoordigend van alle Afrikaanssprekendes, in die vorm van 'n "koördinerende liggaam, 'n saamstaan, 'n adres van uitklaring waar aangeklop kan word vir inligting en raad en bystand"; die inisiatief moet egter nie kom van "politieke partye en ou patriargale bonde en koukusse en klieks nie", maar dit moet uit die burgerlike gemeenskap groei.

Op 7 Oktober 1996 bied hy by die Universiteit van Natal (Durban) die eerste deel van sy tweeledige Fernando Pessoa-lesing aan, "(Notes from the Middle World)" (opgeneem in Breytenbach 2009b:135–156 en *Parool/Parole*, Breytenbach 2015:67–86) en op 14 Oktober die tweede deel, "Travelling towards an identity". Hierna sou hy sy denke oor die begrip *Middelwêreld* verder uitbou tydens internasionale optredes (Galloway 2015:200–201). Johann Rossouw (2015) meen dat hierdie lesing uit die tyd dateer toe Breytenbach "te midde van sy groeiende ontnugtering met die postapartheid-bedeling [...] flankeer met nomadisiteit, tuisteloosheid as bykans gegewe toestand en 'n verromantisering van 'n politiek van radikale nuutskepping".

Breytenbach ontvang op 19 November 1996 die Helgaard Steyn-prys vir *Nege landskappe van ons tye* tydens 'n spesiale geleentheid by die Universiteit van die Oranje Vrystaat. Uittreksels uit sy ontvangstoespraak word in *Die Volksblad* van 2 Desember 1996 gepubliseer. Hy spreek sy waardering uit vir die knap vakmanskap van die klein uitgewerye van die boek (wat intussen moes boedel oorgee) en vir die toekenning gekoppel aan 'n naam wat hy respekteer. Oor Afrikaans en die Afrikaner laat hy hom nie onbetuig nie: "Ek is bly Afrikaans het haar verskanste status verloor, dat ons nie meer staatsmaaiers is nie. Daar is verskriklike misdade gepleeg teen hierdie land se bevolking en geskiedenis deur Afrikaners uit hoofde van hul Afrikanerskap en ten behoewe van die sogenaamde Afrikaanse saak." Maar dit beteken nie dat die Afrikaner geneties of kultureel gekondisioneer 'n onderdrukker is en dat Afrikaans terminaal besmet is nie: "Ons kan óóp en skeppend en verrykend werk aan die Groot Andersmaak" en "ons gaan droom en veg" vir Afrikaans, "onse produk en werktuig van omvorming".

Steyn (1998:253–264; 2014:503–504) skets die nadraai van Breytenbach en ander se oproepe vir besinning oor die taal en vir 'n verteenwoordigende liggaam vir Afrikaanssprekendes. Ton Vosloo, destyds voorsitter van Naspers, ondersteun die totstandkoming van so 'n liggaam en dit lei tot gesprekke met ander rolspelers en 'n openbare gespreksbyeenkoms op 30 November 1996 op Stellenbosch. Op 27 November 1996 lewer Breytenbach in *Die Burger* verdere kommentaar op sy oproep dat Afrikaanssprekendes moet saamstaan, spesifiek met die oog op die beplande byeenkoms. Die doel is die stigting van 'n oorkoepelende Afrikaanse organisasie wat 'n talige en kulturele inslag het en niepolities van aard is. Die Stellenbosch-gesprek lei nie tot die stigting van so 'n organisasie nie weens kritiek op die proses en doel van die beoogde struktuur (onder andere van die kant van Antjie Krog; Breytenbach erken self ook later dat hy ongemaklik was oor wie daar opgedaag het). 'n Verkenningskomitee (Giliomee, Breytenbach, Vosloo) word wel aangewys om behoeftes te peil. Die Afrikaanse Oorlegplatform (AO) word na 'n meningspeiling en verdere beraadslaging op 29 Junie 1998 in Rosebank gestig. Hierdie platform was die eerste poging op die "pad van 'n verdeelde na 'n gedeelde toekoms in die Afrikaanse taalgemeenskap" wat sou konsolideer in die stigting van die Afrikaanse Taalraad in 2008 (Carstens 2013).

In April 1997 is die Breytenbach-egpaar in die land vir die bekendstellingvertonings van die Switserse filmmaker Richard Dindo se dokumentêre film *Une Saison au Paradis* – gebaseer op *A season in paradise*, *Confessions* en *Return to paradise* – onder meer tydens die KKNK waartydens Breytenbach se *Oorblyfsels: 'n Roudig* (onder die skryfnaam Jan Blom) bekendgestel word (die resepsie van die bundel word toegelig in Breytenbach en die Hertzogprys). Van 4 tot 7 Mei 1997 vind die eerste internasionale Poetry Africa-fees plaas as samewerkingsprojek tussen Durban (spesifiek die Centre for Creative Arts van UN) en die tweelinghawestad Rotterdam (waar die Poetry International-digtersbyeenkoms jaarliks plaasvind). Breytenbach is volskaals hierby betrokke en ontwerp ook die kunswerk vir die voorblad van die program. Die deelnemers aan hierdie baanbrekende byeenkoms is die Suid-Afrikaners Tatamkhulu Afrika, Breytenbach, Antjie Krog, Don Mattera, Gcina Mhlope, Heather Robertson, Wilma Stockenström en Mazisi Kunene. Buitelandse deelnemers is Zein el-Abedin Fouad (Egipte), Homero Aridjas (Meksiko), Michael Augustin (Duitsland), Sujata Bhatt (Indië), Remco Campert (Nederland), Hugo Claus (België), Lorna Crozier (Kanada), Adrian Henri (Engeland), Chenjerai Hove (Zimbabwe), Edouard J. Maunick (Mauritius), Ahmed Sheik Nabhany (Nigerië), Joachim Sartorius (Duitsland), Kazuko Shiraishi (Japan). Hierna sou die fees (wel later onder 'n ander vaandel) 'n jaarlikse item op die skrywerskringloop word.

In November 1997 word 'n uur lange program oor Breytenbach, vervaardig deur Hennie Serfontein, op 'n plaaslike Engelse TV-kanaal uitgesaai – in Afrikaans, met Engelse onderskrifte. Uittreksels uit die transkripsie word in *Rapport* van 9 November 1997 gepubliseer: uitsprake oor sy liefde vir die Boland; oor die invloed van die NG Kerk en die Bybel op sy beeld- en taalgebruik; die invloed op hom tydens sy studie aan die UK; en oor hoe hy dit regkry om deur al die jare in die vreemde nog in pragtige Afrikaans te skryf.

Vroeg in 1998 kondig adjunkpresident Thabo Mbeki 'n inisiatief van 'n reeks gesprekke tussen hom en verteenwoordigende of invloedryke Afrikaanse instansies en individue aan. Tim du Plessis (*Beeld* en *Die Volksblad*, 11 Maart 1998) voer 'n onderhoud met Breytenbach hieroor (asook oor ander verwante sake) in Hannover, Duitsland, waar die skrywer as wêreldburger vereer word. Breytenbach meen dit gaan baie moeilik wees om die inisiatief te takseer, want dit is 'n geval van "Grieke wat geskenke bring": As mens sy bona fides aanvaar, hoe gaan Afrikaners saamstem oor wie met Mbeki moet praat? Hy hoop hoogstens dat die inisiatief 'n eerlike, ingrypende debat tussen Afrikaners onderling kan ontketen wat daarop uitloop dat daar aanvaar word dat daar nie net een Afrikanervolk en een Afrikaanse taal is nie. Hy sien geen rede vir 'n spesiale dispensasie vir Afrikaans nie, maar staan daarop dat mense wat Afrikaans wil leef, toegelaat word om dit te doen: "dit beteken skole, universiteite – sonder om iemand uit te sluit".

Op 21 Maart 1998 tree Breytenbach in Johannesburg op by 'n taalberaad met die toespraak "Andersheid en andersmaak (*rondom taal*)" – hy verwys hiertydens na homself as "Afrikaner, Suid-Afrikaanse Afrikaan" en hy belig die rol van taal in identiteitsvorming. Hy stel dit dat hy nie aan die "nasie" glo nie, maar aan "omvorming, herskepping, metamorfose, ontsluiting van inisiatief en verbeeldingrykheid, andersmaak". Vir hom is "die Suid-Afrikaanse dialektiek ook tussen 'andersmaak' en 'normaliteit'". ('n Geredigeerde weergawe verskyn in die Junie 1998-uitgawe van *Die Taalgenoot*.) In Mei 1998 ontwikkel hy sy begrip *die Afrikaner as Afrikaan* verder in 'n toespraak op Zanzibar tydens die geleentheid georganiseer deur die Gorée-instituut en Codesria waarna hier bo verwys is (opgeneem in *Parool/Parole*, Breytenbach 2015:87–98) en ook in 'n aangepaste weergawe by 'n kongres in Stuttgart (Galloway 2015:201).

In April 1998 publiseer H&R hierdie uitgewery se eerste nuwe Breytenbach-digbundel (ná die verskyning van 'n bloemlesing en die geleentheidspublikasie *Oorblyfsels: 'n Roudig* by die afsterwe van Daantjie Saayman) onder die skryfnaam Jan Afrika. *Papierblom* (opgedra aan sy vrou en dogter) bevat minder polities aktuele gedigte en het meer te make met die landskap van die liefde; dit word tydens die jaarlikse KKNK bekendgestel (die resepsie van die bundel word toegelig in Breytenbach en die Hertzogprys). Stephanie Nieuwoudt (*Beeld*, 6 April 1998) wys daarop dat Breytenbach vir die eerste keer twee gedigte oor sy tienjarige dogter, wat hy net "D" noem, in die bundel opneem – "miskien is dit omdat sy nou eers oud genoeg is om te kan lees", volgens die digter. Daphnée is in 1987 gebore, die jaar van die Dakar-ontmoeting. In antwoord op Nieuwoudt se vraag oor die skryfnaam voer hy aan: "Jan Afrika is 'n bergie, 'n swerwer. Iemand wat ontslae wil raak van die meulsteen van digterwees. […] Ek het Jan gekies want daar is niks so Afrikaans soos dié naam nie. En Afrika omdat daar niks so Afrika is as dié woord nie."

'n Paar maande later verwyt Jeremy Cronin (*The Sunday Independent*, 9 Augustus 1998), wat ook eens 'n gevangene in Pretoria-Sentraal was, in sy resensie van *Papierblom* die digter dat hy nie sy tronkervarings in sy skryfwerk kan verwerk nie: "When he moves from the lyrical to the more political […] there is something unconvincing about the voice. He is continuously introspecting, but there is too much internal evasion and flight for there to be a relatively stable, authorial standpoint to sustain a political voice." Volgens hom moet daar minder "hand-wringing and self-abasement" in die digterstem wees en meer woede teenoor die "apartheid apparatus" of, "on a milder tone, at the liberation movement structures that so badly misunderstood Breytenbach's real skills and value". Breytenbach reageer in 'n ope brief aan Cronin (*The Sunday Independent*, 23 Augustus 1998) op die "psigoanalitiese" en selfs "patologiese aard", asook die opvatting van die digtersrol in hierdie resensie. Hy stel dit dat sy politieke stem inderwaarheid hees geword het "from having eaten so much shit" van 'n bevrydingsbeweging wat as regerende party die revolusie verraai en ander vergrype pleeg, asook van die onopgeloste spanning tussen dit wat gedeel word en spesifisiteite. Cronin (*The Sunday Independent*, 6 September 1998) brei in 'n volgende skrywe uit op wat hy die kern van sy betoog noem, naamlik die "borderline existence [of] lyrical poetry": "In the first place, it is the most marginalised and therefore the least commodified of art forms. But it is also borderline because it takes up a place in the unresolved tension (as you put it) between 'sharedness and specificity'." As liriese poësie relevant wil wees in die loopgrawe van huidige debatte, moet dit 'n effektiewe "ek" smee – "a speaking (or cursing, or spitting) persona from which to sustain this view. In poetry, the construction of '*ek*' is part of the political argument" en dit gebeur volgens hom nie in Jan Afrika se geval nie.

Tydens die KKNK is dit Breytenbach se debuut as dramaturg met die omstrede, en ook veelbekroonde, toneelstuk *Boklied* wat meer aandag trek. Die gehoor se reaksie tydens die openingsaand wissel tussen uitstappery en ekstase. Naas die meestal ontstelde reaksie van individue op die naak- en sekstonele en "onverstaanbaarheid" van die stuk, soos uitgedruk in lesersbriewe en deur rubriekskrywers in die pers, word daar ook vanuit georganiseerde groepsgeledere (die ATKV-Dames, die Sakemanne-vir-Jesus, die Herstigte Nasionale Party [HNP], gemeentes van die Afrikaanse Protestantse Kerk in Bloemfontein wat selfs 'n meningsopname saam met 'n plaaslike radiostasie onderneem) beswaar aangeteken. Hierdie keer egter tree kenners en kundiges op om 'n lansie te breek vir *Boklied* en die opvoering stuur selfs 'n kultuur-filosofiese diskoers oor die Afrikaner en sy taal van stapel in koerante en vakjoernale. (Laasgenoemde invalshoek ontlok weer 'n minidebat oor die rol van filosofie in literêre beoordeling en kritiek.) Toonaangewende meningsvormers meen *Boklied* wat akademici, kritici en "die volk" aan die gesels het, is 'n waterskeiding vir die Afrikaanse toneel en geesteslewe aan die einde van die twintigste eeu. Die toneelstuk word bekroon met die fees se Herrie-prys en twee maande later oes dit nege FNB Vita-streeksteaterpryse in.[46]

Van 4 tot 9 Mei 1998 word die tweede internasionale Poetry Africa-digtersfees deur die Centre for Creative Arts (UN) onder direkteurskap van Ad Donker aangebied. Breytenbach dien in die werkkomitee en is die aanbieder van 'n aandprogram met voorlesings deur Lorna Crozier (Kanada), Rendra (Indonesië), asook die plaaslike digters Shabbir Banoobhai en Gert Vlok Nel. Tydens die fees vind 'n uitstalling van sy grafiese werk in die Durban-kunsgalery plaas.

Teen die einde van die jaar verskyn die derde Breytenbach-teks in een jaar by H&R (na *Papierblom* en *Boklied*), naamlik *Dog heart (a travel memoir)*. Die versameling vertellings of sketse is geskryf in opdrag van die Duitse uitgewer Hanser as deel van 'n reeks deur bekende skrywers oor hul gunsteling-landstreke. Breytenbach (wat in hierdie tyd 'n gedeelte van die jaar saam met sy vrou en dogter, wat hy aanspreek as "Gogga", in hul huis genaamd Paradys op Montagu deurbring) skryf roerend (en ook ontstellend) in "Afrikaanse Engels" oor die Boland waar hy grootgeword het. Een van die eerste resensies voorspel dat dit een van die skrywer se gewildste boeke gaan word. Dit ontlok dan ook oorwegend positiewe resensies in die Afrikaanse en Engelse pers[47] – asook 'n uitvoerige bespreking in *The New York Review* (23 September 1999) waarin J.M. Coetzee besluit: "[...] it contains abundant evidence of a creative intelligence of the highest order."

Die Breytenbachs se besoek aan die land in Maart 1999 val saam met sy kunsuitstalling *Woordword* wat deur Van Zyl Slabbert geopen word. Breytenbach se toespraak tydens die ATKV-skryfskool op 15 Maart 1999 op Potchefstroom is getitel "Die Afrikaner as Afrikaan (andersheid en

---

46 Die resepsie van die opvoering van *Boklied* word toegelig in Galloway (2004:22–27).
47 Sien uitgesoekte bibliografie vir 'n lys besprekings van die bundel.

andersmaak)". Hierin voer hy aan dat die aantasting of belemmering van die volle gebruik van mens se moedertaal 'n skending is van die mensereg wat verseker dat jy 'n volwaardige en nuttige burger, selfs en veral in 'n meertalige gemeenskap, kan wees. Hierna wei hy verder uit oor hierdie gedagte aan die hand van vrae soos "Wat is die verwantskappe tussen identiteit en plek?" en "Wat is die verhouding tussen identiteit en plek en geskiedenis en etiek?" in 'n essay met die titel "Andersheid en andersmaak, oftewel die Afrikaner as Afrikaan (berig gerig aan Frederik Van Zyl Slabbert)" wat in die kultuurtydskrif *Fragmente* gepubliseer word.

In 1999 oorweeg die Akademie se Letterkundekommissie onder voorsitterskap van Elize Botha 'n aantal digbundels wat hoog aangeskryf word vir die Hertzogprys (dit word bespreek in Breytenbach en die Hertzogprys).

In hierdie tyd loop die gesprekke tussen Mbeki en Afrikaanse instansies en individue uit op 'n spesiale parlementêre debat. 'n Ope brief deur Breytenbach, André P. Brink, Ampie Coetzee en Van Zyl Slabbert in reaksie hierop word in *Die Burger* van 20 Maart 1999 gepubliseer. Hulle lug hul bedenkinge oor die "vraagstuk" as sodanig; oor wie ingesluit word onder "die Afrikaner" (vroeë definisies was gebaseer op uitsluiting en stereotipering); oor die verteenwoordigende aard van die instansies wat betrek word in die gesprek (naamlik die "vorige ortodoksie"). Hulle stem saam dat daar besin moet word oor onopgeloste kwessies – soos 'n staatsbestel wat genoeg ruimte moet laat vir onder meer ook die "voortgesette ontwikkeling van Afrikaans as wetenskap- en tersiêre taal, vir 'n herwaardering van openbare etiek, vir die omvormende funksie van kreatiwiteit, vir demokrasie..." Dit is egter vir hulle "onaanvaarbaar en dalk selfs moedswillig" dat daar "in die parlement gegorrel gaan word oor die 'Afrikaner' [...] na aanleiding van gesprekke gevoer met mense wat lankal nie meer die Afrikaners verteenwoordig nie".

Tydens die jaarlikse KKNK opper Breytenbach en die sakeman Nic Barrow die moontlikheid van die vestiging van 'n vrye Afrikaanse universiteit op Oudtshoorn (in Kannaland) omdat daar uiteindelik geen ruimte vir die ontwikkeling van die reeds verworwe ruimte van Afrikaans aan die huidige universiteite sal wees nie. Die verantwoordelikheid daarvoor sal grootliks op Afrikaanssprekende en klein sakeondernemings moet rus (berig in *Beeld*, 31 Maart 1999). Op 8 en 9 Mei 1999 kom 'n gesprekgroep op Oudtshoorn bymekaar om opsies en moontlikhede te bespreek. In November voer 'n aantal akademici en skrywers by Hammanskraal die gesprek verder – die seminaar word aangebied deur die redaksie van die tydskrif *Fragmente* en die Kannaland-verkenningskomitee. 'n Verkorte weergawe van Breytenbach se toespraak wat voorgelees word, verskyn in *Die Volksblad*, 13 November 1999. Hy verskaf agtergrond oor die moontlikheid of droom van 'n universiteit vir die een-en-twintigste eeu, met spesifieke verwysing na die Kannaland-projek. Hy verwys na die teleurstellende openbare gesprek en (op enkele uitsonderings na) die negatiewe houding van universiteitsleiers en akademici daaroor. Volgens hom lê daaragter die komponente van 'n groot Suid-Afrikaanse debat, binne Afrika-konteks, wat ons bly ontwyk: die probleemstelling en implikasies rondom die verskuiwende verhoudings (dialektiek) tussen spesifisiteit (soos 'n eie taal of kultuur), gedeelde besit en verantwoordelikhede binne groter gemeenskappe en verbande.

In Junie 1999 vind Breytenbach se Engelse toneeldebuut op die jaarlikse Nasionale Kunstefees in Grahamstad plaas: die kontroversiële en simboliese *The life and times of Johnny Cockroach* (met verskillende subtitels – "A lament for our times" en "A mortality play").[48] Dit is 'n grootskaalse multimediaproduksie met borgskap deur Standard Bank, die National Arts Council, Kaapstad se Kunstekaap en die Vlaamse gemeenskap; Marthinus Basson is die regisseur en ontwerper. Max du Preez (*De Kat*, Maart 2000) vra Breytenbach later in 'n eerste onderhoud met 'n plaaslike publikasie in sowat vyftien jaar uit oor sy ongemak met die ANC-regering soos weerspieël in hierdie toneelstuk. Hy antwoord: "Die stuk gaan regtig nie in die eerste instansie oor die huidige Suid-Afrika nie […] Ek het gedog ek skryf oor die menslikheid van ons afgelope eeu se geskiedenis! […]. My teleurstelling kom seker daarvan dat ek baie jare geglo het (nouja, half geglo het, of wou glo) die ANC is 'n Bevrydingsbeweging. En toe die makkers in die stoele van mag inskuif […] [is dit] maar ook dieselfde retoriek en geliegtery en 'n enerse gebrek aan onderskeid tussen party en staat."

---

48 Hierdie toneelstuk is nie in boekvorm uitgegee nie, maar wel in 2002 gepubliseer in die *South African Theatre Journal*.

In die tweede helfte van 1999 gee H&R die boek uit wat resensente beskou as "die tweede deel van Breytenbach se nuutste woordewerk": *Dog heart (a travel memoir)* gaan oor sy oorspronge in sy geboorteland en is in Engels geskryf; *Woordwerk (die kantskryfjoernaal van 'n swerwer)* gaan oor sy oorsese selwe (in Wes-Afrika, Parys, Katalonië) en is in Afrikaans. Ook hierdie "tussenin boek" of "selfroman" is 'n soort "voortydse testament" vir sy dogter, Gogga, wat hy ten slotte in 'n brief aanspreek – sy wat die woorde dalk oor twintig of dertig jaar gaan lees (as sy inmiddels die taal geleer het).

Steyn (2014:482) toon aan hoe instansies soos kykNET en *LitNet* in hierdie tyd taalbewustheid en taalaktivisme stimuleer. So kom daar 'n nuwe gees oor taalsake tot uiting in 'n ope brief wat 'n groep Afrikaanse intellektuele aan Thabo Mbeki (president van 14 Junie 1999 tot 24 September 2008) stuur. Dit word in *Insig* gepubliseer en daar word in koerante daaroor berig (bv. *Die Volksblad* en *Die Burger*, 26 Oktober 1999; *Beeld*, 15 November 1999.) Breytenbach is een van die ondertekenaars saam met ander Afrikaanse skrywers, akademici, filosowe, politieke wetenskaplikes, historici, ekonome en ander kundiges. Hulle vra dat die Grondwet aangevul word met 'n handves vir minderheidsregte in ooreenstemming met heersende internasionale denke daaroor. Daar word aangevoer dat die meerderheid Afrikaners saamwerk om die nuwe Suid-Afrika te skep, maar gekonfronteer word met die "toenemende uitskakeling van Afrikaans as openbare taal, skole wat onder druk is, universiteite wat ontvreem word en werksgeleenthede waarvan hulle al meer uitgesluit word in die naam van billike diskriminasie". Die uiteenlopende reaksie in die dagblaaie is tekenend van die meningsverskille oor die kwessie van minderheidsregte.

In hierdie tyd dra verskillende kampvegters vir minderheidsregte tot die openbare debatte by. Daar word boeke gepubliseer soos Z.B. du Toit se *Die nuwe toekoms – 'n Perspektief op die Afrikaner by die eeuwisseling* en Willem de Klerk se *Afrikaners: Kroes, kras, kordaat* wat skerp reaksie uitlok, ook in die vorm van 'n ope brief getitel "Boetman is die bliksem in" deur Chris Louw. Daar word ook in 2000 pro-minderheidsgroepe gestig, soos Praag deur die aktivis Dan Roodt en die Groep van 63 (Steyn 2014:482–486).

Breytenbach word later deur 'n medeganger na Dakar, Max du Preez (in die reeds genoemde onderhoud in *De Kat*), uitgevra oor sy deelname aan die ope brief aan Mbeki en genooi om sy posisie te stel. Hy erken dit is 'n moeilike posisie, want enige verwysing na "minderhede", "kultuurverskille" en "diversiteit" roep "ou apartheidspoke met stink asems op", maar noudat die Afrikaners nie meer in die magsposisie is nie, is dit makliker om 'n saak uit te maak vir die skep van "kulturele ruimtes, van interaksie, van deel en verantwoordelikheid aanvaar vir mekaar, van wedersydse verryking en toegevoegde waardes, van die erkenning van [taal-]vaardighede en toepaslikhede". Hy meen "[d]ie dialektiek tussen meerderheid en minderhede, tussen die saambindende of oorkoepelende en die spesifieke, tussen deelgoed en eie goed (soos taal) [...] is nie net verrykend nie, dis 'n voorvereiste vir vooruitgang".

Op die kruin en onttrekking

Met die aanbreek van die nuwe millennium is Breytenbach op 'n kruin van plaaslike en internasionale deelname en erkenning. Hy word aangestel as gasprofessor aan die UK se nuwe Nagraadse Skool vir Geesteswetenskappe (2000 tot 2002); CD-samestellings van sy getoonsette verse word uitgereik en hy debuteer as stemkunstenaar. In 2001 raak hy ook 'n bekende gesig op televisie met sy aanbieding van *Ja-nee (poësie)* op kykNET waartydens hy met "dertien digters en digdenkers" gesels en die twee *Lappesait*- en die *Dancing the dog*-uitstallings waarna reeds verwys is, vind plaas. Hy is verbonde aan die nagraadse program vir skeppende skryfwerk aan die New Yorkse Universiteit (tot 2011) en belewe daar op 11 September 2001 die uitwerking van die aanval op die World Trade Center.

Die eerste drie jaar van die 2000's bring egter ook onstuimigheid wat uitloop op sy onttrekking aan die plaaslike toneel.

Breytenbach se kritiese waarneming van die ontplooiing van die "nuwe Suid-Afrika", sy deelname aan platforms vir die Afrikaanse taal en kultuur, sy bepleiting van 'n "taalstaat" in die vorm van 'n eie verbeeldingsruimte, sy pleidooi vir 'n vrye Afrikaanse universiteit en sy beroep op Afrikaanssprekendes om na hulle kulturele en sosiale regte om te sien, sorg vir nuwe etikette om sy nek: óf as kampvegter vir taalen minderheidsregte óf as "nieu-regse" wat minderheidsregte steun en vasskop teen nasiebou en hervorming. Die nabyheid aan die nuwe Afrikanerbinnekring raak vir hom al knellender en hy begin hom verset teen die nuwe konstruk wat "die volk" en die media van hom maak.

Hy aanvaar wel die uitnodiging om die openingsrede van die eerste aanlyn skrywersberaad ("Briewe deur die lug") te lewer wat in 2000 deur *LitNet*, die onafhanklike aanlyn joernaal wat in 1999 gestig is, aangebied word. In sy bydrae, "Die bobbejaan agter die bult" (saamgevat deur Stephanie Nieuwoudt in *Die Volksblad*, 17 Julie 2000 en opgeneem in *Parool/Parole*, Breytenbach 2015:99–111), deel hy klappe uit na die "heersende apparaat se Groot Lieg", na "ons groep" onder wie die spook en die duiwel los is en na al die "kakafoonspelers in hierdie Gesprekshuis". Die bydrae ontlok wye reaksie, onder andere 'n kwetsende ope-brief-aanval deur M.C. Botha in *LitNet* se aanlyn gespreksforum *SêNet*. Botha beskuldig Breytenbach daarvan dat hy deelneem aan die "nimmereindige gesanik" dat Afrikaans se status besig is om in te kalwe, terwyl dit niks anders as apartheid se dood is nie en dat hy 'n gulde geleentheid verspeel om "voorbrand te maak vir die einde van Afrikaans as amptelike taal" en "om die volk soos 'n Moses van ouds die beloofde postapartheid-land in te lei". Hy noem Breytenbach "'n vryskutrevolusionêr", "die touleier van die *bandwagon*-karavaan" wat in die "eerste instansie maar 'n preker" bly. Die brief sit 'n polemiek op *LitNet* en in die pers aan die gang. In 'n elektroniese omskrywe onttrek Breytenbach hom hierna aan openbare aanwesigheid in groepe omdat hy nie 'n simbool wil wees nie; omdat die debat (ook met sy toedoen) ongekende en verspotte laagtepunte bereik het en omdat daar uiteindelik geen "linkse" teenhanger vir die regse houding ontwikkel het nie en daar nêrens gekom gaan word nie deur te speel op reaksionêre vrese en etniese of selfs kulturele selfbehoud.

In 2001 bou die reaksie op sy kontroversiële kunsuitstalling *Dancing the dog: Paintings and other pornographies* en kriewelrighede tydens die Stellenbosse Woordfees op tot 'n uitbarsting tydens die KKNK. Die kollig is hier sterk op Breytenbach: 'n nuwe verhoogstuk, die *Lappesait*- doekboekuitstalling gekombineer met konsepteater (genaamd *Wemeltong*) en musikale verwerkings van sy poësie (die *Om te Breyten*-konsert met verskeie kunstenaars se toonsettings van sy gedigte en die bekendstelling van die *Mondmusiek*-CD). Maar toe kaap *Die toneelstuk* die openbare verhoog as loshande die mees bespreekte (en omstrede) gebeurtenis op die fees en kring dit ook wyer uit.[49]

---

49 Die gebeure is gedokumenteer in Galloway (2004:27–31).

Die toneelstuk ('n sterk persoonlike bestekopname en kritiek op moralisme en belydenis) was skaars twintig minute op die planke, of mense begin uitstap. Andriette Stofberg (*Die Burger*, 9 April 2001) som die uitstappers se emosies op as skok, walging, woede, ontsteltenis en klagtes van onverstaanbaarheid (en dit word bevestig in kwetsende lesersbriewe); hierdie reaksie weerspieël die heersende kunsopvattings (volgens Herman Wasserman op *LitNet*).[50] Die uitstappery asook die uitlating van Johann Rossouw (aangehaal in Stofberg, *Die Burger*, 14 April 2001) dat Afrikaners se afwysende reaksie Breytenbach kan vervreem en dat hulle hom "soos 'n lam ter slagting kan lei", gee aanleiding tot 'n opportunistiese stukkie aanlyn joernalistiek aan die kant van *Die Burger*.

Die tegnikus verantwoordelik vir die plasing van nuusberigte op die webwerf van die koerant se aanlyn uitgawe bedink die vraag om lesers met die druk van 'n knoppie te laat stem oor of "die volk" Breytenbach moet vervreem of nie. Volgens 'n berig in *Die Burger* (20 April 2001) stem "sowat 80% van die respondente ten gunste van vervreemding". Hoeveel mense aan hierdie volkstemmery deelneem, word nooit bekendgemaak nie en uit 'n latere navraag aan 'n ingeligte bron blyk dit 'n totaal onbenullige getal te wees. *Die Burger* kontekstualiseer ook nie die aangeleentheid of vra Breytenbach in die openbaar om verskoning nie. Die rubriekskrywer Martie Meiring (*Die Burger*, 26 April 2001) meen 80% van "die volk" mag wel stem om Breytenbach in die buitenste duisternis, ver van die Afrikanerdom, te werp, maar dis die oorblywende (swyende) 20% wat tel en hulle sal 'n plan maak, en as dit moet, 'n *samizdat*-kultuur rondom hom skep.

Breytenbach reageer op die beriggewing deur 'n brief in Engels aan die koerantredakteur te stuur en die Afrikaanse weergawe daarvan word in *Die Burger* van 20 April 2001 gepubliseer. Hierin vra hy om verskoning indien die verkeerde indruk geskep is, want "onder geen omstandighede is ek 'n lid van u volk, of sou ek dit ooit wou wees nie". Daar volg openbare reaksie op die "volkstemming" en op Breytenbach se reaksie van 'n paar letterkundiges (*Volksblad*, 20 April 2001) en politieke figure (*Beeld*, 22 April 2001). Van Zyl Slabbert meen Breytenbach is besig om 'n dialektiese spel te speel, want hy sal nooit saamstem met

---

50 https://oulitnet.co.za/seminaar/04wasserman.asp

eng definisies oor wie en wat hy veronderstel is om te wees nie. Dit is jammer, soos dit in 'n "Voetnoot"-rubriek in *Die Burger* van 21 April 2001 gestel word, dat daar weinig gekom het van 'n intellektuele debat oor vraagstukke wat aan die bod is in *Die toneelstuk*, asook van 'n herwaardering van Breytenbach in die konteks daarvan.

Ná die resepsie-debakel van *Die toneelstuk* en die openbare verbranding in die volkstemming van *Die Burger* word Breytenbach se stem stil in openbare gesprekke oor sake waarmee die voorpraters van die Afrikaners hulle besig hou. Hy wys ook in hierdie tyd 'n eredoktorsgraad van die Universiteit van Pretoria van die hand. Die wil tot uitdrukking in die vorm van die Afrikaanse poësie is egter vir hom stromende water en hy moet aanhou beweeg en skryf. Omdat die kommunikasieterrein tussen hom en sy mense vergiftig en verrot geword het (of nie meer bestaan nie en niemand meer omgee vir wat hy miskien kan bied nie), stuur hy vanaf die middel van Augustus 2002 'n aantal nuwe verse elektronies aan vriende. Hierdie private verspreidingskultuur word hom egter nie gegun nie en in 'n skending van sy private ruimte word sy korrespondensie op ongekontekstualiseerde wyse aan die klok gehang in die "Riemtelegram"-rubriek van *LitNet*. Die skinderbrokkie gee aanleiding tot kwistige briefskrywery daaroor op die gespreksforum *SêNet* en mense verkwalik hom omdat hulle nie ingesluit word in die uitgelese groepie nie of verwyt hom in kru taal oor sy lawwe gebaar. Briefskrywery in die pers bly ook nie agterweë nie en dit word gestel dat Breytenbach se boeke nie gemis sal word nie. Die "jongste herrie" in die lang en ongemaklike verhouding tussen Breytenbach en die Afrikaner word in koerantberigte ontleed en toegelig (Jo Prins in *Beeld*, 12 September 2002 en *Beeld*, 14 September 2002; Stephanie Nieuwoudt en Desmond Thompson in *Naweek-Beeld*, 21 September 2002).[51] Ferdi Greyling wys in die "Forum"-rubriek (*Beeld*, 28 Augustus 2002) op die spesiale verhouding wat Afrikaners met hulle digters het (al lees hulle nie gedigte nie) en hy besluit: "Ons gaan armer wees sonder sy bundels. Hy en ons gaan verveliger wees sonder die krapperigheid tussen ons."

Ná sy onttrekking van die plaaslike toneel verskuif Breytenbach se fokus na die buitelandse projekte waarby hy betrokke is, soos aan die New Yorkse Universiteit en die Gorée-instituut.

---

51 Vir verwysings sien Galloway (2004:35–36).

Fase 2. Die dans duur voort: sedert 2005[52]

Die sikliese ritme waarop "die volk" en Breytenbach mekaar omhels en afstoot in 'n soort dans binne sisteemverskuiwings is in die vorige onderafdeling toegelig en daar is gevra of hy in 2002 inderdaad finaal "uitgestem" is in die destydse "volkstemming". Die dans is egter hervat. Met sy terugkeer as skrywer, skilder en openbare figuur sedert 2005 behou hy sy betrokkenheid ten opsigte van eietydse sisteemuitdagings en -verskuiwings en speel hy 'n aktiewe rol daarin. Hy neem deel aan debatte en raak betrokke by aksies oor taal, sensuur en die belange van skrywers en hy tree op verskeie verhoë en platforms op soos hier onder toegelig word. Ook internasionaal brei sy skrywersloopbaan en statuur uit.

Voëlvlug: publikasies, uitstallings en optredes

In Nederland breek daar vir Breytenbach 'n nuwe era in sy uitgeegeskiedenis aan. Verwikkelinge op bedryfsvlak en in die uitgeebeleid van die beheermaatskappy van Meulenhoff lei in 2000 tot Van Krevelen se verbreking van sy hegte bande met die uitgewery. Ná sy vertrek, asook dié van 'n langdienende redakteur, volg 'n uittog van skrywers na ander uitgewerye. Breytenbach volg in 2005. Van Krevelen help hom om 'n nuwe onderdak te vind by Uitgeverij Podium en die ondernemende uitgewer Joost Nijsen. Die persoonlike band met Van Krevelen word egter behou en voortaan is hy betrokke by die vertaling van Breytenbach se werk (ook onder die skryfnaam Laurens Vancrevel).

In 2006 word die Engelse manuskrip van *Intimate stranger* in 'n Nederlandse vertaling deur Krijn Peter Hesselink as *Intieme vreemde. Een schrijfboek* deur Podium gepubliseer as deel een van 'n beoogde vierluik "The Middle World quartet". In 2007 publiseer Podium die lywige tweetalige digbundel (in Afrikaans en Nederlands) *De windvanger. Gedichten 1964–2006* met vertalings deur Hesselink, Laurens Vancrevel en Adriaan van Dis. Die bundel bevat die keur wat Breytenbach self uit sy poësie gemaak en in Engels vertaal het en wat oorspronklik deur Harcourt uit-

---

52 Hierdie era van Breytenbach se (openbare) loopbaan is nog nie nagevors en gekarteer nie en daarom bevat dié afdeling meer besonderhede as die vorige periodes (waaroor daar ook elders in diepte verslag gedoen is en besonderhede dus nageslaan kan word).

gegee is as *The windcatcher* (sien hier onder).⁵³ Die tweede deel van die kwartet verskyn as *Woordvogel* (2008) en die derde deel as *Berichten uit de Middenwereld* (2010), uit Engels vertaal deur Hesselink. Tien jaar ná die vorige keusebundel verskyn daar in 2017 nog 'n tweetalige digbundel – *De zingende hand. Gedichten 2007–2016*, met vertalings uit Afrikaans deur Laurens van Krevelen. In 2015 verskyn hierdie vertaler se keuse uit Blackface se *Oorblyfsel* in vertaling by Koppernik as *In de loop van de woorden*.

Die Amerikaanse uitgewer Hartcourt Brace publiseer in 2007 die hardebandpublikasie *Windcatcher: New and selected poems (1964–2006)*, uitgesoek en vertaal deur die digter. Vanaf 2008 verskyn 'n aantal besonder goed versorgde titels by die New Yorkse niewinsgedrewe uitgewery Archipelago Books, waarvan die uitgeefilosofie is om uitstekende vertalings van klassieke en eietydse wêreldliteratuur beskikbaar te stel. Die volgende titels is tot op hede gepubliseer: in 2008 *All one horse: Fictions and images* en in 2009 *Mouroir: Mirrornotes of a novel*, *Intimate stranger. A writing book* en *Voice over. A nomadic conversation with Mahmoud Darwish*. 'n Keur van Engelse vertalings deur Breytenbach en Catherine du Toit van die skrywer se kortverhale, getitel *Catastrophes*, is op die uitgewery se webwerf aangekondig. In 2009 publiseer Haymarket Books van Chicago *Notes from the Middle World*. Hierdie opbloei in die Amerikaanse uitgawes word ondersteun deur Breytenbach se gereelde verblyf in en betrokkenheid by opleiding in skeppende skryfwerk in Amerika.

Ná 2002 verskyn daar ook nuwe vertalings in ander lande. So byvoorbeeld is daar die Franse vertalings van gedigte en prosa deur Jean Guiloineau wat insluit *Lady One: d'amour et autres poèmes* (2004), *La Coeur-chien* (2005), *L'étranger intime: livre d'écriture: à Mme Lectrice* (2007), *L'empreinte des pas sur la terre: Mémoires nomades d'un personage de fiction* (2008) en *Le monde du milieu* (2009). Al hierdie titels behalwe die eerste verskyn by Actes Sud. Georges-Marie Lory se vertaling *Outre-voix: Con-*

---

53 In 'n gevallestudie gebruik Yves T'Sjoen (*LitNet*, 31 Januarie 2018) die drie gelyknamige publikasies wat in 2007 gepubliseer is – *Die windvanger* (die oorspronklike en selfstandige Afrikaanse bundel), *Windcatcher* (die Engelse vertalings deur die digter van 'n eie keur uit sy gedigte sedert 1964) en *De windvanger* (die Nederlandse vertaling van die Afrikaanse gedigte wat in die Engelse uitgawe vervat is) – as 'n vertrekpunt "to present cultural and sociological thoughts on transnational movements of texts, and the distinction between *vertical* and *lateral* transcultural shifts in writer careers and text movements".

versation nomade avec Mahmoud Darwich verskyn ook by hierdie uitgewery; *La femme dans le soleil* verskyn in 2015 by Editions Bruno Doucy. In 2003 verskyn 'n keur in Engels en Spaans uit *Lady One* as *Señora, Única Dama del amor y otros poemas*. In 2016 verskyn die Poolse vertaling deur 'n aantal vertalers van 'n keur van gedigte deur die digter self: *Refren podróżny. Wiersze wybrane*.⁵⁴

Internasionale solo-kunsuitstallings vind ná 2002 plaas in Potsdam, Einstein Forum (*Bildzerstörung*, 2004); op die eiland Gorée, Gorée-instituut (2004); in Amsterdam, Galerie Espace (2005); in Hengelo, AkkuH (die retrospektief *Raakruimtes*, 2009) en weer in Amsterdam, Tropentheater (*Voormoeders en abbavaders*, 2011).

Breytenbach lewer in hierdie tyd 'n verskeidenheid redes by kongresse en ander byeenkomste in Europa. In Julie 2005 bied die Einstein Forum die kongres "Paradigm Potsdam" aan; Breytenbach se rede heet "Imagine Africa" – 'n tema wat hy hierna sou uitbou op ander platforms. Hy is in Oktober 2009 die gasspreker met die rede "'This existing, that arising' (Notions of space and movement in memory and imagination)" op die kongres "Dealing with the past, reaching the future: Historical memory and social change in South Africa and Germany since 1989" wat in Berlyn plaasvind en gesamentlik georganiseer is deur die Berlynse Haus der Kulturen der Welt en die Stellenbosch Instituut vir Gevorderde Studies (STIAS). Die 2013-kongres van die Einstein Forum, "Why do we believe in self-interest?", vind in Junie 2013 in Potsdam plaas en Breytenbach se bydrae is getitel "Drinking moon: An illusion of selves".⁵⁵ Hy neem in Desember 2014 deel aan 'n kollokwium oor Afrikaans aangebied deur die Universiteit van Gent met die bydrae "Van die os op die jas" (wat op *Versindaba* verskyn).⁵⁶ Op 31 Mei 2016 lewer hy in Berlyn 'n voordrag, "An outsider looks in (or, further notes from the Middle World)", op uitnodiging van die Heinrich Böll Stiftung; tydens hierdie geleentheid gesels hy ook in 'n regstreekse uitsending met die skrywer-aktivis Priya Basil. Internasionale eerbetoon bereik sedert 2008

---

54 Sien uitgesoekte bibliografie vir besonderhede van buitelandse publikasies in hierdie tydperk.
55 Die Berlyn-rede is opgeneem in *Parool/Parole* (Breytenbach 2015:133–144); so ook die Einstein Forum-rede (2015:156–173).
56 http://versindaba.co.za/2014/12/06/breyten-breytenbach-van-die-os-op-die-jas/

hoogtepunte – soos toegelig word onder die subhofie "Vierings, feeste, pryse en ander bekronings" hier onder.

Van 2002 tot 2010 is Breytenbach die uitvoerende direkteur van die Gorée-instituut en bring hy gereeld tyd op die eiland deur. Bykomend tot die aktiwiteite van navorsing, opleiding en fasilitering is daar ook 'n afdeling, die TERAL, wat verantwoordelik is vir die aanbied van konferensies en navorsingsgeleenthede en die verskaffing van fasiliteite. Vanaf 2004 is die vredesakademie van die instituut betrokke by die vredesproses in Guinee-Bissau (Breytenbach gesels daaroor met Liesl Louw in *Beeld*, 15 April 2004). In 2005 ontneem die destydse Senegalese regering die instituut van sy setel op Gorée, maar bedrywighede word daarna voortgesit vanuit private eiendom op die eiland. In Maart 2007 bied die instituut die Art*Terial*-kongres aan wat daarop gerig is om Senegal se kunssektor te versterk. Breytenbach lewer die openingstoespraak, "Imagine Africa" (opgeneem in *Parool/Parole*, Breytenbach 2015:117–125), en wys daarop dat die instituut reeds enkele jare die begrip *imagine Africa* as oorkoepelende tema in alle besprekings en aktiwiteite gebruik. Selfs ná sy uittrede as direkteur bly Breytenbach as spesiale adviseur by die instituut betrokke. Die Pirogue Kollektief, 'n vrywillige genootskap van individue (soos Dominique Botha en Charl-Pierre Naudé) wat die instituut se kultureel-kreatiewe projekte vorm gee en bevorder, kom tot stand. Pirogue se literêre drukkersnaam Island Position is gerig op die publikasie van *Imagine Africa* (uitgawes met eietydse essays, fiksie, poësie en kunswerk), asook die Pirogue Poets-reeks (versamelings van klassieke eietydse Afrika-digters). Die eerste uitgawe van *Imagine Africa* met Breytenbach as eindredakteur word in Junie 2011 bekendgestel (Danie Marais in *Die Burger*, 27 Mei 2011); die tweede uitgawe, onder redakteurskap van Georges Lory, verskyn in 2014.

*

Eers vier jaar nadat sy laaste plaaslike publikasies in 2001 verskyn het (*Die toneelstuk* en die eerste versamelbundel, *Ysterkoei-blues*) word Breytenbach se Suid-Afrikaanse publikasieprogram by H&R hervat met die verskyning in April 2005 van die tweede versamelbundel, *Die ongedanste dans. Gevangenisgedigte (1975–1983)*, wat ook die tot dusver ongepubliseerde "Die glimlag" insluit. Nege jaar ná die vorige bundel met nuwe gedigte (*Papierblom*, 1998) verskyn *Die windvanger* in 2007. Die jaar daarna verskyn 'n derde memoir/reisverhaal, *A veil of footsteps (memoir of a nomadic fictional character)* (2008). Die ses ander nuwe digbundels wat sedert 2007 deur H&R uitgegee is, is *Oorblyfsel/Voice over (op reis in gesprek met Magmoed Darwiesj) (a nomadic conversation with Mahmoud Darwish)* (2009); *Die beginsel van stof (laat-verse, sprinkaanskaduwees, aandtekeninge)* (2011); *Katalekte (artefakte vir die stadige gebruike van doodgaan)* (2012); *Vyf-en-veertig skemeraandsange uit die eenbeendanser se werkruimte* (2014); *Die na-dood (die singende hand se oggendboek-hierinneringe)* (2016) en *Op weg na kû* (2019). In 2016 verskyn ook die derde deel van sy versamelde poësie, *Die singende hand. Versamelde gedigte (1984–2014)*. Die afgelope paar jaar is daar ook Breytenbach-tekste deur ander uitgewerye uitgegee: Die klein digbundel *Oorblyfsel* (onder die skryfnaam Blackface) deur Island Position en Hond BK (2015) en *Parool/Parole. Versamelde toesprake/Collected speeches* deur Penguin SA (2015). (Sien verdere toeligting onder die subhofie "Produksie en resepsie".)

Ná sy "terugkeer" in 2005 vind solo-kunsuitstallings in verskillende plaaslike lokale plaas: in die Breytenbach-galery op Wellington in 2007, in 2012 (*Ombre exquis*) en 2015 (*Fragmented emergence of a late self*); in die Kunstekaap tydens die Suidoosterfees in 2013 (*Vingerverhale*); op Spier tydens die winteruitstalprogram in 2013 (*Maanfabet: The first letters of stonetalk*), asook die eerste uitstalling in 'n kommersiële galery, naamlik die Stevenson in Kaapstad, in 2018 (*The 81 ways of letting go a late self*), wat in 2019 ook te sien is in die Unisa-galery.

Terug in die kollig: Die US-taaldebat

In September 2005 keer Breytenbach terug in die plaaslike openbare ruimte toe hy (teësinnig) inwillig om medeondertekenaar saam met Frederik Van Zyl Slabbert en Hermann Giliomee van 'n ope brief in *Die Burger* op 22 September 2005 te wees. Daarin lewer hulle kritiek op die verreikende besluit van die bestuur van die Universiteit Stellenbosch (US) om vanaf 2006 in alle kursusse in die fakulteit Lettere en Wysbegeerte die sogenaamde tweetalige of T-opsie (dubbelmedium) te gebruik, in teenstelling met parallelmedium waar Afrikaans en Engels in afsonderlike klasse as voertale gebruik word. Dit word beskou as 'n ommekeer van die versekering oor die "behoud en uitbouing" van Afrikaans as onderrigtaal waartoe die rektor, prof. Chris Brink, hom in 2002 verbind het. Deur hierdie belofte te verbreek, beland Afrikaans nou volgens die briefskrywers op 'n "onwillekeurige glybaan" na verengelsing. Die brief is die impetus vir 'n uitgebreide debat oor die taalkwessie in *Die Burger* (ongeveer 300 briewe en verskeie artikels volgens Steyn 2014:458) en op *LitNet* se taaldebat-ruimte, asook die voorlegging van petisies deur Afrikaanse skrywers en 'n studenteprotesskrif. Weer eens is Breytenbach in die oog van 'n openbare storm (en 'n "volksaak") waaroor hy hom in die jare hierna op verskillende platforms uitspreek en waarvoor hy aksies onderneem.

In Februarie 2006 begin 'n amptelike hersieningsronde van die US-taalbeleid en bou die spanning in verskillende kampe op. Breytenbach maak in 'n artikel in *Die Burger* van 18 Maart 2006 nege genommerde stellings oor Afrikaans wat as 'n samevatting van sy siening oor die taalkwessie beskou kan word (die teks is opgeneem in *Parool/Parole*, Breytenbach 2015:112–116). Hy omskryf die volgende nosies: (1) geen taal op sigself is rassisties van aard nie; (2) Afrikaans is 'n bastertaal en verbastering beteken andersmaak, nie suiwering nie; (3) Afrikaanstaligheid beslaan 'n veel groter dimensie en vergestalt 'n veel groter ruimte en ryker "identiteit" waarvan Afrikanerwees maar één geleding is; (4) die noodsaaklikheid van moedertaalonderwys; (5) (moeder-)taal is nie alleen 'n kommunikasiemiddel nie, maar ook die *beliggaming* van 'n spesifieke ervaring en uitdrukking; (6) taal is bevraagtekening van die aannames van magsuitoefenaars van velerlei aard; (7) transformerende denke wêreldwyd ontgin die skeppingsveld (dialektiek) tussen oorkoepelende waardestelsels en diversiteit/spesifisiteit soos onder meer uitgedra in tale; (8) as Afrikaans se "hoër funksies" gesmoor word, dan sal dit uiteindelik ongedaan gemaak word – en daar is dié wat Afrikaans as offer vir kleinburgerlike begeertes of politieke relevansie wil bring; (9) sowel die elite aan bewind as jong mense wat die verbruikerskultuur najaag, gee nie om wat gebeur met die taal wat vir hulle die konnotasies van 'n vorige onregverdige bestel dra nie. Hy besluit dat al wat oorbly, is "die noodsaak vir en dalk selfs die haalbaarheid van versetpleging [... wat] *nie* 'n pleidooi vir geweld is nie". Hoeveel medeversetplegers werklik sou aantree, sou die toekoms uitwys.

Breytenbach se sarkastiese "resensie" in April 2006 van rektor Brink se boek oor die taaldebat in die studentekoerant *Die Matie* (waaroor daar berig word in *Die Burger* van 23 April 2006) lok reaksie uit, ook van kommentators en denkers soos Max du Preez en die US-filosoof Anton van Niekerk (met wie Breytenbach hierna meermale swaarde kruis). Vroeg in 2007 is daar 'n nuwe rektor, prof. Russel Botman, en nuwe taal-inisiatiewe op die kampus. Breytenbach aanvaar 'n uitnodiging van die nuutgestigte Adam Tas-studentevereniging na dié se eerste openbare byeenkoms – in sy sterk standpuntinname vir die voordele van moedertaalonderrig weerhou hy hom nie van gekruide taal en kontroversiële stellings nie, soos dat Suid-Afrika 'n de facto-eenpartystaat is. Sy deelname aan hierdie inisiatief ontlok venynige reaksie, onder meer in 'n rubriek van Koos Kombuis (wat hom daaroor verwyt dat hy aanmekaar die land verlaat en dan weer opduik en "teenstrydighede kwytraak") en 'n "opelyf"-spotskrif van Desmond Painter (waarin hy sy verleentheid uitspreek oor Breytenbach se "reaksionêre aggressie en uitgediende idees oor taal en identiteit"), asook reaksie daarop (Charl-Pierre Naudé en Le Roux Schoeman).

In 'n onderhoud met Jenny Crwys-Williams van Talk Radio 702 wat op 24 Maart 2010 uitgesaai word, maak Breytenbach die stelling dat "Afrikaans [in sy tyd] gaan uitsterf" weens die inkrimping aan amptelike status en die uitfasering daarvan aan universiteite (wat 'n ingrypende uitwerking op skoolonderrig sal hê) en op ander terreine. Hy ontken nie Afrikaans se eertydse verbinding met 'n beleid van rasmeerderwaardigheid nie. Hy meen egter dat die argument dat mense die taal altyd sal praat, kortsigtig is en dat Afrikaans se afsterwe 'n verskriklike verlies aan verskeidenheid tot gevolg sal hê. In berigte oor die onderhoud (Magdel Fourie in *Beeld* en *Die Burger*, 25 Maart 2010) word die reaksie van prominente denkers en skrywers op hierdie stelling van Breytenbach aangehaal en dit wissel van instemming, die gevoel dat die uitspraak 'n "bietjie ekstreem en alarmisties is" tot dat sulke "verdoemende" uitsprake mense van hoop beroof.

In November 2014 aanvaar die US-raad 'n nuwe taalbeleid waarvolgens die universiteit hom verbind tot die "ontginning, beskerming en bevordering" (in teenstelling met die "behoud en uitbouing" soos in die 2002-taalbeleid) van die akademiese potensiaal van Afrikaans en tot die uitbreiding van die akademiese aanwending van Afrikaans én Engels deur middel van verskillende "gebruikskonfigurasies". Die aangewese nuwe rektor, prof. Wim de Villiers, vereenselwig hom reeds voor sy ampstermyn begin met die nuwe taalplan. Kommentators in die pers reageer uiteenlopend op hierdie verwikkeling en hierna staan die US-taalbeleid weer in die kollig in meningskolomme en lesersbriewe in die gedrukte media asook op *LitNet* en *SêNet*.

Aan die begin van die akademiese jaar in 2015 word die #RhodesMust-Fall-beweging en -protesaksie op die UK-kampus op tou gesit en versprei dit na ander kampusse. By die US fokus die Open Stellenbosch-beweging op wat beskou word as openlike rassisme en kulturele en talige uitsluiting – laasgenoemde vergestalt in die 2014-taalbeleid wat volgens die beweging nog steeds Afrikaans bevoordeel as taal van onderrig en daardeur 'n spesifieke (Afrikaner-)kultuur en apartheidnostalgie onderskryf. Breytenbach laat hom op verskillende platforms uit oor die nuwe woelinge aan die US oor taal en 'n bepaalde siening van "transformasie" (in die sin van "wit met swart vervang"). In 'n gesprek tydens die vierde Tuin van Digters-fees in September 2015 vra hy met betrekking tot Open Stellenbosch: "Weet julle julle is volmaakte produkte van 'n gekoloniseerde proses? Moet jy nou jou tekstuur, jou menswees daarvoor opgee? Sodat ons almal gekoloniseer kan wees?" Vir hom gaan dit nie "oor vashou aan die eie nie, dit gaan oor wat ons met ander mense deel. [...] Daar is 'n fantastiese energie wat losgemaak kan word". (Soos berig deur Willem de Vries in *Die Burger*, 21 September 2015.)

Gedurende November 2015 word in die media berig oor onmin wat by die US broei oor nuwe taalvoorstelle (deur die rektor en sy bestuurspan met insette van Open Stellenbosch en die studenteraad) wat tydens 'n spesiale senaatvergadering goedgekeur is en waarvolgens Engels die primêre taal van kommunikasie en administrasie sal wees. Heftige openbare reaksie volg waarin daar ook verwys word na die "verraad" van senaatlede wat die voorstelle steun. Breytenbach reageer as lid van PEN Afrikaans (die totstandkoming van hierdie vereniging word hier onder toegelig) oor die "skande wat onthou sal word" in 'n kommentaarstuk op *LitNet*, "Die diktaat van Open Stellenbosch".[57] Hy meen onder meer

---

57 https://www.litnet.co.za/n-skande-wat-onthou-sal-word-die-diktaat-van-open-stellenbosch/

dat die beleidsbesluit geneem is deur "opportuniste" wat geen "sin of begrip het van wat 'n taal beteken en dra en verteenwoordig en ontsluit en waar dit vandaan kom nie" en wat taal bloot as kommunikasiemiddel beskou en geen verantwoordelikheid teenoor die Afrikaans van die bruin meerderheid in die Wes-Kaap openbaar nie. Volgens hom is die besluit geneem "onder druk van 'n groep mense wat in feite ook niks voel vir wat 'n universiteit, énige universiteit, veronderstel is om aan te bied nie". Op 30 November (onder druk uit verskillende oorde) bekragtig die raad egter die 2014-taalbeleid wat gelyke status aan Afrikaans en Engels gee.

Die US-taalkwessie (en die rol van Open Stellenbosch) is steeds 'n brandpunt aan die begin van 2016 en Breytenbach is op 26 Januarie in die oog van die storm as geleentheidspreker tydens die konvokasievergadering in die volgepakte Coetzenburg-sentrum. Jare gelede het hy by wyse van 'n vertelling die lyk van Afrikaans van die berg afgedra in sy toespraak tydens die Sestiger-somerskool by die UK (*Parool/Parole*, Breytenbach 2015:8); hierdie keer voel dit of daar nie weer nuwe lewe in die taaltoestand te blase is nie. In sy toespraak "Die koei in die bos" (gepubliseer op *LitNet*[58] en as verkorte en geredigeerde weergawe in *Rapport Wekliks*, 31 Januarie 2016), bring hy sy siening oor sake soos die implikasies van die voorgestelde taalbeleid; die ware verantwoordelikheid van 'n universiteit; die rol van wit mense en Afrikaners in die snel veranderende samelewing, want almal saam is verantwoordelik vir 'n toekoms wat gedeel moet word; en die behoefte aan "die vreesloosheid van 'n morele verbeelding" sodat daar ruimte geskep kan word waarin die taal kan voortgaan om 'n essensiële bydrae tot die land se ontwikkeling te lewer. Die taal, Afrikaans in al haar variante, is die "bruidskat" wat na die "transformasiefees" van die land gebring word – nié die "soenoffer" of "slagkoei" nie. Die toespraak word met staande toejuiging ontvang en op *LitNet* is die kommentaar oorwegend positief. Een uitsondering is Jeremy Veary se reaksie, "Die nag van die boenks by US se konvokasie", en sy verdere toeligting daarvan, wat daarop neerkom dat hy meen die pleidooi vir Afrikaans op US word deur "eie kulturele en politiek belang gedryf" en dat "die Afrikaans van

---

[58] https://www.litnet.co.za/die-koei-in-die-bos/

my lewenswêreld en voorgeslagte" soms onbewustelik misken word. In 2018 is Veary die genooide spreker op die US-konvokasievergadering en gebruik hy hierdie reaksie van hom op Breytenbach se toespraak as kapstok vir sy eie argument oor die taaldebat (sien hier onder).

US begin met 'n amptelike proses om die 2014-taalbeleid te hersien en op 22 Maart 2016 word die eerste konsep van 'n nuwe beleid op die US-webtuiste geplaas vir kommentaar. Hiervolgens verskuif die klem na die "handhawing van die status" van Afrikaans en pertinent na Engels wat op akademiese en institusionele vlak gebruik sal word; op voorgraadse vlak word dubbelmedium bevoordeel en in die klas sal alle inligting in Engels oorgedra word. Volgens skerp reaksie op die konsep is die subteks duidelik pro-Engels.

Op 11 April 2016 rig Breytenbach op *LitNet* 'n ope brief aan die rektor van die US oor die konseptaalbeleid.[59] Hy stel dit dat hy dink dit is 'n kwade dag wanneer daar "in die openbaar gepleit moet word vir die verkenning en versterking van diversiteit en vir die effektiewe behoud van veelvuldigheid as onderskraging van die gedeelde, oorkoepelende waardes waarop SA se Grondwet berus", maar as dit nie uitgewys word nie, sal dit neerkom op "burgerlike pligversuim". Volgens hom is die voorgestelde taalbeleid "die dood in die pot vir meertaligheid" en dis nou die tyd "om moedig, kreatief, vindingryk, onbevooroordeeld en inklusief te wees".

Op 12 April 2016 word Gelyke Kanse (GK), onder leiding van Breytenbach, op Stellenbosch gestig as drukgroep vir die behoud van en spesifiek vir 'n gelyke kans met Engels op US. Die medestigters sluit in: Hermann Giliomee, Flip Smit, Christo Viljoen, Abraham de Vries, Jan Heunis, Ebbe Dommisse en Danie Rossouw (woordvoerder). Hulle verwoord en publiseer op die GK-webwerf 'n beswaarskrif teen die voorgestelde nuwe taalbeleid en maak voorstelle vir 'n toelatings- en taalbeleid wat sal verseker dat Afrikaans in die toekoms 'n volwaardige onderrigtaal aan die US sal wees: dat die raad sy beleid van 2014 herbevestig en konkrete inhoud daaraan gee; dat die US elke jaar by die inname van eerstejaars 50% van die beskikbare plekke toeken aan studente wat in die Afrikaanse stroom wil wees (en 50% vir die Engelse

---

59 https://www.litnet.co.za/n-ope-brief-aan-wim-de-villiers-aangaande-sy-bestuur-se-voorgestelde-taalbeleid/

stroom); dat voorgraadse studente in die stroom bly wat hulle aan die begin gekies het, want sodoende sal die Afrikaanse stroom konstant bly. Spoedig sê prominente figure asook die US-konvokasie hulle steun aan dié inisiatief toe.

Die US se amptelike reaksie op Breytenbach se ope brief aan die rektor word op 15 April 2016 op *LitNet* geplaas en daarin wys die universiteit bloot op prosedure en dat die brief deurgegee sal word aan die taalhersieningswerkgroep.[60] Breytenbach se ope brief lok wel reaksie uit in die vorm van lesersbriewe in *Die Burger* en ope briewe op *LitNet*. Die politieke wetenskaplike Piet Croucamp reageer op kwetsende wyse op 13 April 2016 op *LitNet*.[61] Sy skrywe is hoofsaaklik 'n persoonlike aanval op Breytenbach, onder meer verwysings na "goedkoop zen" en "onverstaanbare gerym". Breytenbach reageer kort en bondig daarop. Anton van Niekerk reageer op 16 April op *LitNet*[62] op Breytenbach se "boeiende ope brief" aan die rektor (en uitsprake elders) en fokus op die verskillende raamwerke waaruit hulle na die "taalprobleem" op Stellenbosch kyk; hy lig kwessies soos koste-effektiwiteit en praktiese probleme uit wat veroorsaak dat hy voel Afrikaans by US is "soos 'n sterwende perd wat gelooi word om regop te bly". Breytenbach reageer op 20 April 2016 op sy beurt weer in 'n ope brief op *LitNet* op Van Niekerk se pragmatiese argument.[63] Middernag 22 April is die sperdatum vir indiening van kommentaar op die US-konseptaalbeleid en dit sluit verklarings van GK en die US-konvokasie in.

Op 9 Junie 2016 word 'n voorgestelde nuwe konseptaalbeleid (wat intussen effens aangepas is op versoek van die senaat) op 'n buitengewone senaatvergadering aanvaar. Op 22 Junie 2016 ('n datum wat terugskouend as "historiese kantelpunt" vir Afrikaans op universiteitsvlak beskou word) dien dit voor die raad en word dit met 'n meerderheid as nuwe taalbeleid aanvaar te midde van uitstappery en selfs die bedanking van een raadslid. Op grond van die ontleding van die beleid word onder meer gemeen dat die implementering daarvan die bevoor-

---

60 https://www.litnet.co.za/us-se-reaksie-op-breyten-breytenbach-se-ope-brief-hersiening-van-die-us-taalbeleid/
61 https://www.litnet.co.za/piet-croucamp-reageer-op-breyten-breytenbach-se-ope-brief-aan-wim-de-villiers/
62 https://www.litnet.co.za/us-taalbeleid-ope-brief-aan-breyten-breytenbach/
63 https://www.litnet.co.za/us-taalbeleid-breyten-breytenbach-reageer-op-anton-van-niekerk-se-brief/

deling van Engels in die hand sal werk en dat dit gevolge vir Afrikaanse skole inhou. Sommige instansies asook prominente individue (soos Marlene van Niekerk op *LitNet*, 20 Julie 2016)[64] spreek hulle teleurstelling of kritiek uit.

Die taaldebat en Breytenbach se betrokkenheid daarby word teen 2016 uit verskillende perspektiewe in die Afrikaanse pers beoordeel. Max du Preez (*Die Burger*, 30 April 2016) meen die voortbestaan van Afrikaans op Stellenbosch sal moet inpas by "toeganklikheid vir almal en 'n verwelkomende kultuur op die kampus" en geen demonisering van mense wat só dink gaan hierdie harde werklikheid verander nie – "al word dié etikette ook hóé vermaaklik en met vernuftige woordgebruik deur wie ook al uitgedeel" (waaronder hy Breytenbach insluit). M.C. Botha (*Die Burger*, 4 Junie 2016) beskou Breytenbach as een van die "taalbulgilde", die "Nieu-Bittereinders" in die "comrades van die praatsiekes" oor Afrikaans. Die taal sal volgens hom sy plek in die samelewing behou, ondanks die groepies bejaarde "wit mans wat uit die dampkring van Afrikanernasionalisme hulle verskyning maak". Tim du Plessis (*Rapport Weekliks*, 24 April 2016) meen Breytenbach se toetrede het die aard van die US-taaldebat 'n ander karakter laat kry, want hy "was baie goed in sy lewe, maar progressief is die een ding wat hy nog altyd konsekwent was" en sy "meesleurende woordvernuf en die wye wêreld van sy denke [...] anker die kwessie op die regte plek", naamlik "binne die 'konstruk' van diversiteit" en dit stuit "die stigmatisering van die taal, veral deur Afrikaans se neo-hensoppers".

Op 30 September 2016 dien GK 'n hofsaak in by die hooggeregshof in Kaapstad om die US te dwing om die nuwe taalbeleid tersyde te stel en te hersien, om die 2014-taalplan toe te pas en om te verklaar dat Afrikaans "nie meer 'n gelyke plaas" aan die instansie het nie. Die US dui aan dat hy dit gaan teenstaan en die hofdatum word vir 17 Maart 2017 bepaal. Tydens die konvokasievergadering op 27 Januarie 2017 word 'n mosie aanvaar dat die konvokasie GK se hofaansoek steun en dat die president, adv. Jan Heunis, as 'n applikant daaraan kan deelneem. Vanweë die laat indiening van die US se hofdokumente word die datum van die verhoor uitgestel tot 14 Augustus 2017. Op 12 Augustus verskyn briewe ter ondersteuning van die hofsaak deur Abraham H. de Vries

---

64 https://www.litnet.co.za/marlene-van-niekerk-stellenbosch-university-language-debate/

en Breytenbach op *Versindaba*.[65] De Vries verskaf basiese inligting oor die hofsaak en moedig skrywers en taalliefhebbers aan om aanwesig te wees by die hofsaak: "[D]ie laaste keer was met André en Breyten se hofsake", maar "hierdie keer is die taal self op die spel". Breytenbach se brief (gedepersonaliseer as "Jan Alleman/aka Blackface Buiteblaf") is emosioneel, 'n "skorre hartkreet" aan Afrikaanse skrywers om nie die verantwoordelikheid teenoor die Groot Voorlopers en komende geslagte te versaak nie; hy sit weer sy siening van die "eindeloos en heldhaftige stryd om die groot-andersmaak-van self" en van taal as "veranderaar" uiteen.

Die hofsaak vind van 14 tot 16 Augustus 2017 plaas. Op 25 Oktober 2017 word die uitspraak gelewer. Die hooggeregshof wys GK se aansoek, asook die aansoek om 'n bykomende verklaring gegrond op nuwe inligting wat bekom is in te dien, met koste van die hand. (Die hofstukke is beskikbaar op die webtuiste van Gelyke Kanse.) GK nader in Junie 2018 die konstitusionele hof vir verlof tot appèl. Die datum vir die verhoor word vasgestel vir 13 September 2018, maar hierdie hof stel die partye op 10 September 2018 in kennis dat die saak van die rol verwyder is, aangesien die hof vir sy rekening die hele saakrekord wat duisende bladsye beloop in Engels laat vertaal, waarna die saak weer te rolle geplaas word vir 8 Augustus 2019.

Die US-konvokasie se 2018-jaarvergadering vind op 8 November plaas met genl.maj. Jeremy Veary as geleentheidspreker. Hy "stoei" in sy toespraak (gepubliseer in *Die Burger*, 17 November 2018 en op *LitNet*),[66] deels in Kaaps gelewer, met 'n paar gedagtes oor die US-taaldebat. Hy lig sy bedenkinge oor "die arsenaal van 'n gewapende taalstryd" en doen 'n oproep dat daar "pad toe gekom word" (na 'n middelgrond beweeg word om die probleem te hanteer). Volgens hom gaan die taalstryd "eintlik net oor die red van 'n sekere soort Afrikaans: die sogenaamde standaard-een wat hier as norm bo ander inheemse tale en variëteite verhef word as dié een met hoër intellektuele, kulturele en literêre funksies" en dat dit "by verstek deur parogiale eiebelang gestu word". In die loop van sy betoog vat hy vir Breytenbach aan wat vol-

---

65 http://versindaba.co.za/2017/08/12/gelyke-kanse-se-hofsaak-teen-us-braam-de-vries-breyten-breytenbach/
66 https://www.litnet.co.za/us-konvokasie-2018-kom-pad-toe/

gens hom "geskuif" het van sy inspirerende opvattings oor Afrikaans in die apartheidsjare na sy huidige standpunt van "US móét Afrikaans beskerm" soos dit tot uitdrukking kom in sy konvokasietoespraak "Die koei in die bos" van 2016 en hy "ontleed" sy eie destydse *LitNet-* reaksie daarop.

Breytenbach reageer op 19 November 2018, duidelik teleurgesteld en ontsteld, op *LitNet* en hy onderteken dit "Breyten Boenk Breytenbach".[67] Hy meen dat die generaal sy tyd gemors het om hom te teiken as strooipop (die werklike vyand is die "magsvrate", "die hoog-gepoepholdes ontplooi as rektorre en Bestuur en filosofte" en "die buk-Afferkaners wat nie wil weet hulle is Afrikane soos u, soos ons nie"); hy glo nie dat Veary "op die keper [kan] beweer ek het nie getrou probeer bly aan my beginsels en opvattings nie" en dat die probleem "dus elders en veel dieper" is, naamlik dat dit 'n belediging is om jou as "'inkommer' […] te wil vereenselwig met die lot wat u in murg en been elke dag ervaar". Verder meen hy dit sal Veary se "intelligensie en dieper verbintenisse 'n oneer aandoen" as hy sou reken "dat ek ooit van sg. Standaardafrikaans 'n verskanste norm sou wou maak" en "dat my gepraat oor kreolisering en omvorming en anderswoord en saam-mekaar-anders-maak sommer net modieuse gekwiebel vir die vaak is". Hyself het nou besluit om "liewer opsy te staan", al was dit vir hom 'n eresaak om te wou oordra "ons is nie almal so nie"; dat die vorige bedeling (net soos die huidige, om ander redes) ook 'n wesenlike skending van wittes se menswees was en dat mens betrokke moes raak – nie uit ydele bevrediging of die najaag van berugtheid of om wraak te neem op mense van eie vlees en bloed nie – "maar omdat dit 'n dwingende noodsaak was om met 'n mate van eer en as méns met jouself te kon omgaan. En met jou mense. En met die geskiedenis". Hy wens Veary en sy mense (wat ook "ons" mense is) net die allerbeste toe – die pad wat hulle moet loop kan deur niemand anders gestap word nie en die saak ("erkenning van die eksistensiële dimensie van die moertaal") is sterk genoeg. En hiermee buig Breytenbach (voorlopig?) uit die openbare gesprek oor die taalkwessie op US.

---

67 https://www.litnet.co.za/us-konvokasie-2018-breyten-breytenbach-reageer-op-jeremy-veary-se-toespraak/

Gerugte van sensuur en die konsentrasie van mag

Die tweede sistemiese aangeleentheid waarby Breytenbach in hierdie era betrokke raak, is die toenemende dreigemente van sensuur en die konsentrasie van mag in die literêre veld wat aanleiding gee tot die stigting van 'n nuwe skrywersvereniging wat namens Afrikaanse skrywers druk kan uitoefen op die (politieke en joernalistieke) sisteem.

In Julie 2010 dien die jongste weergawe van die Wetsontwerp op die Beskerming van Inligting (die 2008-konsep is onttrek ná sterk opposisie uit die burgerlike samelewing) voor die parlement. Die indiening van die wetsontwerp moet gesien word in die konteks van die verslegtende verhouding tussen die media (wat die openbare belang wil dien) en die regering (en by name Jacob Zuma wat spesifieke belange van die ANC wil dien). Sterk bewoorde verklarings teen die "muilbandwet" en 'n voorgestelde mediatribunaal word uitgereik deur PEN South Africa en talle ander instansies; die Right2Know-veldtog word gevoer om staatsgeheimhouding by die opstel van wette te verminder en toegang tot inligting te verbreed; die *New York Times* dra 'n storie en PEN International aanvaar 'n beskrywingspunt daaroor. Onder aanvoering van André P. Brink en Nadine Gordimer voeg meer as 400 swart, bruin en wit Suid-Afrikaanse skrywers hulle name by 'n petisie teen die beoogde wetgewing. Breytenbach spreek hom uit teen die "beoogde Sensuurhof en die Stalinistiese wetgewing wat dit moontlik gaan maak vir alle sogenaamde Intelligensie-agente, en ander diewe en trogvrate ook, om hulle onbekwaamheid en gekonkel onder 'n kombers van geheimhouding en intimidasie weg te steek". (Aangehaal in 'n berig deur Anastasia de Vries in *Rapport*, 19 September 2010.) Die omvattende binnelandse en buitelandse veldtog dra daartoe by dat die parlement op 15 November 2010 besluit om meer dinktyd vir die omstrede beoogde wysigingswetsontwerp toe te laat.

Op 21 November 2010 verskyn 'n volbladartikel van Breytenbach in *Rapport Weekliks* waarin hy skrywersoptrede teen die beoogde wetgewing en die beskerming en uitbouing van "die Vrye Woord" bepleit. Hy stel die totstandkoming van 'n skrywersunie voor – 'n vakbond wat nie net sy eie belange moet beskerm nie en met 'n groter groepering soos Cosatu behoort te affilieer – en dat 'n "volkskongres" belê word met verteenwoordigende afvaardigings uit die burgerlike samelewing om saam te besin en 'n nuwe bedeling te beding, gegrond in iets soos 'n Vryheidsmanifes. M.C. Botha, onder die alias Jan ver Maak, skiet die idees en voorstelle af (*Rapport Weekliks*, 28 November 2010) en meen die voorsiende Cosatu-geaffilieerde skrywersunie sal waarskynlik nie veel meer vermag of veel anders lyk as die eertydse Afrikaanse Skrywersgilde nie. Volgens Charl-Pierre Naudé (*Rapport*, 5 Desember 2010) kraak Botha 'n stellinginname af wat gekant is teen sensuur en die regering en wat "plaasvind buite die heerserstand, sónder swyende beskerming van vriende in die staat, sónder verbonde welvaartsverbintenisse" en daarin verskil van die destydse skrywersgroepe.

Einde Februarie 2011 plaas Media24 'n advertensie vir 'n "nasionale boekeredakteur" vir *Beeld*, *Die Burger* en *Volksblad*. Breytenbach formuleer sy ontsteltenis daaroor in 'n persoonlike skrywe aan 'n aantal skrywers: "Op 'n tydstip waar daar juis behoefte is aan die verryking van die literêre wêreld en die bevordering van diversiteit in opinies en uitdrukkingsvorme, sal dit 'n kwade dag wees wanneer die koördinering van mening en mag in die hande gegee word van één überliterêre redakteur of raadgewer." Daar word op *Versindaba* (28 Februarie 2011)[68] berig oor hierdie skrywe, konteks word verskaf en inligting gegee oor die protesaksie in die vorm van 'n beswaarskrif wat versprei word. Ook *LitNet* se SeminaarKamer begin op 28 Februarie 'n mini-seminaar oor hierdie kwessie met 'n brief van Breytenbach waarin die moontlikheid van 'n boikotaksie teen Media24 ter sprake kom. 'n Uitgebreide debat volg op die twee platforms. Op 12 Maart vind 'n Afrikaanse skrywersvergadering by Protea Boekwinkel op Stellenbosch plaas waartydens 'n verkenningskomitee (Breyten Breytenbach, Kerneels Breytenbach, Danie Marais, Andries Bezuidenhout, Marga Collings, Amanda Lourens, Desmond Painter, Gerrit Brand, Willem Fransman en Andries Visagie) verkies word om die stigting van 'n organisasie wat as mondstuk vir skrywers kan funksioneer te ondersoek.[69]

In Junie 2011 word 'n protesskrif deur die opstellers van die oorspronklike petisie teen die beoogde muilbandwette, Nadine Gordimer en André P. Brink, versprei. Hierin word aangedui dat die "toegewings"

---

68   http://versindaba.co.za/2011/02/28/protesaksie-teen-nasionale-boekeredakteur/
69   Teen April 2011 is die eerste nasionale boekeredakteur aangestel, naamlik Elmari Rautenbach. Op 30 Mei 2011 stuur Breytenbach sy laaste bydrae vir *Die Burger* se eie boekeblad, 'n gedig getitel "digters neem afskeid reël vir reël" aan die redakteur Willem de Vries om hom te bedank en voorspoed toe te wens.

wat intussen voorgestel is blote skynmaatreëls is om te verhoed dat dit wyd verwerp word; daar is ook steeds geen verweer teen openbare belang nie. Hierdie protesskrif sluit aan by die verklaring van die verkenningskomitee van die voorgenome Afrikaanse Skrywersunie, wat voor 'n vol saal op die Festival voor het Afrikaans in die Tropentheater in Amsterdam deur Breytenbach voorgelees word. Hierin word die internasionale gemeenskap se aandag op die "onrusbarende swaai in die rigting van 'n totalitêre bestel in Suid-Afrika" gerig en word die steun van Nederlandse en Vlaamse skrywers gevra. Tydens hierdie geleentheid waarsku hy egter ook dat "regse steun" uit Nederland nie die saak van Afrikaans sal help nie. (Leopold Scholtz in *Die Burger*, 20 Junie 2011; Charles Malan, *LitNet*/Vrye Woord, 16 Julie 2011.)

Die Afrikaanse Skrywersunie (ASU) word op 7 Maart 2012 op Stellenbosch gestig. Intussen word PEN Pretoria in 'n ander trajek herkonstitueer as PEN Afrikaans, waarvan die stigtingvergadering op 20 Oktober 2012 op Stellenbosch plaasvind. Die lede van die ASU word daarin opgeneem. Breytenbach druk sy vreugde hieroor uit: "Dit is die mees belowende ontwikkeling wat ek my kan herinner so ver mens terugdink in Afrikaans. Oplaas kom daar 'n roering in die rigting van 'n besitname van die positiewe omvormingspotensiaal van diversiteit. Enige verset teen die dodelikheid van die hegemonie [...] is goeie nuus! Mag hierdie PEN ook die belange van die skrywers- en boeke-volk verdedig. [...] *No Pasaran!*" (In 'n onderhoud met Willem de Vries in *Die Burger*, 8 November 2012.)

Sedert 2012 is PEN Afrikaans 'n welluidende kritiese stem teen enige onredelike beperking op vryheid van spraak en persvryheid. Die vereniging opponeer deurlopend wetsontwerpe en beleidsrigtings wat tot die nadeel van skrywers, uitgewers en lesers kan wees en tree in die bresse vir individuele skrywers wat onderwerp is aan doodsdreigemente, intimidasie en vervolging. Breytenbach speel hierin ook 'n aktiewe rol. Hy spreek in 'n brief op *LitNet*, 7 November 2017,[70] sy ontsteltenis uit oor die druk wat op die joernalis Jacques Pauw en sy uitgewer geplaas word ná die verskyning van sy boek oor die Suid-Afrikaanse rampokkerstaat en oor sy weersin in die gevaar van sensuur wat weer

---

70 https://www.litnet.co.za/sensuur-presidents-keepers-deur-jacques-pauw/

kop uitsteek; hy stel die formulering van 'n "verantwoordelike en gesamentlike beswaarmaak" voor en is bereid om hom by so 'n protesskrif of manifes te skaar. Sy pleidooi vir beswaarmaking word opgeneem deur PEN Afrikaans (*LitNet*-portaal, 13 November 2017). Die vereniging begin ook op 29 November 2018 'n protesaksie en petisie teen die Wysigingswetsontwerp op Outeursreg omdat dit nie 'n billike balans tussen die belange van die skrywer en die belange van die publiek daarstel nie; verskillende toonaangewende skrywers onderskryf die aksie, onder andere Breytenbach (*LitNet*-portaal, 29 November 2018). (Ander inisiatiewe van PEN Afrikaans waaraan Breytenbach deelneem, kom elders ter sprake.)

*

Breytenbach self word direk geraak deur aksies wat deur hom (en ander waarnemers) as sensuur ervaar word. In Maart 2015 word die #RhodesMustFall-beweging en -protesaksie op die kampus van die UK begin. Dit is oorspronklik gerig teen die standbeeld van Cecil John Rhodes wat eers bedek en 'n maand later verwyder word. Op 15 Februarie 2016 rig die beweging 'n plakkershut op die hoofkampus by die Jameson-trappe op om te protesteer teen die tekort aan studenteakkommodasie; nadat dit die volgende dag deur die universiteit verwyder is, breek vandalistiese optrede uit – onder meer word drie-en-twintig skilderye wat uit die universiteitsgeboue verwyder is, aan die brand gesteek.

Teen einde Maart 2016 stel kuratore van die UK 'n lys van kunswerke saam wat van die kampus verwyder moet word omdat hulle "omstrede" of "aanstootlik" is. Die swartlys deur die universiteit se "Artswork Task Team" (ATT) bestaan uit tien werke van prominente Suid-Afrikaanse kunstenaars, onder wie Breytenbach, Willie Bester, Zwelethu Mthethwa, Diane Victor, David Brown, Vusi Khumalo, Pieter Hugo en Andrew Brown. Die weke daarna word baie meer as hierdie tien gelyste werke verwyder of bedek. Op 11 April 2016 verskyn 'n verklaring van die UK se departement kommunikasie en bemarking, asook 'n brief van die rektor in *Daily Maverick* oor die aangeleentheid: "Removal of UCT artworks is about curation, not censorship, says Price".[71] Brey-

---

71 https://www.uct.ac.za/usr/press/2016/11-04-2016_Removal_UCT_Artworks.pdf

tenbach skryf in reaksie hierop 'n brief aan die redakteur van *Daily Maverick* en laat hom uit oor die "Orwellian Newspeak" van die universiteitswoordvoerders wat aanvoer dit word gedoen "to create an environment where a diversity of staff and students feel comfortable", wat suggereer dat deur kunswerke te bedek of te verwyder 'n gespreksruimte geskep en "another mode of seeing the work, less flat and obvious, more thoughtful and imaginative" aangemoedig word.

Ná 'n lang periode van beraadslaging publiseer die UK se ATT in Februarie 2017 'n verslag wat kort-, medium- en langtermyn-aanbevelings bevat en wat daarop dui dat die betrokke verwyderde/bedekte kunswerke vir 'n onbepaalde tyd nie uitgestal sal word nie terwyl daar 'n konsultasieproses (onder meer debatte en besprekings oor bepaalde werke) daaromheen plaasvind. Een van die bevindings in die verslag is dat sommige werke verwyder is om "veiligheidsredes" en ander om "politieke redes" as deel van die "transformasie-agenda". 'n Verdere bevinding is dat die kumulatiewe effek van die werke, gekoppel aan die gebrek aan 'n oorwoë kuratoriale beleid 'n "negatiewe gevoel" onder sommige studente en personeellede skep.

Op 25 April 2017 publiseer die aanlyn nuuspublikasie *GroundUp* 'n lys van 75 kunswerke wat waarskynlik by die UK verwyder of bedek is.[72] Die lys sluit drie werke van Breytenbach in: *FG* (na aanleiding van 'n selfportret van Francisco Goya), *Hovering dog* en *SA angel black/white*. *Hovering dog* is in 2016 verwyder omdat die studente-aktivis Ramabina Mahapa gekla het dit is "a portrait of a naked white man, on his lap is a black woman, they seem to be having sexual intercourse. The white man has a black mask and the black woman has a white mask". Op 27 April verskyn 'n sterk bewoorde brief van Breytenbach aan die redakteur van *GroundUp* onder aan die betrokke artikel. Hy noem die verwydering van die kunswerke 'n uitstekende voorbeeld van die "ingebore Suid-Afrikaanse uitdrukking van fascisme" uit die era van die NP. En deur die eeue was daar wêreldwyd die kondonasie van klassieke fascistiese optrede: die wegdoen met enigiets wat die geslote en beangste ingesteldheid van die trop bedreig. Hy vra waarom daar egter in hierdie geval gestop moet word by "such a piddling demonstration of effecting social and aesthetical justice"? Hy verklaar homself gewillig om in die

---

[72] https://www.groundup.org.za/article/probably-list-artworks-uct-has-removed/

openbaar die drie skilderye wat hy gemaak het "during the years of political blindness when I did not know what I was doing", self aan die brand te steek – kaal en op sy knieë; al guns wat hy vra is dat dit in die teenwoordigheid van die rektor, dr. Max Price, en sy "cohort of professors and other flunkeys" plaasvind. Hy sluit die brief af met "die uwe in abjekte boetvaardigheid".

Op 9 Junie 2017 berig *GroundUp*[73] oor David Goldblatt en Breytenbach wat die UK se "sensuur" veroordeel. Goldblatt het sy fotoversameling uit die UK-biblioteek se sentrum vir spesiale versamelings (wat hy help stig het) onttrek omdat hy die studente se optrede ten opsigte van kunswerk beskou as "the antithesis of democratic action". Breytenbach ondersteun Goldblatt en ander se besluit om hulle werk te onttrek, weg te neem of elders te neem (verkieslik buite die land). As hy kon, sou hy dit ook gedoen het, maar sy drie verwyderde werke is deel van die Hans Porer-versameling by die UK en hy is deur nie een van die betrokke partye – die versamelaar, eienaar, eksekuteur of laksman – daarvan in kennis gestel nie. Hy spoor kunstenaars en navorsers aan om seker te maak dat hulle werk en produkte nie by 'n Suid-Afrikaanse universiteit beland nie: "You have no chance of it (the work) being seen for what it is intended to be, no guarantee it will survive the orgies of destruction these institutions foster and no responsibility or accountability (let alone preservation) will be forthcoming from the ethically and aesthetically spineless but oh so glib 'collaborators' running the universities." Die UK word genooi om op Goldblatt en Breytenbach se uitsprake te reageer, maar doen dit weer eens (soos in reaksie op prof. Belinda Bozzoli se vroeëre skrywe oor die gebeure) slegs in die vorm van 'n generiese verklaring deur die rektor. Daar word wyd in die pers en op *LitNet* gereageer op die gebeure – en die moontlikheid word selfs geopper dat die gesensoreerde werke opgeneem sou kon word in die Universiteit van Gent se versameling (*LitNet*, 4 Mei 2017).[74]

Teen die tyd dat Breytenbach se mees onlangse solo-kunsuitstalling in die Stevenson-galery in Kaapstad plaasvind, is daar nog geen verdere inligting bekend oor die lot van die betrokke skilderye wat by die UK verwyder is nie.

---

73 https://www.groundup.org.za/article/here-list-art-destroyed-uct/
74 https://www.litnet.co.za/eredoctor-van-ugent-gecensureerd/

Enkele ander plaaslike optredes en uitsprake

In die *Bylae* tot *Die Burger* van 31 Maart 2007 verskyn 'n verkorte en vertaalde weergawe van Breytenbach se openingstoespraak by die Art*Terial*-kongres vroeër die maand op Gorée-eiland as "Om Afrika te verbeel". Hierin beklemtoon Breytenbach die lewensnoodsaaklike bevordering van progressiewe wisselwerking "tussen die rykdomme van diversiteit en hul uitdrukkings [soos (moeder)taal] enersyds, en die oorkoepelende en gedeelde oogmerke van nasionale en historiese entiteite andersyds", want dit is op hierdie koppelvlak dat die "kultuur van transformasie" te voorskyn tree. Dit is 'n tema wat in dié tyd gereeld in sy toesprake en skrywes uitgelig word.

Op 25 Maart 2008 is hy die openingspreker in die Elizabeth Sneddon-teater in Durban tydens die elfde Time of the Writer-fees (in 1997 was hy betrokke by die stigting van hierdie fees wat toe bekend gestaan het as Poetry Africa). Hy begin sy toespraak (*Mail & Guardian*, 4–10 April 2008) "On the importance of imagining the riddles of our time" op persoonlike vlak. Hy wys onder meer daarop dat hy vir 'n bietjie langer as 'n maand in die land is en dat dit "an unsettling experience" is (deels waarskynlik ook oor die negatiewe en selfs vyandige ontvangs van sy nuutste boek, *A veil of footsteps*, in die Engelse pers – sien die bespreking daarvan onder die subhofie "Publikasies en resepsie" hier onder). Hy en sy vrou is besig om hulle huis in die Klein-Karoo, waar hulle sedert die middel-1990's vir korter en langer periodes vertoef het, op te pak. Vir hom is dit hartverskeurend in die sin dat om weg te gaan die bevestiging is van 'n mislukte ervaring en 'n gebroke droom – laasgenoemde waarskynlik vanweë wat hy noem sy eie naïewe verwagting van 'n nuwe bedeling wat deur die vryheidsbeweging ingelui sou word: ekonomiese geregtigheid, 'n etiese openbare lewe ... In sy hoofsaaklik pessimistiese rede oor die haglike stand van die demokrasie wêreldwyd, in Afrika en plaaslik beskryf hy vergrype in ontstellende beelde en verwys hy onbeskroomd na Suid-Afrika se aanmars na 'n totalitêre eenpartystaat. Hiermee jukstaponeer hy die versugting na 'n gedeelde "Atlantis van die verbeelding", die nosie van 'n utopie van "skoon en verantwoordbare regering" waar die menswaardigheid van die individu geld en beskryf hy sy droom (gegrond op "morele verbeelding") vir die Afrika-kontinent. Hy doen 'n beroep op skrywers om hulle te verset teen alle vorme van hegemonie. (Deborah Steinmair berig in *Die Burger*, 27 Maart 2008 hieroor.)

In Desember 2008 verskyn Breytenbach se ope brief aan Mandela, "Mandela's smile", in die Amerikaanse *Harper's Magazine*. (Hierdie ope brief is opgeneem in die essay-bundel *Notes from the Middle World*, Breytenbach 2009b, waarvan die resepsie hier onder ter sprake kom.) Breytenbach stel sy persoonlike diep geneentheid vir Mandela wat vir hom soos 'n vaderfiguur is, maar ook sy bedenkinge oor die konstruk wat van hom gemaak is. Dan gaan hy oor tot die beskrywing van die huidige situasie en lys ontstellende voorbeelde van geweld, magsvergrype en korrupsie wat Suid-Afrika verwoes. Sy raad aan jong Suid-Afrikaners wat wil weet of hulle die land moet verlaat of nie, is dat hulle moet gaan. Die res van die teks is 'n (effens aangepaste en bygewerkte) weergawe van sy openingstoespraak tydens die Time of the Writer-digtersfees. Hierna stel hy pertinente vrae aan Mandela oor die voorneme van die ANC en die regering ten opsigte van die totstandkoming van 'n ware demokratiese bedeling. Selektiewe, sensasionele uittreksels uit die brief word plaaslik versprei en veroorsaak 'n ophef omdat die "uitlander" Breytenbach geen reg op kritiek het nie en sy geloofwaardigheid bevraagteken word. Die Nelson Mandela-stigting reik 'n verklaring uit (Donna Bryson op *News24*, 18 Desember 2008) waarin die uitvoerende beampte, Achmat Dangor, Breytenbach se "sense of horror at the brutality of the crimes he describes" deel, maar "not necessarily the overall implications that our situation is irredeemable". Dangor verskil veral van Breytenbach se uitbeelding van Mandela "as descending into frivolity while the country burns" en noem voorbeelde van hoe laasgenoemde sy wêreldverhoog benut om op te tree teen ongeregtigheid. Dangor doen 'n beroep op Breytenbach om terug te keer en te help om die land op te bou.

Die joernalis Chris Louw (wat destyds 'n Dakar-ganger was en hom ook sterk teen toenemende geweld in die land uitgespreek het) pleeg op 30 November 2009 selfdood. In reaksie op 'n voorstel van Breytenbach word 'n ope brief uitgereik waarin die ondertekenaars (o.a. Breytenbach, André P. Brink en Chris Barnard) hulle ontsteltenis uitspreek oor Louw se ontydige dood wat "'n ongenadige lig [werp] op hoe verslegtende omstandighede in die land selfs ervare joernaliste tot desperaatheid dryf". Op 6 Desember 2009 plaas *Rapport Wekliks* 'n volbladbydrae deur "Boetman" Breytenbach, "Die reënboog is 'n spieël aan skerwe", met die onderskrif "Die tyd het aangebreek vir gesprekke rondom 'n opnuut geformuleerde Suid-Afrika". (Hierdie teks is gegrond op die toespraak wat Breytenbach in Oktober in Berlyn gelewer het.) Die pleidooi in die Afrikaanse weergawe is: "Dat gesprekke, aangevuur deur 'n morele en praktiese verbeeldingsvermoë, rondom die noodsaak van 'n opnuut geformuleerde Suid-Afrika – gegrond op 'n bestel van funksionerende federale deelstate, met dieselfde regte en moontlikhede vir almal – op alle vlakke aan die orde van die dag moet kom"; dit moet gebeur onder die wakende oog van die burgerlike samelewing sodat besluite nie weer opgedring word nie. Sy idees en voorstelle ontlok aan die een kant wye (meestal afwysende) reaksie van lesers op die koerant se webblad, asook op SêNet, en aan die ander kant gebalanseerde kommentaar van denkers oor die uitvoerbaarheid of nie daarvan (bv. Lawrence Schlemmer en Koos Malan in Rapport Weekliks, 13 Desember 2009).

Jakes Gerwel (Rapport, 10 Januarie 2010) bring die ope brief oor die dood van Louw in verband met "die oorwegende stemming onder Afrikaansskrywende kommentators en intellektuele [naamlik] dié van vervreemding, vreemdelingskap en uitgeslotenheid [en] selfs bitterheid" en hy knoop dit aan "ver-regsing" en die gevoel van "onbehuisdheid" wat intree. Hierteenoor staan die siening van Willie Breytenbach (By van Die Burger, 30 Januarie 2010) dat die vertrekpunt van die grootste hedendaagse kritici onder Afrikanergeledere (mense soos Van Zyl Slabbert, Max du Preez en Breytenbach) "steeds liberaal en nie regs is nie [...] kritiek of ontnugtering moenie altyd as verregsing beskou word nie". Ná die afsterwe van Frederik Van Zyl Slabbert in Mei 2010, en ook dié van Nico Smith 'n paar weke later, verskyn daar koerantartikels waarin menings uitgespreek word oor die "styl" van verskillende Afrikanerrebelle. Volgens Willem Pretorius (Die Burger, 30 Junie 2010) was daar "rebelle van die gees" wat radikaal en in die openbaar met die heersende waardestelsel van die Afrikaner gebreek het, dit veroordeel het en vir universele menseregte en waardes gepleit het; daar is nog sulke rebelle – hy noem Breytenbach, Antjie Krog, Max du Preez – wat steeds onder kritiek deurloop "as hulle toetree tot die bedompige Afrikaanse debatte van ons tyd".

Op 2 Maart 2013 spreek Breytenbach weer 'n groot plaaslike gehoor op 'n universiteitskampus toe, soos veertig jaar tevore tydens die Sestiger-somerskool by die UK en in 1986 op Stellenbosch. In 1973 was die Afrikaners in die saal op hulle magshoogtepunt en het hy gewaarsku dat "as groep het ons ons kans gehad en al babbelende het ons dit verby laat gaan". In 1986 het hy die (apatiese) gehoor op die vooraand van groot politieke veranderinge gevra om 'n ander positiewe inhoud aan hulle Afrikanerskap te gee, want die toekoms is in hulle hande. Hierdie keer rig hy hom op 'n postapartheidsgehoor in die volgepakte Odeionteater van die Universiteit van die Vrystaat, op uitnodiging van die departement filosofie. Hy lees voor uit 'n tweetalige brief aan sy dogter wat oor enkele maande ses-en-twintig jaar oud word: "Jy is gebore in die jaar van die omstrede Dakar-beraad – destyds toe die ANC nog die mantel van 'n bevrydingsbeweging gedra het [...]". Hy voer 'n gesprek met haar (en sy jong gehoor) oor die toestand van die wêreld en die "realiteit van die menslike penarie", naamlik dat as ons nie "bewustelik daardie weg inslaan van inklusiewe verbeelding en versinnebeelding nie, as ons onsself nie méér inklusief en eties gefundeer kan bedink as wat ons in feite is nie [...] ons vir seker die barbaarsheid wat ons nou belewe sal moet voortsit". (Die voorheen ongepubliseerde brief is opgeneem in *Parool/Parole*, Breytenbach 2015:145–155.)

Later die jaar maak een van die ander deelnemers aan die destydse Sestiger-somerskool sy terugkeer na die openbare ruimte, naamlik Adam Small, wat tydens die Tuin van Digters in September 2013 voorlees uit sy digbundel *Klawerjas*, sy eerste ná byna veertig jaar. Die brose en aangedane Small word staande toegejuig. Die jeug se reaksie kom in die vorm van dié van 'n jong digter in die gehoor – Nathan Trantraal wat vroeër daardie jaar met die kragtige bundel in Kaaps, *Chokers en survivors*, gedebuteer het en reeds in 'n koerantonderhoud sy renons uitgespreek het teenoor ouer digters wat in Kaaps geskryf het en 'n "joke-taal" daarvan gemaak het. In sy reaksie op Small se optrede op Wellington (*Wekliks* van *Rapport*, 22 September 2013) stel hy dat dit die "grootste samekoms van wit *guilt* is" wat hy al op een plek gesien het en dat die afwesigheid van die "jolly kleurryke Kaaps" in die bundel beteken dat Small daarmee aandui dat Kaaps nie "die verfynde denke van 'n intellektueel" kan uitdruk nie. Heftige reaksie volg hierop. Breytenbach se mening gee aanleiding tot 'n antwoord van Trantraal. Breytenbach word aangehaal in 'n berig van Jo Prins (in *Beeld*, 30 September 2013) en dit kom daarop neer dat die jong digter se houding "onsmaaklik en [...] kommin" is; dat hy liewer sy aandag moet bepaal by sy eie "werklik interessante en goeie gedigte in die variant van 'Kaapse Engels'";

en dat hy begrip het vir die "noodsaak van vadermoord". In sy reaksie hierop (as brief opgeneem in 'n berig in *Die Burger*, 30 September 2013) meen Trantraal onder meer dat "geagte mnr. Breytenbach" niks weet van Kaaps in die literêre konteks en politiek "sedert die ontstaan daarvan uit 'n bruin mens se oogpunt nie"; hy beskou Adam Small nie as 'n vaderfiguur in die letterkunde nie en dink sy Kaapse gedigte "het 'n onwenslike presedent gestel". Hy sluit af: "Ek is bly u hou darem van my gedigte. Dit beteken ten minste dat een van ons al een van mekaar se boeke gelees het. Dit skep 'n klein bietjie *kommin ground* tussen ons."

Breytenbach lewer in Maart 2014 die sleuteltoespraak op 'n STIAS-byeenkoms op Stellenbosch tydens die bekendstelling van 'n boek van Heribert Adam en Kogila Moodley; op 24 Maart 2014 gebruik hy uittreksels uit hierdie teks in sy praatjie "The PIG stye in the eye" voor 'n Kaapse klub (opgeneem in *Parool/Parole*, Breytenbach 2015:174–182). Hiermee bied hy 'n soort "blik van buite" op wat hy "kyk-sien" in die land en stel hy dit dat sy waarnemings gevorm is deur sy betrokkenheid by die Afrika-kontinent en Wes-Afrika spesifiek. Hy breek weer 'n lansie vir utopiese denke.

Op 2 Maart 2015 lewer hy die hoofrede tydens 'n huldeblyk aan André P. Brink by die UK (opgeneem in *Parool/Parole*, Breytenbach 2015:183–192). Hy voer aan dat "André nie dood is nie", want hy sal aanhou om deel te wees van die groter gesprek. Hy stel, soos twee-en-veertig jaar gelede tydens die Sestiger-somerskool van 1973, 'n uitdaging (in vraagvorm) aan medeskrywers: "Wat word van die skrywer as openbare intellektueel?"; "Is 'n figuur soos Brink denkbaar in ons huidige tydsgewrig?" In reaksie op Brink se afsterwe en die uitdaging deur Breytenbach gestel, word daar op verskillende platforms (soos *LitNet*) 'n klimaat van selfondersoek, vraagstelling en uitdaging rondom die eietydse openbare rol van die Afrikaanse skrywer geskep. PEN Afrikaans skep 'n gesprekplatform vir "konstruktiewe oop gesprek". Meer as vier dekades ná die Sestiger-somerskool sit Adam Small en Breytenbach op 25 Maart 2015 weer saam voor 'n geesdriftige gehoor. Hierdie keer op Wellington, Small se geboortedorp, en in die eertydse buitegebou van Breytenbach se ouerhuis, Grevilleas, nou die Bôrdienghuis-teater van die Breytenbach-sentrum. Saam met hulle is die skrywers Danie Marais (bestuurder van PEN Afrikaans) en Bettina Wyngaard. Al vier sprekers kyk nugter na die beperkinge en uitdagings wat die huidige bestel vir

Afrikaanse skrywers en hul moontlike rol as openbare intellektuele inhou. Breytenbach beroep hom op die krag van die wisselwerking tussen geheue en verbeelding en op die soeke na nuwe maniere om uitdrukking te gee aan gedeelde ervarings én "anderselwigheid". (Berigte verskyn op *LitNet* en die PEN Afrikaans-portaal.)[75]

Breytenbach lewer in Januarie 2016 sy toespraak "Die koei in die bos" op die jaarvergadering van die US-konvokasie (dit word hier bo toegelig onder die subhofie "US-taaldebat"). In Oktober 2016 lewer hy die openingsreferaat op die kongres "African and diasporan African literature: Imaginings, modernities and visions" by die Universiteit van Pretoria, aangebied deur die Southern Modernities Project en *Tydskrif vir Letterkunde*. Die titel van sy referaat is "Modernities and our inner Africas" (gepubliseer in *Tydskrif vir Letterkunde*).[76] Hy fokus op die ontplooiing van modernisme en 'n "Afrika-modernisme" asook op 'n projek wat in 2017 (die jaar van die dertigste herdenking van die Dakar-beraad) by die Gorée-instituut van stapel gestuur gaan word, naamlik die Pirogue Kollektief se skrywersprojek "Our inner Africas," gebaseer op skrywerresidensies en die publikasie van 'n reeks boeke. Hy verwerp 'n vereenvoudigde opvatting van (Suid-)Afrika as 'n gewaande "geheel" en lewer 'n pleidooi vir 'n siening daarvan as meervoudig en divers. Volgens hom behoort die diversiteit van ervarings, van verskillende uitdrukkings van bewussyn, van hibriede kulturele produkte gevier te word – anders word daar vasgeval in "papegaaiwysheid". (Berig deur Willie Burger in *Beeld*, 15 Oktober 2016.) Hy bied 'n aangepaste weergawe van hierdie rede op 7 Februarie 2017 op 'n byeenkoms van die Windhoekse Sokratiese Forum aan.

Publikasie en resepsie

Op Maandagaand 26 Februarie 2007 word die Grevilleas-ouerhuis van Breytenbach en sy sibbes op Wellington feestelik ingewy as die Breytenbach-sentrum. In 1998 het 'n groepie inwoners van die dorp die moontlikheid begin ondersoek om die huis te restoureer en in 'n kul-

---

75 https://www.litnet.co.za/pen-afrikaans-gesprek-kan-n-afrikaanse-skrywer-nog-n-impak-maak/
76 http://www.letterkunde.up.ac.za/argief/55_1/01_Breytenbach.pdf

tuursentrum te omskep en die Breytenbach-familie het die projek gesteun. Met geldinsameling en skenkings is die projek aangepak en die sentrum het lokale vir opleiding, 'n klein teater/konferensielokaal, 'n boekwinkel en kunsgalery. (Ampie Coetzee vertel oor die ontstaan en toekomsplanne van die sentrum in *Bylae* by *Die Burger*, 24 Februarie 2007.) Met die opening sê Breytenbach onder meer die volgende: "Hierdie is nie 'n plek van opgee of afgee of weggee nie; dit gaan oor aangee. Nie om verdeel of opdeel nie, maar om deelname en deelword." Hierdie gesindheid is sedertdien die kompas van al die werksaamhede van die multidissiplinêre kultuursentrum vir opleiding in, en omgang met, beeldende kunste, musiek, drama en skryfkuns. In September 2012 word die Tuin van Digters-fees die eerste keer by die sentrum aangebied – die geleentheid is geskep om besoekers na die sentrum se "digterstuin" te lok, maar dit groei sedertdien tot 'n belangrike platform vir Suid-Afrikaanse (en ook buitelandse) digters. Die fees vind gewoonlik plaas in die naweek naaste aan 16 September, Breytenbach se verjaardag. ('n Ander instelling rondom sy verjaardag is die verjaardagtekste wat hy vir sy lesers stuur – aanvanklik per e-pos aan vriende en sedert 2009 via die webwerf *Versindaba*.) Die sentrum en die fees bied gereeld geleenthede aan waarby Breytenbach betrokke is: bekendstellings van sy publikasies, kunsuitstallings, skrywersgesprekke en geleentheidsvierings waarna hier onder verwys word.

Breytenbach se eerste plaaslike boekpublikasie sedert 2001 is die tweede versamelbundel *Die ongedanste dans. Gevangenisgedigte (1975–1983)*, wat in April 2005 gepubliseer word.[77] Louise Viljoen meen die verskyning van die bundel "is 'n gebeurtenis wat nie ongemerk mag verbygaan nie" en dat Afrikaanse poësielesers dankbaar kan wees dat Breytenbach ingestem het tot die versameling van sy gevangenisgedigte, wat versprei was oor 'n aantal bundels en tekste wat nie meer beskikbaar is nie. Sy verwys na die versameling as 'n "literêre monument uit haglike ervaring" en "digwerk in konsentraat". Vir Joan Hambidge bevestig die groot aantal "imposante verse […] en die digter se herskrywings van ander digters se gedigte" dat Breytenbach "eenmalig en 'n waterskeidende digter [is] wat die poëtiese landskap van die kanon verander het soos min digters vóór of ná hom".

---

77 Sien uitgesoekte bibliografie vir 'n lys besprekings van die bundel.

Breytenbach se eerste omvangryke nuwe digbundel ná nege jaar, *Die windvanger*, verskyn stil-stil in April 2007 onder die skryfnaam Jan Afrika – sonder voorafreklame deur H&R. 'n Beplande skrywerstoer om die boek bekend te stel, word op die skrywer se versoek gekanselleer. Dit is moontlik dat hy in 'n tyd van hernude negatiewe reaksie op sy openbare uitsprake en deelname aan forums oor die US-taalkwessie onder die radar wil bly. Jo Prins (in *Beeld*, 7 Mei 2007) verwys na "die jongste polemiek" oor die onttrekking van die toer en wonder "of dié befaamde skrywer-skilder amper teer op 'n sogenaamde beginsel van verwerping". Daar vind wel op 19 Mei 'n geslaagde Saterdagstemme-geleentheid by Boekehuis in Auckland Park in Johannesburg plaas waartydens Willie Burger oor die boek praat en Grethe Fox gedigte voorlees.

Die windvanger word besonder entoesiasties deur resensente en navorsers ontvang.[78] Die meeste resensies verwys na Breytenbach se breuk met die Afrikaanse letterkunde en openbare toneel in 2002 en die implikasie van sy terugkeer. Dié bundel met meer as honderd nuwe gedigte ná hierdie stilte is "rykdom vir die Afrikaanse poësieliefhebber", volgens Helize van Vuuren, wat die bundel koppel aan dieselfde tweespalt as dié van Paul Celan "tussen die afgelegde, afgeswore, gehate vaderland en die binding daarmee, die taalmedium". Ook Danie Marais lig die verband met Celan uit. Louise Viljoen wys daarop dat hoewel die leser in die lig van Breytenbach se onlangse uitsprake "verse sou kon verwag wat skerp op die Suid-Afrikaanse aktualiteit reageer", hierdie soort verse 'n klein minderheid in die bundel verteenwoordig en dit is "ten slotte 'n lieflike, elegiese besinning oor die betekenis en waarde van 'n digterslewe". Charl-Pierre Naudé loof Breytenbach se vermoë van taal-en-beeld-verbeelding en stel dit dat "die meester weer tuisgekom [het]".

In Januarie 2008 gee H&R *A veil of footsteps (memoir of a nomadic fictional character)* uit. In 'n onderhoud met Murray La Vita (*Die Burger*, 22 Februarie 2008) beantwoord Breytenbach vrae oor die boek wat deel is van die beplande vierluik "The Middle World quartet" (waarna hier bo verwys is by die toeligting oor die Nederlandse publikasies deur Podium) en oor sy betrokkenheid by skeppende projekte. Die boek word

---

[78] In die spesiale 2009-uitgawe van *Tydskrif vir Letterkunde* vir Breytenbach se sewentigste verjaardag fokus drie artikels op *Die windvanger*.

op 27 Februarie in die Breytenbach-sentrum bekendgestel. In hierdie tyd vind daar ook 'n kralekunswerk-uitstalling van Yolande Breytenbach by die sentrum plaas.

Izak de Vries se Engelse onderhoud met Breytenbach oor die boek (*LitNet*, 6 Maart 2008) gee aanleiding tot uitgebreide reaksie op die geselsruimte *SêNet*. De Vries se aanslag is 'n slim woordspeletjie – met behulp van wat hy later, tot sy verdediging, beskryf as "die droomspel van verglippende tekste" (*SêNet*, 11 Maart) – maar waarin hy uitgeknikker word deur Breyten Wordfool. Die eerste reaksie op die onderhoud kom van Herman Lategan (*SêNet*, 10 Maart) wat gal braak oor die pretensieuse aanslag daarvan, oor Breytenbach se lomp Engels en sy parodie van Afrikanerwees; die taaiste klap is: "Go back to New York where you can cash in on your seven years in jail, probably the best career move you've ever made." Ampie Coetzee (*SêNet*, 11 Maart) reageer ontsteld op De Vries se aanslag in die onderhoud. Melt Myburgh, die inhoudsbestuurder van *SêNet*, vra die SêNetters wat hulle dink van De Vries se onderhoud en die reaksie van Lategan en Coetzee daarop en loof 'n boekprys uit vir die beste bydrae (*SêNet*, 11 Maart) en daarmee trek hy die sluise oop. Sommige briefskrywers lewer kommentaar op De Vries se hantering van en/of die aard van die onderhoud; Lategan se uitsprake oor Breytenbach word hier en daar ondersteun deur 'n briefskrywer, maar meestal loop hy onder fel kritiek deur; die meeste briefskrywers tree in die bresse vir Breytenbach.

Die Engelse pers is krities en selfs antagonisties oor *A veil of footsteps* en die skrywer daarvan. Die debakel word hier in meer besonderhede toegelig omdat dit 'n blik bied op kwessies rondom die toenemende toetrede van Afrikaanse skrywers tot die plaaslike (en internasionale) Engelse literêre veld.

Die negatiewe resepsie word ingelui deur die joernalis Lin Sampson – sy kam die skrywer, die boekbekendstellingsgeleentheid op Wellington en die mense wat dit bywoon, die boek self en Breytenbach se Engelse taalgebruik op venynige wyse af in haar bespreking. Volgens haar is die boek "a scraping of the creative pot"; "incomprehensible", "scrambled turf"; "stuck in dated ideology [...] [and] disillusionment with the New South Africa"; "sloppy thinking adorned with a swell of adjectives [...] and filled with mistakes"; "the Breytenbach ego squats like a toad";

en bowendien is hy "not in home in English – there is a feeling that he is writing with false teeth". Op Maandag 31 Maart 2008 plaas Melt Myburgh 'n paar uittreksels uit Sampson se "monduitspoel" op SêNet en nooi die SêNetters uit om kommentaar daarop te lewer. Hierdie keer is die lesersreaksie skrapser – waaronder Herman Lategan se kriptiese kommentaar "I rest my case" (*SêNet*, 2 April 2008). Breytenbach self reageer in ironies skertsende styl met 'n versie op *SêNet* (10 April 2008) en 'n briefie in *Sunday Times Lifestyle* (13 April 2008).

Volgens Shaun de Waal is die boek (soos Breytenbach se toespraak by die Time of the Writer-digtersfees waarna reeds verwys is) "brutal" en "ill-tempered" en genereer dit 'n "bilious impression of despair and pointlessness". Hy kritiseer die skrywer se taalgebruik, asook die vermenging van feit en fiksie wat daarop neerkom "that the work has neither the solidity of fact nor answers fully to the pressure of imagination". Imraan Coovadia skryf 'n sterk afwysende resensie van die boek (en die mens agter die boek). Hy verwys na die boek as 'n "grab bag" van die skrywer se reisdagboeke deur Europa en Afrika, as 'n "jerry-built" boek van "scribbles and pretentious notes" en die uitvloeisel van "grandiosity carried to an extreme". Vir hom is die "curdled language" die gevolg van 'n botsing van dissiplines: "Poets don't have a clue how to write prose."

Hierdie resensie gee aanleiding tot swaardekruising tussen twee boekredakteurs (Rachelle Greeff van *Rapport* en Maureen Isaacson van *Sunday Independent*) oor sake soos "robuuste literêre kritiek" teenoor swak ontleding en persoonlike nydigheid; die toetrede van Afrikaanse skrywers tot die plaaslike (en internasionale) Engelse literêre sisteem en die impak daarvan op die Engelse taal; "neo-kolonialisme" verdoesel as "vryheid van spraak" teenoor "a new version of the laager" verdoesel as "a greater internationalism".

Die resepsie van *A veil of footsteps* in die Afrikaanse pers is nie sonder kritiek nie, maar gebalanseerd en sonder die venynigheid wat die reaksie in die Engelse pers kenmerk. Willie Burger kontekstualiseer die boek met verwysing na bepaalde gebeure rondom die verskyning daarvan en wys die "bedenklike kunsopvatting" agter die siening van Lin Sampson uit dat Breytenbach net vir "sy mense" en in sy eie taal moet skryf. Hy meen die boek het gebreke, maar Breytenbach se "oordeel oor Afrika, oor Suid-Afrika, oor die globaliserende wêreld en die mensdom, oor die gebrek aan geregtigheid regoor die wêreld is, of mens daarvan verskil of nie, insiggewend". Thys Human voer aan: "Lesers met vooropgestelde idees oor wat Breytenbach in die huidige tydsgewrig behoort te skryf, hóé hy behoort te skryf en vir wié hy behoort te skryf, gaan met die lees van *A veil of footsteps* waarskynlik bedroë daarvan afkom." In die uitgebreide onderhoud wat Charl-Pierre Naudé voer met Breytenbach (*Boeke-Insig*, 1 Julie 2008) oor 'n aantal onlangse gebeure en openbare uitsprake, kom die omstrede boek en die fragmentariese aard daarvan ook ter sprake en gee Breytenbach toe: "Dis vir my 'eerliker' om fragmentaries te werk as om te maak asof 'n afgeronde siening van ons 'werklikheid' nog moontlik is."

Breytenbach se tweetalige digbundel *Oorblyfsel/Voice over (op reis in gesprek met Magmoed Darwiesj) (the nomadic conversation with Mahmoud Darwish)* is gewy aan sy Palestynse digtersvriend wat op 9 Augustus 2008 oorlede is. (Willemien Brümmer berig in Die Burger, 12 September 2009 oor Breytenbach se terugvoering op 'n paar vrae.) Op 16 September 2009 word die bundel in die Breytenbach-sentrum bekendgestel deur Louise Viljoen.[79] Breytenbach woon nie die geleentheid by nie; hy is in Amerika waar die Amerikaanse uitgawe van die bundel ook pas verskyn het.

Hierdie intieme klein treurbundel word positief deur kritici ontvang wat wys op die ooreenkomste tussen Breytenbach en die Palestynse digter (albei debuteer in 1964, albei ervaar ballingskap, albei beleef die spanning tussen openbare betrokkenheid en die beswerende liriese vlug van poësie), asook ooreenkomstige karaktertrekke van Afrikaanse mense en die Palestyne. Die sentrale tema is "sterflikheid en 'n bewuswees van die eie verganklikheid [...] en daarmee saam die nomadelewe, identiteit, politiek en taal, asook die besinning oor die skryfproses" (Marius Crous).

Vroeg in Desember 2009 plaas Rhythm Records 'n vierde CD-album met werk van Breytenbach op die mark: *Beste Breyten*. Dit volg in die spore van *Om te Breyten* (wat in 2001 met 'n Sama bekroon is), *Mondmusiek* en *Lady One*. Verskeie van die snitte kom van die vorige albums, maar daar is ook nuwes wat spesiaal vir die projek opgeneem is (Mariana Malan in Die Burger, 23 November 2009). Die album lok posi-

---

[79] http://versindaba.co.za/2009/09/17/toespraak-louise-viljoen/

tiewe reaksie uit, soos Deborah Steinmair se entoesiastiese bespreking daarvan op *LitNet* (17 Februarie 2010).[80]

Gedurende Maart 2010 is Breytenbach op 'n plaaslike skrywerstoer vir die bekendstelling van sy bundel essays, *Notes from the Middle World*, wat die vorige jaar deur Haymarket Books in Chicago gepubliseer is. Dit is 'n bundel opstelle en lesings wat meestal in onlangse jare ontstaan het en wat 'n hersiene weergawe van sy eerste middelwêreld-lesing van 1997 insluit. Op 4 Maart 2010 tree hy op in Exclusive Books in Brooklyn, Pretoria, en by Boekehuis in Auckland Park waar hy onder groot belangstelling met Willie Burger in gesprek is. Op Vrydag 5 Maart vind 'n algemene gesprek, ook met Burger, in 'n byna vol Musaion op die kampus van die UP plaas – daar word onder meer gesels oor sy beskouing van identiteit, sy ervaring van ouer word as digter, en die verhouding tussen estetika en etiek. Ina van Rooyen voer met hom 'n wydlopende gesprek wat in *By* van *Die Burger* en *Volksblad* van 20 Maart verskyn. Op 17 Maart is daar nog 'n geleentheid om die boek bekend te stel by Protea Boekwinkel op Stellenbosch waar hy gesels, vrae uit die gehoor beantwoord en hom ook uitlaat oor Afrikaans op Stellenbosch. In 'n onderhoud met Willem de Vries (in *Die Burger*, 28 April 2010) gesels Breytenbach oor sy idee dat Afrika homself moet herverbeel, hoe moeilik dit ook al is binne die oorweldigende verbruikerisme; verdubbeling as kenmerk van die inwoner van die Middelwêreld en die voorlopigheid van betekenis.

In die Engelse pers is daar weer, soos met *A veil of footsteps*, negatiewe reaksie op die boek. Maureen Isaacson is afkeurend van die "middle-of-the-road ragbag essays" aan die hand van slegs drie tekste: "Mandela's smile", "Obamandela" en "Making being". Sy meen Breytenbach moet hom liewer besig hou met "the constructive politics for which he sacrificed so many years of his life". Die filosoof Andrew Nash meen die boek is, ondanks herhaling en swakhede, "vol insigte en verrassings en nuwe perspektiewe". In Breytenbach se verbeelding van 'n middelwêreld (wat gesien kan word as aansluitend by die internasionale versetbeweging teen globale kapitalisme) "skep hy elemente van 'n samelewing sonder die mag van die korporasie en die staat" en 'n wêreld wat gerig word deur "droom, begeerte en toeval". Rustum Kozein verwys ook na "Mandela's smile" wat tydens oorspronklike verskyning (en nou weer)

---

80 https://argief.litnet.co.za/article.php?news_id=82278

krities ontvang is. Volgens hom moet kritici Breytenbach se essays deeglik en opreg onder oë neem: "Die kritiek kom van binne, maak nie saak hoe jy hom as 'uitlander' wil afmaak nie. Dit is lojaal, maar nie blind in lojaliteit nie. Dit is krities, maar omdat dit lojaal is, is dit die enigste kritiek wat saak maak."

Op 17 Februarie 2011 word Breytenbach se negentiende digbundel, *Die beginsel van stof (laat-verse, sprinkaanskaduwees, aandtekeninge)*, in die Breytenbach-sentrum bekendgestel met 'n opeluggeleentheid van voorlesing deur Antoinette Kellerman met kitaarbegeleiding deur Schalk Joubert, Louise Viljoen in gesprek met Breytenbach (oor Afrikaans, die dood, die metafoor en sy skrywerskap) en ter afsluiting, voorlesing deur die digter self van uittreksels uit 'n nuwe gedig.[81] Een van Viljoen se vrae is hoe sy omgang met poësie en sy selfbewussyn as 'n digter beïnvloed word deur sy gevoel dat Afrikaans 'n taal is wat dalk nie gaan oorleef nie. Hierop antwoord hy: "Ek dink 'n mens maak vrede daarmee tot 'n sekere mate. Dis nou al 'n hele tydjie dat ek vir myself sê hierdie taal is net myne, niemand anders ken hom nie." Vir hom is om te skryf 'n manier om jou eie sterflikheid te probeer teenwerk en om in Afrikaans te dig is ook 'n beswering van die dood van hierdie taal. (Willem de Vries se berig oor hierdie geleentheid verskyn in *Die Burger*, 23 Februarie 2011 en *Volksblad*, 24 Februarie 2011.)

Die bundel word besonder gunstig deur resensente ontvang – en dit is een van die laaste boeke waaroor daar nog verskillende resensies op die Afrikaanse boekeblaaie geplaas word. Marius Crous beklemtoon Breytenbach se metaforiese woordspeling; sy besef dat die skryf/skryfhandeling "'n beswering en 'n afweer van die dood is"; die deurlopende tema van besinning oor taal en die skerp kritiek teen alle politici. Joan Hambidge lig die volgende uit: die digter se "unieke metaforiek, sy besondere ontginning van idiome en uitdrukkings, sy in-

---

[81] Breytenbach lees reeds vanaf 1971 by die Poetry International-digtersfees in Rotterdam sy gedigte voor en hy neem ook aan ander byeenkomste in die Lae Lande deel. Ná sy vrylating uit die tronk brei sy deelname aan buitelandse digtersbyeenkomste-met-voorlesing uit. Plaaslik het hy self soortgelyke podiums vir digters geskep (vanaf die "rondreis" van Nederlandse en Vlaamse digters en daarna voortgesit deur die Poetry Africa-fees en die Dansende Digtersfees). Hierby kan gevoeg word sy eie stemkunsopnames en voorlesing van sy gedigte (met musiekbegeleiding) tydens geleenthede in die Breytenbach-sentrum en elders. Daar is nog nie 'n bestekopname van Breytenbach as voorleser of "podiumkunstenaar" (en sy rol om dit vir ander digters moontlik te maak) onderneem nie.

speel op 'n tradisie wat buite die Afrikaanse letterkunde lê"; die verkleurmannetjie-aard van sy werkswyse soos vergestalt in verskillende identiteite en maskers en die woede teen huidige politieke misdrywe. Marlies Taljard fokus op die sterk biografiese aard van die bundel asook die besondere *timbre* of "semiotiese aspek" daarvan. Haar insig is dat die bundel "'n ryke toevoeging is tot 'n oeuvre wat reeds gevestig is in sy tematiek en aanwending van poëtiese middele"; vernuwend is wel "die subtiele klemverskuiwing en verinnerliking wat klemlegging op die dood en verganklikheid meebring". Rustum Kozain meen die bundel toon die klassieke Breytenbach-waarmerk: "Dit is van 'n ander wêreld [...] 'n dialektiese spanning tussen wat aards en wat kosmies is"; die bundel getuig van "die sameloop tussen sy Romantiese inklinasie, die tongval van sy Afrikaans en die outentieke uitdrukking van 'n plek en identiteit in hierdie taal (die aardse) wat ook verder as die taal strek", naamlik 'n "oorspronklike, outentieke magiese realisme". Twee indringende resensies verskyn op die webruimtes wat sedertdien ontwikkel tot belangrike meningsvormende platforms in die Afrikaanse literêre sisteem: *LitNet* en *Versindaba*. Zandra Bezuidenhout illustreer dat die bundel "so ryk aan inhoud, gevarieerd in vorm en gelaai met betekenis is" dat dit "deur 'n opeenvolging van klanke, aksente en pouseringe" die gedagte-inhoud in beweging bring en dat die "oppersjamaan van die Afrikaanse digkuns" algaande sy leser "manipuleer en fassineer" met hierdie "ode aan die synstoestand". Helize van Vuuren bring die bundeltitel in verband met die skeppingsproses (Genesis 3), asook die begrafnisritueel en daarmee saam die fokus van bejaardheid en verganklikheid. Sy tipeer die "laat-verse" as *laatwerk* – "'n fase van werk geproduseer teen die einde van [kunstenaars se] lewe, wanneer hulle reeds statuur het, gevestig is as groot kunstenaars". Breytenbach se bundel kombineer volgens haar "droewigheid [...] en 'n besing van die plesiere van die lewe [...]". Hiermee lei sy die sleutel van *laatwerk* in wat sedertdien dikwels ter sprake kom in besprekings van die digter se werk; Tom Gouws verwys in 2016 (op *Versindaba*) daarna as 'n "benouende teoretiese taksering".

Die jaar 2011 begin vir Breytenbach met die bekendstelling van 'n digbundel en dit eindig met die verskyning van 'n volgende een. In November verskyn *Katalekte (artefakte vir die stadige gebruike van doodgaan)* waarin woord én beeld "iets te sê vir mekaar sou hê", soos die digter dit aan Willem de Vries stel (in *Die Burger* en *Beeld*, 8 November 2012). In hierdie onderhoud dui Breytenbach aan dat *Katalekte* (wat ook verwys na "versameling fragmente van ou dig- of prosastukke" en in gesprek verkeer met talle "saamgeselsers") nie bedoel was as 'n drieluik saam met *Die windvanger* en *Die beginsel van stof* nie, maar dat die vormgewing daarvan (deur sy redakteur en haar span) 'n indruk van deurlopendheid skep.

Volgens Alwyn Roux bou die bundel voort op deurlopende temas en motiewe in die "drieluik"; hy demonstreer hoe die woord- en beeldtekste in die bundel "saamgelees" kan word. Louise Viljoen meen indien die drie bundels as geheel gelees word, "dit duidelik [is] dat daar van die een na die ander subtiele modulasies in toon en teneur voorkom [...] *Katalekte* [is] 'n milder en ook meer toeganklike bundel as sy twee voorgangers". In haar resensie-essay op *LitNet* lig Helize van Vuuren haar insig van die begrippe *laatwerk* en *laatstyl* verder toe met verwysing na die werk van internasionale kunstenaars en voorbeelde in die Afrikaanse poësie, onder meer die drie Breytenbach-bundels sedert 2007. In haar toepassing van hierdie begrippe op Breytenbach se werk, fokus sy op die "intense doodsbewussyn" daarin. Sy meen dat die digter met dié bundel "verse van besonderse kwaliteit" bring. Sy lig kenmerke uit wat verdere navorsing verdien: "hoe die donkerder, elegiese kant en die ligter, dikwels self-relativerende kant van die bundel teenoor mekaar staan, en hoe hulle in mekaar skakel"; "die intertekstualiteit met 'n verskeidenheid groot skrywers [asook] die aard van die intratekstualiteit van gedigte en fragmente met die res van die Breytenbach-oeuvre"; "die oorvloed motto's en submotto's"; die "verhouding tussen beeld en woord, en hoe hulle op verskillende maniere in gesprek tree". Vir Zandra Bezuidenhout is *Katalekte* 'n bundel van "bepeinsing, nabetragting en geïmpliseerde vraagstelling oor bestaan, digterskap en die vervlietende skaduwee wat die 'ek' genoem word" en hierdie temas wys uit na "die element van beweging wat die gang van die menslike bestaan kenmerk". Op 18 Maart 2013 gesels Louise Viljoen in die Breytenbach-sentrum met die digter oor die bundel, met voorlesings deur Antoinette Kellerman en musiekbegeleiding deur Schalk Joubert ('n video oor die gesprek word op *LitNet* gelaai).[82]

---

82 https://www.litnet.co.za/video-breyten-breytenbach-katalekte-bekendstelling/

Op 13 Maart 2014 word die boek van Sandra Saayman, dogter van die legendariese Daantjie Saayman, oor Breytenbach as dubbelkunstenaar bekendgestel: *Breyten Breytenbach. A monologue in two voices* (Fourthwall Books, 2013). Die geleentheid vind op die boonste verdieping van die boekwinkel Clarke's in Langstraat plaas, tussen duisende meestal Afrikana-boeke en -sketse en ook van Breytenbach se skilderye. Breytenbach, Saayman en die uitgewer Bronwyn Law-Viljoen gesels oor die boek waarin Saayman besin oor die dialoog tussen Breytenbach se verbale en visuele oeuvre (Murray La Vita, *Die Burger*, 19 Maart 2014).

In Mei 2014 verskyn die vierde nuwe Breytenbach-digbundel sedert 2007, *Vyf-en-veertig skemeraandsange uit die eenbeendanser se werkruimte* – opgedra aan Alida Potgieter, sy redakteur by H&R. Dit is 'n bundel waarin hy opnuut met fragmente en gestrooptheid werk, soos hy dit aan Willem de Vries (*Die Burger*, 8 Mei 2014) stel: "Meer en meer, dink ek, voel ek aangetrokke tot die fragmentariese, tot die wegdoen van die pretensie dat 'n mens iets volledig eens en vir altyd kan sê." Die meerderheid resensente verwys daarna as "laatwerk" of beklemtoon die lang aktiewe skryflewe van die ouerwordende digter. Vir Ingrid Woudstra staan die bundel in die teken van 'n "terugblik op jare lange digterskap as intense alleenproses". Heilna du Plooy meen dat dit die digter "nóg aan stof om oor te skryf, nóg aan tegniese vaardigheid en gehalte" ontbreek en dat daar in die latere werk soos hier 'n "soort verinniging, 'n al hoe subtieler maar ook al hoe meer diepgaande inkeer [is], al rig die digter sy blik op die realiteit om hom". Joan Hambidge koppel die digter se laatwerk aan 'n proses van terugdraai en bestekopname; vir haar aktiveer die "eenbeendanser se werkruimte" ook Breytenbach se werksaamheid as organiseerder van die Dansende Digtersfees waarmee hy 'n ruimte skep van verskillende digters en die komplekse aard van die digkuns transponeer van een taal na 'n ander. (Hierdie fees word onder die volgende subhofie toegelig.) Louise Viljoen verwys na die "ontploffing van kreatiwiteit" by Breytenbach; as die voorgaande bundels gelees kan word as voorbeelde van laatwerk aan die einde van 'n digter se lewe ("waarin daar sprake is van onversoendheid met die naderende dood en 'n ontoeganklike vormgewing") getuig die bundel vir haar egter "van 'n doelbewuste poging tot 'n kalm aanvaarding van die naderende lewenseinde, 'n houding wat veral steun op die praktyke van Zen"; vir haar is die bundel 'n hernude bewys dat "Breytenbach se digterlike energie geensins besig is om te taan nie". Daniel Hugo lees Breytenbach se oeuvre "as een groot groeiende gedig [...]. Dit is 'n uitdyende, tuimelende heelal met roterende planete, gitswart gravitasiekolke en verskietende sterre." En daarom is dit "nodeloos om 'n ontwikkelingsgang [...] te probeer naspeur en die opeenvolgende bundels in sy oeuvre te 'plaas'". In Breytenbach se mond het "'n klein taaltjie 'n universele medium geword, 'n oneindige vermenigvuldiging van tonge". Hugo meen Breytenbach is 'n "kosmiese oerkrag waarsonder Afrikaans ondenkbaar is". Een van die geleenthede waartydens die verskyning van hierdie nuwe bundel gevier word, is 'n gespreksessie op die jaarlikse letterkundefees op Franschhoek.

Op 7 Oktober 2015 is Breytenbach by Protea Boekwinkel op Stellenbosch in gesprek met Catherine du Toit oor sy nuutste publikasie, *Parool/ Parole. Versamelde toesprake/Collected speeches*, wat die inisiatief was van Penguin Random House. Willie Burger meen die stukke wat in die bundel opgeneem is, "is eintlik reaksies op die vraag na wat dit is om te bestaan – na wat dit beteken om 'n bewussyn te hê en hoe 'n mens in jou stukkie bewuswees kan dink oor jou bestaan in jou spesifieke omstandighede, om sin te maak van jou bestaan, deurgaans in die lig van jou saam-bestaan met ander"; volgens hom staan die kreatiewe verbeelding vir Breytenbach sentraal in die redes wat opgeneem is. In sy resensie-essay op *LitNet Akademies* dui Johann Rossouw aan dat die boek enersyds "'n hoogs ontstellende leeservaring [is] omdat die leser teen wil en dank 'n aantal verskriklike geskiedkundige gebeure [...] meemaak" en andersyds "'n hoogs besielende leeservaring, omdat dit getuig van die moontlikheid om altyd weer te verbeel en uitweë uit die donker, die onnoselheid en die geweld van ons tyd te soek". Hy gaan dan in op die konsekwentheid waarmee Breytenbach 'n aantal deurlopende temas oor die afgelope halfeeu ontwikkel het.

Die derde versamelbundel, *Die singende hand*, wat elf bundels bevat, tussen 1984 en 2014 uitgereik, word in April 2016 gepubliseer – die maand waarin Breytenbach se betrokkenheid by die US-taaldebat uitloop op aksies soos sy ope brief aan die rektor en die daarstel van die Gelyke Kanse-inisiatief. Willem de Vries (*Die Burger*, 4 April 2016) voer met hom 'n onderhoud oor die verskyning van die bundel. Op 'n vraag oor wat plek en taal in sy skryfwerk vir hom beteken, antwoord Breytenbach: "[...] skrywe was nog altyd die be-skrywe van 'n topografie van ervaring [...] sodat taal mettertyd die *plek* van bewuswording geword het". Hy onderskei tussen geliefde "*stanings*, soos aandoenplekke langs die parabool van ont-dekking" en "plekke waar die hand dit nie oor die hart kan kry om te wil vertoef nie, soos Skellumbos", want dit is "té mensonterend om te sien hoe die Afrikaanse tale daar nek-om gedraai word".

Joan Hambidge en Desmond Painter lig deurlopende procédés en temas in die versameling uit. Painter wys daarop dat Breytenbach se beskouing en beoefening van "poëtiese taaldadigheid" ook die "model vir sy taalpolitiek" is, want sy poësie as sodanig "neem die vorm aan van verset – teen die verstarring van taal in die kommodifisering van kommunikasie of die verstaatliking van etno-nasionalistiese identiteite". Volgens hom is daar geen werklike teenstrydigheid tussen Breytenbach se vroeëre bitter verse oor Afrikaans en sy latere openbare bemoeienis met die toekoms van die taal nie: "In beide gevalle kom hy in opstand teen 'n beslaglegging en reïfisering van betekenisruimtes en produksiemiddele wat die kreatiewe en omvormende moontlikhede wat taal en taaldiversiteit bied, inkort en opskort." Louise Viljoen dui aan hoe die elf bundels wat opgeneem is in vier groepe ingedeel kan word wat "die geskiedenis van Breytenbach se digterlike lewe die afgelope 32 jaar [vertel]"; volgens haar is sy poësie "nog 'n manier – en miskien die mees klinkende – waarop hy die saak vir Afrikaans stel". Resensente is dit eens dat die drie Breytenbach-versamelbundels een van die groot literêre monumente in Afrikaans is.

Kort ná die verskyning van die versamelbundel word 'n nuwe enkelbundel, *Die na-dood (die singende hand se oggendboek-hierinneringe)*, gepubliseer. Albei word op 4 Mei 2016 (tydens die derde week lange Dansende Digtersfees, wat hier onder aan die bod kom) by Protea Boekwinkel op Stellenbosch bekendgestel met 'n gesprek tussen die digter en Louise Viljoen. (Berig deur Willem de Vries in *Die Burger*, 6 Mei 2016.)[83] Teen die agtergrond van onlangse uitsprake oor die "verstaanbaarheid" van sy skryfwerk, verwys Viljoen daarna dat die meeste mense bestendige betekenis verwag en skrikkerig is vir die proses wat deur poësie aan die gang gesit word; Breytenbach maak mense "bewus van die dinamiese

---

83 'n Video-opname van die geleentheid is beskikbaar op *LitNet*. https://www.litnet.co.za/video-breyten-breytenbach-se-dubbele-boekbekendstelling/

aspek van taal en dat 'n mens jou moet bereid stel en oopmaak vir hierdie verandering terwyl jy lees".

Uit die resepsie van die bundel blyk dit dat dit uitdagende leesstof is. Daniel Hugo fokus op hoe betekenis vir Breytenbach in die eerste plek deur klank gegenereer word – nie net afsonderlike gedigte is "klankweefsel" nie, maar die bundel "as geheel vorm 'n web waarby selfs die ylste draad, die vlugtigste gedig, betekenisvol ingeweef is"; hy verwys weer na die oeuvre as 'n "uitdyende heelal". In sy indringende bespreking van die bundel (sy eerste nadat hy laas in 1993 *Nege landskappe* geresenseer en hoog aangeskryf het), gaan Tom Gouws, wat ook Breytenbach se oeuvre beskou as "een groot samehangende kosmos van teks", onder meer in op die taksering van Breytenbach as "moeilike digter". Vir hom is 'n uitspraak van T.S. Eliot "die belangrikste faktor van bevreemding in [Breytenbach se] oeuvre", asook die stukrag agter sy verbluffende beeldvermoë, naamlik: "The poet must become more and more comprehensive, more allusive, more indirect, in order to force, to dislocate if necessary, language to his meaning". Helize van Vuuren pak verskillende insigte uit in haar resensie van *Die na-dood* wat sy beskryf as 'n "'weggaanlied' van 'n digterslewe en 'n Afrikaanse wêreld" en "'n moeilike bundel om vattigheid aan te kry" en sy laat die leser self ook (soos die digter dit doen) met "'woordgrotte' vir invulling".

In die nag van 18 November 2016 publiseer Van Vuuren haar "eureka-oomblik van insig" oor *Die na-dood* op haar *Versindaba*-blog.[84] Hiervolgens is die bundel 'n "lappieskombers van raapsels en skraapsels" en is dit so slim gedoen dat byna niemand dit uitgewys het nie, "al is diep onderlangs op stoepe van die Kaap tot in Wenen gebrom oor 'n 'insinking'". Die eerste kommentaar op hierdie skrywe kom van Breytenbach self (onderteken as Binneblaf) op *Versindaba*, 19 November 2016: "Daar HET jy my nou!" Hy skryf dat hy juis besig was om 'n "nuwe (mis)baksel" aan *Versindaba* voor te lê, toe "jou klip hier bos-woer en my pote skoon onder my uitslaan" – "Mits dese dan sela [...] Ek het goeie *innings* gehad. Jammer (en verskoning) dat die sinkings hier so op die hond se stert my opgekeil het [...] Al ekskuus wat ek kan bedink [...]: 'So many other people have written poems that all the good words are used up.' So long." Ná 'n klompie lesersreaksies op die "sela" en "so

---

[84] http://versindaba.co.za/tag/helize-van-vuuren-blogs/

long" probeer Van Vuuren haar betoog temper (waarop Daniel Hugo lakoniese kommentaar lewer) en 'n ander deelnemer wys op die destydse mistasting van T.T. Cloete oor Peter Blum se *Steenbok tot poolsee*: "Die geskiedenis is 'n slegte leermeester! Breyten, jou lesers kan gelukkig self lees – binnekort hopelik jou splinternuwe gedig." Op 22 November 2016 verskyn Breytenbach se volgende "klein reis"-teks op *Versindaba*: "'die dood is 'n oordrywing' ('n klein reis)" in die vorm van 'n "onthoubrief aan Oupa Lewe, Bra Leonard" – waarin hy Leonard Cohen wat op 7 November 2016 oorlede is, aanspreek.[85] Hierdie teks word opgeneem in Breytenbach se ses-en-twintigste bundel wat ongeveer drie jaar ná *Die na-dood* in 2019 verskyn.

Vierings, feeste, pryse en bekronings

Gedurende Junie 2005 word daar berig dat die minister van kuns en kultuur, dr. Pallo Jordan, op 27 Mei in Boksburg by die opening van 'n nasionale letterkundetentoonstelling toekennings vir letterkunde in die elf amptelike landstale gemaak het. Breytenbach is vereer vir sy lewensbydrae tot die Afrikaanse letterkunde. In 'n Engelse brief aan *Die Burger* (gepubliseer op 18 Junie 2005) skryf Breytenbach, wat hom toe reeds sedert 2002 aan die openbare toneel onttrek het, dat hy op die koerant se webwerf sien dat daar steeds berig word dat hy die toekenning gekry het. Hy dui aan dat hy nooit deur die minister se kantoor van dié gebaar verwittig is nie en slegs met groot moeite kon uitvind waaroor dit gaan. Hy kon dus eers ná die tyd aan die minister skryf om hom in kennis te stel van sy besluit om die toekenning nie te aanvaar nie. Hy waardeer wel die welwillendheid van die paneel wat hom voorgestel het.

In teenstelling met die eerste helfte van die jaar, toe *A veil of footsteps* (en ook sy openbare uitsprake oor Afrikaans) skerp kritiek ontlok het, bring die tweede helfte van 2008 lofredes vir *Die windvanger* (2007) wat vier maal bekroon word. Op 13 Junie word die W.A. Hofmeyr-prys in Kaapstad daaraan toegeken. Op Jeugdag 16 Junie ontvang hy die UJ-toekenning met 'n kort toespraak, sonder teken van bitterheid, volgens Johan Myburg (berig op *Netwerk24*, 18 Junie 2008). In September word

---

85 http://versindaba.co.za/2016/11/22/breyten-breytenbach-die-dood-is-n-oordrywing-n-klein-reis/

die bundel tydens die Versindaba-digtersfees met die Protea-poësieprys bekroon. Die toekenning van die Hertzogprys daaraan is 'n glansgeleentheid op Stellenbosch (toegelig in Breytenbach en die Hertzogprys).

In Oktober 2008 word Breytenbach tydens die tweejaarlikse digtersfees, Maastricht International Poetry Nights, waarvan Hans van de Waarsenburg die stigter was, met die Hans Berghuisstok-poësieprys bekroon. In sy ontvangstoespraak verwys hy na laasgenoemde se droom om 'n fees vir ou digters te organiseer, "with dancing and the swallowing of swords and the spitting of fire". 'n Paar jaar later sou 'n fees van dansende digters wel op dreef kom.

Die jaar 2009 is gevul met vierings rondom Breytenbach se sewentigste verjaardag: 'n gedenkwaardige internasionale "manifestasie"; verskeie onderhoude en koerantartikels; 'n fokus-uitgawe van 'n vaktydskrif en 'n dagseminaar daaraan gekoppel.

Na aanleiding van die inisiatief van die Suid-Afrikaner Annette Badenhorst en die Nederlander Chantal Uylen, eienaar van 'n klein kunsgalery in Hengelo, bring die stadjie Hengelo in die provinsie Twente in die noordooste van Nederland, in samewerking met die organisasie Aktuele Kunst Hengelo (AkkuH), van 14 Junie tot 26 Julie 2009 omvangryke hulde aan Breytenbach met die "manifestasie" *Raakruimtes*. 'n Omvattende keur van sy kunswerk word in verskillende lokale uitgestal; die veertien geïllustreerde sonnette "vir 'n engel in Hengelo" wat hy spesiaal skep, word op enorme plakkate in buitelugruimtes vir 'n poësieroete in die stadskern aangebring; daar is tentoonstellings van omslae van sy boeke en van plakkate van Nederland se anti-apartheidsdeelname; die bekroonde Nederlandse digter H.C. ten Berge lewer die lesing "De grillige lijn" oor Breytenbach se skryfwerk;[86] daar vind 'n poësiekonsert plaas. Twee publikasies word vir die geleentheid geskep: *Wandeling* is 'n tabletgrootte-koerant, 10 000 eksemplare, met die Afrikaanse, handgeskrewe sonnette naas die Nederlandse vertaling daarvan deur Laurens van Krevelen. Al die uitgestalde kunswerke word in 'n hardebandboek byeengebring, *Breyten Breytenbach – Raakruimtes*, met 'n inleidende opstel deur Laurens van Krevelen, getitel "Breyten, de schilder van de bezielde middenwereld". Breytenbach self (in 'n berig

---

86 Hierdie teks is opgeneem in: Ten Berge, H.C. 2018. *Een spreeuw voor Harriët. Essays, dagboekbladen, veldnotisies*. Amsterdam/Antwerpen: Uitgeverij Atlas Contact.

in *Rapport* [*Boeke*], 6 September 2009) sê dat hy terugdink aan Hengelo "met 'n mengsel van genoegdoening, verbasing en 'n bietjie verleentheid". (Berigte oor die gebeurtenis deur Rachelle Greeff en Charl-Pierre Naudé verskyn in *Rapport* [*Boeke*], 6 September 2009.)

Die mylpaalverjaardag word ook plaaslik, in sy afwesigheid, gedenk. Fred de Vries berig oor 'n gesprek met die digter (*The Weekender*, 13–14 Junie 2009); in die September/Oktober-uitgawe van die glanstydskrif *De Kat* verskyn twee artikels en besonderse foto's deur Cloete Breytenbach, asook kort huldigings deur van sy vriende; en 'n artikel oor hom as kunstenaar deur Wilhelm van Rensburg word geplaas in *Die Burger*, 16 September 2009. Op *Versindaba* voer Blackface op 15 September 'n gesprek met Woordfoël, "Die ideale onderhoud", en die twee maak 'n dop op "daardie ander boerseun, Breyten, se verjaardag";[87] sy jaarlikse verjaardaggedig heet "die najaarsdag". Op 16 September word *Oorblyfsels/Voice over* in die Breytenbach-sentrum bekendgestel (sien hier bo). Ook in akademiese geledere word die verjaardagmylpaal gevier in die vorm van 'n spesiale lente-uitgawe van *Tydskrif vir Letterkunde*, onder redakteurskap van Ampie Coetzee en met stewige bydraes deur verskeie Afrikaanse letterkundiges, asook ander binnelandse en buitelandse kenners van Breytenbach se werk en denke. Op 19 September vind daar in die Breytenbach-sentrum 'n dagseminaar plaas waaraan medewerkers aan hierdie uitgawe deelneem. Tydens dié geleentheid word twee dokumentêre films van die skrywer-skilder deur Cloete Breytenbach vertoon en 'n woordkuns/musiek-program, "Verse in my vingers", saamgestel deur Juanita Swanepoel, aangebied. Van Breytenbach se boekomslae, gedigte en skilderye is in en om die sentrum te sien, moontlik gemaak deur die AkkuH-organiseerders van die Hengelo-manifestasie.

Die jaar 2010 begin op 'n hoë noot vir Breytenbach met die bekendmaking dat hy medewenner is van die Max Jacob-prys wat jaarliks in Frankryk aan twee digters toegeken word (die ander wenner is Bernard Mazo). Hy word bekroon vir sy digbundel *Oorblyfsel/Voice over*, wat deur Actes Sud in 'n Franse vertaling deur Georges Lory as *Outre-voix: Conversation nomade avec Mahmoud Darwich* gepubliseer is. Die prys is in die lewe geroep ter gedagtenis aan die Frans-Joodse skrywer en skilder wat

---

87 http://versindaba.co.za/2009/09/15/die-ideale-onderhoud/

op 5 Maart 1944 in gevangeskap dood is nadat die Nazi's hom na die Drancy-deportasiekamp gestuur het. Charl-Pierre Naudé voer per e-pos 'n gesprek met Breytenbach nadat hy die prys in ontvangs geneem het oor waarom hierdie prys vir hom saak maak en aangeleenthede waaroor Breytenbach hom in onlangse tye uitgespreek het, soos die interaksie tussen minderhede en die geheel. 'n Volledige transkripsie van die onderhoud word op die webblad van *Rapport* geplaas (waar dit aanleiding gee tot uitvoerige en hoofsaaklike negatiewe reaksie van lesers). 'n Verkorte weergawe van die onderhoud word in *Rapport* [*Weekliks*] van 24 Januarie 2010 gepubliseer.

'n Paar weke later onderbreek Breytenbach sy Suid-Afrikaanse skrywerstoer vir die bekendstelling van *Notes from the Middle World* (waarna hier bo verwys is) om na Ramallah te gaan waar hy op 13 Maart 2010 (op die Palestynse digter se geboortedag) die ontvanger van die eerste toekenning van die Magmoud Darwish-stigting vir *Oorblyfsel/Voice over* is. Die bundel word op 18 September 2010 ook met die Protea-poësieprys bekroon tydens die sesde jaarlikse Versindaba-digtersfees op Stellenbosch. Breytenbach se prys word hier namens hom deur sy redakteur Alida Potgieter ontvang en sy lees sy bedankingstoespraak voor waarin hy 'n pleidooi lewer vir die stigting van 'n fonds waaruit jonger digters gesteun kan word en hy sy prysgeld aan so 'n fonds skenk. Hy roer ook die Palestynse kwessie aan en spreek die hoop uit "dat ons as skrywersvolk alles wat ons kan behoort te doen om 'n toevlugsoord vir Palestynse skrywers en kunstenaars" te bied. (Anastasia de Vries in *Rapport*, 19 September 2010.)

'n Uitstalling van Breytenbach maak in 2013 deel uit van die viering van die Suidoosterfees se tiende bestaansjaar; ander hoogtepunte van die fees is verwerkings en nuwe werk deur die veterane Adam Small, Athol Fugard en André P. Brink. Die uitgebreide uitstalling in die Kunstekaap se foyer, getitel *Vingerverhale*, is 'n visuele uitbeelding in verskillende mediums asook voorwerpe (soos klippe) van 'n verskeidenheid temas of "verhale". Murray La Vita voer 'n onderhoud met die skilder (*Die Burger*, 25 Januarie 2013) en Sandra Saayman se insiggewende bespreking van die uitstalling word gepubliseer in *Die Burger*, 7 Februarie 2013.

Gedurende hierdie jaar is Breytenbach, soos in die 1990's met die reël van die Poetry Africa-digtersfees in Durban, betrokke by die daarstelling van 'n internasionale digtersfees op eie bodem, naamlik die Dancing in Other Words/Dansende Digtersfees. Die fees is 'n gesamentlike projek van die Spier-landgoed en die Pirogue Kollektief met Breytenbach as kurator. In 'n onderhoud op *LitNet* (24 April 2013)[88] sê hy dat die ruimte wat hulle probeer skep, een is "waar die noodsaaklikheid van 'n diep etiese verbeelding en die omgang met en viering van die mees nederige dinge (klippe, doek, woorde, drome, lig, musiek) weer bevestig kan word" – en waar dit verryk kan word deur die sienswyses en die ervaring van "reisigers" en "vreemdelinge" wat van ander windstreke kom: "En soos met die vertaling van poësie dink ons dat daardie ruimte (die produk) geskep gaan word deur die beweging van uitgewisselde gedagtes en beelde en verbeeldings."[89]

Op 10 en 11 Mei 2013 vind die eerste Dansende Digtersfees op Spier plaas, onder die wakende oog van "beskermgeeste" en die verwysingsgedig van Boris Vian. Antjie Krog, Petra Müller en Marlene van Niekerk maak deel uit van 'n groep meesterlike digters wat vir een week vooraf saam verkeer in 'n digterskaravaan op reis "deur landskappe van klip en wind en lig en vertaling". Die besoekende digters is Ku Un (Suid-Korea), Carolyn Forché (VSA), Yang Lian (China), Joachim Sartorius (Duitsland), Tomaž Šalamun (Slovenië) en Bill Dodd (Brittanje). Die twee dae lange program op Spier bestaan uit vier openbare gesprekke bedags, gesentreer om die sentrale tema van "die etiese verbeelding", en voorlesings en musiek en dans in die Bedoeïen-markiestent saans.[90]

Die deelnemers aan die tweede Dansende Digtersfees in Mei 2014 is die Suid-Afrikaans digters Mxolisi Nyezwa, Ingrid de Kok, Henning Pieterse en Breytenbach; die internasionale digters is Homero Aridjis (Mexiko), Ilya Kaminsky (oorspronklik Oekraïne, tans VSA), Duo Duo (China), Hans van de Waarsenburg (Nederland), Nimrod (Tsjad/Frankryk), Jabır en Diamil (deel van die Sengalese rap-groep Vendredi Slam). Dié jaar is Eugène N. Marais se "Die dans van die reën" die ver-

---

88 https://www.litnet.co.za/francis-galloway-gesels-met-breyten-breytenbach-oor-die-dansende-digters-fees/
89 Sien ook: http://versindaba.co.za/2013/03/02/onderhoud-met-breyten-breytenbach-kurator-van-die-dansende-digtersfees
90 Berigte op *LitNet* en *Versindaba*; Willem de Vries (*Die Burger*, 13 Mei 2014); Murray La Vita (*Die Burger*, 16 Mei); Bibi Slippers (*Die Burger*, 14 Mei 2013) en Marthinus Beukes (*Rapport* [*Boeke*], 2 Junie 2013).

wysingsgedig. Die gesprekreeks "Dancing with the unknowable: The ethics of imagination and the imagination of ethics" lê sterk klem op vertaling en genooide sprekers tree saam met die deelnemende digters op.

Die derde week lange Dansende Digtersfees bereik sy hoogtepunt op 7 Mei 2016. Die deelnemers is Suid-Afrika se nasionale hofdigter Keorapetse Kgositsile, die dissidente digter James Matthews, Breytenbach, asook Yvette Christiansë (wat in die VSA woon), die bekroonde Nederlandse skrywer Hans (H.C.) ten Berge, die Siriese digter Maram al-Masri (wat in Frankryk woon) en die jong Nigeriese digter Efe Paul Azino. Die dagprogram bestaan uit drie openbare gesprekke wat fokus op tersaaklike temas vir die plaaslike en internasionale sosiopolitieke werklikheid van die dag: die verwoesting van standbeelde en ander simbole van die geskiedenis; die geskiedenis van protes in poësie en musiek, asook huidige protesaksies van hierdie aard; migrasie en die migrantekrisis in Europa. Soos met die vorige feeste word die dagprogram met voorlesings deur die digters en musiek afgesluit.[91]

In September 2014 word Breytenbach se vyf-en-sewentigste verjaardag tydens die jaarlikse Tuin van Digters-fees gevier; hy is nie daar nie, maar die skilder-digter se gees hang oor die multimedia-okkasie (volgens Etienne Britz in *Die Burger*, 18 September 2014). Die fees word geopen met 'n voordrag-en-sang-item, *Verse in my vingers*, wat Breytenbach se lewensverhaal vertel. Een van die hoogtepunte op die program is die item *Katalekte* – bestaande uit die lewende opvoering deur musikante en voorlesers van gedigte uit die gelyknamige bundel, saam met stemopnames van die digter self. Hulde vir sy verjaardag word gebring deur sy vriend Ampie Coetzee (*Die Burger*, 16 September 2014). En oudergewoonte bring die digter weer vir sy lesers 'n pampoen-woordgeskenk op *Versindaba*.[92]

Die jaar 2014 eindig op 'n hoë noot vir Breytenbach (en vir Afrikaans). Voorgestel deur die Gentse Sentrum vir Afrikaans en die Studie van Suid-Afrika (wat in hierdie jaar gestig is)[93] word op 3 Desember 2014 'n

---

91 https://www.litnet.co.za/al-singende-en-dansende-na-die-spier-digtersfees-2016/
https://www.litnet.co.za/spier-poetry-festival-2016-poets-welcome-dinner/
92 http://versindaba.co.za/2014/09/12/breyten-breytenbach-vlugtige-jareverslag-ode-aan-n-pampoen/
93 http://www.afrikaans.ugent.be/over-het-centrum/stichtingstekst/

eredoktorsgraad aan Breytenbach toegeken. Die oorhandigingseremonie word regstreeks uitgesaai. Ná die plegtigheid vind 'n kollokwium, "Die taal se stiltes", oor Afrikaans, die Afrikaanse letterkunde en die politieke en maatskaplike toestand in Suid-Afrika, plaas, met bydraes deur Suid-Afrikaanse en Nederlandse kenners en navorsers. Breytenbach se rede heet "Van die os op die jas" – hierin tree os (die vurige dromer) en jas (die beleë wêreldreisiger) in gesprek oor gedagtes wat op persoonlike manier aansluit by van die temas waaroor besin word; dié rede is beskikbaar op *Versindaba*.[94]

In hierdie tyd verskyn daar 'n belangrike bundel met beskouings oor Breytenbach se woordkuns, naamlik Louise Viljoen se *Die mond vol vuur* (2014b). Die bundel word entoesiasties as 'n skaars vakkundige publikasie op die gebied van die literêre kritiek ontvang. Die opstelle reflekteer die verskillende leesstrategieë waartoe die werk van Breytenbach die leser uitnooi. Willie Burger (*Die Burger,* 4 April 2015) meen Viljoen bou oor die boek heen "'n beeld van 'n individu wat op besonderse wyse gemoeid is met menslike bestaan, met bewussyn, met taal, met die land, met politiek, met ekonomie en met die omgewing".

Op 8 Maart 2017 word dit bekend dat Breytenbach aangewys is as die wenner van die internasionale Zbigniew Herbert-letterkundetoekenning. 'n Persverklaring deur sy uitgewers verskyn op *LitNet* en *Versindaba,* asook in die gedrukte media.[95] Hierdie prestigeryke prys gekoppel aan die Poolse skrywer, digter en moralis Zbigniew Herbert (1924–1998) word sedert 2013 jaarliks vir uitstaande digkuns en intellektuele prestasie toegeken. Die keurderpaneel vir daardie jaar se toekenning is Yuri Andrukhovych (Oekraïne), Edward Hirsch (Amerika), Jarosław Mikołajewski (Pole) en Mercedes Monmany (Spanje). Op 25 Mei 2017 neem Breytenbach die prys in Warskou, Pole, in ontvangs. (Die vorige jaar was hy ook in Pole as genooide deelnemer aan die Miłosz-fees, die grootste viering van poësie in Sentraal-Europa.) Die geleentheid word regstreeks aanlyn op die Zbigniew Herbert-stigting se webruimte uitgesaai. Breytenbach bied sy ontvangstoespraak as 'n droom binne 'n droom aan: "I dreamt I was in the Théâtre Polski, a place hallowed by many dreams, among people much like myself, strangers exactly as I

---

94 http://versindaba.co.za/2014/12/06/breyten-breytenbach-van-die-os-op-die-jas/
95 http://versindaba.co.za/2017/03/08/breyten-breytenbach-wen-top-internasionale-toekenning/

am, trying to tell them who I am and where I come from. Not a word flew from my mouth – neither bird nor butterfly or moth. Not even a cockroach. And yet they understood everything..." Hierna vlieg die skoenlapperwoorde oor "verbeelding, die skryfproses, geheue, die (skrywende) lewe as pasmaat en ewewig vir die dood" (soos Jo Prins dit opsom in *Die Burger*, 27 Mei 2017). Die pryswenner laat ook nie na om die eietydse politieke en ideologiese aanslag "tuis" aan die gehoor uit te lig nie. Die dag ná die prysoorhandiging voer die skrywer en vertaler Marek Kazmierski 'n onderhoud met die wenner wat op *Culture PL* geplaas word (9 Junie 2017).[96] Op *LitNet* (26 Junie 2017) vertel Jerzy Koch en Karen Kuhn van hulle ervaring van die geleentheid.[97]

'n Maand nadat hy die toekenning in ontvangs geneem het, van 23 tot 25 Junie 2017, neem Breytenbach deel aan 'n reüniedinee en seminaar op die Spier-landgoed ter herdenking van die eertydse Dakar-beraad dertig jaar vantevore in Senegal. Heelparty van die bekende Dakar-gangers woon die geleentheid by. In die week voor die reünie word oorsigartikels oor die oorspronklike beraad in *Die Burger* gepubliseer waarin besin word oor die impak van die byeenkoms wat destyds groot ontsteltenis in die Afrikaner-establishment en pers veroorsaak het (bv. Theuns Eloff in *Rapport Weekliks*, 18 Junie 2017 en Theo Neethling in *Die Burger*, 20 Junie 2017).

Die Dakar 30-seminaarprogram bied drie gespreksessies op die Saterdag aan, naamlik 'n terugblik op die 1987-byeenkoms, 'n gesprek oor politiek en 'n gesprek oor die ekonomie. Die Sondagoggend lewer Doudou Dia en Ayo Obe van die Gorée-instituut 'n aanbieding; daarna is daar 'n sessie oor sosiokulturele aangeleenthede (met Theuns Eloff as gespreksleier en Heribert Adam en Breytenbach as deelnemers) en Leslie van Rooi van die Van Zyl Slabbert-stigting se toespraak. Al is kontensieuse onderwerpe tydens vorige sessies aangeroer, ontaard die sessie oor sosiokulturele aangeleenthede soos versoening en maatskaplike samehorigheid in 'n "vuurwarm debat" en word "Breyten aangevat" deur eertydse Dakar-gangers (volgens Llewellyn Prince in *Die Burger*, 26

---

[96] https://culture.pl/en/article/south-africa-identity-zbigniew-herbert-an-interview-with-breyten-breytenbach

[97] https://www.litnet.co.za/breyten-breytenbach-oorhandiging-van-die-2017-zbigniew-herbert-letterkundeprys/

Junie 2017). Prince berig dat Breytenbach aanvoer dat die land se krag in sy diversiteit lê en dat veral minderheidsgroepe nie soos in die verlede moet stilbly oor wat aangaan nie, want watter taal jy ook al praat, "ons almal hoort hier". Om van Afrikaans ontslae te raak sal niemand se probleme oplos nie, maar wat nou by die US gebeur, is die skuld van die "hol" mense – dié wat veronderstel is om die morele leiers te wees, wat menings moet vorm, maar hulle is "gekke, lafaards, verraaiers en kruipers".[98] Breytenbach voer ook aan dat die land soos die res van die wêreld uitmekaarval en dat die situasie erger as ooit is omdat intellektuele, morele en etiese leierskap nie geskep is om die weg vorentoe te baan nie. Die voorsitter van die gesprek, Theuns Eloff, ondersteun Breytenbach, maar ander deelnemers soos die Pahad-broers, André Odendaal en Johann van der Westhuizen maak beswaar teen hulle stellings en meen dat hierdie gesprek aan die begin van die byeenkoms moes plaasgevind het om seminaargangers tyd te gun om daarop te reageer.[99] Die byeenkoms eindig ongedurig. Martie Retief-Meiring vat dit só saam (*LitNet*, 29 Junie 2017):[100] "Geen verklaring is uitgereik nie. Baie insigte, waarskuwings, navorsing, diep denke en selfs drome is by die konferensie/regstelling/'wake' geuiter. Die gees van Dakar blyk tog nog meer as 'n mite te wees. Die eens vermaledyde gangers is steeds, dalk steekse, tog ernstige denkers."

Sedert dié byeenkoms het Breytenbach nog nie weer op 'n plaaslike meningsplatform opgetree nie.

In Oktober 2018 open sy solo-uitstalling *The 81 ways of letting go a late self* in die Stevenson-galery in Kaapstad. Dit is sy debuut in 'n gevestigde kommersiële galery. 'n Volkleurkatalogus wat 'n insiggewende gesprek tussen die jong direkteur van die galery wat die uitstalling bestuur, Joost

---

98 'n Paar weke later vind die Gelyke Kanse/Universiteit Stellenbosch-hofsaak plaas en in Oktober word die uitspraak gelewer. (Soos bespreek onder die hofie "Terug in die kollig: Die US-taaldebat".)
99 Ander nabetragtings oor die reünie en die betekenis van die Dakar-ontmoeting dertig jaar gelede word op *LitNet* gelewer deur Jean Oosthuizen (25 Junie 2017) en Martie Retief-Meiring (29 Junie 2017) en op *Netwerk24* deur Johann van der Westhuizen (13 Julie 2017), Theuns Eloff (9 Julie 2017), Ian Liebenberg en Christo Nel (26 Julie 2017). Uit die leserskommentaar onder aan die *Netwerk24*-artikels blyk dit dat die algemene publiek nog net so bitter en krities teenoor die eertydse Dakar-inisiatief soos in 1987 staan.
100 https://www.litnet.co.za/die-gees-van-dakar-leef-voort-ook-met-verskille/

Bosland, en die skilder insluit, word gepubliseer. Die uitstalling in die ruim wit vertrekke bestaan grootliks uit geraamde werk op doek wat in die laaste paar jaar geskilder is, saam met 'n paar vroeëre skilderye van dieselfde skaal en onderwerp; 'n keuse van vyf Gonshi-tekeninge (uit 2017), genoem na die Chinese tradisie van "scholar's rocks"; kleiner werk op papier wat dateer van 1970 tot 2012; en die sentrale werk, naamlik die amper drie meter hoë *Light dream* wat as 'n soort totem hang. Die titel van die uitstalling met sy Zen-nuanse bevestig vir Melvyn Minnaar (*Die Burger*, 9 November 2018) "hoe die kunstenaar uitreik na sy toeskouers": "Veel is op die spel, veral Breytenbach se verbeelding, letterlik en figuurlik in sy visuele kuns." In 'n uitgebreide bespreking van die uitstalling op businesslive.co.za besluit hy:[101] "Breytenbach maintains a kind of outsider-ship. Yet after a career of more than 50 years, his visual language has defined itself. It is pretty much his own alphabet and grammar. Either you find a challenge and pleasure in its complexity and disquieting obscurity, or it passes you by." Opvallend van die goed bygewoonde openingsgeleentheid en die stylvolle soiree daarna is dat daar geen toespraak gelewer word nie. 'n Teken dat die kunswerke vir hulself moet praat, waarskynlik. Of is daar 'n nuwe selfopgelegde stilte van die digter-kunstenaar en openbare figuur se kant sedert die Dakar-reünie? Daartoe dra moontlik ook by die misverstaan van die kant van iemand soos Jeremy Veary van Breytenbach se bemoeienis met die taalkwessie by US (waaroor die konstitusionele hof in Augustus 2019 beslis).

*

Die jaar waarin Breytenbach tagtig word, begin op 'n vreugdevolle noot met die geboorte in Februarie van die seuntjie van Daphnée Breytenbach en haar man.

Breytenbach se Kaapse solo-uitstalling verskuif van 2 Februarie tot 19 Maart 2019 na die Unisa-galery en op 19 Maart bied die departement Afrikaans en literatuurteorie 'n Breytenbach-seminaar, "In ink en verf", aan om daarmee saam te val.[102]

---

101 https://www.businesslive.co.za/bd/life/arts-and-entertainment/2018-11-01-breytenbachs-poetic-visions-find-form-in-a-top-art-gallery/
102 https://www.litnet.co.za/in-paint-and-ink-discussions-on-breyten/
Sommige van die individuele bydraes tydens hierdie byeenkoms verskyn ook op LitNet.

Op 3 April 2019 stel H&R Breytenbach se ses-en-twintigste bundel gedigte en prosaverse in die stampvol Book Lounge in Kaapstad bekend. *Op weg na kû* is opgedra aan Tom Gouws, "in die hart geskiet deur lafhartige rowers die 25ste Julie 2018". In haar artikel oor die geleentheid beskryf Ena Jansen (*Die Burger*, 6 April 2019) dit as 'n *happening*: "Die publiek is nou nog net so opgewonde en vol afwagting as tydens sy eerste openbare optrede in die Kaap byna 50 jaar gelede. [...] 'n Breyten-manie het posgevat. En steeds, nadat so baie water in die see geloop het, skryf Breyten 55 jaar na *Die ysterkoei moet sweet* (1964) nog altyd die mooiste poësie, en beskryf hy homself as 'n soort 'deurgeeluik'. Dis aan luisteraars en lesers van sy gedigte om te hoor, te verstaan en in hulle harte te bewaar." Ná 'n paar bedankings en kort dog fel klappe oor die US-taalkwessie, lees hy uit die bundel. Jansen skryf: "Stil en aandagtig luister almal [...] Wat ons almal betref kan [hy] maar aanhou lees; die aand is nog jonk, sy Afrikaans tegelyk so gewoon én subliem, pragtig."

Hierdie bundel, beskryf as 'n gesamtkunstwerk, word met groot lof ontvang.[103] Andries Visagie (aangehaal op H&R se webwerf) meen dat mens opnuut "in verbystering staan oor die oorweldigende digterlike idiolek wat die skrywer ontwikkel het". Vir Bernard Odendaal is dié "bruisende sterflikheidsbundel" 'n belewenis. Louise Viljoen beskou die bundel as een van die merkwaardigste boustene in Breytenbach se oeuvre: "Dit is elegies, vreugdevol, kompleks, intens en formidabel." Hein Viljoen sluit sy indringende bespreking van die bundel soos volg af: "Die bundel is groot en omvangryk – en ook groots in die wyse waarop die ontmoeting met die self, die leser en die grotes bedink word. Dit is ontroerend en ontstellend. Dit is bowenal 'n verbluffende demonstrasie van die skeppende mag van die spel met woorde en metafore (oftewel, permutasie)." Yves T'Sjoen (*NeerlandiNet*, 31 Mei 2019)[104] verwys daarna as 'n "magistrale bundel" wat weer eens bevestig dat Breytenbach die Nobelprys waardig is ("immers al vyftig jaar").

'n Paar weke ná die Breytenbachs se terugkeer na Parys en Katalonië sterf Breytenbach se broer Cloete, die bekende fotograaf, op 31 Mei ná 'n hartopcrasie. Breytenbach keer terug vir die herinneringsdiens wat

---

103 Sien uitgesoekte bibliografie vir die eerste resensies.
104 https://www.litnet.co.za/breytenbach-nobelprijswaardig/

op 17 Junie 2019 op Spier plaasvind. Aan die einde van die verrigtinge lewer hy 'n hartseer en roerende huldeblyk aan sy tweede oudste broer. Verskeie vierings en huldigings word beplan vir Breytenbach se tagtigste verjaardag. Die agste jaarlikse Tuin van Digters-fees wat op 13 en 14 September 2019 plaasvind, word gewy aan hom. Die tema van die fees is "*wees* (aan)dadig". Die sesde Afrikaans-kollokwium van die Universiteit van Gent vind op 17 en 18 Oktober plaas en die fokus van die letterkundeprogram is Breytenbach se literêre oeuvre. Op die vooraand van die kollokwium, op 16 Oktober, lewer die digter die jaarlikse Mandelalesing.[105] In die tweede helfte van die jaar verskyn hierdie Breytenbachhuldigingsbundel in die reeks boeke van die Suid-Afrikaanse Akademie vir Wetenskap en Kuns wat aan Hertzogpryswenners gewy word. 'n Keur uit Breytenbach se liefdesgedigte word deur H&R uitgegee en verskyn ook by Uitgeverij Podium in Nederland.

Tydens die voltooiing van hierdie loopbaanskets heers daar 'n stilte tussen Breytenbach en "die volk". Daar is onsekerheid oor die toekoms van Afrikaans en daar vind verskuiwings in die literêre veld en uitgeebedryf plaas. Dié is nie 'n voltooide loopbaanoorsig nie, maar steeds ontplooiend en die deelnemers daaraan is aan die beweeg.

> *Eintlik het ek jou niks vertel nie. Maar dit maak nie saak nie. [...] Miskien moet jy maar net luister vir die afwesighede tussen fragmente, vir wind in die bome. So is my lewe.*
> (Breyten Breytenbach, *Woordwerk*, bl. 225)

BRONNELYS
Akkuh. 2009. *Breyten Breytenbach. Raakruimtes.* Hengelo: Stichting Akkuh.
Anon. 1997. "Ek en my taal, ons kan mekaar nie los". *Rapport*, 9 November, bl. 25.
Anon. 2013. Nathan kap na Breyten [Brief]. *Die Burger*, 2 Oktober, bl. 14.
Beukes, Marthinus. 2013. Grensloos die gewalste woord. *Rapport* [*Boeke*], 2 Junie, bl. 6.
Bosland, Joost. 2018. In conversation with Breyten Breytenbach. Katalogus: *The 81 ways of letting go a late self.* Kaapstad en Johannesburg: Stevenson, bl. 5–36.
Breytenbach, Breyten. 1964. Die swart kaart. *Sestiger*, 2 (1):6–13.

[105] https://www.afrikaans.ugent.be/colloquium/programma/

Breytenbach, Breyten. 1965. Oor apartheid. [Reaksie op visumweiering]. *Die Burger*, 2 Junie.
Breytenbach, Breyten. 1968. Klad, teiken of skimmelvlek? *Kol*, 1(1):8–13.
Breytenbach, Breyten. 1984. *The true confessions of an albino terrorist*. Emmarentia: Taurus.
Breytenbach, Breyten. 1986a. Die *game* is nog lank nie verby nie. *Die Suid-Afrikaan*, 7(Herfs):10–12.
Breytenbach, Breyten. 1986b. *End papers: Essays, letters, articles of faith, workbook notes*. Londen: Faber & Faber.
Breytenbach, Breyten. 1991a. Lead us from the wasteland, Mr Mandela [Brief]. *Sunday Times*, 21 April, bl. 18.
Breytenbach, Breyten. 1991b. *Hart-lam ('n leerboek)*. Bramley: Taurus.
Breytenbach, Breyten. 1994a. Joernaal van 'n wending. *Die Burger*, 29 April, bl. 9.
Breytenbach, Breyten. 1994b. Ondanks omwenteling is dit wonder-begin vir 'n regverdiger land. *Die Burger*, 7 Mei, bl. 13.
Breytenbach, Breyten. 1996a. Mondvol: Gedagtes oor Afrikaans en saamstaan. *Die Burger*, 5 Oktober, bl. 13.
Breytenbach, Breyten. 1996b. Net soepel Afrikaans sal oorlewe – Breyten. "Reënboognasie is 'n optiese frats wat blom". *Beeld*, 8 Oktober, bl. 7.
Breytenbach, Breyten. 1996c. Kom ons verbeel 'n kultuur, praktyk van "skeppende verset". *Beeld*, 9 Oktober, bl. 11.
Breytenbach, Breyten. 1996d. Vat land met taalstaat terug. *Vrydag*, 11 Oktober, bl. 8.
Breytenbach, Breyten. 1996e. Klip in die bos lei tot gekekkel en getjank. *Die Burger*, 27 November, bl. 21.
Breytenbach, Breyten. 1996f. Ek is bly Afrikaans het haar verskanste status verloor. *Die Volksblad*, 2 Desember, bl. 6.
Breytenbach, Breyten. 1996g. *The memory of birds in times of revolution*. Kaapstad: Human & Rousseau.
Breytenbach, Breyten. 1998. Can a fouled-up Afrikaner join an unnatural marriage? [Brief] *The Sunday Independent*, 23 Augustus, bl. 19.
Breytenbach, Breyten. 1999a. Andersheid en andersmaak, oftewel die Afrikaner as Afrikaan (berig gerig aan Frederik Van Zyl Slabbert). *Fragmente. Tydskrif vir Filosofie en Kultuurkritiek*, 4:26–44.
Breytenbach, Breyten. 1999b. Breyten besin oor nuwe Afrikaanse universiteit. *Die Volksblad*, 13 November, bl. 9.
Breytenbach, Breyten, Giliomee, Hermann & Slabbert, Frederik Van Zyl. 2005. Afrikaans nou op glybaan by US [Ope brief]. *Die Burger*, 22 September, bl. 18.
Breytenbach, Breyten. 2006. Enkele stellings *rondom Afrikaans*. *Die Burger*, 18 Maart, bl. 17.
Breytenbach, Breyten. 2007. Om Afrika te verbeel. Vertaal en verkort deur Gerrit Brand. *Die Burger [By]*, 31 Maart, bl. 12–13.
Breytenbach, Breyten. 2008a. Imagining the riddles of our time. *Mail & Guardian*, 4–10 April, bl. 2–3.
Breytenbach, Breyten. 2008b. Mandela's smile. Notes on South Africa's failed revolution. [Ope brief]. *Harper's Magazine*, Desember, bl. 39–48.
Breytenbach, Breyten [Boetman]. 2009a. Die reënboog is 'n spieël aan skerwe. *Rapport* [*Weekliks*]. 6 Desember, bl. 1.

Breytenbach, Breyten. 2009b. *Notes from the Middle World*. Chicago: Haymarket Books.
Breytenbach, Breyten. 2010. Al hoop vir 'n gekweste en pap volk is die vrye woord. *Rapport [Weekliks]*, 21 November, bl. 1.
Breytenbach, Breyten. 2015. *Parool/Parole. Versamelde toesprake/Collected speeches*. Kaapstad: Penguin Books.
Breytenbach, Breyten. 2016a. Ou koeie. *Rapport [Weekliks]*, 31 Januarie, bl. 8–9.
Breytenbach, Breyten. 2016b. Letter to the Editor: Breyten Breytenbach on vanishing UCT artworks and blank minds. *Daily Maverick*, 11 April. https://www.dailymaverick.co.za/article/2016-04-11-letter-to-the-editor-breyten-breytenbach-on-vanishing-uct-artworks-and-blank-minds/ [6 Julie 2019].
Breytenbach, Breyten. 2018. Katalogus: *The 81 ways of letting go a late self*. Kaapstad en Johannesburg: Stevenson.
Breytenbach, Breyten. 2019. Die veelkantigheid van beriggewing. *Insig*, April/Mei:68–75.
Brink, André P. 1971. *Die poësie van Breyten Breytenbach*. Blokboek 15. 1ste uitgawe. Pretoria en Kaapstad: Academica.
Brink, André P. 1973a. *Die poësie van Breyten Breytenbach*. Blokboek 15. 2de uitgawe. Pretoria en Kaapstad: Academica.
Brink, André P. 1973b. Die konteks van Sestig: herkoms en situasie. In James Polley (red.). 1973. *Verslag van die simposium oor die Sestigers*. Kaapstad: Human & Rousseau, bl. 15–31.
Brink, André P. 1979. *Die poësie van Breyten Breytenbach*. Reuse-Blokboek 8. 3de uitgawe. Pretoria en Kaapstad: Academica
Britz, Etienne. 2014. Afrikaanse gedigte betree 'n begeesterde wêreld. *Die Burger*, 18 September, bl. 12.
Brümmer, Willemien. 2009. Met Darwish in sy binne-oor. *Die Burger*, 12 September, bl. 8.
Burger, Willie. 2015. Boek 'n fyn blik op dié Jan Afrika. *Die Burger*, 4 April, bl. 8.
Burger, Willie. 2016. "Herbedink identiteit, universiteit". *Beeld*, 15 Oktober, bl. 22.
Carstens, Wannie. 2013. Op pad na 'n gedeelde toekoms vir die Afrikaanse taalgemeenskap: Die rol van die Afrikaanse Taalraad in die proses van versoening. *LitNet*, 15 Maart. https://www.litnet.co.za/op-pad-van-n-verdeelde-na-n-gedeelde-toekoms-in-die-afrikaanse-taalgemeenskap-die-rol-van/ [28 Junie 2019].
Coetzee, Ampie & Polley, James (reds.). 1990. *Crossing borders. Writers meet the ANC*. Emmarentia: Taurus.
Coetzee, Ampie. 1993. Breyten-kunswerke "ruk mens uit konvensies van kyk". *Die Burger*, 30 Desember, bl. 3.
Coetzee, Ampie. 2007. Breytenbach-huis herleef "want die dood beskaam nie". *Die Burger [Bylae]*, 24 Februarie, bl. 15.
Coetzee, Ampie. 2014. Breyten Breytenbach op 75. Onvrede met woorde bly. *Die Burger*, 16 September, bl. 8.
Coetzee, J.M. 1999. Against the South African grain. *The New York Review*, 23 September.
Cronin, Jeremy. 1998a. A schizophrenic journey of love and loathing. *The Sunday Independent*, 9 Augustus, bl. 20.
Cronin, Jeremy. 1998b. Only hand-wringing Afrikaners will see I to eye with you, Breyten. *The Sunday Independent*, 6 September, bl. 21.

De Vries, Anastasia. 2010. Breyten: Pryse 'n onding. *Rapport*, 19 September, bl. 18.
De Vries, Izak. 2008. In search of Mr. B. [Onderhoud]. *LitNet*, 6 Maart. https://argief.litnet.co.za/article.php?cmd=cause_dir_news_item&cause_id=1270&news_id=34111&cat_id=178 [28 Junie 2019].
De Vries, Willem. 2010. Breyten Breytenbach: Afrika moet homself herverbeel. [Onderhoud]. *Die Burger*, 28 April, bl. 14.
De Vries, Willem. 2011a. Die aand-tekeninge van 'n digter-skilder. *Die Burger*, 23 Februarie.
De Vries, Willem. 2011b. "Metafoor plofstof van poësie". *Volksblad*, 24 Februarie, bl. 10.
De Vries, Willem. 2012a. Aanhou beweeg en gedigte maak. [Onderhoud]. *Die Burger*, 8 November, bl. 16.
De Vries, Willem. 2012b. "Motte het die trui verslind". [Onderhoud]. *Beeld*, 10 November, bl. 11.
De Vries, Willem. 2014a. Verse uit die werkplek van verbeel. *Die Burger*, 8 Mei.
De Vries, Willem. 2014b. Digkuns voer die botoon. Gehalteprogram vol verskeidenheid. *Die Burger*, 13 Mei.
De Vries, Willem. 2016a. Die digter se hand bly sing. [Onderhoud]. *Die Burger*, 5 April, bl. 12.
De Vries, Willem. 2016b. Breytenbach, Viljoen gesels oor taal en gedigte. *Die Burger*, 6 Mei, bl. 12.
De Vries, Willem & Viljoen, Louise. 2018. Suid-Afrikaanse letterkundes en transnasionale bande: In gesprek met Louise Viljoen. *Voertaal*, 30 Augustus. https://voertaal.nu/suid-afrikaanse-letterkundes-en-transnasionale-bande-in-gesprek-met-louise-viljoen/ [28 Junie 2019].
Du Plessis, Tim. 1998. Verdra Afrikaner-verskille – Breyten. ANC-gesprek kan debat ontketen. [Onderhoud]. *Beeld*, 11 Maart, bl. 15.
Du Preez, Max. 2000. Breyten *uncut*. [Onderhoud] *De Kat*, Maart:50–55.
Fourie, Magdel. 2010a. Die taal sterf, sê Breyten. Digter sien dit in sy leeftyd gebeur. *Beeld*, 25 Maart, bl. 1.
Fourie, Magdel. 2010b. Afrikaans sterf, sê Breyten. *Die Burger*, 25 Maart, bl. 1.
Fourie, Magdel. 2010c. "Afrikaans nie net vir straatdeuntjies". *Die Burger*, 27 Maart.
Galloway, Francis. 1985a. Sensuur. André P. Brink, *Kennis van die aand*. In Galloway, Francis (samest.). *SA Literature/Literatuur 1982. Annual literary survey series/Literêre jaaroorsig-reeks*. Craighall: AD. Donker, bl. 268–274.
Galloway, Francis. 1985b. Voetnote oor die "bekroning" van *Skryt* en die volgorde van *Die ongedanste dans*. *Tydskrif vir Letterkunde*, 23(4).82–87.
Galloway, Francis. 1990. *Breyten Breytenbach as openbare figuur*. Pretoria: HAUM-Literêr. Elektronies beskikbaar: https://www.dbnl.org/tekst/gall037brey01_01/colofon.php
Galloway, Francis. 1993a. Die sensuurgeskiedenis van *Skryt*. In Francis Galloway & D.H. Steenberg (reds.). *SA Literature/Literatuur 1985. Annual Literary Survey Series/Literêre jaaroorsigreeks*. Literator Supplement No. 1, bl. 227–229.
Galloway, Francis. 1993b. Snitte aan *'n Seisoen in die paradys*: Uitgewys deur Truida Lijphart. In Francis Galloway & D.H. Steenberg (reds.). *SA Literature/ Literatuur 1985. Annual Literary Survey Series/Literêre jaaroorsigreeks*. Literator Supplement No. 1, bl. 229–230.
Galloway, Francis. 2004. "Ek is nie meer een van ons nie": Breyten en die volk. *Tydskrif vir Letterkunde*, 41(1):5–38.

Galloway, Francis. 2012. Grepe uit die uitgeegeskiedenis van Breyten Breytenbach. *LitNet*, Seminare en essays, 27 Julie. https://www.litnet.co.za/grepe-uit-die-uitgeegeskiedenis-van-breyten-breytenbach/ [30 Junie 2019].

Galloway, Francis. 2015. Nawoord. "Aanhou beweeg en geraas maak". In Breyten Breytenbach. 2015. *Parool/Parool. Versamelde toesprake/Collected speeches*. Kaapstad: Penguin, bl. 193–212.

Giliomee, Hermann. 2009. True confessions, End papers and the Dakar conference: A review of the political arguments. *Tydskrif vir Letterkunde*, 46(2):28–42.

Goedegebuure, Jaap. 1993. Breyten Breytenbach in de spiegel van de Nederlandse kritiek. *Literatuur*, Julie/Augustus:217–222.

Gouws, Tom. 1990. Fases in die ontwikkeling van die Breytenbach-oeuvre. *Tydskrif vir Geesteswetenskappe*, 30(1):16–26.

Greeff, Rachelle. 2009. Bitterbrak Buiteblaf lê nooit op Baas se baadjie. *Rapport* [*Boeke*], 6 September, bl. 4–5.

Grobler, Melanie & Galloway, Francis. 1994. Painting the (Judas) eye. Die skildery as kyk- en skuiwergat. *De Arte*, 49:31–35.

Grobler, Melanie H. 2008. Against fixity: A hybrid reading of Breyten Breytenbach's art, poetry, writing, aesthetics and philosophy. DPhil-proefskrif, Universiteit van Pretoria.

Human, Koos. 1984. Etienne Leroux in gesprek met Koos Human by geleentheid van die 25ste bestaansjaar van Human & Rousseau Uitgewers. *Tydskrif vir Letterkunde*, 22(4):52–62.

Human, Koos. 2006. *'n Lewe met boeke*. Kaapstad: Human & Rousseau.

Jaggi, Maya. 2002. Mahmoud Darwish … in the presence of absence. *The Guardian*, 8 Junie.

Jansen, Ena. 2019. Breyten-manie heers in die Kaap met bekendstelling. Nuwe bundel verskyn halfjaar voor sy 80ste. *Die Burger*, 6 April, bl. 8.

Jan van Maak. 2010. Die Vrye Woord soos altyd 'n hersenskim. *Rapport* [*Weekliks*], 28 November, bl. 14.

Kannemeyer, J.C. 1983. Breyten Breytenbach. In J.C. Kannemeyer. *Geskiedenis van die Afrikaanse literatuur*. Band 2. Pretoria: Academica, bl. 462–487.

Kannemeyer, J.C. 1988. Breyten Breytenbach. In J.C. Kannemeyer. *Die Afrikaanse literatuur 1652–1987*. Pretoria: Academica, bl. 335–358.

Kannemeyer, J.C. 2005. Breyten Breytenbach. In J.C. Kannemeyer. *Die Afrikaanse literatuur 1652–2004*. Kaapstad: Human & Rousseau, bl. 374–404.

Kapp, Pieter. 2009. *Draer van 'n droom. Die geskiedenis van die Suid-Afrikaanse Akademie vir Kuns en Wetenskap 1909–2009*. Hermanus: Hemel & See Boeke.

Koos Kombuis. 2007. Dalk moet Breyten 'n ordentlike werk kry. *Rapport*, 9 Maart.

Lasarus, B.B. [Breyten Breytenbach]. 1976. *'n Seisoen in die paradys*. Johannesburg: Perskor-uitgewery.

La Vita, Murray. 2008. Tussen engele en boerpampoene. [Onderhoud]. *Die Burger*, 22 Februarie, bl. 13.

La Vita, Murray. 2013. Breyten se vingerverhale. [Onderhoud]. *Die Burger*, 25 Januarie, bl. 13

La Vita, Murray. 2014a. Verse en doek vibreer. *Die Burger*, 19 Maart, bl. 11.

La Vita, Murray. 2014b. In die land van die digters. *Die Burger*, 16 Mei, bl. 13.

Lijphart, Truida (G.C.). 1985. Fascistiese pampoene of koue pampoen. *Stet*, 3(1):4–9.

London Conference on Censorship. 1984. Writers and repression. *Index on Censorship*, 5:28–33.
Louw, Chris. 1987. ANC-safari oopgevlek. *Suid-Afrikaan*, September:26–29.
Louw, Liesl. 2004. "Laboratorium vir krisisbeheer". *Beeld*, 15 April, bl. 15.
Marais, Danie. 2011. Afrika nuut verbeel met kaleidoskoop van tekste. *Die Burger*, 27 Mei.
McDonald, Peter. 2009. *The literature police. Apartheid censorship and its cultural consequences*. Oxford: Oxford University Press.
Minnaar, Melvyn. 2018. Breyten-uitstalling sê "kyk weer". *Die Burger*, 9 November, bl. 8.
Nash, Andrew. 2009a. *The dialectical tradition in South Africa*. New York: Routledge.
Nash, Andrew. 2009b. Zen communist: Breyten Breytenbach's view from the underground. *Tydskrif vir Letterkunde*, 46(2):11–27.
Naudé, Charl-Pierre. 2007. Om 'n sinkende skip blou te painter. *Die Burger* [*By*], 17 Maart.
Naudé, Charl-Pierre. 2008. Kyk tog wat daar (ook) staan. [Onderhoud]. *Insig* [*Boeke*], Julie 20.
Naudé, Charl-Pierre. 2009. Sien hoe klik klak woorde. *Rapport* [*Boeke*], 6 September, bl. 6.
Naudé, Charl-Pierre. 2010a. Breyten Breytenbach. Leuenverklikker, manteldraaier of albinoterroris? [Onderhoud]. *Rapport* [*Weekliks*], 24 Januarie, bl. 1.
Naudé, Charl-Pierre. 2010b. Eerbare ding is om mag te opponeer wat jy so haat. [Repliek]. *Rapport* [*Weekliks*], 5 Desember.
Niewoudt, Stephanie. 1998. Breyten skryf vir eerste keer oor sy dogter. *Beeld*, 6 April, bl. 3.
Painter, Desmond. 2007. Opelyf vir Breyten. [Ope brief] *Die Burger* [*By*], 3 Maart, bl. 3.
Prince, Llewellyn. 2017. Daka-reünie: Vuurwarm debat oor Afrikaans. Breyten aangevat. *Die Burger*, 26 Junie, bl. 2.
Prins, Jo. 2007. Jy hoef nie te wroeg daaroor, gaan léés net die bundel. *Beeld*, 7 Mei, bl. 13.
Prins, Jo, 2013. Kritiek op Small "oningeligte getjeep". *Beeld*, 30 September, bl. 1.
Prins, Jo. 2017. Breytenbach in Pole vir lewenswerk vereer. *Die Burger*, 27 Mei, bl. 8.
Recourt, A. 2008. De materiële en symbolische productie van het oeuvre van Breyten Breytenbach in Nederland. MA-verhandeling, Universiteit van Amsterdam.
Retiet-Meiring, Martie. 2019. Dom doktore, of burgerlike Rubicon? *Insig*, April/Mei:24–25.
Roggeman, Willem M. 1974. In gesprek met Breyten Breytenbach. [Onderhoud]. *De Vlaamse Gids*, lviii:10–31. https://www.dbnl.org/tekst/rogg003bero01_01/rogg003bero01_01_0013.php [28 Junie 2019].
Rossouw, Johann. 2015. Breyten Breytenbach se versamelde toesprake. *Parool/Parole. LitNet*, Resensie-essay, 6 November. https://www.litnet.co.za/litnet-akademies-resensie-essay-paroolparole-deur-breyten-breytenbach/ [30 Junie 2019].
Saayman, Sandra. 2013a. Uitstalling verfris ons "beeldargiewe". "Boetatjie van die Kaap" se dubbelkuns bekyk. *Die Burger*, 7 Februarie, bl. 14.

Saayman, Sandra. 2013b. *Breyten Breytenbach. A monologue in two voices.* Johannesburg: Fourthwall Books.
Schoeman, Le Roux. 2007. 'n Kykweer na die Afrikaanse kanon se "los kanon". [Repliek] *Die Burger [By]*, 31 Maart, bl. 11.
Scholtz, Merwe. 2004. Die vele paaie na vryheid van die albino terroris: (29 jaar gelede). *Insig*, Mei:60–61.
Sienaert, Marilet. 1993. Zen-Boeddhistiese selfloosheid as sentrale interteks van die Breytenbach-oeuvre. *Literator*, 14(1):25–45.
Sienaert, Marilet. 2001. *The I of the beholder. Identity formation in the art and writing of Breyten Breytenbach*. Kaapstad: Kwela/SA History Online.
Slabbert, Frederik Van Zyl. 2004. Die pad na Dakar. *Insig*, Desember.
Slippers, Bibi. 2013. Wêrelddigters fees vir gehore. *Die Burger*, 14 Mei, bl. 10.
Steinmair, Deborah. 2008. Skiet gate met woorde. "Skrywers moet hulle nuwe wêrelde verbeel". *Die Burger*, 27 Maart.
Steyn, J.C. 1992a. Human & Rousseau en die Sestigers. In W.D. Beukes (red.). 1992. *Boekewêreld. Die Nasionale Pers in die uitgewersbedryf tot 1990*. Kaapstad: Nasionale Boekhandel, bl. 216–236.
Steyn, J.C. 1992b. Die Sestigers as nuusmakers. In W.D. Beukes (red.). 1992. *Boekewêreld. Die Nasionale Pers in die uitgewersbedryf tot 1990*. Kaapstad: Nasionale Boekhandel, bl. 237–261.
Steyn, J.C. 1998. Nuwe aktiwiteite rondom Afrikaans: Die totstandkoming van 'n "Afrikaanse Oorlegplatform". *Tydskrif vir Geesteswetenskappe*, 38(4):252–264.
Steyn, J.C. 2014. *"Ons gaan 'n taal maak". Afrikaans sedert die Patriot-jare.* Brandfort: Kraal Uitgewers.
T'Sjoen, Yves. 2018. Vertical and lateral literary movements in a writer's career. Breyten Breytenbach's *Windcatcher* in the USA and the Low Countries. *LitNet*, 31 Januarie. https://www.litnet.co.za/vertical-lateral-literary-movements-writers-career-breyten-breytenbachs-windcatcher-usa-low-countries/ [30 Junie 2019].
T'Sjoen, Yves. 2019. Schrijversengagement in Vlaanderen en apartheid. Phil du Plessis en Breyten Breytenbach. *NeerlandiNet*, 20 Junie. https://www.litnet.co.za/schrijversengagement-in-vlaanderen-en-apartheid-phil-du-plessis-en-breyten-breytenbach/ [30 Junie 2019].
Van de Werk, Jan Kees. 1998. The word on its way: A poetry caravan from Gorée to Timbuktu. *Bellagio Publishing Newsletter*, 23 Oktober.
Van den Bergh, Erik. 2003. 17 Juni 1972. De Zuid-Afrikaanse dichter Breyten Breytenbach ontvangt de Van der Hoogtprijs. In Maaike Meijer & Rosemarie Buikema (reds.). 2003. *Cultuur en migratie in Nederland. Kunsten in beweging 1900–1980*. Den Haag: Sdu Uitgevers, bl. 345–360.
Van der Merwe, Annari & Van Dis, Adriaan. 1980. Om die vlieg en *Om te vlieg*. 'n Beknopte geskiedenis; 'n Ondersoek na die oorspronklike manuskrip; 'n aantal aantekeninge by die uiteindelike uitgawe. In A.J. Coetzee (red.). *Woorde teen die wolke. Vir Breyten*. Emmarentia: Taurus, bl. 56–106.
Van der Vlies, A.E. 2007. *South African textual cultures: White, black, read all over*. Manchester: Manchester University Press.
Van Dis, Adriaan. 1982. Zuid-Afrika: Op het achtergrond altijd het gezang van terdoodveroordeelden als het ruizen van de zee... [Onderhoud]. *NRC Handelsblad*, 11 Desember.
Van Krevelen, Laurens. 2009. Breyten, de schilder van de bezielde middenwereld. In Akkuh. *Breyten Breytenbach. Raakruimtes*. Hengelo: Stichting Akkuh, bl. 4–9.

Van Rooyen, Ina. 2010. "Hier iewers hond". *Die Burger* [By], 20 Maart, bl. 8.
Veary, Jeremy. 2018. "Kom pad toe". *Die Burger* [By], 17 November, bl. 6.
Venter, Rudi. 2007. Inventing an alternative through oppositional publishing: Afrikaans alternative publishing in apartheid South Africa – the publishing house Taurus (1975–1991) as a case study. *Innovation*, 35:91–124.
Viljoen, Hein. 2015. Breyten Breytenbach (1939–) alias Panus, alias Don Espejuelo, alias Bangai Bird, alias Kamiljoen, ook bekend as Woordfoël of Blackface Buiteblaf. In H.P. van Coller (red.). *Perspektief en profiel. 'n Afrikaanse literatuurgeskiedenis*. Deel 1. 2de uitgawe. Hatfield: Van Schaik Uitgewers, bl. 397–430.
Viljoen, Louise. 2014a. Die rol van Nederland in die transnasionale beweging van enkele Afrikaanse skrywers. *Internationale Neerlandistiek*, 53(1):3–26.
Viljoen, Louise. 2014b. *Die mond vol vuur. Beskouings oor die werk van Breyten Breytenbach*. Stellenbosch: Sun Press.
Viviers, Jack. 1978. *Breyten. 'n Verslag oor Breyten Breytenbach*. Kaapstad: Tafelberg.
Welz, Martin. 1977. *Breyten en die bewaarder*. Johannesburg: McGraw-Hill.
Weschler, Lawrence. 1998. A horrible face, but one's own. In Lawrence Weschler. *Calamities of exile. Three nonfiction novellas*. Chicago: The University of Chicago Press, bl. 136–193.

OOR DIE SKRYWER
Francis Galloway is die redakteur van die afdeling geesteswetenskappe van die geakkrediteerde aanlyn akademiese tydskrif *LitNet Akademies*. Sy was 'n dosent in Afrikaanse letterkunde en in uitgewerswese, 'n navorser van die Afrikaanse literatuursisteem by die eertydse Sentrum vir Suid-Afrikaanse Letterkundenavorsing (SENSAL) van die Raad vir Geesteswetenskappe, en 'n akademiese uitgewer. Sy is die samesteller en (mede)skrywer van oorsigte oor die plaaslike boeklandskap, onder meer 'n perspektief op die Afrikaanse uitgewersbedryf in H.P. van Coller (red.) se *Perspektief en profiel*, Deel 3 (2016). Sy is die redakteur van die liefdesbriewe van André P. Brink en Ingrid Jonker, *Vlam in die sneeu*. Haar navorsingsfokus is die loopbaan van Breyten Breytenbach en sy het 'n monografie daaroor gepubliseer, *Breyten Breytenbach as openbare figuur*. Sy was ook betrokke by die samestelling van sy versamelde toesprake, *Parool/Parole*.

9
Breyten Breytenbach en die Hertzogprys vir Poësie
Francis Galloway

Daar is blykbaar 'n soort herhalende krisis in die Akademie oor my. Ek weet nie of dit polities, persoonlik of van 'n ander aard is nie.
(Breyten Breytenbach in *Oggendblad*, 9 Maart 1974)

Die Hertzogprys is die oudste en vernaamste prestigeprys in die Afrikaanse literêre veld en heet na die kampvegter vir Afrikaans, genl. J.B.M. Hertzog. Dit is vir die eerste keer in 1916 toegeken. Geen ander Afrikaanse literêre prys het so gereeld soos die Hertzogprys polemieke uitgelok nie: ontevredenheid oor "verkeerde" skrywers wat bekroon is, oor skrywers wat te láát of selfs nóóit bekroon is nie en oor toekenningsprosedures wat volgens sommige waarnemers die (veranderende) ideologiese rol van die prys bevestig.

Nienaber (1965) boekstaaf die eerste vyftig jaar van die bestaan van die prys. Smuts (2005) teken die ontstaan en geskiedenis van die Suid-Afrikaanse Akademie vir Wetenskap en Kuns se letterkundepryse (met spesifieke verwysing na die Hertzogprys en die Eugène Marais-prys) oorsigtelik op; wat eersgenoemde betref, fokus hy op die status en kanoniserende funksie van die prys, redes vir probleme met die toekenning daarvan (soos "ryker en armer" aanbod), asook kritiek (onder meer oor die "openheid en deursigtigheid" van die prosedure) en polemiek daaromheen. Breytenbach kom in Smuts se oorsig net drie keer kortliks ter sprake (twee keer met verwysing na sy bekroning en die afwysing daarvan in 1984 en die ander keer oor die feit dat die prys teen 2005 reeds twee keer aan hom toegeken is). Die Hertzogprys word as "die hart van die droom" toegelig deur Kapp (2009) in sy geskiedenis van die Akademie, aan die hand van agendas en notules in die Akademie-argief en met verwysing na koerantberigte. Van Coller (2010) bied 'n "kritiese blik" (gegrond op uitgangspunte oor die rol van pryse as simboliese kapitaal in die literêre veld, soos omskryf deur Bourdieu) op die toekenning. Breytenbach kom een keer ter sprake met betrekking tot weiering van die prys wat "vandag nie vanselfsprekend [sal] bydra tot die kunstenaar of skrywer se artistieke legitimiteit nie"; volgens Van Coller (2010:490) is dit "dalk die rede waarom weinig Afrikaanse skrywers – selfs die grootstes soos Breyten Breytenbach – in die afgelope jare nie meer die Hertzogprys geweier het nie: in 1984 kon hy dit nog weier; in 1999 én 2008 ontvang hy dit op bedaarde en hoflike wyse". Smuts en Van Coller bespreek nie die miskenning van Breytenbach vir dié toekenning gedurende die 1960's en 1970's nie – gebeure wat opgeteken is in Galloway (1990).

Woelinge om die Hertzogprys in die 1960's[1]

In die 1960's onderdruk die staat dissidensie op kultuurfront amptelik deur onder meer die Wet op Publikasies en Vermaaklikheid. Die rol van konserwatiewe kerk- en kultuurliggame ten opsigte van die onderdrukking van dissidensie in hierdie tyd moet gesien word teen die agtergrond van die woeling in Afrikanergeledere, die stryd tussen verkramptes en verligtes. Die Nasionale Party is immers nie bloot 'n politieke party nie, maar 'n volksbeweging wat ten nouste met die kultuurfront skakel en deur kultuurorganisasies gerugsteun word. Daarom sou dié groep wat beheer oor instellings soos die FAK en die Akademie kon verkry, ook heelwat politieke invloed uitoefen. Die stryd om beheer van die Akademie begin in 1964 met die toekenning van die Hertzogprys aan Etienne Leroux vir sy omstrede roman *Sewe dae by die Silbersteins*.

As teenvoeter vir die "liberale" Akademie word die Christelike Kultuuraksie (CKA) gestig met prof. P.F.D. Weiss as voorsitter en ander prominente figure in die bestuur. Die joernalis Rykie van Reenen verwys na die groep as die "Weiss Squad". Tydens die 1967-kongres van die CKA word 'n bepaalde siening van die kunstenaarstaak voorgestaan en bepaalde waardes uitgelig wat die kunswerk moet bevestig: Die skrywer moet Christelike kuns skep en die "lewenswyse en geestesgoedere van

---

1   Galloway (1990:102–109) ontleed die woelinge rondom die Akademie en die 1968-toekenning in besonderhede. Dié bespreking berus daarop.

die Afrikaner" eer en uitbou (berigte in *Die Transvaler* en *Die Vaderland*, 9 Junie 1967 en 10 Junie 1967). Breytenbach (in 'n brief in *Die Vaderland*, 23 Junie 1967) verwerp, namens "ons jong skrywers", "alle bekrompe waardetjies wat ons gaan verhinder om 'n Suid-Afrika te skep waar almal sal kan leef". Vir hom is die literatuur uit sy aard normdeurbrekend, maar nié 'n outonome woordwêreld nie; die kunstenaarstaak is om "ons omgewing te omskep en te verander" – dus om nuwe insigte in die ervaringswerklikheid te gee, maar met 'n duidelike maatskaplike (en nie bloot persoonlike) funksie voor oë. Sy siening verskil van André P. Brink (*Die Transvaler*, 30 Junie 1969) wat die kunstenaar beskou as 'n reisiger en soeker wat uitdrukking gee aan 'n persoonlike visie en nie sy leser op 'n praktiese vlak wil beïnvloed nie; hy bepleit dus in dié stadium nie die "betrokke" roman nie.

In 1967 probeer die "verkramptes" (ook die "Hertzoggroep" genoem na die leiersfiguur dr. Albert Hertzog wat twee jaar later medestigter van die Herstigte Nasionale Party word) in die Akademie beheer verkry oor die instansie, maar dit misluk. Ideologiese faktore en uiteenlopende literatuuropvattings onder Akademielede sou egter steeds invloed op die toekenning van die Hertzogprys uitoefen.

Die verkiesingsprosedure van die prys – uiteengesit in Smuts (2005) en Van Coller (2010) – behels dat 'n Letterkundekommissie,[2] wat sedert 1965 op 'n driejarige basis benoem word en sedert 1968 uit sewe kundiges bestaan, die meriete van verdienstelike werk bespreek. Werke word voorgelê deur uitgewers, maar daar word ook 'n "verkenner" aangestel om toe te sien dat alle verdienstelike werk onder die aandag van die kommissielede gebring word. 'n Gemotiveerde aanbeveling word dan aan die Akademieraad voorgelê, wat die finale verantwoordelikheid vir die aanwysing van die wenner dra. Dit is ook moontlik vir 'n lid van die Letterkundekommissie om 'n minderheidsverslag op te stel (en openbaar te maak). Anders as die APB- en CNA-prys wat "bloot" gerig was op die "beste" Afrikaanse literêre werk, het die Hertzogprys tot die middel-1960's in sy grondwet ook die Afrikanersaak gedien, soos blyk uit klousule 13 van die toekenningsprosedure: "Hierdie pryse [vir

---

2 Deur die jare was daar verskillende benamings (en skryfwyses) vir die komitee/kommissie. Ek gebruik deurgaans "Letterkundekommissie".

drie genres] word slegs toegeken aan Suid-Afrikaanse burgers wat beslis simpatiek staan teenoor die aspirasies van die Afrikaanse volk." In 'n beginselverklaring in 1967 stel die Akademieraad die standpunt dat die Hertzogprys van ander pryse verskil omdat dit 'n "volksprys" is en die "literêre grondbeginsel" handhaaf "dat geen werk waarin die bose verheerlik word of die negatiewe tot algemene lewensnorm verhef word, ooit goeie literatuur kan wees nie" (Nienaber 1965:37 en Kapp 2009:172, 197, 208).

1968: in die teken van die verkramp-verlig-stryd

Breytenbach se tweede digbundel, *Die huis van die dowe* (H&R, 1967), kom vir die 1968-toekenning in aanmerking. Die bundel word positief ontvang.[3] Tydgenootlike kritiese lesers is dit eens dat die "wêreld" van die bundel in hoë mate ooreenstem met dié van die digter se debuutbundel. Hulle voel dat die verse selfs hegter gestruktureer is (André P. Brink), deurgekomponeer (Ernst Lindenberg) en met blyke van 'n groter vermoë tot vormgewing (Edith Raidt). Nuwe fasette van Breytenbach se digterskap, of fasette wat nou vir die eerste keer in besprekings ter sprake kom, sluit in: die kruisverwysings, spiraal- of sikliese bewegings tussen verse (Brink, Raidt); die digter se siening van die gedig en geliefde as (tydelike, brose) vesting/skuiling teen die dood (Brink, Elsa Joubert); die vereenselwiging van die gedig en die (ge)liefde, en van taalspel en liefdespel (Raidt); die heel persoonlike aanwending van Bybelse verwysings, volkse uitdrukkings, tipiese taalgebruik en die ontginning van spreekwoorde (Lindenberg); die aansluiting by die Suid-Afrikaanse aktualiteit in verlangeverse en verse oor landsprobleme (Brink) en selfs verset teen aspekte van die Afrikaanse wêreld (Lindenberg).

In dieselfde tyd dat daar koerantberigte oor die CNA-pryswenner se moontlike verbintenisse met buitelandse anti-apartheidsinisiatiewe verskyn en Breytenbach hom uitlaat oor die rol van die Afrikaanse skrywer en oor die aard van prystoekennings (soos uiteengesit in die loopbaanskets), begin die bespiegelinge ook oor wie die 1968-Hertzogprys

---

3 Die resensies van die verskillende digbundels waarna hier verwys word, is nie in die onderstaande bronnelys opgeneem nie; sien die uitgesoekte bibliografie vir besonderhede.

van die Akademie gaan ontvang. Dit is veral J.H.P. (Hennie) Serfontein, redaksielid van *Sunday Times*, en een van die sleutelfigure in die onthulling van die "verkrampte aanslag" van die Hertzoggroep, wat gevoelig is vir die ideologiese implikasies van die toekenning. Hy voorspel "the biggest literary controversy for many years" indien die prys aan Breytenbach toegeken word; "the verkramptes will raise a big outcry and use it as an important part of their campaign against the present verligte Akademie Council [...]. If the award does not go to Breytenbach a strong outcry is expected from many Afrikaans writers and poets who firmly believe that the only criterion should be literary factors." (*Sunday Times*, 11 Februarie 1968). M.M. Levin (*Sunday Times*, 7 April 1968) vertolk die pogings om Breytenbach verdag te maak as "a bitter (smear) campaign" teen die skrywer.

Ook die Afrikaanse pers bly nie agterweë met bespiegelinge oor die moontlike pryswenner nie. Nasionale Pers se *Die Beeld* lewer breedvoerige kommentaar. Rykie van Reenen brei uit in *Die Beeld* (15 Februarie 1968 en 26 Februarie 1968) oor die moeilike besluit wat wag op die Letterkundekommissielede (A.P. Grové, Elize Botha en T.T. Cloete), want daar is letterkundiges van aansien wat reg sit om te protesteer as die "stormvoël van 'n Breyten Breytenbach" nie bekroon word nie; as hy (of die ander sterk aanspraakmaker Uys Krige) wel bekroon word, sal dit "beslis 'n dik stok in die hand van die anti-groep in die Akademie wees om die huidige [verligte] Akademieraad [...] te kasty". In die redaksionele kommentaar van Schalk Pienaar in *Die Beeld* (31 Maart 1968) word dit gestel dat die politieke botone wat al sterker na vore kom in debatte oor letterkundige pryse "wesenlik onwenslik" is, maar "niks verander aan die feit dat dit in die huidige omstandighede onvermydelik is nie" – die koerant spreek sy simpatie met die keurders uit wat te doen gaan kry met "politieke moedswilligheid", wie hulle ook al bekroon. Die verkrampte Afrikaanse Pers-koerante se houding teenoor die Hertzogprys-woelinge blyk veral uit hulle ondersteuning van 'n mosie in die senaat vir die instelling van 'n H.F. Verwoerd-prys vir Vaderlandsletterkunde (iets wat wyd deur skrywers en literatore verwerp word). Die redakteur van *Die Vaderland*, A.M. van Schoor ('n nieamptelike beskermheer van die verkrampte veldtog teen die Akademie), voer aan dit is "baie eenvoudig" om "vaderslandsliteratuur" te definieer: "Dit is naamlik literatuur wat aan 'n bepaalde gevoelsnorm beantwoord en die volksanksie dra vanweë die ontroering wat dit in die volksiel verwek." (*Die Vaderland*, 19 April 1968)

Afrikaanse skrywers wat in die openbaar reageer, beroep hulle in hul bespiegelinge op die skeiding van die mens en skrywer en op "suiwer literêre gronde", of hulle nou vir of teen Breytenbach is. Rob Antonissen glo dié digter kan sy plek inneem naas N.P. Van Wyk Louw en D.J. Opperman en dit plaas hom in 'n gunstige posisie vir die prys (*Sunday Times*, 7 April 1968). Johan Smuts (*Die Beeld*, 10 Maart 1968) meen dat die Akademie self die oorsaak is van die storm wat ontketen is "omdat hy in die verlede [met verwysing na voorbeelde] toegelaat het dat politieke en ander oorwegings 'n rol speel by die verkiesing van lede van die Akademie en van sy rade en komitees, en by die toekenning van pryse". Bartho Smit (*Dagbreek en Sondagnuus*, 14 April 1968) verwerp die uitgangspunt dat die meriete van 'n werk in die laaste instansie bepaal word deur "die meriete van die man agter die boek" – wat daarop neerkom dat die skrywer "polities en andersins [...] 'n goeie Afrikaner" moet wees. Hy doen 'n "situasie-ontleding" met verwysing na voorbeelde in die wêreldgeskiedenis om te onderstreep dat "die onvermoë of weiering om te onderskei tussen die skrywer en sy werk en tussen kultuur en die politiek van die dag al tot absurde situasies gelei het". Gedurende die *Kol*-debat later die jaar (toegelig in die loopbaanskets) spreek Smit hom wel sterk uit teen die Brink/Breytenbach-siening oor die maatskaplike funksie van die skrywer.

Die Letterkundekommissie moet tussen drie kandidate besluit: "Boerneef, wat al so lank aan die deur geklop het; Uys Krige, wat in 1966 te lig bevind is; en die nuwe, opkomende Breyten Breytenbach" (Kapp 2009:202). Op 26 April 1968 word aangekondig dat die Hertzogprys postuum aan Boerneef toegeken is. Die aanbeveling van die Letterkundekommissie en die Akademieraad se bekragtiging is eenparig (soos berig in *Die Burger*, 26 April 1968). Dié besluit wend 'n moontlike konfrontasie tussen verkramp en verlig af, maar neem ook die wind uit die seile van mense wat "literêre meriete" vooropstel. Die meeste literatore en skrywers wat in die media daarop reageer, beskou dit as "'n verstandige bekroning" waarmee nie fout gevind kan word nie omdat die literêre meriete van Boerneef se werk nie betwyfel kan word nie.

Uys Krige (*Sunday Times*, 28 April 1968) voel wel dat die prys eerder na Ingrid Jonker kon gegaan het; Etienne Leroux meen "as persoon" dat Breytenbach dit moes gekry het (*Dagbreek en Sondagnuus*, 19 Mei 1968). Nie een van die kommentators verbind die Akademie se besluit direk aan ideologiese/nieliterêre motiewe nie. Die enigste teenstand uit skrywersgeledere teen die besluit kom van André P. Brink wat uit protes uit die Akademie bedank – hy koester nie bedenkinge oor die gehalte van Boerneef se poësie nie, maar sien die postuumtoekenning as "'n ontstellende en flagrante pypkan van die vernaamste kandidaat, Breyten Breytenbach" en as "'n poging om 'n netelige politieke dilemma te systap" (*Die Beeld*, 12 Mei 1968). Teen die einde van die jaar distansieer Breytenbach se uitgewers hulle in die openbaar van sy uitsprake en loop dit daarop uit dat Breytenbach sy bande met H&R breek (sien loopbaanskets).

Weerhouding van die Hertzogprys in die 1970's

Die Akademie plaas die kwessie van lewensbeskouing op die agenda op 'n simposium in Oktober 1970 wat fokus op probleme met die toekenning van die Hertzogprys. Die meeste skrywers en literatore hier teenwoordig, is gekant teen 'n kunsmatige skeiding van sogenaamde estetiese en sedelik godsdienstige waardes en die idee dat daar 'n "korrekte" lewensbeskouing is wat bekroonbaar is terwyl 'n "afwykende" lewensbeskouing 'n skrywer diskwalifiseer vir 'n prys. In 1971 ontstaan die vraag dus: Sal die Akademie hom weer laat lei deur die lewensbeskoulike element van werke wat vir bekroning in aanmerking kom?

1971: die prys as "tribal decoration"[4]

Die Hertzogprys vir Poësie van 1971 lewer weer probleme op. Digbundels wat in aanmerking kom, is onder meer Breytenbach se *Kouevuur*, *Oorblyfsels uit die pelgrim se verse na 'n tydelike* en *Lotus*, asook bundels van Elisabeth Eybers (*Onderdak*), D.J. Opperman (*Edms Bpk*), Ina Rous-

---

[4] Die gebeure rondom die 1971-Hertzogprys word in besonderhede toegelig in Galloway (1990: 110–116); sien ook Kapp (1990:209–210).

seau (*Taxa*), M.M. Walters (*Apocrypha*), S.J. Pretorius (*Argekrobaat*) en Sheila Cussons (*Plektrum*).

Die verskyning van *Kouevuur* by Buren in 1969, nadat Breytenbach sy bande met H&R verbreek het, is op sigself 'n verrassing vir sommige lesers wat verwag het dat hy, ná 'n tweede visumweiering aan sy vrou, nie weer in Afrikaans sou publiseer nie. Tydgenootlike resensies dui aansluiting by vorige bundels aan, maar beklemtoon as "nuut" die reis- en ballingskapsmotiewe en die sin vir die aktuele (Rob Antonissen en T.T. Cloete). In 1970 verskyn *Oorblyfsels uit die pelgrim se verse na 'n tydelike* – gedigte wat om voorsensuurredes uit *Kouevuur* weggelaat is – en *Lotus* ook by Buren. Vir André P. Brink maak dit sin dat die bundeltjie met nege gedigte 'n week ná die dood van N.P. Van Wyk Louw verskyn – dit bevestig dat "die Afrikaanse letterkunde aanloop en dat die tyd van die grotes nie verby is nie", want Breytenbach se bundel is die "opneem van die literêre kruis en 'n voortwandel na en in die lig" op grond van "die mees wesenlike poësie wat Afrikaans nog gesien het". Hy dui aan hoe die gedigte "gebore [is] uit die spanninge van hierdie uur [...] maar hierdie gegewens bly nie steek in die aktuele nie", want soos *Kouevuur* "is dit mensverse dié, en in elke vers word die mens al weerloser, al menser". T.T. Cloete daarenteen meen Breytenbach se "menslikheid of humanisme [...] verklaar sy ironiese, satiriese en bytende verse teen die apartheidspolitiek" en sy distansiëring van sy mede-Afrikaner", in teenstelling met Van Wyk Louw (wat aangehaal word in 'n gedig) wat praat met sy *broer*. Vroeë resensies van *Lotus* beklemtoon die oorheersing van liefdesverse (J.R. Verster) en die religieuse aard van die bundel (Tina van Rensburg, Cloete en Brink). Vir dié bundel ontvang die digter ander toekennings (sien loopbaanskets).

Soos gewoonlik word daar in die pers oor die toekenning van die 1971-Hertzogprys bespiegel. Dit is veral die Engelse koerante wat voorspel dat 'n groot herrie gaan losbars, wie ook al bekroon word. *The Star* (2 Maart 1971) plaas Breytenbach boaan die lys van moontlike wenners, maar voer aan dat as dit wel gebeur, dit op grond van sy huwelik en uitgesproke kritiek teen apartheid, 'n "fierce battle" onder Afrikaanse kultuurleiers sal ontketen. Volgens *The Daily News* (14 Mei 1971) verteenwoordig Breytenbach "the antithesis of Afrikaner conservatism"; 'n toekenning aan hom sal gesien word as "an endorsement of his controversial personal views on apartheid and of his avant garde writings". Die konserwatiewe Afrikaanse dagblad *Hoofstad* (24 Maart 1971) reageer skerp op die Engelse pers se hantering van beriggewing oor die Hertzogprys wat "letterkundige gemoedere in Afrikanerkringe opsweep en die Akademie in ongelyk probeer stel" en dít terwyl Breytenbach omstrede geword het vanweë sy eie optrede en sy vereenselwiging met politieke uitgewekenes. Ander Afrikaanse koerante se beriggewing is meer gematig, maar Breytenbach word hierin ook nie prominent as belangrike aanspraakmaker voorgehou nie.

Afrikaanse skrywers en literatore bly nie agterweë met hulle bespieëling en kommentaar nie. Op 'n simposium van die Potchefstroomse werkgemeenskap van die Akademie erken P.D. van der Walt (een van die Letterkundekommissielede vir die 1971-prys) dat "almal wonder oor Breyten" (*Rapport*, 28 Februarie 1971). Ná gerugte in die Engelse pers dat Eybers bekroon gaan word, verskyn 'n berig in *The Star* (19 April 1971) waarin vertel word dat twaalf Afrikaanse skrywers (met Brink as koördineerder) 'n brief van protes daarteen aan die Akademie beplan (dit is egter nie deurgevoer nie).

Die Letterkundekommissie wat die aanbeveling oor die prys moet doen, bestaan uit A.P. Grové, Elize Botha, T.T. Cloete, P.G. du Plessis, C.A. van Rooy, W.E.G. Louw en Felix Lategan (P.D. van der Walt is afwesig op die dag toe daar gestem word). Die kommissie is verdeeld tussen Eybers (vier stemme, dié van Grové, Cloete, Botha, Lategan) en Breytenbach (drie stemme, dié van Louw, Van Rooy, Du Plessis), maar geen minderheidsverslag word ingedien nie. Die wenner word op 19 Mei 1971 aangekondig, naamlik Eybers se *Onderdak*. Die motivering daarvoor, opgestel deur Cloete, verskyn in *Die Burger* (20 Mei 1971).

The Star en *The Daily News* (20 Mei 1971) meen dat die Akademie met dié besluit weer 'n konfrontasie met Afrikaanse kultuurleiers systap. Die ontevredenheid van skrywers en literatore is volgens hierdie berigte verkieslik bo 'n botsing met dié leiers wat streng gekant is teen Breytenbach se onkonvensionele kuns en onpatriotiese politieke ingesteldheid. In *Sunday Times* (23 Mei 1971) word Breytenbach se reaksie op die toekenning aangehaal. Hy glo dat Eybers deur die toekenning "insulted and belittled" is, want die Hertzogprys "has become a small prize awarded on political grounds [...] it has become a tribal decoration which the chief hangs around the neck of a do-gooder". Breytenbach glo die Afrikaanse letterkunde het 'n gevaarpunt bereik – daar sal 'n hele nuwe benadering moet kom as Afrikaans wil oorleef: "If we, the Afrikaans writers, have our language's interest seriously at heart, we shall have to abandon not only the Hertzog prize, but the Akademie and the whole concept of Afrikaner literary awards."

Hoofstad (25 Mei 1971) meen Breytenbach het geen bewyse vir sy bewering dat die toekenning op politieke grondslag gemaak is nie – "die Akademie het dit sonder meer ontken" – en verwerp sy uitspraak oor 'n "gevaarpunt" vir die Afrikaanse letterkunde: "Al wat onder sal gaan, is die werke van skrywers wat so ver buitekant die geestesstrominge van die Afrikanervolk en sy denke staan dat dit aan geestelike bloedarmoede ly."

Brink (*Die Transvaler*, 22 Mei 1971) se reaksie op die toekenning is dat die Hertzogprys nie op "suiwer literêre grondslag" toegeken word nie en dat die CNA-prys die barometer geword het waarvolgens skrywers hulle werk kan meet. Die 1971-Hertzogprys is weerhou van iemand wat dit werklik verdien het. Hy spreek kritiek uit teen die feit dat sensors in die pryskomitee dien (Grové en Cloete). Ernst Lindenberg (*Die Volksblad*, 22 Mei 1971) is ontsteld oor die toekenning en voel skaam om lid van die Akademie te wees wat nie Breytenbach se werk wil bekroon nie, al verteenwoordig sy poësie tans die belangrikste groeipunt in die Afrikaanse letterkunde. Volgens hom is 'n onreg gepleeg teenoor sowel Breytenbach as Eybers en is die prestige van die Akademie 'n gevoelige slag toegedien. "Dis om van te wanhoop", sê Ernst van Heerden (*Rapport*, 23 Mei 1971) oor die Akademie se "maneuvers" en "ontwyking van verantwoordelikheid" wat die toekenning van die prys tot 'n klugspel vervlak. Vir hom lyk dit of die Akademie homself wil verhef "tot 'n tweede soort Publikasieraad: om sy eie subtieler vorm van sensuur toe te pas – die sensuur van ekskommunikasie". F.I.J. van Rensburg (*Oosterlig*, 21 Mei 1971; *Rapport*, 23 Mei 1971) meen dit is duidelik dat Breytenbach bekroon moes word, want in die drie bundels wat in die statutêre bekroningsperiode verskyn het, "staan daar van die beste gedigte in Afrikaans". In *Die Vaderland* (25 Mei 1971) voer Van Rensburg aan dat dit "bekend is" dat "invloedryke Akademievoormanne voor die tyd daarvoor te vinde was om, ingeval die keurkomitee Breytenbach sou aanbeveel, 'n verklaring deur die Akademieraad te laat uitreik dat die Akademie wel agting vir Breytenbach se werk het, maar dat hy hom nie kan bekroon nie, nie nou nie en ook nie in die toekoms nie. Die rede: politiek".

Die voorsitter van die Akademieraad, prof. G. Cronjé, gee die versekering "dat politiek glad nie ter sprake gekom het" by die toekenning aan Eybers nie (*Die Transvaler*, 31 Mei 1971). Ook Cloete, ondervoorsitter van die Letterkundekommissie, verwerp bewerings dat die prys om politieke redes nie aan Breytenbach toegeken is nie – dit kan so uit die notule van die vergadering afgelei word: "Ek het teen Breytenbach gestem, maar dit is bekend hoe hoog ek hom aanslaan." Van Rensburg (*Die Transvaler*, 1 Junie 1971) verwerp Cloete se verweer; volgens hom vind die eintlike beraadslagings in informele hoedanigheid plaas en teen die tyd dat die vergadering plaasvind, heers daar eenstemmigheid oor wat nié gesê moet word nie, of wat nié genotuleer moet word nie.

1974: "gevaarlike" boeke word nie bekroon nie[5]

In die woelinge oor die Hertzogprys-toekenning van 1974 staan sensuur (die hofsaak oor die verbod op Brink se *Kennis van die aand*), die literatuuropvatting van "betrokkenheid" en die politieke profiel van Breytenbach as een van die kandidate sentraal. Die belangrikste aanspraakmakers is Ernst van Heerden (*Teenstrydige liedere*); Elisabeth Eybers (*Kruis of munt*); W.E.G. Louw (*Naggesprek*); Uys Krige (*Uys Krige: 'n Keur uit sy gedigte*);[6] Olga Kirsch (*Negentien gedigte*); en Breytenbach (*Skryt: Om 'n sinkende skip blou te verf* en *Met ander woorde vrugte van die droom van stilte*).

Die bundel *Skryt* word teen die einde van 1972 deur die Nederlandse uitgewery Meulenhoff gepubliseer, kort voor die Breytenbach-egpaar se eerste besoek aan Suid-Afrika (sien loopbaanskets). Dié bundel bring weer 'n radikale verskuiwing van die lesersverwagtingshorison. Die vroegste twee kritiese reaksies daarop is een van hewige ontsteltenis (T.T. Cloete) en die ander redelik gedemp (André P. Brink). Volgens

---

5 Dié toekenning word in besonderhede toegelig in Galloway (1990:147–152); sien ook Kapp (2009: 212–217).
6 Kapp (2009:214) gee agtergrond oor die benoeming van Uys Krige.

Cloete staan "die politieke betrokkenheid van die bundel so voorop, dat die term 'gedig' nouliks nog van toepassing is op sommige van hierdie 'verse'". Vir hom gaan die "onverbloemde verwysinge na Suid-Afrikaners, Suid-Afrikaanse of Afrika-situasies en die onverbloemde taal, die ruwe woordeskat" hand aan hand met mekaar. Hy voer aan dat die verse nie by satire, spot, ironie bly nie en dat die bundel "die mees revolusionêre aanwending van poëtiese middele vir militante doeleindes [is] wat ons in Afrikaans ken". In die 1973-uitgawe van sy blokboek oordeel Brink versigtig en "met al die voorbehoude van 'n voorlopige uitspraak" oor die bundel en meen dit is "minder afgerond" as die digter se ander werk. Later sou Brink sy vroeë waarde-oordeel radikaal hersien.[7] Ampie Coetzee daarenteen beskou *Skryt* in sy resensie as een van Breytenbach se groot bundels en een wat mens dwing om "van vooraf en eerlik te probeer nadink oor politieke sienings en letterkunde". Ia van Zyl oordeel ook positief in *Die Suidwester* oor die bundel wat toe eers in Windhoek beskikbaar word: "Politieke en sosiale kritiek word ingeklee in 'n nimmerfalende poëtiese inspirasie wat selfs van die 'betrokke' gedigte 'n sielservaring maak." (Sien die loopbaanskets vir die verbod op *Skryt*.)

Buren publiseer *Met ander woorde* vroeg in 1973, in die tyd toe die Sestiger-somerskool plaasvind waaraan Breytenbach deelneem (sien loopbaanskets). In dié bundel, met vyf-en-veertig genommerde gedigte en 'n verhelderende voorwoord in die vorm van 'n brief, gaan dit die intiemste om die *stilte*. T.T. Cloete meen die brief is "die interessantste deel van die bundel", want die poësie is volgens hom "van die oninteressantste wat Breytenbach geskryf het, en as 'n blykbaar bewuste demonstrasie van hierdie bepaalde -isme, die Zen-Boeddhisme, is dit, op sy goeie Hollands gesê, soos 'ieder-isme een ik-vergisme'". Brink verwys in sy 1973-blokboek egter daarna as 'n bundel wat opnuut 'n "magtige stuk wêreld in sy worp vang – en dit op bedrieglike wyse, omdat die verse met die eerste oogopslag soveel meer as tevore gestroop is, skraal en amper-kaal".

Dié twee bundels wat elk in eie reg besonders is, kom in 1974 vir die Hertzogprys vir Poësie in aanmerking.

---

7 In Brink se bydrae tot *Woorde teen die wolke* (Taurus, 1980) verwys hy na *Skryt* as "een van die mees volledig deúrgekomponeerde bundels in Breyten se werk en kort en klaar poësie van die suiwerste allooi – óók, en in baie opsigte verál, wat die 'politieke' verse betref".

The Star (2 Maart 1974) voorsien dat Breytenbach nie 'n kans het om die 1974-prys te wen nie: "For the Akademie has taken a rightwing turn. [And] members of it forecast that the next literary committee, chosen from its ranks, is bound to be even more conservative and anti-Breytenbach." Volgens dié koerant is Breytenbach heel waarskynlik gevonnis tot "lifelong dispossession of the prestige Hertzog prize"; "the lengthy pawn game to keep him forever out of the elite inner circle of Afrikaans literature will have succeeded. Those who see the language as a tool of Afrikaner Establishment will have won." Die gevaar is dat die Hertzogprys self "devalued coinage" sal word wat uiteindelik deur skrywers van die hand gewys sal word. *Hoofstad* (8 Februarie 1974) wys daarop dat elke jaar se kortstondige spel – die raaiery oor wie die prys gaan kry – dié jaar afspeel "teen die agtergrond van letterkundige onrus in ons land soos min", naamlik die woelinge rondom *Kennis van die aand*. Die lede van die kommissie sit "met die warmste patat in jare" met Breytenbach, "bitsige vyand van die land", weer eens die spilpunt van die twis.

Skrywers en literatore huldig uiteenlopende menings oor Breytenbach se kanse, maar weer eens beroep hulle hul almal op literêre gronde. In *Hoofstad* (8 Februarie 1974) meen Chris Barnard dat, "suiwer op letterkundige meriete beoordeel", dit nie vir hom 'n uitgemaakte saak is dat Breytenbach die prys moet kry nie, want die werke wat in aanmerking kom, "handhaaf nie die peil van sy vroeëre werk nie" – hy sal egter wel "vroeër of later sy dag kry", op grond van sy vermoëns as woordkunstenaar. Ook P.D. van der Walt (*Die Vaderland*, 8 Maart 1974) meen Breytenbach staan "suiwer literêr gesien" laag op die lysie van aanspraakmakers, want daar is nie sprake van "grondige vernuwing en groei wat tema en tegniek" betref nie en dat hy in 'n "self-ykende proses verval, 'n eie soort retoriek". Terselfdertyd is dit vir Van der Walt moeilik "om die gees van Breyten se latere werk te versoen met die Hertzogprys en alles waarvoor dit staan".

Ander ingeligte lesers voel egter dat Breytenbach die sterkste aanspraakmaker behoort te wees. J.C. Kannemeyer (*Oggendblad*, 7 Maart 1974) meen die twee bundels bevat "verse wat tot die beste in Breytenbach se oeuvre behoort en wat tot die grootste gedigte in Afrikaans gereken kan word". Daarom hoop hy dat die Akademie die "moed en oortuiging" sal hê om die prys aan Breytenbach toe te ken en so "een van die grootste digters wat nog in die Afrikaanse taal geskryf het, te vereer". Ampie Coetzee (*Hoofstad*, 8 Februarie 1974) meen as die prys een was wat van gehalte afhang, dit na Breytenbach moet gaan, want gedigte uit die bundels (en hy noem voorbeelde) "is die beste gedigte wat die afgelope drie jaar in Afrikaans verskyn het". Maar omdat Breytenbach oor "kontensieuse politieke dinge" skryf en omdat die Hertzogprys "die kwalifiserende aanhangsel bygekry het dat die bekroonde werk in 'n sekere Christelike en nasionale lewenshouding geskryf moet wees", sal hy nie die prys kry nie. Coetzee (*Oggendblad*, 7 Maart 1974) staan die beginsel voor dat "die-mens-agter-die-boek" nie in ag geneem behoort te word by literêre beoordeling nie. Hy meen die betekenisvolste aksie van die kant van die Letterkundekommissie sou wees om nie die prys toe te ken nie en te verklaar: "Volgens gehalte moet Breytenbach die prys kry, maar ons hou nie van hom nie, hy hou nie van ons nie, hy hou nie van ons regering nie – daarom gee ons nie vir hom die prys nie. Deur nie 'n toekenning te maak nie, erken ons dat hy die beste digter is, en dat ons nie 'n Hertzogprys toeken vir 'n tweede beste nie."

Dit is Etienne Leroux (*Hoofstad*, 8 Februarie 1974), wat self as Hertzogpryswenner met *Sewe dae by die Silbersteins* 'n groot letterkundige rusie ontketen het, wat daarop wys dat dit nié net literêre meriete is wat die maatstaf by prystoekennings is nie – politieke oorwegings, oordele en vooroordele, spéél 'n rol daarby: "Dis eenvoudig die gang van sake, want geen kontemporêre beoordelaar kan volkome objektief wees nie; dis alleen 'n historiese terugblik wat soms die skyn van objektiwiteit het." Hy dink Breytenbach het nie 'n "snow ball's hope" om die prys te wen nie. "En hy het self daarna gesoek. As hy die Akademie en sy mense in die oog spoeg, dan is hy skaars 'n kandidaat vir die prys."

Breytenbach (*Oggendblad*, 9 Maart 1974) sê vanuit Parys dat hy die saak maar van ver af volg: "Daar is blykbaar 'n soort herhalende krisis in die Akademie oor my. Ek weet nie of dit polities, persoonlik of van 'n ander aard is nie." Hy bring self ook "literêre meriete" in die spel as hy sê dat hy nie weet wat hy sal doen as die Hertzogprys aan hom toegeken word nie, maar sy werk in die afgelope drie jaar regverdig dit nie. Hy meen egter dat geen toekenning van die Akademie 'n uitwerking op die vordering van die Afrikaanse taal en kultuur kan uitoefen nie: "Die Akademie is vir my soos twee mans wat op 'n spoorlyn baklei omdat die ander sy albasters afgeneem het. Intussen snel 'n trein volstoom op hulle af."

Die "swaai na regs" waarna daar in *The Star* verwys word, het plaasgevind toe 'n groep dit reggekry het om 'n "staatsgreep" in die Akademieraad uit te voer deur regter Victor Hiemstra se "verligtheid" te gebruik om hom uit die voorsitterskap van die Akademieraad te hou (soos later berig word in *Rapport*, 30 November 1975; sien Kaap 2009:212). Die Letterkundekommissie staan onder eksterne druk (die algemene letterkundige onrus soos gemanifesteer in die sensuurtwis en die klimaat wat jonger Afrikaanse literatore vir 'n bekroning van Breytenbach probeer skep), asook interne druk (een van die kommissielede rig in die pers (*Rapport*, 17 Februarie 1974) 'n verwyt na die kant van drie lede van die kommissie wat ook in die Publikasieraad dien, naamlik A.P. Grové, H. van der Merwe Scholtz en T.T. Cloete, en stel voor dat hulle hul aan die keurkomitee moet onttrek).

Op 8 Maart 1974 vergader die Letterkundekommissie, bestaande uit Grové (wat voorsitter is in die plek van W.E.G. Louw wat moes onttrek omdat sy eie werk op die kortlys is), Elize Botha (sekundus van Cloete wat hom aan die vergadering onttrek), Scholtz (wat as sekundus Louw se plek in die kommissie inneem), C.J.M. Nienaber, Ernst Lindenberg, C.A. van Rooy en Audrey Blignault. Volgens Kapp (2009:214–215) word die vergadering oorheers deur die Letterkundekommissie se ontsteltenis dat 'n lid die reël oor vertroulikheid van bekroningskommissies oortree het deur met die pers te praat. Lindenberg erken dat dit hy was en voer redes vir sy optrede aan. Hy stel dan voor dat die prys aan Breytenbach toegeken word; daar is geen sekondant daarvoor nie. Nienaber se voorstel dat Krige bekroon word, word met 'n meerderheid van vyf stemme aanvaar. Lindenberg lê 'n minderheidsverslag aan die raad voor en verklaar dat hy van voorneme is om die verslag aan die pers beskikbaar te stel.

Op 22 April 1974 kondig die Akademieraad aan dat die 1974-Hertzogprys vir Poësie aan Uys Krige toegeken word vir sy bydrae tot die Afrikaanse digkuns. Die motivering wat opgestel is deur Nienaber word in *Die Burger* van 23 April 1974 gepubliseer. Teen sommige se verwagting in, besluit Krige om die toekenning nié van die hand te wys nie (*Die Transvaler*, 6 Mei 1974). Op versoek van *Rapport* skryf Breytenbach 'n brief van gelukwense aan Krige wat op 12 Mei 1974 gepubliseer word.

Al weet hy dat dit dalk na "suur druiwe" kan lyk, formuleer Breytenbach weer sy standpunt oor die Akademie: "Dis 'n instelling en 'n uiting van Afrikanernasionalisme net soos die Broederbond en Apartheid ... en Boss ... [...] ek bedoel dat elk van hul 'n veiligheidsdiens op sy of haar terrein is." Oor keurders en pryse het hy ook sy bedenkinge.

Die "brief aan Uys" verskyn in die tyd toe daar 'n woeste storm woed om die briefskrywer, ontketen deur die publikasie van Lindenberg se minderheidsverslag ten gunste van Breytenbach (*Rapport*, 28 April 1974). Lindenberg beroep hom op literêre maatstawwe en sonder enkele gedigte in *Skryt* uit as "nie alleen die allerbeste Afrikaanse verse uit die betrokke periode nie, maar [as] onmisbare bydraes [...] tot die blywende Afrikaanse poësieskat". Hy gee toe dat van die politieke gedigte in die bundel "nie die peil van die ander handhaaf nie", maar in elk geval nie so eng en uitsluitend is dat hulle net op die Suid-Afrikaanse situasie van toepassing is nie. Ondanks Breytenbach se uitsprake wat mense die harnas injaag, bly sy werk 'n groot aanwins wat tydelike omstandighede sal oorleef. Dit verdien volgens Lindenberg ruimskoots die hoogste erkenning. Dat dit nié gebeur het nie, skryf hy toe aan die feit dat die Akademie nie "ruim genoeg [kon] wees om bo die kleinlike en persoonlike en politieke dinge uit te styg nie". Die toekenning aan Krige is verder ook die eindresultaat van "'n reeks onreëlmatige omstandighede" by die Akademie, wat deur Lindenberg uiteengesit word.

In dieselfde uitgawe van *Rapport* antwoord Grové en Cloete op versoek van die Akademieraad op Lindenberg se aantygings. Volgens hulle was daar by die 1974-besluit van die Akademie, net soos in die verlede, slegs literêre kwaliteit ter sprake, maar nou dwing Lindenberg die instansie om sy jare lange stilswye oor Breytenbach die politikus en mens-agter-die-boek te verbreek. Die twee segsmanne verwerp die siening dat die politieke gedigte wyer toepaslik ("universeel") is en hulle voer aan (met verwysing na uitsprake deur hom) dat "die eer van die Akademie, die prestige van die Hertzogprys en die belange van die Afrikaanse letterkunde nie veel werd is vir Breytenbach nie". Dié amptelike standpunt-inname bevestig vir Lindenberg (*Hoofstad*, 1 Mei 1974) dat die Akademie Breytenbach vanweë sy politiek nie bekroon nie.

In briewe wat Cloete hierna aan die pers skryf, word alle skyn laat vaar dat hy as leser "suiwer literêr" oor Breytenbach oordeel. Sy standpunte vertoon ooreenkomste met wat hy voorhou in die Broederbondstudiestuk (waarin hy sy voorkeur uitdruk vir 'n bepaalde soort literatuur, naamlik een wat die Afrikanersaak dien) (sien loopbaanskets). In *Die Vaderland* (8 Mei 1974) stel hy dit dat dit ongerymd is dat aanvaar word dat 'n skrywer polities mag skryf, maar dat 'n beoordelaar nie polities mag oordeel nie. Hy glo dat 'n skrywer soos Breytenbach 'n taal en 'n volk kan bedreig. En alleen is hy ook nie. Breytenbach het hom (volgens koerantberigte) solidêr verklaar met "terroriste en vryheidsvegters" soos Ezekiel Mphahlele, Lewis Nkosi, Alex la Guma, Dennis Brutus, Can Themba, William "Bloke" Modisane, Malcolm X, Ho Chi Minh en Patrice Lumumba deur sy verbondenheid met die ANC, PAC en AAM. Volgens Cloete is dit goed en reg dat Breytenbach die eer gegee word wat hom toekom as skrywer, "maar as ons polisie op ons grense gedood word, kan ons nie ons oë sluit vir dié literatuur tussen ons nie. Sekere verskynsels in die hedendaagse literatuur gee my slapelose nagte." In 'n onderhoud met *Die Transvaler* (10 Mei 1974) praat Cloete "as burger van die land wie se vak literatuur is". Hy meen dat ons as lesers dalk ons skrywers en ons letterkunde kan bedreig, maar omgekeerd is dit ook so dat "die skrywers en die literatuur ons hele bestaan kan bedreig en daarmee ons taal en ons voortbestaan". In *Die Vaderland* (23 Mei 1974) haal Cloete breedvoerig aan uit uitsprake van Brink en Breytenbach om aan te toon dat dié skrywers self politieke argumente by die beoordeling van letterkunde ter sprake bring en dus niepolitieke of sogenaamd suiwer literêre oordeel verwerp.

In *Buurman* (September 1974) spreek Cloete hom uit teen die "outonomiebenadering" met die klem op "die teks self". Hy maak 'n argument daarvoor uit dat sommige van Breytenbach se werk nie binne 'n (revolusionêre) ideologiese raamwerk tuishoort nie, maar integrerend déél is van dié raamwerk. By Breytenbach is daar dus "'n ideologiese werkraam, 'n werkprogram, waarvoor [hy sy] kuns instrumenteel maak, net soos [hy] graag in vele van [sy] uitsprake terrorisme en wapengeweld instrumenteel in daardie ideologiese raamwerk wil sien". In die geval van Breytenbach moet mens volgens Cloete nie dink aan "buite-literêre uitsprake" wat verontagsaam kan word by die lees van tekste nie, maar aan "verliteratuurde politiek en verpolitiseerde literatuur" wat "lewensgevaarlik" kan wees. Cloete se besware teen Breytenbach berus dan nie op "vorm"-argumente nie, maar op die ideologiese: "[Hy] het politieke oogmerke wat, as dit verwerklik word, die Afrikaner en Afrikaans sal vernietig [...] Ons soek nie na die skrywer agter die boek nie, ons soek na wat die skrywer met die boek met ons wil doen, en sover my insigte daarvan reik, is dit gevaarlik, lewensgevaarlik", ook vir almal wat "die literatuur as blote fiksie en luukse speletjie sien en dit 'n onaantasbare primaat in die lewe van die volk en in die bestel van die land wil gee".

Sedert die 1960's het sisteembewakers die toekenning van pryse aan Breytenbach probeer teëwerk. Dit was nie altyd so blatant soos tydens die CNA-prysvoorval van 1967 toe die eerste minister self wou ingryp nie (sien loopbaanskets). In die geval van die Hertzogprys, wat 'n paar keer van Breytenbach weerhou is, beroep die Akademie se Letterkundekommissie hom op "suiwer literêre maatstawwe". Die gebeure rondom die 1974-Hertzogprystoekenning (veral die standpuntinname van die Akademieraad en die daaropvolgende uitsprake deur een van die prominente lede van die Letterkundekommissie) het egter tot gevolg dat daar vir die eerste keer in die openbaar erken is dat ideologiese faktore wel 'n rol by sowel die individuele leser se reaksie op 'n skrywer as by die beslissings deur pryskomitees of -kommissies speel. Toe eers is openlik erken dat die Hertzogprys gekoppel is aan 'n bepaalde literatuuropvatting en ideologiese raamwerk wat ingestem is op die belange van die bestaande sosiopolitieke orde.

Die Hertzogprys in oorgang in die 1980's

Twee dramatiese gebeure in 1975 beïnvloed die klimaat van die Afrikaanse literêre toneel ingrypend, naamlik die Publikasieraad se verbod op Breytenbach se digbundel *Skryt* en die digter se inhegtenisneming, verhoor en vonnis (toegelig in die loopbaanskets) – gebeure wat as 't ware 'n seël op T.T. Cloete en ander se opvatting plaas dat een man, en 'n digter daarby, sy land en sy mense "se voortbestaan kan bedreig".

Tydens sy gevangeskap word die Hertzogprys vir Poësie twee maal sonder ophef toegeken – in 1977 aan Wilma Stockenström vir *Van vergetelheid en van glans* en in 1980 aan D.J. Opperman vir *Komas uit 'n bamboesstok*. Luidens persberigte (byvoorbeeld in *Hoofstad*, 5 Mei 1980) is die Breytenbach-bloemlesing *Blomskryf* (wat Taurus in 1977 uitgee) 'n sterk aanspraakmaker op die 1980-Hertzogprys; daar word voorspel dat 'n nuwe polemiek kan uitbreek soos in die geval van die prosabekroning van die verbode *Magersfontein, O Magersfontein!* van Etienne Leroux die vorige jaar. Die toekenning aan die veelbekroonde *Komas uit 'n bamboesstok* lei egter die aandag af van enige moontlike kritiek op die toekenning van die prys.

In Desember 1982 word Breytenbach onverwags uit die tronk vrygelaat en vanaf 1983 verskyn sy nuwe werk by Taurus (sien loopbaanskets).

1984: toekenning en weiering[8]

In 1984, tien jaar ná die Akademie by monde van sy segsmanne erken het dat Breytenbach om ideologiese redes nie die Hertzogprys kan ontvang nie, kom hy weer daarvoor in aanmerking. Daar is steeds 'n politieke uitstraling wat hom omhul. Sy sogenaamde "bekering" tydens die eerste hofsaak, is tydens die tweede verhoor oopgevlek as 'n oorlewingstrategie wat gerugsteun is deur die staat se medewerking en -pligtigheid; ná sy vrylating weerhou hy hom nie van kritiese uitsprake tydens buitelandse optredes oor die ontplooiende "nuwe bedeling" nie; en sy "tronkverslag", *Confessions of an albino terrorist* (1984), laat geen Afrikanerkoei onaangeraak nie. In die era van die nuwe bedeling word beloning egter met "repressiewe verdraagsaamheid" aangewend.

Die Akademie vier in 1984 sy vyf-en-sewentigste bestaan. Daar word besluit dat alle genres oorweeg sal word vir die Hertzogprys en die Letterkundekommissie mag ook 'n skrywer vir 'n oeuvre bekroon. Persberigte wys daarop dat die Akademie by vorige geleenthede daarvan weggeskram het om Breytenbach te bekroon – nie alleen vanweë persoonlike vooroordele nie, maar ook omdat hy as polities "ongewens" beskou is. Volgens *Rapport* (8 April 1984) het "die ontdooiing van die Afrikanerpolitiek die laaste klompie maande [egter] by skrywers die hoop laat opvlam dat politieke oorweging nie 'n rol gaan speel by vanjaar se toekenning nie". J.C. Kannemeyer (*The Star*, 16 April 1984) wys daarop dat politieke en morele oorwegings gedurende die 1960's en 1970's 'n groot rol gespeel het in beslissings oor die Hertzogprys. Die Akademie kon nie ontsnap aan die invloed van die Afrikaner-establishment, die Nasionale Party en Broederbond in kultuuraangeleenthede nie. Maar

---

8 Die 1984-toekenning word bespreek in Galloway (1990:244–247) en Kapp (2009:222–224).

soos veranderende politieke omstandighede die stigma van skrywers soos C. Louis Leipoldt en Uys Krige laat verdwyn het sodat hulle nou "nasionaal" aanvaarbaar is, so glo Kannemeyer dat dit ook uiteindelik met Breytenbach sal gebeur.

Die twee bundels van Breytenbach wat in die bekroningsperiode verskyn, is *Eklips* (die derde in die siklus *die ongedanste dans*) en (*'Yk'*) (die vierde in die siklus), albei in 1983 deur Taurus uitgegee. Resensente is dit daarmee eens dat daar min digbundels in die Afrikaanse literatuurgeskiedenis is waarna met soveel verwagting uitgesien is as *Eklips*, die eerste bundel wat ná die digter se vrylating gepubliseer word, en die "eerste tronkbundel" genoem word. Brink plaas *Eklips* teen die agtergrond van die algemene literêre situasie van die tyd. Sedert Breytenbach se laaste gepubliseerde bundel, *Voetskrif*, is die Afrikaanse poësie se loop volgens Brink verlê deur digters soos Wilma Stockenström, Sheila Cussons en T.T. Cloete (wat op die ouderdom van ses-en-vyftig in 1980 sy debuut as digter met die bundel *Angelliera* maak wat met die Ingrid Jonker-prys bekroon word) en poësie word ook nou met ander "teoretiese oë" gelees. Brink meen dat Breytenbach nie saam met die konteks verander het nie en dat hy in té hoë mate "gelyk bly aan homself" en dat die bundel ontsier word deur retorika, voorspelbaarheid en blote slimmigheid. Volgens Cloete word die bundel stilisties gekenmerk deur die bekende voortreflike manier van beelding en beskrywing wat saamhang met fyn sintuiglike waarneming, taalvirtuositeit en eksperimentering met rym en die sonnetvorm, maar die bundel bring "niks nuut" in Breytenbach se werk nie en toon eintlik agteruitgang, want dit bevat te veel "louter beskrywing" en is "wydlopig". Hein Viljoen daarenteen voel dat daar vernuwing is in die groter spanning, selfs 'n soort desperaatheid, in die verse en in die hegter struktuur. Ampie Coetzee voel dit is verkeerd om 'n "vernuwing", 'n "stygende lyn", 'n "verbetering" in Breytenbach se werk te verwag, want sy isolasie het sy beheptheid met taal en die gedig en die betekenis van die gedig verhoog; dit gaan dus in *Eklips* om problematiek wat van die begin af Breytenbach se werk kenmerk en die bundel bestaan uit verse wat tot taal en teks ingekeer is.[9]

---

9 Die resepsie van *Eklips*, onder meer Dan Roodt se kritiek op Brink se hantering van teoretiese begrippe in sy resensie, word in Galloway (1990:291–292) toegelig.

('Yk') word allerweë entoesiasties ontvang en beskou as een van die indrukwekkendste bundels in Afrikaans, 'n hoogtepunt in Breytenbach se oeuvre. Brink se verklaring van die bundeltitel belig talle aspekte van die bundel as geheel, onder meer dat die digter in sy afsondering aangewys is op woorde en dat daar in hierdie gedigte, via woorde en in woorde, gekyk word na die woordprosesse self. F.I.J. van Rensburg dui aan hoe nie net die titel en die "hart soetra" nie, maar ook die omramende materiaal die leser nooi tot "semiotiese ontraaiseling". Henning Snyman meen dat 'n "nuwe" Breytenbach verwesenlik word in ('Yk') en dat die bundel in baie opsigte vergelykbaar is met Opperman se *Komas uit 'n bamboesstok*. Die Breytenbach-tema van 'n eenheidsvisie van ongelyke dinge en die Breytenbach/Opperman-tema van ontluistering word tot 'n subtiele hoogtepunt in Afrikaans gevoer. Cloete wys op die beoefening van die gedig as 'n "tussenin" (tussen hakies en aanhalingstekens soos in die titel). Charles Malan meen bykans al die gedigte moet binne bundelverband en selfs binne die Afrikaanse letterkunde as 'n "interteks" gelees word wat aanleiding gee tot een van die boeiendste en selfs briljantste "betekenispatrone" in Afrikaans. Vir Annari van der Merwe is die bundel, ondanks die voortdurende gedagte aan die dood en die gevangenis, 'n lofsang op die lewe en die mens se vermoë om begrensing van allerlei aard te oorkom.[10]

Die lede van die Letterkundekommissie wat oor die wenner moet besluit (die voorsitter Elize Botha, Merwe Scholtz, A.P. Grové, T.T. Cloete, Réna Pretorius, F.R. Gilfillan en Lydia Snyman) ken wel twee Hertzogpryse toe – aan Henriette Grové vir haar prosawerk *Die kêrel van die Pêrel* en aan Breytenbach vir sy poësiebundel ('Yk'). Eersgenoemde vier lede het vroeër in Letterkundekommissies gedien wat die prys van Breytenbach weerhou het.[11]

Breytenbach bedank die beoordelaars in 'n verklaring wat deur Taurus uitgereik word (*Die Vaderland*, 7 Mei 1984; opgeneem in *End papers*, Breytenbach 1986:147–149). Hy aanvaar dat "hulle besluit gelei is deur persoonlike literêre oorwegings" en hy betwyfel nie die bona fides van die beoordelaars nie (al moes die besluit om hom te bekroon vir

---

10 Die resepsie van die bundel word in Galloway (1990:293–294) ontleed.
11 Kapp (2009:222–223) verskaf geen nadere toeligting oor die verloop van die vergadering nie.

sommige keurders moeilik versoenbaar met hulle eie oortuigings wees). Hy plaas die besluit in die konteks van "die vloeibare situasie en van die opbouende druk vir interne aanpassing, miskien dalk verandering [...] [en] gisting in Afrikanergeledere". Hy self sou nie graag deur sy optrede "die geringste gaatjie waardeur 'n windjie van verandering wel mag glip, wou obstrueer nie". Tog kan hy nie anders as om die prys van die hand te wys nie, want die Akademie is "nog immer dié bolwerk van die Afrikaanse establishment". Indien hy die bekroning sou aanvaar, glo hy dat hy nie sou meewerk aan daadwerklike verandering nie, "maar 'n illusie van soepelheid help verleen aan strukture en 'n stelsel wat eksklusief bly: minoritêr, diskriminerend, en dáárom verdrukkend". Hy verwag van die Akademie om hom uit te spreek oor omstrede kwessies soos die paswette, die Ontugwet, die Groepsgebiedewet en die dood in aanhouding van Steve Biko en Neil Aggett. Hy vra homself, "omdat dit verwant is aan kultuur", of iemand hom *een* behoorlike regverdiging kan bied vir waarom Nelson Mandela, Walter Sisulu en Denis Goldberg nog in die tronk is.

Die uiteenlopende openbare reaksie op die Akademie se besluit en Breytenbach se afwysing van die prys, gee blyke van die destydse ideologiese verdelings in Afrikanergeledere. Verligte Afrikaanse koerante (*Rapport*, 29 April 1984; *Die Burger*, 30 April 1984; *Die Vaderland*, 1 Mei 1984; *Die Transvaler*, 30 April 1984) beklemtoon in hulle redaksionele kommentaar die verblydende feit dat die Akademie hom deur dié bekroning losgemaak het van politieke en ideologiese oorwegings by besluitneming oor pryse en daarmee dus 'n nuwe tydvak betree. Oor Breytenbach se motivering vir afwysing van die prys, meen *Die Burger* (30 April 1984) dat hy hom laat lei het "deur politieke aanklagte wat in vandag se terme 'n argaïese klank gekry het". *Die Volksblad* (30 April 1984) veroordeel die "omstrede" Breytenbach wat hom "vervreem" van die Afrikanergemeenskap deur hom te distansieer van 'n erkende Afrikanerorganisasie.

Vanuit skrywersgeledere wissel die reaksie oor die toekenning aan Breytenbach van dankbaarheid dat die Akademie "sy rekord skoon gestel het" tot versigtige optimisme. In *Die Volksblad* (2 Mei 1984) verwelkom Gerhard Beukes, Jan Senekal en Dot Serfontein die erkenning van "slegs literêre gehalte" deur die Akademie, maar vind hulle dit jammer dat Breytenbach dit om "suiwer politiek-ideologiese redes van die hand gewys het" en bowendien politieke redes wat so "ouderwets en uit pas [is] dat 'n mens kan glo hy sit nou maar ook in eensame opsluiting". Ander skrywers, soos Jan Rabie, het bedenkinge oor die dubbele toekenning deur die Akademie. Brink (*Beeld*, 28 April 1984) voel die Akademie diskrediteer die prys vir die soveelste keer deur dit net vir een van Breytenbach se bundels toe te ken en nie vir sy hele oeuvre nie; om Grové ook te bekroon is 'n poging om die toekenning te "balanseer". Adam Small is die enigste wat dit stel dat Breytenbach "'n betekenisvolle gebaar" maak deur die prys te weier (*Die Transvaler*, 30 April 1984).

In teenstelling met die verligte koerante en literêre establishment wat oorwegend meen dat politiek dié keer nie 'n rol in die Akademie se besluit gespeel het nie, is die reaksie van diegene verder regs én links op die ideologiese glyskaal. So meen *Die Afrikaner* (9 Mei 1984) "die liberale en verlinkse politiek het nou 'n rol gespeel terwyl vroeër die nasionale politiek 'n rol gespeel het" en in die ommeswaai het die "aktivistiese politiek" van Breytenbach aanvaarbaar geword. Ander waarnemers meen egter die toekenning moet gesien word in die lig van 'n "nuwe strategie [...] van repressiewe verdraagsaamheid, wat deel is van die oorlewingstrategieë van die Afrikaner" (Julian Smith in *Stet*, 1985).

Kapp (2009:223) wys daarop dat Breytenbach twee jaar later sy eise aan kultuurliggame soos die Akademie herbevestig en duideliker uiteensit tydens sy aanvaardingstoespraak van die Rapportprys in 1986 (sien loopbaanskets).

Die Hertzogprys in die "nuwe" Suid-Afrika in die 1990's

Die viering van die Akademie se vyf-en-sewentigste bestaansjaar in 1984 staan in die teken van politieke verdeeldheid onder Afrikaners wat ook invloed op ander werksaamhede in belang van Afrikaans uitoefen. Die Akademie sou op sy pad vorentoe veel meer rekening moes hou met die probleme en werklikhede van die tyd, soos 'n nuwe grondwetlike bedeling wat verandering in die politieke kragte in die samelewing teweegbring wat implikasies vir die organisasie se taalstrewe sedert die 1990's het (Kapp 2009:136).

1999: bekroon en aanvaar

In 1999 oorweeg die Akademie se Letterkundekommissie onder voorsitterskap van Elize Botha digbundels wat hoog aangeskryf word vir die Hertzogprys vir Poësie (waarvan die geldwaarde sedert 1994 deur 'n borgskap van *Rapport* verhoog is). Twee van hierdie bundels is Breytenbach se *Oorblyfsels: 'n Roudig* onder die skryfnaam Jan Blom en *Papierblom* onder die skryfnaam Jan Afrika. Die ander bundels is Petra Müller se *Swerfgesange vir Susan en ander*; Elisabeth Eybers se *Tydverdryf* en *Verbruikersverse*; George Weideman se *'n Staning onder die sterre*; en T.T. Cloete se *Uit die hoek van my oog*.[12]

Die klein elegiese geleentheidsbundel ter herinnering aan Daantjie Saayman, *Oorblyfsels: 'n Roudig* (die eerste bundel met nuwe verse wat in 1997 deur H&R uitgegee is), roep sy netjies verpakte klein voorganger op met die titel *Oorblyfsels uit die pelgrim se verse na 'n tydelike* wat in 1970 deur Saayman se Buren uitgegee is (sien loopbaanskets). Wilhelm Grütter wys op die "bibliofiele interteks" waarmee die digter sy vriend gedenk. Lucas Malan dui aan dat die nuutste *Oorblyfsels* ook in die teken van die reismotief staan – in hierdie geval "enersyds 'n reis na die dood en andersyds 'n reis deur die streke van 'n besondere vriendskap" en 'n mens "kan jou kwalik 'n ryker groet by die uitvaart voorstel as dié een". A.P. Grové beklemtoon die eenheidsaard van die bundel, asook die herkenbare poëtiese strategieë van die digter as maskerdraer: "En dit is juis die proses van maskering, tesame met die strategie (as mens dit so kan noem) om by die dood verby te kyk na die volle lewe soos dit was, wat aan die bundel sy trefkrag gee." Ampie Coetzee dui aan hoe die elegiese toon van die bundel (wat byna die toonaard van Breytenbach se poësie is) verbande lê met die elegie, een van die oudste digvorms. Binne die tradisie van die elegie, van poëtiese en kulturele verwysings, kan die leser verse vind wat uitreik bo die persoonlike oomblikke van vriendskap wat opgeroep word.

Resensente van *Papierblom (72 gedigte uit 'n swerfjoernaal)* (die eerste volwaardige bundel met nuwe gedigte wat in 1998 deur H&R uitgegee word) lig die bekende motiewe in Breytenbach se oeuvre, asook die volgehoue taalontginning en metamorfose uit (Bernard Odendaal,

---

12 Cloete word in 1987 met die Hertzogprys vir Poësie bekroon vir *Idiolek* en *Allotroop*; *Jukstaposisie* en *Angelliera* word eervol vermeld. In 1993 ontvang hy die prys vir *Met die aarde praat*.

T.T. Cloete) en die "skynbare teenstrydigheid, die spel met natuurlik en teennatuurlik" (George Weideman). Ernst Lindenberg meen die bundel is nie soseer 'n vernuwing nie "as 'n bevestiging van onverminderde rykdom en skeppingskrag". 'n Verandering wat hom opval, is die afname in politieke gedigte: "Daar is wel enkele verwysings na die nuwe politieke bestel en ook 'n hekeling met gebreke – 'n ontnugtering eerder." Vir Helize van Vuuren is 'n nuwe element "'n sterk bewussyn van verganklikheid, die dood en verwysings na sy ouderdom"; sy sien "'n opvallende negatiewe gestemdheid oor die opset in die nuwe Suid-Afrika". Terwyl Cloete meen dat die gedigte nie diepsinnig wil wees nie en dat hulle bekoring juis lê in "hulle ongekompliseerdheid, hulle mymerende, dromende toonaard en die inherente poëtiese kwaliteite van die temas", vind Van Vuuren *Papierblom* "nie 'n maklik toeganklike digbundel nie, maar by volgehoue herlees wen die gedigte toenemend aan toeganklikheid".

Die Letterkundekommissie (onder voorsitterskap van Elize Botha) oorweeg op 26 Mei 1999 die digbundels wat in aanmerking kom. Volgens die notule van die vergadering waaruit Kapp (2009:226) aanhaal, beïndruk *Oorblyfsels* se hegte komposisie, die woordspel, beeldontginning en ironiese inversie en is "Breyten miskien op sy beste". *Papierblom* "dra die ykmerk van Breytenbach", met inbegrip van eienskappe soos onkonvensionaliteit, verbysterende beeldvermoë, persoonlike assosiasies en verrassende saamdink van dinge, opstapeling van beelde en assosiasies, die spel met teenstrydighede. Daar word besluit om die prys aan hom toe te ken vir die twee bundels.

Breytenbach dui via sy uitgewer Kerneels Breytenbach aan dat hy die toekenning aanvaar. In *Insig* se "Boekeseksie" (Julie 1999) vertel hy van die telefoonoproep wat hy van president Mandela ontvang het om hom geluk te wens met die bekroning: "Toe sê hy nog dat dit nou wys hoe die land verander het as selfs 'n ou tronkvoël al die Hertzogprys kry! Maar hy moes afsluit, want hy wou nie laat wees vir 'n saamtrek in Soweto nie… […] En ek dink by myself: dis tog hoe medemenslikheid en die menswaardigheid aangegee word van die een na die ander. En verder: nou durf ek seker sê ek het die Hertzog-Mandela-prys!"

Op 17 September 1999 ('n dag ná sy sestigste verjaardag) word die prys in die volgepakte Aula van die Universiteit van Pretoria aan Breytenbach toegeken. Hy reis van New York om die geleentheid by te woon. By sy aankoms sê hy aan die joernalis van *Beeld*: "Dit is vyftien jaar later [nadat hy die prys in 1984 van die hand gewys het] en ander omstandighede. Ou geskille het minder belangrik geword." Die motivering vir die toekenning word deur Réna Pretorius voorgelees.[13] Sy noem *Oorblyfsels: 'n Roudig* 'n "waardevolle bydrae tot ons yl besit aan elegiese bundels in Afrikaans"; *Papierblom* word bekroon omdat die bundel 'n "kragtige demonstrasie bied van die Breytenbach-wêreld en sy unieke en waardevolle bydrae tot die Afrikaanse poësietradisie". (Neels Jackson in *Beeld*, 18 September 1999.) In sy aanvaardingstoespraak noem Breytenbach dat hy aanvanklik onseker was of hy die prys in ontvangs moet neem en daarom het hy vriende geraadpleeg. Hulle was eenparig dat hy dit moet aanvaar – as hy omgee vir Afrikaans, is dit nou die tyd om hande te vat, is hy aangeraai. Hy aanvaar dus die prys "met apologie aan genl. Hertzog". (Z.B. du Toit in *Rapport*, 19 September 1999.) Kapp (2009:227) formuleer Breytenbach se besluit soos volg: "Hy het nie die prys aanvaar omdat hy verander het nie, maar omdat die Akademie verander het!" Terug in New York reageer Breytenbach soos volg in 'n e-posonderhoud: "I turned it down once before, for reasons then made public [...] Since that cataleptic period our country has gone through changes which are consensually described as 'for the better' – the Academy [...] now rules over the memory of a dungheap, and other, perhaps more potent, hegemonies have appeared on the national scene." (Gustav Thiel in *The Cape Times*, 24 September 1999.) Spore van nuwe ontnugtering is in hierdie uitspraak waarneembaar.

Die Hertzogprys in die nuwe millennium

Die Akademie is teen 2005 op verskillende vlakke besig met sake wat om die toekoms van Afrikaans wentel: gespreksvoering met "prominente bruin leiers en akademici oor die omvorming van die Akademie tot 'n meer verteenwoordigende organisasie"; betrokkenheid by die openbare gesprek oor Afrikaans as onderrigtaal aan tersiêre inrigtings; en sy toekomstige verhouding met taalliggame soos die Pan-Suid-Afrikaanse Taalraad (PANSAT) en die Nasionale Taalliggaam vir Afrikaans (NTLA). Daar moet 'n nasionale strategie vir Afrikaans met die grootste moont-

---

13 Ek kon nie toegang tot die huldigingswoord en aanvaardingstoespraak verkry nie.

like deelname en betrokkenheid ontwikkel word, volgens Kapp (2009: 150–151). In Mei 2008 word die Afrikaanse Taalraad (ATR) gestig met eenparige instemming van al die burgerlike organisasies wat in die verlede gesukkel het om mekaar te vind (Kapp 2009:155).

2008: veelbekroond

Breytenbach het hom in 2002 ontnugterd aan die plaaslike toneel onttrek en keer eers weer in September 2005 terug in die openbare ruimte (sien loopbaanskets). Nege jaar ná die vorige bundel met nuwe gedigte (*Papierblom*, 1998) gee H&R in 2007 *Die windvanger* uit. Die bundel word entoesiasties ontvang en word met vier pryse, wat in 2008 daaraan toegeken word, sy mees bekroonde bundel. (Sien die loopbaanskets vir die resepsie van die bundel en die ander bekronings.)

In Maart word dit bekend (byvoorbeeld in *Die Burger*, 19 Maart 2008) dat die Akademie besluit het om die Hertzogprys vir Poësie daaraan toe te ken en dat Breytenbach besluit het om dit te aanvaar "uit erkenning vir die goeie werk wat gedoen is [deur die Akademie] en die werk wat nog gedoen moet word". In 'n e-posgesprek met Hanlie Retief (*Rapport*, 23 Maart 2008) verskaf hy redes waarom hy nou kans sien om die prys te aanvaar nadat hy dit in die 1980's van die hand gewys het. Een rede is dat die Akademie "nie meer die kulturele hamer van 'n minderheidshegemonie [is] nie", maar op 'n manier nou die "onderhond" en "my hart loop maar altyd in daardie rigting"; die ander rede is sy persoonlike waardering vir Louise Viljoen wat deel was van die besluit om sy werk te bekroon. Hy maak egter reeds by voorbaat verskoning "aan almal wat sielsongelukkig gemaak is deur hierdie besluit".

Die toekenning van die Hertzogprys op 20 Junie 2008 is 'n glansgeleentheid, soos destyds toe Breytenbach die Rapportprys in die Staatsteater in ontvangs geneem het. Dié keer sit die uitgelese akademielede die H.B. Thom-teater van die Universiteit Stellenbosch vol. Die digter kom uit New York vir die geleentheid. In haar huldigingswoord[14] vergelyk Louise Viljoen die digter se omvangryke poëtiese oeuvre met 'n kaleidoskoop vanweë "die merkwaardige verskeidenheid tegnieke wat daarin voorkom, maar ook vanweë die wyse waarop bepaalde elemente

---

14 Verskaf deur die Akademie-kantoor.

daarin met elke nuwe publikasie herrangskik word sodat daar weer en weer nuwe patrone ontstaan". Sy belig die kreatiewe paradokse wat ten grondslag van sy oeuvre en dié bundel lê: die "gespanne verhouding met die taal wat aan die digter die moontlikheid van verwoording bied, maar hom ook inperk binne bepaalde grense"; die deurlopende temas van "die ouderdom, die dood en die liefde"; die "balans tussen 'n bewustheid van globale en lokale toestande" ten opsigte van politieke aktualiteite. Uiteindelik is die bundel vir haar "ook 'n bestekopname van die eie lewe en die poësie waarmee daardie lewe so intiem verknoop is".

Soos destyds in die Staatsteater, speel Breytenbach met sy eie "report to the academy", naamlik die ontvangstoespraak getitel "O volk, meneer"[15] in die vorm van 'n onderhoud met homself, die Bitterbrak Buiteboer, nie viool in die voorkamer van die establishment nie. Hy deel wyd klappe uit, onder andere na die "briljante mense, diepsinnige en neutrale literêre kenners" wat sy onlangse Engelse publikasie *A veil of footsteps* "deeglik gelees en fyn ontleed" het (sien loopbaanskets). Volgens die ondervraer in hierdie "onderhoud" meen Buiteboer "die land is in sy moer" – "Dat dit net moord en doodslag is waar mens jou draai. Dat die bestuurstelsels in duie gestort het. Dat die ou diewe skreeu soos gesteekte varke noudat die nuwe regerende diewe alles plunder. Dat die ANC die revolusie verraai het. Dat daar geen toekoms vir 'n whitey in hierdie land is nie en dat sy bruin broers en susters ook maar 'n bloutjie geloop het." Breytenbach verwyt die Afrikaners in die vorm van 'n verwysing na die taal wat "met verloop, en verloping, van tyd besmet geraak het". Hy lig hierdie stelling toe: "Dit is waarom sommige van ons so hard baklei het vir die bevryding van Afrikaans, vir die ontkoppeling van omskeppende waardes met dié van die behoudende heersende establishment. Want daardie hand wat regeer het ook in die naam van Afrikaans is gelig teen sy eie broer [...]." Hy verklaar egter: "As ek my taal sou onteien sou dit beteken dat ek die wewing van my bestaan probeer vernietig." Hy voel hy het uitgekom by 'n plek waar hy kan sê: "Ek het in opstand gekom teen die volk ook in naam van die woord. In naam van die basterskap van die woord." Sy boodskap is nie vertroos-

---

15 Die toespraak is in verskillende dagblaaie gepubliseer en opgeneem in *Parool/Parole*, Breytenbach 2015:126–132. Breytenbach se deelname aan die geleentheid en sy aanvaardingstoespraak lok weer eens ontstelde reaksie in die pers uit.

tend nie: "Ons het nou almal tot die bittere besef gekom dat daar geen algemene Suid-Afrikaanse nasie is nie, en selfs die waardes van nasionale en daarom individuele bevryding is verraai. Dis hoekom die stryd voortgesit moet word."

Hy dui aan dat daar één saak is waarvoor hy persoonlik om verskoning wil vra: "Dat ek nie hard genoeg en helder genoeg baklei het teen die onreg aangedoen aan die bruin mense nie. En dit nog steeds nie doen nie. Want hulle is bloedfamilie. Dis my mense. Ek het myself ook mislei met die aanhanging van 'groter oorwegings', en oogluikend toegesien hoe ons gedeeldheid 'n verdeling word, sonder om iets daaraan te probeer doen." Volgens hom is daar baie wat dringend reggestel moet word – "ook in hierdie spesifieke opset en forum van vanaand". Hy noem dan een voorbeeld: "Waar is Adam Small se Hertzogprys? Ek doen 'n beroep op die Akademie. Dit is nog nie te laat om reg te maak nie." Hy dra intussen, "in ootmoed en respek", die erkenning wat aan hom gegee is op "aan daardie groot hartesanger van die Kaap – van die Boland en van die Kaap – Adam Small. Dankie broer, vir wat jy met die woord gedoen het. Ter wille van ons almal."

*

Breytenbach se digbundel *Oorblyfsel/Voice over (op reis met Magmoed Darwiesj) (the nomadic conversation with Mahmoud Darwish)*, wat in 2009 gepubliseer en ook reeds bekroon is, asook *Die beginsel van stof* (2010) verskyn in die bekroningstydperk vir die 2011-Hertzogprys vir Poësie. Die prys word dié jaar aan Johann de Lange vir sy bundel *Die algebra van nood* (2009) toegeken.

In 2012 word die Hertzogprys vir Drama uiteindelik aan Adam Small toegeken.[16] Van der Elst (2017:86) verwys na 'n e-pos van gelukwense wat Breytenbach oor die besluit aan die Akademie stuur; die digter skryf ook 'n ode aan Small wat in *Die Volksblad* (8 September 2012) gepubliseer word.

Breytenbach se digbundel *Katalekte* (2012) verskyn in die bekroningstydperk vir die 2014-Hertzogprys vir Poësie wat aan Marlene van Niekerk vir *Kaar* (2013) toegeken word. Drie Breytenbach-bundels verskyn

---

16 Sien Van der Elst se opstel "Adam Small en die Hertzogprys" in Van der Elst (red.) (2017:73–88) vir 'n oorsig van die verhouding tussen Small (en Kaaps) en die Akademie.

in die bekroningstydperk van die 2017-Hertzogprys vir Poësie: *Vyf-en-veertig skemeraandsange* (2014), *Oorblyfsel*, onder die skryfnaam Blackface (2014) en *Die na-dood* (2016). Die wenner is Antjie Krog met *Mede-wete* (2014).

Die volgende Hertzogprys vir Poësie word in 2020 toegeken. Breytenbach se mees onlangse bundel, *Op weg na kû*, verskyn in 2019, die jaar waarin hy tagtig word. Mens wonder oor die moontlikheid dat hy weer daarvoor die Hertzogprys kan ontvang. Of sal die driekuns (waarvan hy een nie aanvaar het nie) hom ontwyk – soos die Nobelprys wat hy volgens verskeie ingeligte lesers reeds dekades lank waardig is?

BRONNELYS

Breytenbach, Breyten. 1986. *End papers: Essays, letters, articles of faith, workbook notes*. Londen: Faber & Faber.

Breytenbach, Breyten. 1999. Die een oud-tronkvoël bel die ander... *Insig* [*Boeke*], Julie:44.

Breytenbach, Breyten. 2008. "O volk, meneer". Toespraak tydens ontvangs van die Hertzogprys, Stellenbosch, 20 Junie. *Die Burger* [*By*], 28 Junie, bl. 6–7.

Breytenbach, Breyten. 2015. *Parool/Parole. Versamelde toesprake/Collected speeches*. Kaapstad: Penguin Books.

Du Toit, Z.B. 1999. "Skuus tog, Hertzog", sê Breyten en vat die prys. *Rapport*, 19 September, bl. 21.

Galloway, Francis. 1990. *Breyten Breytenbach as openbare figuur*. Pretoria: HAUM-Literêr. Elektronies beskikbaar: https://www.dbnl.org/tekst/gall037brey01_01/colofon.php.

Jackson, Neels. 1999. Ou geskille minder belangrik, sê Breytenbach oor Hertzogprys. *Beeld*, 18 September, bl. 4.

Kapp, Pieter. 2009. *Draer van 'n droom. Die geskiedenis van die Suid-Afrikaanse Akademie vir Wetenskap en Kuns 1909–2009*. Hermanus: Hemel & See Boeke.

Nienaber, P.J. 1965. *Die Hertzogprys vyftig jaar*. Kaapstad: Nasionale Boekhandel.

Retief, Hanlie. 2008. Die windvanger van Moermikland. *Rapport*, 23 Maart, bl. 22.

Smith, Julian F. 1985. Die Hertzogprys anders as alle ander pryse heilig. *Stet*, 3(2):26–28.

Smuts, J.P. 2005. Die Akademie se letterkundepryse. *Tydskrif vir Geesteswetenskappe*, 45(1):1–14.

Thiel, Gustav. 1999. Breyten Breytenbach – Aflame with talent and attitude. *The Cape Times*, 24 September, bl. 9.

Van Coller, H.P. 2010. 'n Kritiese blik op enkele van die literêre pryse van die Suid-Afrikaanse Akademie vir Wetenskap en Kuns. *Tydskrif vir Geesteswetenskappe*, 50(4):484–501.

Van der Elst, Jacques. 2017. Adam Small en die Hertzogprys. In Jacques van der Elst (red.). *'n Huldiging. Adam Small. Denker digter dramaturg*. Pretoria: Protea Boekhuis.

UITGESOEKTE BIBLIOGRAFIE
Francis Galloway en Alwyn Roux

Oorspronklike en vertaalde boeke

Suid-Afrikaanse uitgawes

Breytenbach, Breyten. 1964. *Die ysterkoei moet sweet*. Johannesburg: Afrikaanse Pers-Boekhandel.

Breytenbach, Breyten. 1964. *Katastrofes*. Johannesburg: Afrikaanse Pers-Boekhandel.

Breytenbach, Breyten. 1967. *Die huis van die dowe*. Kaapstad: Human & Rousseau.

Breytenbach, Breyten. 1969. *Kouevuur*. Kaapstad: Buren-uitgewers.

Breytenbach, Breyten. [Jan Blom].[1] 1970. *Lotus*. Kaapstad: Buren-uitgewers.

Breytenbach, Breyten. 1970. *Oorblyfsels uit die pelgrim se verse na 'n tydelike*. Kaapstad: Buren-uitgewers.

Breytenbach, Breyten. 1971. *Om te vlieg: 'n Opstel in vyf ledemate en 'n ode*. Kaapstad: Buren-uitgewers.

Breytenbach, Breyten. 1973. *Met ander woorde vrugte van die boom van stilte*. Kaapstad: Buren-uitgewers.

Breytenbach, Breyten. 1976. *Voetskrif*. Johannesburg: Perskor-uitgewery.

Breytenbach, Breyten. [B.B. Lasarus]. 1976. *'n Seisoen in die paradys*. Johannesburg: Perskor-uitgewery.

Breytenbach, Breyten. 1977. *Blomskryf (uit die gedigte van Breyten Breytenbach en Jan Blom)*. Emmarentia: Taurus.[2]

Breytenbach, Breyten. 1978. *And death white as words: An anthology*. Kaapstad: David Philip.[3]

Breytenbach, Breyten. 1980. *Die miernes swel op ja die fox-terrier kry 'n weekend en ander byna vergete katastrofes en fragmente uit 'n ou manuskrip*. Emmarentia: Taurus.

Breytenbach, Breyten. 1983. *Eklips. Die derde bundel van die ongedanste dans*. Emmarentia: Taurus.

Breytenbach, Breyten. 1983. *Mouroir (bespieëlende notas van 'n roman)*. Emmarentia: Taurus.

Breytenbach, Breyten. 1983. *('Yk')*. *Die vierde bundel van die ongedanste dans*. Emmarentia: Taurus.

Breytenbach, Breyten. 1984. *Buffalo Bill. Die tweede bundel van die ongedanste dans*. Emmarentia: Taurus.

---

1 Waar Breytenbach 'n skryfnaam gebruik het, word dit tussen hakies verskaf. Só word die chronologie van verskyning weerspieël.
2 Uitgesoek en ingelei deur A.J. Coetzee.
3 Vertaling van die gedigte deur A.J. Coetzee.

Breytenbach, Breyten. 1984. *The true confessions of an albino terrorist*. Emmarentia: Taurus.
Breytenbach, Breyten. 1985. *Lewendood. Die eerste bundel van die ongedanste dans*. Emmarentia: Taurus.
Breytenbach, Breyten. 1987. *Boek (deel een): Dryfpunt*. Emmarentia: Taurus.
Breytenbach, Breyten. 1989. *Memory of snow and of dust*. Emmarentia: Taurus.
Breytenbach, Breyten. 1990. *All one horse: Fictions and images*. Bramley: Taurus.
Breytenbach, Breyten. 1990. *Soos die so: Toktokkie se nagregister*. Bramley: Taurus.
Breytenbach, Breyten. 1991. *Hart-lam ('n leerboek)*. Bramley: Taurus.
Breytenbach, Breyten. 1993. *Nege landskappe van ons tye bemaak aan 'n beminde*. Groenkloof: Hond/Somerset-Wes: Intaka.
Breytenbach, Breyten. 1993. *Return to paradise. An African journal*. Kaapstad: David Philip.
Breytenbach, Breyten. 1994. *Plakboek. Moving on: Verjaarde reisverse vir Hoang Lien*. Groenkloof: Hond.
Breytenbach, Breyten. 1995. *Die hand vol vere: 'n Bloemlesing van die poësie van Breyten Breytenbach met twee briewe*. Kaapstad: Human & Rousseau.[4]
Breytenbach, Breyten. 1996. *The memory of birds in times of revolution*. Kaapstad: Human & Rousseau.
Breytenbach, Breyten. [Jan Blom]. 1997. *Oorblyfsels: 'n Roudig*. Kaapstad: Human & Rousseau.
Breytenbach, Breyten. [Jan Afrika]. 1998. *Papierblom (72 gedigte uit 'n swerfjoernaal)*. Kaapstad: Human & Rousseau.
Breytenbach, Breyten. 1998. *Boklied: 'n Vermaaklikheid in drie bedrywe*. Kaapstad: Human & Rousseau.
Breytenbach, Breyten. 1998. *Dog heart (a travel memoir)*. Kaapstad: Human & Rousseau.
Breytenbach, Breyten. 1999. *Woordwerk (die kantskryfjoernaal van 'n swerwer)*. Kaapstad: Human & Rousseau.
Breytenbach, Breyten. 2000. *Lady One (99 liefdesgedigte)*. Kaapstad: Human & Rousseau.
Breytenbach, Breyten. 2001. *Die toneelstuk ('n belydenis in twee bedrywe)*. Kaapstad: Human & Rousseau.
Breytenbach, Breyten. 2001. *Ysterkoei-blues: Versamelde gedigte (1964–1975)*. Kaapstad: Human & Rousseau.
Breytenbach, Breyten. 2005. *Die ongedanste dans: Gevangenisgedigte (1975–1983)*. Kaapstad: Human & Rousseau.
Breytenbach, Breyten. 2007. *Die windvanger*. Kaapstad: Human & Rousseau
Breytenbach, Breyten. 2008. *A veil of footsteps (memoir of a nomadic fictional character)*. Kaapstad: Human & Rousseau.
Breytenbach, Breyten. 2009. *Oorblyfsel/Voice over (op reis in gesprek met Magmoed Darwiesj) (the nomadic conversation with Mahmoud Darwish)*. Kaapstad: Human & Rousseau.
Breytenbach, Breyten. 2011. *Die beginsel van stof (laat-verse, sprinkaanskaduwees, aandtekeninge)*. Kaapstad: Human & Rousseau.
Breytenbach, Breyten. 2012. *Katalekte (artefakte vir die stadige gebruike van doodgaan)*. Kaapstad: Human & Rousseau.

4 Saamgestel deur Ampie [A.J.] Coetzee

Breytenbach, Breyten. 2014. *Vyf-en-veertig skemeraandsange uit die eenbeendanser se werkruimte*. Kaapstad: Human & Rousseau.
Breytenbach, Breyten. [Blackface]. 2014. *Oorblyfsel*. Groenkloof: Hond BK/ Brooklyn, Kaapstad, Gorée, Parys: Island Position.
Breytenbach, Breyten. 2015. *Parool/Parole. Versamelde toesprake/Collected speeches*. Kaapstad: Penguin Books.
Breytenbach, Breyten. 2016. *Die singende hand: Versamelde gedigte (1984–2014)*. Kaapstad: Human & Rousseau.
Breytenbach, Breyten. 2016. *Die na-dood (die singende hand se oggendboek-hierinneringe)*. Kaapstad: Human & Rousseau.
Breytenbach, Breyten. 2019. *Op weg na kû*. Kaapstad: Human & Rousseau.
Breytenbach, Breyten. 2019. *Rooiborsduif: Gedigte oor die liefde*. Kaapstad: Human & Rousseau.[5]

Nederlandse uitgawes: oorspronklik en vertaal[6]

Breytenbach, Breyten. 1972. *Skryt: Om 'n sinkende skip blou te verf. Verse en tekeninge*. (Poetry International Serie). Afrikaanstalige uitgawe; nawoord deur H.C. ten Berge. Amsterdam: Meulenhoff/Rotterdam: Poetry International.
Breytenbach, Breyten. 1974. *De boom achter de maan: Verhalen*. Vertaal deur Adriaan van Dis en Jan Louter; tekeninge deur Breytenbach. Amsterdam: Van Gennep.
Breytenbach, Breyten. 1976. *Skryt: Om 'n sinkende skip blou te verf. Verse en tekeninge*. (Poetry International Serie). Tweetalige uitgawe; vertaal deur Adriaan van Dis; nawoord deur H.C. ten Berge. Amsterdam: Meulenhoff/Rotterdam: Poetry International.
Breytenbach, Breyten. 1976. *Het huis van de dove: Gedichten 1964–1969*. Afrikaanstalige uitgawe; verklarende woordelys deur Adriaan van Dis. Amsterdam: Meulenhoff.
Breytenbach, Breyten. 1977. *Met andere woorden: Gedichten 1970–1975*. Afrikaanstalige uitgawe; verklarende woordelys deur Adriaan van Dis. Amsterdam: Meulenhoff.
Breytenbach, Breyten. 1980. *Een seizoen in het paradijs: Dagverhaal, nachttaal. Binnenreis, geschreven met gesloten ogen*. Vertaal deur Adriaan van Dis en Hans Ester. Amsterdam: Meulenhoff.
Breytenbach, Breyten. 1980. *Vingermaan: Tekeningen uit Pretoria*. Tekeninge deur Breytenbach; tekste deur H.C. ten Berge, Rutger Kopland, Gerrit Kouwenaar, Lucebert en Bert Schierbeek. Amsterdam: Meulenhoff/Galerie Espace.
Breytenbach, Breyten. 1983. *Skryt: Om 'n sinkende skip blou te verf. Verse*. Tweetalige uitgawe; vertalings deur Adriaan van Dis. Amsterdam: Meulenhoff.
Breytenbach, Breyten. 1983. *Eklips: Die derde bundel van die ongedanste dans*. Afrikaanstalige uitgawe; verklarende woordelys deur Adriaan van Dis. Amsterdam: Meulenhoff.
Breytenbach, Breyten. 1984. *De ware bekentenissen van een witte terrorist gevolgd door kanttekeninge, tien gedichten en het Okhela-manifest*. Vertaal deur Gerrit de Blaauw en enkele gedigte deur Adriaan van Dis. Amsterdam: Van Gennep.

---

5 Saamgestel deur Charl-Pierre Naudé.
6 Die bibliografiese oorsig van Recourt (2008:162–163) is as bron benut. Die interpunksie in boektitels is soms aangepas by die styl van die bibliografie. Dankie aan Laurens van Krevelen wat die lys nagegaan het.

Breytenbach, Breyten. 1984. *Spiegeldood: Verhalen uit* Mouroir. 'n Keur vertaal deur Gerrit de Blaauw. Amsterdam: Meulenhoff.

Breytenbach, Breyten. 1985. *Mouroir: Spiegelbeelden van een boek*. Vertaal deur Gerrit de Blaauw. Amsterdam: Meulenhoff.

Breytenbach, Breyten. 1985. *('Yk'): Die vierde bundel van die ongedanste dans*. Afrikaanstalige uitgawe; verklarende woordelys deur Truida Lijphart. Amsterdam: Meulenhoff.

Breytenbach, Breyten. 1986. *De andere kant van de vrijheid: Essays en werkboek*. Vertaal deur Gerrit de Blaauw en Maarten Polman, en enkele gedigte deur Adriaan van Dis. Amsterdam: Van Gennep.

Breytenbach, Breyten. 1987. *De ongedanste dans. Gevangenispoëzie*. 'n Keur uit die "tronkgedigte". Vertaling deur Laurens Vancrevel. Amsterdam: Meulenhoff.

Breytenbach, Breyten. 1989. *Alles één paard: Verhalen en beelden*. Vertaal deur Aad Nuis. Amsterdam: Meulenhoff/Van Gennep.

Breytenbach, Breyten. 1989. *Sporen van de kameleon*. Vertaal deur Mea Flothuis. Amsterdam: Van Gennep/Meulenhoff.

Breytenbach, Breyten. 1990. *Soos die so: Toktokkie se nagregister*. Afrikaanstalige uitgawe. Amsterdam: Meulenhoff/Van Gennep.

Breytenbach, Breyten. 1993. *Terugkeer naar het paradijs: Een Afrikaans journaal*. Vertaal deur Mea Flothuis. Amsterdam: Van Gennep/Meulenhoff.

Breytenbach, Breyten. 1995. *Landschappen van onze tijd, vermaakt aan een beminde*. Tweetalige uitgawe; 'n keur vertaal deur Adriaan van Dis. Amsterdam: Meulenhoff/Van Gennep.

Breytenbach, Breyten. 1996. *Denkend vuur*. Vertaal deur Maarten Polman. Amsterdam: Meulenhoff/Van Gennep.

Breytenbach, Breyten. 1999. *Hondenhart: Een terugreis*. Vertaal deur Ellen Beek. Amsterdam: Meulenhoff.

Breytenbach, Breyten. 2000. *Lady One: 99 liefdesgedigte*. Afrikaanstalige uitgawe; verklarende woordelys deur Robert Dorsman. Amsterdam: Meulenhoff.

Breytenbach, Breyten. 2005. *Cadavre exquis: poëzie en tekeningen*. Vertaling uit Engels deur Laurens Vancrevel. Amsterdam: Brumes Blondes.

Breytenbach, Breyten. 2006. *Intieme vreemde. Een schrijfboek (aan mevrouw Lezeres)*. Uit Engels vertaal deur Krijn Peter Hesselink. Amsterdam: Podium.

Breytenbach, Breyten. 2007. *De windvanger. Gedichten 1964–2006*. Tweetalige uitgawe; vertaling uit Engels en Afrikaans deur Krijn Peter Hesselink, Adriaan van Dis en Laurens Vancrevel. Amsterdam: Podium.

Breytenbach, Breyten. 2008. *Woordvogel: Gedenkscriften van een nomadische romanfiguur*. Vertaal deur Krijn Peter Hesselink. Amsterdam: Podium.

Breytenbach, Breyten. 2010. *Berichten uit de Middenwereld*. Vertaal deur Krijn Peter Hesselink. Amsterdam: Podium.

Breytenbach, Breyten. 2015. *In de loop van de woorden. Gedichten*. Vertaal deur Laurens Vancrevel. Amsterdam: Koppernik.

Breytenbach, Breyten. 2017. *De zingende hand. Gedichten 2007–2016*. Tweetalige uitgawe; vertaling deur Laurens van Krevelen. Amsterdam: Podium.

Breytenbach, Breyten. 2019. *Allerliefste: De mooiste liefdesgedichten*. Saamgestel deur Annemiek Recourt. Tweetalige uitgawe; vertaling uit Afrikaans deur Laurens van Krevelen, Adriaan van Dis en Krijn Peter Heselink. Amsterdam: Podium.

Geleentheidspublikasies

1984. *Breyten. Notes of Bird: Proza, schilderijen en tekeningen.* Amsterdam: Meulenhoff/Galerie Espace.

1995. *Uit de eerste hand: schilderijen, tekeningen en essays.* Met bydraes deur Mabel Hoogendonk en ander. Uit Engels vertaal deur Gerrit de Blaauw. Haarlem: Frans Hals Museum/Amsterdam: Meulenhoff

Britse uitgawes: oorspronklik en vertaal

Breytenbach, Breyten. 1978. *In Africa even the flies are happy: Selected poems (1964–1977).* Vertaal deur Denis Hirson. Londen: John Calder.

Breytenbach, Breyten. 1978. *And death white as words: An anthology of the poetry of Breyten Breytenbach.* Vertaal deur A.J. [Ampie] Coetzee. Londen: Rex Collings.

Breytenbach, Breyten. 1980. *A season in paradise.* Vertaal deur Rike Vaughan. Londen: Jonathan Cape.

Breytenbach, Breyten. 1984. *The true confessions of an albino terrorist.* Londen: Faber & Faber.

Breytenbach, Breyten. 1984. *Mouroir: Mirrornotes of a novel.* Londen: Faber & Faber.

Breytenbach, Breyten. 1985. *A season in paradise.* Vertaal deur Rike Vaughan. Londen: Faber & Faber.

Breytenbach, Breyten. 1985. *The true confessions of an albino terrorist.* Londen: Faber & Faber. (Slapbanduitgawe)

Breytenbach, Breyten. 1986. *End papers: Essays, letters, articles of faith, workbook notes.* Londen: Faber & Faber.

Breytenbach, Breyten. 1988. *Judas eye and self-portrait/deathwatch.* 'n Keur uit die "tronkgedigte" en 'n essay. Londen: Faber & Faber.

Breytenbach, Breyten. 1989. *Memory of snow and of dust.* Londen: Faber & Faber.

Breytenbach, Breyten. 1990. *All one horse.* Londen: Faber & Faber.

Breytenbach, Breyten. 1993. *Return to paradise. An African journal.* Londen: Faber & Faber.

Breytenbach, Breyten. 1996. *The memory of birds in times of revolution.* Londen: Faber & Faber.

Breytenbach, Breyten. 1999. *Dog heart: A memoir.* Londen: Faber & Faber.

Amerikaanse uitgawes: oorspronklik en vertaal

Breytenbach, Breyten. 1980. *A season in paradise.* Vertaal deur Rike Vaughan. New York: Persea Books.

Breytenbach, Breyten. 1982. *In Africa even the flies are happy: Selected poems, 1964–1977.* Vertaal deur Denis Hirson. New York: Riverrun Press.

Breytenbach, Breyten. 1984. *Mouroir: Mirrornotes of a novel.* New York: Farrar, Straus, Giroux.

Breytenbach, Breyten. 1985. *The true confessions of an albino terrorist.* New York: Farrar, Straus, Giroux.

Breytenbach, Breyten. 1986. *The true confessions of an albino terrorist.* New York: McGraw-Hill. (Sagtebanduitgawe)

Breytenbach, Breyten. 1986. *End papers: Essays, letters, articles of faith, workbook notes.* New York: Farrar, Straus, Giroux.

Breytenbach, Breyten. 1987. *End papers: Essays, letters, articles of faith, workbook notes.* New York: McGraw-Hill. (Sagtebanduitgawe)

Breytenbach, Breyten. 1988. *Judas eye and self-portrait/deathwatch*. 'n Keur uit die "tronkgedigte" en 'n essay. New York: Farrar, Straus, Giroux.
Breytenbach, Breyten. 1989. *Memory of snow and of dust*. New York: Farrar, Straus, Giroux.
Breytenbach, Breyten. 1993. *Return to paradise*. New York: Harcourt Brace.
Breytenbach, Breyten. 1994. *A season in paradise*. Vertaal deur Rike Vaughan. San Diego: Harcourt Brace. (Harvest-uitgawe)
Breytenbach, Breyten. 1994. *The true confessions of an albino terrorist*. San Diego: Harcourt Brace.
Breytenbach, Breyten. 1994. *Return to paradise*. San Diego: Harcourt Brace. (Harvest-uitgawe)
Breytenbach, Breyten. 1996. *The memory of birds in times of revolution*. New York: Harcourt Brace.
Breytenbach, Breyten. 1999. *Dog heart: A memoir*. New York: Harcourt Brace.
Breytenbach, Breyten. 2002. *Lady One: Of love and other poems*. New York: Harcourt.
Breytenbach, Breyten. 2007. *Windcatcher: New and selected poems (1964–2006)*. New York: Harcourt.
Breytenbach, Breyten. 2008. *All one horse: Fictions and images*. Brooklyn, New York: Archipelago Books.
Breytenbach, Breyten. 2009. *Mouroir: Mirrornotes of a novel*. Brooklyn, New York: Archipelago Books.
Breytenbach, Breyten. 2009. *Intimate stranger: A writing book*. Brooklyn, New York: Archipelago Books.
Breytenbach, Breyten. 2009. *Voice over: A nomadic conversation with Mahmoud Darwish*. Brooklyn, New York: Archipelago Books.
Breytenbach, Breyten. 2009. *Notes from the Middle World*. Chicago: Haymarket Books.

Kanadese uitgawe: vertaal
Breytenbach, Breyten. 1977. *Sinking ship blues*. Vertaal deur Ria Leigh-Loohuizen en Denis Hirson. Nawoord deur André Brink. Toronto, Ontario: Oasis Press.

Uitgawes in ander tale[7]
Baskies
Breytenbach, Breyten. 1986. *Gaizkile arrunt baten bi aldizko heriotza*. Vertaal deur Felipe Juaristi. San Sebastian: Baroja.

Bulgaars
Breytenbach, Breyten. 1986. *S drugi dumi*. Vertaal deur Maja Panajotova. Sofia: Narodna kultura.

Deens
Breytenbach, Breyten. 1984. *En hvid terrorists sande bekendelser*. Vertaal deur Mogens Boisen. Kopenhagen: Fremad.
Breytenbach, Breyten. 1985. *Mouroir, speijlnoter til en roman*. Vertaal deur Lars Bonnevie. Kopenhagen: Gyldendal.

---

7 Hierdie lys maak nie aanspraak op volledigheid nie. Dankie aan Georges Lory wat die Franse lys nagegaan het.

Duits

Breytenbach, Breyten. 1977. In Pieter Zandee (samest.) *Kreuz des Südens, schwarzer Brand: Gedichte und Prosa*. Vertaal deur Rosi Bussink. Berlyn: Klaus Wagenbach.
Breytenbach, Breyten. 1983. *Augenblicke im Paradies*. Vertaal deur Arnold Blumer. Zürich/Keulen: Benziger.
1985/1989 – Frankfurt am Main: Fischer-Taschenbuch-Verlag.
Breytenbach, Breyten. 1984. *Wahre Bekenntnisse eines Albino-Terroristen*. Vertaal deur Dietlinde Haug, Sylvia Oberlies en Maria Csollány. Keulen: Verlag Kiepenheuer en Witsch.
1986 – Frankfurt am Main, Olten/Wien: Büchergilde Gutenberg;
1987 – Frankfurt am Main: Fischer-Taschenbuch-Verlag.
Breytenbach, Breyten. 1985. *Breyten Breytenbach: Gedichten*. Vertaal deur Wilhelm Bartsch. Berlyn: Verlag Neues Leben.
Breytenbach, Breyten. 1986. *Schlussakte Südafrika*. Vertaal deur Matthias Müller en Elke Schönfeld. Keulen: Kiepenheuer und Witsch.
1988 – Frankfurt am Main: Fischer-Taschenbuch-Verlag.
Breytenbach, Breyten. 1987. *Mouroir: Spiegelungen eines Romans*. Vertaal deur Uli Wittmann. Keulen: Kiepenheuer & Witsch.
1989 – Frankfurt am Main: Fischer-Taschenbuch-Verlag.
Breytenbach, Breyten. 1989. *Alles ein Pferd: Texte und Bilder*. Vertaal deur Matthias Müller. Keulen: Kiepenheuer & Witsch.
Breytenbach, Breyten. 1992. *Erinnerung an Schnee und Staub: Roman*. Vertaal deur Matthias Müller. Keulen: Kiepenheuer & Witsch.
Breytenbach, Breyten. 1995. *Rückkehr ins Paradies: Ein afrikanisches Journal*. Vertaal deur Hanna Neves. Frankfurt am Main: Suhrkamp.
Breytenbach, Breyten. 1997. *Die Erinnerung von Vögeln in Zeiten der Revolution*. Vertaal deur Matthias Müller. Frankfurt am Main: Suhrkamp.
Breytenbach, Breyten. 1999. *Mischlingsherz. Eine Rückkehr nach Afrika*. Vertaal deur Matthias Müller. München: Hanser.

Frans

Breytenbach, Breyten. 1976/1983. *Feu froid*. Vertaal deur Georges-Marie Lory. Parys: Christian. Bourgois.
Breytenbach, Breyten. 1983. *Mouroir: Notes-mirroir pour un roman*. Vertaal deur Jean Guiloineau. Parys: Stock.
Breytenbach, Breyten. 1984. *Confession véridique d'un terroriste albinos*. Vertaal deur Jean Guiloineau. Parys: Stock.
Breytenbach, Breyten. 1986. *Une saison au paradis*. Vertaal deur Jean Guiloineau. Parys: Éditions du Seuil.
Breytenbach, Breyten. 1986. *Feuilles de route: Essais, lettres, articles de foi, notes de travail*. Vertaal deur Jean Guiloineau. Parys: Éditions du Seuil.
Breytenbach, Breyten. 1987. *Métamortphase: Poèmes de prison, 1975–1982*. Vertaal deur Georges-Marie Lory en Breyten Breytenbach. Parys: Bernard Grasset.
Breytenbach, Breyten. 1989. *Mémoire de poussière et de neige*. Vertaal deur Jean Guiloineau. Parys: Bernard Grasset.
Breytenbach, Breyten. 1990. *Tout un cheval: Fictions et images*. Vertaal deur Jean Guiloineau. Parys: Bernard Grasset.
Breytenbach, Breyten. 1993. *Retour au paradis: Journal africain*. Vertaal deur Jean Guiloineau. Parys: Bernard Grasset;
Breytenbach, Breyten. 2004. *Lady One: d'amour et autres poèmes*. Vertaal deur Jean Guiloineau. Parys: Léo Scheer.

Breytenbach, Breyten. 2005. *Le Coeur-chien*. Vertaal deur Jean Guiloineau. Arles: Actes Sud.
Breytenbach, Breyten. 2007. *L'étranger intime: livre d'écriture: à Mme Lectrice*. Vertaal deur Jean Guiloineau. Arles: Actes Sud.
Breytenbach, Breyten. 2008. *L'empreinte des pas sur la terre: Mémoires nomades d'un personage de fiction*. Vertaal deur Jean Guiloineau. Arles: Actes Sud.
Breytenbach, Breyten. 2009. *Le monde du milieu*. Vertaal deur Jean Guiloineau. Arles: Actes Sud.
Breytenbach, Breyten. 2009. *Outre-voix: Conversation nomade avec Mahmoud Darwich*. Vertaal deur Georges-Marie Lory. Arles: Actes Sud.
Breytenbach, Breyten. 2015. *La femme dans le soleil*. Vertaal deur Georges-Marie Lory. Parys: Editions Bruno Doucey.
Breytenbach, Breyten. 2020. *La main qui chante*. Vertaal deur Georges-Marie Lory. Parys: Editions Bruno Doucey.

Italiaans
Breytenbach, Breyten. 1986. *Poesie di un pendaglio da forca*. Vertaal deur Laura Betti & Giovanni Raboni. Rome: Associazione Fondo Pier Paolo Pasolini.
Breytenbach, Breyten. 1989. *Le veritiere confessioni di un africano albino*. Vertaal deur Maria Teresa Carbone. Genoa: Costa & Nolan.
1999 – Rome: Theoria.
2010 – Breytenbach, Breyten. *Le confessioni di un terrorista albino*. Vertaal deur Teresa Carbone. Pardova: Alet.
Breytenbach, Breyten. 1990. *Memoria di neve e di polvere*. Vertaal deur Maria Teresa Carbone. Genoa: Costa & Nolan.
Breytenbach, Breyten. 1994. *Ritorno in paradise: Un diario africano*. Vertaal deur Maria Teresa Carbone. Genoa: Costa & Nolan.

Pools
Breytenbach, Breyten. 1980. *Cały czas*. Vertaal deur Andrzej Braga. Krakau: Wydawnictwo Literackie.
Breytenbach, Breyten. 2016. *Refren podróżny. Wiersze wybrane*. Vertaal deur Miłosz Biedrzycki, Mieczysław Godyń, Magda Heydel, Agata Hołobut, Justyn Hunia, Jerzy Koch, Agnieszka Pokojska. Krakau: Fundacja Miasto Literatury.

Portugees
Breytenbach, Breyten. 1979. *Enquanto houver água na água e outros poemas*. Vertaal deur Mario Cesariny. Lissabon: Dom Quixote.
Breytenbach, Breyten. 1985. *Confissões verídicas de um terrorista albino*. Vertaal deur Manoel Paulo Ferreira. Rio de Janeiro: Rocco.
Breytenbach, Breyten. 1987. *As confissões verdadeiras de um terrorista albino*. Vertaal deur Wanda Ramos. Lissabon: Presença.

Spaans
Breytenbach, Breyten. 1986. *Las confesiones verdaderas de un terrorista albino*. Vertaal deur Jordi Fibla. Barcelona: Versal.
Breytenbach, Breyten. 2003. *Senora, Unica Dama del Amor y otros poemas*. Vertaal deur Pura López Colome. Mexico: Ediciones Sin Nombre.

Sweeds
Breytenbach, Breyten. 1984. *Blodet på dörrposterna*. Vertaal deur Roy Isaksson. Bromma: Fripress.

Breytenbach, Breyten. 1985. *Sanna bekännelser av en albinoterrorist*. Vertaal deur Thomas Preis. Stockholm: Norstedt.

Breytenbach, Breyten. 1986. *En tid i paradiset*. Vertaal deur Gunnar Pettersson. Stockholm: Norstedt.

Breytenbach, Breyten. 1987. *Bokslut Sydafrika*. Vertaal deur Ingrid Wikén Bonde. Stockholm: Norstedt.

Breytenbach, Breyten. 1990. *Kameleontens spår*. Vertaal deur Hans Berggren. Stockholm: Norstedts.

Breytenbach, Breyten. 1993. *Åter till paradiset*. Vertaal deur Boo Cassel. Stockholm: Norstedt.

Ander oorspronklike publikasies[8]

Openbare redes[9]

1990. Fragmente van 'n groeiende gewaar wees ... /Fragments from a growing awareness of unfinished truths. [SAAK, Stellenbosch, 16 Augustus]. *Vrye Weekblad*, 17 Augustus; *Hart-lam*, bl. 13–31; *Memory of birds*, bl. 24–37; *Parool/ Parool*, bl. 45–56.

1990. A DOG at dinner. [Persklub, Kaapstad, 17 Augustus]. *Hart-lam*, bl. 33–49.

1991. Painting and writing for Africa. [Kulturhuset, Stockholm, 27 Januarie]. *Hart-lam*, bl. 69–83; *Memory of birds*, bl. 63–73.

1991. Writing beyond repression. [Skrywerskongres, *The New Nation* en Congress of South African Writers (Cosaw), Johannesburg, 19 Desember].

1992. Thinking fire. [Konferensie, "Nature and culture". Nederlandse UNESCO-kommissie, Leiden, Junie]. *Memory of birds*, bl. 88–93.

1994. Dog's bone. [Walter Battiss-lesing, Universiteit van Suid-Afrika, 14 Februarie]. *Memory of birds*, bl. 142–152; *Parool/Parole*, bl. 57–66.

1996. (Notes from the Middle World). [Deel 1: Fernando Pessoa-lesing, Universiteit van Natal (Durban), 7 Oktober]. *Parool/Parole*, bl. 67–86.[10]

1996. Travelling towards an identity. [Deel 2: Fernando Pessoa-lesing, Universiteit van Natal (Durban), 14 Oktober].

1998. Andersheid en andersmaak *(rondom taal)*. [Taalberaad van die Demokratiese Allianse (DA), Johannesburg, 21 Maart]. Verkorte weergawe in Junie-uitgawe van *Die Taalgenoot*, 67(6):39.

1998. The Afrikaner as African. [Codesria/Gorée-instituut se kongres, Zanzibar, Mei]. *Parool/Parole*, bl. 87–98.[11]

---

8 In *Breyten Breytenbach as openbare figuur* (Galloway 1990:344–347) word bibliografiese besonderhede van gepubliseerde redes, essays, rubrieke, (koerant-)artikels en ander tekste deur Breytenbach tot aan die einde van die 1980's verskaf. Van hierdie tekste is gepubliseer in *End papers: Essays, letters, articles of faith, workbook notes*. Hier is die fokus op 'n keuse van (hoofsaaklik plaaslike) tekste vanaf die 1990's. Aangesien Breytenbach die skepper van al die tekste is, word die items bloot chronologies gelys.

9 Die geleentheid, plek en datum waartydens die rede gelewer is, word tussen vierkantige hakies aangedui. Hierna word die bibliografiese besonderhede van die eerste publikasie daarvan verskaf, gevolg deur besonderhede van opname in een of meer essay-bundels (slegs met verkorte titel en bladsynommers). Enkele ongepubliseerde redes word ingesluit.

10 'n Gelyknamige essay wat Breytenbach in Mei 2002 lewer by 'n byeenkoms van die Berlynse Haus der Kulturen der Welt en die Einstein Forum Potsdam is opgeneem in *Notes*, bl. 135–156.

11 Breytenbach lewer 'n weergawe van hierdie rede by 'n kongres in Stuttgart en dit word opgeneem in *Notes from the Middle World*, bl. 71–84.

1999. Die Afrikaner as Afrikaan (*andersheid en andersmaak*). [ATKV-herfsskryfskool, Potchefstroom, 15 Maart]. 'n Uitgebreide weergawe verskyn in *Fragmente*, 4:26–44.
2000. Die bobbejaan agter die bult. [Openingsrede van *LitNet* se aanlyn skrywersberaad, "Briewe deur die lug", Junie]. http://www.oulitnet.co.za/seminaar/01breyten.asp; *Parool/Parole*, bl. 99–116.
2004. Situating terror. [Einstein Forum-kongres, "Terror, international law, and the bounds of democracy", Potsdam, 4–6 Mei].
2005. Imagine Africa. [Einstein Forum-kongres, "Paradigm Potsdam", Potsdam, Julie]. In aangepaste vorm ("Imagining Africa") in *Notes* bl. 53–69.
2007. Imagine Africa. [Art*Terial*-kongres, "Vitalising African cultural assets", Gorée-eiland, 5–7 Maart]. *Parool/Parole*, bl. 117–125; verkorte en vertaalde weergawe ("Om Afrika te verbeel") in *Die Burger*, 31 Maart.
2008. On the importance of imagining the riddles of our time. [Openingsrede by die Time of the Writer-skrywersfees, Durban, 25 Maart]. Verkorte weergawe ("Imagining the riddles of our time") in *Mail & Guardian*, 4–10 April. http://mg.co.za/article/2008-04-04-imagining-the-riddles-of-our-time.
2008. "O volk, meneer". [Ontvangstoespraak Hertzogprys, Stellenbosch, 20 Junie]. *Die Burger* [*By*], 27 Julie; *Parool/Parole*, bl. 126–132.
2009. Toespraak. [Protea-poësieprys, Versindaba, Stellenbosch, September]. Voorgelees deur Alida Potgieter. *SA Books*, 21 September. http://www.scribd.com/ doc/37844443/Breyten-Breytenbach-Protea-prys-toespraak.
2009. "This existing, that arising" (notions of space and movement in memory and imagination). [Kongres van die Haus der Kulturen der Welt en die Stellenbosch Instituut vir Gevorderde Studie (STIAS), "Dealing with the past, reaching the future: Historical memory and social change in South Africa and Germany since 1989", Berlyn, Oktober]. *Parool/Parole*, bl. 133–144.
2010. Toespraak. [Protea-poësieprys, Versindaba, Stellenbosch, 18 September]. Voorgelees deur Alida Potgieter. *Versindaba*, 18 September. http://versindaba.co.za/2010/09/18/breyten-breytenbach-dankwoord-by-protea-poesieprys/.
2013. Ek het doekvoet gedroomsoek na 'n boekdoek. [Praatjie by opening van kunsuitstalling, *Vingerverhale*, Kunstekaap, 30 Januarie].
2013. A letter to my daughter/'n Brief aan my dogter. [Openbare lesing, Departement Filosofie, Universiteit van die Vrystaat]. *Parool/Parole*, bl. 145–155.
2013. The stones of utopia. [Dansende Digtersfees, Spier, Stellenbosch, 10 Mei].
2013. A cacophony of selves and a conflict of interests. [Einstein Forum-kongres, "Why do we believe in self-interest?", Potsdam, 13 Junie]. As "Drinking moon: An illusion of selves" in *Parool/Parole*, bl. 156–173.
2014. The topos and the topography of utopia. [Geleentheidtoespraak, bekendstelling van Heribert Adam en Kogila Moodley se boek *Imagined liberation: Xenophobia, citizenship and identity in South Africa, Germany and Canada*, Stellenbosch Instituut vir Gevorderde Studie (STIAS), 5 Maart]. *Mail & Guardian*, 28 Maart. http://mg.co.za/article/2014-03-27-sa-the-future-of-our-dreaming.
2014. The PIG stye in the eye. [Voordrag, Politically Incorrect Group (PIG), Kaapstad, 24 Maart]. *Parool/Parole*, 174–182.
2014. Van die os op die jas. [Lesing, Universiteit Gent-kollokwium, "Die taal se stiltes", 4 Desember]. *Versindaba*, 6 Desember. http://versindaba.co.za/2014/12/06/breyten-breytenbach-van-die-os-op-die-jas/.
2015. The darkness within/Die innerlike duisternis. [André P. Brink-gedenkdiens, Universiteit van Kaapstad, 2 Maart]. *Parole/Parole*, bl. 183–192.

2016. Die koei in die bos. [Toespraak, Konvokasiebyeenkoms, Universiteit Stellenbosch, Stellenbosch, 26 Januarie]. *LitNet*, 26 Januarie. https://www.litnet.co.za/die-koei-in-die-bos/.

2016. An outsider looks in (or, further notes from the Middle World). [Voordrag, Heinrich Böll Stiftung, Berlyn, 31 Mei]. https://www.boell.de/en/2016/06/03/outsider-looks-or-further-notes-middle-world.

2016. Modernities and our inner Africas. [Openingsreferaat, kongres van die Southern Modernities Project en *Tydskrif vir Letterkunde*, "African and diasporan African literature: Imagining, modernities and visions", Universiteit van Pretoria, Pretoria, Oktober]. Gepubliseer in *Tydskrif vir Letterkunde*, 55(1) 2018, bl. 5–17.

2017. Utopia in a season of anger, confusion, despair and uprising: Modernities and our inner Africas. [Toespraak, Sokratiese Forum, Windhoek, 7 Februarie].

2017. Dancing with words to trace the rhythm of sense. [Ontvangstoespraak, Zbigniew Herbert-prys, Warskou, 25 Mei]. Gepubliseer in *Werkwinkel*, 12(2):7–14. https://www.degruyter.com/dg/viewarticle/j$002fwerk.2017.12.issue-2$002fwerk-2017-0009$002fwerk-2017-0009.xml.

Artikels, essays, berigte, briewe en ander tekste

1990. Nelson Mandela is free! [Brief] Onder die titel "The joy of freedom" in *Altered state*, A Guardian Book; *Memory of birds*, bl. 20–23.

1991. Lead us from the wasteland, Mr Mandela. [Brief] *Sunday Times*, 21 April, bl. 18; as "An open letter to Nelson Mandela, 16 April 1991" in *Memory of birds*, bl. 74–81.

1991. 'n Nota aan Ida. *Die Suid-Afrikaan*, 31:7–8.

1994. Joernaal van 'n wending. [Eerste aflewering oor die verkiesing]. *Die Burger*, 29 April, bl. 9.

1994. Ondanks omwenteling is dit wonder-begin vir 'n regverdiger land. [Tweede aflewering oor die verkiesing] *Die Burger*, 7 Mei, bl. 13.

1994. An open letter to Nelson Mandela. *Sunday Tribune*, 22 Mei; *Memory of birds*, bl. 82–87.

1994. Flitsberigte en uitsnysels op soek na die nagtaal van nagtegale. [Kantlyn] *Die Burger*, 2 Julie, bl. 9.

1994. Kultuurskepping gans nie die halleluja vir politieke paradys. [Kantlyn] *Die Burger*, 13 Augustus, bl. 9.

1994. Om te lewe is onaanneemlik; om te reis dalk nog net … [Kantlyn] *Die Burger*, 27 Augustus, bl. 11.

1994. Slim maak sy baas dom in wêreldparlement van skrywers. [Kantlyn] *Die Burger*, 8 Oktober.

1995. Am I still a South African writer? *Weekly Mail & Guardian*, 27 Januarie–2 Februarie:33.

1995. Ek kla nie, al is my gene klaagsiek en nimmer tevrede. [Kantlyn] *Die Burger*, 25 Maart, bl. 11.

1995. Oom Tao se dood maak ontstoking sinloos soos koue as. [Kantlyn] *Die Burger*, 22 April, bl. 11.

1995. Bolander sou nog groot (en klein) jakkalse wou vasvat. [Kantlyn] *Die Burger*, 20 Mei, bl. 11.

1996. Mondvol: Gedagtes oor Afrikaans en saamstaan. *Die Burger*, 5 Oktober, bl. 13.

1996. Net soepel Afrikaans sal oorlewe. "Reënboognasie is 'n optiese frats wat blom". *Beeld*, 8 Oktober, bl. 7.
1996. Kom ons verbeel 'n kultuur, praktyk van "skeppende verset". *Beeld*, 9 Oktober, bl. 11.
1996. Vat land met taalstaat terug. *Vrydag*, 11 Oktober, bl. 8.
1996. Klip in die bos lei tot gekekkel en getjank. *Die Burger*, 27 November, bl. 21.
1996. "Nuwe Afrikaanse liggaam moet nie sektaries wees". *Die Volksblad*, 27 November, bl.13.
1996. Ek is bly Afrikaans het haar verskanste status verloor. [Uittreksels uit ontvangstoespraak van die Helgaard Steyn-prys] *Die Volksblad*, 2 Desember, bl. 6.
1998. 'n Bok vir betekenis. Breyten skryf self oor sy toneelstuk *Boklied*. *Beeld*, 23 April, bl. 15.
1998. 'n Bok vir betekenis: Breyten skryf self oor sy toneelstuk *Boklied*. *Die Burger*, 24 April, bl. 13.
1998. Breyten "blêr" vir oulaas oor *Boklied*. *Die Volksblad*, 29 April, bl. 13.
1998. Can a fouled-up Afrikaner join an unnatural marriage? [Brief aan Jeremy Cronin] *The Sunday Independent*, 23 Augustus, bl. 19.
1998. Vir volk en flaterland. *De Kat*, Oktober:114.
1999. Andersheid en andersmaak, oftewel die Afrikaner as Afrikaan (berig gerig aan Frederik Van Zyl Slabbert). *Fragmente. Tydskrif vir Filosofie en Kultuurkritiek*, 4:26–44.
1999. Valli Moosa praat onsin. [Brief] *Die Burger*, 5 Februarie.
1999. Die een oud-tronkvoël bel die ander … *Insig* [*Boeke*], Julie:44.
1999. Hier oorsomer ek nou met my troppie woorde … *Beeld*, 18 Oktober.
1999. Breyten besin oor nuwe Afrikaanse universiteit. *Die Volksblad*, 13 November, bl. 9.
2000. Al gehoor van bang Jan wat hom uit sy toonnaels lag? [Uit die vuis uit]. *Rapport*, 10 September, bl. 8.
2002. Letter to General Sharon. *The Nation*, 22 April. http://www.thenation.com/article/open-letter-general-ariel-sharon.
2002. Letter to America. *The Nation*, 23 September. http://www.thenation.com/article/letter-america-4.
2003. Letter to my American friend. Dakar, 8 Maart. *Poets Against War Newsletter*, 2005.
2005. Afrikaans nou op glybaan by US [Ope brief saam met Hermann Giliomee & Frederik Van Zyl Slabbert]. *Die Burger*, 22 September, bl 18.
2006. Wond gaan nog lank bloei [Brief]. *Die Burger*, 19 Desember, bl. 10.
2006. Enkele stellings *rondom Afrikaans*. *Die Burger*, 18 Maart, bl. 17; *Parool/Parole*, bl. 112–116.
2007. Wil glo iets braaf sal uit US kom. [Brief] *Die Burger*, 16 Februarie.
2007. Om Afrika te verbeel. [Vertaal en verkort deur Gerrit Brand] *Die Burger* [*By*], 18 Maart, bl. 12–13.
2008. Imagining the riddles of our time. *Mail & Guardian*, 4–10 April:2–3.
2008. The pity and the horror. *Books Live*, 10 Oktober. http://bookslive.co.za/blog/2008/10/10/in-memoriam-mahmoud-darwish-an-essay-and-a-poem-from-breyten-breytenbach/; *Notes*, bl. 95–109.
2008. [Buiteblaf, Breyten.] Petisie, manifes nodig om te help red in *last chance saloon*. *Beeld* [*By*], 25 Oktober, bl. 2.

2008. Mandela's smile. Notes on South Africa's failed revolution. [Ope brief] *Harper's Magazine*, Desember, bl. 39–48; *Notes*, bl. 19–40.
2009. Het Dalai Lama al ooit so iets beleef? [Brief] *Die Burger*, 31 Maart.
2009. Klinkdink. *Versindaba*, 26 Julie. http://versindaba.co.za/2009/07/26/klinkdink-deur-breyten-breytenbach/.
2009. Breyten oor Magmoed Darwiesj. *Versindaba*, 12 Augustus. http://versindaba.co.za/2009/08/12/breyten-oor-magmoed-darwiesj/.
2009. Breyten het 14 sonnette vir die Hengelo-fees geskryf en die 15de vir *Rapport Boeke* gestuur. *Rapport*[*Boeke*], 6 September, bl. 2.
2009. Pohesie op die net. *Versindaba*, 14 September. http://versindaba.co.za/2009/09/14/pohesie-op-die-net/.
2009. Eg(g)olalie, *Versindaba*, 20 September. http://versindaba.co.za/2009/09/20/eggolalie-breyten-breytenbach/.
2009. [Boetman] Die reënboog is 'n spieël aan skerwe. *Rapport* [*Weekliks*], 9 Desember, bl. 1.
2009. "Dit moet ons tot besinning ruk." Onderteken deur Breytenbach en ander skrywers. [Ope brief oor Chris Louw] *Beeld*, 3 Desember.
2010. Hoe kry ons finale nasionale taalwet? [Brief, saam met Ampie Coetzee]. *Die Burger*, 9 Februarie, bl. 11.
2010. In Breyten se eie woorde … *Rapport*, 28 Maart.
2010. Denker, aktivis, politikus, patriot, sport-entoesias, drinker, vriend … *Rapport*, 16 Mei, bl. 10.
2010. Klein reis: 27 Oktober–1 November. *Versindaba*, 7 November. http://versindaba.co.za/2010/11/07/breyten-breytenbach-klein-reis-27-okt-1-nov/.
2010. Al hoop vir 'n gekweste en pap volk is die vrye woord. *Rapport* [*Weekliks*], 21 November, bl. 1.
2010. Klein reis, 25–30 November. *Versindaba*, 12 Desember. http://versindaba.co.za/2010/12/12/breyten-breytenbach-klein-reis-25-30-november/.
2011. Die dwaasheid van die base. [Ope brief oor nasionale boekredakteur] *LitNet*, SeminaarKamer, 28 Februarie. https://argief.litnet.co.za/article.php?news_id=99468.
2011. Om te onthou. *Die Burger*, 12 September, bl. 9.
2011. Klein reis as stippelkoei van 'n jaar se weggaan fragmente. *Versindaba*, 16 September. http://versindaba.co.za/2011/09/16/breyten-breytenbach-klein-reis-as-stippelkoei-van-n-jaar/.
2011. Goeie raad uit stof. *Versindaba*, 8 November. http://versindaba.co.za/2011/11/08/breyten-breytenbach-goeie-raad-uit-die-stof/.
2011. In reaksie op Martin Bosma. [Brief] *Versindaba*, 27 April. http://versindaba.co.za/2011/04/27/breyten-breytenbach-in-reaksie-op-martin-bosma/
2011. Die uitslae van die verkiesing verwek kouekoors… [Brief] *Die Burger*, 23 Mei.
2011. Brief vir Daniel. *Versindaba*, 17 Augustus. http://versindaba.co.za/2011/08/17/breyten-breytenbach-brief-vir-daniel/.
2012. Brief aan 'n figuur in Manet se Olympia. *Versindaba*, 19 November. http://versindaba.co.za/2012/12/19/breyten-breytenbach-brief-aan-n-figuur-in-manet-se-olympia/; *End papers*, bl. 160–161.
2013. Breyten oor Malan, Krog se onderonsie. [Brief] *Die Burger*, 20 Mei, bl. 15.
2014. "Dié eer is vals". *Rapport* [*Weekliks*], 27 April, bl. 11.
2014. Dancing in other words: Die nabetragting van 'n klein reis. *Versindaba*, 16 Mei. http://versindaba.co.za/2014/05/16/breyten-breytenbach-dancing-in-other-words-die-nabetragting-van-n-klein-reis/.
2014. Israel al hoe meer soos Nazi's. *Rapport* [*Weekliks*], 27 Julie, bl. 10.

2014. Vlugtige jareverslag: Ode aan 'n pampoen. *Versindaba*, 12 September. http://versindaba.co.za/2014/09/12/breyten-breytenbach-vlugtige-jareverslag-ode-aan-n-pampoen/.
2014. Klein reis deur geledinge van laat-gaan, September–Oktober 2014. *Versindaba*, 4 November. http://versindaba.co.za/2014/11/04/breyten-breytenbach-klein-reis-deur-geledinge-van-laat-gaan-sept-okt-2014/.
2015. Hulde gebring aan een van SA se grootste skrywers: "'n Man met waagmoed en visie". *Volksblad*, 9 Februarie, bl. 5.
2015. Die stil een en ou grote met 'n ruim hart. *Die Burger*, 24 Desember, bl. 4.
2015. Breyten groet die stil een: "Mooi loop, en groete sê daar bo". *Volksblad*, 29 Desember, bl. 5.
2016. Potensiaal daar; los asprisse wanhoop. *Rapport* [*Weekliks*], 24 Januarie, bl. 11.
2016. Ou koeie. *Rapport* [*Weekliks*], 31 Januarie, bl. 8.
2016. The art of saam-mekaar-andersmaak: Breyten Breytenbach in response to Lis Lange's letter. [Brief] *LitNet*, Universiteitseminaar, 9 Februarie. https://www.litnet.co.za/breyten-breytenbach-in-response-to-lis-lange/.
2016. 'n Ope brief aan Wim de Villiers aangaande sy bestuur se voorgestelde taalbeleid. *LitNet*, Universiteitseminaar. 11 April. https://www.litnet.co.za/n-ope-brief-aan-wim-de-villiers-aangaande-sy-bestuur-se-voorgestelde-taalbeleid/.
2016. Heita, Pappiepiet my bru'! [Brief] *LitNet*, SêNet-briewe, 19 April. https://www.litnet.co.za/heita-pappiepiet-my-bru/.
2016. Letter to the editor: Breyten Breytenbach on vanishing UCT artworks and blank minds. *Daily Maverick*, 11 April. https://www.dailymaverick.co.za/article/2016-04-11-letter-to-the-editor-breyten-breytenbach-on-vanishing-uct-artworks-and-blank-minds/.
2016. US-taalbeleid: Breyten Breytenbach reageer op Anton van Niekerk se brief. *LitNet*, Universiteitseminaar, 20 April. https://www.litnet.co.za/us-taalbeleid-breyten-breytenbach-reageer-op-anton-van-niekerk-se-brief/.
2017. Letter to the editor: Breyten Breytenbach on the removal of UCT artworks. *GroundUp*, 27 April. https://www.groundup.org.za/article/probably-list-artworks-uct-has-removed/#letter-3.
2017. Brief ter ondersteuning. Gelyke Kanse se hofsaak teen US. *Versindaba*, 12 Augustus. http://versindaba.co.za/2017/08/12/gelyke-kanse-se-hofsaak-teen-us-braam-de-vries-breyten-breytenbach/.2017. Dancing with words to trace the rhythm of sense. The Zbigniew Herbert Award 2017 Ceremony. *Werkwinkel* 12(2):7–14.
2017. Van waar ek sit in Katalonië lyk sake aansienlik anders. *Rapport* [*Weekliks*], 15 Oktober, bl. 9.
2017. Sensuur: *The Presidents' keepers* deur Jacques Pauw. *LitNet,* Menings, 7 November. https://www.litnet.co.za/sensuur-presidents-keepers-deur-jacques-pauw/.
2018. US-konvokasie 2018: Breyten Breytenbach reageer op Jeremy Veary se toespraak. [Brief] *LitNet*, Universiteitseminaar, 19 November. https://www.litnet.co.za/us-konvokasie-2018-breyten-breytenbach-reageer-op-jeremy-vearey-se-toespraak/.
2018. [saam met Yves T'Sjoen] "Een dichter werd vermoord". Opinie & analyse. *De Standaard*, 30 Julie; as "De moord op een dichter" op *Versindaba*, 30 Julie. http://versindaba.co.za/tag/de-moord-op-een-dichter/.
2018. Modernities and our inner Africas. *Tydskrif vir Letterkunde*, 55(1):5–17.
2019. Die veelkantigheid van beriggewing. *Insig*, April/Mei:68–75.

Sekondêre bronne

Boeke[12]

Attwell, David & Attridge, Derek (reds.). 2010. *The Cambridge history of South African literature.* Cambridge: Cambridge University Press, bl. 35, 314, 317, 384, 424–425, 430, 439, 444–445, 452, 453, 454, 456–457, 463, 470, 527, 548, 552, 553, 589, 643, 644, 668, 670, 707, 720, 721, 728, 729, 732–733, 751, 792, 793, 809, 810.

Beukes, W.D. (red.). 1992. *Boekewêreld. Die Nasionale Pers in die uitgewersbedryf tot 1990.* Kaapstad: Nasionale Boekhandel, bl. 192, 204, 205, 226, 228, 231–236, 252–259, 259–261, 262, 301, 302, 323, 368–369, 377, 382–390, 400, 409, 414–415, 417, 425, 426.[13]

Brink, André P. 1969. Breyten Breytenbach. In P.J. Nienaber (samest.). *Perspektief en profiel.* Johannesburg: Perskor-uitgewery, bl. 657–665.

Brink, André P. 1971. *Die poësie van Breyten Breytenbach.* Blokboek 15. 1ste uitgawe. Pretoria en Kaapstad: Academica.

Brink, André P. 1973. *Die poësie van Breyten Breytenbach.* Blokboek 15. 2de uitgawe. Pretoria en Kaapstad: Academica.

Brink, André P. 1979. *Die poësie van Breyten Breytenbach.* Reuse-Blokboek 8. 3de uitgawe. Pretoria en Kaapstad: Academica

Brink, André P. 1980. Die vreemde bekende. 'n Reis deur "Brief uit die vreemde aan slagter". In A.J. Coetzee (red.). *Woorde teen die wolke. Vir Breyten.* Emmarentia: Taurus, bl. 1–28.

Brink, André P. 1982. Breyten Breytenbach. In P.J. Nienaber (red.). *Perspektief en profiel.* Johannesburg: Perskor-uitgewery, bl. 710–724.

Cloete, T.T. 1980. Breyten Breytenbach. In T.T. Cloete (red.), A.P. Grové, J.P. Smuts & Elize Botha. *Die Afrikaanse literatuur sedert Sestig.* Kaapstad: Nasou, bl. 162–186.

Cloete, T.T. 1982. Die "met ander woorde" in Breytenbach se gedigte. In A.P. Grové (samest.). *Beeld van waarheid.* Kaapstad: Human & Rousseau, bl. 33–48.

Coetzee, A.J. 1976. Oor "Die lewe in die grond". In A.J. Coetzee. *Poësie en politiek.* Johannesburg: Ravan, bl. 95–102.

Coetzee, A.J. 1977. Inleiding. In A.J. Coetzee (samest.). *Blomskryf (uit die gedigte van Breyten Breytenbach en Jan Blom).* Emmarentia: Taurus, bl. i–x.

Coetzee, A.J. 1980. Om die son te probeer volg: 'n Reis na Afrika. In A.J. Coetzee (red.). *Woorde teen die wolke. Vir Breyten.* Emmarentia: Taurus, bl. 29–49.

Coetzee, A.J. (red.). 1980. *Woorde teen die wolke. Vir Breyten.* Emmarentia: Taurus.

Coetzee, A.J. 2004. Poetry as the presentation of a representation. In Judith Lütge Coullie & J.U. Jacobs (reds.). *a.k.a. Breyten Breytenbach: Critical approaches to his writings and paintings.* Amsterdam: Rodopi, bl. 35–56.

Coetzee, J.M. 1992. Breyten Breytenbach: *True confessions of an albino terrorist* and *Mouroir* (1985). In D. Attwell (red.). *Doubling the point. Essays and interviews.* Cambridge: Harvard University Press, bl. 375–381.

Coetzee, J.M. 2002. The memoirs of Breyten Breytenbach. In J.M. Coetzee. *Stranger shores: Essays 1986–1999.* Londen: Vintage, bl. 249–260.

---

12 Sommige titels fokus in die geheel op Breytenbach terwyl ander hoofstukke of beduidende verwysings/besprekings oor hom bevat.
13 Die betrokke gedeeltes wat op Breytenbach fokus, is deur J.C. Steyn geskryf.

Coetzee, J.M. 2004. Breyten Breytenbach and the reader in the mirror. In Judith Lütge Coullie & J.U. Jacobs (reds.). *a.k.a. Breyten Breytenbach: Critical approaches to his writings and paintings*. Amsterdam: Rodopi, bl. 75–95.
Cope, Jack. 1982. Look he is harmless. In Jack Cope. *The adversary within: Dissident writers in Afrikaans*. Kaapstad: David Philip, bl. 165–191.
Coullie, Judith Lütge. 2004. From dream to waking and back again: An A-Z guide to the critical writing. In Judith Lütge Coullie & J.U. Jacobs (reds.). *a.k.a. Breyten Breytenbach: Critical approaches to his writings and paintings*. Amsterdam: Rodopi, bl. 181–220.
Coullie, Judith Lütge & Jacobs, J.U. (reds.). 2004. *a.k.a. Breyten Breytenbach: Critical approaches to his writings and paintings*. Amsterdam: Rodopi.
Davies, Ioan. 1990. *Writers in prison*. Oxford: Basil Blackwell, bl. 4, 15, 50, 51, 62, 71, 72–73, 106, 159–165.
Dekker, Gerrit. 1980. Breyten Breytenbach. In Gerrit Dekker. *Afrikaanse literatuurgeskiedenis*. Kaapstad: Nasou, bl. 312–314, 382.
De Kock, Petrus. 2003. The minor literature of Breyten Breytenbach. In J.D. Slack & L. Grossberg (reds.). *Animations (of Deleuze and Guattari)*. New York: Peter Lang, bl. 163–190.
Dimitriu, Ileana. 2004. Carnivalesque rituals of renewal: *The true confessions of an albino terrorist* and *The man died*. In Judith Lütge Coullie & J.U. Jacobs (reds.). *a.k.a. Breyten Breytenbach: Critical approaches to his writings and paintings*. Amsterdam: Rodopi, bl. 117–150.
Dreyer, Peter. 1980. Breyten and the pride of illusions. In Peter Dreyer. *Martyrs and fanatics. South Africa and human destiny*. Londen: Secher & Warburg, bl. 15–61.
Du Plooy, Heilna. 2004. To belong or not to belong. In Hein Viljoen & Chris van der Merwe (reds.). *Storyscapes. South African perspectives on literature, space and identity*. New York: Peter Lang, bl. 39–53.
Du Plooy, Heilna. 2009. Looking out and looking in. The dynamic use of words and images in the oeuvre of Breyten Breytenbach. In M. Meyer (red.). *Word and image in colonial and postcolonial literatures and cultures*. Cross/Cultures. ASNEL Papers 14. Amsterdam: Rodopi, bl. 147–165.
Ferreira, Jeannette. 1985. *Die simbool daar*. Kaapstad: Saayman & Weber.
Galloway, Francis. 1985. Breyten Breytenbach se vrylating. In Francis Galloway (samest.). *SA Literature/Literatuur 1982. Annual Literary Survey Series/ Literêre jaaroorsigreeks*. Johannesburg: AD. Donker, bl. 314–319.
Galloway, Francis. 1990. *Breyten Breytenbach as openbare figuur*. Pretoria: HAUM-Literêr.
Galloway, Francis. 1999. Breyten Breytenbach (1939-). In *Hulle het ons eeu gevorm. Die invloedrykste Suid-Afrikaners van die twintigste eeu*. Kaapstad, Pretoria, Johannesburg: Human & Rousseau, bl. 126–130.
Galloway, Francis. 2015. Nawoord. "Aanhou beweeg en geraas maak". In Breyten Breytenbach. *Parool/Parole. Versamelde toesprake/Collected speeches*. Kaapstad: Penguin Books, bl. 193–212.
Gilfillan, F.R. 1983. "Ikoon" – tekens teen hout. In Elize Botha & Réna Pretorius (reds.). *Samehang en sin. Opstelle oor die Afrikaanse poësie*. Kaapstad: Tafelberg, bl. 22–29.
Golz, Hans-Georg. 1995. *Staring at variations: The concept of "self" in Breyten Breytenbach's* Mouroir: Mirrornotes of a novel. Frankfurt am Main/New York: Peter Lang.
Gready, Paul. 2003. Exiles, migrants, and expatriates: The life stories of Breyten Breytenbach and Dan Jacobson as creative journeys. In Paul Gready. *Writ-*

ing as resistance: Life stories of imprisonment, exile, and homecoming from apartheid South Africa. Lanham/Oxford: Lexington Books, bl. 187–218.
Hirson, Denis. 2006. W/rites of passage: *Die ysterkoei moet sweet* by Breyten Breytenbach. In Denis Hirson. *White scars: On reading and rites of passage.* Johannesburg: Jacana, bl. 51–90.
Human, Koos. 2006. Breyten Breytenbach. In Koos Human. *'n Lewe met boeke.* Kaapstad: Human & Rousseau, bl. 134–140.
Huysmans, Rolf. 1995. Stratégies narratologiques: La bande dessinée et l' Afrique. In A. Wynchank & P-J Salazar (reds.). *Afriques imaginaires: Regards réciproques et discours littéraires.* Parys: Harmattan, bl. 113–125.
Jacobs, J.U. 2000. Afrikaners, Africans and Afriquas: *Métissage* in Breyten Breytenbach's *Return to paradise*. In R. Smith (red.). *Postcolonizing the commonwealth: Studies in literature and culture.* Waterloo: Wilfrid Laurier University Press, bl. 75–85.
Jacobs, J.U. 2004. Writing Africa. In Judith Lütge Coullie & J.U. Jacobs (reds.). *a.k.a. Breyten Breytenbach: Critical approaches to his writings and paintings.* Amsterdam: Rodopi, bl. 151–180.
Jacobs, J.U. 2016. A nomad of the Middle World: Breyten Breytenbach, *A veil of footsteps (memoir of a nomadic fictional character)*. In J.U. Jacobs. *Diaspora and identity in South African fiction.* Scottsville: UKZN Press, bl. 152–178.
Jolly, Rosemary J. 1996. *Colonization, violence, and narration in white South African writing: André Brink, Breyten Breytenbach and J.M. Coetzee.* Athens: Ohio University Press/Johannesburg: Witwatersrand University Press.
Jones, Tim Trengrove. 2004. *Dog heart*: Heartland, border area and the politics of remembering. In Judith Lütge Coullie & J.U. Jacobs (reds.). *a.k.a. Breyten Breytenbach: Critical approaches to his writings and paintings.* Amsterdam: Rodopi, bl. 271–294.
Kannemeyer, J.C. 1983. Breyten Breytenbach. In J.C. Kannemeyer. *Geskiedenis van die Afrikaanse literatuur.* Band 2. Pretoria: Academica, bl. 462–487.
Kannemeyer, J.C. 1988. Breyten Breytenbach. In J.C. Kannemeyer. *Die Afrikaanse literatuur 1652–1987.* Pretoria: Academica, bl. 335–358.
Kannemeyer, J.C. 2005. Breyten Breytenbach. In J.C. Kannemeyer. *Die Afrikaanse literatuur 1652–2004.* Kaapstad: Human & Rousseau, bl. 374–404.
Kapp, Pieter. 2009. *Draer van 'n droom. Die geskiedenis van die Suid-Afrikaanse Akademie vir Wetenskap en Kuns, 1909–2009.* Hermanus: Hemel & See Boeke, bl. 91, 202–204, 209–211, 212–216, 217–218, 222–225, 226–228, 232, 343, 450.
Lindenberg, Ernst. 1980. Die woorde in die grond. In A.J. Coetzee (red.). *Woorde teen die wolke. Vir Breyten.* Emmarentia: Taurus, bl. 50–55.
Lory, Georges-Marie, Sienaert, Marilet, Miles, John & Breytenbach, Breyten. 1993. *Breyten Breytenbach. Painting the eye.* Kaapstad: David Philip.
Lovesey, Oliver. 2012. Detained and African prison diaries. In Oliver Lovesey (red.). *Approaches to teaching the works of Ngũgĩ wa Thiong'o.* New York: Modern Language Association of America, bl. 195–205.
McDonald, Peter D. 2009. Connected versus internal critics: Breytenbach, Leroux, and the *volk* avant garde. In Peter McDonald. *The literature police. Apartheid censorship and its cultural consequences.* Oxford: Oxford University Press, bl. 258–278.[14]
Nash, Andrew. 2009. *The dialectical tradition in South Africa.* New York: Routledge, bl. 2, 3, 12, 66, 105, 131–158, 159, 160, 164, 179–184, 189, 190, 201, 202–205.

---

14 Daar word ook elders in dié boek na Breytenbach verwys.

Pakendorf, Gunther. 2011. B.B. in der Großstadt, oder die Metropole als Intertext. In E.W.B. Hess-Lüttich, N. Kuruyacıcı, S. Ozil & M. Karakuş (reds.). *Metropolen als Ort der Begegnung und Isolation: Interkulturelle Perspektiven auf den urbanen Raum als Sujet in Literatur und Film*. New York: Peter Lang, bl. 125–139.

Reckwitz, Erhard. 1993. Breyten Breytenbach's *Memory of snow and of dust*: A postmodern story of identiti(es). In M.T. Bindella & G.V. Davis (reds.). *Imagination and the creative impulse in the new literatures in English*. Amsterdam: Rodopi. bl. 137–148.

Reckwitz, Erhard. 2004. Broken mirror: The prison memoirs. In Judith Lütge Coullie & J.U. Jacobs (reds.). *a.k.a. Breyten Breytenbach: Critical approaches to his writings and paintings*. Amsterdam: Rodopi, bl. 97–115.

Renders, Luc. 1994. Arthur Rimbaud and Breyten Breytenbach: Two authors in search of Africa. In M. Hanne (red.). *Literature and travel*. Amsterdam: Rodopi, bl. 153–170.

Saayman, Sandra. 2004. A detail: The butterfly in "The thieves and the word" from *All one horse*. In Judith Lütge Coullie en J.U. Jacobs (reds.). *a.k.a. Breyten Breytenbach: Critical approaches to his writings and paintings*. Amsterdam: Rodopi, bl. 249–262.

Saayman, Sandra. 2013. *Breyten Breytenbach. A monologue in two voices*. Johannesburg: Fourthwall Books.

Sanders, Mark. 2002. *Complicities. The intellectual and apartheid*. Durham: Duke University Press/Scottsville: University of Natal Press, bl. 14, 51, 61, 63, 82, 129, 131–147, 150–158, 187, 194, 204, 205, 236.

Scholtz, J. du P. 1979. Breyten van buite en van binne. In J. du P. Scholtz. *Oor skilders en skrywers*. Kaapstad: Tafelberg, bl. 23–27.

Sienaert, Marilet. 2001. *The I of the beholder. Identity formation in the art and writing of Breyten Breytenbach*. Kaapstad: Kwela Books/SA History Online.

Sienaert, Marilet. 2004. The I of the beholder: Identity and place in the art and writing. In Judith Lütge Coullie & J.U. Jacobs (reds.). *a.k.a. Breyten Breytenbach: Critical approaches to his writings and paintings*. Amsterdam: Rodopi, bl. 221–247.

Sienaert, Marilet. 2004. Dancing the dog: Paintings and other pornographics. In Judith Lütge Coullie & J.U. Jacobs (reds.). *a.k.a. Breyten Breytenbach: Critical approaches to his writings and paintings*. Amsterdam: Rodopi, bl. 263–270.

Schmitz-Emans, Monika. 1999. Das visuelle Gedächtnis der Literatur: Allgemeine Überlegungen zur Beziehung zwischen Texten und Bildern. In M. Schmeling, M. Schmitz-Emans & W. Eckel. *Das visuelle Gedächtnis der Literatur*. Würzburg: Königshausen & Neumann, bl. 17–34.

Schmitz-Emans, Monika. 2003. Die Aufhebung der Bilder im Text. In D. Rustemeyer (red.). *Bildlichkeit: Aspekte einer Theorie der Darstellung*. Würzburg: Königshausen & Neumann, bl. 195–224.

Smuts, Lisbé. 2004. "'I' is a complex place": Transforming and disseminating the subject in the poetry. In Judith Lütge Coullie en J.U. Jacobs (reds.). *a.k.a. Breyten Breytenbach: Critical approaches to his writings and paintings*. Amsterdam: Rodopi, bl. 57–73.

Struth, Christiane. 2013. Autobiographies in the third person: The self as other in Breyten Breytenbach's metaautobiography *The true confessions of an albino terrorist* and J. M. Coetzee's meta-"autrebiography" *Summertime*. In M. Basseler, A. Nünning & C. Schwanecke (reds.). *The cultural dynamics of generic change in contemporary fiction: Theoretical frameworks, genres and model interpretations*. Trier: Wissenschaftlicher Verlag Trier, bl. 347–363.

T'Sjoen, Yves. 2013. "Lang aktueel blijven". Breyten Breytenbach in de poëzie van Rutger Kopland. In P. Liebregts, O. Praamstra en W. van Zyl (reds.). *Zo ver & zo dichtbij. Literaire betrekkingen tussen Nederland en Zuid-Afrika*. Amsterdam: Suid-Afrika Instituut, bl. 123–135.
Van Coller, H.P. (red.). 2016. *Perspektief en profiel. 'n Afrikaanse literatuurgeskiedenis*. Deel 3. 2de uitgawe. Hatfield: Van Schaik Uitgewers, bl. 12, 17, 37, 169, 256, 262, 267, 268, 272, 276, 292, 298, 326, 328, 330, 406, 407, 408, 409, 415, 416, 420, 430, 435, 439, 440, 445, 446, 469, 503, 504, 509.[15]
Van den Bergh, Erik. 2003. 17 Juni 1972. De Zuid-Afrikaanse dichter Breyten Breytenbach ontvangt de Van der Hoogtprijs. In Maaike Meijer & Rosemarie Buikema (reds.). *Cultuur en migratie in Nederland. Kunsten in beweging 1900–1980*. Den Haag: Sdu Uitgevers, bl. 345–360.
Van der Elst, Jacques. 1993. Lucebert versus Breytenbach. In J.P. Snapper & T.F. Shannon (reds.). *The Berkeley conference on Dutch literature 1991: Europe 1992, Dutch literature in an international context*. Lanham: University Press of America, bl. 133–155.
Van der Merwe, Annari & Van Dis, Adriaan. 1980. Om die vlieg en *Om te vlieg*. 'n Beknopte geskiedenis; 'n Ondersoek na die oorspronklike manuskrip; 'n aantal aantekeninge by die uiteindelike uitgawe. In A.J. Coetzee (red.) *Woorde teen die wolke. Vir Breyten*. Emmarentia: Taurus, bl. 56–106.
Van der Merwe, P.P. 1980. Die veelvuldigheid van nul. Taal en wêreld by Breyten Breytenbach. In A.J. Coetzee (red.) *Woorde teen die wolke. Vir Breyten.* Emmarentia: Taurus, bl. 107–128.
Van der Merwe, P.P. 1983. Leser, letterkunde en sensuur. In Charles Malan (red.). *Letterkunde en leser*. Durban: Butterworth, bl. 153–170.
Van Wyk, Johan. 2000. Breyten Breytenbach. In P.A. Scanlon (red.). *South African writers*. Detroit: Thomson Gale, bl. 30–41.
Viljoen, Hein. 1998. Breyten Breytenbach (1939–) alias Panus, alias Don Espejuelo, alias Bangai Bird, alias Kamiljoen. In H.P. van Coller (red.). *Perspektief en profiel. 'n Afrikaanse literatuurgeskiedenis*. Deel 1. 1ste uitgawe. Hatfield: J.L. van Schaik, bl. 274–293.
Viljoen, Hein. 2015. Breyten Breytenbach (1939–) alias Panus, alias Don Espejuelo, alias Bangai Bird, alias Kamiljoen, ook bekend as Woordfoël of Blackface Buiteblaf. In H.P. van Coller (red.). *Perspektief en profiel. 'n Afrikaanse literatuurgeskiedenis*. Deel 1. 2de uitgawe. Hatfield: Van Schaik Uitgewers, bl. 397–430.
Viljoen, Louise. 2001. "A white fly on the sombre windowpane": The construction of Africa and identity in Breyten Breytenbach's poetry. In S. Kossew & D. Schwerdt (reds.). *Re-imagining Africa: New critical perspectives*. Hauppauge: Nova Science, bl. 117–132.
Viljoen, Louise. 2004. Breytenbach and his fathers: The early poetry. In Judith Lütge Coullie & J.U. Jacobs (reds.). *a.k.a. Breyten Breytenbach: Critical approaches to his writings and paintings*. Amsterdam: Rodopi, bl. 1–34.
Viljoen, Louise. 2004. Playing the poet in *Boklied* and *Die toneelstuk*. In Judith Lütge Coullie en J.U. Jacobs (reds.). *a.k.a. Breyten Breytenbach: Critical approaches to his writings and paintings*. Amsterdam: Rodopi, bl. 329–336.
Viljoen, Louise. 2014. *Die mond vol vuur. Beskouings oor die werk van Breyten Breytenbach*. Stellenbosch: Sun Press.

---

15 Breytenbach is veral ter sprake in die perspektief van die Afrikaanse poësie 1960–2012, saamgestel deur B.J. Odendaal.

Visagie, Andries. 2004. Breytenbach and the masculine subject. In Judith Lütge Coullie en J.U. Jacobs (reds.). *a.k.a. Breyten Breytenbach: Critical approaches to his writings and paintings*. Amsterdam: Rodopi, bl. 295–327.
Viviers, Jack. 1978. *Breyten. 'n Verslag oor Breyten Breytenbach*. Kaapstad: Tafelberg.
Welz, Dieter. 1994. Tales of miracles and wonder: South African writing and its regime of truth. In M. Jurgensen (red.). *Riding out: New writing from around the world*. Brisbane: Phoenix-Outrider, bl. 184–199.
Welz, Martin. 1977. *Breyten en die bewaarder*. Johannesburg: McGraw-Hill.
Weschler, Lawrence. 1998. A horrible face, but one's own. In Lawrence Weschler. *Calamities of exile. Three nonfiction novellas*. Chicago: The University of Chicago Press, bl.136–193.

Verhandelinge en proefskrifte[16]

Anderson, P. 2002. Against silence: Poetry in prison under apartheid. PhD-proefskrif, Boston University.
Anker, W.P.P. 2007. Die nomadiese self: Skisoanalitiese beskouinge oor karaktersubjektiwiteit in die prosawerk van Alexander Strachan en Breyten Breytenbach. PhD-proefskrif, US.
Barnard, L. 1991. Postmodernistiese perspektiewe op biografiese gedigte. MA-verhandeling, NMU.
Beer, L. 1978. Kleur in die Afrikaanse poësie. MA-verhandeling, NMU.
Bloemhof, F. 1992. Die begin in die kortverhaal. MA-verhandeling, US.
Buscop, J. 1993. Die groteske as moermatrys van die poëtika van Breyten Breytenbach. DLitt-proefskrif, NWU.
Cilliers, E. 1972. Beïnvloeding van die poësie met besondere verwysing na die digwerk van Van Wyk Louw, Breytenbach en Botes. MA-verhandeling, UV.
Conradie, P.J.J. 1981. 'n Ondersoek na die tydruimtelike aspek in *Voetskrif* van Breyten Breytenbach. MA-verhandeling, UK.
Coullie, J.L. 1994. Self, life and writing in selected South African autobiographical texts. PhD-proefskrif, UKZN.
De Haan, M.L. 1975. 'n Ondersoek na die spel met die idioom, vaste uitdrukkings en sekere "aanhalings" in die poësie van Breyten Breytenbach. MA-verhandeling, UK.
De Jong-Goossens, R. 1988. Parallel, parodie, paradox. Breytenbach in het voetspoor van Rimbaud. Doktorale proefskrif, Katholieke Universiteit Nijmegen.
De Klerk, L.M. 1975. Poësie, prosa en mengvorme met 'n aantekening oor Breyten Breytenbach. MA-verhandeling, US.
De Kock, P.M. 2000. 'n Ondersoek na die nomadies-politieke moment: 'n Filosofiese lesing van Breyten Breytenbach. PhD-proefskrif, UL.
De Saxe, M. 2010. Sing me a song of history: South African poets and singers in exile, 1900–1990. PhD-proefskrif, University of Sydney.
Deudney, E.S. 1979. Betrokkenheid as literêre perspektief. PhD-proefskrif, UJ.

---

16 Die fokus is op plaaslike verhandelinge en proefskrifte wat in die geheel of gedeeltelik op Breytenbach en sy oeuvre fokus. Enkele buitelandse navorsingsuitsette van hierdie aard word ook opgeneem. In hierdie rubriek word slegs die voorletters van die navorsers verskaf. Daar word nie aangedui of 'n verhandeling/proefskrif gepubliseer is nie (deesdae is sommiges elektronies op die databasisse van tersiêre instellings beskikbaar). Die huidige benaming van Suid-Afrikaanse tersiêre instansies word as afkortings weergegee.

Dimitriu, I. 1992. Reconstructing the hostile space: A Zen Buddhist and psychological reading of Breyten Breytenbach's *The true confessions of an albino terrorist*. MA-verhandeling, UKZN.
Doherty, B.F. 1996. Prison writers/Escape artists: Containment and identity in twentieth century literature. PhD-proefskrif, University of Wisconsin-Milwaukee.
Du Preez, P. 2004. Die slagveld van teks en betekenis: Enkele aspekte in die dramatiek van Breyten Breytenbach. MDram-verhandeling, US.
Du Preez, T. 2010. Representations of "home" and "exile" in Breyten Breytenbach's *Memory of snow and of dust*. MA-verhandeling, UKZN.
Fagan, E.W. 1988. Die rol van die outeur in moderne literêre teorie, met spesifieke verwysing na die "ek"-poësie van Breyten Breytenbach en D.J. Opperman. PhD-proefskrif, UK.
Ferreira, J. 1982. Die terugkerende simbool in die poësie van Breyten Breytenbach. MA-verhandeling, UP.
Ferreira, J. 1988. Aspekte van die Boeddhisme en die Judaïes-Christelike in die poësie van Breyten Breytenbach. PhD-proefskrif, RU.
Foster, P.H. 2000. Postmodernisme en poësie, met spesifieke verwysing na die historiografiese metagedig "Die heengaanrefrein" van Wilma Stockenström. DLitt-proefskrif, US.
Galloway, F. 1976. Die sinestetiese beeld in die poësie van Breyten Breytenbach. MA-verhandeling, UV.
Galloway, F. 1987. Breyten Breytenbach: Die skrywer as openbare figuur. DLitt-proefskrif, UV.
Geldenhuys, J.A. 1991. Religieuse konsepte in die poësie van Sheila Cussons, P.W. Buys en Breyten Breytenbach: 'n Vergelykende studie. MA-verhandeling, NWU.
Gouws, T. 1988. Die transskriptuele lees, hiaat, haplografie en transkripsie in die poësie van Breyten Breytenbach, Antjie Krog en T.T. Cloete. DLitt-proefskrif, NWU.
Grobler, M.A. 2015. Breyten Breytenbach's "Middle World": The "Middle World" as diaspora identity and consciousness. MA-verhandeling, UP.
Grobler, M.H. 2008. Against fixity: A hybrid reading of Breyten Breytenbach's art, poetry, writing, aesthetics and philosophy. DPhil-proefskrif, UP.
Haslam, J.W. 2001. Fitting sentences: Identifying prisoners in 19th- and 20th-century prison narratives. PhD-proefskrif, University of Waterloo.
Hattingh, M. 1991. Kritiek en betekenis: 'n Ondersoek van raamprosedures in literêre kritiek met besondere verwysing na voorbeelde uit die Afrikaanse poësiekritiek. DLitt-proefskrif, US.
Huysamer, M. 1997. Breyten Breytenbach se digbundel *Soos die so*: 'n Ondersoek. MA-verhandeling, US.
Jansen, T. 2010. Representations of "home" and "exile" in Breyten Breytenbach's *Memory of snow and of dust*. MA-verhandeling, UKZN.
Jolly, R.J. 1991. Spectacles of horror: Violence in the English prose works of André Brink, Breyten Breytenbach and J.M. Coetzee. PhD-proefskrif, University of Toronto.
Kirsten, E. 2012. Tussen tale: Oortekening as vertaalstrategie in Breyten Breytenbach se bundel *Oorblyfsel/Voice over*. MPhil-verhandeling, US.
Koopman, W.S.L. 1995. *'n Seisoen in die paradys* by Breyten Breytenbach and its translation, *A season in paradise* by Rike Vaughan. A descriptive approach focusing on the transfer of meaning in the text. MA-verhandeling, UW.

Koirala, S. 2001. Historical ordeal and the possibilities for renewal in Breyten Breytenbach's *The true confessions of an albino terrorist*. MA-verhandeling, Simon Fraser University.

Le Roux, M.C. 1997. Musikale intertekste in Breyten Breytenbach se tronkbundels. MA-verhandeling, US.

Lilleleht, M.L. 1998. Writing within: The prison notes of Wole Soyinka and Breyten Breytenbach. MA-verhandeling, University of Wisconsin-Madison.

Lombard, M. 1983. Vervanging en aanverwante verskynsels in die werk van Breyten Breytenbach. DLitt-proefskrif, NWU.

McCabe, D.A. 1997. Morality, the body, and Breyten Breytenbach's *The true confessions of an albino terrorist*: An inter-disciplinary study of the idea that caring for others constitutes bodily identity. MA-verhandeling, Queen's University.

Mienie, C. 1997. Die ontgrensing in Breyten Breytenbach se *Nege landskappe van ons tye bemaak aan 'n beminde*. MA-verhandeling, US.

Mihálik, A. 1994. Die toelig van metafore in die tronktekste van Breyten Breytenbach. MA-verhandeling, NWU.

Moon, J. 2009. Selfrepresentasie, selfkonstruksie en identiteitsvorming in enkele Suid-Afrikaanse outobiografiese tekste. DLitt-proefskrif, US.

Morkel, A. 1992. Bladsyontwerp as bydrae tot teksinterpretasie van Breyten Breytenbach se *Buffalo Bill* in die *Ongedanste dans*. MA-verhandeling, NWU.

Nash, A.J. 2000. The dialetical tradition in South Africa. PhD-proefskrif, UK.

Olivier, S.P. 1973. Aspekte van ballingskap en vaderland in die poësie van Breyten Breytenbach. MA-verhandeling, US.

Pillay, A.L. 1993. Breyten Breytenbach se outobiografiese werke: 'n Vergelyking van *'n Seisoen in die paradys* (1976) en *The true confessions of an albino terrorist* (1984). MA-verhandeling, UKZN.

Plaatjies, V.J. 1996. Die politieke uiting binne die poëtiese diskoers: *Skryt* van Breyten Breytenbach. MA-verhandeling, UWK.

Recourt, A. 2008. De materiële en symbolische productie van het oeuvre van Breyten Breytenbach in Nederland. MA-verhandeling, Universiteit van Amsterdam.

Roodt, P.H. 1977. Die ek-spreker in *Die ysterkoei moet sweet* van Breyten Breytenbach. MA-verhandeling, UP.

Roux, A.P. 2015. 'n Vergelykende ondersoek na landskap as woon in die latere poësie van Breyten Breytenbach en Lucebert. PhD-proefskrif, NWU.

Roux, C.A. 2002. South African memoirs in a decade of transition: Athol Furgard's *Cousins* (1994), J.M. Coetzee's *Boyhood* (1997), and Breyten Breytenbach's *Dog heart* (1999). MA-verhandeling, RU.

Roux, D. 2007. Presenting the prison: The South African prison autobiography under apartheid. PhD-proefskrif, UK.

Saayman, S. 2003. Texte et image la littérature de prison de Breyten Breytenbach. Doktorale-proefskrif, Poitiers.

Sauermann, G.J.H. 1995. Breyten Breytenbach – 'n psigoanalitiese lesing van enkele van sy gedigte. MA-verhandeling, UP.

Smuts, S.E. 1995. Die desentralisasie van die subjek: 'n Post-strukturalistiese beskouing van Breyten Breytenbach se *Die ysterkoei moet sweet* en (*'Yk'*). PhD-proefskrif, UK.

Stander, C. 2006. Breyten Breytenbach: Die skilderdigter as mitologiese figuur. M.A.-verhandeling, UK.

Stander, H.L. 1974. 'n Verkenning van die surrealisme en Zen-Boeddhisme in *Die ysterkoei moet sweet* van Breyten Breytenbach. MA-verhandeling, NWU.

Steyn, S.J. 1989. The nature of the subject in the South African novel written in the state of emergency between 1985 and 1990. MA-verhandeling, UK.

Strydom, A.D. 1986. Die konsepsie van eenheid en die voornaamwoord as bindingsmiddel in *Lotus* van Breyten Breytenbach. MA-verhandeling, NWU.

Strydom, A.D. 1998. 'n Metableties-topologiese lesing van *Nege landskappe van ons tye bemaak aan 'n beminde* van Breyten Breytenbach. DLitt-proefskrif, NWU.

Squire, C.J. 1995. Re-placing the South African self in Breyten Breytenbach's *A season in paradise* and *Return to paradise*. MA-verhandeling, UKZN.

Sundy, D.H. 2010. Mother tongue: The use of another language and the impact on identity in Breyten Breytenbach's *Dog heart* and Ngũgĩ wa Thiong'o's *Matigari*. MA-verhandeling, UNISA.

Tait, C.N. 2015. Die verjaardagvers-ritueel in Breyten Breytenbach se oeuvre. MA-verhandeling, NMU.

Tredoux, V.L.M. 1992. Die outobiografiese kontrak: Die bruikbaarheid van Lejeune se model by die lees van Breyten Breytenbach se *'n Seisoen in die paradys* en *The true confessions of an albino terrorist*. MA-verhandeling, UKZN.

Van der Horst, E. 1994. 'n Ondersoek na die mitologies-simboliese individuasieproses van die gedigsubjek in Breyten Breytenbach se tronkbundels. MA-verhandeling, NMU.

Van der Merwe, A. 1975. Paradoks as poësie: 'n Ondersoek na enkele aspekte van die poësie van Breyten Breytenbach. PhD-proefskrif, RU.

Van der Merwe, C.N. 1967. Die wegbreek van die realisme in die Afrikaanse verhaalkuns. MA-verhandeling, US.

Van der Vyver, L.M. 2007. Breytenbach by die Afrikaanse kunstefeeste. Karnaval en ritueel in sy dramatiese oeuvre. MA-verhandeling, UNISA.

Van Rooyen, L.A. 1982. Die lewe-dood spanning in die poësie van Breyten Breytenbach se *Die huis van die dowe* en enkele voorbeelde hiervan in latere werke soos *Met ander woorde* en *Skryt*. MA-verhandeling, UP.

Van Vuuren, Helize. 1992. Poetry in prison: A study of Breyten Breytenbach's five volumes of prison poetry in translation. MA-verhandeling, UKZN.

Venter, N.T. 2015. Breyten Breytenbach se *Katalekte* (2012): 'n Literêr-kritiese analise. MA-verhandeling, NMU.

Verster, J.R. 1969. Taal en beeld in die poësie van Breyten Breytenbach. MA-verhandeling, UV.

Viljoen, H.M. 1975. Die anormalisering in die poësie van Breyten Breytenbach. MA-verhandeling, UP.

Viljoen, L. 1988. Breyten Breytenbach se *('Yk')*: 'n Semiotiese ondersoek. DLitt-proefskrif, US.

Visagie, A.G. 2004. Manlike subjektiwiteit in die Afrikaanse prosa vanaf 1980 tot 2000. DLitt-proefskrif, US.

Vorster, A.F. 1988. 'n Dekonstruksie van 'n teks uit *Die ongedanste dans* van Breyten Breytenbach. MA-verhandeling, RU.

Vorster, E. 1973. Aspekte van ontbinding in die poësie van Breyten Breytenbach. MA-verhandeling, UKZN.

Winterbach, I.G. 1974. 'n Ondersoek na enkele struktuur-aspekte van *Om te vlieg* van Breyten Breytenbach. MA-verhandeling, US.

Wucherpfennig, C.S. 1999. Parodie en periodekodes van Dertig en Sestig. MA-verhandeling, UJ.

Artikels in vaktydskrifte/literêre tydskrifte[17]

Anker, Willem. 2007. Hoe om te skryf met afgekapte hande: Breyten Breytenbach se *Woordwerk* (1999) en die taalfilosofie van Deleuze & Guattari. *Stilet*, 19(2):1–12.

Anker, W.P.P. 2009. Om tuis te gaan in styl: Territoriumskepping in Breyten Breytenbach se *'n Seisoen in die paradys* (1976) en *Dog heart* (1998). *Tydskrif vir Letterkunde*, 46(2):111–130.

Bekker, Pirow. 1969. Die "ek" in die voorstellingsgedig van Breyten Breytenbach. *Standpunte*, 23(2):36–40.

Bell, David. 2003. The persistent presence of the past in contemporary writing in South Africa. *Current Writing*, 15(1):63–73.

Beukes, Marthinus. 2006. Isis as teksherkonstrueerder van liggaamsverbrokkeling: Breyten Breytenbach en Tom Gouws as eksemplaardigters. *Journal for Language Teaching*, 40(1):225–238.

Beukes, Marthinus. 2009. Vlae tussen woorde as poëtikale spilpunte in *Nege landskappe van ons tye bemaak aan 'n beminde* en *Die windvanger* van Breyten Breytenbach. *Tydskrif vir Letterkunde*, 46(2):169–183.

Botha, Elize. 1988. 'n Skone spieël, gekraak, gebreek: Breyten Breytenbach se bespieëlende notas van 'n roman *Mouroir* as versplintering van 'n tradisie. *Tydskrif vir Literatuurwetenskap*, 4(4):404–416.

Bourgeus, Camille & T'Sjoen, Yves. 2017. Breyten Breytenbachs poëzie in *Raster*. *Tydskrif vir Letterkunde*, 54(2):26–41.

Brink, André P. 1967. Blomme vir Boeddha. *Standpunte*, Oktober:44–56.

Brink, André P. 1967. Verbeeldingsvlug. *Standpunte*, Desember:44–51.

Brink, André P. 1968. *Om te vlieg* se vlerke is geknip. *Standpunte*, Junie:58–59.

Brink, André P. 1968. Oor *Om te vlieg*. *Standpunte*, Desember:62.

Brink, André P. 1972. Breyten Breytenbach: Sestiger malgré lui. *Raster*, 6(2): 142–149.

Brink, André P. 1976. The Breytenbach file. *The New Review*, 3(25):3–8.

Brink, André P. 1980. De nieuwe Afrikaanse poëzie. *Raster*, (15):33–46.

Burger, Willie. 2005. Breyten Breytenbach se *Boek*: Die taal as voelinstrument om bewussyn te verken. *Literator*, 26(3):1–21.

Burger, Willie. 2009. Taal as "ingang" tot die wêreld: Reis, verbeelding, herinnering en identiteit na aanleiding van Breytenbach se *A veil of footsteps*. *Tydskrif vir Letterkunde*, 46(2):184–200.

Buscop, Jan. 1999. Die grammatika van die groteske: 'n Linguistiese leesmodus. *South African Journal of Linguistics*, 17(2):97–109.

Buscop, Jan & Gouws, Tom. 1996. Die Breytenbach-teks as groteske coitus eruptus. *Stilet*, 8(2):103–116.

Carstens, W.A.M. & Van Schalkwyk, P.L. 1994. Die standaarde van tekstualiteit en Breyten Breytenbach se "Die boenk". *South African Journal of Linguistics*, 12(22):43–62.

Chapman, Michael. 2006. To be a cosmopolitan: Lewis Nkosi and Breyten Breytenbach. *Journal of Literary Studies/Tydskrif vir Literatuurwetenskap*, 22(3/4): 347–359.

Cingal, Guillaume. 1999. Birth and origin in Breyten Breytenbach's *Memory of snow and of dust*. *Commonwealth*, 22(1):9–14.

---

17 Die klem val op artikels en ander bydraes wat in die geheel of gedeeltelik op Breytenbach en sy oeuvre fokus wat in plaaslike tydskrifte gepubliseer is. Enkele buitelandse tekste van hierdie aard word ook opgeneem.

Cingal, Guillaume. 2001. Détail emblématique ou discontinu? Le merle et l'oiseau noir dans *Memory of snow and of dust* de Breyten Breytenbach. *Imaginaires*, 7:213–226.

Cingal, Guillaume. 2002. "In an attempt to erase": Breyten Breytenbach's prison writing and the need to re-cover. *Commonwealth*, 25(1):69–78.

Claassen, Jo-Marie. 2002. "Living in a place called exile": The universals of the alienation caused by isolation. *Literator*, 24(3):85–111.

Claassen, Jo-Marie. 2004. "Mutatis mutandis": The poetry and poetics of isolation in Ovid and Breytenbach. *Scholia. Studies in Classical Antiquity*, 13:71–107.

Cloete, T.T. 1980. Die kort en heel vorm van Breytenbach se "Die boenk". *Standpunte*, 33(2):47–54.

Cloete, T.T. 1980. Breytenbach se "Verlies". *Literator*, 1(2):7–18.

Coetzee, Ampie. 1968. Bedenkings by B en B. *Kol*, 1(2):7–8.

Coetzee, Ampie. 1968. 'n Ander "ars poetica"? *Kol*,1(2):22–24.

Coetzee, Ampie. 1984. Omtrent representasie en reproduksie. *Stet*, 2(2):19–22.

Coetzee, Ampie. 2003. Die spieël as blinde mond: Die poësie van Breyten Breytenbach. *Literator*, 24(2):19–37.

Coetzee, Ampie. (red.) 2009. Breyten Breytenbach ("70"). Herdenkingsuitgawe. *Tydskrif vir Letterkunde*, 46(2).

Coetzee, Ampie. 2009. Wat woorde beteken: 'n Voorwoord. Redaksioneel. *Tydskrif vir Letterkunde*, 46(2):5–10.

Coetzee, Ampie. 2009. Die vlugtige taal van vergeet: Die metafoor by Breyten Breytenbach. *Tydskrif vir Letterkunde*, 46(2):150–168.

Coetzee, J.M. 1991. Breytenbach and the censor. *Raritan*, 10(4):58–84.

Coetzee, J.M. 2004. Breyten Breytenbach and the reader in the mirror. *Cross Cultures*, 75:75–96.

Conley, Tim. 2002. Captive audience: Confession, fiction, and the South African state. *Ariel. A Review of International English Literature*, 33(3/4):61–80.

Conradie, P.J. 1998. Aristophanes en die tweede bedryf van Breyten Breytenbach se *Boklied*: 'n Verkenning. *Akroterion*, 16(43):15–22.

Cronin, Jeremy. 1985. Towards a national culture. Oedipus, an albino and others. *Stet*, 3(2):16–17.

Crous, Marius. 2008. "Ruik die verderf in die kieliebakke": Breyten Breytenbach se blik op die lyk. *Literator*, 29(3):35–55.

Crous, Marius. 2015. Breyten Breytenbach se uitbeelding van die gevangenis. *Tydskrif vir Letterkunde*, 52(1):31–44.

Crous, Marius. 2017. "Kleng jaa tjeng tjang" – Julia Kristeva and the transformation of everyday language. *Journal of Literary Studies/Tydskrif vir Literatuurwetenskap*, 33(3):116–132.

De Kock, Leon. 2001. South Africa in the global imaginary: An introduction. *Poetics Today*, 22(2):263–298.

De Kock, Petrus. 1999. Die middelwêreld, die khôra, die spieël 'n ope(-lyf) brief aan Breyten. *Fragmente. Tydskrif vir Filosofie en Kultuurkritiek*, (3):181.

De Kock, Petrus. 2000. Die teen(s)woordige-so en die nomadiese "tonneltoerusting by die lees van Breyten Breytenbach". *South African Journal of Philosophy*, 19(3):279–297.

De Vlaamse Gids. 1974. Breytenbach-nommer. 58(6).

Deudney-Theron, Edna. 1991. Metapoëtiese raakpunte in die poësie van Gerrit Kouwenaar en Breyten Breytenbach. *Literator*, 12(2):49–58.

Deudney, Edna. 1994. The archetypal mandala: Visions of the self in the poetry of Coleridge, Eliot and Breytenbach. *Literator*, 15(2):159–182.
De Vries, Abraham H. 1968. Debunking? *Standpunte*, 22(1):47–52.
Dimitriu, Ileana. 1995. The trickster and the prison house: The Bakhtinian dimension of "the carnivalesque" in Breyten Breytenbach's *True confessions of an albino terrorist*. *Literator*, 16(1):127–138.
Dimitriu, Ileana. 1997. Approaches to translation: Interview with Breyten Breytenbach. *Current Writing*, 9(1):68–96.
Dimitriu, Ileana S. 2000. A Bakhtinian reading of prison writing: The memoirs of Breyten Breytenbach and Wole Soyinka. *British and American Studies*, 6:94–106.
Dimitriu, Ileana S. 2007. The unbearable simulacrum of being: The double vision of "home" and "exile" in Kundera and Breytenbach. *Scrutiny 2*, 12(1):107–118.
Dimitriu, Ileana S. 2008. Postmodernism and/as postcolonialism: On re-reading Milan Kundera and Breyten Breytenbach. *British and American Studies*, 14:33–49.
Dimitriu, Ileana S. 2008. "Unsettled and unsettling others": The "double vision" of local and global in Breytenbach's later travelogues. *The English Academy Review*, 25(1):89–103.
Doherty, Brian F. 1995. Paradise and loss in the mirror vision of Breyten Breytenbach. *Contemporary Literature*, 36(2):226–248.
Du Plessis, J.A. 1980. "Fascistiese pampoen" deur Breyten Breytenbach. *Klasgids*, 15(3):17–18.
Du Plooy, Heilna. 2009. Looking out and looking in. The dynamic use of words and images in the oeuvre of Breyten Breytenbach. *Cross/Cultures*, 116:147–166.
Du Plooy, Heilna. 2009. Die inkerende waarneming. *Tydskrif vir Letterkunde*, 46(2):131–149.
Du Preez, Petrus. 2004. Babel en Breytenbach: Kwessies rondom die "verstaanbare" in die Afrikaanse dramas van Breyten Breytenbach. *South African Theatre Journal*, 22(18):184–220.
Du Toit, P.A. 2005. Die spel van assosiasies in en om "Die verlossing van die beeld" van Breyten Breytenbach. *Literator*, 26(3):23–44.
Duvenage, Pieter. 1998. *Boklied* en die denke van ons tyd. *Fragmente. Tydskrif vir Filosofie en Kultuurkritiek*, 1(2):144–147.
Engelbrecht, G.C. & Foster, P.H. 2011. Politieke herskrywings van die "Ons(e) Vader"-gebed in vier Afrikaanse gedigte. *Literator*, 32(2):1–32.
Ester, Hans. 1978. Sekularisatie als poëzie. *Ons Erfdeel*, 20(4):564–570.
Ferreira, Jeanette. 1988. Ekstratekstuele relasies van spieël in die poësie van Breyten Breytenbach. *Literator*, 9(3):1–10.
Fludernik, Monika. 2002. The prison as colonial space. *Cycnos*, 19(2):175–190.
Foster, P.H. 2002. Postmodernisme en poësie: 'n Uitnodiging tot kritiese dialoog. *Stilet*, 14(2):186–216.
Francken, Eep. 2010. Hengelo is Afrika. *Tydskrif vir Geesteswetenskappe*, 50(1):137–139.
Galloway, Francis. 1977. Die lyflike ervaring van die woord. *Communique*, 3(1):34–39.
Galloway, Francis. 1978. Transformasie en reis. *Communique*, 4(1):48–57.
Galloway, Francis. 1978. Fiësta vir 'n oog. *Communique*, 4(2):12–17.
Galloway, Francis. 1979. Vinger na die maan. *Standpunte*, 32(1):35–41.

Galloway, Francis. 1985. Voetnote oor die bekroning van *Skryt* en die volgorde van *Die ongedanste dans*. *Tydskrif vir Letterkunde*, 23(4):82–87.

Galloway, Francis. 1996. Literêr-aktueel: Viering van die menslike stem- en van Afrikaans. *Tydskrif vir Letterkunde*, 34(4):99–102.

Galloway, Francis. 2004. "Ek is nie meer een van ons nie": Breyten en die volk. *Tydskrif vir Letterkunde*, 41(1):5–38.

Gerryts, U.M. 1967. Indrukke van Sestig se digkuns. *Tydskrif vir Letterkunde*, 5(3):43–46.

Gilfillan, F.R. 1991. Die Afrikaanse poësie van die tagtigerjare: 'n Indruk. *Stilet*, 3(1):47–56.

Gilfillan, F.R. 1991. Breytenbach in Nederland. *Stilet*, 3(2):7–18.

Giliomee, Hermann. 2009. *True confessions, End papers* and the Dakar conference: A review of the political arguments. *Tydskrif vir Letterkunde*, 46(2):28–42.

Goedegebuure, Jaap. 1993. Breyten Breytenbach in de spiegel van de Nederlandse kritiek. *Literatuur*, Julie/Augustus:217–222.

Goedegebuure, Jaap & Galloway, Francis. 1995. "De weerklank wordt door de situatie bepaald": Die resepsie van Breyten Breytenbach in Nederland en in Suid-Afrika. *Ensovoort*, 7(1):21–26.

Gouws, T. 1990. Fases in die ontwikkeling van die Breytenbach-oeuvre. *Tydskrif vir Geesteswetenskappe*, 30(1):16–26

Gready, Paul. 1993. Autobiography and the "power of writing": Political prison writing in the apartheid era. *Journal of Southern African Studies*, 19(3):489–523.

Grobler, Melanie & Galloway, Francis. 1994. Painting the (Judas) eye. Die skildery as kyk- en skuiwergat. [Onderhoud oor uitstalling] *De Arte*, 49:31–35.

Grobler, Melanie. 2002. *Die toneelstuk* van Breyten Breytenbach as die oorlogmasjien. *Fragmente. Tydskrif vir Filosofie en Kultuurkritiek*, 9:73 e.v.

Grové, A.P. 1968. 'n Vraag of twee (oor *Om te vlieg*). *Standpunte*, Junie:60.

Grové, A.P. 1968. Oor *Om te vlieg*. *Standpunte*, Desember:62.

Hugo, D.J. 1986. Die paradoks van die sonnet by Breyten Breytenbach. *Acta Academica*, Nuwe Reeks B:16–23.

Jacobs, J.U. 1986. Breyten Breytenbach and the South African prison book. *Theoria*, 68:95–105.

Jacobs, J.U. 1988. The self-naming narrator in the contemporary novel. *Nomina Africana*, 2(1):59–78.

Jacobs, J.U. 1991. Confessions, interrogation and self-interrogation in the new South African prison writing. *Kunapipi*, 13(1):115–127.

Jacobs, J.U. 1999. Introduction: Return to Africa. *Current Writing*, 11(2):i–x.

Jacobs, J.U. 2003. Mapping a heartland: Breyten Breytenbach's "zone of bastardisation" in *Dog heart*. *Current Writing*, 15(2):91–105.

Jacobs, J.U. 2003. White skin, black masks: Breytenbach's African selves. *Tydskrif vir Nederlands en Afrikaans*, 10(2):176–194.

Jacobs, J.U. 2009. Picturing the African diaspora in recent fiction. *Current Writing*, 21(1/2):97–116.

Jansen, Ena. 2003. "Ampie aan die Amstel": De kreatiewe energie van grensoverschrijding in de Zuid-Afrikaanse letterkunde. *Stilet*, 15(2):84–110.

Jansen, T. & Dimitriu, Ileana. 2011. A "spirit" of home and exile: A re-evaluation of Breyten Breytenbach's *Memory of snow and of dust*. *Literator*, 32(3):1–16.

Kannemeyer, J.C. 1968. 'n Vraag aan P.D. van der Walt (oor *Om te vlieg*). *Standpunte*, 22(1):59.

Kirsten, Elzet. 2014. Continuing the conversation among the words: Breyten Breytenbach's translation strategy in *Oorblyfsel/Voice over*. *Linguistics Plus*, 45(1): 109–123.
Kirsten, Elzet & Feinauer, Ilse. 2014. Tussen tale: 'n Stereoskopiese lees van Breyten Breytenbach se *Oorblyfsel/Voice over* aan die hand van literêre teorie. *LitNet Akademies*, 11(2):659–687. https://litnet.co.za/assets//pdf/joernaaluitgawe_11_2/11_2_Kirsten_Feinauer.pdf.
Larsen, Svend E. 2004. Subjective contingency and autobiographical writing. *Arcadia*, 39(2):300–399.
Lazarus, Neil. 1986. Longing, radicalism, sentimentality: Reflections on Breyten Breytenbach's *A season in paradise*. *Journal of Southern African Studies*, 12(2):158–182.
Leroux, Etienne. 1968. Daardie brief was ook aan my gerig. *Kol*, 1(2):2–6.
Lewis, Simon. 2001. *Tradurre e Tradire*: The treason and translation of Breyten Breytenbach. *Poetics Today*, 22(2):435–452.
Lijphart, G.C. 1971/1972. Breyten se halwe woorde. *Spektator*, (1): 7–8.
Lijphart, G.C. 1985. Fascistiese pampoene of koue pampoen. *Stet*, 3(1):4–9.
Lombard, M. 1984. Vervanging en aanvangverskynsels in die poësie van Breyten Breytenbach. *Literator*, 5(2):34–43.
Louw, N.P. Van Wyk. 1965. Motivering vir APB-prys. *Kriterium*, 3(1): 1–2.
Lovesey, Oliver. 1995. Chained letters: African prison diaries and "national allegory". *Research in African Literatures*, 26(4):31–45.
Marais, Johann Lodewyk & Marais, Renée (reds.). 1996. Uitgawe oor die rondreis van Nederlandse en Vlaamse skrywers. *Ensovoort*, 8(1).
Mateer, John. 2001. Breyten Breytenbach: The wise fool and ars poetica. *Westerly*, 46(Nov):84–103.
Meintjes, Elizabeth. 2000. The production of culture: A case study in South African literature. *Language Matters*, 31(1):155–175.
Meiring, Eben. 1988. Breyten in Frans. *Tydskrif vir Letterkunde*, 26(4):67–69.
Mihálik, Alet. 1996. Die metafoor as assosiasiesneller in Breyten Breytenbach se tronkgedig, "Die toelig van metafore". *Stilet*, 8(2):117–131.
Miles, John. 1968. Op soek na literêre kriteria. *Kol*, 1(2):20–22.
Mooij, Martin, 1974. Breytenbach te Rotterdam. *De Vlaamse Gids*, 6(Jun.):55
Moon, Jihie. 2011. Hybridische zelfpositionering en performance in Breytenbachs reisverhalen. *Tydskrif vir Letterkunde*, 48(2):71–92.
Moore, Gerald. 1985. The martial descends: The poetry of Breyten Breytenbach. *Ariel. A Review of International English Literature*, 16(2):3–12.
Müller, H.C.T. 1981. Visie plus visier. (1). Breytenbach se prosa na aanleiding van onlangse tekste. *Tydskrif vir Letterkunde*, 19(1):14–24.
Müller, H.C.T. 1981. Visie plus visier. (2). Breytenbach se prosa na aanleiding van onlangse tekste. *Tydskrif vir Letterkunde*, 19(2):36–50.
Müller, H.C.T. 1988. Oordrywings tussen werklikheid en waan. *Spits*, 4(1):28–64.
Murray, Jessica. 2011. "They can never write the landscapes out of their system": Engagements with the South African landscape. *Gender, Place & Culture*, 18(1):83–97.
Nash, Andrew. 2009. Zen communist: Breyten Breytenbach's view from the underground. *Tydskrif vir Letterkunde*, 46(2):11–27.
Ndlovu, Isaac. 2012. Prison and solitary confinement: Conditions and limits of the autobiographical self. *English Studies in Africa*, 55(1):16–34.

Odendaal, Pieter. 2011. Oortekening as vertaalstrategie in Breyten Breytenbach se *Oorblyfsel/Voice over*. *LitNet Akademies*, 8(2):286–308. http://www.oulitnet. co.za/akademies_geestes/pdf/LA_8_2l_odendaal.pdf.
Offermans, Cyrille. 2011. Gedesillusioneerd maar ontembaar: Het oeuvre van Breyten Breytenbach. *Ons Erfdeel*, 54(3):32–43.
Olivier, S.P. 1972. Ballingskap en die gedig. *Standpunte*, 26(2):18–32.
Opperman, D.J. 1965. Motivering vir APB-prys. *Kriterium*, 3(1):3.
Pedri, Nancy. 2002. Showing exile: Portrayals of a lost centre. *In-between: Essays & Studies in Literary Criticism*, 11(1):107–113.
Pedri, Nancy. 2002. The verbal and visual mirrors of postcolonial identity in Breyten Breytenbach's *All one horse*. *Journal of Literary Studies/Tydskrif vir Literatuurwetenskap*, 18(3/4):295–312.
Pieterse, Henning. 1992. Leesmodus vir Breyten se "'n Brief van hulle vakansie". *Tydskrif vir Letterkunde*, 30(1):90–101.
Prinsloo, Koos. 1986. 'n Aand by die Staatsteater. *Stet*, 4(1/2):7, 52.
Reckwitz, Erhard. 1999. Breyten Breytenbach's *Memory of snow and of dust* – A postmodern story of identities. *Alternation*, 6(2):90–102.
Reckwitz, Erhard. 1993. "I am not myself anymore": Problems of identity in writing by white South Africans. *English in Africa*, 20(1):1–23.
Roberts, Sheila. 1985. South African prison literature. *Ariel. A Review of International English Literature*, 16(2): 61–71.
Roodt, Dan. 1986. Die gedig as toiletpapier. Oor: "is klaps par gel te nar" van Breytenbach. *Stet*, 3(3/4):22–29.
Roodt, P.H. 1980. Die ek is nie ek nie: Breyten en Van Wyk Louw. *Tydskrif vir Letterkunde*, 28(2):49–54.
Rossouw, Johann. 1998. *Boklied*. 'n Religie vir ons tyd. *Fragmente. Tydskrif vir Filosofie en Kultuurkritiek*, 1(2):132–143.
Roux, A. 1983. Aspekte van die neerslag van Zen-Boeddhisme in die poësie van Breytenbach. *Klasgids*, 18(2):23–30.
Roux, Alwyn & Nortjé, Elizabeth L. 2015. Writing dead ends. Notes on Breyten Breytenbach's open letters to Nelson Mandela. *Tijdschrift voor Nederlandse Taal- & Letterkunde*, 131(4):353–364.
Roux, Alwyn & Viljoen, Hein 2017. Die stryd tussen "wêreld" en "aarde" in Breyten Breytenbach se "eiland (1)" in *Nege landskappe van ons tye bemaak aan 'n beminde* (1993). *Stilet*, 29(1):136–148.
Roux, Alwyn & Viljoen, Hein. 2017. 'n Heideggeriaanse benadering van landskap as woon in Breyten Breytenbach se *Nege landskappe van ons tye bemaak aan 'n beminde* (1993). *LitNet Akademies*, 14(2):267–300. https://www.litnet. co.za/wp-content/uploads/2017/10/LitNet_Akademies_14-2_Roux-Viljoen_ 267-300.pdf.
Roux, Daniel. 2005. "I speak to you and I listen to the voice coming back": Recording solitary confinement in the apartheid prison. *English Academy Review*, 22(1):22–31.
Rubin, Leslie. 1986. A poet in prison. *Africa Today*, 33(1):47–49.
Saayman, Sandra. 2008. The resurgence of prison imagery in Breyten Breytenbach's *A veil of footsteps*. *Commonwealth*, 31(1):69–79.
Saayman, Sandra. 2009. "Writing is travelling unfolding it's own landscape." 'n Gesprek met Breyten Breytenbach oor *A veil of footsteps*. *Tydskrif vir Letterkunde*, 46(2):201–212.
Saayman, Sandra. 2016. Reading Breyten Breytenbach's "Paris" alongside S.A. Angel. *Sillages Critiques*, 21. Presses de l'Université de Paris-Sorbonne. https://hal.archives-ouvertes.fr/hal-01461612.

Saunders, Christopher. 2002. Divided minds, different countries. *Safundi: The Journal of South African and American Studies*, 3(1):1–6.
Schalkwyk, David. 1994. Confession and solidarity in the prison writing of Breyten Breytenbach and Jeremy Cronin. *Research in African Literatures*, 25(1): 23–45.
Sévry, Jean. 2004. L'Afrique du Sud et ses prisons: La Littérature des témoignages. *Etudes Littéraires Africaines*, 18:16–24.
Sienaert, Marilet. 1991. Aspekte van Lacaniaanse psigo-analise as kode by 'n semiotiese lesing van Breytenbach se *('Yk')*. *Literator*, 12(2):23–33.
Sienaert, Marilet. 1993. Aspects of contemporary literary theory. Zen-Buddhism and the Breytenbach oeuvre: An intertextual reading. *Journal of Literary Studies/Tydskrif vir Literatuurwetenskap*, 9(2):139–155.
Sienaert, Marilet. 1993. Zen-Boeddhistiese selfloosheid as sentrale interteks van die Breytenbach-oeuvre. *Literator*, 14(1):25–45.
Sienaert, Marilet. 1995. The interrelatedness of Breyten Breytenbach's poetry and pictorial art. *De Arte*, 51:11–20.
Sienaert, Marilet. 1996. (Inter)teks as transformasie: 'n Nuwe Breytenbachgedig opgedra aan Martin Versfeld. *Stilet*, 8(1):70–81.
Sienaert, Marilet. 1996. Ut pictura poesis? A transgressive reading of Breytenbach's poetry and painting. *Current Writing*, 8(1):103–111.
Sienaert, Marilet. 1997. "Travelling towards an identity" as skeppende beginsel in nuwe Breytenbach-tekste. *Literator*, 18(2):41–50.
Sienaert, Marilet. 1998. The interface of text and image: Breytenbach's Durban exhibition – portraits, prints and paper. *Image & Text*, 8:43–46.
Sienaert, Marilet. 1999. Africa and identity in the art and writing of Breyten Breytenbach. *Alternation*, 6(2):80–89.
Slabbert, H. le Roux. 1976. Breyten se "Muisval". *Klasgids*, 10(4):39–43.
Slabbert, H. le Roux. 1981. Godin in die ikoon: Gedagtes oor religie en kuns in "Ikoon" van Breytenbach. *Tydskrif vir Letterkunde*, 19(2):51–55.
Smith, Francois. 2009. Murder your darlings: Breytenbach, die dood en die vrou. *Tydskrif vir Letterkunde*, 46(2):97–110.
Smuts, J.P. 2006. Rondom die millenniumwisseling: Steeds die Sestigers. *Tydskrif vir Geesteswetenskappe*, 46(2):233–245.
Smuts, Lisbé. 2009. Die "ek" in *('Yk')*: Die desentralisasie van die subjek in Breyten Breytenbach se digbundel *('Yk')*. *Tydskrif vir Letterkunde*, 46(2):81–96.
Squire, Cleone J. 1996. "Re-placing the South African Self" in Breyten Breytenbach's *A season in paradise*. *Inter Action*, 4:8–12.
Squire, Cleone J. 1996. Returning to paradise through naming: The incantation of names in Breyten Breytenbach's *Return to paradise*. *Nomina Africana*, 10(1/2):79–97.
Steenberg, D.H. 1985. Aanduiding van Zen-trekke by Breyten Breytenbach. *Koers*, 50(4):360–390.
Tait, Charles & Van Vuuren, Helize. 2017. Die verjaardagversritueel in Breyten Breytenbach se oeuvre: 1964–2014. *Stilet*, 29(1):149–192.
Ten Berge, H.C. 1975. Dichter zonder taal, schilder zonder ogen. *De Gids*, 138(9):565.
T'Sjoen, Yves. 2014. "[D]ie koue bewe". Stilstand en beweging in de orfische ruimte van Breyten Breytenbachs gedicht "autobiotrophy". *Tydskrif vir Nederlands en Afrikaans*, 21(1):61–70.
T'Sjoen, Yves. 2015. Breyten Breytenbach in een zijspiegel: Het vizier van H.C. ten Berge: Transnationale laterale beweging en particuliere "hetero-images" van een literaire actor. *Werkwinkel*, 10(1):33–50.

T'Sjoen, Yves. 2018. Breytenbach in BABEL. *Zacht Lawijd. Literair-historisch tijdschrift*, 16(4):22–31.
Van der Merwe, Annari. 1973. ... wil dig in Afrikaans stuiptrekkende taal. *Standpunte*, 26(6):38–50.
Van der Merwe, Linette. 1997. Die simbiose van kwas en woord, met verwysing na Breyten Breytenbach se *Plakboek*. *Ensovoort*, 9(1):22–27.
Van der Merwe, P.P., Hirson, D., Wilhelm, P., Gray, S., Coetzee, A.J. & De Kock, L. 1981. Breyten Breytenbach and the poet revolutionary. *Theoria*, 56:51–72.
Van Krevelen, Laurens. 2009. De creatieve bewegingen van een vrije geest: Aantekening over het contrast tussen Breytenbach's integrale werkwijze en de gefragmenteerde perceptie van zijn werk. *Tydskrif vir Letterkunde*, 46(2): 213–220.
Van Rensburg, F.I.J. 1965. Motivering vir die APB-prys. *Kriterium*, 3(1): 3–4.
Van Vuuren, Helize. 1993. Rilke en Breytenbach: Twee digters in Parys. *Tydskrif vir Letterkunde*, 31(2):45–51.
Van Vuuren, Helize. 1998. Die "long walk to clarity" – 'n leesstrategie vir Breyten Breytenbach se *Boklied*. *Tydskrif vir Letterkunde*, 36(4)/37(1):44–53.
Van Vuuren, Helize. 1998. Literatuur as moederland (van Afrikaanse stadstaat na minderheid in 'n multitalige vrystaat). *Stilet*, 10(2):77–94.
Van Vuuren, Helize. 2006. "Die taal asyn aan die lippe": 'n Oorsig van Breyten Breytenbach se poësie-oeuvre. *Tydskrif vir Letterkunde*, 43(2):46–56.
Van Vuuren, Helize. 2009. "Labyrinth of loneliness": Breyten Breytenbach's prison poetry (1976–1985). *Tydskrif vir Letterkunde*, 46(2):43–56.
Van Vuuren, Helize. 2011. "'n Almanak van klippe": Laatwerk en Breyten Breytenbach se *Die beginsel van stof (laat-verse, sprinkaanskaduwees, aantekeninge)*. *LitNet Akademies*, 8(3):462–487. https://www.litnet.co.za/assets/pdf/18_van%20Vuuren.pdf.
Van Vuuren, Helize. 2014. 'n Logografie van verdwyning: Breyten Breytenbach se *Vyf-en-veertig skemeraandsange uit die eenbeendanser se werkruimte* (2014). *Tydskrif vir Nederlands en Afrikaans*, 21(1):71–96.
Viljoen, Hein. 1979. Gesprekvoorwaardes vir die poësie. *Tydskrif vir Letterkunde*, 27(1):62–77.
Viljoen, Hein. 1992. Breyten Breytenbach en die simbolisme: 'n Voorlopige verkenning. *Literator*, 13(1):15–28.
Viljoen, Hein. 2004. Exile, migration and deterritorialisation in the work of three Afrikaans poets. *Zeitschrift für Kulturwissenschaften*, 15(3). http://www.inst.at/trans/15Nr/03_1/viljoen15.htm.
Viljoen, Hein. 2009. Creolization and the production and negotiation of boundaries in Breyten Breytenbach's recent work. *Nordlit*, 24:109–131.
Viljoen, Hein. 2017. Breyten en Leonardo: Die mislees van "'n tipe epistemologie van water" in Graad 12. *Stilet*, 29(1):195-221.
Viljoen, Louise. 1993. Naming the subject: The proper name in the poetry of Breyten Breytenbach. *Nomina Africana*, 7:37–49.
Viljoen, Louise. 1995. Reading and writing Breytenbach's *Return to paradise* from within and without. *Current Writing*, 7(1):1–17.
Viljoen, Louise. 2001. "A white fly on the sombre window pane": The construction of Africa and identity in Breyten Breytenbach's poetry. *Literator*, 22(2):1–19.
Viljoen, Louise. 2002. Hartland en middelwêreld: Die hantering van die spanning tussen die lokale en globale in Breyten Breytenbach se *Dog heart* (1998). *Tydskrif vir Nederlands en Afrikaans*, 9(2):169–185.

Viljoen, Louise. 2003. Breyten en die vaders: Perspektiewe op die rol van die vader in Breytenbach se vroeë poësie. *Stilet*, 15(2):28–52.
Viljoen, Louise. 2005. 'n "Tussenin-boek": Enkele gedagtes oor liminaliteit in Breyten Breytenbach se *Woordwerk* (1999). *Stilet*, 17(2):1–25.
Viljoen, Louise. 2008. Digterlike gesprekke met Van Wyk Louw. *Tydskrif vir Geesteswetenskappe*, 48(3):267–291.
Viljoen, Louise. 2009. Die leser in Breyten Breytenbach se tronkpoësie. *Tydskrif vir Letterkunde*, 46(2):57–80.
Viljoen, Louise. 2009. Afrikaanse digters in gesprek met Breyten Breytenbach. *LitNet Akademies*, 6(3):185–209. http://www.oulitnet.co.za/newlitnet/pdf/la/LA_6_3_viljoen.pdf.
Viljoen, Louise. 2014. Die rol van Nederland in die transnasionale beweging van enkele Afrikaanse skrywers. *Internationale Neerlandistiek*, 52(1):3–26.
Viljoen, Louise. 2017. "Straddling languages": Aspects of the translational and the transnational in the work of Afrikaans authors Breyten Breytenbach, Marlene van Niekerk and Antje Krog. *Journal of Literary Studies/Tydskrif vir Literatuurwetenskap*, 33(3):25–46.
Vorster, Jan. 1979. Enkele aspekte van Breyten Breytenbach se verstegniek. *Fort Hare Papers*, 4(4).
Wiegandt, Kai. 2013. "I too might once have been a prisoner": Oppressor's paranoia in J.M. Coetzee, Nadine Gordimer and Breyten Breytenbach. *Social Dynamics. A Journal of African Studies*, 39(3):428–442.
Wilkinson, Jane. 1997. A lexicon of exile: Migrations of meaning in Breyten Breytenbach's *Return to paradise*. *Textus*, 10(1):167–180.

Resensies[18]
Die ysterkoei moet sweet (Johannesburg: Afrikaanse Pers-Boekhandel, 1964)
Antonissen, Rob. 1965. Genadelose deernis. *Standpunte*, 18(4):59–61.
Brink, André P. 1965. Periskoop: Breyten Breytenbach. *Kriterium*, 3(1):12–14.
Cloete, T.T. 1965. Poësie van ontbinding. *Die Huisgenoot*, 23 Julie, bl. 71–73.
Kromhout, Jan. 1965. Nuwe digbundel geskoei op oorsese modekuns. *Die Transvaler*, 4 Januarie.
Louw, N.P. Van Wyk. 1965. Oor Breytenbach en die APB-prys vir 1964. *Kriterium*, 3(1):1–3.
Louw, W.E.G. 1965. Met hierdie bundel is Sestig nou voldonge feit. *Die Burger*, 26 Februarie.
Opperman, D.J. 1965. Oor Breytenbach en die APB-prys. *Kriterium*, 3(1):3.
Schutte, R. 1965. Afrikaanse poësie hou tred met ontwikkeling. *Die Vaderland*, 5 Februarie.
Van Heerden, Ernst. 1964. Jong digter se eersteling maak oorstelpende indruk. *Dagbreek en Sondagnuus*, 20 Desember.
Van Rensburg, F.I.J. 1965. Sommige sal lag, ander sal hulle bloedig vererg. *Die Volksblad*, 21 Januarie.
Van Rensburg, F.I.J. 1965. Oor Breytenbach en die APB-prys. *Kriterium*, 3(1):3–4.

---

18   Beduidende tydgenootlike resensies en ander besprekings van plaaslike uitgawes word gelys. Indien daar meer as een plaaslike resensie van 'n buitelandse uitgawe verskyn het, word dit ook weerspieël. Bladsynommers van koerantresensies wat vanaf die 1980's verskyn, word verskaf indien beskikbaar.

Katastrofes (Johannesburg: Afrikaanse Pers-Boekhandel, 1964)
Antonissen, Rob. 1965. Genadelose deernis. *Standpunte*, 18(4):57–59.
Brink, André P. 1965. Periskoop: Breyten Breytenbach. *Kriterium*, 3(1):12–14.
Brink, André P. 1967. Verbeeldingsvlug. *Standpunte*, 21(2):44–51.
Louw, W.E.G. 1965. Breytenbach se prosa geval beslis minder as sy poësie. *Die Burger*, 9 April.
Steyn, J.L. 1964. Natuurlike talent kenmerk van *Katastrofes*. *Die Vaderland*, 18 Desember.
Van Zyl, A. 1964. Ongewone verhale oor menslike korrupsie. *Die Volksblad*, 16 Desember.

Die huis van die dowe (Kaapstad: Human & Rousseau, 1967)
Barnard, Chris. 1967. Breyten kan onnutsig wees. *Beeld*, 8 Oktober.
Behrens, L. 1967. Oor *Die huis van die dowe*. *Die Vaderland*, 13 Oktober.
Brink, André P. 1967. Verbeeldingsvlug. *Standpunte*, 21(2):51–56.
Joubert, Elsa. 1968. *Die huis van die dowe*. *Sarie Marais*, 28 Februarie:100–102.
Lindenberg, Ernst. 1967. Body and soul. *Cape Argus*, 5 Oktober.
Lindenberg, Ernst. 1967. *Die huis van die dowe* in "Drie nuwe boeke". *Standpunte*, 21(2):57–61.
Raidt, Edith. 1968. Die belangrikste bundel verse sedert *Tristia*. *Die Burger*, 1 Januarie.
Van Rensburg, F.I.J. 1967. Optimisme en verwagting in dié bundel. *Die Volksblad*, 17 Augustus.
Van Rensburg, F.I.J. 1967. Van Breyten Breytenbach se mooiste gedigte. *Die Volksblad*, 2 November.
Van Rensburg, Johann. 1967. "Sestiger" poet casts spell. *The Cape Times*, 18 Oktober.

Kouevuur (Kaapstad: Buren-uitgewers, 1969)
Antonissen, Rob. 1969. Verreweg belangrikste nuwe digter van dekade. *Die Burger*, 27 Desember.
Brink, André P. 1971. Bespreking van *Kouevuur*. *Die poësie van Breyten Breytenbach*. Blokboek 15. Pretoria en Kaapstad: Academica, bl. 10–16.
Cloete, T.T. 1970. Bespreking van *Kouevuur*. *Standpunte*, 23(4):38–43.
Cloete, T.T. 1970. Bespreking van *Kouevuur*. *Tydskrif vir Geesteswetenskappe*, 10(4): 374–376.
Coetzee, Ampie. 1970. Bespreking van *Kouevuur*. *Die Vaderland*, 6 Maart.
Kromhout, Jan. 1970. Melancholy and gangrene. *The Star*, 8 Januarie.
Nepgen, Rosa. 1970. 'n Bespreking van *Kouevuur*. *Die Huisgenoot*, 27 Maart:79.
Plekker, Freda. 1970. *Kouevuur* is 'n vermoeienis eerder as 'n genot. *Die Vaderland*, 27 Februarie.
Prinsloo, Hazel. 1970. Breytenbach's poetry. *The Cape Times*, 30 Januarie.
Van Rensburg, F.I.J. 1970. Breyten verras aangenaam. *Die Volksblad*, 19 Februarie.
Van Rensburg, F.I.J. 1970. Van die mooiste verse in Afrikaans. *Die Beeld*, 1 Maart.

Lotus (Kaapstad: Buren-uitgewers, 1970)
Brink, André P. 1971. Bespreking van *Lotus*. *Die poësie van Breyten Breytenbach*. Blokboek 15. Pretoria en Kaapstad: Academica, bl. 28–37.
Cloete, T.T. 1971. Bespreking van *Lotus*. *Tydskrif vir Geesteswetenskappe*, 11(3): 204–214.
Van Rensburg, F.I.J. 1971. Breyten se *Lotus* besing. *Die Volksblad*, 3 April.

Van Rensburg, Tina. 1970. Breyten maak lente in ons poësie. *Die Beeld*, 1 November.
Verster, J.R. 1971. Veelsydige belewenis van liefde in *Lotus*. *Die Volksblad*, 22 Julie.

Oorblyfsels uit die pelgrim se verse na 'n tydelike (Kaapstad: Buren-uitgewers, 1970)
Brink, André P. 1970. Breyten se nuwe bommetjie. *Beeld*, 28 Junie.
Brink, André P. 1971. Bespreking van *Oorblyfsels*. *Die poësie van Breyten Breytenbach*. Blokboek 15. Pretoria en Kaapstad: Academica, bl. 27–28.
Cloete, T.T. 1970. Bespreking van *Oorblyfsels*. *Beeld*, 28 Junie.
Cloete, T.T. 1971. Bespreking van *Oorblyfsels*. *Tydskrif vir Geesteswetenskappe*, 11(3):214–215.

Om te vlieg: 'n Opstel in vyf ledemate en 'n ode (Kaapstad: Buren-uitgewers, 1971)
Barnard, Chris. 1972. 'n Wêreld van verval en ontbinding. *Die Burger*, 13 April.
Brink, André P. 1971. *Om te vlieg* is 'n wind van verandering. *Rapport*, 12 Desember.
M.J.M. 1972. Raaiselagtig, maar virtuoos. *Die Volksblad*, 12 April.
Prinsloo, Hazel. 1972. Breytenbach excites. *The Cape Times*, 25 Februarie.
Van der Walt, P.D. 1968. Poolshoogte: Prosa 1968. *Standpunte*, 21(5):7–14.

Skryt: Om 'n sinkende skip blou te verf. Verse en tekeninge (Amsterdam: Meulenhoff, 1972)
Brink, André P. 1973. Bespreking van *Skryt*. *Die poësie van Breyten Breytenbach*. Blokboek 15. Pretoria en Kaapstad: Academica, bl. 37–39.
Cloete, T.T. 1973. Nuwe digbundels. *Tydskrif vir Geesteswetenskappe*, 13(4):370–374.
Coetzee, Ampie. 1974. Breyten nogtans die grootste. *Rapport*, 24 Februarie.
Hart, E.A. 1972. New collection. *The Argus*, 6 Desember.
Van Zyl, I. 1974. Breyten Breytenbach bly 'n digter. *Die Suidwester*, 6 Mei.

Met ander woorde vrugte van die droom van stilte (Kaapstad: Buren-uitgewers, 1973)
Brink, André P. 1973. Bespreking van *Met ander woorde*. *Die poësie van Breyten Breytenbach*. Blokboek 15. Pretoria en Kaapstad: Academica, bl. 40–43.
Cloete, T.T. 1974. Nuwe digbundels. *Tydskrif vir Geesteswetenskappe*, 14(2):136–139.
Coetzee, Ampie. 1973. Nuwe digbundel van Breyten. *Oggendblad*, 5 Februarie.
Coetzee, Ampie. 1973. Nog 'n opwindende konfrontasie met woordmeesterskap soos min. *Die Burger*, 8 Februarie.
C.W.M. 1973. Breyten behou unieke atmosfeer. *Die Volksblad*, 9 Augustus.
Geyser, Hennie. 1973. Nothing more to say? *The Argus*, 4 Julie.

Voetskrif (Johannesburg: Perskor-uitgewery, 1976)
Brink, André P. 1976. Breyten bly Afrikaans se belangrikste. *Rapport*, 21 Maart.
Cloete, T.T. 1977. Bespreking van *Voetskrif*. *Tydskrif vir Letterkunde*, 15(1):61–63.
Cloete, T.T. 1977. Bespreking van *Voetskrif*. *Tydskrif vir Geesteswetenskappe*, 17(2):157–160.
De Vries, Abraham H. 1976. Breyten in tronk is goed. *Die Burger*, 18 Maart.
De Vries, Abraham H. 1976. Oor *Voetskrif*. *Die Oosterlig*, 30 Maart.
Johl, Johann. 1976. Breyten weer op peil. *Die Volksblad*, 29 April.
Kloppers, Hester. 1976. Breyten weer verbysterend. *Die Vaderland*, 29 April.

Olivier, Gerrit. 1976. 'n Verkenning van die eie psige. *Beeld*, 5 April.
Toerien, Barend J. 1977. Bespreking van *Voetskrif*. *World Literature Today*, 51(2): 322.
Van der Merwe, Annari. 1976. Breytenbachs jongste bundel *Voetskrif*. *Zuid Afrika*, 53(4):59.
Van der Merwe, Annari. 1976. Breyten se *Voetskrif* 'n "afgrond en voetpad". *Oggendblad*, 27 Mei.
Van der Merwe, P.P. 1976. Breytenverse vanuit die Niet in die sel. *Hoofstad*, 18 Junie.
Van der Walt, P.D. 1976. Breyten wil dinge nuut sien in verse. *Die Transvaler*, 3 April.
Van Rensburg, F.I.J. 1976. Verse uit die tronk. *Die Volksblad*, 24 November.

'n Seisoen in die paradys (Johannesburg: Perskor-uitgewery, 1976)
Brink, André P. 1977. Breyten se *Seisoen* triomfantelik – 'n plesier vir vakman en gewone leser. *Rapport*, 23 Januarie.
De Vries, Abraham H. 1977. Breyten Breytenbach se "hartseer lofsang". *Die Burger*, 6 Januarie.
Grobler, Hilda. 1977. Breyten "dink verder in die donker". *Hoofstad*, 18 Februarie.
H.W. 1976. Breyten se paradys 'n prosa-paradys. *Die Vaderland*, 9 Desember.
Kromhout, Jan. 1977. Breyten started it off. *The Star*, 26 Januarie.
Olivier, Fanie. 1977. *'n Seisoen in die paradys* oop vir almal. *Oggendblad*, 31 Maart.
Spangenberg, D.F. 1977. Bespreking van *Seisoen*. *Tydskrif vir Letterkunde*, 15(1): 66–69.
Steenberg, D.H. 1978. Bespreking van *Seisoen*. *Woord en Daad*, 18(186):15–16.
Van der Walt, P.D. 1977. 'n Leesavontuur saam met Breyten. *Die Transvaler*, 29 Januarie.
Van Zyl, Anna. 1977. Breyten fassineer en irriteer tegelyk. *Die Volksblad*, 23 Februarie.

Blomskryf (uit die gedigte van Breyten Breytenbach en Jan Blom) (Emmarentia: Taurus, 1977)
Brink, André P. 1977. *Blomskryf* verbeeld die volle verskeidenheid van Breyten. *Rapport* [*Boeke*], 27 Maart
Goosen, Jeanne. 1977. Breyten se bestes in *Blomskryf*. *Hoofstad*, 25 Februarie, bl. 12.
Van der Merwe, Annari. *Blomskryf* gee aan Breyten 'n welkome stem. *Oggendblad*, 27 Oktober.

Die miernes swel op ja die fox-terrier kry 'n weekend en ander byna vergete katastrofes en fragmente uit 'n ou manuskrip van Breyten Breytenbach (Emmarentia: Taurus, 1980)
Le Roux, André. 1981. Hel goeie spel met woorde. *Beeld*, 12 Januarie, bl. 10.
Olivier, Fanie. 1980. Om die digter en sy digkuns aan die lewe te hou. *Transvaler*, 1 Desember, bl. 9.
Smuts, J.P. 1980. *Miernes* verryk ons letterkunde. *Die Burger*, 11 Desember, bl. 17.
Van der Merwe, Annari. 1980. Dié Breyten laat hom nie met 'n kil oog lees. *Die Vaderland*, 18 Desember.

Eklips. Die derde bundel van die ongedanste dans (Emmarentia: Taurus, 1983)
Brink, André P. 1983. Dis Breyten se grootste verse, met tog 'n skimmel. *Rapport*, 1 Mei, bl. 24.

Cloete, T.T. 1983. *Eklips* bring niks nuut in Breyten se werk. *Die Volksblad*, 27 Augustus, bl. 8.
Cloete, T.T. 1984. Poësiekroniek. *Tydskrif vir Letterkunde*, 22(2):74–75.
Ferreira, Jeanette. 1984. Breytenbach se *Eklips* 'n haas onuitputlike bundel. *Die Vaderland*, 5 Maart, bl. 12.
Minervini, Rina. 1983. Breytenbach's magical words, burning vision. *Rand Daily Mail*, 18 Julie, bl. 6.
Roodt, P.H. 1983. Breyten dig na die lig daarbuite. *Beeld*, 11 Julie, bl. 8.
Viljoen, Hein. 1983. 'n Ballade van die afwesige. *Buurman*, 13(4):39–40.

Mouroir (bespieëlende notas van 'n roman) (Emmarentia: Taurus, 1983)[19]
Brink, André P. 1983. Dié Breyten is kosbaar, opwindend, maar móéilik. *Rapport*, 20 November, bl. 39.
Coates, Ian. 1984. *Mouroir*. *Fair Lady* , 27 Junie, bl. 28.
Coetzee, J.M. 1985. A poet in prison. *Social Dynamics*, 11(2):72-75.
Conyngham, John. 1984. Breytenbach's new novel disappoints. *The Natal Witness*, 23 Junie, bl. 5.
Darke, Neill. 1984. Disappointing Breytenbach. *The Argus*, 13 Junie, bl. 21.
Egan, Anthony. 1985. Breytenbach dazzle. *The Argus*, 13 September, bl. 13.
E.H. 1984. Notes from a prison cell. *The Natal Mercury*, 26 Julie, bl. 28.
Fothergill, Malcolm. 1984. Breytenbach restrained. *The Star*, 13 Junie, bl. 8.
Laurence, Sandra. 1984. The quality of dreams. *Rand Daily Mail*, 13 Augustus, bl. 9.
L.F.W. 1984. Take Breyten in small doses. *Pretoria News*, 7 Junie, bl. 7.
Malan, Charles. 1984. "Tronkprosa" vereis deursettingsvermoë. *Die Volksblad*, 7 April, bl. 4.
Parfitt, Judy. 1984. Breyten's watershed. *Eastern Province Herald*, 29 Mei, bl. 24.
Rabie, Jan. 1984. Breytenbach's prison prose a feast. *The Cape Times*, 1 Februarie.
Smuts, J.P. 1984. Breytenbach tower met die taal. *Beeld*, 27 Augustus, bl. 12.
Van Biljon, Madeleine. 1984. Manuscript should have been kept under lock and key. *Sunday Times*, 27 Mei, bl. 7.

('Yk'). Die vierde bundel van die ongedanste dans (Emmarentia: Taurus, 1984)
Brink, André P. 1984. Is dit Breyten en Afrikaans se grootste dié? *Rapport*, 29 Januarie.
Brink, André P. 1984. Meer mense sal dié Breyten verstaan. *Rapport*, 5 Februarie, bl. 15.
Brink, André P. 1985. Breyten Breytenbach: Indrukwekkende bundel. *Ons Erfdeel*, Januarie/Februarie:85–91.
Cloete, T.T. 1984. Breyten se *('Yk')* = (goed en dof). *Die Volksblad*, 24 Maart.
Cloete, T.T. 1984. Poësiekroniek. *Tydskrif vir Letterkunde*, 22(2):75–78.
Malan, Charles. 1984. Breytenbach se *('Yk')*. *Die Transvaler*, 13 Maart.
Rabie, Jan. 1984. A triumvirate of SA's best living poets. *The Cape Times*, 3 Oktober, bl. 8.
Snyman, Henning. 1984. Mylpaal vir ek-poësie in Afrikaans. Breytenbach se oeuvre by sy hoogtepunt. *Die Burger*, 8 Maart.
Van der Merwe, Annari. 1984. *('Yk')*: Kreatiewe energie voelbaar. *Die Vaderland*, 2 April, bl. 14.

---

19 Hierdie lys sluit besprekings van die vertaalde Britse uitgawe van Faber & Faber in.

Van Rensburg, F.I.J. 1984. Breyten op sy beste én swakste in *('Yk')*. *Beeld*, 19 Maart.

Buffalo Bill. Die tweede bundel van die ongedanste dans (Emmarentia: Taurus, 1984)
Cloete, T.T. 1985. Bespreking van *Buffalo Bill*. *Standpunte*, 23(2):95–97.
Fourie, Herman. 1984. Poetry of brilliant surrealism by Breytenbach. *The Argus*, 22 November, bl. 27.
Hugo, Daniel. 1984. Breyten kan 'n insinking soos *Buffalo* verduur. *Die Volksblad*, 27 Oktober, bl. 6.
Marais, Johann Lodewyk. 1985. 'n Beswering van die legende Breyten Breytenbach. *Die Vaderland*, 4 Februarie, bl. 10.
Olivier, Fanie. 1984. Breyten se tronkmure breek oop in blomme. *Rapport*, 2 Desember, bl. 16.
Rabie, Jan. 1985. Update on Uys and new work by Breyten. *The Cape Times*, 3 Maart.
Snyman, Henning. 1985. Breyten stel ietwat teleur. *Die Burger*, 21 Maart, bl. 17.
Van Rensburg, F.I.J. 1985. Oop en genietlike Breyten-bundel. *Beeld*, 21 Januarie, bl. 6.

The true confessions of an albino terrorist (Emmarentia: Taurus, 1984)
Breytenbach, Kerneels. 1984. Ontstellende biegboek. *Die Burger*, 12 April, bl. 19.
Brink, André P. 1984. Breyten se tronkstorie onthul en ontstel. *Rapport*, 13 Mei, bl. 35.
Coetzee, J.M. 1985. A poet in prison. *Social Dynamics*, 11(2):72–75.
Du Toit, André. 1984. Breyten se *Confessions* ontstel. *Die Suid-Afrikaan*, Lente: 44–46.
Du Toit, André. 1984. Breyten Breytenbach: A prisoner's vision of SA. *The Natal Mercury*, 22 Mei, bl. 12.
Gerwel, Jakes. 1984. Dié teks eerstens polities en nie literêr nie. *Die Vaderland*, 2 Julie, bl. 13.
Goosen, Margaretha. 1984. Breytenbach prose spares few in this dramatic volume. *Rand Daily Mail*, 7 April.
Grobler, Hilda. 1984. Los liewer geld in spaarrekening. *Tempo*, 17 Augustus, bl. 5.
Herbertson, Peter. 1984. Breyten: From the inside. *Financial Mail*, 11 Mei, bl. 75.
Olivier, Fanie. 1984. 'n Verhaal van sewe jaar in SA tronke. Breyten klaar met Afrikaans? *Rapport*, 8 April, bl. 6.

Lewendood. Die eerste bundel van die ongedanste dans (Emmarentia: Taurus, 1985)
Anon. 1986. Bespreking van *Lewendood*. *Tydskrif vir Letterkunde*, 24(4):77–79.
Botha, M.C. 1985. Breyten the prisoner freed by words. *The Cape Times*, 25 September, bl. 13.
Cloete, T.T. 1985. Ongewone kyk op sake. Goeie en mooie in bundel moet uitgesoek word. *Beeld*, 15 Julie, bl. 10.
Gouws, Tom. 1985. *Lewendood*: Breytenbach se tronkbundel is treffend. *Die Vaderland*, 5 Augustus, bl. 12.
Olivier, Fanie. 1985. Breyten se bundel is geen dodedans. *Rapport*, 18 Augustus, bl. 16.
Scholtz, H. van der Merwe. 1985. *Lewendood*: Vergelyk met min. *Die Burger*, 1 Augustus, bl. 11.
Viljoen, Hein. 1985. *Lewendood* – die ongedanste dans. *Die Transvaler*, 22 Augustus, bl. 3.

Boek (deel een): Dryfpunt (Emmarentia: Taurus, 1987)
Hambidge, Joan. 1987. Hiermee sal Breyten die literatore ontstel. *Rapport*, 28 Julie, bl. 30.
Malan, Charles. 1987. Digter besin oor die wese van poësie. *Die Volksblad*, 17 Oktober, bl. 15.
Pakendorf, Gunther. 1987. Breyten dink hardop oor die digkuns. *Die Burger*, 24 September, bl. 5.
Viljoen, Hein. 1987. Nes poësie is dié teks soos water. *Beeld*, 29 Oktober, bl. 28.

Judas eye and self-portrait/deathwatch (Londen: Faber & Faber, 1988)
Liebenberg, Wilhelm. 1989. Goeie, geslypte en geslepe poësie. *Vrye Weekblad*, 10 Februarie.
Toerien, Barend J. 1989. Breyten oorskry grense van taal triomfantelik. *Rapport*, 15 Februarie.
Van Wyk, Johan. 1989. Review of Breyten Breytenbach's *Judas eye*. *New Coin*, 25(2):51–54.

Memory of snow and of dust (Emmarentia: Taurus, 1989)[20]
Ferreira, Jeanette. 1990. Waarheid as fiksie. *De Kat*, 31 Januarie.
Gouws, Tom. 1989. Breytenbach: Kyk, hy is skaduloos! *Insig*, 30 November:41.
Hatting, Ryk. 1989. Breyten: Die verkleurmannetjie op 'n verhoog vol spieëls. *Vrye Weekblad*, Lente:14.
Hope, Christopher. 1989. Chewing the bitter bread of exile. *The Cape Times*, 12 Augustus, bl. 4.
Olivier, Fanie. 1989. No easy slogans in this complex new Breyten. *Weekly Mail*, 3–9 November:1.
Pakendorf, Gunther. 1990. Onoortuigend as roman, maar Breyten se *Memory is ... 'n Ryk geskakeerde teks oor ballingskap. *Die Burger*, 1 Februarie.
Roos, Henriette. 1989. Breyten-roman kompleks, groot. *Rapport*, 19 November, bl. 15.

All one horse: Fictions and images (Emmarentia: Taurus, 1990)
Lazar, Carol. 1990. Breyten displays skill as an artist. *The Sunday Star*, 6 Mei, bl. 5.
Miles, Elza. 1990. Die galopperende vinger. Breytenbach se beeldvorming verontagsaam nie sy koloniale afkoms nie. *Vrye Weekblad [Boeke]*, Winter/Lente:7.
Pakendorf, Gunther. 1990. 'n Perd van 'n ander kleur. *Die Burger*, 31 Mei.

Soos die so: Toktokkie se nagregister (Emmarentia: Taurus, 1990)
Cloete, T.T. 1991. Breyten bly 'n goeie digter. *Beeld*, 1 April.
De Waal, Shaun. 1991. Breyten's relaxed, intimate poem-diary. *Weekly Mail*, 26 Julie–1 Augustus:37.
Du Plessis, Mariette. 1991. Poetic account of a slice of life. *Business Day*, 18 Februarie, bl. 8.
Du Toit, Albert. 1991. Mixed bag from Breytenbach's "diary". *Eastern Province Herald*, 6 Maart, bl. 8.
Gouws, Tom. 1991. Ou sosê is terug. *De Kat*, April:95.
Olivier, Fanie. 1991. Die woordtowenaar is rustiger. *Vrye Weekblad*, 24–30 Mei:25.

---

20 Hierdie lys sluit plaaslike besprekings van die Britse uitgawe van Faber & Faber in.

Reddy, Vasu. 1991. Afrikaans writers set new trends. *The New Nation*, 11–17 Oktober:25.
Scholtz, Merwe. 1991. Soms ontbreek die drif. Breyten se "begeesterde almanak". *Insig*, Februarie:40.
Toerien, Barend J. 1991. Breyten se jongste is ryk aan Afrikaans. *Die Burger*, 18 Junie, bl. 9.
Toerien, Barend J. 1991. Afrikaans seëvier weer by Breyten. *Die Volksblad*, 24 Junie, bl. 10.
Toerien, Barend J. 1991. Breyten weer op Afrikaans. *Oosterlig*, 5 Julie, bl. 20.
Van der Merwe, P.P. 1991. Breyten wys hoe alle dinge eintlik eners is. *Rapport*, 10 Maart, bl. 18.

Hart-lam ('n leerboek) (Emmarentia: Taurus, 1991)
Hambidge, Joan. 1991. Maer man met die groen trui laat hom nie vasvang. *Beeld*, 23 Desember, bl. 10.
Odendaal, Bernard. 1992. Klein skat 'n soort Breyten-boek van aanhalings. *Die Volksblad*, 25 Mei, bl. 8.
Pakendorf, Gunther. 1991. Borrelende guitighede, maar ook hartseer bestekopname. *Die Burger*, 5 November, bl. 5.

Nege landskappe van ons tye bemaak aan 'n beminde (Groenkloof: Hond/ Somerset- Wes: Intaka, 1993)
Cilliers, Cecile. 1994. Dis 'n boek om weer en weer te lees. *Insig*, Maart:8.
Coetzee, Ampie. 1993. Ook die stiltes praat: 'n Baken in Afrikaans. *Vrye Weekblad*, 24 Junie–7 Julie:42.
Gouws, Tom. 1993. Dis 'n triomf vir Afrikaans. Bundel wys Breyten is een van heel grootstes in Dietse letterkunde. *Beeld*, 7 Junie, bl. 6.
Hambidge, Joan. 1993. Dié verse is aan ons álmal bemaak. *Insig [Boeke]*, Julie: 2–3.
Hugo, Daniel. 1993. Digterlewe saamgevat. Breytenbach se briljante poëtiese testament. *Die Burger*, 22 Junie, bl. 7.
Kannemeyer, J.C. 1993. Breyten bly een van taal se sterkstes. *Rapport*, 11 Julie, bl. 20.
Lindenberg, Ernst. 1993. Die toring van babbel? *De Kat*, Augustus:106–107.
Müller, Petra. 1993. Die digter van die blou trane. *New Contrast*, September: 88–89.
Van Zuydam, S.W. 1993. Breyten se bundel grootste toevoeging. *Die Volksblad*, 6 Desember, bl. 6.

Return to Paradise. An African journal (Kaapstad: David Philip, 1993)
Cruywagen, Dennis. 1993. Returning to paradise. *The Daily News*, 8 Desember, bl.17.
De Waal, Annarosa. 1994. Bitter Breytenbach sometimes comical. *The Citizen*, 31 Januarie, bl. 6.
Hambidge, Joan. 1993. Gee eerder digter Breyten. *Die Burger*, 7 Desember, bl. 9.
Hambidge, Joan. 1994. Dit laat 'n hunkering na Breyten die digter. *Beeld*, 21 Februarie, bl. 6.
Holtzhausen, Evelyn John. 1994. Poet's journey in search of home. *The Cape Times*, 15 Januarie, bl. 4.
Johnson. R.W. 1993. Stitched up. *London Review of Books*, 21 Oktober, bl. 19.
Johnson, R.W. 1993. All the bile of Breytenbach. *Weekly Mail & Guardian*, 2 Desember, bl. 1–2.
Jordan, Mary. 1994. Breytenbach's journey burdened by a dream. *Business Day*, 10 Januarie, bl. 6.

MacLennan, John. 1993. Breyten lambasts land of illusion. *The Sunday Star*, 5 Desember.
MacLennan, John. 1993. Poet for the people. Forget the powermongers, Breytenbach's love is for the poor "bastards" having to make a go of it. *Sunday Tribune*, 5 Desember.
Mackie, Heather. 1994. Breyten is back in biting good form. *Sunday Times*, 20 Maart, bl. 31.
Marais, Hein. 1994. BB's date with destiny. *Die Suid-Afrikaan*, Oktober:52–53.
Olivier, Gerrit. 1994. 'n Reis vol woede en verdriet. *Vrye Weekblad*, 9 Desember 1993–13 Januarie:36.

Plakboek. Moving on: Verjaarde reisverse vir Hoang Lien (Groenkloof: Hond/ Somerset-Wes: Intaka 1994)
Hambidge, Joan. 1994. 'n Mens is Hond innig dankbaar vir dié lieflike boek. *Beeld*, 25 April, bl. 10.
Ohlhoff, Heinrich. 1994. Meer as 'n verkenning van 'n wêreld. *Insig*, Junie:8.
Olivier, Fanie. 1994. Sy ou verse in 'n nuwe baadjie 'n heuglikheid. *Rapport*, 11 September, bl. 19.
Snyman, Henning. 1994. Dié bundel oorbrug eeue van kuns. *Die Burger*, 8 Junie, bl. 5.

Die hand vol vere: 'n Bloemlesing van die poësie van Breyten Breytenbach met twee briewe (Kaapstad: Human & Rousseau, 1995)
Grové, A.P. 1995. Digter van die stryd, natuur, liefde, toorn. *Beeld*, 24 Julie, bl. 6.
Hambidge, Joan. 1995. 'n Hand vol Breyten. *Sarie*, 11 Oktober:11.
Lindenberg, Ernst. 1995. Breyten gebloemlees. *De Kat*, September:102–103.
Van Vuuren, Helize. 1995. Kortpad na die hart van Breytenbach se oeuvre. *Die Burger*, 11 Oktober, bl. 9.
Van Zuydam, S.W. 1996. Waardevolle toevoeging, en openbarende leesavontuur vir nuwelinge. *Die Volksblad*, 2 Desember, bl. 6.
Viljoen, Louise. 1995. 'n Hand vol plesier. *Insig*, Augustus:32–33.
Weideman, George. 1995. Breyten: Onmisbare poësie. *Rapport*, 10 September, bl. 34.

The memory of birds in times of revolution (Kaapstad: Human & Rousseau, 1996)
Bentley, Kin. 1996. Decades of Breyten's flashes of brilliance. *Eastern Province Herald*, 22 Mei.
De Waal, Shaun. 1996. Are we liberated yet? *Mail & Guardian*, 24 Oktober.
Hambidge, Joan. 1996. Breyten is op wêreldpodium. *Die Burger*, 22 Mei.
Massyn, Peter John. 1996. Breyten se slaankrag. *De Kat*, Desember:99.
Müller, Petra. 1996. 'n Wond wat nie wil heel. *Insig*, Junie.
Morgan, Naomi. 1997. Eerlikste, roerendste beeld van 'n uitgewekene. *Die Volksblad*, 6 Januarie, bl. 4.

Oorblyfsels: 'n Roudig (Kaapstad: Human & Rousseau, 1997)
Coetzee, Ampie. 1997. Oorblyfsels van vriendskap. *Insig*, Augustus:30.
Grové, A.P. 1997. Elegies dog sonder sentiment. "Ontheemde onthousels en 'n trossie gedigte". *Beeld*, 16 Junie, bl. 6.
Grütter, Wilhelm. 1997. Aftakeling selde só verwoord. *Die Burger*, 8 Oktober, bl. 9.
Malan, Lucas. 1997. Breyten se "oorblyfsels" 'n groet by die uitvaart. *Rapport*, 22 Junie, bl. 28.

Papierblom (72 gedigte uit 'n swerfjoernaal) (Kaapstad: Human & Rousseau, 1998)
Cloete, T.T. 1998. Breyten bekoor met sy ongekompliseerdheid. *Papierblom* se taal vol ongewone kombinasies. *Beeld*, 18 Mei, bl. 8.
Cronin, Jeremy. 1998. A schizophrenic journey of love and loathing. *The Sunday Independent*, 9 Augustus, bl. 20.
Lindenberg, Ernst. 1998. 'n Wemeling van sterre. *Insig*, Julie:33.
Odendaal, Bernard. 1998. Breytenbach fassineer en ontroer met *Papierblom*. *Die Volksblad*, 3 Augustus, bl. 8.
Van Vuuren, Helize. 1998. Sterk bewussyn van verval en ouderdom tree na vore. Breytenbach bly steeds swerwer uit Afrika. *Die Burger*, 19 Augustus, bl. 14.
Weideman, George. 1998. 'n Hele lewe as papierblom. Breyten se nuutste bundel soos 'n kaleidoskoop. *Rapport*, 21 Junie, bl. 26.

Boklied: 'n Vermaaklikheid in drie bedrywe (Kaapstad: Human & Rousseau, 1998)
Cilliers, Cecile. 1998. Afrikaans vir wêreldverhoog. *Rapport*, 31 Mei, bl. 18.
De Villiers, Aart. 1998. Die beelde verswelg jou. *Insig [Boeke]*, September:41.
Fourie, Charles J. 1999. Resensie van *Boklied*. *Tydskrif vir Letterkunde*, 37(2):126–131.
Kleynhans, Theo. 1998. Bespreking van *Boklied*. *De Kat*, Julie:25.

Dog heart (a travel memoir) (Kaapstad: Human & Rousseau, 1998)
Cilliers, Cecile. 1998. Breyten verwoord onsekerhede. *Dog heart* gaan een van sy gewildste boeke word. *Rapport*, 29 November, bl.18.
Coetzee, Ampie. 1999. In *Dog heart* reis Breyten terug in die verlede. *Die Boekewêreld*, 21 Mei, bl. 5.
Coetzee, J.M. 1999. Against the South African grain. *The New York Review*, 23 September.
James, Mark. 1999. Prints in the dust. *Mail & Guardian*, 22–28 Januarie:29.
Jones, Tim Trengove. 1998. The delight and the horror of trips down memory lane. *Sunday Times*, 20 Desember.
Jones, Tim. 1999. *Dog heart*. *Current Writing*, 11(2):151.
Müller, Petra. 1999. Tot lof van plaaslikheid. *Insig [Boeke]*, Januarie:44.
Nel, Jo. 1999. Soos skilder wat sy werk afrond. *Beeld*, 15 Februarie, bl. 6.
Oliphant, Andries. 1999. Enthralling if feral fables turn dust into gold. *The Sunday Independent*, 28 Maart, bl. 17.
Rutter, Karen. 1999. And now, for a second homecoming. *The Cape Times*, 12 Februarie, bl. 16.
Van Zuydam, S.W. 1998. Hartland in beeldende taal geskilder. *Die Volksblad*, 14 Desember, bl. 6.
Wasserman, Herman. 1998. Breyten se Boland lewer literêre genot. *Die Burger*, 18 November, bl. 16.
Will, Sandra. 1999. Reflections on the dead. *Financial Mail [Arts & Leisure]*, 15 Januarie, bl. 76.

Woordwerk (die kantskryfjoernaal van 'n swerwer) (Kaapstad: Human & Rousseau, 1999)
Coetzee, Ampie. 1999. Droomtekste, fantasieë en verdigsels. *Insig [Boeke]*, November: 52.
Hambidge, Joan. 1999. Breyten stel disparate self ten toon. *Die Burger*, 6 Oktober, bl. 6.

Müller, Petra. 1999. Verflenterde engel. *De Kat*, Augustus:30.
Olivier, Fanie. 1999. Miskien moet ons net luister vir die afwesighede, vir wind in die bome. *Beeld*, 4 Oktober, bl. 7.
Snyman, Henning. 1999. Menswees in alle gestaltes in Breyten-werk. *Rapport [Perspektief]*, 3 Oktober, bl. 6.
Viljoen, Louise. 1999. Dié woordwerk 'n wonderwerk. Breytenbach bestendig hiermee iets vir die nageslag. *Die Volksblad*, 13 Desember, bl. 8.

Lady One (99 liefdesgedigte) (Kaapstad: Human & Rousseau, 2000)
Coetzee, Ampie. 2000. Beste liefdesverse. *De Kat [Boeke]*, Junie:60–61.
Hambidge, Joan. 2000. Breyten smokkel uit binnekamer. *Die Burger*, 7 Junie, bl. 7.
Henning, Ina. 2002. Lady One. *Kaapse Bibliotekaris*, November/Desember:19.
Odendaal, Bernard. 2000. Breyten praat almal se taal. (Ge)liefde is nommer een in dié bundel. *Die Volksblad*, 15 Mei, bl. 6.
Pieterse, H.J. 2000. Dames en here, "Lady One". Dalk die mooiste liefdesverse in Afrikaans. *Beeld*, 10 Julie, bl. 13.
Snyman, Henning. 2000. Lady One – 'n Reis deur tyd en wêreld. *Rapport*, 28 Mei, bl. 4.
Thiel, Gustav. 2000. Falling deeper into the Breytenbach honey trap. *The Cape Times*, 14 April, bl. 6.

Die toneelstuk ('n belydenis in twee bedrywe) (Kaapstad: Human & Rousseau, 2001)
Basson, Marthinus. 2001. Tydbom verbloem as 'n boek. *Insig [Boeke]*, 31 Julie: 76.
Hambidge, Joan. 2001. Breyten gooi 'n groot skadu. *LitNet*, SeminaarKamer, Desember. http://www.oulitnet.co.za/seminaar/06toneelstuk.asp.
Louw, Salomi. 2001. Dié toneelstuk 'n groteske rituee1. Leser sukkel om deel te hê aan kommunikasieproses. *Volksblad*, 6 Augustus, bl. 6.
Olivier, Fanie. 2001. (W)oordadigheid onbetoeld bloots gery. Dit lyk nie of Breyten Breytenbach se kragpunt in die drama geleë is. *Beeld*, 10 September, bl. 9.
Venter, L.S. 2001. Fassinerende styl en gedagtes nie genoeg nie. *Rapport*, 22 Julie, bl. 17.
Viljoen, Louise. 2001. Breyten skilder op wye doek. *Die Burger*, 2 Julie, bl. 9.

Ysterkoei-blues: Versamelde gedigte (1964–1975) (Kaapstad: Human & Rousseau, 2001)
Coetzee, Ampie. 2002. Die mal man uit Parys. *Insig*, Maart:72.
Odendaal, Bernard. 2001. Poësieskatte van Hugo en Breytenbach opnuut beskikbaar. *Volksblad*, 26 November, bl. 8.
Pieterse, H.J. 2001. Die wortels van die ongedanste dans. *Beeld*, 17 Desember, bl. 9.
Viljoen, Hein. 2002. Heerlike sêmaarso in nuwe gedaante. *Literator*, 23(2):229–231.

Die ongedanste dans: Gevangenisgedigte (1975–1983) (Kaapstad: Human & Rousseau, 2005)
Anker, Willem. 2005. Die sel as heelal. *LitNet*, SeminaarKamer, 7 Junie. https://oulitnet.co.za/seminaar/ongedanste_dans_anker.asp.
Burger, Kobus. 2005. Bespreking. *Sarie*, Julie:138.
Hambidge, Joan. 2005. Breytenbach-versameling "opwindend". Onteenseglike bewys van meesterskap. *Volksblad*, 6 Junie, bl. 6.

Naudé, Charl-Pierre. 2005. Breytenbach laat mens duisel. *Rapport*, 11 September.
Van Vuuren, Helize. 2005. Uitnodiging tot die dans. Breyten se tronkverse 30 jaar later. *Beeld [Boeke]*, 13 Junie.
Viljoen, Louise. 2005. Literêre monument uit haglike ervaring. Digwerk in konsentraat. *Die Burger*, 27 Junie.

Die windvanger (Kaapstad: Human & Rousseau, 2007)
Britz, Etienne. 2007. Dié woorde vang die wind. *Insig [Boeke]*, Mei.
Burger, Willie. 2008. Resensie-artikel. *Tydskrif vir Letterkunde*, 45(1):194–204.
De Waal, Shaun. 2007. Catching the wind. *Mail & Guardian*, 5 Julie:7.
Hambidge, Joan. 2007. "o, die hart is 'n buitelende/ soeker na vryheid en geregtigheid, meneer". *LitNet*, 12 April. https://www.litnet.co.za/o-die-hart-is-n-buitelende-soeker-na-vryheid-en-geregtigheid-men/.
Kirby, David. 2007. Needing no weatherman. *Sunday Book Review*, 23 Desember.
Marais, Danie. 2007. Breyten se jongste is rede tot somber vreugde. *Rapport*, 15 April, bl. 4.
Naudé, Charl-Pierre. 2007. Subversie beslis skeppingsbeginsel. En dood as menseredder word hooftema. *Beeld*, 30 April, bl. 15.
Odendaal, Bernard. 2007. Somber gedigte skitter wel. *Volksblad*, 10 September, bl. 6.
Van Vuuren, Helize. 2007. Breyten is steeds die digter-koning. *Beeld*, 30 Mei, bl. 15.
Viljoen, Louise. 2007. "Woordtorinkies" bou teen tand van tyd. Breytenbach bring liefde, ontnugtering en dood onder verse. *Die Burger*, 16 April, bl. 13.

A veil of footsteps (memoir of a nomadic fictional character) (Kaapstad: Human & Rousseau, 2008)
Burger, Willie. 2008. Breyten is moedeloos. News24, 13 April.
Coovadia, Imraan. 2008. Poets just don't know how to write prose. *Sunday Independent*, 27 April, bl. 17.
De Vries, Fred. 2008. A trip through the Middleworld with Wordfool. *The Weekender*, 6 September, bl. 4.
De Waal, Shaun. 2008. Old dog, old tricks. *Mail & Guardian*, 4–10 April:2.
Ester, Hans. 2008. Het doel van de reis verschuift naar de einder. *Zuid-Afrika*, Julie/Augustus:138.
Human, Thys. 2008. 'n Weeklag van verval. *Rapport [Boeke]*, 21 Augustus, bl. 4.
Sampson, Lin. 2008. Lifting the veil. *Sunday Times Lifestyle*, 30 Maart.
Visser, Alison. 2008. South African perspectives. *City Press*, 13 Julie, bl. 13.

Oorblyfsel/Voice over (op reis in gesprek met Magmoed Darwiesj) (the nomadic conversation with Mahmoud Darwish) (Kaapstad: Human & Rousseau, 2009)
Burger, Willie. 2009. Digter sit reisgesprek in nuwe verse voort. Breytenbach verafrikaans moderne Arabiese poësie. *Die Burger*, 12 Oktober, bl. 9.
Crous, Marius. 2009. Fragmente oor dood en verganklikheid. *Beeld*, 21 September, bl. 11.
Hambidge, Joan. 2009. Breyten skuif grense. Bundel getuig van sy besondere beeldvermoë. *Volksblad*, 2 November, bl. 4.
Oppelt, Riaan & Visser, Lisa. 2010. Breytenbach's *Oorblyfsel/Voice over*: An intimate sharing. *LitNet*, 11 Januarie. https://www.litnet.co.za/breytenbach-s-em-oorblyfsel-voice-over-em-an-intimate-sharing/.

Pienaar, Hans. 2009. Breyten – "bloed, klip en been en kwarts wat spat". *Rapport* [*Boeke*], 20 September, bl. 4.
Notes from the Middle World (Chicago: Haymarket Books, 2009)
Kozein, Rustum. 2010. Afgedankte liefling se "liefde en troubreuk". *Rapport*, 14 Maart.
Nash, Andrew. 2010. Breytenbach wys ander wêreld is moontlik. *Die Burger*, 22 Maart.
Isaacson, Maureen. 2010. What to hate about SA, by Breytenbach. *Sunday Independent*, 21 Februarie, bl. 17.
Du Plooy, Heilna. 2010. Breytenbach verken digterlik in essays. *Die Burger*, 15 Februarie, bl. 9.
Du Plooy, Heilna. 2010. Breyten se poëtika 'n plesier om te lees. *Beeld*, 22 Februarie, bl. 13.

Die beginsel van stof (laat-verse, sprinkaanskaduwees, aandtekeninge) (Kaapstad: Human & Rousseau, 2011)
Bezuidenhout, Zandra. 2011. Resensie: *Die beginsel van stof*. *Versindaba*, 22 Maart. http://versindaba.co.za/2011/03/22/die-beginsel-van-stof/.
Crous, Marius. 2011. Bundel bevestig hy is meester van metafoor. Leser besef daar is in Breytenbach nog baie mondmaak oor. *Beeld*, 14 Februarie, bl. 15.
Hambidge, Joan. 2011. Daar is maar een Breytenbach. *Volksblad*, 5 Maart, bl. 7.
Kozain, Rustum. 2011. Meesterlike bundel begoël. Breytenbach bly getrou aan die waarmerk van sy digterskap. *Die Burger*, 7 Maart, bl. 11.
Taljard, Marlies. 2011. Gewigtige woorde, kragtige stemme. *Rapport* [*Boeke*], 4 Maart, bl. 8–9.
Van Vuuren, Helize. 2011. *Die beginsel van stof* – besonder verwikkeld en ryk. *LitNet*, 4 Mei. https://www.litnet.co.za/die-beginsel-van-stof-besonder-verwikkeld-en-ryk/.

Katalekte (artefakte vir die stadige gebruike van doodgaan) (Kaapstad: Human & Rousseau, 2012)
Bezuidenhout, Zandra. 2011. Resensie: *Katalekte*. *Versindaba*, 21 Januarie. http://versindaba.co.za/2013/01/21/resensie-katalekte-breyten-breytenbach/.
Ester, Hans. 2013. Nieuwe gedichten van Breytenbach. Eén lange ode aan de taal. *Zuid-Afrika*, 1 April.
Hambidge, Joan. 2013. *Katalekte* – Breyten Breytenbach. *Tydskrif vir Letterkunde*, 50(1):180–181.
Roux, Alwyn. 2013. "Die soen van middewêreld sonpampoen". *Beeld*, 2 Desember.
Van Vuuren, Helize. 2012. *Katalekte* deur Breyten Breytenbach – 'n Boeiende gesprek met van die grootstes. *LitNet*, Resensie-essay, 5 Desember. https://www.litnet.co.za/litnet-akademies-resensie-essay-katalekte-deur-breytenbreytenbach-n-boeiende-gesprek/.
Viljoen, Louise. 2012. Breytenbach wil steeds wind met woorde stenig. *Die Burger*, 1 Desember, bl. 7.

Vyf-en-veertig skemeraandsange uit die eenbeendanser se werkruimte (Kaapstad: Human & Rousseau, 2014)
Du Plooy, Heilna. 2014. Resensie: *Vyf-en-veertig skemeraandsange*. *Versindaba*, 18 Junie. http://versindaba.co.za/2014/06/18/resensie-vyf-en-veertig-skemeraandsange-breyten-breytenbach/.

Hambidge, Joan. 2014. Die skaduvlek van afwesigheid. *Woorde wat weeg*, 7 Mei. http://joanhambidge.blogspot.com/2014/05/breyten-breytenbach-vyf-en-veertig.html.

Hugo, Daniel. 2014. Hierdie duister gloei en boei. *Rapport*, 1 Junie, bl. 25.

Viljoen, Louise. 2014. Doelbewuste poging tot kalm aanvaarding. *Volksblad*, 16 Junie, bl. 7.

Woudstra, Ingrid. 2014. *Vyf-en-veertig skemeraandsange uit die eenbeendanser se werkruimte* deur Breyten Breytenbach. *LitNet*, 29 Mei. https://www.litnet.co.za/vyf-en-veertig-skemeraandsange-uit-die-eenbeendanser-se-werkruimte-deur-breyten-breytenbac/.

Parool/Parole. Versamelde toesprake/Collected speeches (Kaapstad: Penguin Books, 2015)

Burger, Willie. 2015. Om kreatief te lewe is aanhou beweeg. *Beeld*, 26 Oktober, bl. 15.

Burger, Willie. 2015. Om kreatief te lewe is aanhou beweeg. *Volksblad*, 26 Oktober, bl. 9.

Rossouw, Johann. 2015. Breyten Breytenbach se versamelde toesprake. *Parool/Parole*, Resensie-essay. *LitNet*, 6 November. https://www.litnet.co.za/litnet-akademies-resensie-essay-paroolparole-deur-breyten-breytenbach/.

Rossouw, Johann. 2016. Meer as 50 jaar getrou aan bron. *Volksblad*, 3 Februarie, bl. 7.

T'Sjoen, Yves. 2015. Beelding geven aan "saameenwees". *De Reactor*, 19 Desember. http://www.dereactor.org/home/detail/beelding_geven_aan_saameenwees/.

Die singende hand: Versamelde gedigte (1984–2014) (Kaapstad: Human & Rousseau, 2016)

Hambidge, Joan. 2016. Sjamaan se fees van woorde. *Rapport* [*Weekliks*], 10 April, bl. 12.

Painter, Desmond. 2016. Resensie: *Die singende hand*. *Versindaba*, 19 Junie. http://versindaba.co.za/2016/06/19/resensie-die-singende-hand-breyten-breytenbach/.

Viljoen, Louise. 2016. Uitspattige weelde van klanke, metafore. *Volksblad*, 4 Mei, bl. 7.

Die na-dood (die singende hand se oggendboek-hierinneringe) (Kaapstad: Human & Rousseau, 2016)

Hambidge, Joan. 2016. Breyten Breytenbach – *Die na-dood* (2016). *Woorde wat weeg*, 26 Mei. http://joanhambidge.blogspot.com/2016/05/breyten-breytenbach-die-na-dood-2016.html.

Gouws, Tom. 2016. Resensie: *Die na-dood*. *Versindaba*, 9 Junie. http://versindaba.co.za/2016/06/09/resensie-die-na-dood-breyten-breytenbach/.

Hugo, Daniel. 2016. Geen oewer vir sy oeuvre. *Rapport* [*Weekliks*], 29 Mei, bl. 13.

Roux, Alwyn. 2016. Resensie: *Die na-dood*. *LitNet*, 24 Augustus. https://www.litnet.co.za/resensie-die-na-dood-deur-breyten-breytenbach/.

Van Vuuren, Helize. 2016. Woordvoël Breyten se simfonie van sand. *Beeld*, 11 Julie, bl. 23.

Op weg na kû (Kaapstad: Human & Rousseau, 2019)

Hambidge, Joan. 2019. Resensie: *Op weg na kû*. *Woorde wat weeg*, 27 April. http://joanhambidge.blogspot.com/2019/04/resensie-breyten-breytenbach-op-weg-na.html.

Odendaal, Bernard. 2019. Resensie: *Op weg na kû. Versindaba*, 15 April. http://versindaba.co.za/2019/04/15/resensie-op-weg-na-ku-breyten-breytenbach/.
Viljoen, Hein. 2019. Spel tussen leeg en vol. *Rapport* [*Weekliks*], 9 Junie, bl. 12–13.
Viljoen, Louise. 2019. 'n Hart-soetra wat leegheid, vorm versoen. *Die Burger*, 3 Junie, bl. 9.

Onderhoude[21]
Bezuidenhout, Andries. 2012. Onderhoud met Breyten Breytenbach. *Versindaba*, 19 November. http://versindaba.co.za/2012/11/19/onderhoud-met-breyten-breytenbach/.
Bosland, Joost. 2018. "He who asks is mistaken, he who answers is mistaken". [Onderhoud vir kunsuitstalling-katalogus]. *The 81 ways of letting go a late self*. Kaapstad en Johannesburg: Stevenson Galery.
Botha, Johann. 1993. Ons moet Afrikaans verskans. *Beeld*, 14 Desember, bl. 4.
Botha, Johann. 1993. Breyten die skilder. [Oor uitstalling *Painting the eye*] *Die Burger*, 21 Desember, bl. 6.
Botha, Johann. 1994. A poet's paradise. *City Press*, 2 Januarie, bl. 15.
Botha, Johann. 1994. 'n Verruiming van bewussyn. *Beeld*, 3 Januarie, bl. 5.
Botha, Johann. 1994. Breytenbach sê hy beskou homself eerder as skilder. *Die Volksblad*, 4 Januarie, bl. 5.
Brümmer, Willemien. 2008. Breyten & 'n tweesang. [Gesprek met Laurinda Hofmeyr en Breytenbach]. *Die Burger* [*By*], 24 Mei, bl. 10–11.
Brümmer, Willemien. 2008. Breyten & 'n tweesang. [Gesprek met Laurinda Hofmeyr en Breytenbach]. *Volksblad* [*By*], 24 Mei, bl. 24–25.
Brümmer, Willemien. 2009. Die geluid van drome. [Onderhoud ter viering van 70ste verjaardag]. *Die Burger*, 12 September, bl. 6.
Brümmer, Willemien. 2009. Met Darwiesj in sy binne-oor. *Die Burger*, 12 September, bl. 8.
Coetzee, Ampie. 1994. Terug na die paradys (?). [Onderhoud oor *Return to paradise*]. *Vrye Weekblad*, 13–26 Januarie:31–33.
De Beer, Diane. 2002. Breyten the beatnik poet. *Star*, 13 Junie, bl. 2.
De Vries, Fred. 2009. From the outside looking in. *The Weekender*, 13–14 Junie: 14.
De Vries, Izak. 2008. In search of Mr B. [Onderhoud]. *LitNet*, 6 Maart. https://argief.litnet.co.za/article.php?cmd=cause_dir_news_item&cause_id=1270&news_id=34111&cat_id=178.
De Vries, Willem. 2010. Afrika moet homself herverbeel. [Onderhoud oor *Notes of the Middle World*] *Die Burger*, 28 April, bl. 14.
De Vries, Willem. 2012. Aanhou beweeg en gedigte maak. [Onderhoud oor *Katalekte*] *Die Burger*, 8 November, bl. 16.
De Vries, Willem. 2012. "Motte het die trui verslind ..." [Onderhoud oor *Katalekte*] *Beeld*, 10 November, bl. 11.
De Vries, Willem. 2014. Breytenbach vertel van skemeraand-sange. *Die Burger*, 28 Mei, bl. 8.
De Vries, Willem. 2015. Breyten Breytenbach vertel van nuwe bundel: Toesprake bestryk 50 jaar. *Die Burger*, 9 Oktober, bl. 8.

---

21 'n Keur uit plaaslike onderhoude of berigte gebaseer op gesprekke met Breytenbach wat sedert die 1990's in dagblaaie en algemene tydskrifte verskyn het, word alfabeties onder die naam van die onderhoudvoerder gelys.

De Vries, Willem. 2016. Die digter se hand bly sing. [Onderhoud oor *Die singende hand*] *Die Burger*, 4 April, bl. 12.
De Vries, Willem. 2018. Die werklike dialoog tussen Nederlands en Afrikaans as anderselwige gelykes begin nou eers. *Voertaal*, 22 Februarie. https://voertaal.nu/die-werklike-dialoog-tussen-nederlands-en-afrikaans-anderselwige-gelykes-begin-nou-eers-breyten-breytenbach/.
Dlamini, Victor. 2008. Conversation from the country of the heart with Breyten Breytenbach. *Bookslive*-blog, 14 April.
Du Plessis, Tim. 1998. Afrikaanssprekendes moet kan veilig voel in spektrum van Afrikanerskap – Breyten. *Die Volksblad*, 11 Maart, bl. 9.
Du Plessis, Tim. 1998. Verdra Afrikaner-verskille – Breyten. ANC-gesprek kan debat ontketen. *Beeld*, 11 Maart, bl. 15.
Du Plessis, Tim. 1998 . Breytenbach is trots op Afrikaanse renaissance. *Beeld* [*Plus*], 18 Maart, bl. 4.
Du Preez, Max. 2000. Breyten *uncut*. *De Kat*, Maart:50–55.
Esterhuizen, Louis. 2013. Onderhoud met Breyten Breytenbach, kurator van die Dansende Digtersfees. *Versindaba*, 2 Maart. http://versindaba.co.za/2013/03/02/onderhoud-met-breyten-breytenbach-kurator-van-die-dansende-digtersfees/.
Esterhuizen, Louis. 2014. Dansende Digtersfees: Breyten Breytenbach gesels oor hierdie jaar se fees. *Versindaba*, 1 Mei. http://versindaba.co.za/2014/05/01/dansende-digtersfees-breyten-breytenbach-gesels-met-louis-esterhuizen-oor-vanjaar-se-fees/.
Galloway, Francis. 2013. Gesprek met Breyten Breytenbach oor die Dansende Digtersfees. *LitNet*, 24 April. https://www.litnet.co.za/francis-galloway-gesels-met-breyten-breytenbach-oor-die-dansende-digters-fees/.
Hough, Barrie. 2001. RAU én KKNK Breyten. *Rapport*, 11 Februarie, bl. 19.
Jordaan, Dirk. 2002. Klankman Breyten. *Beeld* [*Plus*], 29 Mei, bl. 3.
Jordaan, Dirk. 2002. Digter ontdek nuwe klankwêreld. *Die Burger*. 30 Mei, bl. 4.
Kitching, Marita. 2001. Breyten gee e-bedryf 'n koninklike "gnff". [Gesprek met Breytenbach en Albert du Plessis] *Die Burger*, 28 Maart, bl. 3.
La Vita, Murray. 2008. Tussen engele en boerpampoene. [Oor *A veil of footsteps*] *Die Burger*, 22 Februarie, bl. 13.
La Vita, Murray. 2013. Breyten se vingerverhale. [Oor kunsuitstalling *Vingermaan*] *Die Burger*, 25 Januarie, bl. 13.
La Vita, Murray. 2013. Breyten se vingerverhale. *Volksblad*, 26 Januarie, bl. 8.
La Vita, Murray. 2013. Om woord en lyn te meng. *Beeld*, 30 Januarie.
Liebenberg, Laura. 1996. Dis net my taal. [Gesprek tydens Poetry International, Rotterdam] *Rooi Rose*, 21 Augustus:33.
MacLennan, John. 1993. Poet for the people. *Sunday Tribune*, 5 Desember, bl. 27.
Malan, Marlene. 2010. In Breyten se eie woorde… *Rapport*, 28 Maart, bl. 3.
Memela, Sandile. 2001. Maverick Afrikaner tells it like it is. *City Press*, 22 April, bl. 13.
Morris, Michael. 2000. Stake claims on language or face conflict, warns SA poet. *Cape Argus*, 2 Mei, bl. 14.
Naudé, Charl-Pierre. 2008. Kyk tog wat daar (ook) staan. *Insig* [*Boeke*], 1 Julie:20
Naudé, Charl-Pierre. 2010. Leuenverklikker, manteldraaier of albinoterroris? *Rapport* [*Weekliks*], 24 Januarie, bl. 1.
Naudé, Charl-Pierre. 2010. Onderhoud: Breyten Breytenbach. *Versindaba*, 24 Januarie. http://versindaba.co.za/2010/01/24/onderhoud-breyten-breytenbach/.
Olivier, Fanie. 1989. "Die meetsnoere het vir my in lieflike plekke geval". *Vrye Weekblad*, 28 Julie:5.

Pople, Laetitia. 2001. Kunswerke wat vir die kyker kyk. [*Lappesait*-uitstalling] *Beeld*, 7 Februarie, bl. 3.
Pretorius, Willem. 1996. Afrikaanses moet hul taalstaat omlyn in reënboogland. *Die Burger*, 15 Oktober, bl. 13.
Pretorius, Willem. 1996. Taalstaat 'n "gesofistikeerde ruimte waarbinne potensiaal ontwikkel". *Beeld*, 15 Oktober, bl. 11.
Pretorius, Willem. 1996. Groot gevaar in SA is die verlies aan biodiversiteit, sê Breyten Breytenbach. *Volksblad*, 16 Oktober, bl. 9.
Retief, Hanlie. 2008. Die windvanger van Moermikland. [Bekroning met Hertzogprys] *Rapport*, 23 Maart, bl. 22.
Roux, Magiel. 1997. Breyten op 'n terugreis. *Rooi Rose*, 25 Junie:123.
Shevlin, Ingrid. 1998. Not interviewing Breyten Breytenbach. [Oor uitstalling *Prints, portraits and paper*] *Sunday Tribune*, 3 Mei, bl. 3.
Silverblatt, Michael. 2010. Breyten Breytenbach talks about his writings and anti-apartheid activism. *Bookslive*-blog, 3 Desember.
Snyman, Dana. 1998. Bok vir Satan – of 'n bok vir kuns? [Oor *Boklied*] *Huisgenoot*, 14 Mei:116–117.
Thiel, Gustav. 1999. Breyten Breytenbach – Aflame with talent and attitude. *The Cape Times*, 24 September, bl. 9.
Van Bosch, Cobus. 1999. Dis eksistensie wat tel – Breyten. *Die Burger*, 27 Februarie, bl. 4.
Wasserman, Herman. 2001. "Die enigste sonde is onkunde". *Die Burger*, 31 Maart, bl. 4.
Wasserman, Herman. 2001. "Die enigste sonde is onkunde". *Beeld* [*Plus*], 4 April, bl. 3.
Zondi, Musa. 1998. What about Afrikaans? *Sowetan*, 13 Maart, bl. 10.

Berigte en artikels in koerante en algemene tydskrifte[22]
Anonieme berigte/aankondigings[23]
Anon. 1991. Toesprake van Breyten vervat in boek. *Beeld*, 29 Augustus, bl. 6.
Anon. 1993. SA skrywers moet hulself herontdek, sê Breytenbach. *Die Burger*, 24 November, bl. 24.
Anon. 1993. Kaap kry eerste blik op Breyten se skilderwerk. *Die Volksblad*, 16 Oktober, bl. 5.
Anon. 1993. Breyten wil nog steeds monument "opblaas". *Die Burger*, 22 November, bl. 3.
Anon. 1994. Breyten wen Alan Paton-prys vir boek. *Beeld*, 6 Junie, bl. 9.
Anon. 1994. Breyten Breytenbach: *Painting the eye*. *Lantern*, 43(2):34.
Anon. 1995. Prys vir Breyten. *Die Volksblad*, 14 September, bl. 9.
Anon. 1995. Nederlandse jaarboek kyk na Breyten. *Die Burger*, 16 Oktober, bl. 4.
Anon. 1995. Steyn prize to Breytenbach. *The Citizen*, 19 November, bl. 25.
Anon. 1996. "Breytenbach hou 'n hele oeuvre lewend". Bundel ook 'n hoogtepunt van sy eie werk, sê beoordelaars. *Die Volksblad*, 2 Desember, bl. 6.

---

22 Hierdie rubriek bevat 'n keur uit die groot aantal berigte en artikels wat sedert die 1990's oor Breytenbach in plaaslike koerante en algemene tydskrifte gepubliseer is. Dit word alfabeties volgens skrywer gelys. Daar word gepoog om weergawes van dieselfde teks in verskillende koerante weer te gee.

23 "Anon." sluit ook berigte in wat geskep is deur "Eie kantoor", "Kunsredaksie" en "Korrespondent" van die betrokke publikasie.

Anon. 1996. Meer druk gaan op minderhede geplaas word – Breytenbach. *Die Volksblad*, 2 Desember, bl. 7.
Anon. 1997. Breyten het hulle laat leviteer by Poetry Africa. *Boekewêreld*, 9 Julie, bl. 2.
Anon. 1997. "Ek en my taal", ons kan mekaar nie los." *Rapport*, 9 November, bl. 25.
Anon. 1998. Breyten in Duitsland vereer as wêreldburger. *Die Volksblad*, 25 Februarie, bl. 3.
Anon. 1998. *Boklied* nie pitkos vir kulturele maagde – Pieter Fourie. *Beeld*, 22 April, bl. 15.
Anon. 1999. Aantasting van mens se moedertaal skend jou regte, sê Breyten. *Die Volksblad*, 17 Maart, bl. 11.
Anon. 1999. Breyten kry Hertzog-prys ná hy vroeër weier. *Die Burger*, 18 September, bl. 1.
Anon. 1999. Breyten lewer opnuut pleidooi vir Afrikaanse universiteit op Oudtshoorn. *Die Burger*, 17 November, bl. 13.
Anon. 2001. Breyten stal uit by RAU. *Beeld* [Plus], 16 Januarie, bl. 5.
Anon. 2001. Nee dankie, dié volk is nie vir hom, sê Breyten. *Beeld*, 20 April, bl. 1.
Anon. 2001. Iconoclastic Breytenbach play shunned at festival. *Star*, 10 April.
Anon. 2005. Breyten se nuwe woordedans. *Insig*, Maart:63.
Anon. 2006. Breyten se 9/11-gedig ontroer. *Die Burger* [By], 16 September, bl. 2.
Anon. 2007. Breyten Breytenbach sê steun toe aan Adam Tas. *Die Burger*, 23 Februarie.
Anon. 2007. Breytenbach-huis herleef. *Die Burger*, 24 Februarie, bl. 15.
Anon. 2007. Sentrum feestelik ingewy. *Die Burger*, 27 Februarie, bl. 9.
Anon. 2007. Breyten-huis word kultuursentrum. *Insig*, Januarie/Februarie:79.
Anon. 2008. Kom huis toe, Breyten. *Volksblad*, 25 Maart, bl. 6.
Anon. 2008. Breyten-bundel met UJ-prys bekroon. *Die Burger*, 25 April, bl. 2.
Anon. 2008. Breyten vereer met die UJ-prys. *Beeld*, 28 April, bl. 12.
Anon. 2009. Nederland hou yslike Breyten-uitstalling. *Volksblad*, 13 Mei, bl. 4.
Anon. 2009. Breytenbach se 70ste só gevier. *Die Burger*, 21 Augustus, bl. 16.
Anon. 2010. French honour Breytenbach. *Mail & Guardian*, 21 Januarie:4.
Anon. 2010. Prys van 'n naam wat regtig tel. *Rapport*, 24 Januarie, bl. 1.
Anon. 2010. Breyten in klank, woord gevier. *Beeld*, 23 April, bl. 16.
Anon. 2010. Moenie ons muilband, sê skrywers. *Volksblad*, 21 Augustus, bl. 2.
Anon. 2012. Breytenbach, Serote en Gordimer op literêre fees. *Beeld*, 27 Augustus, bl. 13.
Anon. 2013. Breyten nooi 10 digters na Spier. *Beeld*, 16 Februarie, bl. 10.
Anon. 2013. Nathan kap na Breyten. [Brief]. *Die Burger*, 2 Oktober, bl. 14.
Anon. 2014. Breyten Breytenbach kry eregraad in België. *Volksblad*, 21 Julie, bl. 8.
Anon. 2014. Gent vereer Breyten vir kuns, aktivisme. *Beeld*, 25 Julie, bl. 22.
Anon. 2014. Breyten met uitstalling gehuldig. *Die Burger*, 9 September.
Anon. 2014. Breyten ontvang eregraad in Gent. *Volksblad*, 4 Desember, bl. 10.
Anon. 2015. Breyten se toesprake gebundel. *Die Burger*, 26 Junie.
Anon. 2016. Nuut uit die pen van belangrikste lewende Afrikaanse digter. *Die singende hand. Volksblad*, 30 Maart, bl. 8.
Anon. 2016. Digters van oraloor na fees in Mei. *Die Burger*, 6 April, bl. 6.
Anon. 2016. Geen oewer vir sy oeuvre. *Rapport*, 27 Mei.
Anon. 2017. Breyten wen groot literêre prys vir sy prestasies. *Volksblad*, 13 Maart, bl. 8.

Algemene berigte/artikels
Barron, Chris. 1994. Beware the violence, says winner Breyten. *Sunday Times*, 5 Junie.
Basson. Marthinus. 1998. Kykie in die hart van *Boklied*. [Kobus Burger gesels met Basson] *Beeld*, 15 April, bl. 13.
Bentley, Kin. 1996. Decade of Breyten's flashes of brilliance. *Eastern Province Herald*, 22 Mei, bl. 4.
Beukes, Marthinus. 2013. Grensloos die gewalste woord. *Rapport [Boeke]*, 2 Junie, bl. 6.
Bigalke, Ilse. 1999. Breyten skerp gekant teen een taal in howe. *Die Burger*, 22 Oktober, bl. 4.
Boekkooi, Paul. 1998. 'n Surrealistiese fantasie wat diep sny. *Beeld*, 14 April, bl. 4.
Bonthuys, Jorisna. 2000. Breyten gee klas in kreatiewe skryfwerk by UK. *Die Burger*, 20 Junie, bl. 5.
Botha, Jaco. 2006. Maak Matie-media vryer. [Brief oor "resensie" in *Die Matie*] *Die Burger*, 16 Mei.
Botha, Johann. 1993. Besluit oor 11 tale sommer net skelm, sê Breytenbach. *Die Volksblad*, 22 Desember, bl. 9.
Botha, M.C. 2000. Aap op 'n tak. Ope brief aan Breyten. *LitNet*. [Nie meer aanlyn beskikbaar nie].
Botha, M.C. 2016. O, die ge-oink in die moddertrog - Comrades van die praatsiekes. *Die Burger*, 4 Junie, bl. 7.
Botma, Gabriël. 1998. Maer man se lied is kosbaarder as bok. *Die Burger*, 4 April, bl. 4.
Botma, Gabriël. 1998. Tussen hand en mond raak *Boklied* vir Kaap verlore. *Die Burger*, 16 April.
Botma, Gabriël. 1998. Die bokman sing. *De Kat*, Junie:40–41.
Botma, Gabriël. 2001. Breyten-aanhang by hoogtepunt. *Die Burger*, 9 April, bl. 9.
Botma, Gabriël. 2001. 'n Duiselingwekkende tree nader aan rand van bodemlose put. *Beeld*, 11 April.
Botma, Gabriël. 2001. "Storm" om Breyten raak nou absurd. *Die Burger*, 21 April, bl. 4.
Brand, Gerrit. 2005. Kunsdepartement vereer Breytenbach vir lewenswerk. *Volksblad*, 10 Junie, bl. 10.
Brand, Gerrit. 2005. Breyten eis plek op "skandpaal". *Volksblad*, 5 Oktober, bl. 9.
Brand, Gerrit. 2006. Wat sê die digters: Kan ons al lag vir "bloed" en "geslag"? *Die Burger*, 6 Maart, bl. 11.
Brand. Gerrit. 2007. "Help eerder nuwe skrywers". *Die Burger*, 16 Junie.
Brand, Gerrit. 2009. Ampie se "uitsonderlike toewyding". *Die Burger*, 6 Julie, bl. 8.
Breytenbach, Willie. 2010. Méér as "bruikbare idiote". *Die Burger [By]*, 30 Januarie, bl. 14.
Britz, Etienne. 2006. Breyten blerts op Stellenbosch se dowemanshuis. *Die Burger*, 25 Mei, bl. 20.
Britz, Etienne. 2014. Afrikaanse gedigte betree 'n begeesterde wêreld. *Die Burger*, 18 September.
Britz, Etienne. 2015. Skrywers byeen om hul rol te bespreek. *Die Burger*, 27 Maart, bl. 18.
Bruwer, Johannes. 1993. 'n Einde en 'n begin. *Vrye Weekblad*, 22 Julie–4 Augustus:46–47.

Bruwer, Pieter. 1998. *Boklied* reeds vóór opvoering in Bloemfontein in omstredenheid gehul. *Die Volksblad*, 17 April, bl. 4.
Bryson, Donna. 2008. Mandela office rebukes SA writer. *News24*, 18 Desember.
Burger, Kobus. 2000. Breyten se skryfwerk nou getoonset. *Die Burger*, 27 Januarie, bl. 4.
Burger, Lucia. 2001. Opskryfhand klou aan die doek. *Beeld* [*Plus*], 21 Februarie, bl. 13.
Burger, Willie. 2004. Die gedig en die neurowetenskap. *Beeld* [*Plus*], 11 September, bl. 4.
Burger, Willie. 2007. Om Breyten se woorddosie oop te maak. [Kopstukke] *Volksblad* [*By*], 5 Mei, bl. 21.
Burger, Willie. 2007. "Daar is geen tyd". [Leketaal] *Die Burger* [*By*], 10 November, bl. 11.
Burger, Willie. 2013. Oor *Katalekte*. [Kies 'n boek] *Vrouekeur*, 19 April, bl. 53.
Burger, Willie. 2014. Oor *Vyf-en-veertig skemeraandsange*. [Kies 'n boek] *Vrouekeur*, 12 September. https://www.vrouekeur.co.za/funksie-artikels/kies-n-boek-12-september-2014.
Burger, Willie. 2015. Boek 'n fyn blik op dié Jan Afrika. [Oor Louise Viljoen se *Die mond vol vuur*] *Die Burger*, 4 April, bl. 8.
Burger, Willie. 2016. Oor *Parool/Parole*. [Kies 'n boek] *Vrouekeur*, 8 Januarie, bl. 56.
Burger, Willie. 2016. Oor *Die na-dood*. [Kies 'n boek] *Vrouekeur*, 24 Junie, bl. 48.
Burger, Willie. 2016. "Herbedink identiteit, universiteit". [Oor Breytenbach se lesing by UP] *Beeld*, 15 Oktober, bl. 22.
Coetzee, Ampie. 1993. Breyten-kunswerke "ruk mens uit konvensies van kyk". *Die Burger*, 30 Desember, bl. 3.
Coetzee, Ampie. 1996. Breyten in die kol. [Brief]. *Die Volksblad*, 11 Oktober, bl. 6.
Coetzee, Ampie. 1999. Breyten Breytenbach – 'n Blik terug op sestig jaar. *Die Burger*, 16 September, bl. 11.
Coetzee, Ampie. 1999. "Die maer man met die groen trui" word sestig. *Die Volksblad*, 16 September, bl. 8.
Coetzee, Ampie. 1999. "Mag Breyten nog baie verse teen die dood skryf". *Beeld*, 16 September, bl. 8.
Coetzee, Ampie. 2001. Mag gedig se profesie nooit waar word. *Die Burger*, 24 September, bl. 9.
Coetzee, Ampie. 2006. Dis 'n illustrasie. [Oor die "resensie" in *Die Matie*] [Brief] *Die Burger*, 9 Mei.
Coetzee, Ampie. 2007. Breytenbach-huis herleef "want die dood beskaam nie". *Die Burger* [*Bylae*], 24 Februarie, bl. 15.
Coetzee, Ampie. 2008. Breytenbach wen Hertzog-prys. *Die Burger*, 12 Januarie.
Coetzee, Ampie. 2008. Breyten se bundel goed in Amerika ontvang. *Volksblad*, 22 Januarie, bl. 17.
Coetzee, Ampie. 2010. Die taal het hóm gekies. *Rapport*, 18 April, bl. 18.
Coetzee, Ampie. 2014. Breyten Breytenbach op 75. Onvrede met woorde bly. *Die Burger*, 16 September, bl. 8.
Coetzee, Ampie. 2014. Sy onvrede met woorde bly. *Beeld*, 20 September, bl. 21.
Coetzee, Ampie. 2015. Skerwe uit die ontstaan van 'n oorledige self. *LitNet*, 16 Oktober. https://www.litnet.co.za/breytenbach-kuns/.
Coetzee, Ampie. 2016. Breyten is nie "handperd van die anti's". [Brief]. *Die Burger*, 19 April, bl. 9.

Crafford, Mariëtte. 2003. Grootse liefdesblyke. *Rooi Rose*, Februarie:24.
Cronin, Jeremy. 1998. A schizophrenic journey of love and loathing. *The Sunday Independent*, 9 Augustus, bl. 20.
Cronin, Jeremy. 1998. Only hand-wringing Afrikaners will see I to eye with you, Breyten. *The Sunday Independent*, 6 September, bl. 21.
Croucamp, Piet. 2016. Reageer op Breyten Breytenbach se ope brief aan Wim de Villiers. *LitNet*, Universiteitseminaar, 13 April. https://www.litnet.co.za/piet-croucamp-reageer-op-breyten-breytenbach-se-ope-brief-aan-wim-de-villiers/.
Crous, Marius. 1998. Breyten laat jou speurwerk doen. [Brief] *Die Burger*, 18 April, bl. 8.
Cruywagen, Dennis. 1993. Breytenbach waxes lyrical over new SA and the election. *The Argus*, 7 Desember, bl. 11.
De Vries, Abraham H. 2009. Breyten nie al een wat stem verhef. [Brief] *Die Burger*, 25 Augustus, bl. 10.
De Vries, Abraham H. 2010. Nie net Afrikaans wat sterwend is. [Oor Breytenbach se "Afrikaans sterf"-uitspraak] [Brief] *Die Burger*, 30 Maart.
De Vries, Anastasia. 2010. Breyten: Pryse 'n onding. *Rapport*, 19 September, bl. 18.
De Vries, Willem. 2008. Breyten wen weer, al wil hy nie. *Die Burger*, 19 Desember, bl. 16.
De Vries, Willem. 2010. Breytenbach wen eerste Darwiesj-prys. *Die Burger*, 13 Maart, bl. 14.
De Vries, Willem. 2010. Breytenbach wen groot prys. *Beeld*, 13 Maart, bl. 9.
De Vries, Willem. 2010. Breyten wen Darwiesj-prys. *Volksblad*, 16 Maart, bl. 8.
De Vries, Willem. 2010. Afrikaanse skrywers reageer oor taal. *Die Burger*, 30 Maart, bl. 12.
De Vries, Willem. 2010. Breyten se Middelwêreld. *Beeld*, 28 April, bl. 20.
De Vries, Willem. 2011. Die aand-tekeninge van 'n digter-skilder. Nuwe Breytenbach-bundel. *Die Burger*, 23 Februarie.
De Vries, Willem. 2011. "Metafoor plofstof van poësie". *Volksblad*, 24 Februarie, bl. 10.
De Vries, Willem. 2012. Breyten gee "versameling fragmente" uit. *Beeld*, 8 November, bl. 12.
De Vries, Willem. 2014. Woordsmede trek saam vir digtersfees. *Die Burger*, 17 Maart, bl. 8.
De Vries, Willem. 2014. André P. Brink en Breyten Breytenbach bring hulde aan die groot Suid-Amerikaanse skrywer Gabriel García Márques (87). *Die Burger*, 19 April.
De Vries, Willem. 2014. Verse uit die werkplek van verbeel. *Die Burger*, 8 Mei.
De Vries, Willem. 2014. 'n Naweek op reis in digkuns. *Die Burger*, 8 Mei.
De Vries, Willem. 2014. Digkuns voer die botoon. Gehalteprogram vol verskeidenheid. *Die Burger*, 13 Mei, bl. 10.
De Vries, Willem. 2015. Breyten Breytenbach oor "Charlie Hebdo" en skrywer Houellebecq. *Die Burger*, 10 Januarie.
De Vries, Willem. 2015. Viljoen karteer Breytenbach-werke in nuwe boek. *Die Burger*, 24 Januarie.
De Vries, Willem. 2015. André P. Brink was skrywer met "waagmoed en visie" – Breyten Breytenbach. *Die Burger*, 7 Februarie.
De Vries, Willem. 2015. 'n Skrywer wat die wêreld bereik het … *Die Burger*, 9 Februarie.

De Vries, Willem. 2015. "Frankryk stel belang in SA." Lory bou brûe tussen tale en kontinente. Vertaal Breytenbach, Meyer in Frans. *Die Burger*, 28 April, bl. 12.

De Vries, Willem. 2015. Breyten Breytenbach: Oop gesprek oor taal nodig. *Die Burger*, 21 September.

De Vries, Willem. 2015. Breyten Breytenbach: Oop gesprek oor taal nodig. *Volksblad*, 23 September, bl. 10.

De Vries, Willem. 2015. Breyten Breytenbach: "Chris, sê groete daar bo". *Die Burger*, 25 Desember.

De Vries, Willem. 2016. Breytenbach, Viljoen gesels oor taal en gedigte. *Die Burger*, 6 Mei, bl. 12.

De Vries, Willem. 2017. Breyten Breytenbach en Andries Bezuidenhout aan die woord: "Taal is ons gedeelde verantwoordelikheid". *LitNet*, 23 Februarie. https://www.litnet.co.za/breyten-breytenbach-en-andries-bezuidenhout-aan-die-woord-taal-ons-gedeelde-verantwoordelikheid/.

Dommisse, Hermien. 1998. Is Breyten se *Boklied* 'n toneelstuk? *Beeld*, 17 April, bl. 7.

Dommisse, Hermien. 1998. Geleerdheid, toneel beslis nie bedmaats. *Die Volksblad*, 22 April.

Du Plessis, Bertie. 1994. Verftoorkuns kan nie met sy woordtoorkuns vergelyk word nie. *Beeld*, 21 Februarie, bl. 3.

Du Plessis, Tim. 1998. As Mbeki debat stimuleer, sal dit pluspunt wees. *Die Burger*, 12 Maart, bl. 13.

Du Plessis, Tim. 2009. "'n Lewe anderkant gatvol". *Beeld*, 4 Desember.

Du Plessis, Tim. 2016. Breyten help om raserny te stuit. *Rapport* [*Weekliks*], 24 April, bl. 6.

Du Preez, Max. 1991. Brief aan Breyten. *Vrye Weekblad*, 7–13 Junie:2–3.

Du Preez, Max. 2016. Daar is plek vir luister en vir huil. *Volksblad*, 2 Februarie, bl. 7.

Du Toit, Z.B. 1999. "Skuus tog, Hertzog," sê Breyten en vat prys. *Rapport*, 19 September, bl. 21.

Du Toit, Z.B. 2007. Breyten vir Nobelprys. *Rapport*, 1 Julie, bl. 2.

Els, Juan. 1998. Die laaste van die lang skêre. *De Kat*, Julie:72–77.

Engelbrecht, Theunis. 2002. Laurinda se dans met die digkuns. *Insig*, November:28–31.

Engelbrecht, Theunis. 2003. Breyten stik van woede oor gedig in Jonker-boek. *Rapport*, 3 Augustus, bl. 6.

Erasmus, Elfra. 1993. Hond slaan groot slag met Breyten se bundel. *Beeld*, 8 Maart, bl. 1.

Erasmus, Elfra. 1993. Breyten, Versfeld praat by forum. *Beeld* [*Kalender*], 6 Mei, bl. 1.

Erasmus, Elfra. 1993. Bloemlesing van Breyten is op pad. *Beeld* [*Kalender*], 29 Julie, bl. 2.

Erasmus, Elfra. 1993. Nuwe pragboek van Breytenbach. *Beeld*, 16 Desember, bl. 5.

Essop, Philda. 2000. Breyten vrees rassekonflik. *Die Burger*, 2 Junie, bl. 1.

Fouché, Jaco. 2010. Laat eerder toe dat Afrikaans groei. [Brief: "Afrikaans sterf"-uitspraak] *Die Burger*, 27 Maart, bl. 21.

Fourie, Charles J. 1998. Breyten bravade is 'n vars bries. *Die Burger*, 15 Julie, bl. 16.

Fourie, Magdel. 2010. "Afrikaans sterf", sê Breyten. *Die Burger*, 25 Maart, bl. 1.

Fourie, Magdel. 2010. "Die taal sterf", sê Breyten. Digter sien dit in sy leeftyd gebeur. *Beeld*, 25 Maart, bl. 1.

Fourie, Magdel. 2010. Breyten Breytenbach meen Afrikaans is aan 't sterwe. *Volksblad*, 25 Maart, bl. 2.

Fourie, Magdel. 2010. Waarom spreek net Breyten hom uit oor taal, vra Ampie. *Volksblad*, 26 Maart, bl. 9.

Fourie, Magdel. 2010. "Afrikaans nie net vir straatdeuntjies". *Die Burger*, 27 Maart.

Fourie, Pieter. 1998. *Boklied* stap sy eie pad; drama laat hom nie deur idee-draers vasbind nie. *Die Volksblad*, 21 April.

Galloway, Francis. 1989. "Bly beweeg, vér anderkant bevryding". *Vrye Weekblad*, 28 Julie:4.

Galloway, Francis. 1996. 'n Dietse omhelsing. *Vuka SA*, 1(4):24.

Galloway, Francis. 1997. 'n Gwalagwala-veer in Durban se hoed. *Boekewêreld*, 9 Julie, bl. 1.

Galloway, Francis & Du Toit, Magdaleen. 2001. Breyten en die volk. ['n Onderhoud] *LitNet*, SeminaarKamer. https://oulitnet.co.za/seminaar/07breytenbach.asp.

Galloway, Francis. 2002. Meeste briefskrywers oor Breyten versin geskiedenis. [Brief] *Beeld*, 10 Oktober, bl. 14.

Galloway, Francis. 2002. Dié briewe ignoreer feite. [Brief] *Die Burger*, 14 Oktober, bl. 10.

Galloway, Francis. 2009. 'n Doring in die volk se vlees? *Die Burger*, 12 September, bl. 8.

Galloway, Francis. 2011. Die verskyning en ontvangs van *Voetskrif*. *Versindaba*, 29 Augustus. http://versindaba.co.za/2011/08/29/francis-galloway-die-verskyning-en-ontvangs-van-voetskrif-deur-breyten-breytenbach/.

Galloway, Francis. 2012. Grepe uit die uitgeegeskiedenis van Breyten Breytenbach. *LitNet*, Seminare en essays, 27 Julie. https://www.litnet.co.za/grepe-uit-die-uitgeegeskiedenis-van-breyten-breytenbach/.

Galloway, Francis, Breytenbach, Breyten & Van Krevelen, Laurens. 2015. Omtrent "die aanpraat van die skilderye". *LitNet*, 17 November. https://www.litnet.co.za/omtrent-die-aanpraat-van-die-skilderye/.

Gaylard, Rob. 2010. Breytenbach's latest nears despair of Africa. *Cape Argus*, 12 April, bl. 9.

Geldenhuys, Deon. 1998. Breyten kom met 'n toekomsmodel. *Rapport*, 19 April, bl. 15.

Giliomee, Hermann. 1998. Die huis van Afrikaans het baie kamers, wys fees. *Die Burger*, 11 April, bl. 9.

Gouws, Amanda. 2016. "Taalstryd" gaan nie net oor taal. [Vlugskrif] *Die Burger*, 12 Januarie.

Gouws, Tom. 1989. "Ek sit by Tante en drink tee." *De Kat*, September.

Greeff, Rachelle. 2006. Breyten vir brekfis en Antjie vir aandete. *Rapport*, 10 September, bl. 5.

Greeff, Rachelle. 2008. Verskuilde agenda of sommer net twak? *Rapport [Boeke]*, 11 Mei, bl. 5.

Greeff, Rachelle. 2008. Nog skote in BB se "grondboontjie"-oorlog. *Rapport [Boeke]*, 18 Mei, bl. 5.

Greeff, Rachelle. 2008. Sri Peenat Breytenbach skryf terug. *Rapport*, 23 Mei.

Greeff, Rachelle. 2008. Lack of good analysis was a surprise. *The Sunday Independent*, 8 Junie, bl. 17.

Greeff, Rachelle. 2009. "Kom, kom drink Arabiese koffie saam met ons." *Rapport* [*Weekliks*], 30 Augustus, bl. 6.
Greeff, Rachelle. 2009. Bitterbrak Buiteblaf lê nooit op Baas se baadjie. *Rapport* [*Boeke*], 6 September, bl. 4–5.
Greyling, Ferdi. 2000. "Jy, Breyten, het ons gefaal" – Afrikaanse skrywers stoei op net. *Beeld*, 28 Augustus, bl. 4.
Greyling, Ferdi. 2002. Breyten gekén, tog ook mísken. Sprekend van Afrikaners se verhouding met digters. *Beeld*, 19 September, bl. 16.
Greyling, Ferdi. 2009. Laaste taalskemering. *Volksblad*, 21 September, bl. 6.
Greyling, Riekie. 2001. Let the mondmusiek wash over you. *Cape Argus*, 30 April, bl. 10.
Grobler, Melanie & Galloway, Francis. 1994. Wandeling van kykende oog. *Die Burger*, 12 Januarie, bl. 4.
Grobler, Melanie. 2001. Breyten wys sy "binnebloei". *Die Burger*, 16 Mei, bl. 4.
Hambidge, Joan. 1996. Breyten nes hy is op wêreldpodium. *Die Burger*, 22 Mei, bl. 15.
Hambidge, Joan. 2002. Kreatiewe reis van digkuns na musiek. [Kopstukke] *Beeld* [*Plus*], 12 Oktober, bl. 4.
Hambidge, Joan. 2003. Om te Breyten en te Zen [Wegkomkans]. *Die Burger* [*By*], 18 Oktober, bl. 17.
Hambidge, Joan. 2006. Lees Breytenbach tog reg: Dis satire! [Oor "resensie" in *Die Matie*] [Brief] *Rapport*, 7 Mei, bl. 19.
Hambidge, Joan. 2006. 'n Satire is nooit ordentlik. [Oor "resensie" in *Die Matie*] [Brief] *Die Burger*, 12 Mei, bl. 15.
Hambidge, Joan. 2006. Begin dan bakstene pak. [Oor "resensie" in *Die Matie*] [Brief] *Die Burger*, 17 Mei.
Hambidge, Joan. 2015. Maties se taaltoffie. *Die Burger*, 19 November, bl. 9.
Hoffmeester, Bohemia. 2008. Breytie in sy afwesigheid bekroon. *Rapport*, 7 September.
Horn, Andreij. 1998. Breyten skok met seks op verhoog by fees. *Die Burger*, 3 April, bl. 1.
Horn, Andreij. 1998. "Dít skok meer as kaal agterstewe". *Beeld*, 4 April.
Horn, Andreij. 1998. Kaalheid skok minder as Kobie, sê Breyten. *Die Burger*, 4 April.
Horn, Andreij. 1998. *Boklied* eindig triomfantlik. *Die Burger*, 6 April, bl. 1.
Horn, Andreij. 1998. Breyten se *Boklied* sluit af met groot triomf. *Beeld*, 6 April.
Horn, Andreij. 1998. Bok in *Boklied* het ook familie in Griekse teater. *Die Burger*, 30 April, bl. 11.
Horn, Andreij. 1998. "Boklied sonder duistere bedoeling". Breyten verkies eindelose misterie van lig. *Die Volksblad* [*Joernaal*], 21 April.
Horn, Andreij. 1998. 'n Besliste teatrale logika. *Die Volksblad*, 24 April, bl. 11.
Hough, Barrie. 1998. Afrikaans in kale glorie! Selfs melkbaarde hang uit saam met Breyten op KKK-fees. *Rapport*, 5 April, bl. 16.
Hough, Barrie. 2001. Breyten steek die soveelste grens oor. *Rapport*, 25 Maart, bl. 2.
Hugo, Daniel. 2011. *Voetskrif* laat 'n blywende indruk. *Die Burger*, 18 Augustus, bl. 12.
Hugo, Daniel. 2014. Interaksie wat lewe verryk. [Oor Sandra Saayman se boek] *Die Burger* [*By*], 16 Augustus.
Hugo, Daniel. 2014. Verrykende insigte in 'n "woordfoël" se kuns. *Volksblad*, 18 Augustus, bl. 7.

Isaacson, Maureen. 2008. The Breytenbach solution to the bad review: Set up a brand new laager. *The Sunday Independent*, 1 Junie, bl. 17.
Jackson, Carl. 1999. Breyten neem stelling in teen Mbeki-inisiatief. *Die Volksblad*, 20 Maart, bl. 3.
Jackson, Neels. 1999. Ou geskille minder belangrik, sê Breytenbach oor Hertzogprys. *Beeld*, 18 September, bl. 4.
Jackson, Neels. 1999. Breyten kry Hertzogprys ná 15 jaar. *Die Volksblad*, 18 September, bl. 2.
Jackson, Neels. 2010. "SA nou 'n kleptokrasie". *Beeld*, 19 Maart, bl. 2.
Jackson, Neels. 2010. Breytenbach "diep gewalg" deur oud-strugglegenote. *Volksblad*, 19 Maart, bl. 14.
Jan ver Maak. [M.C. Botha] 2010. Die Vrye Woord soos altyd 'n hersenskim. *Rapport* [*Weekliks*], 28 November, bl. 14.
Janse van Rensburg, Alet. 2016. Breyten lei drukgroep oor US-taal. *Beeld*, 14 April, bl. 10.
Janse van Rensburg, Alet. 2016. Breyten lei nuwe drukgroep oor taal. *Volksblad*, 14 April, bl. 12.
Janse van Rensburg, Alet. 2016. Belangegroepe byeen oor US se taalplanne. *Die Burger*, 16 April, bl. 5.
Janse van Rensburg, Alet. 2016. "Afrikaans by Maties is soos sterwende perd". *Die Burger*, 19 April, bl. 3.
Janse van Rensburg, Alet. 2016. J.M. Coetzee skaar hom by Breyten. *Die Burger*, 23 April, bl. 3.
Jansen, Ena. 2019. Breyten-manie heers in die Kaap met bekendstelling. Nuwe bundel verskyn halfjaar voor sy 80ste. *Die Burger*, 6 April, bl. 8.
Jordaan, Dirk. 2002. Kring van die woordkunstenaars. *Beeld*, 17 April, bl. 4.
Jordaan, Dirk. 2002. Klankman Breyten. *Beeld* [*Plus*], 29 Mei, bl. 3
Jordaan, Dirk. 2002. Digter ontdek nuwe klankwêreld. *Die Burger*, 30 Mei, bl. 4.
Jordaan, Wilhelm. 2001. Apartheid, skuld en belydenis in Moerland. *Die Burger*, 29 Mei, bl. 10.
Joubert, Emile. 1997. Bek soos Breyten s'n verdien sy jêm. *Die Burger* [*Joernaal*], 7 November, bl. 2.
Joubert, Jan-Jan. 1999. "Burgerskap aan bande gelê as moedertaal deurloop". *Beeld*, 16 Maart, bl. 3.
Joubert, Jan-Jan. 2000. Breyten aangestel as besoekende professor aan UK. *Rapport*, 18 Junie, bl. 15.
Joubert, Jan-Jan. 2001. "Breytenbach onder geen omstandighede deel van volk". *Die Burger*, 20 April, bl. 3.
Kalmer, Harry. 2019. UNISA se Breyten-seminaar: "How to write in Afrikaans and still respect yourself in the morning". *LitNet*, Seminare en essays, 10 April. https://www.litnet.co.za/unisa-se-breyten-seminaar-how-to-write-in-afrikaans-and-still-respect-yourself-in-the-morning/.
Kemp, Theo. 2009. Pampoendag vir die maer man met die groen trui. *De Kat*, September/Oktober 31-32.
Keyser, Gawie. 1994. Nederlandse vulliswa dra seding van Breyten uit. *Die Burger*, 27 Junie, bl. 5.
Keyser, Gawie. 1995. Breyten kry kunsprys. *Beeld*, 15 September, bl. 7.
Keyser, Gawie. 1995. Breyten wen gesogte prys. *Beeld*, 18 September, bl. 3.
Keyser, Gawie. 1996. Groot vertaalprojek aan Breyten se werk gewy. [Poetry International, Rotterdam] *Beeld* [*Kalender*], 21 Junie, bl. 2.
Keyser, Gawie. 1996. Nederlandse tydskrif wy hele uitgawe aan SA literatuur. *Die Burger*, 16 Oktober, bl. 4.

Khan, Farook. 1998. Breytenbach to teach art. *The Daily News*, 4 Maart, bl. 2.
Khan, Farook. 1998. Four poets to be presented by Breytenbach. *The Daily News*, 4 Mei, bl. 7.
Kitching, Marita. 2002. Die koms van die boek op CD. *Boekewêreld*, April:2.
Koch, Jerzy & Kuhn, Karen. 2017. Breyten Breytenbach: oorhandiging van die 2017 Zbigniew Herbert-letterkundeprys. *LitNet*, Seminare en essays, 26 Junie. https://www.litnet.co.za/breyten-breytenbach-oorhandiging-van-die-2017-zbigniew-herbert-letterkundeprys/.
Koos Kombuis. 2007. Dalk moet Breyten 'n ordentlike werk kry. *Rapport*, 9 Maart.
La Vita, Murray. 2011. Vrou met klein portrette. [Gesprek met Yolande Breytenbach] *Die Burger* [By], 2 April, bl. 6.
La Vita, Murray. 2013. Terug uit die land van stilte. [Gesprek met Adam Small] *Die Burger*, 13 September, bl. 15.
La Vita, Murray. 2014. Verse en doek vibreer. [Bekendstelling van Sandra Saayman se boek] *Die Burger*, 19 Maart, bl. 11.
La Vita, Murray. 2014. Skeppingsproses 'n "poging om waansin af te weer". *Beeld*, 27 Maart, bl. 8.
La Vita, Murray. 2014. In die land van die digters. *Die Burger*, 16 Mei, bl. 13.
Lange, Lis. 2015. Breyten oor Jansen se boek: "Verkeerde uitleg, of opsetlike wanvertolking?" *Volksblad*, 8 Februarie, bl. 6.
Leonard, Charles. 2002. Om met nuwe ore na Breyten te luister… *Insig*, Julie: 68.
LitNet. 2016. Al singende en dansende na die Spier Digtersfees. *LitNet*, 6 April. https://www.litnet.co.za/al-singende-en-dansende-na-die-spier-digtersfees-2016/.
LitNet. 2016. Gelyke Kanse-inisiatief bou momentum: Breyten Breytenbach rig ope brief aan US-rektor. *LitNet*, Universiteitseminaar, 13 April. https://www.litnet.co.za/gelyke-kanse-inisiatief-bou-momentum-breyten-breytenbach-rig-ope-brief-aan-us-rektor/.
LitNet. 2017. Breytenbach wen top internasionale toekenning. *LitNet*, 8 Maart. https://www.litnet.co.za/breytenbach-wen-top-internasionale-toekenning/.
Louw, Chris. 1991. Nogmaals Dakar. Van Idasa na Ida. *Die Suid-Afrikaan*, Februarie/Maart:4, 8.
Louw, Liesl. 2002. Breyten wil skerp kante laat skuur. *Beeld* [Plus], 4 Julie, bl. 6.
Louw, Liesl. 2004. "Laboratorium vir krisisbeheer." *Beeld*, 15 April, bl. 15.
Louw, Liesl. 2005. Breytenbach en Senegal bots oor Gorée-instituut. *Die Burger*, 9 Maart, bl. 7.
Louwrens, Kobus. 2001. Breyten se "mondstuk" vaar glo goed in sluikhandel. *Die Burger*, 10 April, bl. 3.
Louwrens, Kobus. 2002. Breyten gooi draaie met *Lady One*. [CD] *Die Burger*, 23 April.
MacLennan, John. 1993. Breyten lambasts land of illusion. *The Sunday Star*, 5 Desember, bl. 4.
Malan, Charles. 2009. Praatjies met die ANC: Miskien was ons net bruikbare idiote. *Rapport*, 9 Augustus.
Malan, Mariana. 2000. Tyd was net ryp vir Breyten. *Die Burger* [Joernaal], 9 Junie, bl. 3.
Malan, Mariana. 2009. Breyten se beste verklank. *Die Burger*, 23 November.
Malan, Mariana. 2010. Breytenbach gehuldig in Bôrdienghuis. *Die Burger*, 17 Maart, bl. 14.

Malan, Mariana. 2017. "Burgerstraat" dryf Breyten tot trane. *Die Burger*, 15 Augustus, bl. 6.
Malan, Marlene. 2006. "Ek lees nie twak nie", sê Breyten oor Brink-boek. *Rapport*, 23 April, bl. 8.
Malan, Marlene. 2006. *Matie*-redakteur in sop oor Breyten. *Rapport*, 14 Mei, bl. 2.
Malan, Marlene. 2006. Breyten skryf weer en roskam Max du Preez. *Rapport*, 21 Mei, bl. 6.
Malan, Pieter. 2015. "Heroïese" gees gegroet. [Afsterwe van André P. Brink] *Rapport*, 8 Februarie.
Marais, Danie. 2011. Afrika nuut verbeel met kaleidoskoop van tekste. [Oor *Imagine Africa*] *Die Burger*, 27 Mei.
Marais, Johann Lodewyk. 2019. UNISA se Breyten-seminaar: Breyten Breytenbach in turbulente jare, enkele persoonlike perspektiewe. *LitNet*, Seminare en essays, 2 April. https://www.litnet.co.za/unisa-se-breyten-seminaar-breytenbreytenbach-in-rurbulente-jare-enkele-persoonlike-perspektiewe/.
Meiring, Eben. 1998. *Boklied* aan bevrydende, surrealistiese kunsrevolusie te danke. *Beeld*, 22 April, bl. 16.
Meiring, Eben. 1998. *Boklied* wys toneel bly maar skandemaker onder die kunste. *Beeld* [Kalender], 14 Mei, bl. 16.
Meiring, Martie. 2001. Tagtig persent mag wel skoert sê, maar dis die twintig persent wat tel. *Die Burger*, 26 April, bl. 14.
Merton, Millicent. 2008. Breyten "het broertjie dood aan literêre pryse". *Die Burger*, 19 Maart.
Minnaar, Melvyn. 2010. Skilderkuns hier as ondergeskik beskou. *Die Burger*, 22 Junie, bl. 12.
Minnaar, Melvyn. 2018. Breytenbach's poetic visions find form in a top art galery. *Business Live*, 1 November. https://www.businesslive.co.za/bd/life/arts-and-entertainment/2018-11-01-breytenbachs-poetic-visions-find-form-in-a-top-art-gallery/.
Minnaar, Melvyn. 2018. Breyten-uitstalling sê "kyk weer". *Die Burger*, 9 November.
Mischke, Anne-Marie. 1996. Breyten bepleit 'n taalstaat vir Afrikaanstaliges. *Rapport*, 6 Oktober, bl. 4.
Mischke, Anne-Marie. 2000. Verwoede, kru-aanval op Breyten. *Rapport*, 27 Augustus, bl. 4.
Mitchell, James. 1994. Breyten takes book prize. *Weekend Star*, 5 Junie.
Morgenrood, Jan. 1996. Ja-nee, einste Breyten hou (dalk) sy lyf Jan Afrika. *Die Burger*, 20 Maart, bl. 2.
Morgenrood, Jan. 1996. Jan Afrika en ander bring 'n Nederlandse briesic na SA. *Die Volksblad*, 21 Maart, bl. 3.
Morgenrood, Jan. 1996. Wie's die misterieuse skrywer Jan Afrika? *Beeld* [Kalender], 26 Maart, bl. 2.
Muller, Ampie. 2002. Misunderstood poet turns to song. *Cape Argus*, 20 Mei, bl. 10.
Myburg, Johan. 2008. Dankbare Breyten kry UJ-prys. *Beeld*, 19 Mei, bl. 3.
Myburg, Johan. 2009. Breyten-seminaar belig ook sy Engelse werke. *Beeld*, 23 Februarie.
Naidu, Edwin. 1994. Former exile Breytenbach to set up writing centre at Natal University. *Sunday Tribune*, 11 Desember, bl. 3.
Naudé, Charl-Pierre. 2007. Om 'n sinkende skip blou te painter. *Die Burger* [By]. 17 Maart.

Naudé, Charl-Pierre. 2008. Die moer het klaarblyklik deurgesyfer. *Die Burger*, 25 Oktober, bl. 14.
Naudé, Charl-Pierre. 2009. Sien hoe klik klak woorde. *Rapport [Boeke]*, 6 September, bl. 6.
Naudé, Charl-Pierre. 2010. Eerbare ding is om mag te opponeer wat jy so haat. [Repliek] *Rapport [Weekliks]*, 5 Desember, bl. 2.
Naudé, Charl-Pierre. 2013. A view on two festivals. *Versindaba*, Buiteblik, 5 Junie. http://versindaba.co.za/2013/06/05/charl-pierre-naude-a-view-on-two-festivals/.
Ndebele, Njabulo. 1994. An open letter to Breyten Breytenbach. *Die Suid-Afrikaan*, 50:20.
Nieuwoudt, Stephanie. 1998. Breyten skryf vir eerste keer oor sy dogter. *Beeld*, 6 April, bl. 3.
Nieuwoudt, Stephanie. 1998. Boklied het fees in Karoo oorheers. *Beeld*, 9 April.
Nieuwoudt, Stephanie. 2000. Breyten Breytenbach deel links en regs virtuele klappe uit. *Die Burger*, 15 Julie, bl. 15.
Nieuwoudt, Stephanie. 2000. Breyten Breytenbach en die Groot Gesprek. *Die Volksblad*, 17 Julie, bl. 7.
Niewoudt, Stephanie. 2001. Stap uit as jy wil, Breyten skryf nie "kitskoffie". *Beeld*, 10 April.
Niewoudt, Stephanie & Thompson, Desmond. 2002. Die jin en jang van Jan Blom. *Beeld [Naweek]*, 21 September, bl. 9.
Niewoudt, Stephanie. 2002. Bitterbek-Breyten? *Die Burger*, 28 September, bl. 13.
Nolte, M.A. 1993. Breyten stel in Kaap ten toon. *Die Burger*, 12 Oktober, bl. 8.
Nolte, M.A. 1993. Breyten se kuns in SA te sien. *Beeld*, 14 Oktober:, bl. 8.
Nolte, M.A. 1994. Enigmatiese Breyten. Maar skilderye minder as sy beste woorde. *Die Burger*, 4 Januarie, bl. 4.
Norval, Roline. 1998. Sonder elite kunswerke "is dood in pot". *Die Burger*, 23 Mei, bl. 5.
O'Connor, Michelé. 2006. *Die Matie*-redakteur dalk geskors oor Breytenbach-resensie. *Die Burger*, 16 Mei, bl. 2.
Odendaal, Bernard. 2001. Uit die mond van die digter. Poësie op CD baanbrekerswerk. *Volksblad*, 2 April, bl. 6.
Odendaal, Bernard. 2002. Aantreklike toegang tot Breyten se verse. Digter is self die voordraer op sy nuutste CD. *Volksblad*, 29 April, bl. 6.
Odendaal, Bernard. 2003. Digterlike heimwee vind neerslag in "ballingskap". *Volksblad*, 25 Augustus, bl. 8.
Olivier, Gerrit. 1986. Haat en liefde. *De Kat*, Junie:126–127.
Olivier, Gerrit. 1994/1995. Die stemme van digters. *Die Suid-Afrikaan*, Desember/Januarie:42–44.
Owen, Ken. 1996. A future beyond the laager. *The Natal Witness*, 10 Desember, bl. 8.
Painter, Desmond. 2007. Opelyf vir Breyten. [Ope brief]. *Die Burger [By]*, 3 Maart, bl. 3.
Pienaar, Danie. 1998. Dis grof soos net Afrikaner kan. *Die Burger*, 12 April, bl. 12.
Pienaar, Hans. 1998. Breyten's three hour stream of surrealist imagery conquers the Klein Karoo. *The Sunday Independent*, 12 April, bl. 12.
Pienaar-Vosloo, Anet. 2013. Op reis deur Breyten se Parys. *Beeld [By]*, 26 Januarie, bl. 8.
Pieterse, H.J. 2001. Breyten = poësie-"happening". [*Mondmusiek*] *Beeld*, 25 Junie, bl. 9.

Pieterse, H.J. 2002. Die tong en die musiek op CD *Lady One* betower. *Beeld*, 12 Augustus, bl. 9.
Pople, Laetitia. 2017. Breyten: "Ikeys soos die Nazi's". *Die Burger*, 29 April, bl. 1.
Pretorius, Willem. 1997. SA skrywers het nie veel te sê ná apartheid – Britse kritikus. *Beeld*, 27 Februarie, bl. 8.
Pretorius, Willem. 2010. "Rebelle van die gees" is nodig. *Die Burger*, 30 Junie, bl. 15.
Prince, Llewellyn. 2017. Dakar-reünie: Vuurwarm debat oor Afrikaans. Breyten aangevat. *Die Burger*, 26 Junie, bl. 2.
Prins, Jo. 2002. Breytenbach wil sy gedigte net met uitgesoektes deel. *Beeld*, 12 September, bl. 12.
Prins, Jo. 2002. "Afrikaners die rede" vir Breyten-besluit om SA deur te sluit. *Beeld*, 14 September, bl. 5.
Prins, Jo. 2002. "Breyten Breytenbach het kláár gepraat". *Beeld*, 18 September, bl. 3.
Prins, Jo. 2002. Breyten stil oor "gaping"-gerug. *Volksblad*, 19 September, bl. 2.
Prins, Jo. 2002. Breyten boos oor boeke nie op rak kom, meen broer. *Beeld*, 19 September, bl. 3.
Prins, Jo. 2003. Breyten woedend oor Jonker-boek. *Volksblad*, 6 Augustus, bl. 8.
Prins, Jo. 2003. "Breyten wil niks met ons te doen hê, los hom uit". *Beeld*, 9 Augustus, bl. 8.
Prins, Jo. 2007. Jy hoef nie te wroeg daaroor, gaan lées net die bundel. *Beeld*, 7 Mei, bl. 13.
Prins, Jo. 2010. Kyk hoe patrone in gedig mekaar beklemtoon. *Die Burger*, 27 Februarie, bl. 5.
Prins, Jo. 2013. Kritiek teen Adam Small. Breyten looi jong digter. *Die Burger*, 30 September.
Prins, Jo. 2013. Kritiek op Small "oningeligte getjeep". *Beeld*, 30 September, bl. 1.
Prins, Jo. 2013. Breyten looi Trantraal oor sy Small-kritiek. *Volksblad*, 2 Oktober, bl. 7.
Prins, Jo. 2014. Nadine Gordimer as skrywer gehuldig. *Die Burger*, 16 Julie.
Prins, Jo. 2017. Breytenbach in Pole vir lewenswerk vereer. *Die Burger*, 27 Mei, bl. 8.
Prins, Jo. 2019. UNISA se Breyten-seminaar: Breyten Buiteblaf. *LitNet*, Seminare en essays, 15 April. https://www.litnet.co.za/unisa-se-breyten-seminaar-breyten-buiteblaf/.
Rademeyer, Alet. 2008. Breytenbach wen Hertzog-prys. *Die Burger*, 18 Maart, bl. 1.
Raeford, Daniel. 1998. A-bok for a Bacchanalia. *The Citizen*, 14 April, bl. 21.
Ramsay, Milne. 1993. Love and hate for his roots. *The Daily News*, 16 November, bl. 9.
Redelinghuys, Pieter. 2001. *Mondmusiek*, Breytenbach, B. & verskeie kunstenaars: plaaslike CD's. *Insig*, Junie:109
Retief-Meiring, Martie. 2017. Die "gees" van Dakar leef voort (ook met verskille). *LitNet*, Menings, 29 Junie. https://www.litnet.co.za/die-gees-van-dakar-leef-voort-ook-met-verskille/.
Retief-Meiring, Martie. 2019. Dom doktore, of burgerlike Rubicon? *Insig*, April/Mei:24–25.
Riemtelegram. 2002. Oor Jan Afrika wat Afrikaners finaal groet. *LitNet*. https://oulitnet.co.za/rieme/breyten.asp.

Robinson, Rensia. 2016. Bespreking van Breyten Breytenbach se *Vyf-en-veertig skemeraandsange*. *LitNet*, Seminare en essays, 23 Februarie. https://www.litnet.co.za/bespreking-van-breyten-breytenbach-se-vyf-en-veertig-skemeraandsange/.
Rossouw, Johann. 2001. Breyten agter tralies. *Beeld [Naweek]*, 19 Mei, bl. 10.
Roux, Alwyn. 2019. The representation of "imagined Africas" in the poetry of Breyten Breytenbach from 1984–2014. *LitNet*, Akademies en skole, 26 Julie. https://www.litnet.co.za/the-representation-of-imagined-africas-in-the-poetry- of-breyten-breytenbach-from-1984-2014/.
Saayman, Sandra. 2013. Uitstalling verfris ons "beeldargiewe". "Boetatjie van die Kaap" se dubbelkuns bekyk. *Die Burger*, 7 Februarie, bl. 14.
Schaffer, Alfred. 2006. Poësie soos fluit in die donker. *Die Burger*, 21 Augustus, bl. 13.
Schlemmer, Lawrence. 2009. Reënboog was kleurryk, maar net te kortstondig. *Rapport*, 13 Desember, bl. 6.
Schoeman, Le Roux. 2007. 'n Kykweer na die Afrikaanse kanon se "los kanon". [Repliek] *Die Burger [By]*, 31 Maart, bl. 11.
Schoeman, Le Roux. 2015. Breytenbach oor taalkwessie. US moes dié spanning "lankal sien kom het". *Die Burger*, 10 Oktober.
Scholtz, Hettie. 1999. Sexy op sestig. *Insig [Boeke]*, November:53.
Scholtz, Hettie. 2001. My hartjie, my vers... *Insig*, April:77.
Scholtz, Merwe. 2004. Die vele paaie na vryheid van die albino terroris: (29 jaar gelede). *Insig*, Mei:60–61.
Sienaert, Marilet. 1994. Selfportrette en ander voorvaders. *Die Suid-Afrikaan*, 10(47):54–59.
Slabbert, Frederik Van Zyl. 2004. Die pad na Dakar. *Insig*, Desember.
Slippers, Bibi. 2013. Wêrelddigters fees vir gehore. *Die Burger*, 14 Mei, bl. 10.
Slippers, Bibi. 2013. Digters gesels, dink en dans. *Beeld*, 14 Mei, bl. 16.
Slippers, Bibi. 2016. Dansende Digtersfees 2016: Dans, digters, dans. *LitNet*, 12 Mei. https://www.litnet.co.za/dans-digters-dans/.
Smith, Carin. 2005. Maer man met groen trui sê "no thanks". *Beeld [Naweek]*, 18 Junie, bl. 5.
Smith, Carin. 2005. Breyten wys eerbewys van minister van die hand. *Volksblad*, 18 Junie, bl. 3.
Smith, Charles. 2014. Ons volkie dwarstrekkers skuld Breyten. *Volksblad*, 18 September, bl. 6.
Smith, Francois. 2002. Nuwe CD maak Breyten se woorde allemansgoed. *Die Burger*, 27 Mei, bl. 4.
Snyman, Wilhelm. 1998. Breytenbach play too hot to handle. *The Cape Times*, 6 April, bl. 11.
Stander, Carina. 2009.Breyten Breytenbach: Die skilderdigter as mitologiese figuur. *Versindaba*, 15 September. http://versindaba.co.za/2009/09/15/breyten-breytenbach/.
Steinmair, Deborah. 2008. Skiet gate met woorde. "Skrywers moet hulle nuwe wêreld verbeel". *Die Burger*, 27 Maart, bl. 21.
Steinmair, Deborah. 2010. *Beste Breyten*: 'n Popresensie – BB is sexier as die prez. *LitNet*, 17 Februarie. https://argief.litnet.co.za/article.php?news_id=82278.
Stevens, Muffin. 1994. The stuff of dreams. *Pretoria News*, 16 Februarie, bl. 9.
Steyn, Jurie. 1998. *Boklied* perverse kuns. *Die Volksblad*, 8 April, bl. 10.
Stofberg, Andriette. 2001. Breyten-stuk ontstig weer talle by fees. Volslae onbegrip en woede oor boodskap. *Die Burger*, 8 April, bl. 3.

Stofberg, Andriette, 2001. Walging, woede oor Breyten-stuk of fees. *Die Burger*, 9 April, bl. 3.
Stofberg, Andriette. 2001. Fel kritiek kan Breytenbach weer vervreem. Skrywer "ter slagting gelei soos Christus". *Die Burger*, 14 April.
Swart, Freek. 1993. John Vorster wou digter Breytenbach se arres "eers persoonlik geniet". *Beeld*, 6 November, bl. 2.
Swart, Freek. 1993. Breyten het glo "Van", Boraine oorreed om politiek te los. *Die Volksblad*, 6 November, bl. 4.
Swart, Freek. 1993. Die groot leuen van politiek. *Volksblad* [*Boekewêreld*], 16 November, bl. 2.
Swart, Freek. 1993. SA is "niemandsland waar geur van revolusie weggewaai het". *Die Burger*, 17 November, bl. 13.
Swart, Freek. 1993. Skrywers moet hulle herontdek – Breyten. *Die Volksblad*, 24 November, bl. 11.
Swart, Freek. 1993. Breyten kon gouer bevry word ... *Beeld*, 3 Desember, bl. 3.
Swart, Kurt. 1996. Breyten helps launch Afrikaner culture body that is definitely not for Broeders. *The Sunday Independent*, 17 November, bl. 1.
Swart, Simona. 1998. Grethe word 'n Madonna in Breytenbach se surrealistiese *Boklied*. *Die Volksblad*, 27 Maart.
Tait, Charles. 2019. UNISA's Breyten Seminar: The birthday poem ritual as self-portrait in Breyten Breytenbach's poetry: 1964–2014. *LitNet*, Seminare en essays, 4 April. https://www.litnet.co.za/unisas-breyten-seminar-the-birthday-poem-ritual-as-self-portrait-in-breyten-breytenbachs-poetry-1964-2014-charles-tait/.
Terblanche, Erika. 2015. Breyten Breytenbach. *LitNet*, ATKV/*LitNet* Skrywersalbum. 28 April. https://www.litnet.co.za/breyten-breytenbach-1939/.
Thiel, Gustav. 2001. Furore at festival over Breytenbach's new play. Playwright slams those who don't understand his no-holds-barred look at Christianity. *The Cape Times*, 10 April.
Thompson, Desmond. 1998. *Boklied* se Kaapse bohaai het nie na Gauteng oorgewaai. *Beeld*, 13 April.
Tsedu, Mathatha. 1999. Breyten is barking up wrong tree. *The Star*, 15 November, bl. 8.
T'Sjoen, Yves, Breytenbach, Breyten, Botha, Dominique, Botha en Naudé, Charl-Pierre. 2015. Ons is nie almal so nie. Afrikaans in woelig vaarwater. *Versindaba*, 4 Julie. http://versindaba.co.za/2015/07/04/yves-tsjoen-ons-is-nie-almal-so-nie-afrikaans-in-woelig-vaarwater/.
T'Sjoen, Yves. 2015. Poëzie van Breytenbach bij Koppernik. *Versindaba*, 16 September. http://versindaba.co.za/2015/09/16/yves-tsjoen-poezie-van-breytenbach-bij-koppernik/.
T'Sjoen, Yves. 2016. Breytenbach, Van Heerden en Universiteit Leiden. *Versindaba*, 20 November. http://versindaba.co.za/2016/11/20/yves-tsjoen-breytenbach-van-heerden-en-universiteit-leiden/.
T'Sjoen, Yves. 2017. Ik zal met je woorden zweven in de lucht. Dertig jaar *De ongedanste dans*. *LitNet*, NeerlandiNet, 16 Januarie. https://www.litnet.co.za/ik-zal-met-je-woorden-zweven-de-lucht-dertig-jaar-de-ongedanste-dans/ .
T'Sjoen, Yves. 2017. De ironische gestalte van Zbigniew Herbert in Breytenbachs poëzie. *Versindaba*, 29 Maart. http://versindaba.co.za/2017/03/29/yves-tsjoen-de-ironische-gestalte-van-zbigniew-herbert-in-breytenbachs-poezie/.
T'Sjoen, Yves. 2017. Remco Campert en Breyten Breytenbach. *LitNet*, NeerlandiNet, 18 April. https://www.litnet.co.za/category/boeke-skrywers/.

T'Sjoen, Yves. 2017. Zingzeggende zangvogels aan de Keizersgracht. *Versindaba*, 19 April. http://versindaba.co.za/2017/04/20/yves-tsjoen-zingzeggende-zangvogels-aan-de-keizersgracht/.
T'Sjoen, Yves. 2017. Eredoctor van UGent gecensureerd. *LitNet*, NeerlandiNet, 4 Mei. https://www.litnet.co.za/eredoctor-van-ugent-gecensureerd/.
T'Sjoen, Yves. 2017. Schrijvers in het verzet. Bert Schierbeek en de niet te voleindigen strijd tegen apartheid en voor vrijheid. *LitNet*, NeerlandiNet, 30 Augustus. https://www.litnet.co.za/schrijvers-het-verzet/.
T'Sjoen, Yves. 2018. Wanneer muren verbrokkelen [Breyten Breytenbach]. *Versindaba*, 23 Januarie. http://versindaba.co.za/2018/01/23/yves-tsjoen-wanneer-muren-verbrokkelen/.
T'Sjoen, Yves. 2018. Vertical and lateral literary movements in a writer's career. Breyten Breytenbach's *Windcatcher* in the USA and the Low Countries. *LitNet*, Books and Writers, 31 Januarie. https://www.litnet.co.za/vertical-lateral-literary-movements-writers-career-breyten-breytenbachs-windcatcher-usa-low-countries/.
Universiteit Stellenbosch. 2016. US reageer op Breyten Breytenbach se ope brief: Hersiening van die US-Taalbeleid. *LitNet*, Universiteitseminaar, 15 April. https://www.litnet.co.za/us-se-reaksie-op-breyten-breytenbach-se-ope-brief-hersiening-van-die-us-taalbeleid/.
Universiteit van die Vrystaat [Lange, Lis]. 2016. Die Viserektor van die UV se reaksie op Breytenbach se US Konvokasietoespraak. *LitNet*, Universiteitseminaar, 5 Februarie. https://www.litnet.co.za/die-viserektor-van-die-uv-se-reaksie-op-breytenbach-se-us-konvokasietoespraak/.
Van Bart, Martiens. 2005. Breyten Breytenbach se ouerhuis. Die *Burger* [By], 12 November, bl. 15.
Van Bart, Martiens. 2006. Breytenbach-kultuursentrum op Wellington gereed. Die *Burger* [By], 28 Oktober, bl. 14.
Van Bart, Martiens. 2006. Naspers help "Breyten-sentrum". *Die Burger*, 7 November, bl. 14.
Van Bosch, Cobus. 1998. Breyten word verder onthul deur sy skilderye. *Die Burger*, 11 Julie, bl. 4.
Van Bosch, Cobus. 1999. Dis eksistensie wat tel – Breyten. *Die Burger*, 27 Februarie, bl. 4.
Van Bosch, Cobus. 1999. Breyten stel sy kyker voor 'n kyk-probleem. *Die Burger*, 6 Maart, bl. 4.
Van Bosch, Cobus. 2001. Breyten dans nog met die duiwel. *Die Burger*, 14 Maart, bl. 4.
Van Bosch, Cobus. 2001. Skrywers se visuele kuns het min trefkrag. *Die Burger*, 29 Maart, bl. 8.
Van den Berg, Samantha. 2016. Breyten sê universiteit móét taal beskerm. *Beeld*, 27 Januarie, bl. 6.
Van den Berg, Samantha & Janse van Rensburg, Alet. 2016. US "móét Afrikaans beskerm". *Volksblad*, 28 Januarie, bl. 1.
Van der Linde, Ina. 1994. Breyten die prentjiesmaker. *Vrye Weekblad*, 13–26 Januarie:28–30.
Van der Merwe, Annari. 1994. "Dinges" (Breyten) bly 'n trekpleister. *Boekewêreld*, 16 Augustus, bl. 6.
Van der Westhuizen, Christi. 2002. Breytenbach trap Sharon uit in brief aan VSA-publikasie. *Beeld*, 12 April, bl. 5.
Van der Westhuizen, Christi. 2002. Breyten looi Israelse premier in ope brief. *Volksblad*, 12 April, bl. 2.

Van der Westhuizen, P.C. 1998. Teater se pitkos te taai vir al die valstande in gehoor. *Beeld*, 8 Junie.
Van der Walt, Carina. 2014. Berig uit Gent. *Versindaba*, 6 Desember. http://versindaba.co.za/2014/12/06/carina-van-der-walt-berig-uit-gent/.
Van Eeden, Johanna. 2001. Net Afrikaner wroeg so, sê Mulder oor Breytenbach. *Rapport*, 22 April, bl. 8.
Van Heerden, Dries. 1997. Waar is al die linkses heen? *De Kat*, Februarie:60–62.
Van Heerden, Etienne. 1998. Breyten het donder van Chief gesteel. *Die Burger*, 16 April, bl. 4.
Van Heerden, Etienne. 2001. Te veel prysgegee onder dié geselligheid. *Beeld*, 15 Mei, bl. 4.
Van Heerden, Ludwig. 2009. Breyten het nie reg om SA te beledig. *Die Burger*, 15 September, bl. 11.
Van Jaarsveld, Anthea. 1998. Mag ek nooit so chaoties, pateties vasklou aan wanorde. *Die Volksblad*, 1 Junie, bl. 6.
Van Krevelen, Laurens. 2009. Breyten, de schilder van de bezielde middenwereld. *LitNet*, 18 November. https://argief.litnet.co.za/article.php?news_id=77864.
Van Niekerk, Anton. 2006. US-taalbeleid. Ope brief aan Breyten Breytenbach. *LitNet*, Universiteitseminaar, 16 April. https://www.litnet.co.za/us-taalbeleid-ope-brief-aan-breyten-breytenbach/.
Van Niekerk, Anton. 2006. Dié prul hoort nie in taaldebat. [Oor die "resensie" in *Die Matie*] [Brief] *Die Burger*, 10 Mei, bl. 15
Van Niekerk, Anton. 2006. Moenie agter satire skuil. [Oor die "resensie" in *Die Matie*] [Brief] *Die Burger*, 16 Mei.
Van Rensburg, Wilhelm. 2009. Verbeelding sonder perke. *Die Burger*, 16 September.
Van Rensburg, Wilhelm. 2009. Wese van die werk is die belangrikste. *Beeld* [*Plus*], 18 September, bl. 8.
Van Rooyen, Ina. 2009. Woordwerker 70. *De Kat*, September/Oktober:28–31.
Van Rooyen, Ina. 2010. "Hier iewers hond". *Volksblad* [*By*], 20 Maart, bl. 20.
Van Rooyen, Ina. 2010. "Hier iewers hond". *Die Burger* [*By*], 20 Maart, bl. 8.
Van Rooyen, Ina. 2010. The disillusioned utopian. *Witness*, 17 April, bl. 16.
Van Rooyen, Johan. 1994. Breyten se beelde bly by jou spook. *Insig*, Februarie:32–33.
Van Vuuren, Helize. 2016. Ope brief aan Piet Croucamp. *LitNet*, Menings, 15 April. https://www.litnet.co.za/ope-brief-aan-piet-croucamp/.
Van Vuuren, Helize. 2016. Breyten Breytenbach se *Die na-dood*. *Versindaba*, 18 November. http://versindaba.co.za/2016/11/18/helize-van-vuuren-breytenbreytenbach-se-die-na-dood-2016/.
Van Zyl, Johan. 2001. In gesprek met die nuwe agtergeblewenes. *Beeld*, 11 April, bl. 11.
Van Zyl, Johan. 2001. Nou's ek linkser as Breyten. *Volksblad*, 4 Augustus, bl. 7.
Veary, Jeremy. 2018. "Kom pad toe". *Die Burger* [*By*], 17 November, bl. 6–7.
Venter, Eben. 2004. Is daar iets wat Breyten se swye kan verbreek? *Insig*, Junie: 57.
Versluis, Jeanne-Marié. 1996. Breyten ontvang vanaand Helgaard Steyn-prys. *Die Volksblad*, 19 November, bl. 3.
Versluis, Jeanne-Marié. 1996. "Afrikaans is nie langer verskans nie." *Die Burger*, 26 November, bl. 4.
Viljoen, Hein. 2019. UNISA's Breyten Seminar: "In the calyx of your thoughts" – Topological deformation in a few texts and paintings by Breyten Breyten-

bach. *LitNet*, Seminare en essays, 18 April. https://www.litnet.co.za/unisas-breyten-seminar-in-the-calyx-of-your-thoughts-topological-deformation-in-a-few-texts-and-paintings-by-breyten-breytenbach/.

Viljoen, Louise. 2009. By die bekendstelling van Breytenbach se *Oorblyfsel/ Voice over* – 16 September. *Versindaba*, 17 September. http://versindaba.co.za/2009/09/17/toespraak-louise-viljoen/.

Visagie, Andries. 2006. Nuwe Breyten en Van Niekerk in perfekte poësiegeskenk. *Rapport*, 12 November, bl. 4.

Visser, Riana. 2001. Breyten praat met skrywers. *Die Burger*, 5 Maart, bl. 6.

Waldeck, Elsje. 2016. Dis weer Jonathan Jansen versus Breyten Breytenbach: JJ: "Hy trap nou op tone". *Volksblad*, 27 April, bl. 9.

Waldeck, Elsje. 2016. Dis weer Jonathan Jansen versus Breyten Breytenbach: BB: "Tragies om u so te sien spartel". *Volksblad*, 27 April, bl. 9.

Wasserman, Herman. 1997. Steeds Afrikaans en bly, ondanks die verlede. *Die Burger*, 9 April, bl. 6.

Wasserman, Herman. 1999. Breyten herbesoek sy paradys. *Die Burger*, 8 Februarie, bl. 4.

Wasserman, Herman. 2000. Breyten se aanhang neem nie af. *Die Burger*, 29 Maart, bl. 4.

Wasserman, Herman. 2001. Die belangrikheid van onverstaanbaarheid. *LitNet*, SeminaarKamer, s.d. https://oulitnet.co.za/seminaar/04wasserman.asp.

Welsh, David. 1996. Só kan taalstaat 'n pilaar van Suid-Afrika word. *Rapport*, 17 November, bl. 9.

Willoughby, Guy. 2001. Wake up and smell the moerkoffie. *Mail & Guardian*, 22–28 Junie:3.

Wood, James. 1993. Breyten Breytenbach's revolution of the self. *Weekly Mail & Guardian*, 23–29 Desember:34.

Zietsman, Ilse. 2016. Waar Breyten gebly het. *Rapport*, 27 November, bl. 2.

DIE BYDRAES VAN DIE VOLGENDE PERSONE
IS EWEKNIE-BEOORDEEL

Willie Burger (UP)
Hein Viljoen (NWU)
Alwyn Roux (UNISA)
Louise Viljoen (US)
Catherine du Toit (US)
Johann Rossouw (UV)

REGISTER

African National Congress (ANC) 34, 197–198, 210, 213, 221, 230–232, 234–236, 250, 270, 277, 279
Afrikaans *sien* taalbeleid/taaldebat
Afrikaanse letterkunde 9, 29, 38, 40, 151, 190, 205, 207, 214–216, 234, 238, 283, 289, 295, 301, 321, 323, 329, 334
Afrikaanse Oorlegplatform (AO) 244
Afrikaanse skrywer 11, 38, 192, 204, 205, 210–211, 215, 217, 230, 251, 261, 268, 270, 271, 280–285, 315, 317, 319, 322
Afrikaanse Skrywersgilde 215, 271
Afrikaanse Skrywersunie (ASU) 272
Afrikaanse taal *sien ook* moedertaal 15–18, 20, 32, 135–137, 152–153, 207, 220, 234–236, 242–246, 249–253, 258, 260–269, 303, 327
Apartaans 78, 210
bastertaal *sien ook* verbastering 8, 29, 74, 76–77, 190, 210, 229, 261
Afrikaanse Taal en Kultuur Vereniging (ATKV) 247–248, 325
Afrikaanse Taalraad (ATR) 244, 340
Afrikaner, die 38, 60, 190, 196, 203, 220, 228, 229, 230, 232, 234, 236, 242–243, 245, 249, 251, 252, 254, 255, 264, 278, 336, 341
Afrikanerskap 40, 202–203, 207, 214, 220, 227, 230, 232, 243, 279
agentskap 15, 16, 18, 126, 144, 148
Akademie *sien* Suid-Afrikaanse Akademie vir Wetenskap en Kuns
aktivis(me) 15, 25, 123, 189, 191, 197, 251, 274, 336
All one horse (1989) 138, 223, 227, 257
Amsterdam 45, 191, 197, 209, 218, 227, 258, 272
And death white as words: An anthology (1978) 218
andersmaak 7, 8, 11, 16, 18, 20, 60, 74–75, 78–81, 86, 97, 172, 232, 244, 246, 249, 261, 268
anti-apartheid 34, 188, 205, 213, 224, 226, 296, 317

Antonissen, Rob 200, 319, 321
apartheid *sien ook* postapartheid 9, 13, 35, 40, 60– 61, 76, 78, 190, 197, 202, 203, 205, 207, 208, 212, 216, 221, 229, 230, 232, 247, 252, 253, 263, 269, 321–322, 329
asem(haling) 12, 28, 30, 36, 81–83, 96, 112, 115, 135–136, 162, 164, 178, 252

balling(skap) 112, 114–115, 202, 210, 230–231, 286, 321
Barnard, Chris 198–199, 205, 277, 326
baster *sien* verbastering
Baudelaire, Charles 155–156
B.B. Lasarus (skryfnaam) 74–76, 210, 216
Beginsel van stof, Die (2011) 74, 87–88, 130, 136, 144, 260, 288, 290, 342
betekenis 7, 12, 13, 24, 36, 46, 54, 64, 70, 71,72, 80, 81, 82, 83, 84, 86, 99, 100, 102, 103, 107, 108, 111, 112, 115, 123, 125, 128, 134, 136, 141–144, 145–148, 155, 164, 165, 170, 172, 179, 180, 222, 283, 287, 289, 293, 294, 333, 334, 336
betrokkenheid (by politieke/maatskaplike kwessies) 15, 19–20, 37, 58, 60–61, 64, 75–76, 79, 104, 147, 188, 190–192, 202, 212, 213, 215, 223, 235, 240, 256, 267, 269, 270, 286, 292, 316, 324, 325, 339
beweging 7, 11–13, 39–41, 44, 48–51, 53–59, 61, 66–67, 70–71, 79, 82, 84, 86, 95, 112–113, 115, 165, 170, 172, 187, 289, 290, 299, 317
bewussyn/bewuswees *sien ook* syn 12–13, 17, 19, 39, 43–44, 47–55, 57–58, 60, 81, 82, 115, 158, 171, 193, 197, 281, 286, 288, 290, 292, 301
Blackface (skryfnaam) 257, 260, 343
Blomskryf (1977) 217, 238, 331
Boeddhisme 19, 37, 48, 182, 193, 201
zazen 9, 179–181, 189
zen 9, 37, 71, 82, 96, 178–180, 181, 182, 187–189, 193, 194, 201, 266, 291, 304, 325
Boek (deel 1): Dryfpunt (1987) 37, 47, 82, 222

Boekehuis (Auckland Park) 283, 287
Boerneef 23, 31, 319–320
Boklied (die opvoering) 247–248
Boklied: 'n Vermaaklikheid in drie bedrywe (1998) 239, 248
Boraine, Alex 221, 230
Borges, Jorge Luis 14, 153, 159, 161
Bosland, Joost 303–304
Botha, Dominique 259
Botha, Elize 228, 249, 318, 322, 328, 334, 337–338
Botha, M.C. 253, 267, 271
Botha, P.W. 212, 230, 232
Breytenbach, Breyten
  kunsuitstallings/kunsgalerye 140, 197, 218, 224, 225, 227, 239, 240, 241, 248, 252, 253, 256, 258, 260, 275, 282, 284, 296, 298, 303–304
  lesings/toesprake 45, 52, 76–78, 109, 170, 210, 220, 228–229, 231, 232, 233, 239, 243, 246, 248, 250, 258, 259, 264–265, 276–277, 278, 280–281, 285, 287, 295, 296, 298, 301, 302, 339
  loopbaanfases 198–199
  oeuvre 10, 40, 93, 101–102, 130, 132, 198, 218, 221, 223–225, 237–238, 289–294, 305–306
  openbare figuur 7, 9, 35, 196, 219, 235, 256, 304
  pryse 7, 10, 27, 201–202, 206–207, 208, 209, 216, 223, 228–229, 240, 242, 243, 248, 295, 296, 297, 298, 301–302, 334–335, 338–339, 340
  stemopname/voorlesing 252, 253, 286–287, 288, 299, 300
  teater/toneelstuk 19, 23, 91–92, 228–229, 239, 247–248, 250, 253–255, 259, 276, 279–280, 282, 340–341
  uitgeegeskiedenis 10, 199, 204, 209, 221–227, 237–239, 256–258
  verhore 213–215
Breytenbach, Cloete 10, 297
Breytenbach, Daphnée/Gogga 53, 69, 246, 248, 251, 279, 304
Breytenbach, Kerneels 27, 237, 271, 338
Breytenbach, Yolande 32, 197, 202, 206, 216–217, 219, 246, 248, 276, 284, 321
Breytenbach-sentrum 280, 281, 284, 286, 288, 290, 297
Brink, André P. 14, 35, 48, 59, 60, 70, 179, 196, 200, 204, 205, 211, 214, 215, 223, 226, 234, 249, 270, 271, 277, 280, 298, 316, 317, 319, 320, 321, 322, 323, 324, 325, 330, 333, 334, 336

Brink, Chris 261, 262
Broederbond/broeders 27, 207, 229, 329, 332
Buffalo Bill (1984) 222, 225
Burger, Willie 7, 35–73, 281, 283, 285, 287, 292, 301

Celan, Paul 154, 283
Centre for Creative Arts (UKZN) 242, 244, 248
CNA-prys 206–207, 208, 209, 223, 228, 316, 317, 323, 331
Cloete, T.T. 200, 201, 207, 295, 318, 321–322, 323–325, 328, 329, 330, 331, 333–334, 337–338
Coetzee, Ampie [A.J.] 26, 107, 109, 205, 217, 218, 222, 231, 237–238, 241, 249, 282, 284, 297, 300, 306, 325, 327, 333, 337
Coetzee, J.M. 122, 226, 248
Cohen, Leonard 23, 295
Council for the Development of Social Research in Africa (Codesria) 240, 246

Daily Maverick 273–274
Dakar 226, 230, 240, 246, 251, 277, 279, 281, 302–303, 304
Dansende Digtersfees 21, 152, 159, 170, 288, 291, 293, 299–300
Darwish, Mahmoud/Darwiesj, Magmoed 27, 31, 240, 257–258, 260, 286, 297–298, 342
Dasein 8, 99, 101–103, 105–107, 109, 111, 113–114, 116–118
Degenaar, Johan 23, 36, 232
dekolonialisering 160, 235
dekonstruksie 8, 46, 48, 74, 81, 85, 104
Derrida, Jacques 104, 122, 226
Descartes, René 88, 122
Deshimaru, Taisen 179, 180, 186
destruksie/destruktiewe kritiek 102, 103, 104
De Toledo, Camille 158, 165, 166
De Villiers, Wim 263, 265, 266, 292
De Vries, Abraham H. 265, 267–268
De Vries, Willem 7, 11–34, 156, 263, 271–272, 287, 288, 290, 291, 292, 293
dialektiek/dialektiese 11, 17, 18, 28, 35–36, 43, 69, 79, 80, 95, 178, 201, 234, 246, 250, 252, 254, 261, 289
dialoog 8, 52, 74, 104, 156, 160, 210, 291
diere(ryk)/dierestudies 8, 20, 92, 94, 95, 112, 115, 121–149, 168
digterskap 199, 202, 238, 290, 291, 317
Diogenes 130–132, 134
diversiteit 51, 79–81, 160, 231, 234, 240, 242–243, 252, 261, 265, 267, 271–272, 274, 276, 281, 293, 208
Dodd, Bill 31, 163, 299

412 REGISTER

Dog heart (1998) 75, 127, 140, 238, 239, 248, 251
Du Plessis, Tienie 26, 217, 223
Du Plessis, Tim 245, 267
Du Preez, Max 250, 251, 262, 267, 278
Du Toit, Catherine 9, 152–177, 257, 292

ego/egoïsme 36, 48, 154, 188, 189, 284
Eklips (1983) 222, 225, 333
ekokritiek 121–122, 126
Eloff, Theuns 302–303
End papers (1986) 71, 220–221, 224, 225, 334
esteties/estetika 7, 9, 30, 38–39, 56–57, 62–63, 65–67, 71–72, 77, 89, 126, 155, 162, 287, 320, 387
etiek/eties 7, 11–15, 20–22, 25, 30, 38–42, 48, 50–55, 57, 59, 67–68, 69, 122, 123, 124, 126, 131, 132, 158, 162, 166, 170, 189, 249, 276, 279, 287, 299, 303
Eybers, Elisabeth 320, 322–324, 337

fascisme 64, 93, 220, 274
fragment/fragmentaries 9, 19, 24, 37, 45, 57, 86, 127, 130, 160, 163, 167, 174, 179, 196, 198, 232, 286, 290, 291, 306
Frans (taal) 9, 29, 83, 135, 152–154, 157, 159, 161, 165, 177, 226, 227, 257, 297

Galloway, Francis 7–10, 35, 60, 196–306, 314–343, 344
geheue *sien ook* herinnering & onthou 12, 14, 17, 22, 25, 56, 86, 89, 90, 106, 111, 128, 195, 201, 281, 302
Gelyke Kanse (GK)-inisiatief 265–268, 292, 303
gemeenskap (belange/gerigtheid) 20, 22, 27, 60, 69, 76, 79, 80, 122–123, 201, 211, 215, 220, 231, 242, 243, 244, 249, 250
Gerwel, Jakes 228, 278
gesprek *sien ook* oop gesprek 28, 29, 31, 93, 132, 142, 154–155, 165–166, 169, 235, 277–278, 280
gewaar(wording) 12, 45, 46, 47, 50, 54, 57, 80, 82, 95, 186, 232
Giliomee, Hermann 244, 260, 265
Glissant, Édouard 78, 79, 80, 81, 158, 162, 170, 226
Gorée-instituut 21–22, 90, 161, 226, 240, 246, 255, 258, 259, 276, 281, 302
Gouws, Tom 10, 101, 289, 294, 305
Greeff, Rachelle 285, 297
groep *sien ook* self & gemeenskap 48, 57–58, 60, 79, 167, 223, 279
Grové, A.P. 238, 318, 322–323, 328, 329, 334, 337
Grové, Henriette 334, 336

Hambidge, Joan 282, 288, 291, 293
Hand vol vere, Die (1995) 237
Haraway, Donna 122
Hart-lam (1991) 223, 226, 232
Heidegger, Martin 8, 99, 100, 101, 102, 103, 104, 108, 110, 111, 113, 122
Hengelo 258, 296–297
herinnering *sien ook* geheue & onthou 52, 53, 54, 55, 82, 86, 90. 108, 109, 112–113, 115, 117, 163, 167, 181, 196, 207, 238, 305, 337
Hertzogprys 7, 10, 27, 41, 52, 204, 206, 208, 209, 211, 222, 228, 244, 246, 249, 296, 306, 314–343
Letterkundekommissie 27, 249, 316, 318–319, 322, 324, 327–328, 331–332, 334, 337–338
Hesigasme/stilgebed 179, 181, 183
hibriditeit *sien ook* kreoliseer/kreolisering 78, 12, 16–18, 24–25, 56, 74, 98, 135, 160, 173, 281
hond 8–9, 52, 64, 85–86, 88, 106, 110, 121, 125, 126, 127–148, 294
Hugo, Daniel 220, 292, 294, 295
Huis van die dowe, Die (1967) 204, 206–207, 217, 317
Human, Koos 206–207, 237
humanisme/humanisties *sien ook* menslik 23, 62, 121–122, 321

identiteit 14, 18, 20, 38, 48–50, 78–80, 98, 127, 151, 166, 172, 203, 226, 246, 249, 261–262, 289
ideologie 39, 41, 58, 123, 165, 197, 202, 205, 207, 214–215, 223, 284, 302, 314–320, 330–336
In Africa even the flies are happy (1978) 218
Instituut vir 'n Demokratiese Alternatief vir Suid-Afrika (Idasa) 221, 230
intellektueel 7–8, 59–60, 66, 100, 205, 216–217, 223, 231, 241, 251, 255, 268, 278, 279, 280, 281, 301, 303
intiem(e) 9, 22, 28, 30, 156, 162, 171, 179, 189, 202, 204, 286, 325, 341

Jaccottet, Philippe 153–155, 173–174
Jan Afrika (skryfnaam) 97, 238, 246, 247, 283, 337
Jan Blom (skryfnaam) 208, 217, 238, 244, 337
Ja-nee (poësie)-aanbieding 252
Judas eye and self-portrait/deathwatch (1988) 227

Kannemeyer, J.C. 196, 207, 326, 332–333
kanon (van die Afrikaanse letterkunde) 27–28, 238, 282, 314
Kant, Emmanuel 38, 61–63, 65
kapitalis(me) 25, 30, 48, 67, 70–71, 287

REGISTER 413

Katalekte (2012) 8, 24, 74, 82–84, 86–87, 93, 111, 117, 130, 260, 289–290, 300, 342
Katastrofes (1964) 22, 88, 93, 159–160, 163, 165, 199–200, 204
kerk 93, 181, 183, 187, 204, 209, 229, 245, 247, 315
klank 12, 18, 71, 81–85, 91, 95, 108, 114–118, 136, 137–140, 148, 154, 156, 162–165, 172, 178, 187, 289, 294
klankopnames *sien* Breytenbach, Breyten
Klein Karoo Nasionale Kunstefees (KKNK) 241–242, 244, 246–247, 249, 253
Koch, Jerzy 28–29, 302
koerant *sien ook* media & pers 199, 202, 205, 210, 211, 214, 215, 219, 224, 229, 231, 233, 235, 248, 251, 254, 255, 262, 278, 279, 295, 296, 314, 317, 318, 321, 322, 326, 330, 335, 336
kommunikasie 42–44, 51, 77, 80–81, 84, 157, 222, 235, 255, 261, 264, 293, 323
kopiereg *sien* wette & wetgewing
kommoditeit/kommodifisering 19–20, 41, 293
konserwatief 199, 204, 209, 212, 214–215, 315, 322
Kouevuur (1969) 208, 217, 320–321
kreatief/kreatiwiteit 7, 13, 19, 21, 22, 36, 39, 40–43, 45, 52–53, 54, 56–57, 59, 65–67, 78, 104, 138–140, 147, 152, 154–155, 175, 196, 238, 241, 249, 259, 265, 291, 292, 293, 341
kreoliseer/kreolisering 7, 8, 17, 74–75, 78, 80–82, 84–98, 234, 242, 269
Krige, Uys 14, 197, 318–320, 324, 328, 333
Krog, Antjie 151, 236, 240, 244–245, 278, 299, 343
kuns 8, 9, 14, 19, 28, 38, 54, 60, 61, 62–66, 70, 74, 84, 89, 91, 92, 93, 95, 99, 101, 111, 118, 142, 146, 147, 153, 162, 163, 184, 201, 202, 205, 210, 226, 240, 245, 254, 259, 273, 285
kunsuitstallings/kunsgalerye *sien* Breytenbach, Breyten
kykNET 73, 251, 252

Lady One (99 liefdesgedigte) (2000) 238, 239, 257–258
landskap 8–9, 12, 54, 89–93, 99–102, 105–111, 113, 116–118, 138, 142, 154, 163–164, 179, 196, 282, 299
La Vita, Murray 140, 283, 291, 298, 299
Leroux, Etienne 200, 205, 237, 315, 320, 327, 331
leser 7, 18, 21, 22, 27, 28, 29, 35, 40, 44, 71–72, 84, 85–86, 96, 104, 124, 128–129, 134, 138, 149, 155, 159, 163, 179, 184, 187, 188,

199–200, 201, 207, 213, 214, 215, 217, 226, 238, 247, 254, 263, 266, 272, 278, 282, 283, 285, 286, 288, 289, 292, 294, 295, 298, 300, 301, 303, 305, 316, 317, 321, 324, 326, 329, 330, 331, 334, 337, 343
lesings *sien* Breytenbach, Breyten
Lewendood (1985) 222, 225
liberaal 25, 197, 210, 231, 278, 315, 336
liberale nasionalisme 59, 62
Life and times of Johnny Cockroach, The (opvoering) 250
Lindenberg, Ernst 26, 217, 317, 323, 328–329, 338
liries 153, 247, 286
literêre pryse (plaaslik) *sien ook* pryse *onder* Breytenbach, Breyten 7, 27, 230, 314
Alan Paton-prys 27, 223, 242
APB-prys 201, 316
CNA-prys 206–207, 208, 209, 223, 228, 316, 317, 323, 331
Eugène Marais-prys 314
Helgaard Steyn-prys 243
H.F. Verwoerd-prys 318
Hertzogprys 7, 10, 27, 41, 52, 204, 206, 208, 209, 211, 222, 228, 244, 246, 249, 296, 306, 314–343
Louis Luyt-prys 228
Perskorprys 216
Protea-poësieprys 296, 298
Rapportprys 40, 60, 228, 230, 236, 340
Universiteit van Johannesburg (UJ)-prys 295
W.A. Hofmeyr-prys 295
literêre veld/sisteem 10, 201, 204, 217–218, 222, 225, 22, 234–235, 237, 256, 270, 284, 285, 289, 306, 313, 314–315, 331
LitNet 196, 251–255, 261, 263–269, 271–273, 275, 280–281, 284, 287, 289, 290, 292, 299, 301–302
SêNet 253, 255, 263, 278, 284–285
lojale verset 61, 66, 152, 215
Lory, Georges-Marie 29, 259, 299
Lotus (1970) 208–209, 217, 320–321
Louw, Chris 230, 251, 277–278
Louw, N.P. Van Wyk 36, 38, 59–70, 86, 93, 201, 319, 321
Louw, W.E.G. 200, 322, 324, 328

Mandela, Nelson 67, 198, 230, 232–233, 235–236, 277, 287, 306, 335, 338
Marais, Danie 259, 271, 280, 283
Marxisme/Marxistiese 19, 35–37, 57, 61, 66, 237
Mbeki, Thabo 236, 245, 249, 251–252

media *sien ook* pers, die 10, 190, 202, 224, 226, 227, 252, 263, 270, 301, 319
Memory of birds in times of revolution, The (1996) 226, 233, 238–239
Memory of snow and of dust (1989) 223, 227
menslik/menslikheid 16, 17, 42, 44, 53, 61, 62, 63, 65, 69, 70, 76, 78, 88, 101, 104, 113, 114, 117, 123–124, 125, 127, 147, 156, 174, 175, 184, 200, 250, 279, 290, 301, 321, 338
Merwe Scholtz, H. van der 219, 328, 334
metafoor/metafories *sien ook* troop 8, 51, 65, 85, 91–92, 107, 109, 116, 124, 125–127, 130–131, 134, 136–138, 140, 142, 143, 147–148, 179, 180, 187, 201, 288
metamorfose 51–52, 96, 138–139, 170, 246, 337
Met ander woorde vrugte van die droom van stilte (1973) 9, 96, 178–179, 184–189, 208, 324–325
Middelwêreld/Middle World 13–17, 31, 41–42, 45, 49, 58, 66, 71, 94, 132, 160, 240, 243, 256–258, 277, 283, 287, 298
Midgley, May 122
Miernes swel op, Die (1980) 160, 217
Miles, John 217, 222
moedertaal/moertong 9, 32, 52, 78–81, 86–87, 153, 234, 242, 249, 261–262
moraliteit/ moreel 7, 10, 32, 82, 124, 202, 229, 234, 264, 276, 278, 303, 332
morele verbeelding 35–73
Mouroir (1983) 222, 225, 257
musiek 9, 15, 23, 182–184, 192–193, 282, 288, 290, 297, 299–300

Na-dood, Die (2016) 74, 87, 93, 96, 101, 127, 134, 260, 293–295, 343
Nash, Andrew 35–37, 41, 43, 61, 67, 70–71, 188–189, 235, 287
nasionaal 233, 234, 236, 271, 276, 295, 300, 327, 336, 339, 342
Nasionale Party (NP) 197, 212, 220, 231, 232, 236, 247, 274, 315, 332
Naudé, Charl-Pierre 30–31, 74, 259, 262, 271, 283, 286, 297–298
"nee skreeu" 39–43, 59, 66
Nege landskappe van ons tye (1993) 74, 87, 89, 223, 243, 294
Neruda, Pablo 31, 93
New York/New Yorkse Universiteit 8, 21, 99, 105, 117–118, 128, 218, 225, 232, 240, 248, 252, 257, 270, 284, 338–340

Okhela 36–37, 188–190, 213
Olivier, Gerrit 26, 217

om Afrika te verbeel/imagine Africa 22, 52, 67, 258–259, 276
Om te vlieg (1971) 94, 204, 208
omvorm(ing) 8, 11, 15, 18, 20, 22–23, 28, 74, 87, 92, 94–97, 103, 232, 244, 246, 249, 269, 272, 293, 339
ondergronds 21, 37, 41, 188–190, 207–208, 213, 230
Ongedanste dans (Gevangenisgedigte), Die (2005)198, 259, 282
ongedanste dans, die (siklus) 222, 225, 333
onthou *sien ook* geheue & herinnering 17, 18, 19, 22, 24, 25, 28, 29, 87, 103, 104, 117, 263, 295
oop gesprek *sien ook* gesprek 36, 210, 280
Oorblyfsel (2014) 132, 257, 260, 343
Oorblyfsels: 'n Roudig (1997) 10, 208, 217, 238, 244, 246, 320–321, 337–339
Oorblyfsels uit die pelgrim se verse na 'n tydelike (1970) 208, 320–321, 337
Oorblyfsel/Voice over (2009) 260, 286, 297–298, 342
ope briewe 207, 233, 247, 249, 251–252, 260, 262, 265–266, 277–278, 292
Opperman, D.J. 22–23, 93, 200–201, 206–207, 319–320, 331, 334
Op weg na kû (2019) 260, 305, 343

Painter, Desmond 262, 271, 293
Papierblom (1998) 10, 74, 137, 198, 238, 246, 248, 260, 337–340
Parool/Parole (2015) 36–38, 40, 43, 59–60, 76, 78, 196, 205, 210, 213, 228, 231–232, 241, 243, 246, 253, 258–261, 264, 279, 280, 292
Pärt, Arvo 178, 182–184, 192–193
Parys (Frankryk) 11, 14, 188, 196–199, 202, 206, 219–220, 251, 305, 327
PEN Afrikaans 263, 272–273, 280–281
pers, die *sien ook* media 205, 207, 210, 211, 214, 215, 216, 220, 222, 229, 230, 237, 247, 248, 253, 255, 263, 267, 275, 276, 284, 285, 287, 301, 302, 318, 321, 322, 328, 329, 331, 341
Pirogue (Kollektief) 21–22, 152, 259, 281, 299
Plakboek (1994) 223
Poetry Africa 21, 244, 248, 276, 288, 298
Poetry International 209, 218–219, 239–240, 242, 244, 288
posisie 8, 10, 18, 41–42, 58, 84, 103–104, 124, 127, 143, 155, 157, 201, 204, 210, 217, 221, 222, 234, 252, 319
postapartheid 231, 234, 238, 239, 243, 253, 279
postmodern(isme) 48, 64, 98, 127

Potgieter, Alida 27, 237, 291, 298
Pretorius, Réna 334, 339
Prins, Jo 255, 279, 283, 302
pryse *sien* Breytenbach, Breyten
Publikasieraad *sien ook* sensuur 204, 211, 323, 328, 331

Rabie, Jan 11, 13, 16–17, 30–31, 33, 60–61, 197, 200, 336
radikaal/radikalisering 36, 46, 57, 58–59, 66, 90, 96, 102–103, 124, 131, 198, 200, 202, 210, 216, 243, 278, 324–325
rassisme 76, 123, 229, 261, 263
Retief-Meiring, Martie 254, 303
Return to paradise (1993) 140, 223, 227, 233, 239, 242, 244
Ricoeur, Paul 49, 158
risomaties 8, 74, 78–79, 81, 84, 170
Rossouw, Johann 9, 60–61, 178–194, 196, 243, 254, 292
Rotterdam 28, 209, 218–219, 227, 239, 244, 288
Roux, Alwyn 8, 99–120, 290, 344

saam mekaar anders maak *sien ook* andersmaak 160, 234
Saayman, Daantjie 14–15, 26, 208, 238, 246, 291, 337
Saayman, Sandra 197, 223, 291, 298
Schoeman, Karel 9, 14, 73, 178, 182, 185, 190
Schoolman, Jill 26, 29
Seisoen in die paradys, 'n (1976) 76, 216, 218, 220
self, die 8–9, 12, 17–18, 47–50, 56–59, 62–70, 74, 80–82, 86, 94, 97, 127, 131, 142, 169–170, 172, 174–175, 178, 180, 182, 184–188, 195, 305
SêNet sien LitNet
sensuur 21, 26, 191, 203–204, 209, 211, 217, 227–228, 256, 270–273, 275, 321, 323–324, 328
Sestiger(s) 35, 64, 74, 76, 200, 204, 207
Sestiger (tydskrif) 201
Sestiger-somerskool (UK) 74, 76, 190, 210–211, 228, 264, 278–280
Singende hand, Die (2016) 127–129, 260, 292
Sinici 9, 11, 130–134, 137, 148
skilderwerk 9, 33, 83, 85, 89–92, 95, 105, 131, 143, 163, 197–198, 200, 209, 217, 219, 241, 256, 273, 275, 283, 291, 297, 298, 300, 304
skryfwerk 7, 11–12, 15–16, 21–30, 37, 156, 190, 198, 202, 217, 221–222, 246, 252, 257, 292–293, 296
Skryt: Om 'n sinkende skip blou te verf (1972 en volgende uitgawes) 209, 218, 324–324, 329, 331

skrywerskap 22, 142, 190, 196, 221, 227, 235, 288
Slabbert, Frederik Van Zyl 14, 221, 230, 248–249, 254, 260, 278, 302
Small, Adam 14–15, 205, 279–280, 298, 342
Smit, Bartho 199–200, 205, 319
Soos die So (1990) 198, 223, 227
stilte *sien ook* beweging 9, 19, 28, 32, 47, 95–97, 105, 107, 116, 169, 172, 178–181, 184–188, 1990–1993, 283, 394, 306
Stockenström, Wilma 228, 245, 331, 333
Suid-Afrikaanse Akademie vir Wetenskap en Kuns 4, 7, 10, 229, 249, 306, 314–320, 322–324, 326–329, 313, 332, 335–336, 337, 339, 340, 342
surrealisme 163–164, 197, 199–200
syn 8, 11–13, 19, 32, 44, 57, 63, 78, 80, 100–105, 107, 111, 113, 116–118, 165, 186, 289

taal 18, 37–39, 42–57, 59, 65, 67, 70–72, 74–78, 80–91, 95, 97, 106–110, 113–118, 135–137, 154–159, 162, 166, 170, 175, 245–246
taalbeleid/taaldebat (US) 260–269, 292, 303
taalstaat 243, 252
Ten Berge, Hans [H.C.] 29, 209, 218, 240, 242, 296, 300
Time of the Writer-digtersfees 21, 76, 276–277, 285
toesprake *sien* Breytenbach, Breyten
Toneelstuk, Die (opvoering) 253–255, 259
Toneelstuk ('n belydenis in twee bedrywe), Die (2001) 239
transformasie 18, 37, 69–70, 82, 86, 90, 92, 96, 189, 220, 230, 234, 237, 242, 261–264, 274, 276
troop 8, 124–146, 134, 147–148
True confessions of an albino terrorist, The (1984) 189, 215, 222, 225–226, 227, 239, 244, 332
T'Sjoen, Yves 29, 206, 209, 257, 305
Tuin van Digters 263, 279, 282, 300, 306

uitgewerye 26, 153, 165, 198–199, 203–209, 211, 216–218, 220, 221–227, 237–239, 256–260
Afrikaanse Pers-Boekhandel (APB) 160, 199, 201, 203–204, 216, 316
Archipelago Books 26, 257
Buren 208, 211, 216–217, 321, 325, 337
David Philip 218, 223, 242
Faber & Faber 26, 223, 225–227, 238–239
Farrar, Straus, Giroux 225, 227
Harcourt Brace 26, 227, 239, 256
Haymarket Books 257, 287
Hond BK 260

Human & Rousseau (H&R) 27, 204–207, 217, 237–239, 246, 248, 251, 259–260, 283, 291, 305–306, 317, 320–321, 337, 340
Intaka 223
Island Position 259, 260
Meulenhoff 209, 218, 223–225, 227, 239, 256, 324
Perskor-uitgewery 216, 222
Taurus 26, 160, 217, 221–227, 237–239, 331–332, 334
Uitgeverij Podium 256, 283, 306
Van Gennep 160, 209, 223–225, 227, 239
universiteit(e) 19–20, 175, 197, 245, 249–262
Universiteit van Kaapstad (UK) 16, 76, 190, 196, 210, 245, 252, 263–264, 273–275, 278, 280
Universiteit Stellenbosch (US) *sien ook* taalbeleid/taaldebat 196, 264–269, 281, 283, 292, 303– 304
utopie 17, 39, 42, 66, 68–70, 276, 280

Van Gennep, Rob 26, 224
Van Heerden, Ernst 200, 323–324
Van Krevelen/Vancrevel, Laurens 26, 29, 225, 256–257, 296
Van Niekerk, Anton 262, 266
Van Niekerk, Marlene 31, 73, 177, 267, 299, 342
Van Rensburg, F.I.J. 200–201, 323, 334
Van Vuuren, Helize 283, 289–290, 294–295, 338
veiligheidspolisie/staatsveiligheid 60–61, 191, 211, 213–214, 219, 230, 274, 329
Veil of footsteps, A (2008) 37, 260, 276, 283–287, 295, 341
verbastering 8, 17, 56, 58, 74–75, 78, 80, 83–84, 86, 96, 167, 169, 171, 173, 234, 261
verbeelding 7, 9, 11–15, 21–22, 80, 82, 88, 91, 93, 123, 139, 156, 163, 175, 234, 264, 276, 279, 281, 287, 292, 299, 302, 304
morele verbeelding 35–73
verbruik 11, 20, 28, 39, 41–412, 46, 123, 145–149, 261, 287
verkleur(mannetjie) 25, 37, 80, 131, 289, 381

verkramp/verlig 10, 77, 203, 212, 214–215, 228–229, 315–319, 328, 335–336
Versfeld, Martin 14, 23, 36, 48–49, 68
Versindaba-digtersfees 296, 298
Versindaba 258, 268, 271, 282, 286, 289, 294–295, 297, 300–301
vertaal/vertaling 7, 9, 29, 82, 115, 178, 180–181, 209, 218, 225–226, 239, 256–258, 268, 296–297, 299, 301
vertaling as transgressiewe potensiaal 152–175
vervreem(ding) 15, 29, 58, 158, 170, 172–173, 190, 203, 241, 254, 278
Victoriawatervalberaad 231
Viljoen, Hein 8, 74–98, 226, 305, 333
Viljoen, Louise 8, 64, 95, 121–151, 226, 238, 282–283, 286, 290–293, 301, 305
Visagie, Andries 121, 271, 305
Voetskrif (1976) 216–217, 225, 333
Vorster, B.J. 203, 206, 212–213
Vyf-en-veertig skemeraandsange (2014) 291

werklikheid 12, 19, 22, 46–47, 51, 54, 66–67, 93–95, 109, 156, 163, 179–180, 185–186, 190, 201, 202, 205, 216, 228–229, 264, 286, 300, 316, 412
Weste(rse wêreld) 20, 58, 102, 122, 194
wette/wetgewing 21, 57, 59, 78, 190, 197, 204, 211–215, 217, 270
Windvanger, Die (2007) 8, 10, 43, 87, 93, 105, 109, 117, 128, 140, 198, 256–257, 260, 283, 295, 340
Woorde teen die wolke (1980) 317, 325
Woordwerk (1999) 37, 127, 140, 238–239, 251, 306

(*'Yk'*) (1985) 10, 222, 225, 228, 333–334
Ysterkoei-blues: Versamelde gedigte (2001) 198, 238, 259
Ysterkoei moet sweet, Die (1964) 22, 89, 199, 305

zazen 9, 179–181, 189
Zen-kommunis 37